Découvrez l'histoire par les archives de presse

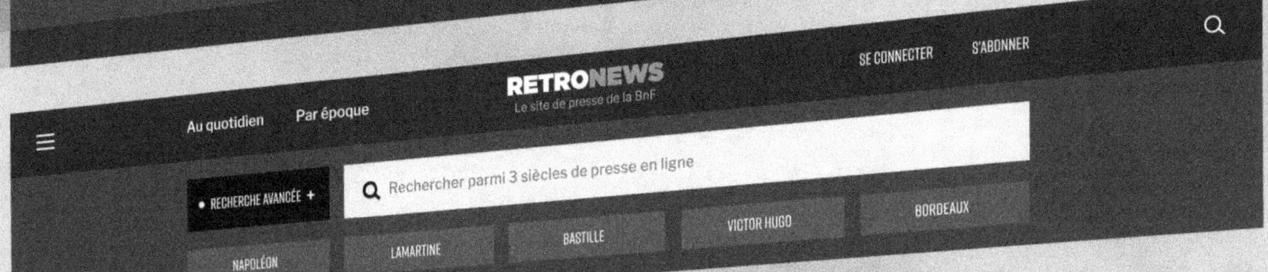

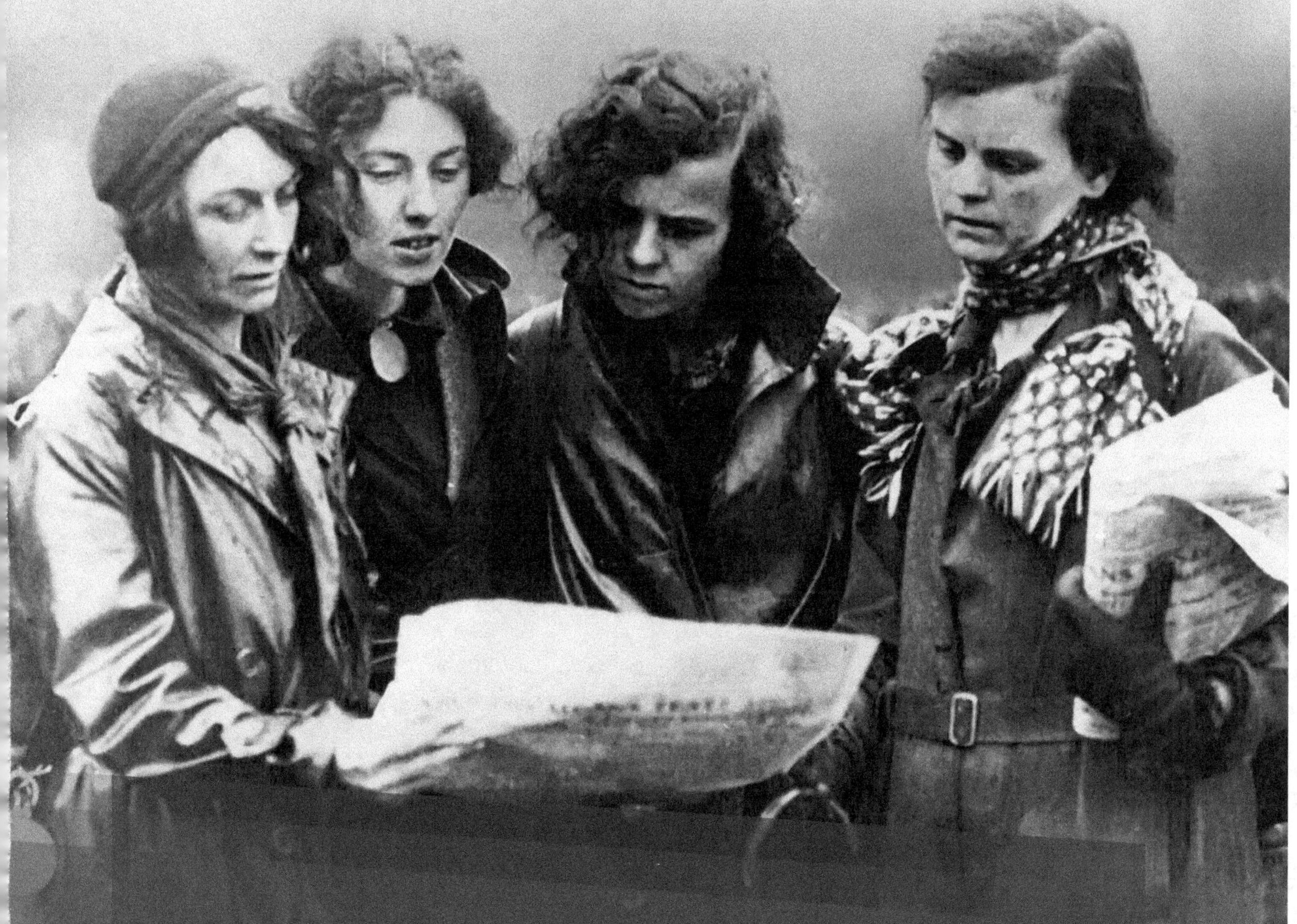

RETRONEWS

Le site de presse de la BnF

www.retronews.fr

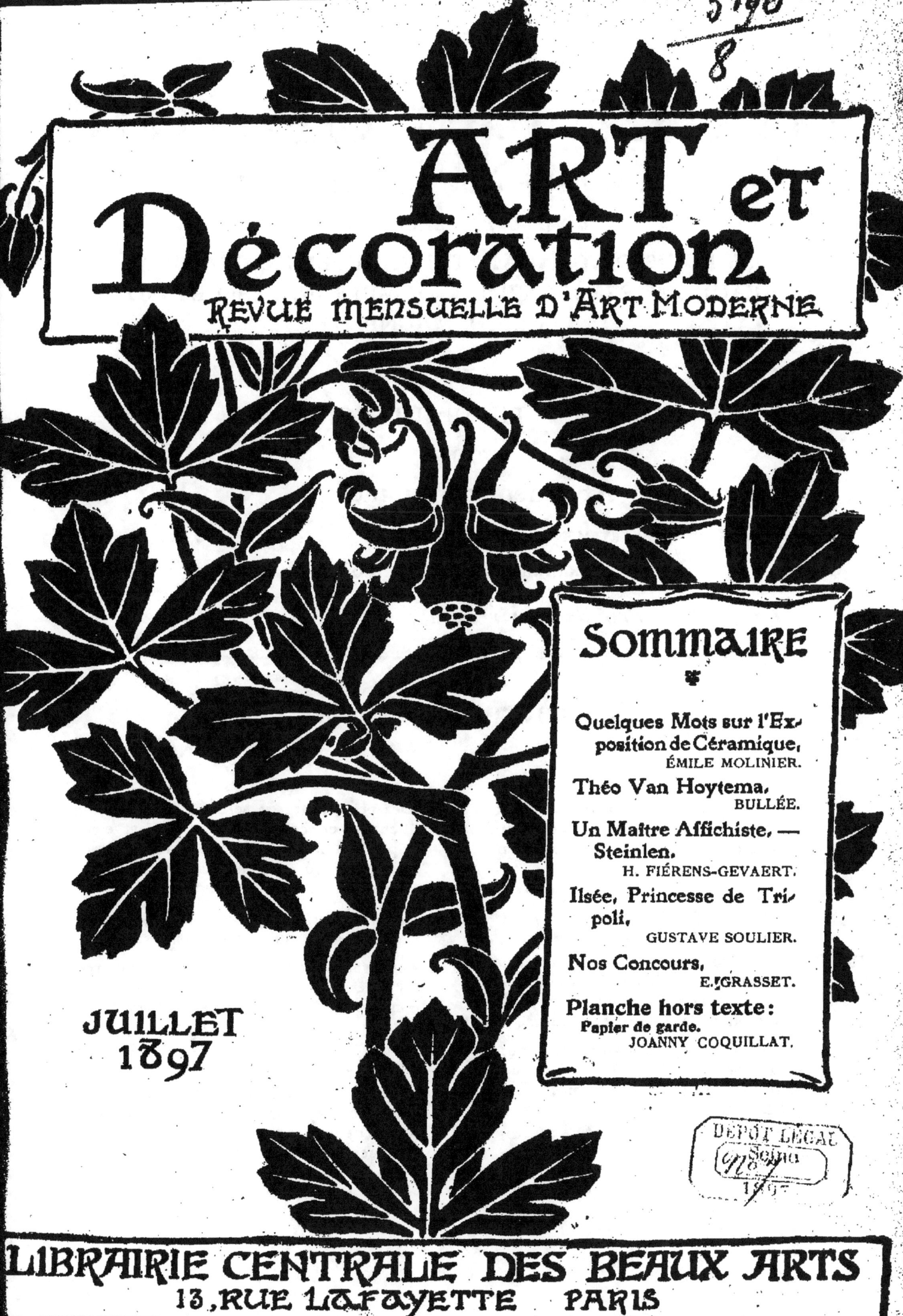

ART et Décoration
REVUE MENSUELLE D'ART MODERNE

SOMMAIRE

Quelques Mots sur l'Exposition de Céramique,
ÉMILE MOLINIER.

Théo Van Hoytema,
BULLÉE.

Un Maître Affichiste, — Steinlen.
H. FIÉRENS-GEVAERT.

Ilsée, Princesse de Tripoli,
GUSTAVE SOULIER.

Nos Concours,
E. GRASSET.

Planche hors texte:
Papier de garde.
JOANNY COQUILLAT.

JUILLET
1897

LIBRAIRIE CENTRALE DES BEAUX ARTS
13, RUE LAFAYETTE   PARIS

Art et Décoration

Revue Mensuelle d'Art Moderne

COMITÉ DE DIRECTION :

MM. PUVIS DE CHAVANNES, VAUDREMER, GRASSET,
JEAN-PAUL LAURENS, CAZIN, L.-O. MERSON, FRÉMIET, ROTY,
LUCIEN MAGNE,

Directeur : THIÉBAULT-SISSON

Abonnement Annuel :

PARIS & DÉPARTEMENTS. . . . . 20 fr.

ÉTRANGER, (le port en sus).

Prix de la Livraison : 2 francs

Concours mensuels

I. La Revue « *Art et Décoration* » ouvre, chaque mois, un concours d'Art décoratif entre tous ses lecteurs français ou étrangers.

II. Chaque concours est annoncé dans la *Revue* au moins deux mois avant la date fixée pour l'envoi des projets.

III. Ceux-ci devront parvenir affranchis à la « *Librairie centrale des Beaux-Arts* », 13, rue Lafayette, Paris, au plus tard, le 25 du mois désigné pour le concours.

IV. Ils ne seront pas signés, mais porteront un pseudonyme ou un signe quelconque, répétés sur une enveloppe fermée contenant le nom et l'adresse du concurrent.

V. Le nombre d'envois pour un même concurrent n'est pas limité.

VI. Des prix en argent seront décernés pour chaque concours. Le jury se réserve cependant le droit de supprimer ceux-ci en partie ou en totalité au cas d'insuffisance notoire des projets soumis.

VII. Les projets primés appartiennent à la *Revue* et pourront y être reproduits.

VIII. Les projets non primés devront être réclamés dans la semaine suivant la publication du jugement dans la *Revue*. Les demandes d'envoi par la poste devront contenir un affranchissement suffisant pour en couvrir les frais.

IX. Seront exclus les dessins reproduisant des modèles déjà existants. Par contre les idées neuves et originales seront de préférence bien accueillies.

Art et Décoration

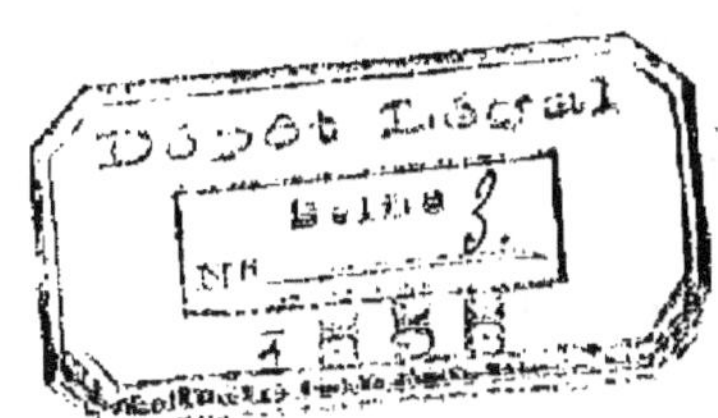

Art et Décoration

Revue Mensuelle d'Art Moderne

COMITÉ DE DIRECTION :

MM. PUVIS DE CHAVANNES, VAUDREMER, GRASSET, JEAN-PAUL LAURENS, CAZIN, L.-O. MERSON, FRÈMIET, ROTY, LUCIEN MAGNE.

Directeur : THIÉBAULT-SISSON

Abonnement Annuel :

PARIS & DÉPARTEMENTS. . . . . 20 fr.

ÉTRANGER, (le port en sus).

Prix de la Livraison : 2 francs

Concours mensuels

I. La Revue « *Art et Décoration* » ouvre, chaque mois, un concours d'Art décoratif entre tous ses lecteurs français ou étrangers.

II. Chaque concours est annoncé dans la *Revue* au moins deux mois avant la date fixée pour l'envoi des projets.

III. Ceux-ci devront parvenir affranchis à la « *Librairie centrale des Beaux-Arts* », 13, rue Lafayette, Paris, au plus tard, le 25 du mois désigné pour le concours.

IV. Ils ne seront pas signés, mais porteront un pseudonyme ou un signe quelconque, répétés sur une enveloppe fermée contenant le nom et l'adresse du concurrent.

V. Le nombre d'envois pour un même concurrent n'est pas limité.

VI. Des prix en argent seront décernés pour chaque concours. Le jury se réserve cependant le droit de supprimer ceux-ci en partie ou en totalité au cas d'insuffisance notoire des projets soumis.

VII. Les projets primés appartiennent à la *Revue* et pourront y être reproduits.

VIII. Les projets non primés devront être réclamés dans la semaine suivant la publication du jugement dans la *Revue*. Les demandes d'envoi par la poste devront contenir un affranchissement suffisant pour en couvrir les frais.

IX. Seront exclus les dessins reproduisant des modèles déjà existants. Par contre les idées neuves et originales seront de préférence bien accueillies.

Art et Décoration

✤

PARIS

SOCIÉTÉ ANONYME DE L'IMPRIMERIE DE VAUGIRARD

G. DE MALHERBE, DIRECTEUR

152, rue de Vaugirard, 152

✤

Art et Décoration

REVUE MENSUELLE D'ART MODERNE

Publiée sous la Direction de

MM. PUVIS DE CHAVANNES, VAUDREMER, GRASSET
JEAN-PAUL LAURENS, CAZIN, L.-O. MERSON, FREMIET, ROTY, LUCIEN MAGNE

Directeur : THIÉBAULT-SISSON

JUILLET — DÉCEMBRE 1897

Tome II

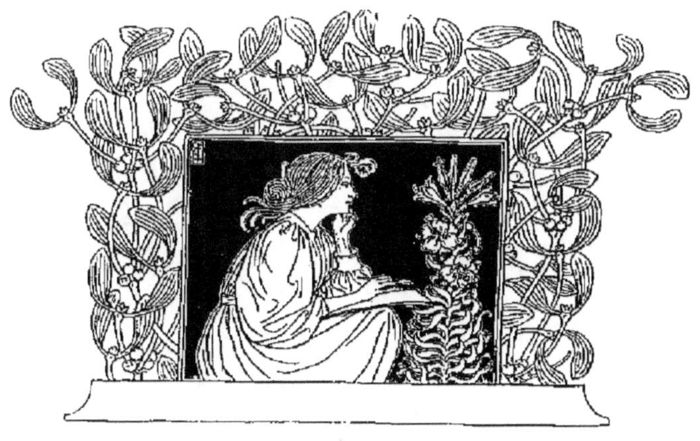

ÉMILE LÉVY, ÉDITEUR
LIBRAIRIE CENTRALE DES BEAUX-ARTS
13, RUE LAFAYETTE, 13
PARIS

Art et Décoration

❦❦❦

Quelques Mots sur l'Exposition de Céramique

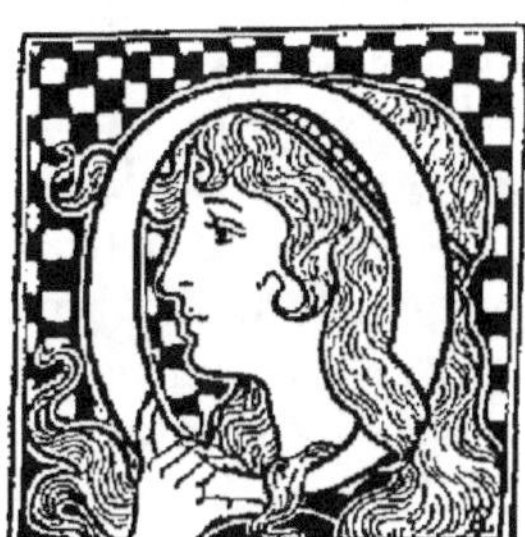

N éprouve quelque embarras à parler encore de céramique au lendemain des salons dans lesquels cet art était très honorablement représenté. Mais l'intention qui a guidé ceux qui ont organisé cette exposition est trop louable pour que la manifestation qu'ils ont provoquée soit passée sous silence. Frappés sans doute de l'épanouissement de la céramique moderne, qui, à de nombreux points de vue est en progrès, frappés surtout de la supériorité des résultats obtenus, grâce à de longues et courageuses tentatives, couronnées d'un succès plus certain que maint effort tenté de notre temps pour régénérer d'autres branches de l'art décoratif, ils n'ont pas craint de provoquer une manifestation nouvelle tout proche de cette exposition de 1900 pour laquelle on nous promet des merveilles. Cette exposition, un peu improvisée, ne pouvait être complète; en fait, elle ne l'est ni au point de vue rétrospectif, ni au point de vue moderne, le seul dont je veuille dire quelques mots ici. Mais telle qu'elle est cependant, elle est fort intéressante, contient plus d'un enseignement et prête à plus d'une remarque.

Qu'on ne s'attende point à trouver ici un compte rendu de cette exposition sur laquelle il faudrait écrire de longues pages; je voudrais seulement signaler quelques œuvres qui m'ont paru caractéristiques, sinon de l'exposition même, du moins de notre époque. J'en omettrai d'importantes, j'en suis sûr, et j'en demande pardon d'avance à tous ceux que j'oublierai. Ils peuvent me pardonner, car aucune de mes omissions n'est de parti pris. Mais, que voulez-vous? Je suis bien obligé de parler de ceux qui font du nouveau, aux dépens de ceux qui nous chantent un air déjà trop connu.

Deux établissements ayant un caractère officiel, d'âge et de renommée fort différents, ont exposé au Champ-de-Mars : Sèvres et Copenhague. Les porcelaines dures de Copenhague furent, à l'exposition de 1889, une sorte de révélation; tout le monde voulut posséder quelque échantillon de ces charmants bibelots au décor bleu, gris ou violacé appliqué d'une façon magistrale sur une admirable matière. Paysages ou animaux, personnages ou simples plantes, délicatement tracés sur l'adorable

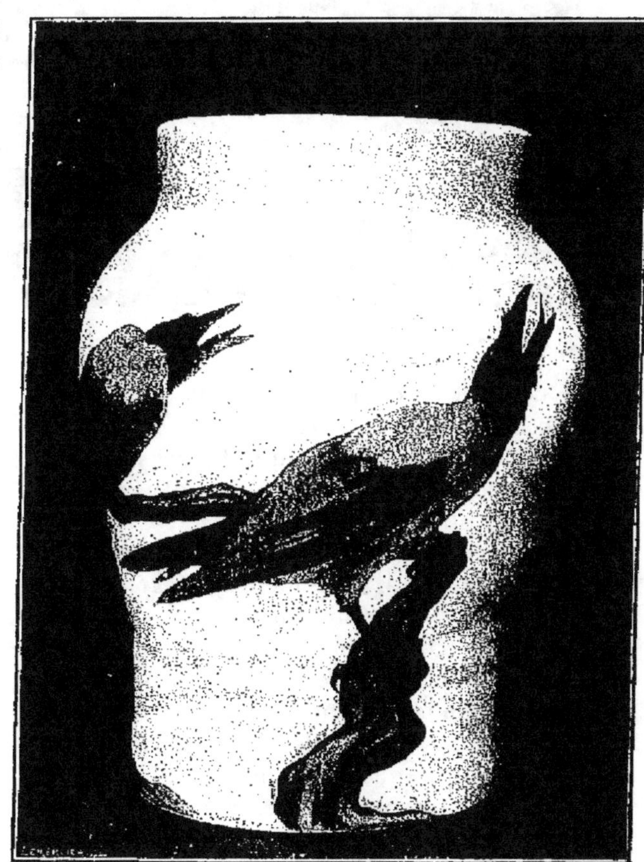

Vase porcelaine (Copenhague). M. MORTENSEN.

gemme, inscrits au fond de quelque plat ou d'une assiette, ou épousant la forme harmo-

I

nieuse de quelque vase, tout cela, depuis 1889,

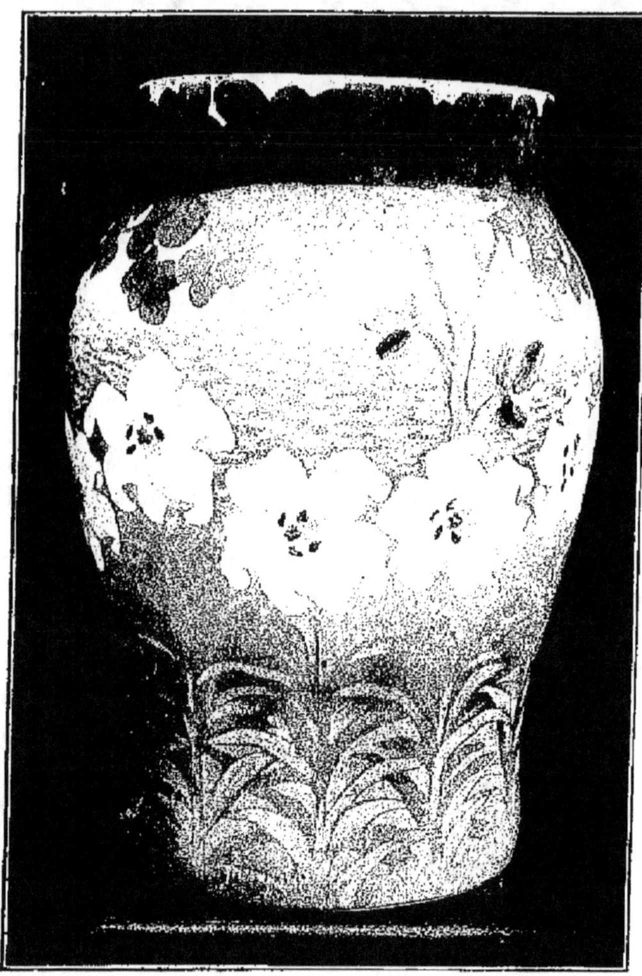

Vase porcelaine (Copenhague).   M. LÜSBERG.

est devenu, en quelque sorte, classique; et la porcelaine de Copenhague sera une des belles pages de l'histoire céramique du XIXᵉ siècle. On oublie trop, en face de ces objets d'étagère, les créations plus pratiques, les services de table qui, eux aussi, sont tout à fait des œuvres recommandables. Il est évident que dans cet ensemble d'une harmonie parfaite, il y a une trouvaille, un accord complet que je serais désolé de voir troubler par de soi-disants perfectionnements que je prévois, que je vois poindre déjà à l'horizon. Je sais bien que des esprits chagrins diront que la manufacture de Copenhague joue toujours le même air; qu'elle ne sort ni du gris, ni du bleu, ni du violet. Tant mieux, l'air est joli, pourquoi en chercher un autre qui nous bouleverserait toute cette harmonie; car, dès lors, la technique, la chimie implacable entrerait en scène et nous gâterait toute cette vision artistique, d'une finesse

extrême, d'une incomparable saveur pour les délicats. Acceptons Copenhague comme d'autres aiment la porcelaine de Saxe mais, pour Dieu, qu'on ne me change ni les beaux vases où serpentent de délicats feuillages, ni les petits poissons si reluisants, qu'on les dirait sortant de l'eau. « Ne forçons point notre talent... »; tout l'art réside dans ce vieil axiome.

La courtoisie me forçait à parler de Copenhague: les artistes français ne trouveront point mauvais que je dise maintenant, avant de parler d'eux, quelques mots de notre Manufacture nationale, à laquelle, en somme, — on l'oublie trop souvent — ils doivent beaucoup, au point de vue technique surtout. Je n'ai point l'intention, d'ailleurs, de m'étendre longuement sur l'Exposition de Sèvres. J'imagine que ses vitrines, en 1900, nous montreront des efforts bien autrement significatifs. Comme toute manufacture nationale, en France, Sèvres se trouve dans une position difficile; il a un passé et surtout une réputation écrasante. Mais, si on remet les choses au point, si on parcourt le Musée de la Manufacture, dans lequel se trouve un très grand nombre d'échantillons des œuvres produites dans notre siècle, on peut s'assurer, facilement combien, au fond, la Manufacture s'est tenue au courant de la *mode* de tel ou tel moment; ce n'est pas que, par instant, cett

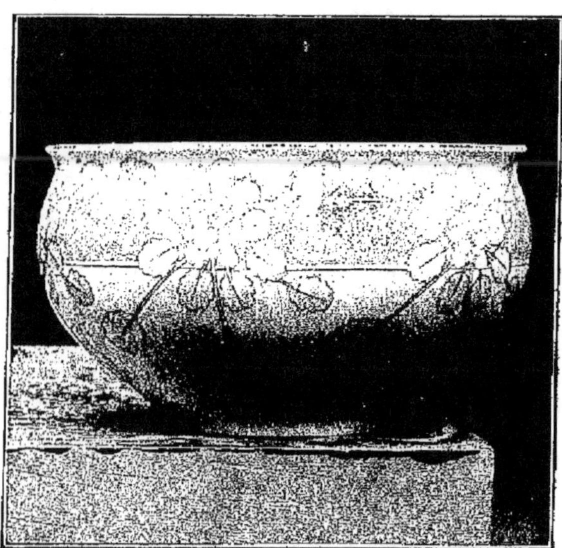

Bol de grand feu sur couverte (Sèvres).   M. LASSERRE.

constatation soit, au point de vue artistique, très

consolante; mais cela prouve au moins que la Manufacture n'a pas été aussi arriérée qu'on le dit parfois. Pour tout ce qui est technique, elle a presque toujours été à la tête du mouvement céramique, et ce n'est pas sa faute, si le niveau de l'art industriel a parfois baissé de plusieurs degrés. Il n'en est pas moins vrai que la Manufacture a rendu, dans ce siècle, de signalés services à l'art céramique, et qu'on doit beaucoup aux savantes et patientes, autant qu'obscures recherches, de ses laboratoires. On l'oublie trop souvent, même parmi les céramistes de profession, qui devraient être les derniers à manifester une pareille ingratitude.

Cet hommage rendu aux incontestables services, je le répète, qu'a rendus la Manufacture de Sèvres, je serai plus libre pour dire mon avis sur l'exposition actuelle. Elle témoigne de beaucoup d'efforts, c'est incontestable, efforts qu'on peut juger diversement, suivant l'idée qu'on se fait de ce que doit être la Manufacture. Si ce doit être un endroit où l'on ne créera que des produits parfaits — et les produits du xviii⁰ siècle, pour leur époque, avaient cette qualité — je ne crois pas que, présentement, ce résultat soit atteint; si, au contraire, on comprend la Manufacture Nationale — et c'est l'opinion qui semble dominer aujourd'hui — comme un laboratoire où doivent se créer des procédés de décoration nouveaux, s'essayer des découvertes récentes, ou être remises en pratique, des conquêtes déjà anciennes de la chimie, j'imagine que le juge le plus prévenu

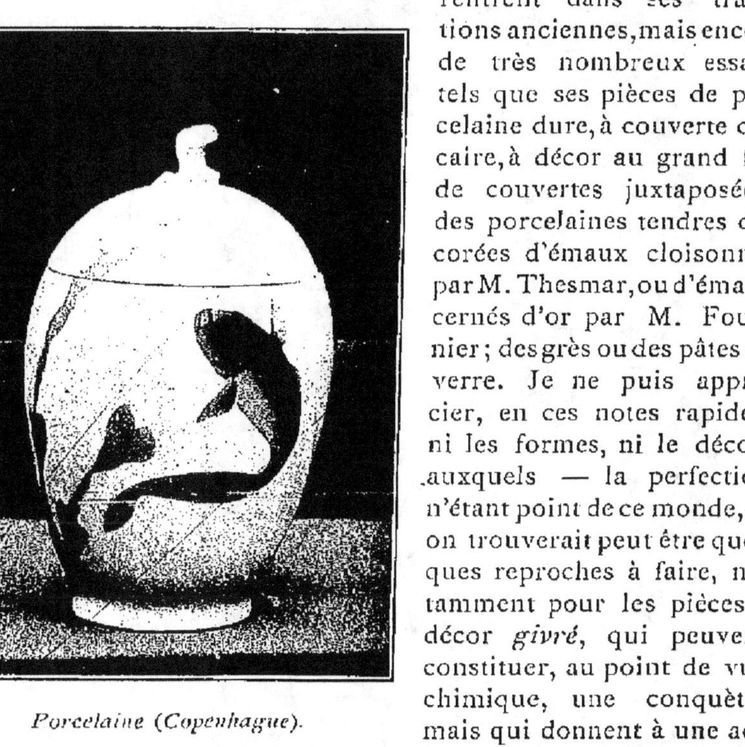

Porcelaine (Copenhague).

Plat porcelaine (Copenhague). M. SAINT-USSING.

doit être assez content du résultat. Non seulement la Manufacture expose des œuvres qui rentrent dans ses traditions anciennes, mais encore de très nombreux essais, tels que ses pièces de porcelaine dure, à couverte calcaire, à décor au grand feu de couvertes juxtaposées; des porcelaines tendres décorées d'émaux cloisonnés par M. Thesmar, ou d'émaux cernés d'or par M. Fournier; des grès ou des pâtes de verre. Je ne puis apprécier, en ces notes rapides, ni les formes, ni le décor, auxquels — la perfection n'étant point de ce monde, — on trouverait peut être quelques reproches à faire, notamment pour les pièces à décor *givré*, qui peuvent constituer, au point de vue chimique, une conquête, mais qui donnent à une admirable matière, l'aspect du zinc verni. Tout ce que je tiens à constater ici, c'est que la Manufacture de Sèvres n'est point stationnaire; elle bouge, elle marche et j'imagine qu'elle est encore destinée à rendre de très grands services à la céramique. Me sera-t-il permis de formuler une très humble requête : depuis quelque temps on s'est très heureusement remis à la fabrication d'un certain nombre d'adorables biscuits, dont les modèles, datant du xviii⁰ siècle, avaient été trop longtemps laissés dans l'ombre; pourquoi, par la même occasion, ne reprendrait-on pas, pour la fabrication courante des pièces de porcelaine, quelques modèles de la même époque qui remplaceraient, avec avantage, certaines notables horreurs qui datent, des règnes de Louis XVIII ou de Louis-Philippe?

Il n'est pas défendu de faire du nouveau, loin

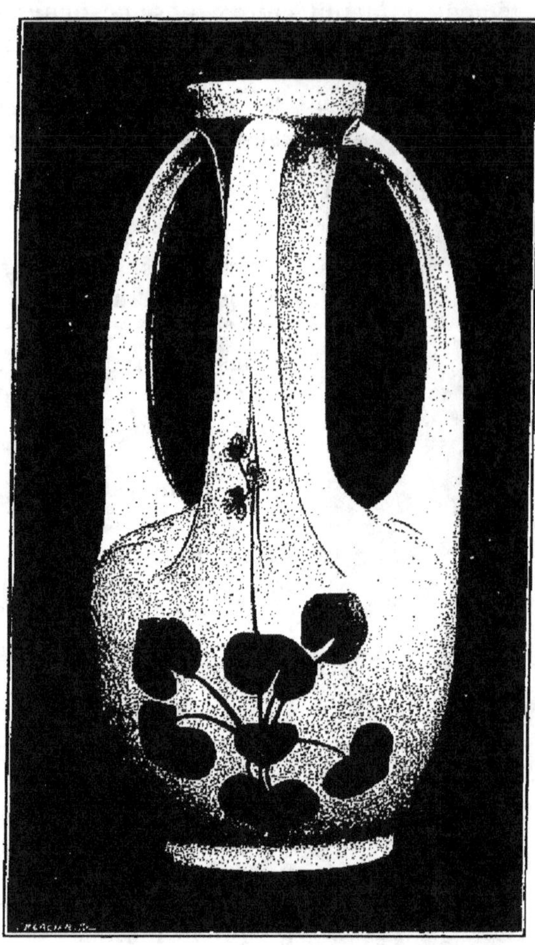

Porcelaine (Copenhague).

de là; mais il n'est pas défendu non plus, de refaire quelques porcelaines qui rappellent le temps de la Pompadour ou de Mᵐᵉ Du Barry. C'était le bon temps, pour la porcelaine de Sèvres, du moins.

Puisque je dis un mot de la porcelaine, je ne voudrais pas la quitter, sans signaler les travaux de M. Peyrusson, de Limoges, et ses essais de décoration de porcelaine dure au feu de four; les échantillons qu'il expose, faits dans la fabrique Boisbertrand et Theillon, à Limoges, ne sont pas tous très concluants : un certain nombre de couleurs obtenues sont très lourdes de tons; mais, néanmoins, la palette est déjà

assez variée et il y a là, une tentative, une évolution dans la fabrication de la porcelaine, qui portera, sans doute, un jour, ses fruits, malgré l'augmentation, légère d'ailleurs, du prix de revient des produits, ainsi fabriqués, sur les prix ordinaires.

On retrouve ici beaucoup d'artistes que l'on a déjà eu l'occasion de nommer au Champ de Mars : depuis M. Lerche, qui, décidément, abuse un peu du serpent dans la décoration et a transformé la couleuvre de Palissy en un boa, qu'accompagnent un tas de monstruosités qui font beaucoup de tort à quelques tonalités heureuses ; jusqu'aux émailleurs, en passant par les verriers et les artistes en grès, et les inévitables fabricants de reflets métalliques. A propos de ces derniers, je me bornerai à faire une remarque que j'ai déjà faite, je crois, c'est qu'on ne sait plus du tout ce qu'ils fabriquent, ni au juste quel effet ils veulent produire : c'est un chaos de reflets qui s'éclairent mal sur des pièces dont la forme est mal choisie; ou bien, ils appliquent sur toute la surface de la pièce des teintes mordorées ou violacées, qui enlèvent absolument au monument, son caractère céramique : imiter du bronze à la perfection, cela me paraît un résultat qui n'est pas autrement souhaitable.

Comme dans toutes nos expositions, ici c'est le grès qui, surtout, a attiré les recherches des céramistes ; et je le répète encore, ces recherches me paraissent avoir été dans une très large mesure couronnées de succès : Delaherche, Lachenal, Bigot, Dalpeyrat.

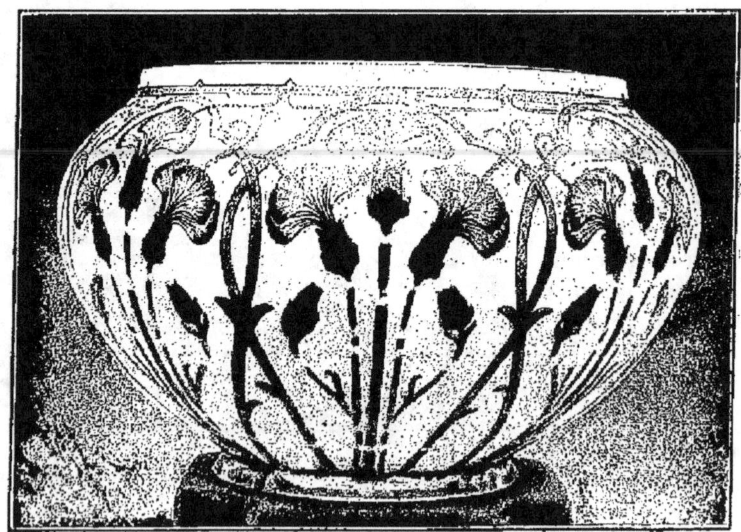

Cache-pot porcelaine, décoration en couvertes colorées juxtaposées (Sèvres)
PROJET DE Mˡˡᵉ BOGUREAU   EXÉCUTION PAR M. JARDEL.

de tons; mais, néanmoins, la palette est déjà Muller, Milet, d'autres encore, exposent une

foule de vases, de sculptures ou de revête-
ments céramiques, dans lesquels il y a beaucoup

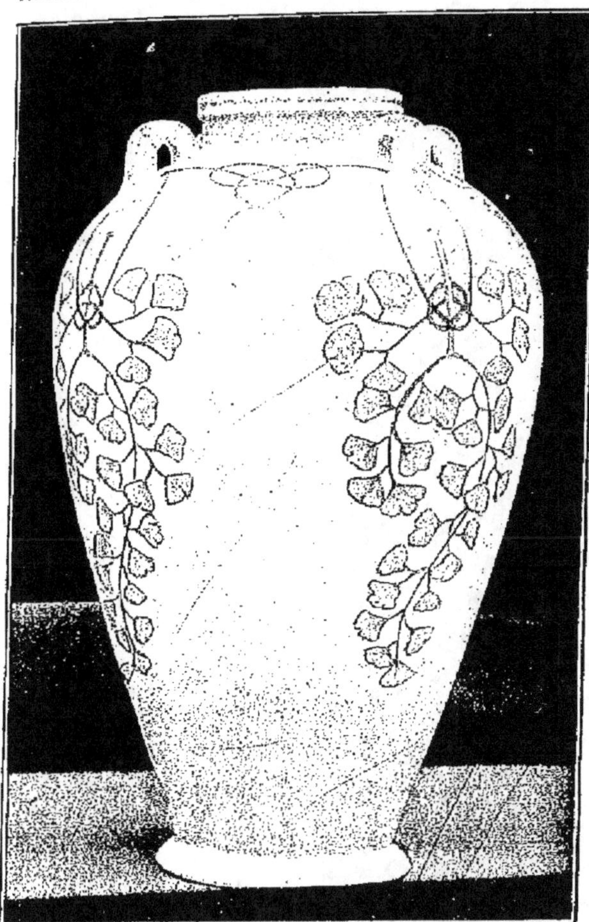

Vase couleurs de grand feu sur couverte
(Sèvres).　　　　　　M. LASSERRE.

à prendre et à apprendre. Bien que la matière
employée soit la même, grâce à cette réunion
nombreuse de spécimens, on perçoit mieux le
style et les tendances de chacun, qu'on ne peut le
faire au Salon. Tel artiste préfère des tons vigoureux et profonds, tel autre aimera mieux les
nuances claires et fines, rappelant l'écorce de
certains arbres, les nuances bleutées et comme
givrées. Bref, le style de chacun se reconnaît, et
c'est de bon augure. De plus en plus, du reste, le
grès tient à prendre place dans l'architecture :
chez Bigot, ce ne sont que plaques de revêtement ou frises lavées de bleu, de vert ou de
gris, ou bien encore des cheminées décorées de
hauts-reliefs. J'aime moins cette dernière manifestation de l'art du grès, que je trouve exagérée, et d'une architecture qui s'accordera
assez mal avec une décoration intérieure rai-
sonnable. Je n'aime point non plus les meubles exposés par M. Muller; cette banquette
ou ce fauteuil de style néo-empire, supportés

par des lions de grès, me semblent d'un goût
détestable et je souhaite vivement qu'ils ne
fassent pas école : parce que le style empire,
d'abord, qui n'est que la caricature du style
Louis XVI, constitue un fort mauvais modèle,
un mauvais pastiche de l'antiquité classique, à
laquelle il serait plus simple de recourir directement; puis, parce que la céramique, malgré
tout son mérite, ne me paraît pas destinée, par
nature, à occuper cette place dans le mobilier.

Ici encore nous retrouvons une cheminée en
grès, très simple d'ailleurs, dont les montants et
le linteau sont décorés au moyen de deux
tiges végétales; elle a évidemment demandé
moins d'efforts que la cheminée exposée par
M. Bigot, mais elle est cependant plus pratique. Pratique aussi, un modèle de porte-para-
pluie en grès, décoré de feuillages et de baies
de gui. Voilà des œuvres, sans grosses prétentions artistiques, à la création desquelles on
ne peut qu'applaudir. Constatons enfin, une

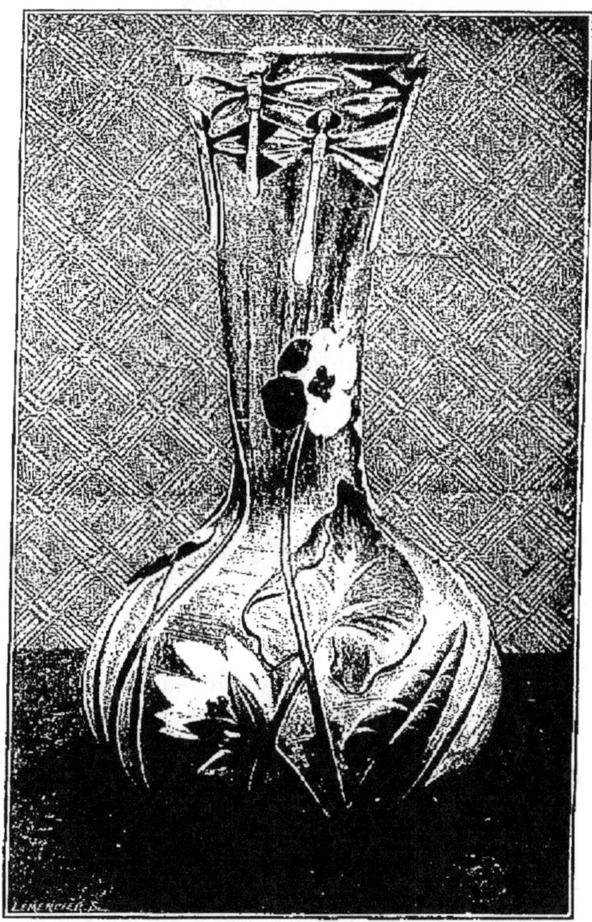

Vase cristal mauve, couverte brune et rose. M. LÉVEILLÉ.

fois de plus, que l'application du grès à la
sculpture, au groupe, à la figure, au buste,

tend à devenir très générale : beaucoup de céramistes en exposent. Ne nous en plaignons pas, car, en dehors de quelques œuvres, par trop symbolistes et franchement médiocres, qu'il est regrettable de voir reproduire, le grès tend à répandre des œuvres de sculpture très charmantes, auxquelles des tons roussis, bleuâtres ou verdâtres, donnent un charme de plus.

Peu de choses à signaler dans la faïence proprement dite, et n'était que certains plats ou vases de grès exposés par Dammousse rappellent par leurs branchages, leurs tiges de fleurs éclatantes, les gaietés qu'on aimerait à voir traduites en faïence, on pourrait croire que le céramiste moderne a oublié complètement un genre de décoration dont il tira, autrefois, de beaux effets, et qui lui permettra de créer des merveilles, le jour où il voudra le remettre en honneur. Je sais bien qu'à l'Exposition figurent un certain nombre d'œuvres en faïence : mais pour

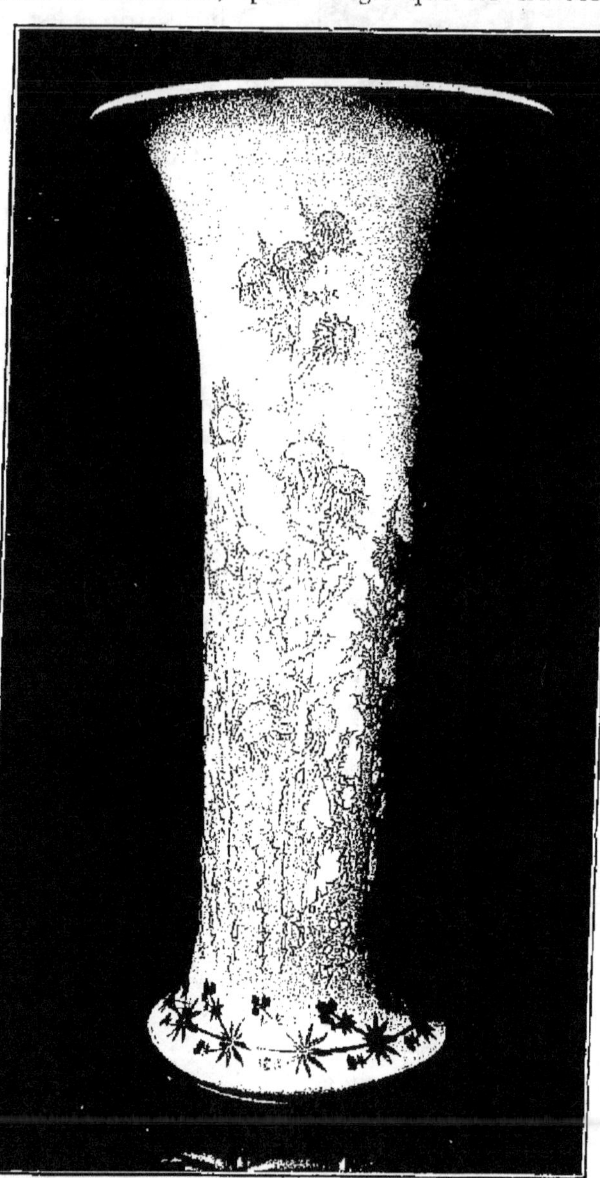

Cornet couleurs de grand feu sur couverte
(Sèvres).   M. GEBLEUX.

Gallé, Reyen lui ont fait faire des progrès énormes ; et je ne doute point que ces œuvres ne soient, au siècle prochain, estimées au même degré que les œuvres d'un passé, déjà bien lointain. Ce sont de véritables merveilles qu'ils nous montrent, et leurs cristaux à plusieurs couches, ou simplement teintés dans la masse, sont des morceaux tout à fait délicats, qui laissent, loin derrière eux, les misères de la verrerie vénitienne du XVIe et du XVIIe siècle, ou les pauvretés décoratives, créées en Bohême. Je ne vois guère que les gemmes et les verreries antiques, puis les somptuosités de l'art arabe et de l'art vénitien de la prime Renaissance, qui puissent être comparées aux produits de la verrerie moderne. Rien n'y manque, ni les difficultés sans nombre vaincues, ni le goût dans le décor de cette belle matière. A force d'avoir vu, depuis quelques années, ces produits parfaits, on les oublie trop, on les passe volontiers sous silence, comme s'ils

parfaites que soient quelques-unes d'entre elles, il n'y a rien là, qui ne soit connu depuis longtemps : et la faïence, traitée d'une façon absolument nouvelle et moderne, est encore à naître chez nous.

Si la céramique est l'un des arts qui montrent un progrès incontestable, sur ce qu'on faisait chez nous, il y a quelque vingt-cinq ans, la verrerie a subi, également, des transformations, qu'à une époque, relativement récente, on n'aurait pas soupçonnées. Leveillé,

n'étaient pas, en réalité, un des plus beaux fleurons des arts appliqués de cette fin du XIXe siècle. Il y a là une grande injustice, car, pour obtenir les beaux résultats qu'il nous est donné aujourd'hui de contempler, l'effort a été considérable ; et c'est vraiment mal, de ne point adresser d'éloges à toute une branche si intéressante de l'art, sous le prétexte qu'elle va bien. Cela me fait toujours penser à ces charités dévoyées qui, de notre temps, s'appliquent plutôt au soulagement momentané de monstres nés non viables, qu'au relèvement d'êtres sains qui pourraient rendre, à la société, de véritables

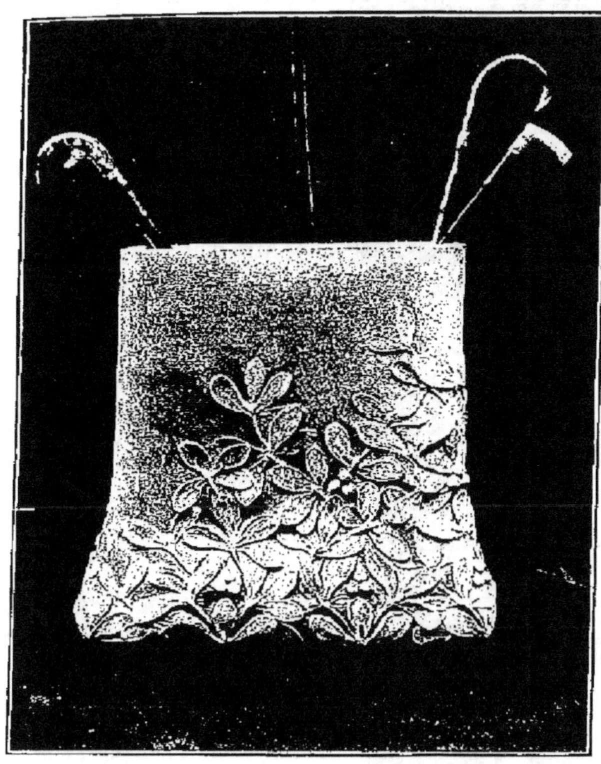

Porte-parapluies en grès.　　　ÉMILE MULLER.

services. Sans doute, les branches de l'industrie artistique qui ne sont pas encore au point, méritent toute notre sollicitude, mais ce n'est pas une raison, pour marchander les encouragements à celles qui, après maints efforts, ont atteint le but, le relèvement de la fabrication et son entrée dans une voie tout à fait nouvelle, propre à faire honneur à notre époque. C'est, pour ma part, avec un grand intérêt que je me suis arrêté devant les vitrines de Leveillé où scintillent les vases de cristal, gravés à plusieurs couches, les cristaux fumés ou gravés, ou ces vases, ou les paillettes d'or, noyées dans la masse, se marient à des tons roses, qui font penser aux nuages teintés par une fraîche aurore ou un beau coucher du soleil. Les formes, pour être simples, sont généralement bonnes. Et

ces mêmes éloges, je les adresserai à Reyen, dans la vitrine duquel nous trouvons des vases et des coupes, où des plantes s'enlèvent en teintes foncées, sur des fonds teintés de bleu et de brun, d'une exquise harmonie. Dans cette vitrine, on voit des pièces montées en bronze. Je regrette de n'en pas voir davantage; il est évident que ces morceaux précieux appellent l'art de l'orfèvre, et les traditions de l'art français sont loin de répugner à ce mariage, profitable aux uns et aux autres. Qu'on se rappelle ce que les artistes du XVIIIe siècle, par le même procédé, ont su faire de ces vases de porcelaine de Chine, bien souvent d'une faiblesse notoire au point de vue décoratif. Notre époque peut produire, dans un autre style, bien entendu, des merveilles tout à fait comparables aux céladons, montés par un Caffiéri ou un Gouthière.

J'ai eu l'occasion de dire, ailleurs, tout le bien que je pense des émailleurs modernes, qui, selon moi, n'ont rien à envier aux émailleurs anciens, qui sont l'une des gloires de l'art français. Des mêmes procédés, de la même technique, ils ont tiré des effets différents; tant mieux, car cela prouve que cet art, anémique chez nous, dès le commencement du XVIIe siècle, était susceptible d'une évolution complète et de recommencer une seconde vie, non moins brillante que la première. Nous n'en avons, à l'Exposition de céramique, qu'un

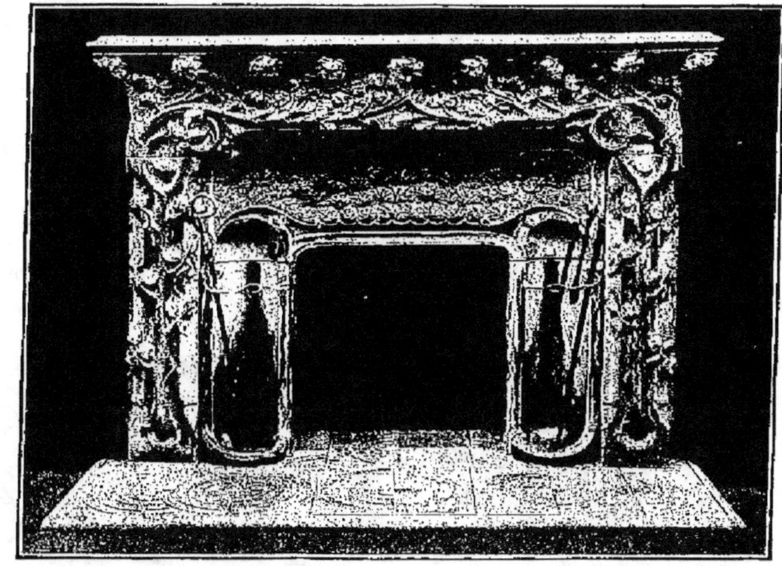

Cheminée en grès.　　　ÉMILE MULLER.

nombre d'échantillons fort restreint, ce qui est regrettable, puisque l'Exposition, de par son titre, comprenait tous les arts du feu. Mais des échantillons, tels que ceux qu'exposent Grandhomme avec sa *Vierge au coussin vert*, d'après Solari, montrent à quel point nos émailleurs modernes sont maîtres de la technique; Georges-Jean, avec son *Saint Georges*, d'après Vittore Carpaccio, ses vases à fond sombre ou à fond blanc, sur lequel s'enlèvent des feuillages ou des fleurs, aux couleurs vives, cernés d'un trait d'or imitant le travail du cloisonnage, montre encore une grande maîtrise, un sens très vif de la décoration émaillée, l'alliance des tons chauds du métal et des émaux aux teintes chatoyantes. Quand un art compte de tels artistes, pour ne nommer que ceux-là, puisque ceux-là, seuls, ont exposé, on ne peut vraiment dire qu'il est bien malade.

Thesmar n'a point exposé, et je le regrette, parce qu'il représente à un degré tout à fait

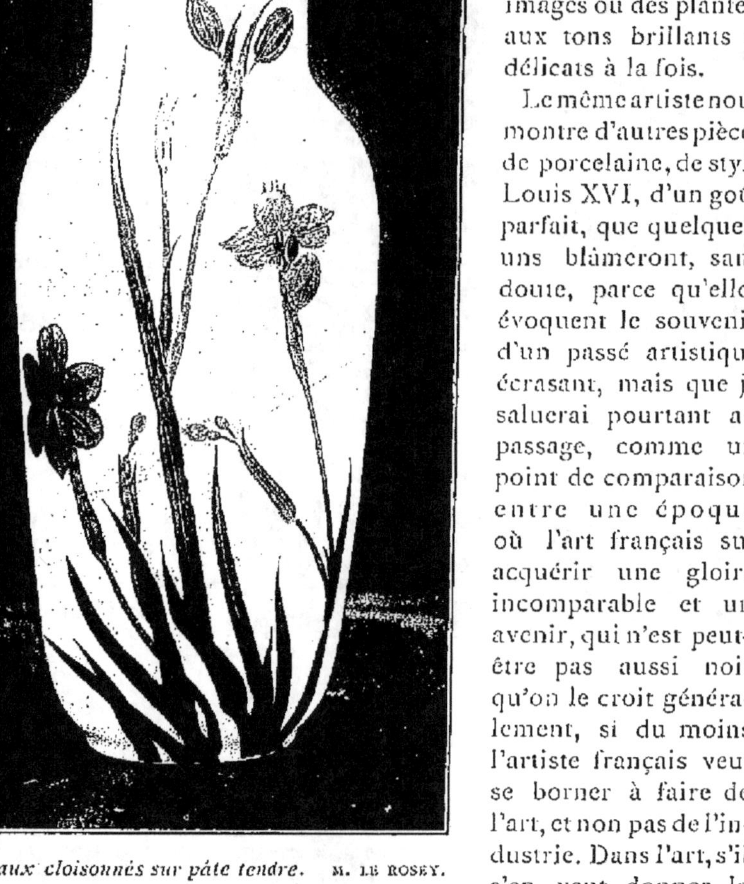

Vase émaux cloisonnés sur pâte tendre.   M. LE ROSEY.

éminent, non seulement l'art de l'émaillerie du xixᵉ siècle, mais aussi l'alliance de l'émail avec la céramique. Ses applications d'émaux cloisonnés, sur la porcelaine tendre, n'ont pas dit encore leur dernier mot; et de la pièce, sortie de ses mains, qui figure dans l'Exposition officielle de la Manufacture de Sèvres, il faut rapprocher les objets exposés par M. Le Rosey, où, à côté de verres à deux couches, gravés, de la plus exquise technique, se trouvent aussi un certain nombre de porcelaines tendres, rehaussées de cloisons d'or, sertissant des images ou des plantes, aux tons brillants et délicats à la fois.

Le même artiste nous montre d'autres pièces de porcelaine, de style Louis XVI, d'un goût parfait, que quelques-uns blâmeront, sans doute, parce qu'elles évoquent le souvenir d'un passé artistique écrasant, mais que je saluerai pourtant au passage, comme un point de comparaison entre une époque où l'art français sut acquérir une gloire incomparable et un avenir, qui n'est peut-être pas aussi noir qu'on le croit généralement, si du moins l'artiste français veut se borner à faire de l'art, et non pas de l'industrie. Dans l'art, s'il s'en veut donner la peine, il ne trouvera point, pour l'instant, tout au moins, de rivaux; dans l'industrie, pour des causes que tout le monde devine et qu'il serait trop long d'exposer ici, il est écrasé d'avance. C'est un sort auquel il faut, dès maintenant, se résigner.

ÉMILE MOLINIER.

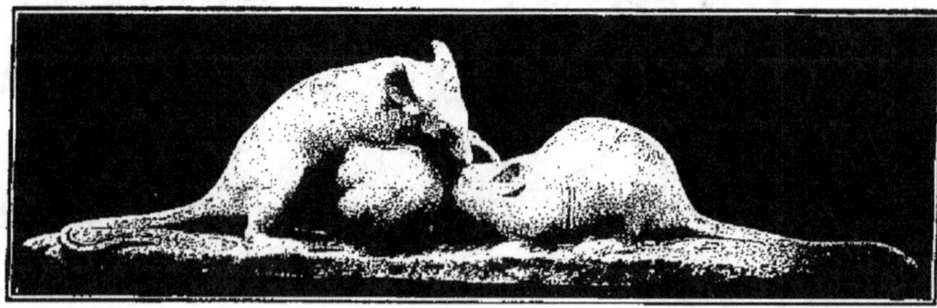

Souris porcelaine (Sèvres).   M. GARDET.

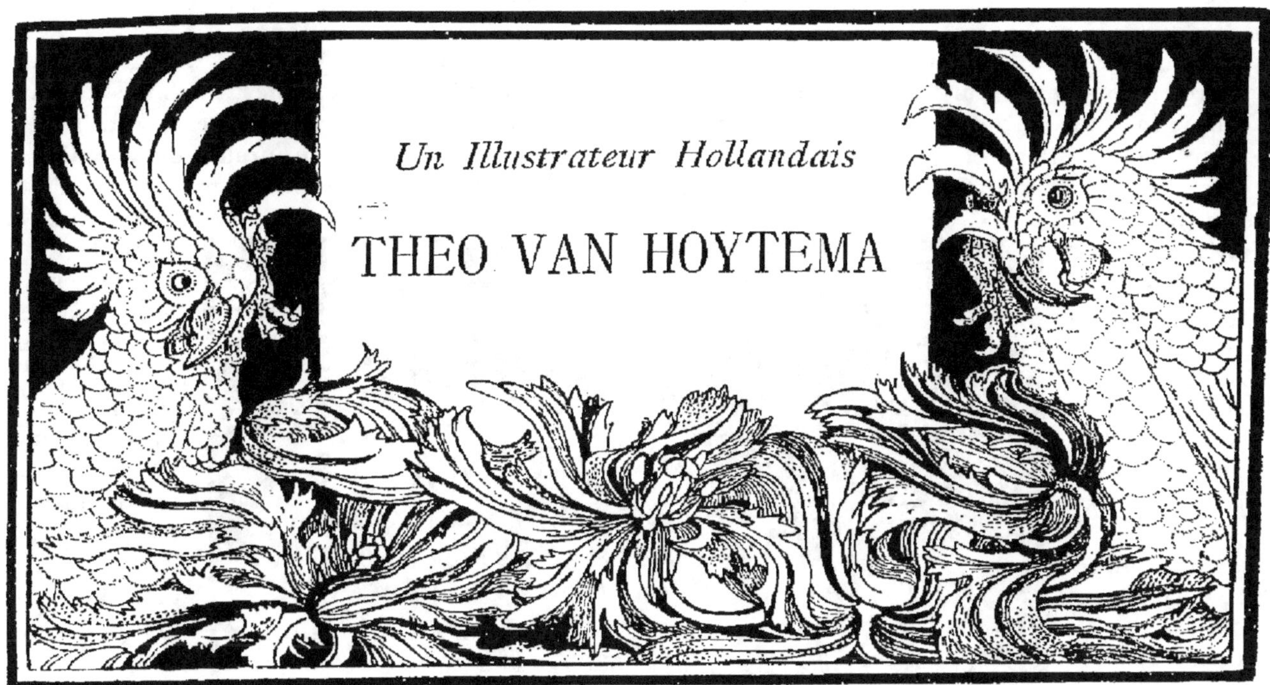

Dans une vaste plaine, mollement ondulée, où quelques bouquets de bois survivent seuls de l'immense forêt qui, du temps des Romains, couvrait, de ses ombrages sacrés, le sol de la Hollande, se groupent, des deux côtés d'une modeste rivière, les coquettes maisons du petit village d'Hilversum.

Il y a vingt ans à peine, ce village n'était qu'une retraite ignorée, perdue dans la lande du « Gooi ». Entièrement séparé du monde civilisé, il restait inconnu aux gens des grandes villes. Mais, depuis la construction du chemin de fer de l'Est, qui va d'Amsterdam à Utrecht, et l'établissement du canal (Gooische Voort), qui mène directement d'Amsterdam à Hilversum, la localité a changé d'aspect. Une fois retirés des affaires, les boutiquiers d'Amsterdam y sont venus installer confortablement leurs pénates. Autour du noyau désolé de l'ancienne bourgade, où une vieille église dresse sa façade insignifiante sur le « Brink », des quartiers nouveaux se sont formés, coupés de vastes avenues qui toutes rayonnent du centre, et que bordent de luxueuses villas, construites dans tous les styles.

Entourées de jardins, de petits parcs, dont les futaies, fort heureusement pour les yeux, ensevelissent, sous le manteau éternellement frais de leur feuillée, les arrangements prétentieux autant qu'artificiels des bourgeois, ces villas, groupées en désordre, donnent, au village, un aspect délicieusement propret. Le calme absolu qui y règne en fait un lieu de repos vraiment unique, que les marchands de salaisons n'ap-précient pas seuls, et qui plaît aux artistes comme aux poètes.

Dans le voisinage, les beaux sites abondent et des routes admirablement entretenues, bordées de quatre rangs d'arbres, y conduisent.

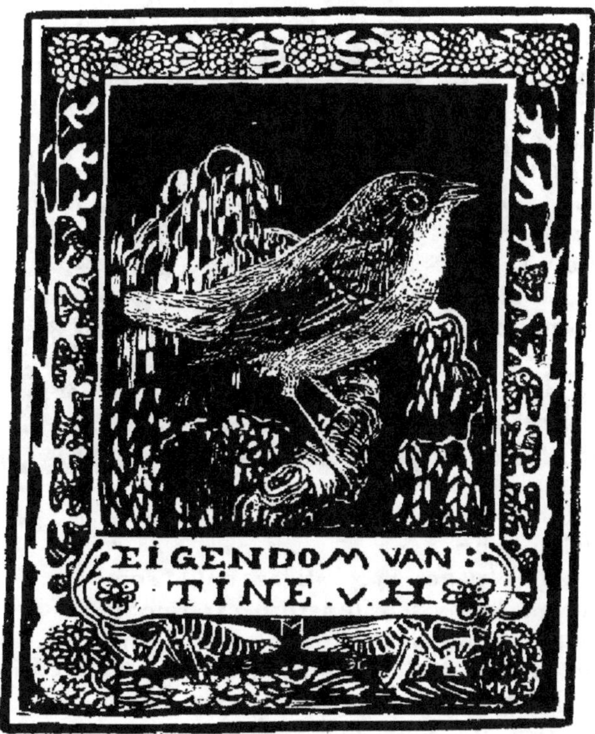

Ex-libris.

Les bicyclistes n'y foisonnent pas comme dans la banlieue de Paris et le paysage garde, encore intactes, sa noblesse et sa majesté.

Un des plus jolis coins d'alentour est célui

2

de la forêt de Spaanderswond. On y va par la route haute de Narden, bordée, elle aussi, de villas que protègent, non des murailles, mais des grilles, et parmi lesquelles une, surtout, se distingue par la vue absolument unique dont elle jouit sur la vallée du chemin de fer, et sur la lande de Laarden.

« Iris-Villa », d'ailleurs, n'est pas une habitation comme les autres. Nulle part vous n'avez vu jardin ni basse-cour entretenus avec un soin plus parfait et remplis d'espèces plus rares. Basse-cour et jardin, en effet, constituent, pour le peintre Van Hoytema, qui habite, avec sa charmante femme, la villa, comme un musée vivant dans lequel il recrute chaque jour, des modèles, emplumés ou fleuris, pour les belles pages décoratives qu'il compose.

Devant la maison, le jardin est rempli d'arbustes de toutes sortes, de plantes grimpantes dont les enroulements délicats, les tiges robustes ou grêles, aux lignes sinueuses, dessinent des arabesques fantaisistes où l'artiste, le plus souvent, prend l'idée, soit d'un encadrement, soit d'un motif de détail.

Derrière la maison, dans de grandes cages, d'une propreté méticuleuse, dans de petits parcs entourés de treillages, dans des volières spacieuses, ou même en liberté, gazouille, caquète et s'agite, tout un monde de volatiles et d'oiseaux, qui vivent dans les meilleurs termes entre eux et avec la maîtresse de maison, chargée de leur entretien. Les poules, les oies, les canards sont les commensaux habituels de l'artiste. La pie, la corneille, les faisans sont plus indépendants, mais non moins familiers. Un petit coq farouche, aux allures de pion revêche, régente, avec humeur toute la bande. Il ne voit son autorité contestée que par un vieux cacatoès vêtu de blanc, et par deux petits perroquets, au plumage ébouriffé d'un beau vert.

Dans le coin le plus ombragé, le plus sombre, deux hiboux, perchés côte à côte, sur une branche, assistent pensifs aux ébats de ces bruyants et sonores personnages. Comme des moines retirés du monde, ils s'engouffrent mélancoliques, silencieux, dans leur froc brun foncé, tacheté de noir et leur paupière s'abaisse, ennuyée, sur leur gros œil rond et vitreux.

Tels sont les modèles du peintre. Quand ils ne lui suffisent pas, il s'en va au jardin zoolo-

Couverture pour la revue hebdomadaire de « de Kroniek ».

gique de la ville étudier les espèces qui lui manquent. Il y croque vivement le profil des graves marabouts, il y enlève, d'un trait nerveux, la silhouette des formidables rapaces, aux ailes démesurées, au bec crochu et tranchant, aux serres accérées.

D'autre fois, c'est en pleins champs qu'il

vation minutieuse, Van Hoytema se soit fait, dans l'illustration du livre, et dans la composition décorative, une grande place, parmi les artistes hollandais de ce temps-ci.

C'est par le livre qu'il a commencé. Après s'être inspiré d'abord des Anglais, de Walter Crane, entre autres, et de Randolphe Calde-

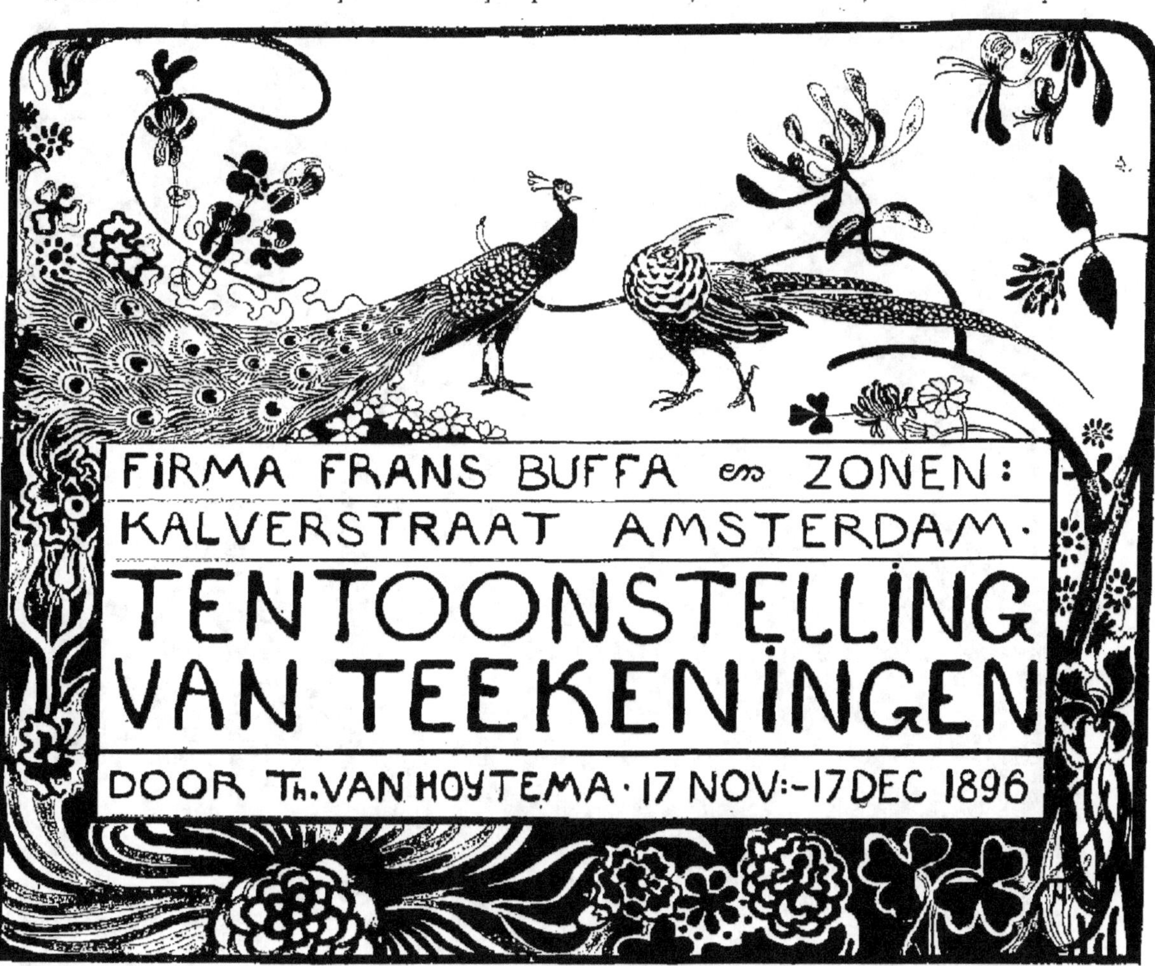

Affiche pour une exposition de dessins.

opère, observant, dans leur vol, le hanneton, la libellule légère, la sauterelle, épiant, dans leurs corps à corps furieux, les insectes, à moins qu'il ne se blottisse, en forêt, dans quelque coin paisible et retiré d'où, retenant son souffle, il assiste aux gambades des lièvres, aux conciliabules tumultueux des lapins.

Dans la lande, ce sont d'autres amis qu'il va voir, tiges frêles et volumineux champignons, alouettes jaseuses, merles gais, les fleurs, les mousses, les gazons. Tout ce qui respire, tout ce qui vit est, pour lui, matière à étude.

On ne s'étonnera pas, qu'avec cette ardeur, au travail, cette conscience, ce goût d'obser-

cott, après avoir demandé aux Japonais le secret de leur art si original et si libre, il s'est fait, de bonne heure, en modifiant, suivant son sentiment personnel, les éléments empruntés à droite et à gauche, une manière profondément personnelle, et dont la nature seule, interprétée avec une indépendance absolue, traduite avec un humour tout spécial, fait les frais.

Il obtint ses premiers succès en illustrant des légendes enfantines, parmi lesquelles le *Vilain petit Canard* d'Andersen. Il y avait mis des qualités de dessin et de sentiment si curieuses et si raffinées, qu'on en raffola du coup. On ne raffola pas moins du *Bonheur*

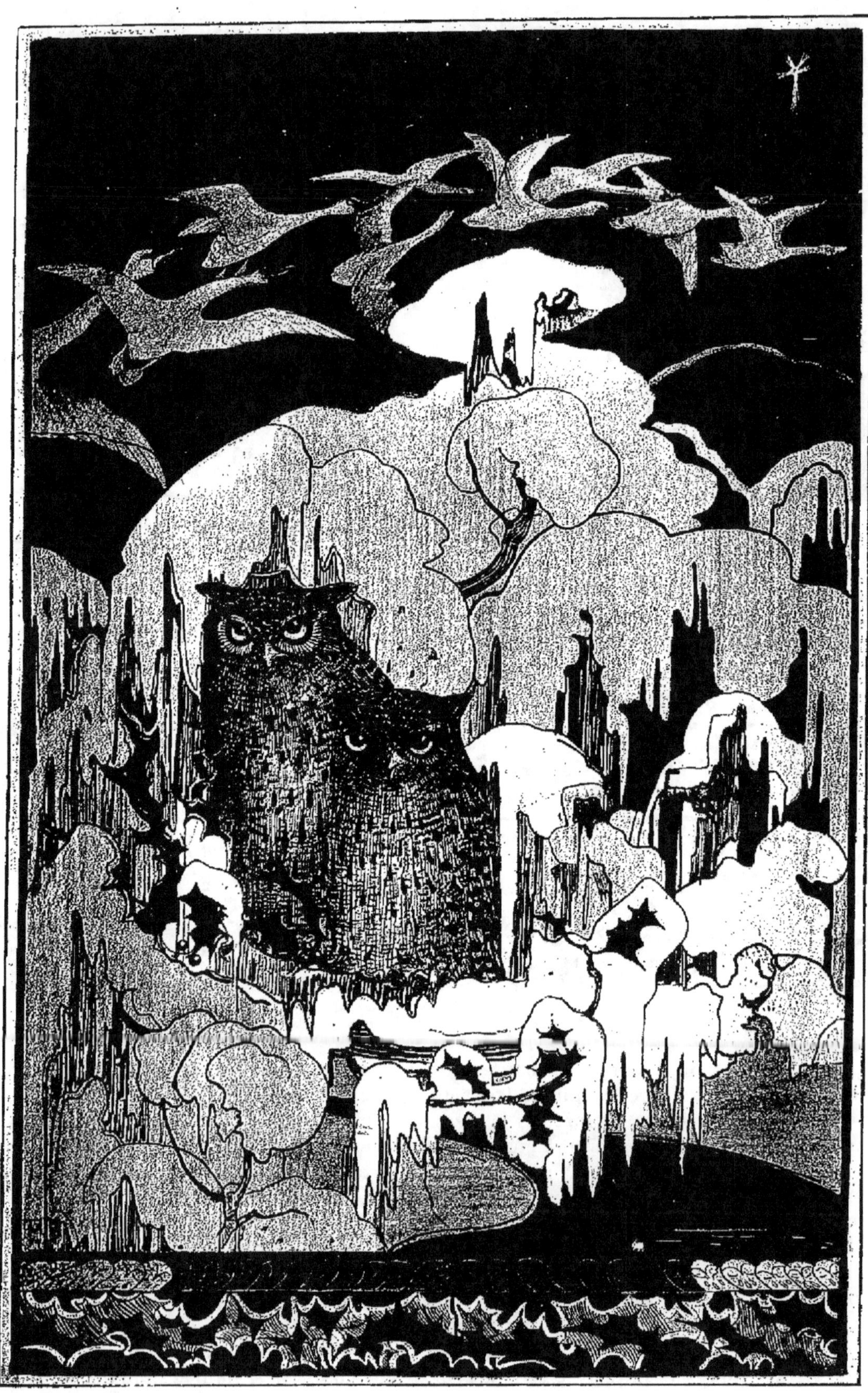

" Bonheur de hiboux "
LA NUIT

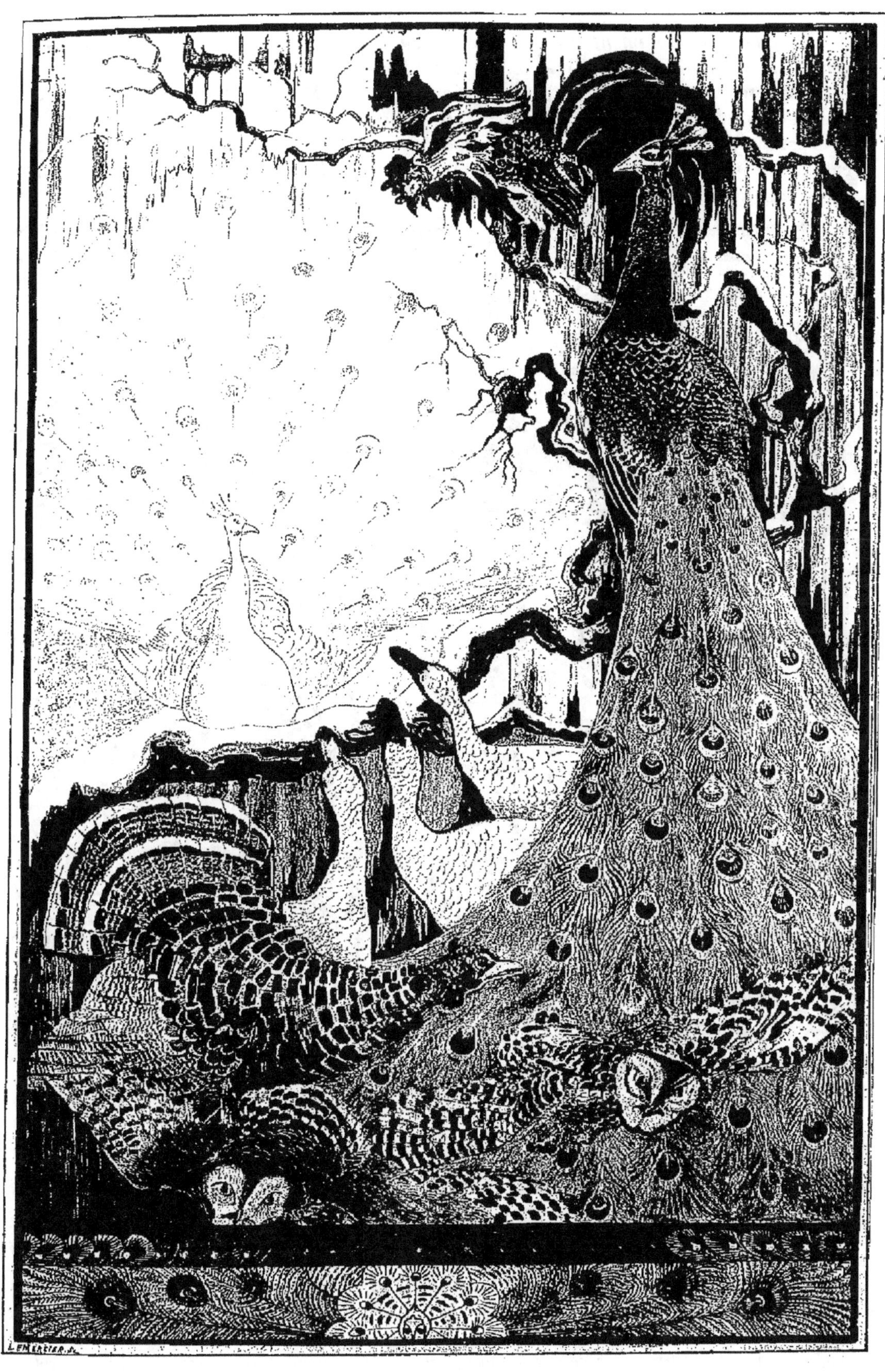

" Bonheur de hiboux "
LE JOUR

de *Hiboux*, et *Comment les oiseaux eurent un roi* lui valut, dans le public, comme dans le monde artistique, des sympathies précieuses, dont l'élan ne s'est jamais, depuis, ralenti.

C'est qu'il n'a pas cessé, depuis, de produire, et dans une note toujours aussi fantaisiste, mais non dépourvue de style. Il s'est essayé,

Buffa, un des critiques néerlandais les plus spirituels :

« M. Van Hoytema me fait penser parfois à un gnome, parfois à une vieille demoiselle. Les fleurs et les oiseaux, les rameaux et les feuilles, les papillons et les scarabées, il les voit, comme les yeux étranges des nains doi-

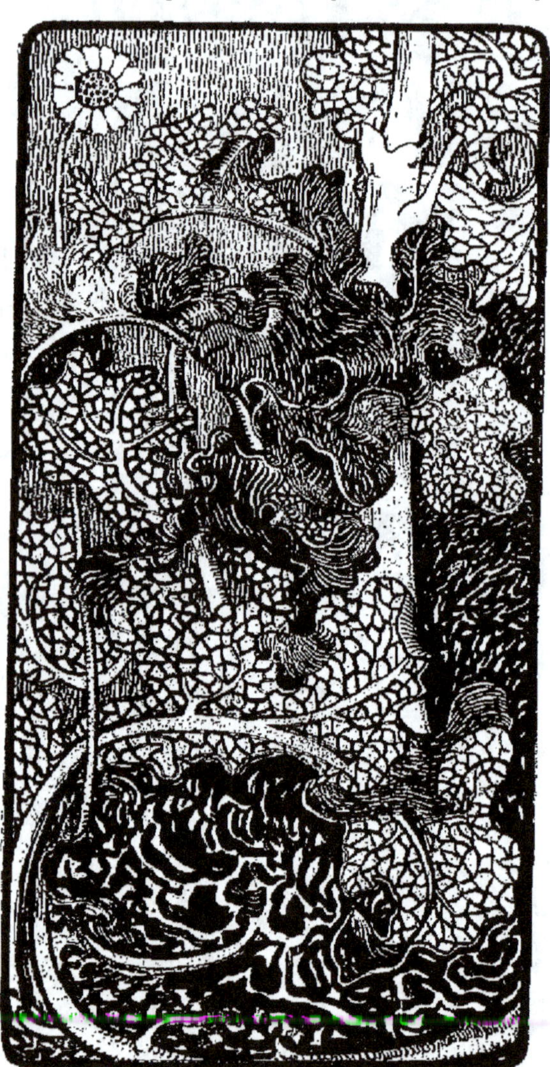
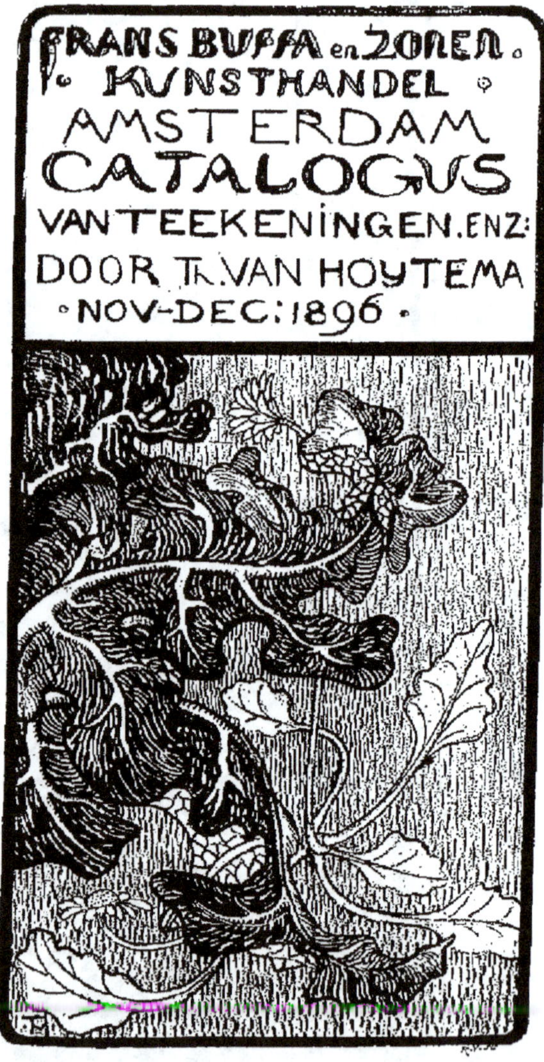

Couverture de catalogue.

d'ailleurs, dans tous les genres, et, dans tous les genres, il s'est montré supérieur : ses lithographies, ses eaux-fortes, ses pastels, ses aquarelles et ses peintures à l'œuf jouissent d'une réputation méritée ; une faveur croissante les accueille, quand il les expose, chaque année, dans les petits salons qui se sont ouverts sur tous les points de la Hollande. Voici comment le caractérisait, l'an dernier, à l'époque où une exposition d'ensemble de ses œuvres venait de s'organiser à Amsterdam, dans la galerie

vent les voir, dans le détail le plus compliqué de leur structure, il perçoit jusqu'aux modulations, les plus insensibles, des couleurs dont les a revêtus, avec profusion, la nature.

« Au pied des arbres géants, les champignons lui paraissent des coussins d'un rouge vif, d'un blanc éclatant, d'un vert sombre, et les plaques imperceptibles de mousse qui piquent de leur velours les écorces, lui font l'effet de forêts vierges où des multitudes d'insectes s'agitent et dorment, vivent et meurent, aussi nom-

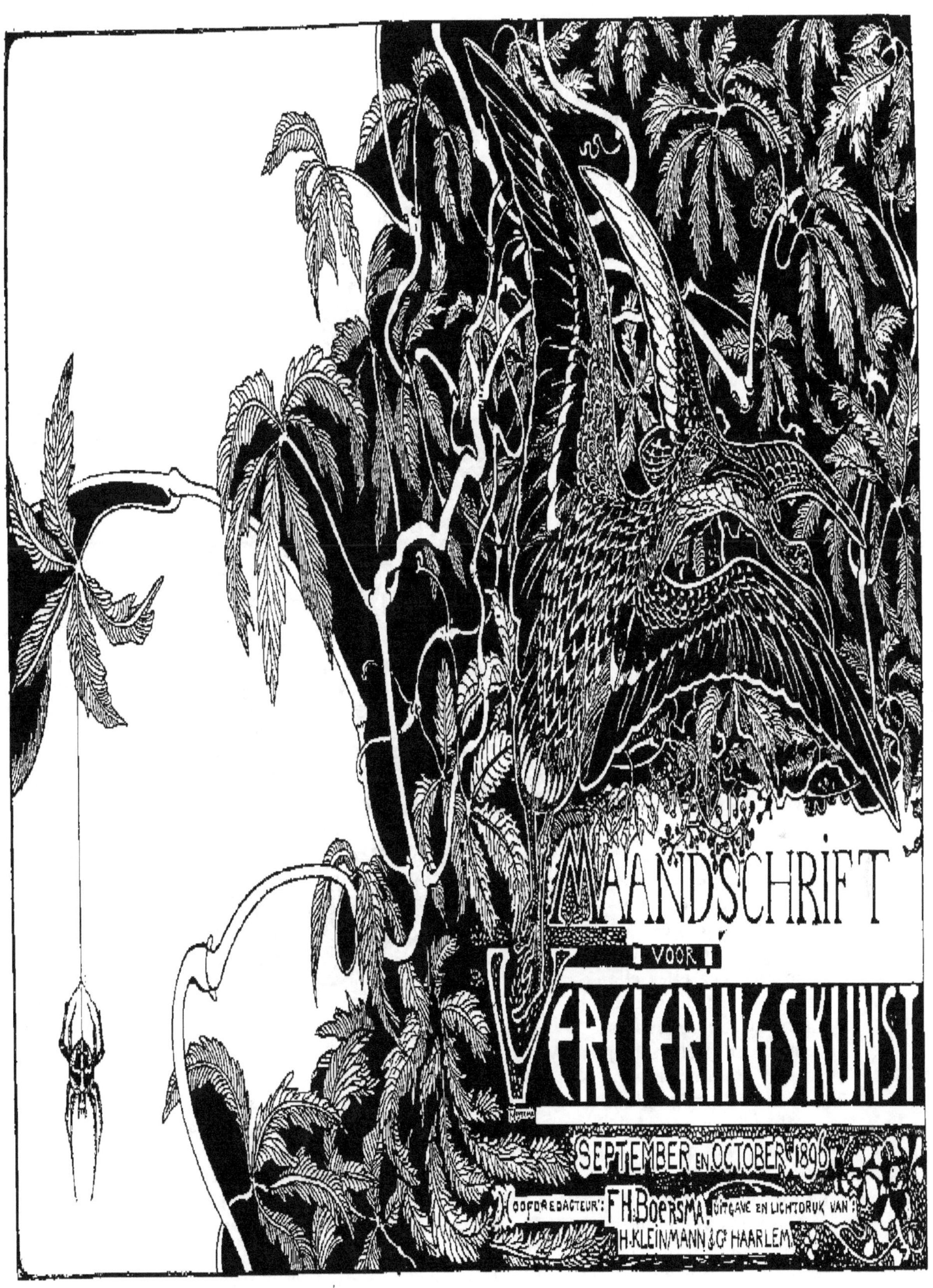

Couverture pour une revue d'art décoratif.

breux, aussi pressés que les hommes dans ces fourmilières qui s'appellent les grandes villes.

« Je m'imagine, parfois aussi, voir en lui une vieille fille, au cœur ingénu, au cœur d'or, dont la vie s'est écoulée solitaire, loin du monde, et qui se console de n'avoir pu créer une famille, en aimant les enfants des autres. Elle improvise pour eux des histoires féeriques, des contes merveilleux. L'affection qu'elle leur prodigue est si grande, qu'elle déborde sur les animaux. Ses poules, en caquetant, viennent picorer dans sa main. Quand elle sort, les canards la suivent, car ils savent qu'elle a des miettes de pain prêtes pour eux. Les hiboux qui ne peuvent supporter les clartés du jour lui font peine, et sa pitié s'étend même sur eux. Elle admire le plumage des paons, elle retient son souffle, en passant, pour ne pas faire peur au lézard qui se chauffe sur un mur, au soleil, — et tous ces êtres qu'elle aime, elle a tenté, pour mieux les comprendre, de les dessiner d'après nature, un à un. Rentrée chez elle, elle les dessine encore de mémoire et, cette fois, en les reproduisant, elle transpose. A l'imitation littérale, elle ajoute un je ne sais quoi, fait de son cœur et de son imagination tout ensemble, et le résultat de ce travail instinctif est un charme. »

On ne peut mieux définir, il me semble, tout ce qui fait à Van Hoytema une personnalité si sympathique et si fière. C'est à force d'aimer la Nature qu'il l'a vue, d'une façon, à la fois, si poétique et si vraie, si minutieusement étudiée et si large. Il observe, il écoute, et la Nature, émue de ce respect, lui raconte, comme dans un murmure, une multitude de légendes qu'il transcrit, pour la plus grande joie de ces petits enfants que sont les hommes.

C'est une spécialité moins bruyante, moins distinguée en apparence que bien d'autres, mais elle se relève, chez Van Hoytema, d'un art si exquis et si fin, qu'elle vaut amplement toutes ces autres, et le rêve, qu'elle réalise, est unique.

Un simple coup d'œil sur les pages que nous reproduisons, vous permettra aisément d'en juger.

Voyez les deux hors-texte que nous reproduisons d'après son *Bonheur de Hiboux* ; la composition n'en est-elle pas délicieuse, et ne trouvez-vous pas une intense poésie dans ce paysage lugubre, si bien fait pour s'accommoder avec le caractère misanthropique du hibou, comme dans ce paysage matinal, radieux et clair, en harmonie parfaite avec l'éclatante parure qu'un paon à plumes blanches déploie, et qui fait fuir, effaré, l'oiseau de nuit? Et quel joli sens décoratif dans tout cela! Quelle richesse, aussi, de couleur! Avec quelle habileté l'artiste a ménagé les oppositions du blanc et du noir!

Ailleurs, dans une carte d'invitation, c'est le vis-à-vis somptueux de deux cacatoès, et, pour unir entre eux ces deux pôles dans le cadre rectangulaire du bristol, c'est un semis de chrysanthèmes dont les longs pétales tubulaires font assaut de courbes savantes, avec la touffe de plumes citron arborée, en guise de cimier, par les oiseaux des Iles. Ailleurs encore, un faisan et un paon, affrontés, se toisent du regard avant d'en venir aux coups de bec. Dans tout cela, aucune préoccupation de symétrie, d'équilibre des masses ; c'est le domaine de la fantaisie, mais d'une fantaisie toujours artistique, toujours spirituelle, jamais échevelée.

Bullée.

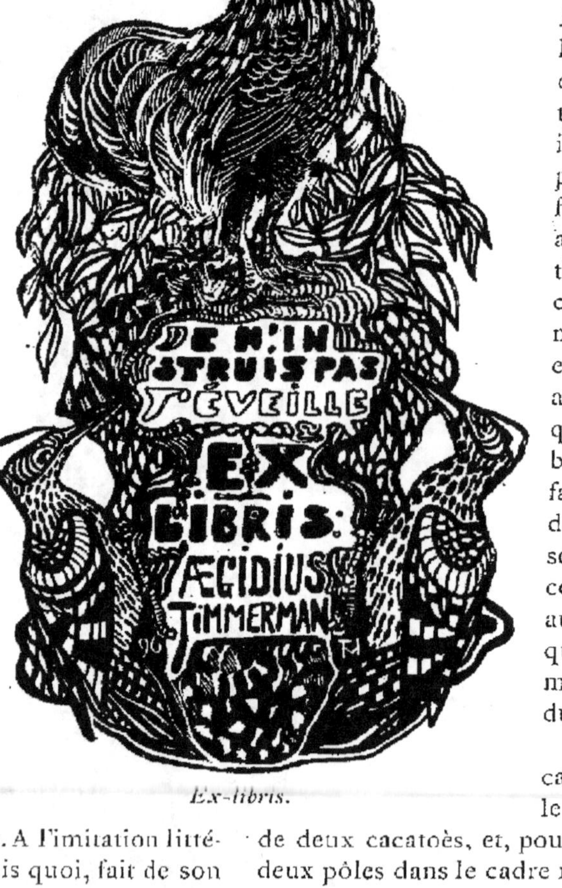

Ex-libris.

UN MAITRE AFFICHISTE

STEINLEN

ANS un livre extrêmement curieux, où se trouvent définies, avec une parfaite justesse, les lois psychologiques du symbolisme, le philosophe italien Guillaume Ferrero, élève de Lombroso, a fait une bien singulière découverte, en ce qui concerne la réclame illustrée. Puisque aucun art n'est plus réellement vivant et plus moderne que celui de l'affiche, je ne veux point, en vous présentant un des maitres du genre, laisser passer l'occasion de répandre cette théorie originale, assurément peu connue en France.

A l'époque où la race humaine parlait un langage universel, la *pictographie* — ou représentation des idées par l'image — était la seule écriture connue. On eut ensuite l'idéogramme (une pictographie perfectionnée), puis l'écriture alphabétique. Mais celle-ci ne réussissant qu'à bien évoquer des idées abstraites, la *pictographie* ne devait point disparaitre de nos civilisations. Depuis quelques années même, elle remporte ses plus éclatants succès, car la réclame, « ce merveilleux levier des foules » que notre siècle créa pour ainsi dire de toutes pièces, a réveillé, dans le peuple, le goût de l'image. Les journaux, revues, livres et magazines illustrés, qui, de nos jours, envahissent les maisons par millions, nous révèlent avec évidence cette résurrection de l'écriture pictographique. C'est que l'illus-

tration *fait voir* les choses, montre des figures nettes, très vives, sans que le cerveau soit contraint à un travail pénible, car il suffit de regarder, de diriger l'œil, pour recevoir immédiatement la sensation. L'écriture de nos pères préhistoriques, la pictographie transformée en « publicité par l'image », est donc restée pour la foule, le plus accessible des symboles intellectuels !

J'avoue qu'avant de lire l'ouvrage de M. Ferrero, je ne me doutais guère, qu'entre un

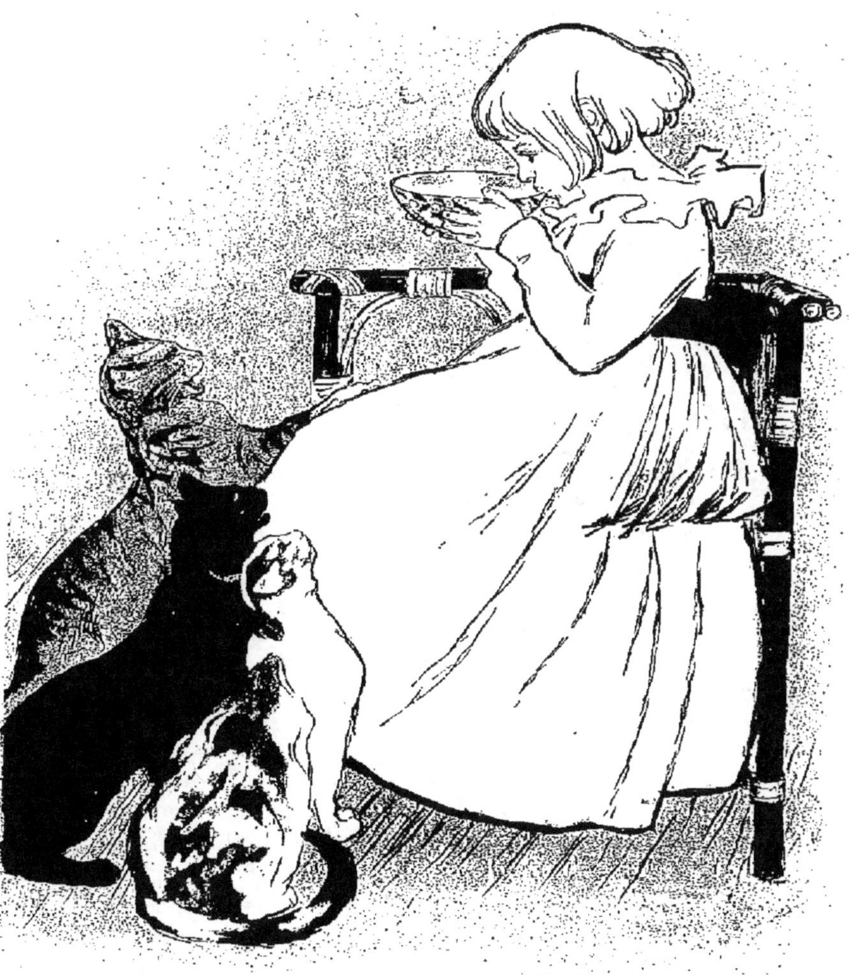

Affiche pour le lait stérilisé.

idéogramme égyptien et un placard illustré, il n'y avait aucune différence essentielle. La philosophie complique bien les choses. Assurément, la pensée n'a point de ces détours, en contemplant les affiches collées à tous les coins de Paris; mais notre plaisir artistique et même notre profit matériel ne sont pas moins appréciables pour cela. Devant les hautes palissades qui s'élèvent au milieu de Paris pour nous cacher quelque mystérieux travail de

tites « botticelliennes » de Grasset, les scènes populaires de Steinlen, les Sarah byzantines ou florentines de Mucha, les portraits ironiquement expressifs de Toulouse-Lautrec, les satires sociales d'Ibels, nous levons les yeux, amusés par ces reflets fidèles et vivants de l'existence moderne, et ravis par la chatoyante

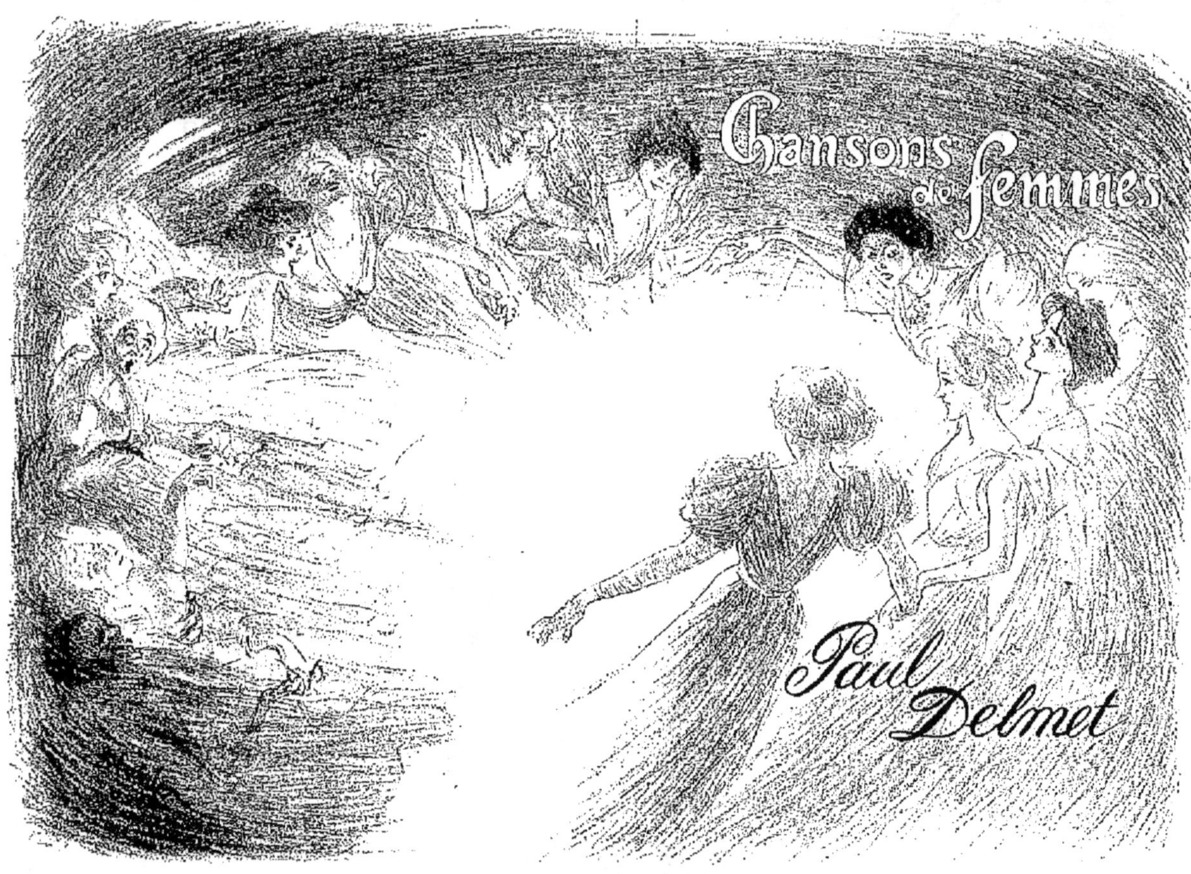

Couverture d'un album de chansons.

démolition ou de reconstruction, nous ne songeons plus, par exemple, à nous plaindre, ni de l'encombrement inaccoutumé des fiacres, ni même de la lenteur des travaux... L'inauguration du nouvel Opéra-Comique peut bien être retardée encore de quelques années; personne n'en prendra souci. La place Boïeldieu est convertie en une exposition permanente, où l'on ne se lasse pas d'admirer les compositions de nos maîtres affichistes. De la cimaise aux frises de ce salon en plein vent, s'étalent des œuvres charmantes, dans lesquelles semblent se réfugier toute l'originalité de l'art contemporain. Et ainsi, dans cent endroits de Paris, partout où nous rencontrons les fringantes Montmartroises de Chéret, les pe-

symphonie de couleurs qui éclaire la grisaille monotone de nos murs.

Non seulement le placard illustré fournira plus tard des documents précieux pour l'histoire des mœurs et des industries parisiennes, mais il plaidera mieux en faveur de nos goûts esthétiques que toute la peinture de notre temps. L'affiche française, en particulier, est incontestablement une des créations les plus gracieuses de l'art xixᵉ siècle; elle supporte victorieusement toutes les comparaisons que l'on voudrait établir avec les lithographies de ce genre publiées à l'étranger. Un artiste français eut même le mérite de donner, le premier, à l'estampe murale un caractère artistique; et l'on sait combien de talents originaux se sont révélés depuis Chéret, dans cette branche si vivace de l'art décoratif. Entre tous les affichistes qui jouissent de la vogue du public, Steinlen se distingue non seulement par la vigueur et la justesse de son dessin, la sobriété puissante de son coloris, l'allure largement ornementale de ses compositions — toutes qualités qui ne révèlent en somme qu'une très grande habileté technique, — mais encore par la *beauté sociologique* de son art. Il n'est pas uniquement le peintre d'une société déterminée; dans les types populaires qu'il a choisis, il a découvert ces traits généraux, ces nuances psychiques qui identifient entre eux tous les hommes. Il a noté les causes et les effets de la passion, qui sont identiques dans toutes les classes sociales. Comédiste sincère et ingénieux, il n'a pas seulement rassemblé en

à nous renseigner sur la psychologie de ses personnages. Ainsi faisait Jean Steen, ce Molière de la peinture; ainsi fit Daumier, ce merveilleux notateur des ridicules modernes. Issu d'une telle lignée, M. Steinlen mérite donc une place spéciale parmi les créateurs d'aujourd'hui; c'est pourquoi nous avons tenu à le présenter aux lecteurs de cette revue, avant d'autres lithographes plus célèbres peut-être, mais dont le talent n'a point à nos yeux une signification à la fois aussi précise et aussi générale.

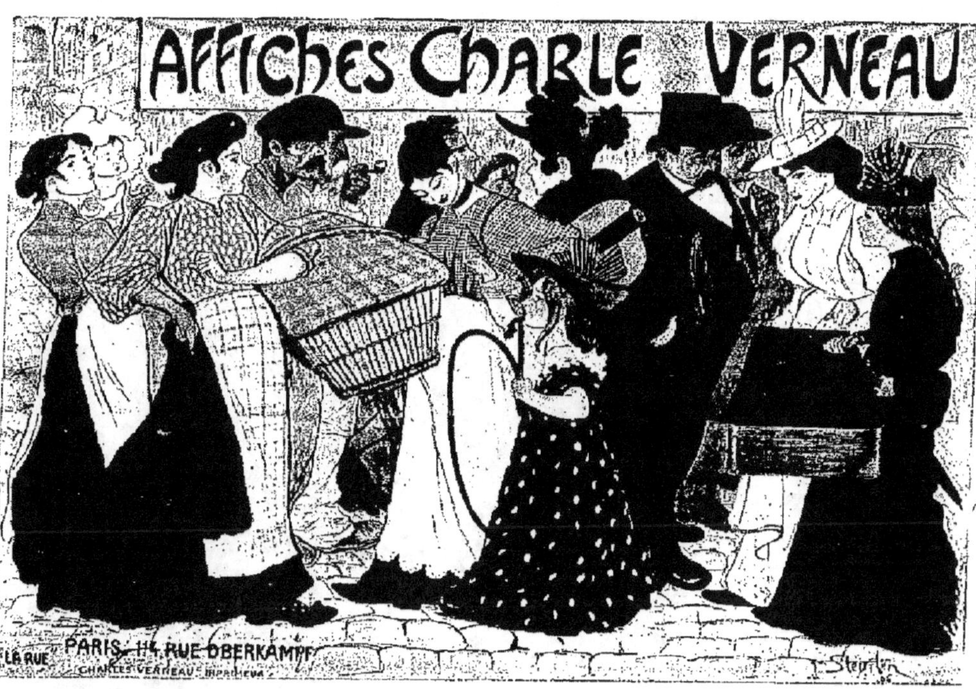

Affiche colossale " La Rue ".

⁂

M. Steinlen est né à Lausanne en novembre 1859. « Enfant, j'adorais les bêtes, a-t-il raconté naguère. Je gaspillais d'entières matinées à écouter les ramiers qui font glou-glou dans les futaies. Je rapportais au logis des lézards, des couleuvres, des chouettes, et ma préoccupation favorite fut l'élevage en grand des chenilles. Entre temps, j'encombrais de caricatures toutes les marges de mes livres. Durant trois ans, je préparai mon baccalauréat; mais en 1879, je rompis avec les saines traditions et m'en fus à Mulhouse, chez un oncle calé. J'y restai près

Étude de chat.

groupes pittoresques ses modèles de prédilection; il leur a distribué à chacun un rôle dans les petits drames de sa façon. Et par la vérité expressive des physionomies, il a même réussi

de deux ans, à dessinailler, et c'est vers la fin de 1881 que j'arrivai à Paris avec 24 francs dans ma poche !... »

Ceux qui prétendent que l'homme, dès sa tendre enfance, possède le germe de ses qualités et de ses défauts futurs, trouveraient dans cette déclaration très naïve de M. Steinlen une preuve frappante à l'appui de leur théorie. Deux traits moraux caractérisent, en effet, l'individualité de l'artiste: un amour illimité d'indépendance et une tendresse instinctive pour les bêtes, une de ces tendresses maladives comme le grand Schopenhauer en éprouvait, et qui semble décidément une des marques distinctives des grands observateurs. Or, voyez la résultante logique de ce double instinct : M. Steinlen est tout d'abord un animalier remarquable; secondement, son désir effréné de liberté le mène tout droit, en arrivant à Paris, dans les milieux d'artistes originaux, voire même un peu bohèmes. A Montmartre, immédiatement il entre en contact avec les populations excentriques, et voilà que lentement, presque fatalement, il devient le peintre du bas pavé parisien, comme Bruant en est le poète.

Présenté par Willette, M. Steinlen débuta au *Chat noir* en 1883, la même année que Caran d'Ache, Henri Pille et Henri Rivière. Ses croquis d'animaux : chiens, rats, pies, coqs et chats, publiés par le journal de R. Salis, obtinrent tout de suite un grand succès. Puis vinrent d'amusantes fantaisies, *l'Enfant et la Tartine*, le *Petit chat et le bout de cigare*, *l'Horrible fin d'un poisson rouge*, d'une jolie note caricaturale, mais qui ne révélaient encore rien d'essentiel sur le talent du jeune dessinateur. Enfin M. Steinlen fit la connaissance du chansonnier Bruant. Grâce à cette rencontre, l'artiste allait conquérir définitivement son originalité. C'est au *Chat noir* également que M. Steinlen fit la connaissance de Bruant. La collaboration du poète populaire et du jeune dessinateur allait être féconde. Tous deux, au cours de leurs instructives promenades dans les coins les plus populeux de Paris, recueillirent une foule de documents inédits, d'un pittoresque achevé. Les illustrations du *Mirliton*, le journal de Bruant, nous fournissent en effet les premières indications sérieuses sur la personnalité de M. Steinlen. Dès ce moment, l'ancien dessinateur du *Chat noir* devient le portraitiste fidèle et attentif des humbles artisans et des déclassés; il ne transcrit pas seulement des scènes épisodiques, il construit de véritables romans, fait vivre autour de ses personnages typiques la foule innombrable des malheureux et des « hors la loi », enfin trouve pour sa galerie naturaliste, le décor exact, intimement approprié aux êtres mis en scène. Le talent que M. Antoine déployait au Théâtre-Libre, M. Steinlen le révé-

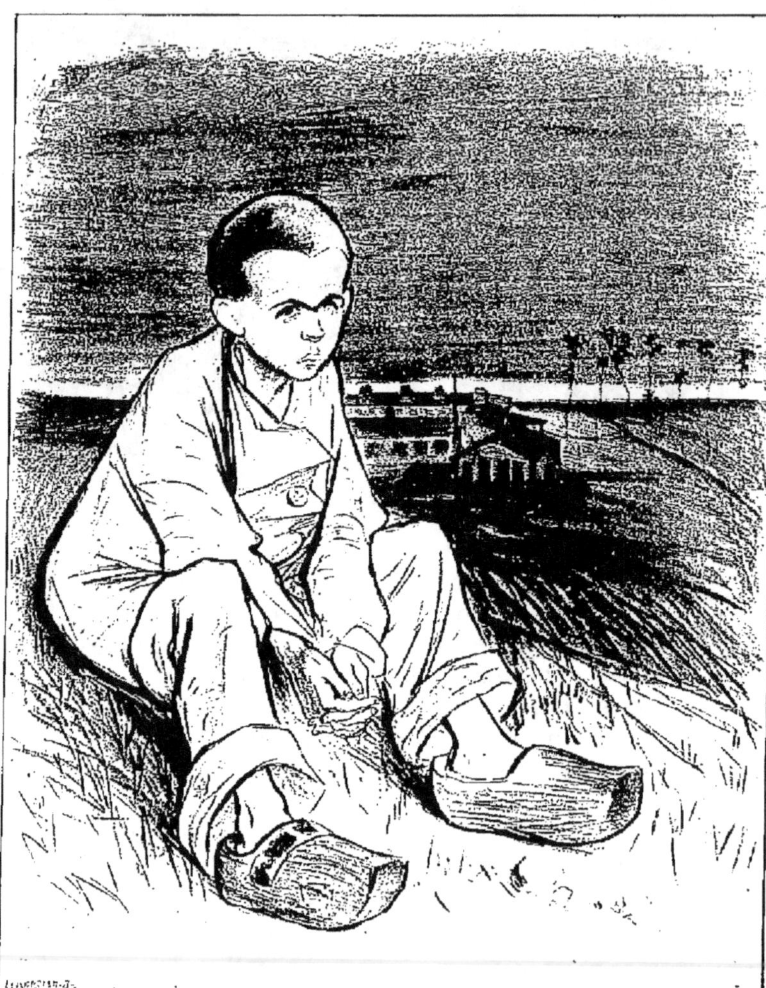

Affiche pour le "Coupable" de François Coppée.

lait à son tour dans l'ordonnance de ses compositions, et, à partir de cette époque, que ce soit dans les illustrations du *Gil Blas* ou dans celles du *Chambard*, le talent du dessinateur, dirigé enfin dans sa voie naturelle, se développe avec une entière liberté.

Ce n'est point sans intention que j'ai rappelé le nom de M. Antoine. L'œuvre de M. Steinlen compte parmi les manifestations les plus caractéristiques de la récente « poussée » naturaliste. Sans les *Soirées de Médan*, nous n'aurions eu ni M. Jules Jouy, ni Bruant, ni Steinlen, ni Ibels, ni Toulouse - Lautrec, ni M. Ancey. Une correspondance très étroite, et assez facile à discerner, existe entre ces artistes, ces chansonniers et ces auteurs dramatiques, également sollicités par la transcription directe et brutale de la vie. Mais ce qui place Steinlen au-dessus de la plupart de ses émules, c'est

trottins, ses marmots barbouillés et crasseux, toute cette « figuration » bizarre et interlope des boulevards extérieurs, est présentée par lui, avec une vivacité et une justesse de traits extraordinaires. Dans ses illustrations du *Gil Blas*, il ne se sert que de deux teintes: le noir et le rouge, ce qui ne l'empêche pas d'obtenir des effets très variés, particulièrement dans ses paysages. Qu'il montre les routes silencieuses de la banlieue, les « fortifs » s'éloignant en zigzag jusqu'aux horizons brumeux, les talus jaunissants des faubourgs où se dispersent les chétifs arbustes, les murailles noirâtres des quartiers industriels, toujours il trouve dans son interprétation, sinon la note exacte, du moins des nuances suggestives qui évoquent la réalité entière. Souvent le soleil couchant illumine de sa pourpre opulente ces décors de misère et de rude labeur. C'est alors

Étude de Coqs (lithographie).

que, tout en restant fidèle au principe inspirateur de l'art réaliste, il a, si je puis dire, éclairé ses modèles à l'intérieur ; il leur a prêté une âme, les a idéalisés à sa manière ; et c'est pourquoi ils s'animent de la superbe et durable vie de l'art.

Totalement dépourvu d'éducation classique, mais guidé par un instinct puissant et conservant avec une sûreté infaillible la vision de ses modèles, Steinlen trouva tout de suite la *forme* qui convenait à sa création. Ses animaux d'abord, puis ses rôdeurs, ses camelots, ses escarpes, ses ivrognes, ses habitués faméliques du banc gratuit, ses « gigolettes », ses

un éclaboussement joyeux de lumière rouge ; les toits rutilent, les cheminées se fondent dans le ciel cuivré, toute la tristesse du site souffreteux s'évanouit dans la splendeur glorieuse de l'astre au déclin...

Néanmoins, les illustrations du *Gil Blas* qui nous informent si amplement (sur la portée sociologique de l'œuvre de Steinlen, ne donnent qu'une idée incomplète de la puissante exécution de l'artiste. Le dessinateur et le peintre se révèle tout entier dans les affiches et les placards décoratifs, en même temps du reste que le psychologue, le dramatiste et « l'ami des bêtes », dont nous parlions plus haut. Il suffirait, au besoin, pour connaître Steinlen à fond, de n'étudier que l'œuvre de l'affichiste. Est-il bien nécessaire de vous détailler encore ces compositions si connues et admirées depuis longtemps, le *Lait pur stérilisé* où l'on voit un bébé rouge, resplendissant de santé, vider goulument un bol de lait, tandis que trois chats, frémissants de gourmandise, suivent avec une attention extraordinaire le moindre de ses mouvements ; *Mothu et Doria*, scène réaliste à deux personnages — un pâle voyou demandant du feu à un gentleman impassible — qui se déroule à l'heure de l'absinthe, sous la lumière trouble des réverbères ; *Coqs et poules au perchoir*, une admirable lithographie murale, chef-d'œuvre d'esprit et d'observation, car jamais aucun peintre n'a réussi à donner aux animaux de basse-cour, une « physionomie » aussi juste. Si Hondecœter revenait en ce monde, il serait jaloux des poules de Steinlen.

La dernière affiche de l'artiste a été composée pour le roman de M. Coppée : *Le Coupable*. Un vagabond, le front barré d'un sourcil volontaire et dur, les yeux haineux, la bouche mauvaise, est assis au bord d'une route solitaire ; dans le lointain, la ville noire et fumeuse où le jeune bandit sans doute vient de commettre son crime. L'œuvre est des plus empoignantes. Mais la grande estampe murale *La Rue*, exécutée récemment pour l'éditeur Verneau, la dépasse encore comme exécution et comme caractère. L'œuvre entier de Steinlen y reparaît, résumé en une synthèse superbe. Le

trottin, le camelot, l'artisan du pavé, le « vieux marcheur » sont fixés désormais en des traits immuables. *La Rue* est une composition sans analogue et sans précédent ; aucune production graphique ne défendra mieux devant l'avenir l'art démocratique de ces vingt dernières années.

Il me reste, en terminant cet article, à exprimer un regret. Certes, le talent de M. Steinlen a trouvé une application excellente dans l'affiche. Mais ces « fresques de papier » sont vite enlevées de nos yeux, et les chefs-d'œuvre de Steinlen doivent fatalement disparaître au bout d'un court laps de temps, sous d'autres placards souvent sans intérêt. Pourquoi un débitant, un hôtelier, un restaurateur avisé, ne commanderait-il pas à Steinlen la décoration de son établissement ? Cela nous changerait un peu des Gambrinus chevauchant des foudres, et des gnômes chargés d'immenses bocks, que l'on voit dans nos brasseries germanisées. On se représente aisément la frise vivante et pittoresque qu'exécuterait le jeune maître ; en plein Paris, sans se déranger, on verrait défiler autour de soi les spécimens les plus curieux et les plus amusants de notre population. L'étranger, en cinq minutes, serait renseigné sur l'ethnographie parisienne ; et le « musée Steinlen », faisant vis-à-vis au « musée Forain », donnerait au boulevard, qui en a bien besoin, le cachet d'originalité et d'art que, seul, peut lui donner le peintre de *La Rue*.

H. Fiérens-Gevaert.

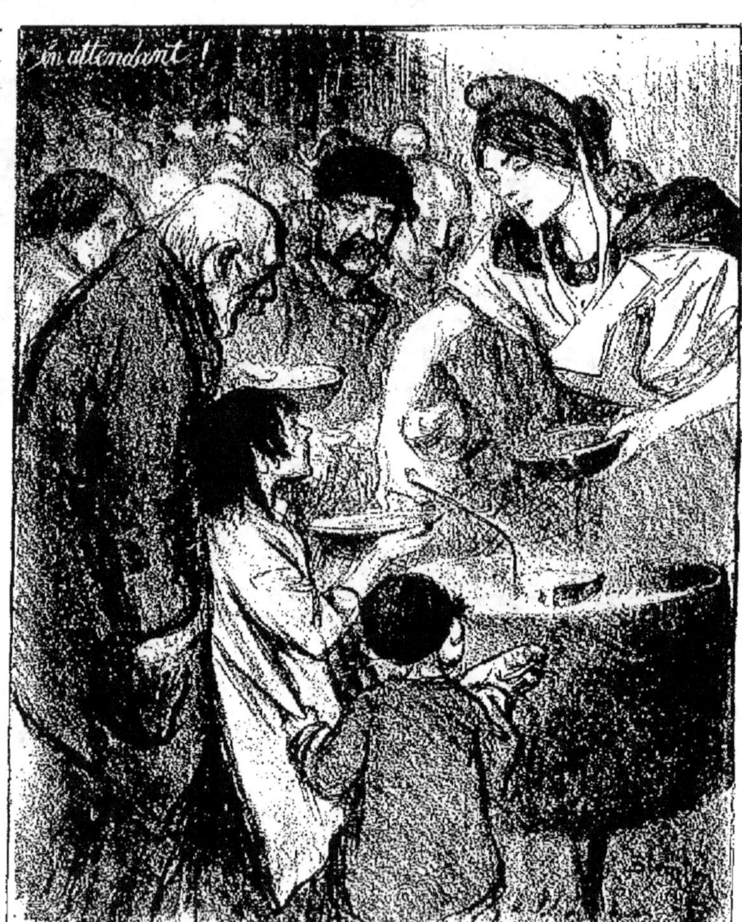

En attendant ! (lithographie).

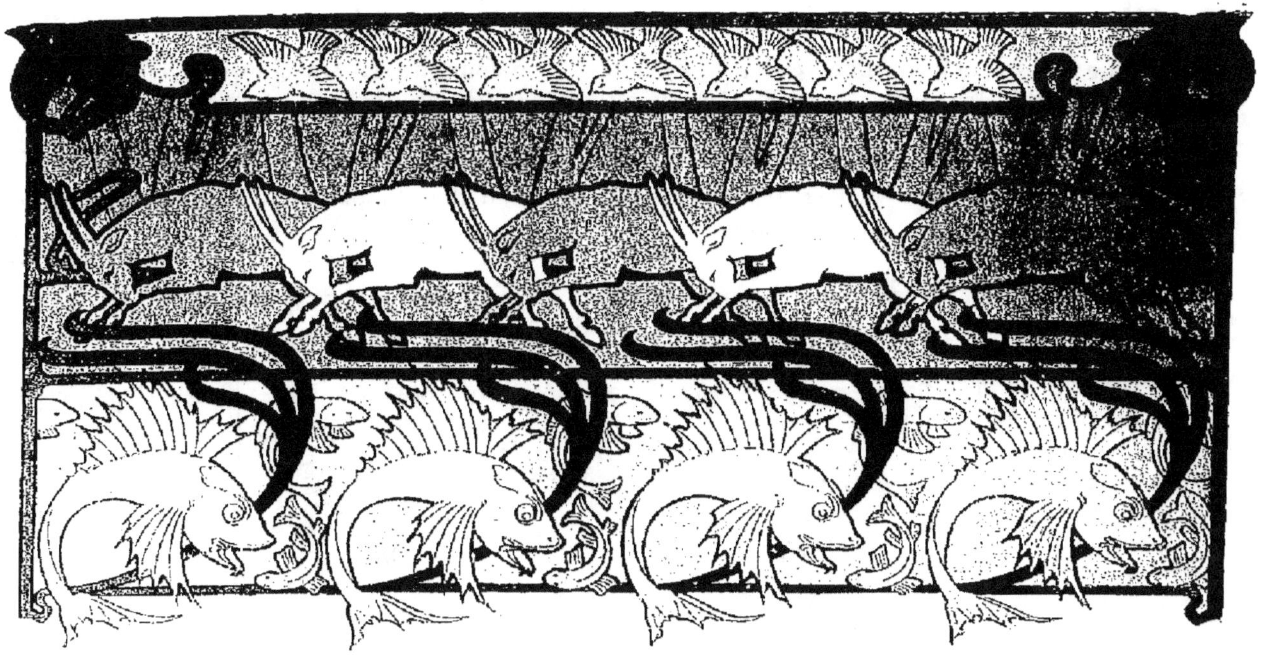

ILSÉE, PRINCESSE DE TRIPOLI

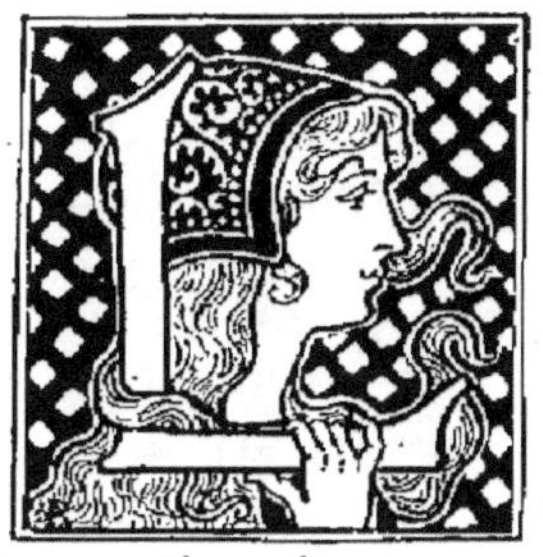'APPARITION d'un beau livre, préparé et présenté avec un véritable souci d'art, est chose rare parmi nous, et son ornementation nécessite, chez le décorateur qui s'y dévoue, de trop sérieuses qualités et de trop abondantes ressources d'imagination, pour que cette Revue ne lui accorde pas un vif intérêt. Le volume que vient de publier le libraire de *l'Edition d'Art*, M. H. Piazza, est particulièrement digne que l'on s'attarde à en tourner les pages. Autour d'un conte de M. Robert de Flers, *Ilsée, Princesse de Tripoli*, M. Mucha a composé une nombreuse suite de dessins aquarellés, encadrant le texte, où apparaît sous une face nouvelle le talent original dont il avait déjà fait preuve. Nous pouvons même dire qu'il y trouve matière à plus de variétés et à plus de développements, et M. Mucha s'est dès maintenant assuré une place au premier rang de nos décorateurs.

On ne peut que se réjouir de voir ainsi définitivement consacrée la réputation que M. Mucha s'est acquise en quelques années à peine ; car, cette fois, le succès ne s'est pas trompé d'adresse. Notre attention a été, pour la première fois, attirée vers cet artiste par l'affiche qui annonçait les représentations de *Gismonda* ; avec un dessin ferme et correct, l'artiste y faisait preuve, dans les souvenirs byzantins habilement transfigurés, d'une érudition sans encombre, et aussi d'un goût sûr d'arrangement et d'un sentiment très personnel de la décoration, qui frappa tout de suite les regards. Il est à croire que M. Mucha restera encore longtemps, pour une notable partie du public, un peintre d'affiches ; mais je ne vois rien là qui soit fait pour le désobliger. Dans ses limites restreintes et en comptant avec les effets assez généraux auxquels contraignent les nécessités de la vision en plein air, l'affiche donne matière à un art véritable, qui a ses lois et ses procédés spéciaux, et nous voyons assez d'ébauches incohérentes pour nous assurer que tout le monde n'est pas qualifié pour y réussir.

D'ailleurs, la série d'affiches qui suivit celle de *Gismonda* mérite bien, en effet, de gagner à M. Mucha une renommée particulière. Mme Sarah Bernhardt ne s'y est pas trompée, et c'est à ce talent qu'elle a confié le soin de narrer tous ses succès en des compositions murales où sa propre silhouette se campe et s'agrémente de façons diverses, selon le costume de ses rôles. Le format allongé reste toujours le même, si bien que ces affiches acquièrent pour les amateurs l'intérêt d'une véritable

« suite » de planches en couleurs, successivement enrichie des illustrations de *la Dame aux Camélias*, de *Lorenzaccio* et de *la Samaritaine*.

A côté de cette importante série, parurent encore des affiches de petites expositions, des couvertures de revues ou des estampes décoratives, où s'affirmait le même art, fait d'une recherche serrée de dessin et d'une ingénieuse invention d'attitudes et de motifs ornementaux. La manière de M. Mucha semblait toujours se reconnaître et se définir particulièrement dans l'interprétation des chevelures, qu'il fait se dérouler en minces filets, pareilles à des fumées d'encens, ou qui frisent en plumes de coq, ou s'éparpillent comme des pétales de chrysanthème. Il n'en fallait pas davantage pour

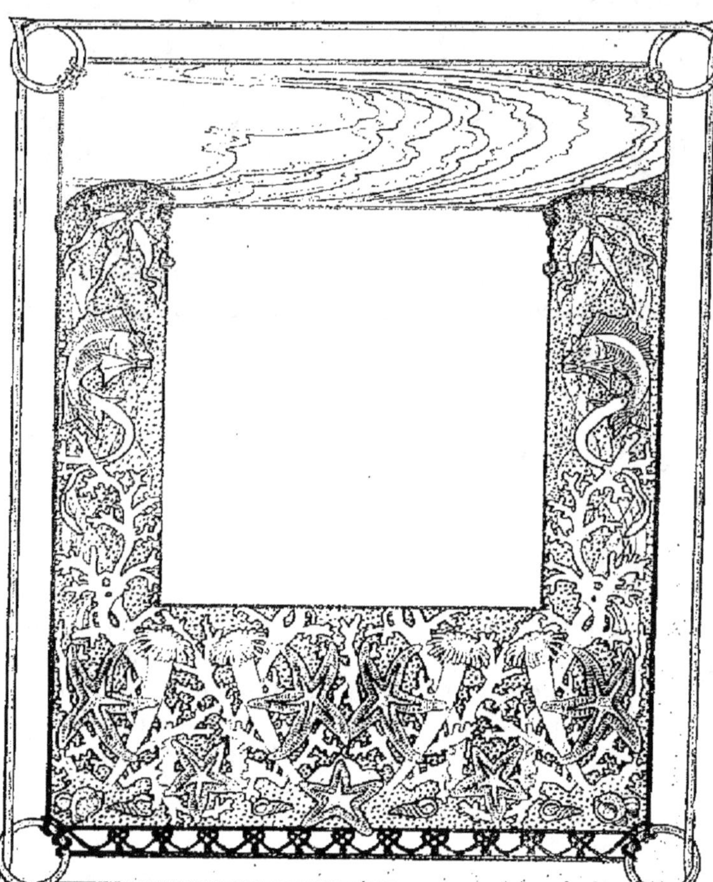

démontrer que M. Mucha possédait un style bien à lui, conscient et voulu, et pour faire aussitôt surgir des imitateurs, ce qui n'a pas tardé.

Une exposition récente à la Bodinière, où M. Mucha groupait déjà ses premières œuvres, nous montrait un ensemble de compositions destinées à illustrer les *Scènes et Épisodes de l'Histoire d'Allemagne*, de M. Charles Seignobos; c'étaient là des tableaux d'histoire réduits, où il ne pouvait guère rester du décorateur que la faculté de mise en scène. Mais plus qu'ailleurs s'y pouvaient révéler la variété et la solidité d'une instruction documentaire.

Après ces différentes études de panneaux décoratifs et cette figuration de scènes historiques, le talent de M. Mucha, pour parvenir à son épanouissement complet, devait nécessairement aboutir à l'embellissement d'un livre entier, capable de donner cours à la libre imagination d'un ornemaniste. Car c'est là, sans aucun doute, que réside l'application la plus riche et la plus diverse du dessin décoratif: il faut bien songer au véritable souffle d'inspiration qu'il est indispensable de posséder, pour ne pas succomber en route. Il s'agit, en effet, de suivre un récit page à page : et non pas seulement de le transcrire en images visibles, mais d'improviser, pour ainsi dire, dans les marges, une trame continue d'accompagnement, un intarissable tissu de broderies qui commentent les péripéties du texte avec un accent personnel, qui en dégagent des sortes de signes symboliques, des thèmes imaginatifs et comme mélodiques. Il importe aussi de varier sans cesse l'accommodation du sujet, la nature des ornements et le cours même de l'imagination; ce serait ici un défaut irrémissible que la monotonie et l'indifférence, et cette sorte d'habitude paresseuse du crayon, qui conduit l'artiste à tracer d'instinct tous les encadrements suivant une formule identique. A chaque pas, doit s'éveiller une surprise sous les doigts du lecteur.

Il est assurément permis de regretter que cet art, digne de passionner les esprits, ne trouve pas une réalisation plus fréquente; mais il faut bien dire aussi que toute la faute n'en est pas à la réserve des éditeurs, et que beaucoup d'artistes ne se sentent pas le cœur d'affronter une œuvre aussi complexe et aussi touffue. A parler franchement, je ne vois depuis des années, à part quelques plaquettes hors commerce, que deux volumes qui aient été exécutés en France dans cette donnée de décoration suivie : ce sont *les Quatre fils Aymon*, où s'est si généreusement dépensé le talent de M. Eugène Grasset, et *l'Evangile de l'Enfance de Notre-Seigneur*, que nous devons à M. Carlos Schwobe. Et voici qui vient juste à point confirmer l'opinion que j'avançais tout à l'heure sur les hautes qualités qu'exige un tel travail, car M. Grasset et M. Schwobe sont actuellement, sans contredit, les premiers de nos décorateurs, et M. Mucha prend aujourd'hui place avec eux.

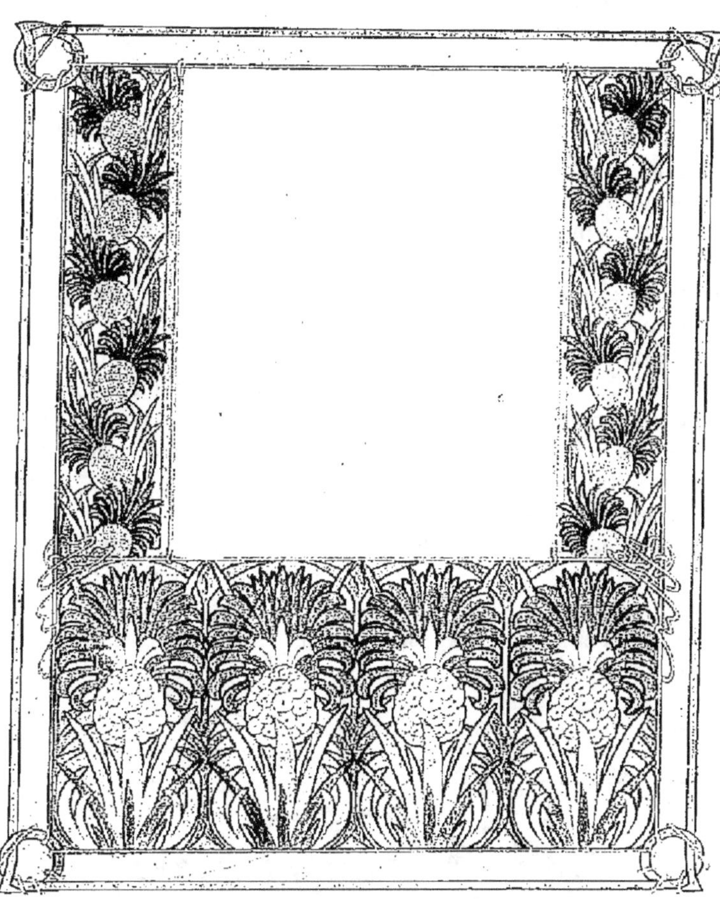

Mais alors même qu'on ne puisse réclamer trop souvent de pareils ouvrages, et en reconnaissant que les volumes de luxe ne pourront jamais être de production courante, on ne peut trop souhaiter de voir chez nous l'art du livre prendre une place plus considérable, en regard des tentatives incessantes des éditeurs anglais et allemands. Avouons en passant que notre public n'est pas difficile à contenter, et que les livres même de consommation journalière, si l'on peut ainsi dire, les romans que l'on froisse fiévreusement au bord d'une table, ou que l'on empile dans ses bagages au moment des départs, pourraient se présenter à nous sous un appareil moins négligé. L'infirmité de notre mouvement décoratif tout entier, c'est de s'attaquer aux recherches de détails, aux raffinements accessoires, et non point du premier coup aux réformes fondamentales. C'est ainsi qu'en ces derniers temps, la reliure a séduit nombre d'artistes très avisés, que je n'aurai garde de décourager ; mais n'oublions pas que toutes les parties diverses de l'imprimerie, la fonte des caractères, la typographie, la fabrication même du papier, réclament des soins plus éclairés.

Remarquons aussi que le régime du collège nous a trop fortement marqués, et qu'à peine un livre apparaît-il, on s'empresse de l'enterrer dans une « Bibliothèque » ou une « Collection », et de le revêtir de l'uniforme de la maison. Quand donc apprendrons-nous à respecter l'individualité du livre, et à lui donner l'habit qui se prête à son caractère et à son allure ?

Il convient d'autant mieux d'apprécier hautement l'exemple que donne de ce respect l'œuvre réalisée par *l'Édition d'Art*. Tous les détails de l'exécution ont été l'objet du choix le plus attentif, et il ne faut pas oublier de mentionner spécialement, parmi les raretés de ce beau livre, la branche de lis incisée en filigrane, sur la feuille de garde, par M. Alexandre Charpentier.

Le récit des aventures mi-chevaleresques, mi-orientales du troubadour Jaufré Rudel et d'Ilsée, princesse de Tripoli, offrait à tous les développements que pouvait rêver M. Mucha, un canevas merveilleusement souple et assorti. L'artiste, se sentant ainsi autorisé à tous les caprices de sa fantaisie, a usé avec beaucoup d'aisance de l'horizon libre qui lui était ouvert. Les héros du conte, ou des figures de person-

nages abstraits, prennent place dans ces encadrements; mais M. Mucha les isole ou les
assemble sans se départir jamais du style qui
convient à la continuité ornementale de son
œuvre, et ces compositions sont conçues dans
un goût qui procède parfois du vitrail, et plus
généralement de la tapisserie. Mais la décoration du livre comprend aussi des abréviations
de paysages, très vivement notés dans leur
mouvement essentiel, et dont M. Mucha
excelle à révéler le caractère pathétique; puis,
le grouillement le plus imprévu et le plus
curieusement ordonné des formes d'animaux
et de plantes. Et ces éléments divers s'unissent, se juxtaposent, interprétés avec un sens
de l'ornement, aussi éveillé qu'il puisse être.
C'est à peine si l'on peut relever, de temps en
temps, un effort d'imagination un peu trop
tourmenté et bizarre, ce qu'il était difficile
d'éviter dans cette tension constante des facultés
inventives. La couleur est toujours fort agréable, très délicatement appliquée, et ne verse
sur la page aucune tache lourde et obsédante;
l'harmonie est partout très heureusement soutenue.

Je ne veux pas clore ces notes sans appeler,
surtout, l'attention sur les enlacements graphi-
ques qui sont, chez M. Mucha, un procédé
constant de décoration. Non seulement les
formes existantes lui paraissent capables de
donner naissance à un ornement, mais il estime
que les lignes pures, habilement assouplies et
combinées, ont aussi un style. De là, ces courbes
qui s'embrouillent et se nouent comme les
vrilles de la vigne. M. Mucha apprécie fort justement les moyens de l'ornementation, et ne
dédaigne pas l'exemple des grimoires que
nous ont laissés les arts arabes et persans; de
là même, me semble venir le cachet le plus personnel de ses œuvres, car je ne me suis guère
aperçu que ni M. Grasset, ni M. Schwobe
fissent usage de l'arabesque.

Les lecteurs sauront assurément gré à notre
Revue d'avoir relevé pour eux, dans cette œuvre
importante, quelques exemples divers d'arrangements décoratifs, dont le paysage, la flore,
la faune et les lignes sinueuses donnent le
thème, et aussi ce médaillon de femme, où
M. Mucha s'est souvenu des coiffures et des
joyaux affectionnés par Mme Sarah Bernhardt.
Pour notre part, nous devons remercier
M. Mucha et son éditeur d'avoir donné ici
prétexte à ces réflexions sur l'ornement du
livre, qui ne peuvent se terminer pour eux que
par un large tribut d'éloges.

GUSTAVE SOULIER.

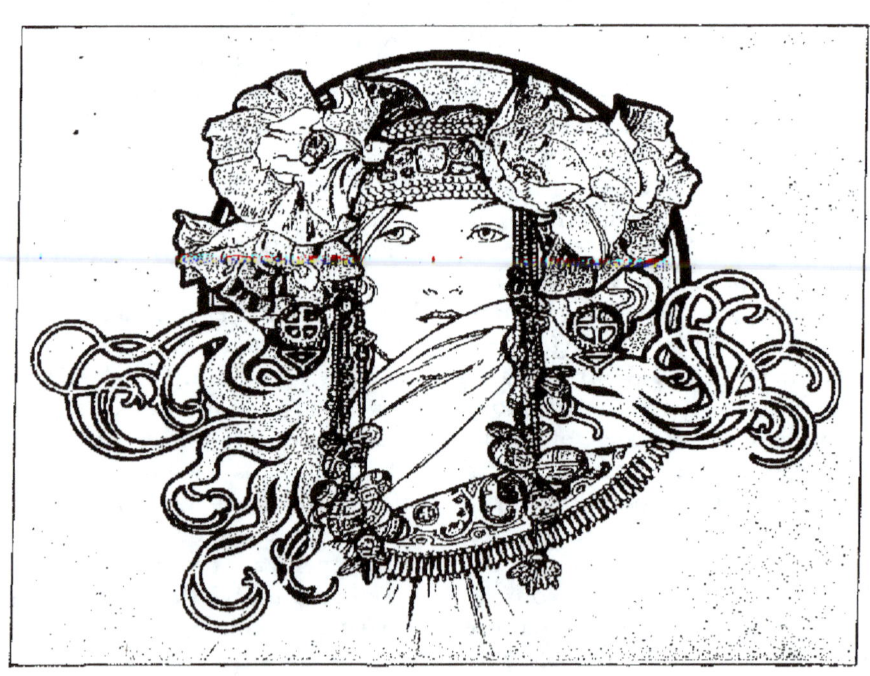

NOS CONCOURS

I. — *Porte-Allumettes*

Qu'on ne vienne pas dire que le programme était de peu d'intérêt pour justifier, cette fois-ci, la maigreur des résultats de notre concours, car tous les sujets peuvent prêter à l'ingéniosité de l'inventeur. La principale condition est de rester dans le programme et de ne jamais chercher à le dépasser sous le prétexte d'étonner, de renverser son public. Je ne saurais trop le redire à tous les artistes qui créent des objets ornés : faites-les comme si c'était pour vous ! Tant pis pour ceux dont le goût n'est pas suffisamment formé sans emprunter celui d'autrui.

Les concurrents étaient cependant nombreux et pleins de bonne volonté ; plusieurs d'entre eux avaient envoyé des objets en nature ou mo-

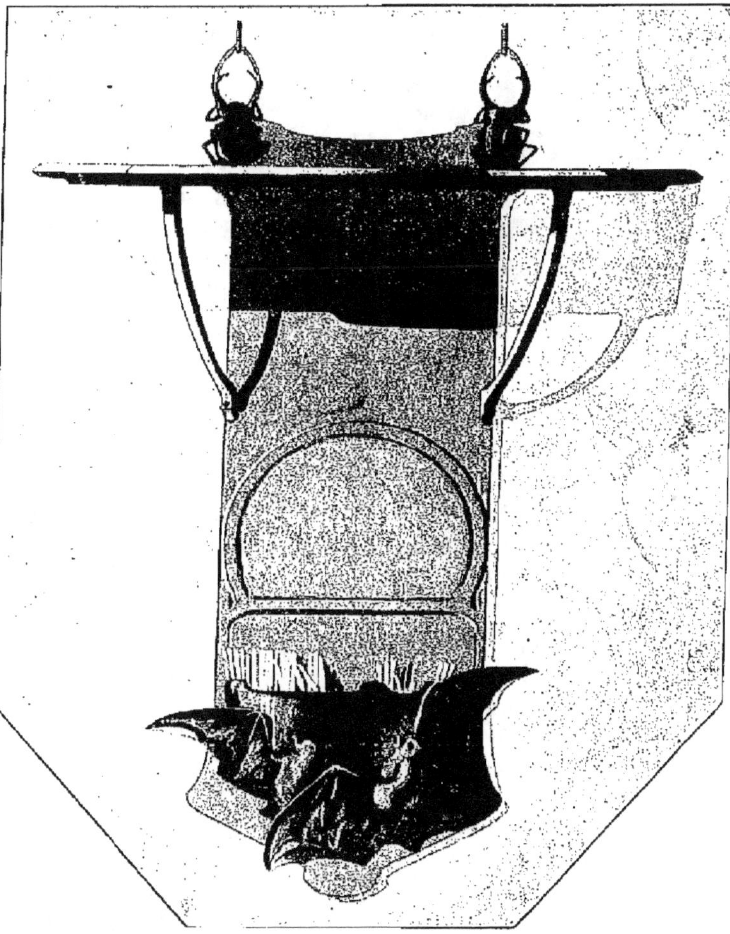

Porte-Allumettes (1ᵉʳ Prix).

M. DUFRÊNE.

delés en cire, terre ou plâtre. Disons tout de suite que la commission d'examen n'a pas cru devoir distinguer particulièrement un de ces derniers malgré des mérites relatifs ; beaucoup de ces objets étaient peu pratiques. Il en a été de même des projets dessinés, presque tous trop compliqués, trop cherchés et insuffisamment trouvés. Les uns trop petits, d'une ornementation inutilement fignolée et destinée à disparaître sous les salissures inévitables de l'usage ; d'autres, au contraire, énormes monuments en bois, faïence ou métal, avec découpures des plus bizarres ou d'une importance disproportionnée avec l'échelle d'un tel objet.

On peut dire que le seul projet vraiment artistique et pratique à la fois est celui de *M. Dufrène*, qui a obtenu le 1ᵉʳ prix. Le petit meuble est très simple ; pas de découpures saugrenues. La composition est de la meilleure donnée ornementale, c'est-à-dire nécessité constructive simple et motifs ornés peu nombreux et riches ; le simple faisant valoir le riche. Grâce à cet excellent principe, nous n'avons que des éloges à donner à ce premier prix. La seule critique à y faire serait la ténuité des consoles de la tablette, qui relèveraient plutôt du métal que du bois. Mais les agrafes, formées de capricornes de bronze, sont de la meilleure invention, ainsi que le récipient de même métal destiné aux allumettes et orné de chauves-souris.

Le 2ᵉ prix a été donné au projet de *M. Boutin* à cause de la simplicité de sa composition, peut-être même un peu trop simple ; mais où, en tous cas, ne se trouve d'inutile, et ne correspondant pas immédiatement à la fonction, que le cercle de bois, un peu grand sans raison. La décoration en est un peu pauvrette ;

ses fleurs de dielytra sont peu riches d'aspect et un peu trop claires de couleur. Mais l'ensemble

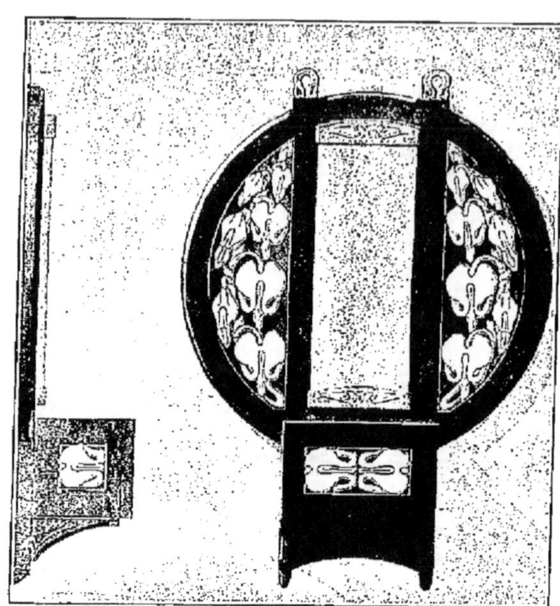

Porte-Allumettes (2ᵉ Prix).   M. BOUTIN.

est sobre, facile à fabriquer et surtout sans prétention.

La Commission a cru devoir donner le 3ᵉ prix à M. *Leverd*, malgré un certain abus du bois découpé et une évidente fragilité de l'objet, parce que son dessin est bien exécuté et assez élégant d'aspect. L'attache du godet de céramique est insuffisante et précaire, et ce récipient lui-même s'applique très mal, étant rond, à l'espèce de palette ajourée qui forme le fond. Il serait difficile de dire comment seraient gravés les ornements indiqués sur les parties plates.

Au résumé, beaucoup de bonne volonté de la part des concurrents et peu de résultats.

II. — *Papier de garde.*

Autant le précédent concours a été peu satisfaisant, le premier prix mis à part, autant celui-ci a été brillant. La Commission a vivement regretté de ne pas avoir à sa disposition un grand nombre de récompenses à décerner, peut-être serait-elle allée à la douzaine. Mais les programmes sont formels, et il faut tenir compte aussi de la difficulté plus ou moins grande de les remplir. Sans cela, tel concours ne mériterait qu'un seul prix alors que tel autre en exigerait dix.

En effet, on peut sans hésiter prédire aux programmes ayant pour but un objet en relief, un résultat piteux relativement à ceux qui s'appliquent à des compositions planes. Serait-ce à croire que l'intelligence à deux dimensions est plus facile à rencontrer que celle à trois?

Je n'en crois rien; ce doit être un résultat des méthodes d'enseignement, dans lesquelles l'exercice en relief ne tient qu'une place infime. Ainsi, sur trente jeunes gens composant et exécutant bien les ornements en surface, on en trouve à peine trois qui composent en relief de façon passable.

Peut-être est-ce à ces causes qu'il faut attribuer le grand nombre de bons dessins du présent concours.

Cependant, malgré la précision des programmes, on est étonné de voir autant d'artistes en sortir d'une manière flagrante. Est-ce mauvaise habitude de compter un programme comme quantité négligeable? Est-ce désir de surpasser les concurrents qui s'y seront ren-

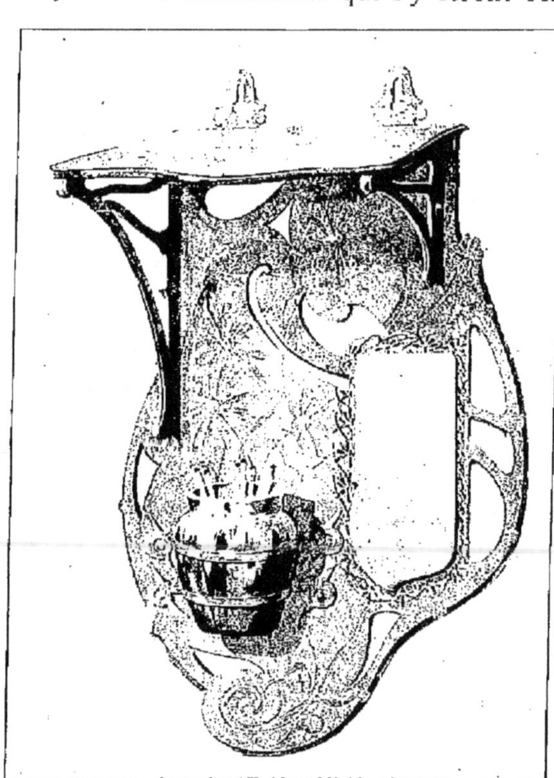

Porte-Allumettes (3ᵉ Prix).   M. LEVERD.

fermés?—Le calcul serait mauvais dans les deux cas, et la Commission d'examen remettra toujours les choses à leur place. Il vaut mieux penser que c'est inattention ou manque de clarté de l'énoncé.

Quoi qu'il en soit, il a fallu d'abord faire deux classes de projets : ceux qui étaient dans le programme et ceux qui n'en avaient tenu qu'un compte partiel. Il aurait été possible d'en constituer une troisième, formée de ceux qui n'avaient pas compris du tout et qui ont cru qu'il s'agissait de la couverture du volume. Ceux-là ont été écartés du concours, malgré le mérite de certains dessins.

Les trois prix disponibles ont été décernés à des compositions rentrant exactement dans les conditions voulues, c'est-à-dire pouvant s'imprimer en une seule couleur.

Les lecteurs pourront se rendre compte du 1ᵉʳ prix, accordé au projet de *M. Joanny Coquillat*, puisqu'il est reproduit grandeur d'exécution dans le numéro. Il y a peu de reproches à faire à ce dessin, sobrement et clairement composé; il produit un effet assez riche, grâce à une intelligente disposition des parties claires et foncées franchement écrites, et aussi à ce que, entre les motifs, les fonds sont travaillés finement. Peut-être les cercles d'étoiles sont-ils un peu clairs et auraient-ils eu besoin d'un rien qui adoucit un peu le passage des ronds avec le fond.

Le projet de *M. Laboureur* se sépare nettement des autres par une disposition toute différente; il a obtenu le 2ᵉ prix. L'idée en est des plus gracieuses ; ces montants de roses avec les monogrammes très simples, entre deux, sont d'un charmant effet.

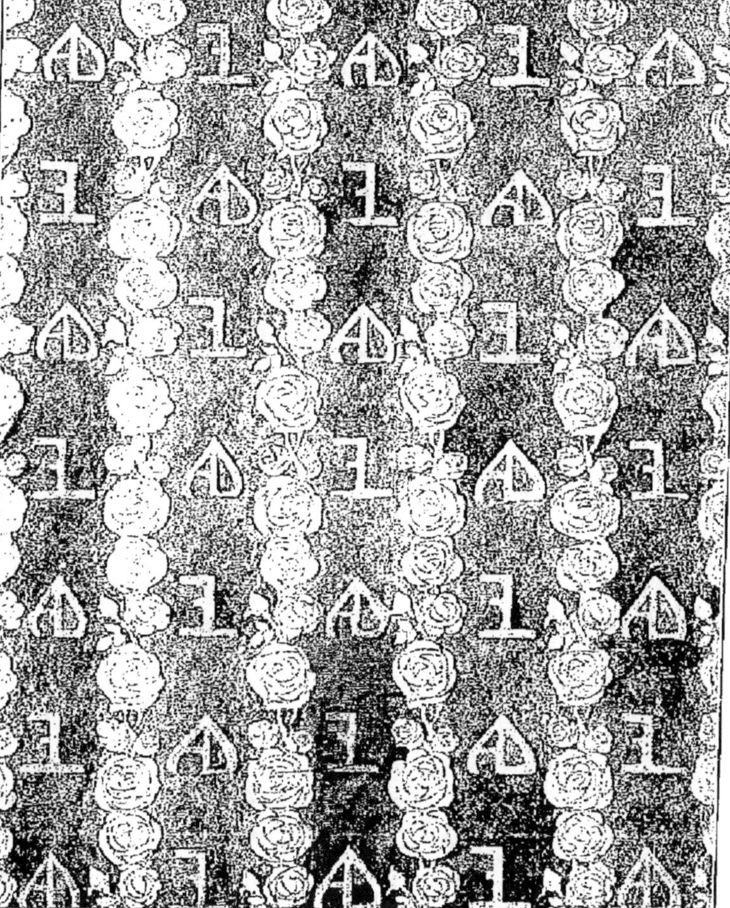

Papier de garde (2ᵉ Prix).   M. LABOUREUR.

La composition de *M. Pillard*, qui fait l'objet du 3ᵉ prix, méritait peut-être mieux, par l'ingéniosité de l'arrangement et le style du dessin. L'échelle en a été trouvée un peu grande et l'effet quelque peu dur. Cependant, le tracé est irréprochable et l'idée des monogrammes en ondes, entre les cygnes, est une jolie idée. *M. Pillard* a, en quelque sorte, enfreint le programme par l'adjonction d'un *ex-libris* qui n'était pas demandé. Nous ne nous en plaignons qu'à moitié, car il est charmant.

La 1ʳᵉ mention est donnée à *M. Marc Bastard* pour un très joli arrangement d'ancolies avec des monogrammes d'un beau caractère. Seulement, ce dessin comporte deux impressions, ce qui n'est pas le cas de la 2ᵉ mention attribuée à *M. Lombard*, qui s'en est tenu au programme. Sa composition, presque uniquement au trait, est d'un caractère quelque peu ancien, mais bien approprié à un papier de garde. Il est regrettable que, pour le bon effet, *M. Lombard* n'en ait pas fait quelques centimètres carrés de plus.

Mᶠᶠᵉ Labouriau nous donne une page de gracieux muguets, qui serait bien meilleure si la feuille était travaillée de façon à laisser les fleurs un peu plus en évidence, et qui a obtenu la 3ᵉ mention.

La 4ᵉ mention, exécutée par *M. Payen*, est

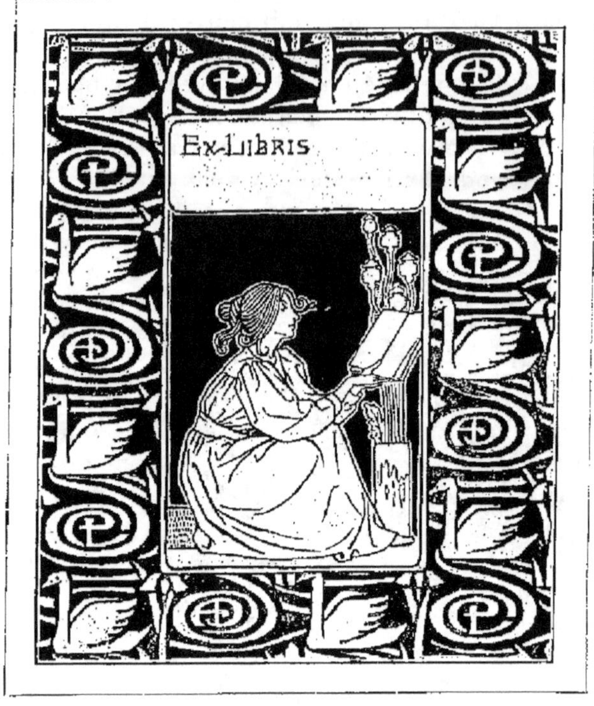

3e Prix.   M. PILLARD

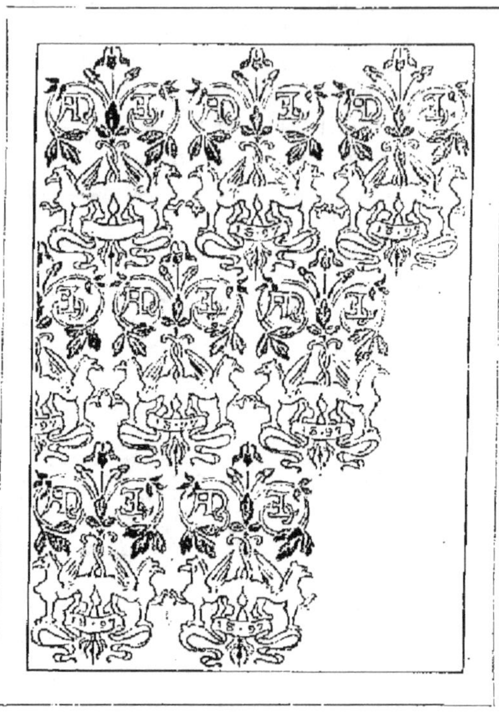

2e Mention.   M. LOMBARD.

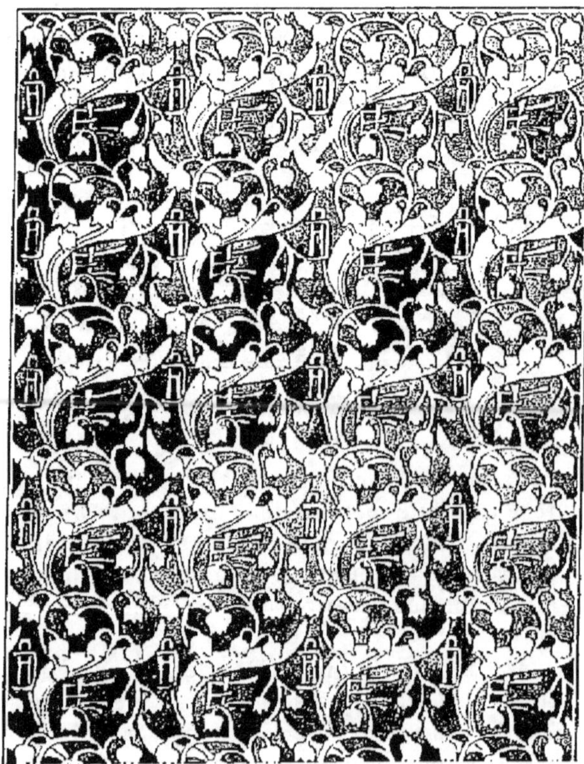

1re Mention.   M. BASTARD.   *3e Mention.*   Mlle LABOURIAU.

NOS CONCOURS. — *Papier de garde.*

d'un arrangement très ingénieux, bien qu'un peu froid à cause des lignes droites.

M. Mangeant nous envóie un papier de garde dont la composition exigeait une couleur de plus et elle en comporte déjà une de trop, ce qui fait qu'il n'obtient que la 5e mention.

La 6° mention est attribuée au projet de *M. Riom*, d'un élégant dessin, mais dont les

trop lourdes et d'autres trop fines, viennent

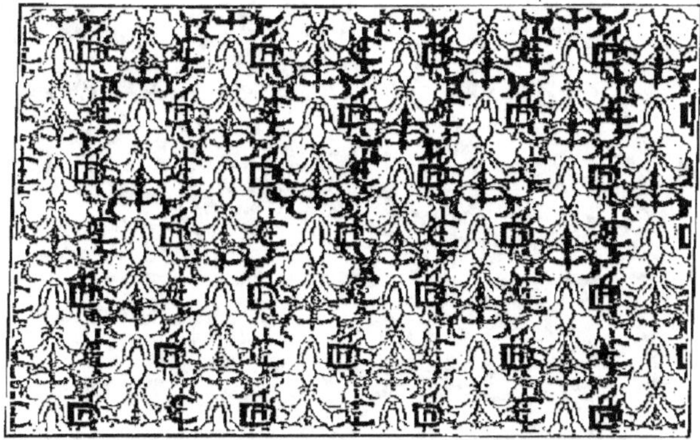

Papier de garde (5ᵉ Mention).   M. MANGEANT.

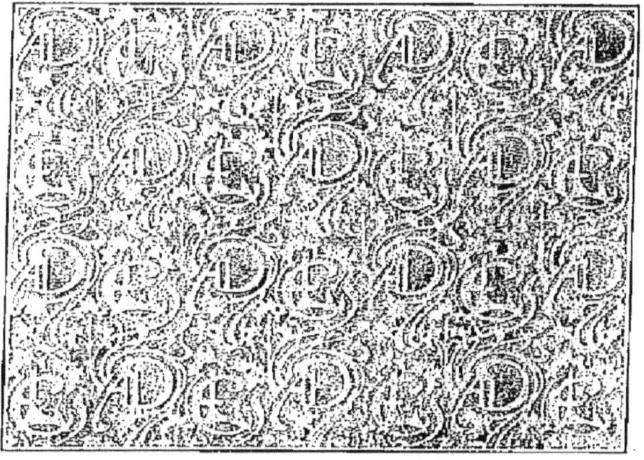

Papier de garde (6ᵉ Mention).   M. RIOM.

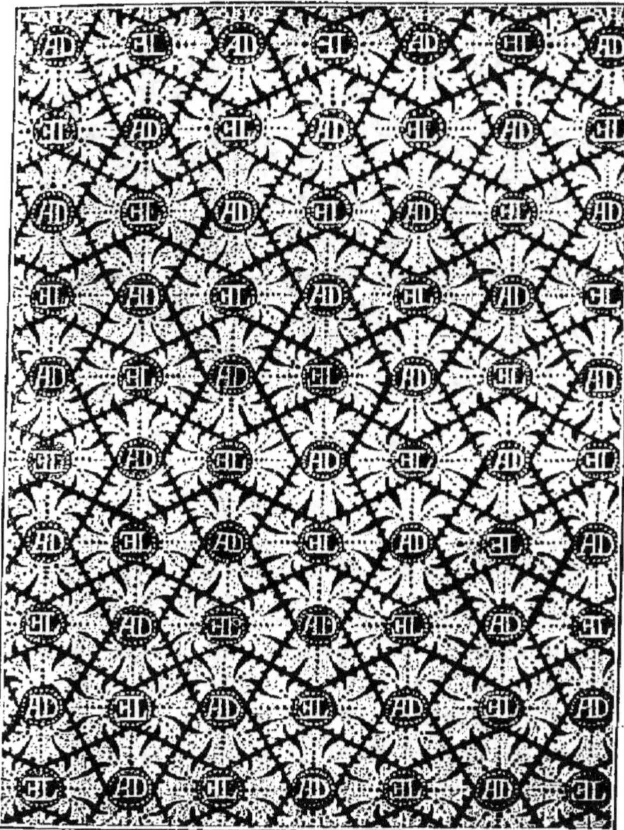

Papier de garde (4ᵉ Mention).   M. PAYEN.

monogrammes ont été trouvés trop importants, surtout le D qui laisse un vide tirant l'œil.

De *M. Marc Bastard*, encore un ensemble un peu maigre bien qu'élégant; deux couleurs en trop et 7ᵉ mention.

Une intéressante composition de *M. Durrant*, d'un arrangement très heureux, mais qui aurait gagné à ce que les papillons eussent été d'un dessin un peu plus correct avec une couleur de moins; et enfin, le projet de *M. Dufrêne*, bien composé mais avec, à la fois, des parties

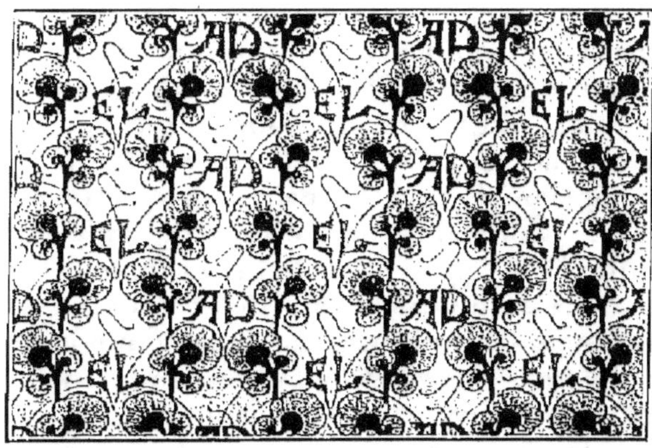

Papier de garde (9ᵉ Mention).   M. DUFRÈNE.

clore une liste que nous aurions eu plaisir à allonger encore.

E. GRASSET.

Papier de garde (7ᵉ Mention).   M. M. BASTARD.

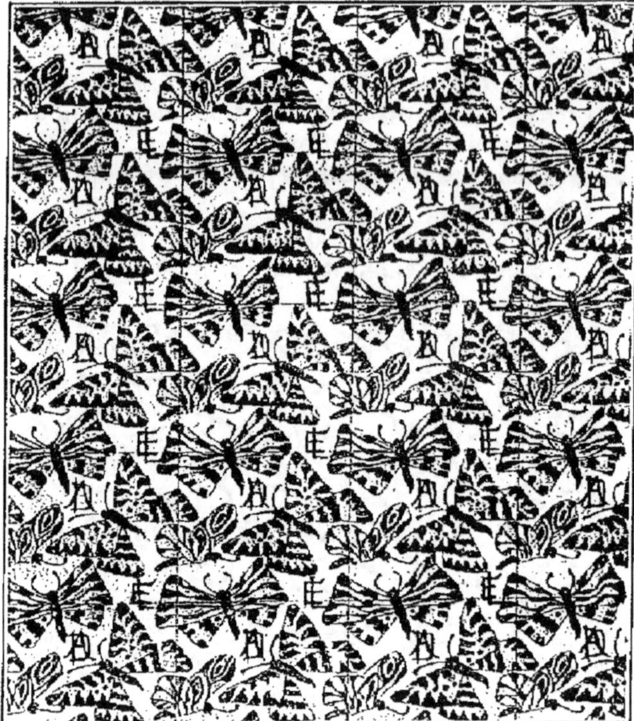

Papier de garde (8ᵉ Mention).   M. DURRANT.

NOTRE CONCOURS DE SEPTEMBRE
UN CHEMIN DE TABLE EN BRODERIE

Nous mettons au concours, pour septembre, un chemin de table en broderie.

Ce chemin de table ne devra en rien ressembler, ni pour le choix, ni pour la disposition des motifs, aux articles actuellement dans le commerce. Il se composera, non d'une bande rectangulaire de toile ornée d'une broderie en bordure, mais d'une toile ajourée où l'on réservera la place des pièces indispensables du surtout : au centre une corbeille, à chaque extrémité un candélabre ou un bout de table, et de chaque côté, entre la corbeille et le bout de table, deux compotiers ou deux coupes. Le dessin que constitueront les ajours courra entre les diverses pièces et les reliera dans un ensemble harmonieux, l'une à l'autre. On sera tenu, dans le choix du motif, de s'inspirer directement de la nature. C'est la tendance heureuse qui domine, non seulement dans l'orfèvrerie nouvelle, mais dans la décoration du verre taillé ou de la porcelaine, et il importe que le chemin de table se tienne dans une note décorative analogue. Liberté absolue pour tout le reste, mais exclusion formelle de la couleur.

On nous enverra, le 25 Septembre au plus tard, le détail le plus important à grandeur d'exécution, et un dessin d'ensemble assez grand pour permettre d'embrasser tous les détails d'un coup d'œil. Trois prix, de 75, de 50 et de 25 francs, seront donnés.

PETITE CORRESPONDANCE

Nous recevons de MM. Daum frères, de Nancy, la lettre suivante, que nous nous empressons d'insérer.

« Monsieur,

« Je reçois le numéro de juin de votre Revue, « et j'y vois, à la première page, attribuer à « notre illustre confrère M. Gallé, la cruche « de verre, décorée d'orchidées, dont vous « donnez la reproduction. Il y a là une erreur « qui ne laisse pas d'être flatteuse pour nous, « mais que, par respect pour M. Gallé, nous « nous empressons de relever, en vous priant « de la rectifier dans votre prochain numéro. »

Voilà qui est fait. Il ne nous reste plus qu'à présenter nos excuses pour cette circonstance, à la fois à MM. Daum frères et à M. Gallé.

Imp. de Vaugirard, G. de Malherbe & Cie, 152, rue de Vaugirard, Paris.   ÉMILE LÉVY, *Éditeur-gérant.*

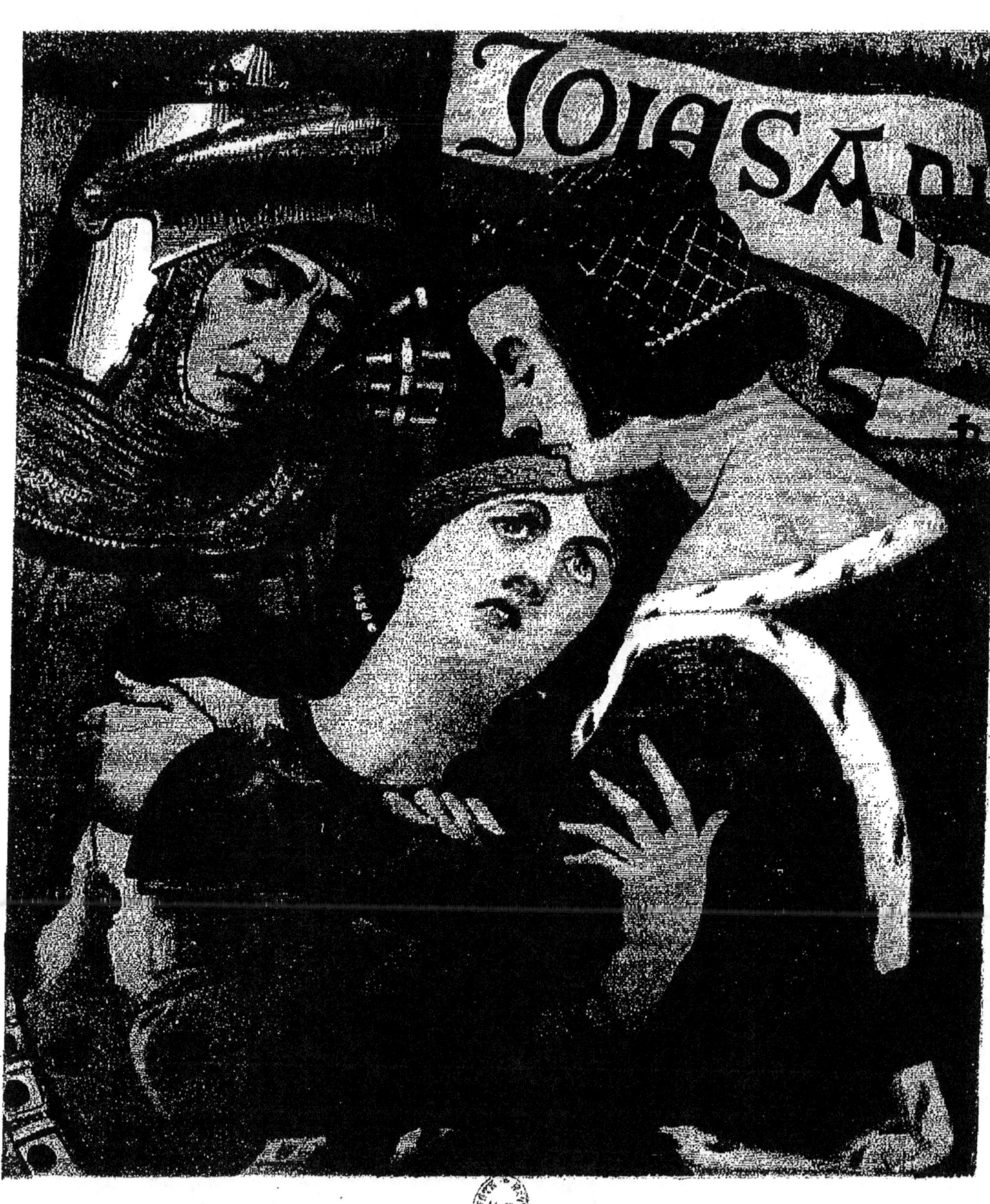

Etude pour une
TAPISSERIE DES GOBELINS
J.-P. Laurens

Art et Décoration

La Tapisserie à la Manufacture des Gobelins

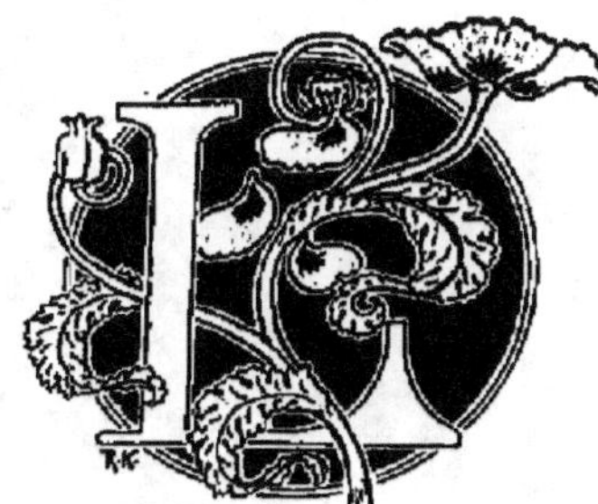 A Tapisserie, comme le Vitrail, est un art français. Ceux pour qui notre art commence à l'institution des Académies sous Louis XIV ont pris l'habitude d'appeler flamandes toutes les tapisseries antérieures au xviie siècle : cela dispense de toute recherche et facilite la classification.

Aujourd'hui, grâce aux progrès de l'éducation artistique et surtout à la précision des

venant du château du Verger, en Anjou ; et la somptueuse scène de bal que conserve l'église de Nantilly, à Saumur ; et les scènes tirées des romans de chevalerie qui sont exposées dans la même église ; et les tapisseries de Saint-Rémi de Reims ; et la tapisserie de Saint-Saturnin, don de Jacques de Semblançay à une église de Tours ; et la tapisserie de la Dame à la licorne, acquise par le musée de Cluny. Un volume ne suffirait pas à l'énumération des belles œuvres françaises que le hasard des ventes a dispersées dans les collections publiques ou privées, mais qui sont en majeure partie demeurées en France.

Ce qui est caractéristique et ce qui témoigne

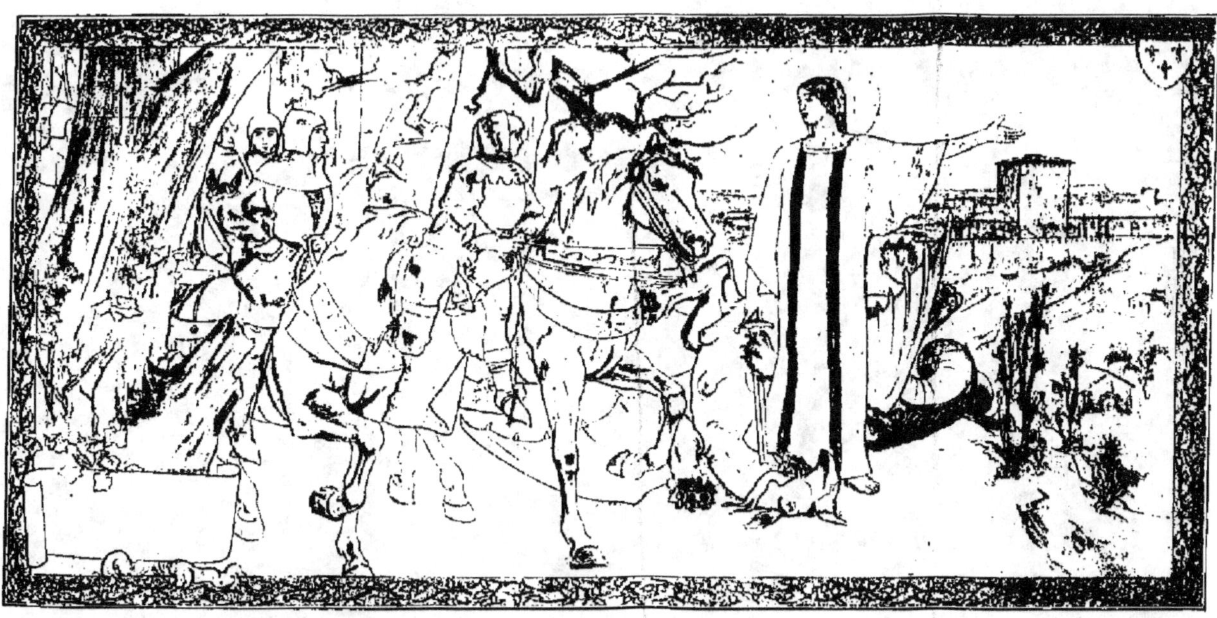

Départ de Jeanne d'Arc se rendant à la Cour de Charles VII.
(En cours d'exécution.)

J.-P. LAURENS.

études historiques, nous pouvons restituer à l'art français et la magnifique série de l'Apocalypse, exécutée du xive au xve siècle pour les ducs d'Anjou, Louis Ier et Louis II, d'après les miniatures d'un manuscrit de la bibliothèque de Charles V, par le tapissier parisien Nicolas Bataille ; et la tapisserie dite de Rohan, pro-

en faveur de l'origine française de ces tentures, qui formaient le principal décor des habitations princières ou seigneuriales, c'est l'interprétation décorative conforme aux traditions de l'art français qui subordonne au travail de la laine la forme et le modelé des figures, des plantes ou des ornements.

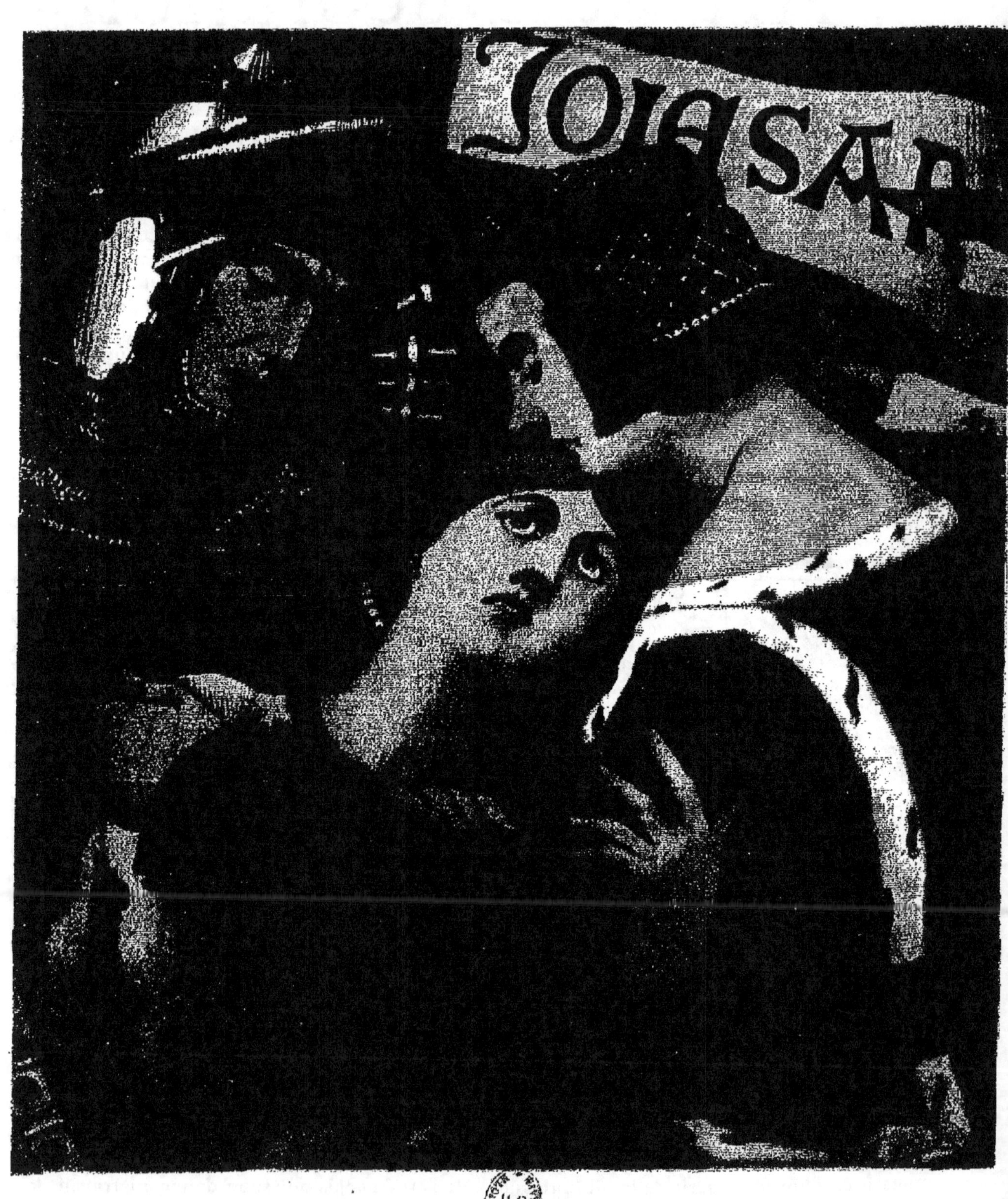

Étude pour une
TAPISSERIE DES GOBELINS
J.-P. Laurens

Imp.ie Lemercier

Art et Décoration

La Tapisserie à la Manufacture des Gobelins

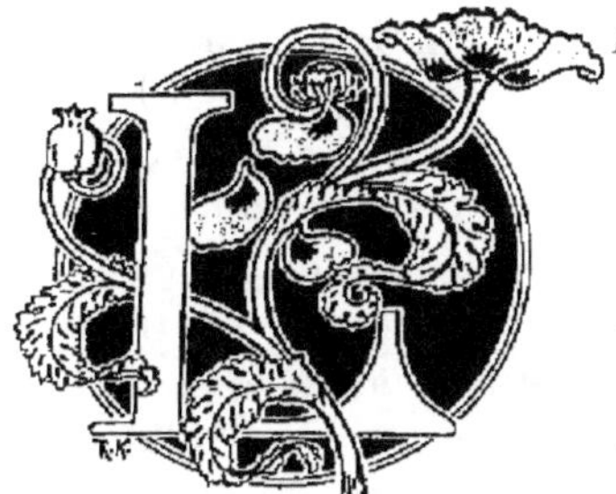

L a Tapisserie, comme le Vitrail, est un art français. Ceux pour qui notre art commence à l'institution des Académies sous Louis XIV ont pris l'habitude d'appeler flamandes toutes les tapisseries antérieures au xviiᵉ siècle : cela dispense de toute recherche et facilite la classification.

Aujourd'hui, grâce aux progrès de l'éducation artistique et surtout à la précision des études historiques, nous pouvons restituer à l'art français et la magnifique série de l'Apocalypse, exécutée du xivᵉ au xvᵉ siècle pour les ducs d'Anjou, Louis Iᵉʳ et Louis II, d'après les miniatures d'un manuscrit de la bibliothèque de Charles V, par le tapissier parisien Nicolas Bataille ; et la tapisserie dite de Rohan, provenant du château du Verger, en Anjou ; et la somptueuse scène de bal que conserve l'église de Nantilly, à Saumur ; et les scènes tirées des romans de chevalerie qui sont exposées dans la même église ; et les tapisseries de Saint-Rémi de Reims ; et la tapisserie de Saint-Saturnin, don de Jacques de Semblançay à une église de Tours ; et la tapisserie de la Dame à la licorne, acquise par le musée de Cluny. Un volume ne suffirait pas à l'énumération des belles œuvres françaises que le hasard des ventes a dispersées dans les collections publiques ou privées, mais qui sont en majeure partie demeurées en France.

Ce qui est caractéristique et ce qui témoigne en faveur de l'origine française de ces tentures, qui formaient le principal décor des habitations princières ou seigneuriales, c'est l'interprétation décorative conforme aux traditions de l'art français qui subordonne au travail de la laine la forme et le modelé des figures, des plantes ou des ornements.

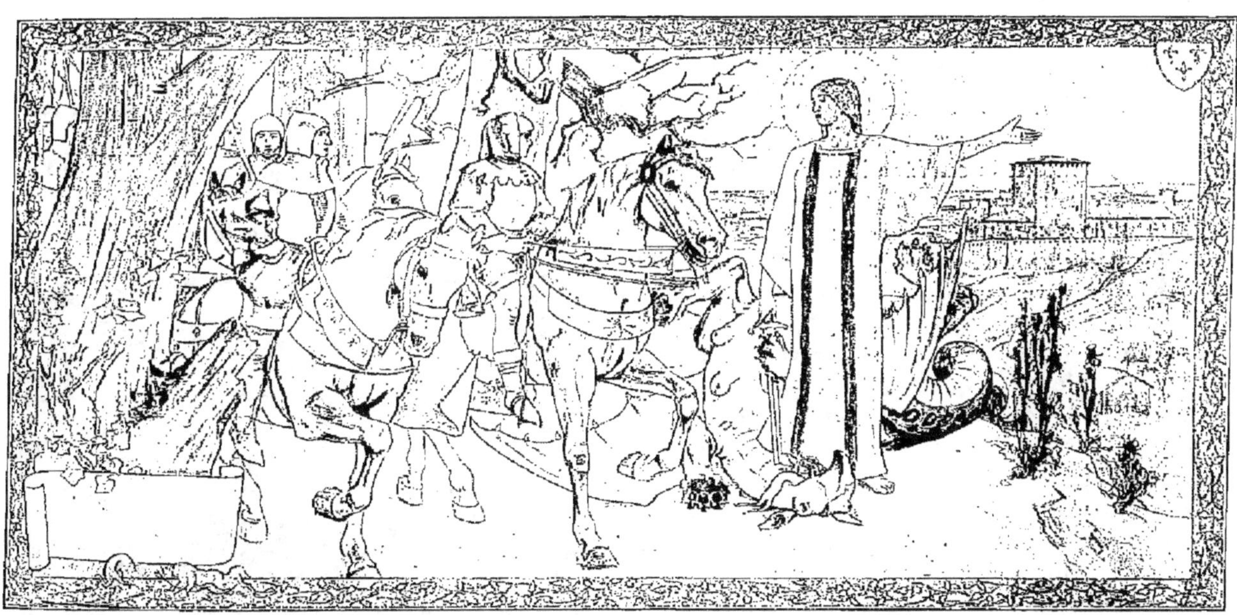

Départ de Jeanne d'Arc se rendant à la Cour de Charles VII.
(En cours d'exécution.)

J.-P. LAURENS.

Si le point de tapisserie se prête à des divi-
sions beaucoup plus fines que le cube de mosaïque, il exige néanmoins, comme lui, des simplifications qui sont d'ailleurs indispensables

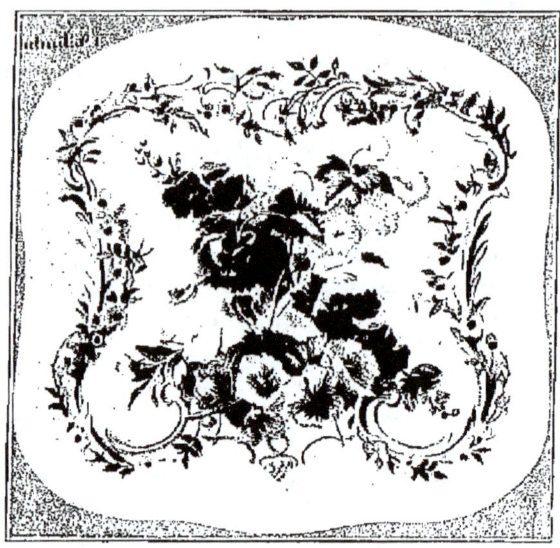

Dossier de fauteuil.   E. MALOISEL.
(En cours d'exécution.)

à l'effet d'une décoration murale. Non seulement, comme cela a lieu pour le vitrail ou la
mosaïque, la composition destinée au décor
d'une surface doit éviter les successions de
plans qui, par les lignes fuyantes de la perspective, détruiraient la surface à décorer, mais le
tapissier qui ne peut, comme le mosaïste, envelopper ses formes par les rangées concen-
triques des cubes de verre, qui n'a pas, comme
le peintre verrier, la ressource d'un contour
opaque sertissant et isolant les colorations
translucides, qui ne dispose pour l'assemblage des points que de deux directions se
coupant à angle droit, est, plus encore que
le peintre verrier et le mosaïste, tenu à des
simplifications, telles que le passage de lignes
d'ombre dans la lumière, pour obtenir le modelé, et pour éviter l'amollissement des formes
par l'abus des nuances. Chaque nuance nécessite d'ailleurs un changement de laine, et la
complication qui résulte, pour l'exécution, de
l'abus des nuances n'est point compensée par
une amélioration de l'effet.

Lorsqu'on étudie suivant l'ordre chronolo-
gique les tapisseries de nos fabriques françaises,
on est frappé des concordances de style qui se
manifestent du XIIe au XVIe siècle dans toutes les
œuvres décoratives, et qui attestent l'extraor-
dinaire unité de l'art français. On pourrait
comparer quelques-unes des pièces de l'Apo-

calypse d'Angers, comportant une double rangée de sujets sur fonds alternés bleus ou
rouges, aux verrières contemporaines dont les
sujets se détachent aussi sur des fonds unis,
ou bien encore aux peintures murales, par
exemple à celles qu'on exécutait sur le même
thème dans une salle attenant au cloître des
Jacobins de Toulouse. Les procédés employés
pour le modelé, pour le tracé des ombres, ont
à une même époque des analogies singulières,
et ne diffèrent d'un art à l'autre que par les par-
ticularités de la technique. Le procédé qui
consiste à laisser filer des traits sombres dans
le ton clair pour obtenir les tons intermédiaires,
est celui qu'on employait pour les vitraux et
même, pour la peinture, ainsi que je l'ai
constaté lorsque j'ai mis à découvert dans une
abside de l'église de Pontigné, en Anjou, des
fresques du XIIIe siècle représentant des scènes
de la vie de la Vierge. C'est le procédé qui a
subsisté jusqu'au XVIe siècle pour les miniatures, où de fines hachures d'or accusent les
lumières, laissant paraître entre elles le ton
local.

Ainsi la tapisserie était depuis longtemps
pratiquée en France lorsque, sous le ministère
de Colbert, à l'époque où l'État substituait
partout sa direction à l'initiative privée, le
peintre Lebrun fut chargé d'organiser une manufacture royale de tapisseries.

Dès le milieu du XVIIe siècle, le goût qui, en

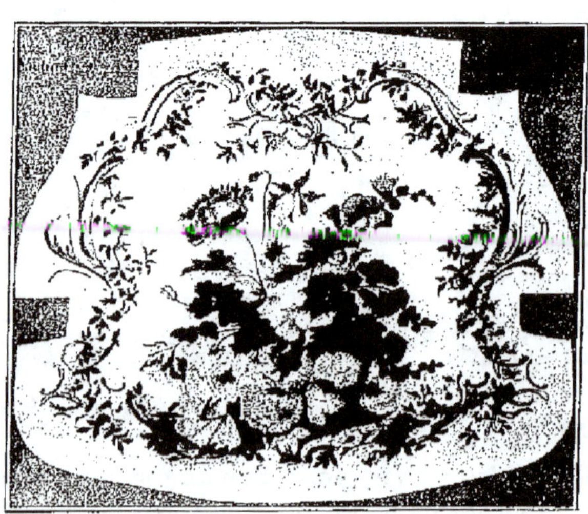

Siège de fauteuil.   E. MALOISEL.
(En cours d'exécution.)

peinture, tendait vers le tableau et que propa-
geaient dans les ateliers les gravures de Marc
Antoine, d'Albert Dürer et des petits maîtres
allemands, avait modifié pour le vitrail comme

pour la tapisserie la composition décorative. La transformation du goût fut aussi rapide de 1500 à 1550 pour toutes les œuvres de décoration que pour l'architecture dont elles relèvent. Ce n'est pas seulement le décor à l'antique qui distingue, à la cathédrale d'Angers, la tapisserie de Saint-Saturnin de la tapisserie de la Passion. L'une est composée à la façon des fresques de Benozzo Gozzoli : la surface y est occupée par les personnages du premier plan et la perspective n'y est employée que pour aider au développement et à l'isolement des scènes. L'autre, comparable aux fresques de Ghirlandajo, forme déjà un véritable tableau limité par un cadre architectural de pilastres et de frises à rinceaux.

Cette disposition de tableau encadré par une bordure se maintint, malgré les variations de style, du xvie au xviie siècle; elle était encore en honneur lorsque Lebrun fut chargé d'installer et de diriger la nouvelle manufacture.

Tandis que le vitrail, dévoyé par l'emploi des émaux et l'adaptation des gravures à des scènes mal composées, était délaissé dès le début du xviie siècle, la tapisserie, conservant ses traditions, se développa sous l'impulsion de Lebrun, conservant, ainsi qu'on le constate au revers des tentures, les belles couleurs franches harmonieusement groupées, et ne s'écartant pas, dans l'exécution, des simplifications de forme et de modelé qui sont indispensables à toute décoration résultant du travail de la laine. Ces traditions se maintinrent pendant tout le cours du xviiie siècle : les tapisseries exécutées sur les cartons de Boucher en témoignent encore.

C'est seulement au début de ce siècle, au moment où l'enseignement de l'art, tendant de plus en plus à une étude abstraite de formes, proscrivait tout ce qui touche aux études techniques, tout ce qui tend à varier la forme par les qualités de la matière, que la tapisserie, comme la céramique, comme tous les arts de la décoration, s'écarte de ses glorieuses

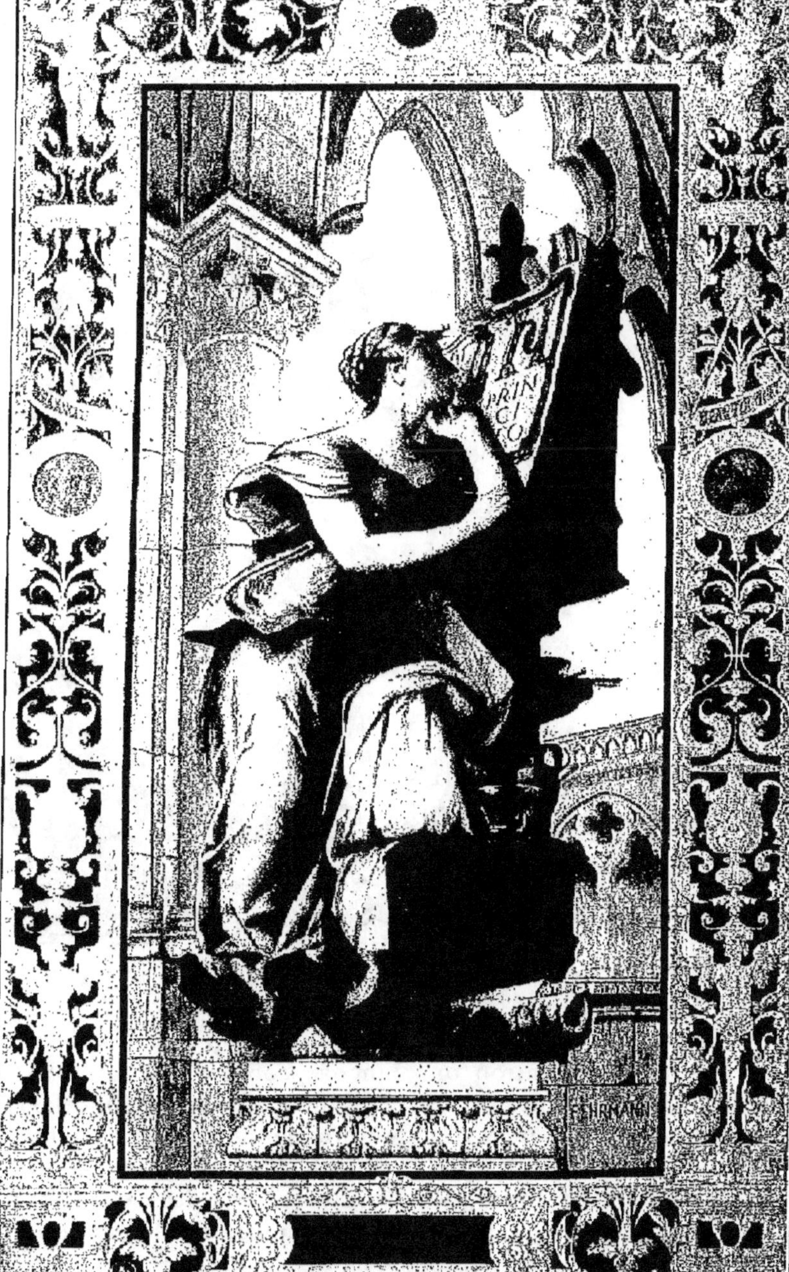

Le Manuscrit.
(1886)

F. EHRMANN.

traditions. Dans cette période, il semble que la tapisserie n'ait d'autre but que la reproduction en laine, c'est-à-dire avec une matière qui s'y prête mal, de toutes les nuances d'un tableau. On obtient ainsi a grands frais une très médiocre copie, et si le tapissier, à force de nuances, arrive à donner l'illusion d'une peinture, il semble que le but soit atteint.

Si par hasard, comme Viollet-Le-Duc tenta de le faire, un artiste entreprend de critiquer

et maintenant par la supériorité même de l'exécution le prestige de la Manufacture.

Sous la direction de Darcel, des peintres éminents, Galland et F. Erhmann, préparés par de fortes études à la composition décorative, que l'un d'eux enseigna d'ailleurs à l'Ecole des Beaux-Arts, préludèrent, par d'intéressants essais, à la rénovation des modèles, en composant spécialement pour des emplacements déterminés des cartons étudiés dans un

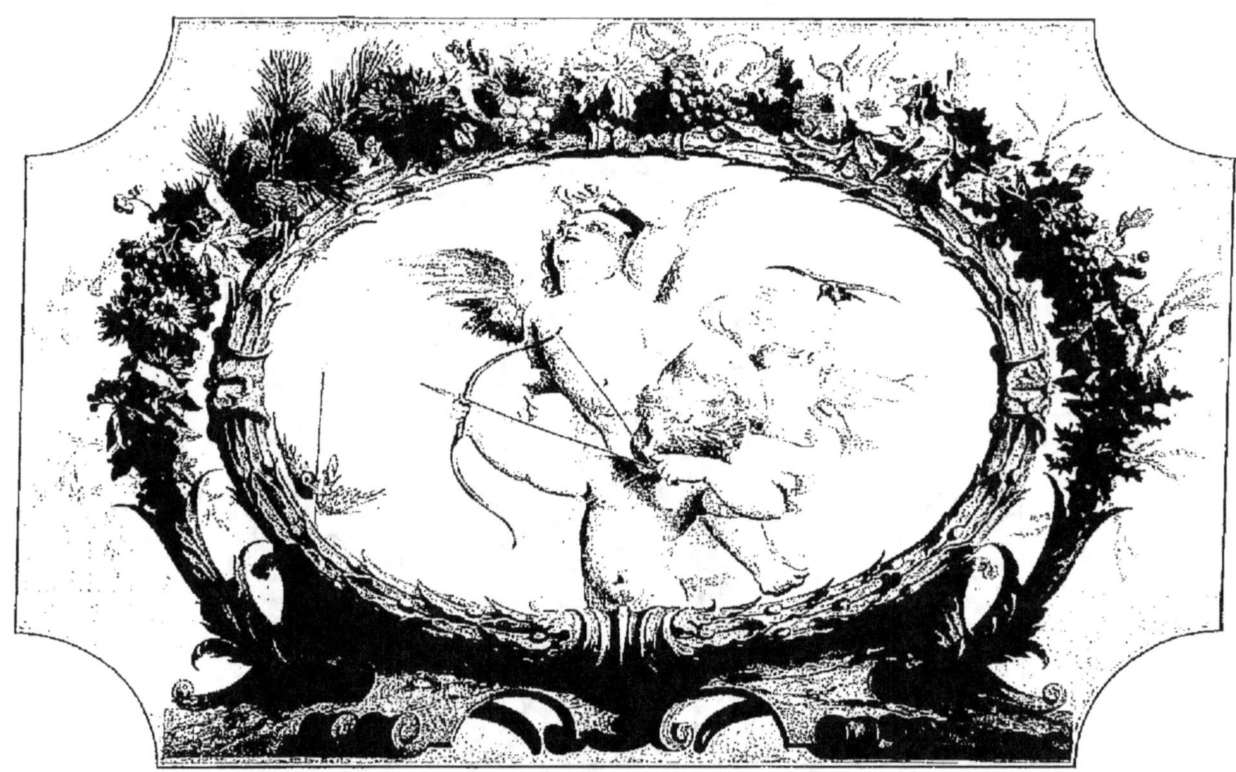

Dessus de Porte. — L'Automne et l'Hiver.
(1868)

un enseignement déplorable, qui tend à la déchéance de tous les arts de la décoration, on crie à « la profanation par l'industrie du temple de l'Art », et c'est seulement après un demi-siècle d'erreurs qu'on commence à comprendre l'intérêt d'un enseignement artistique s'appliquant à toutes les œuvres et tenant compte, aussi bien pour la composition que pour le dessin, de simplifications qui sont l'essence même de l'art et comme la marque du génie humain.

La Manufacture des Gobelins a eu le rare mérite, grâce à son organisation patriarcale, de conserver, même dans cette période de décadence, de merveilleux ouvriers connaissant à fond tous les secrets de leur métier, améliorant toujours les modèles insuffisants

sens vraiment décoratif, quoique composés encore comme des tableaux. M. Erhmann a commencé, pour la Bibliothèque nationale, une intéressante série de sujets allégoriques que complétera la grande composition, symbolisant les Arts, les Lettres et les Sciences à la Renaissance, exposée, cette année, au Salon des Champs-Elysées.

Galland, le décorateur ingénieux qui a laissé, outre ses plafonds, tant d'intéressantes études analysant, suivant la méthode inaugurée par Viollet-Le-Duc et Ruprich Robert, la feuille, le bouton ou la fleur, et faisant de ces analyses les plus charmantes applications décoratives, ne paraît pas s'être rendu exactement compte des exigences d'un carton de tapisserie au point de vue de la précision du contour. Chercheur infatigable, n'hésitant pas à repeindre entièrement, comme il le fit pour sa fresque du Panthéon, une œuvre presque achevée s'il la jugeait encore imparfaite, Galland laissait souvent indécis des contours ou des modelés qu'il étudiait passionnément, et cette indécision même, intraduisible en tapisserie, ne peut aboutir qu'à des mollesses de formes, nuisibles à l'effet décoratif.

Il n'y a point de décoration sans contours

ration n'avait point produit des œuvres très remarquables.

C'est toujours la conséquence du défaut d'enseignement qui reléguait au dernier plan la composition décorative, comme si le seul but de la peinture et de la sculpture était l'exécution d'une figure nue ou drapée.

Depuis quelques années, sous la direction de M. Guiffrey, la Manufacture des Gobelins est résolument entrée dans une voie de progrès.

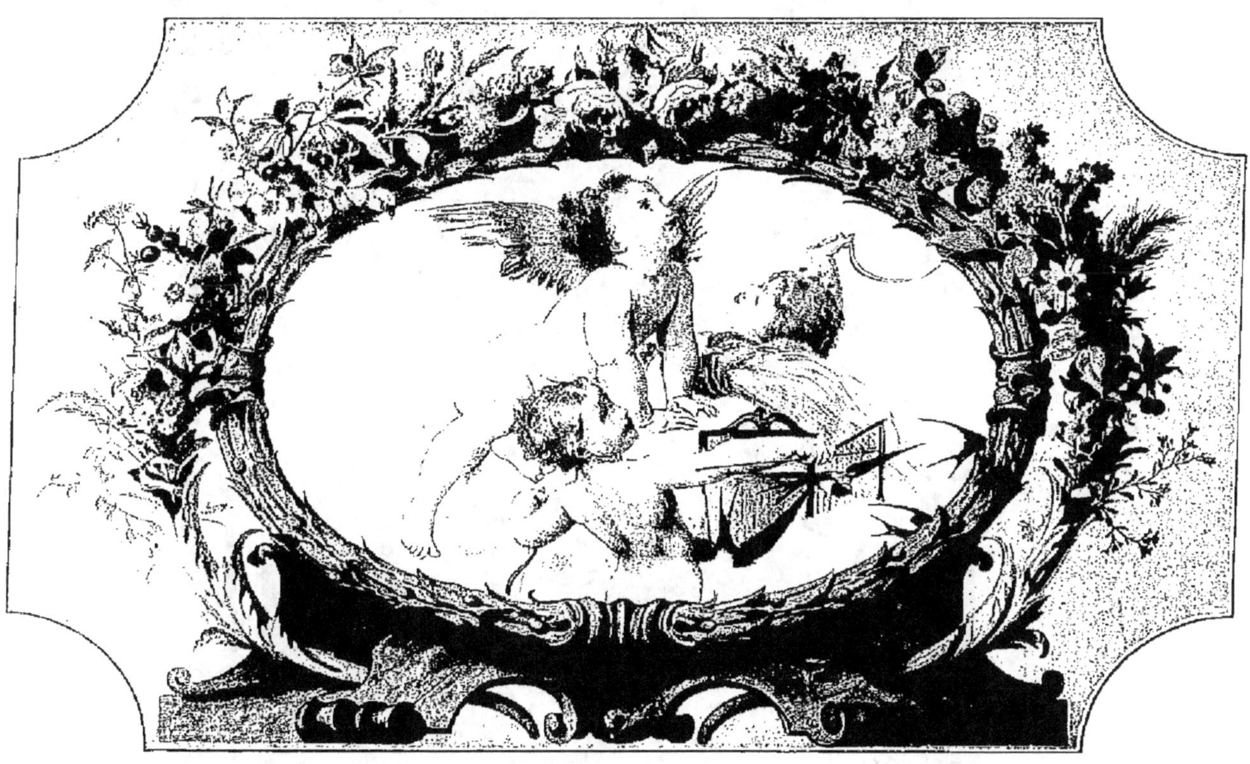

Dessus de Porte. — Le Printemps et l'Été.
(1864)

BAUDRY.

nettement définis, parce que la traduction d'une forme, quelle qu'elle soit dans une matière quelconque, nécessite une interprétation précise, facilement saisissable et bien adaptée à la destination de l'œuvre. On ne peut pas plus innover en laissant la forme indécise qu'en ne tenant pas compte des qualités propres à chaque matière. La forme est, en somme, l'expression de l'idée, et comment l'idée serait-elle claire si la forme est indéfinie ?

Paul Baudry, le merveilleux décorateur du foyer de l'Opéra, avait fait pour les Gobelins les figures de cartons qui ont été en partie détruits dans les incendies de la Commune avec les tapisseries destinées au Palais de l'Elysée ; les ornements et les fleurs de ces cartons étaient faits par plusieurs artistes, et cette collabo-

Le nouveau directeur, qui connaît bien les tapisseries françaises, a su réveiller le goût pour la simplicité de forme et de modelé qui est l'une des qualités maîtresses des œuvres anciennes. Il a su convaincre M. Jean-Paul Laurens, et dès le premier essai, les habiles ouvriers des Gobelins se révélaient les continuateurs des maîtres ouvriers, leurs ancêtres, reprenant sans effort les traditions qui semblaient perdues.

L'exécution en tapisserie du panneau exécuté d'après le carton de M. Laurens, et dont nous donnons une reproduction en couleur, est due à M. Émile Maloisel, l'habile sous-chef de l'atelier de haute lisse.

Après cet essai concluant, a été mise sur le métier une grande composition de M. Laurens représentant les « apprêts d'un Tournoi », et destinée à la salle publique des Archives nationales. Ce sera certainement une des œuvres les plus intéressantes qu'aura produites depuis longtemps la Manufacture. Nous y retrouverons les tons francs et harmonieux qu'ont toujours eus les tapisseries françaises, et qui ne s'atténuent qu'avec le temps.

Si nous avions la malencontreuse idée de chercher l'harmonie dans la décoloration, de reproduire les tons passés des tapisseries anciennes, ces tapisseries neuves auraient, avant vingt ans, perdu toute couleur et par conséquent tout intérêt.

Grâce à l'initiative de M. Guiffrey, deux autres œuvres d'une

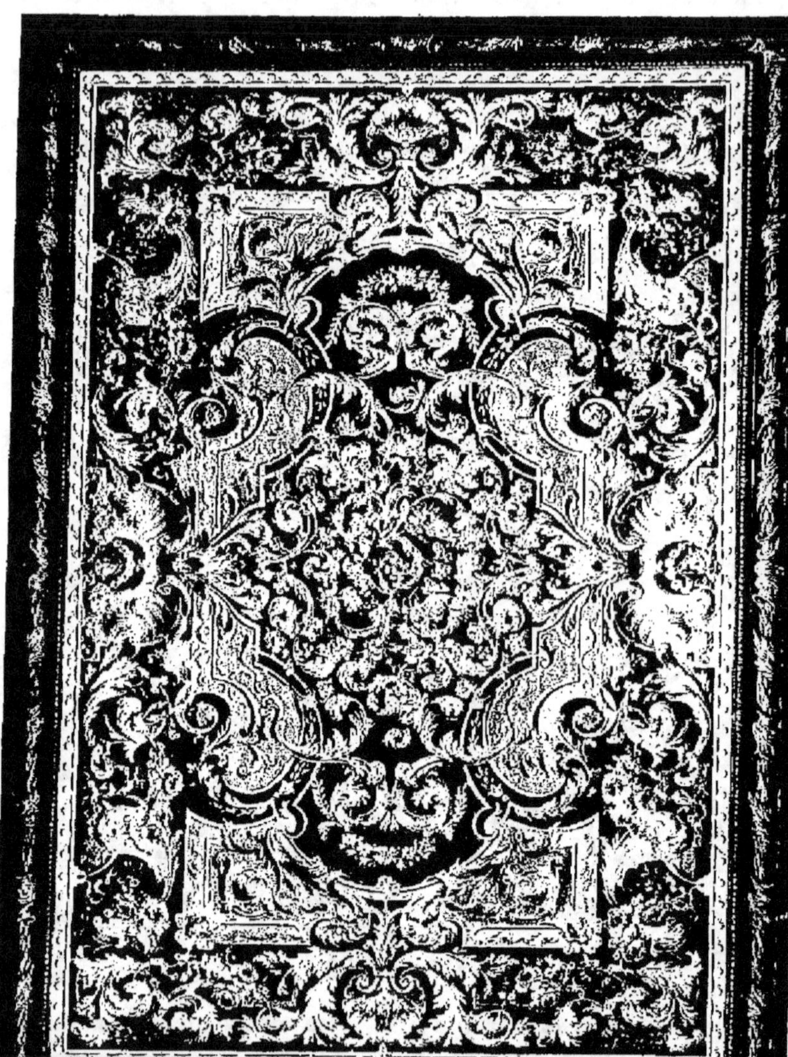

Un tapis Savonnerie pour le palais de l'Élysée.
(En cours d'exécution.)   LIBERT.

marines aux étincellements de pierreries, marquera dans l'histoire de la Manufacture des Gobelins. Bien que l'exécution soit à peine commencée, les parties faites ont tout l'éclat du modèle : les tapissiers semblent se jouer de difficultés qui seraient insurmontables si le peintre n'avait affirmé et précisé par le dessin et la couleur les moindres détails de son œuvre.

Les œuvres de M. Rochegrosse, telles que la mort d'Astyanax, le festin de Balthasar, la mort de César ou le Chevalier aux fleurs, le désignaient suffisamment au choix de M. l'Administrateur des Gobelins. Le sujet qu'il avait à traiter, la France en Afrique, a été l'occasion d'une composition très originale. L'ar-

importance capitale ont été mises sur le métier: l'une de M. Gustave Moreau, l'autre de M. Rochegrosse. M. Gustave Moreau n'est pas de ceux qui recherchent le succès facile dans les expositions; il ne livre pas volontiers ses œuvres, mais on peut dire que chacune d'elles, par sa poésie pénétrante, reflète la haute pensée d'un maître qui n'a jamais rien sacrifié à la mode. La tapisserie qui représente « le poète et la sirène » au fond des eaux, au milieu d'une flore et d'une faune

tiste a symbolisé la France, dans son œuvre de civilisation, s'avançant la main tendue devant un groupe de soldats dont l'uniforme clair s'enlève sur un ciel de feu. Au premier plan à gauche, sont des Africains, dont la peau brune à reflets bleus donne une coloration très puissante, s'harmonisant avec le ton sombre de la robe aux larges plis de la France. M. Rochegrosse a très habilement lié la bordure au sujet, en composant cette bordure de magnifiques plantes tropicales entremêlées d'animaux. La tapisse-

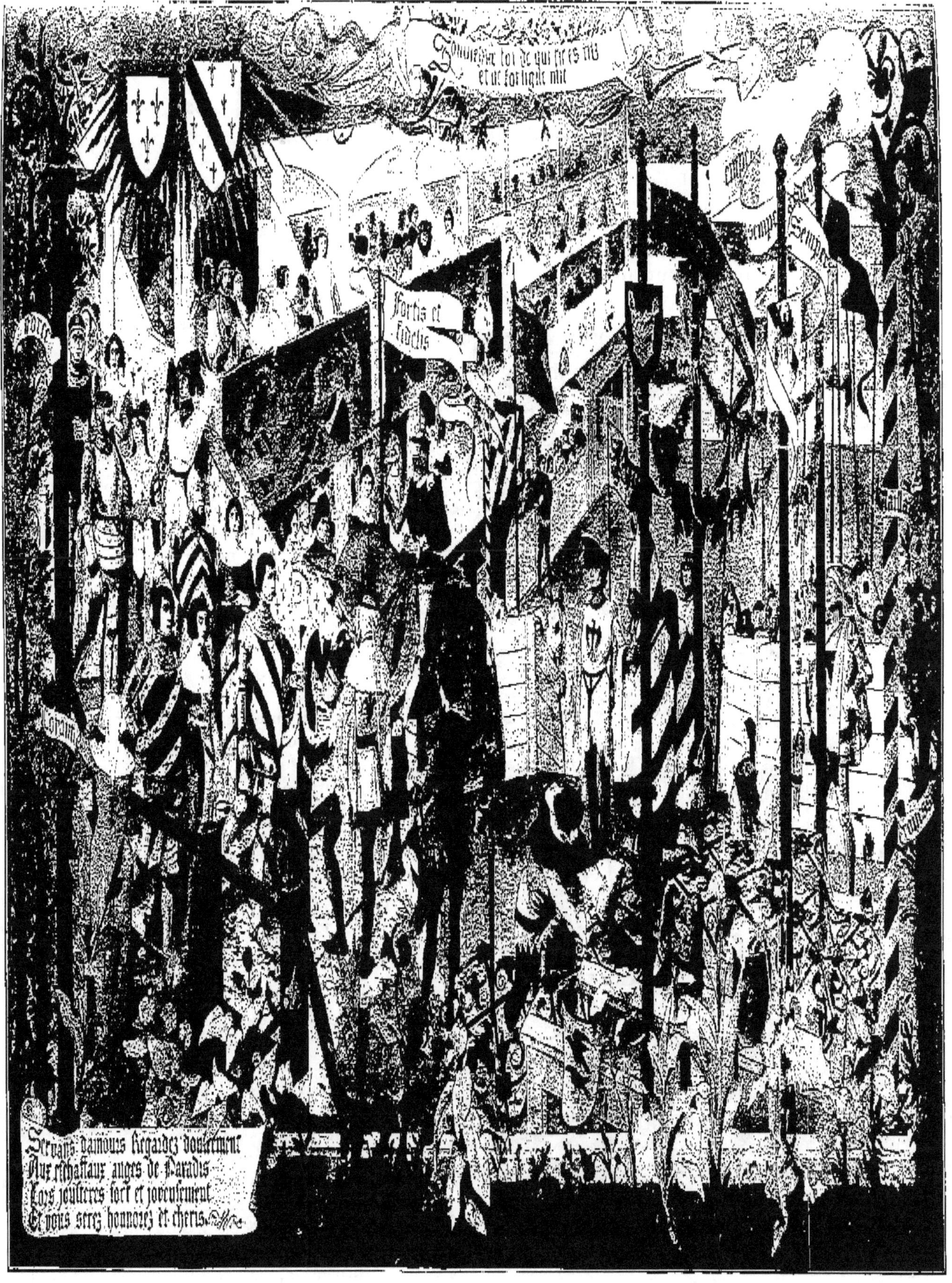

Une scène de tournoi à la fin du XIVᵉ siècle.
(En cours d'exécution.)

J.-P. LAURENS.

rie très harmonieuse tirera son effet de la juxtaposition de tons francs enfermés dans des
contours très précis.

C'est par des qualités différentes que se dis-
tinguera la tapisserie de M. Albert Maignan
représentant Apollon et Daphné. L'artiste a
su rajeunir un ancien sujet dans une composition simple, soutenue par des tons chauds et
brillants. Un autre panneau, destiné au Tri-

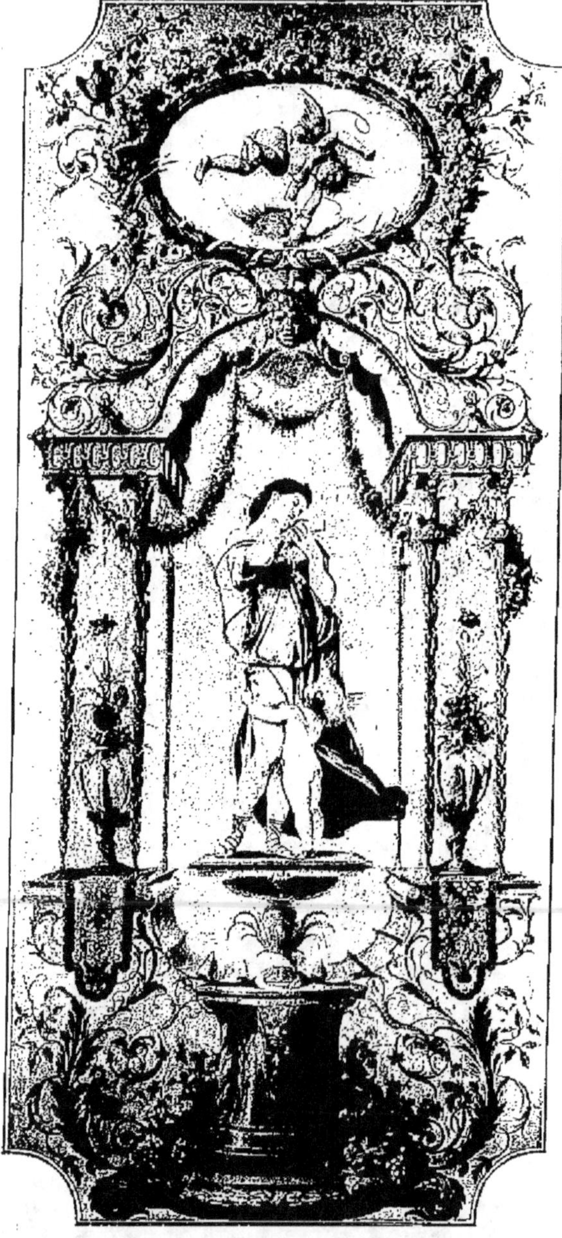

Le Toucher.   BAUDRY.
(1068) Pour le palais de l'Élysée.

bunal de Commerce et représentant la « Justice consulaire », n'est pas moins intéressant
par la forme et la couleur que par le choix des
attributs qui révèle le goût de l'artiste et de
l'érudit.

Une œuvre considérable, représentant la
« Mission de Jeanne d'Arc », est entreprise depuis l'année dernière d'après les compositions
de M. Jean-Paul Laurens. Par la simplicité
des scènes, par le style des figures, par l'harmonieuse vigueur des tons, la tapisserie de
« Jeanne d'Arc » se rapprochera des belles tapisseries françaises de nos cathédrales. Ceux
qui contestent l'existence d'un style à notre
époque ne manqueront pas de critiquer
l'œuvre comme entachée d'archéologie. Il faut
cependant admettre que la convention du costume historique s'applique à toutes les œuvres,
à la tapisserie comme à la peinture et à la sculpture, et je ne pense pas qu'on puisse aujour-
d'hui représenter Jeanne d'Arc en costume moderne à la tête d'un peloton de cuirassiers. Je
ne vois pas non plus les personnages d'un
tournoi en costume de jockeys, et je n'ai jamais cru que la caractéristique d'une œuvre
moderne fût le costume moderne.

Je ne puis donc faire un crime à M. Leloir
d'avoir utilisé les modes et les ornements du
siècle dernier pour sa gracieuse composition
du « Roman au XVIIIᵉ siècle ». Il en est de
même de la suite de tapisseries exécutée
d'après les cartons de M. Joseph Blanc pour la
décoration d'une ancienne salle au Palais de
Justice de Rennes. Le peintre était tenu d'accorder sa composition, pour l'échelle et le
caractère des figures aussi bien que pour les
colorations, avec le plafond et l'ornementation générale de la salle. Il est certain que
les tapisseries de M. Blanc feront en place un
excellent effet.

M. Guiffrey a eu le rare mérite de trouver
des artistes dont le talent pût se plier aux exigences d'une décoration en tapisserie. La tâche
était d'autant plus difficile que la composition
décorative est depuis trop longtemps négligée,
et que trop souvent le peintre s'imagine avoir
fini son œuvre lorsqu'il a dessiné ses figures,
abandonnant à des décorateurs de profession
la partie la plus intéressante de son œuvre, celle
où pourrait le mieux s'accuser sa personnalité.

Bien rares sont les artistes qui, comme
M. Olivier Merson ou M. Grasset, ont su
faire œuvre d'art avec le décor d'un livre ou
d'un tapis, ne dédaignant rien de ce qui, dans
toute manifestation de la pensée, peut se prêter à une expression artistique. Aussi M. l'Administrateur des Gobelins n'a eu garde d'ou-

blier MM. Merson et Grasset, et ce sera jour de fête à la Manufacture que celui où seront reçus les cartons qui leur sont commandés.

La fabrication des tapis dits de « Savonnerie », c'est-à-dire des tapis de haute laine dont la composition ne peut guère comporter la figure, mais admet toutes les combinaisons linéaires, toutes les adaptations de la flore et de la faune, n'a point encore donné, à mon avis, les résultats qu'on est en droit d'attendre. Les décorateurs de profession, qui ont jusqu'ici fourni les dessins des tapis, font de la flore des applications banales, dépourvues de caractère, simulant par le modelé et les ombres, des reliefs inquiétants pour un tapis sur lequel on marche.

On abuse aussi, dans les cartons des tapis, de l'harmonie trop facile des tons neutres ; on n'ose pas aborder les colorations puissantes, le rouge, le jaune orangé, le blanc, le brun noir ou le bleu foncé, qui donnent tant de prix aux tapis persans. Et cependant, le musée de la Manufacture est riche en tapis orientaux qui sont des modèles de composition et de couleur. Il n'est pas question d'en copier les formes, mais ils peuvent suggérer, dans des contours absolument modernes, l'idée de taches de couleur harmonieusement et savamment distribuées.

Sans doute les compositions de M. Libert qui sont aujourd'hui sur le métier, fourniront des tapis agréables de dessin et de couleur, mais ne différant que par la perfection de l'exécution de ceux qu'on produit dans l'industrie. D'ailleurs, une œuvre n'a de caractère qu'à la condition d'être faite pour une place, d'avoir une destination qui détermine le choix des ornements, leur échelle, la valeur des colorations. Une œuvre sans destination est nécessairement banale.

Frappé de ces inconvénients, j'avais de-

mandé qu'un tapis fût donné comme sujet de concours de composition décorative aux élèves architectes de l'École des Beaux-Arts, et le

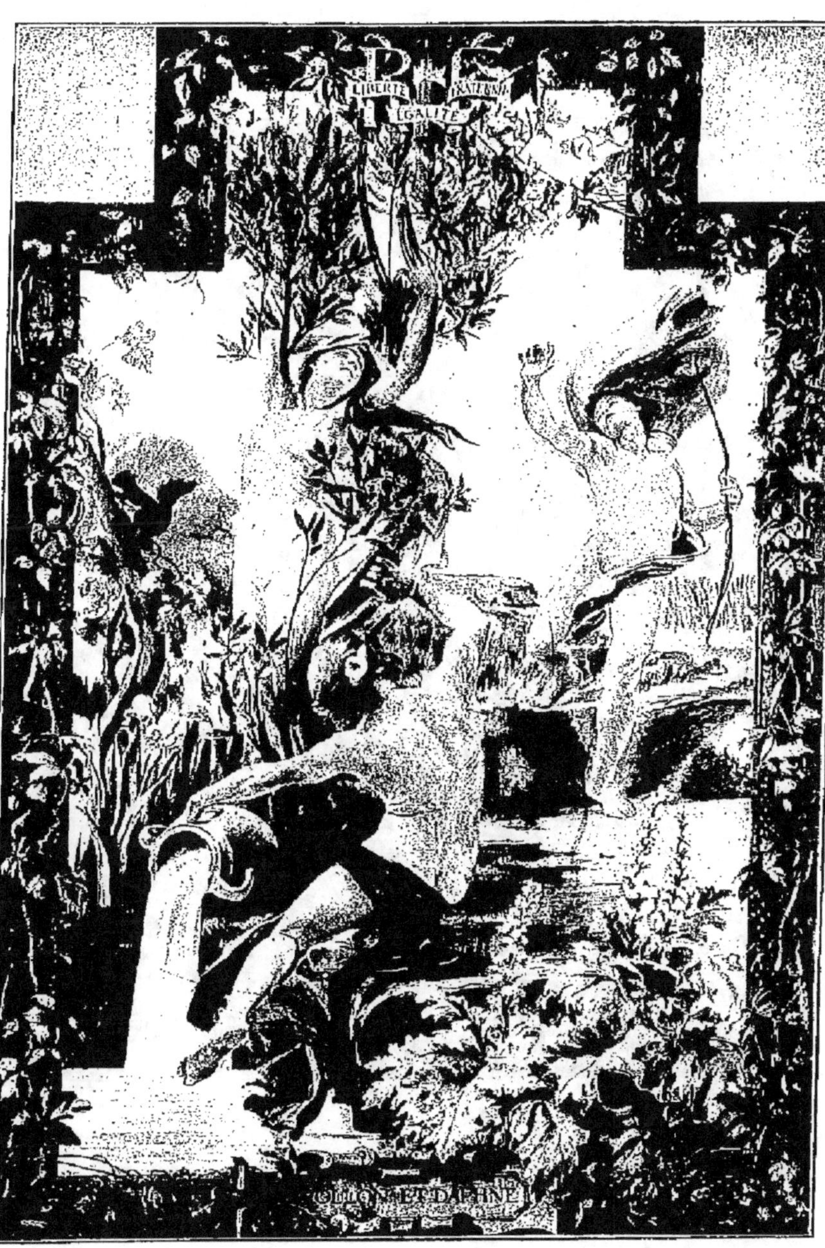

Apollon et Daphné.
(En cours d'exécution.)

A. MAIGNAN.

« tapis pour la Cour de Cassation », sujet du concours Rougevin, a été l'occasion de compositions originales.

La décoration d'un tapis relève, en effet, de l'architecture, et notre École a formé d'assez brillants élèves, pour que nous puissions y recruter quelques artistes capables de faire sur un programme précis le carton d'un tapis de Savonnerie.

D'une manière générale, pour les tapisseries

de haute lisse comme pour les tapis, je crois inutile que le peintre fournisse une peinture achevée comme un tableau, qui l'entraine forcément à exagérer les nuances, et qui restreint beaucoup trop l'initiative du tapissier. Autant le dessin doit être d'une précision absolue, au-

nant les valeurs des colorations devraient suffire. On gagnerait ainsi du temps et on faciliterait l'exécution de modèles dont l'interprétation en tapisserie n'exige nullement l'exécution complète d'un tableau.

Ce sont là des progrès qui seront réalisés

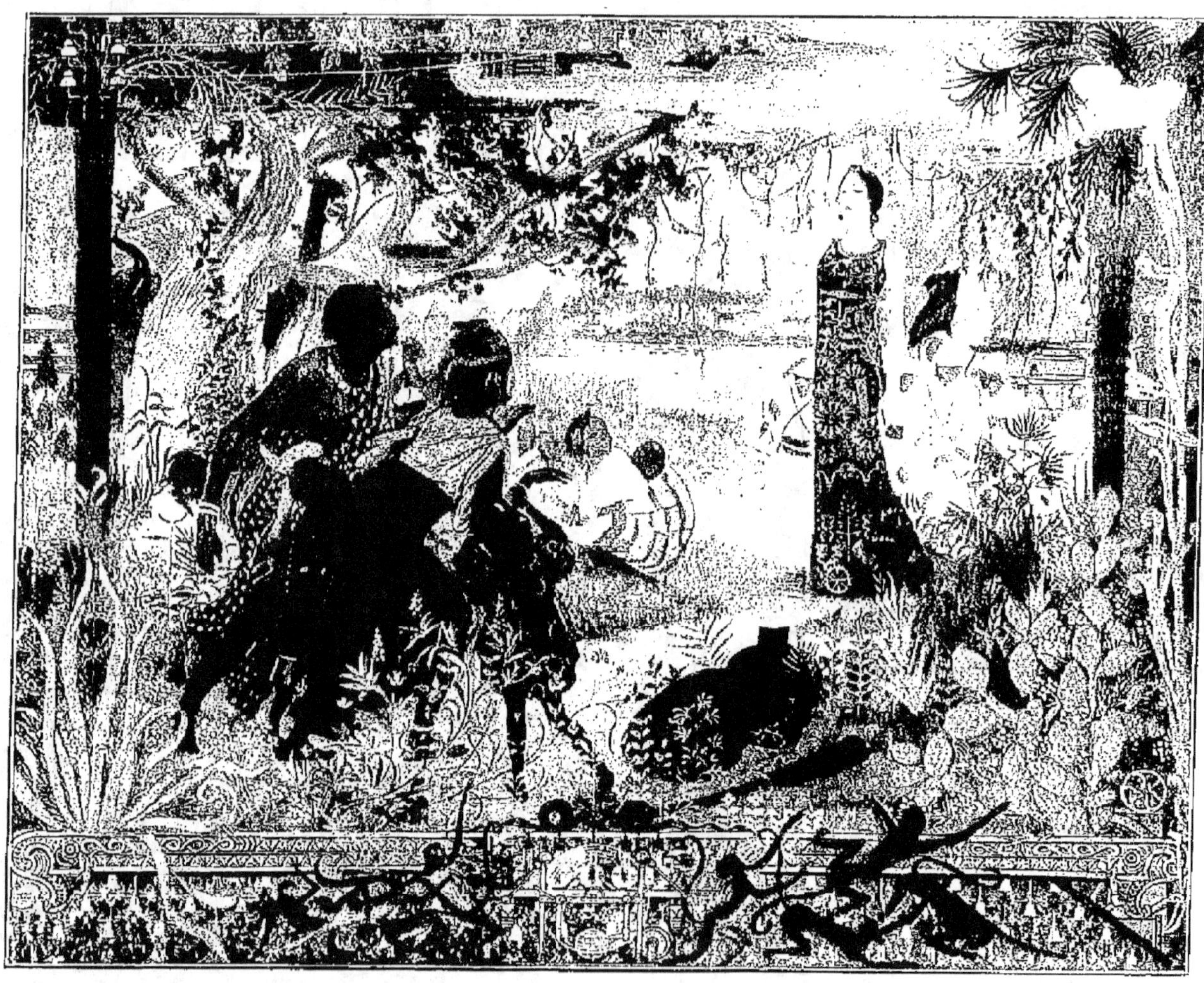

La conquête de l'Afrique.
(En cours d'exécution.)

ROCHEGROSSE.

tant la couleur doitêtre localisée par tons francs dans des contours précis, en évitant les nuances de modelé qui nuisent à l'effet décoratif.

Si l'exagération des nuances est critiquable dans le carton que doit copier le tapissier, elle est inexplicable dans l'esquisse à échelle réduite et ne peut donner qu'une idée fausse aux membres du Conseil de perfectionnement auxquels l'esquisse est soumise. On pourrait considérablement réduire ces travaux préparatoires, destinés à être interprétés par des artistes tels que les ouvriers de la Manufacture. Un dessin précis de même grandeur que le tapis et une aquarelle à échelle réduite don-

aisément. Ce qu'il importait de faire connaître à une époque où l'on critique volontiers l'intervention de l'État dans le domaine des arts, c'est la merveilleuse organisation d'une Manufacture, véritable pépinière d'ouvriers artistes, où il a suffi de quatre années d'une direction intelligente et dévouée pour reprendre la tradition interrompue des tapisseries françaises, créer des modèles, simplifier l'exécution et donner à cette phalange d'artistes, d'ouvriers et d'apprentis une impulsion qui assurera à la fabrication française une incontestable prééminence : nous en aurons la preuve en 1900.

Lucien Magne.

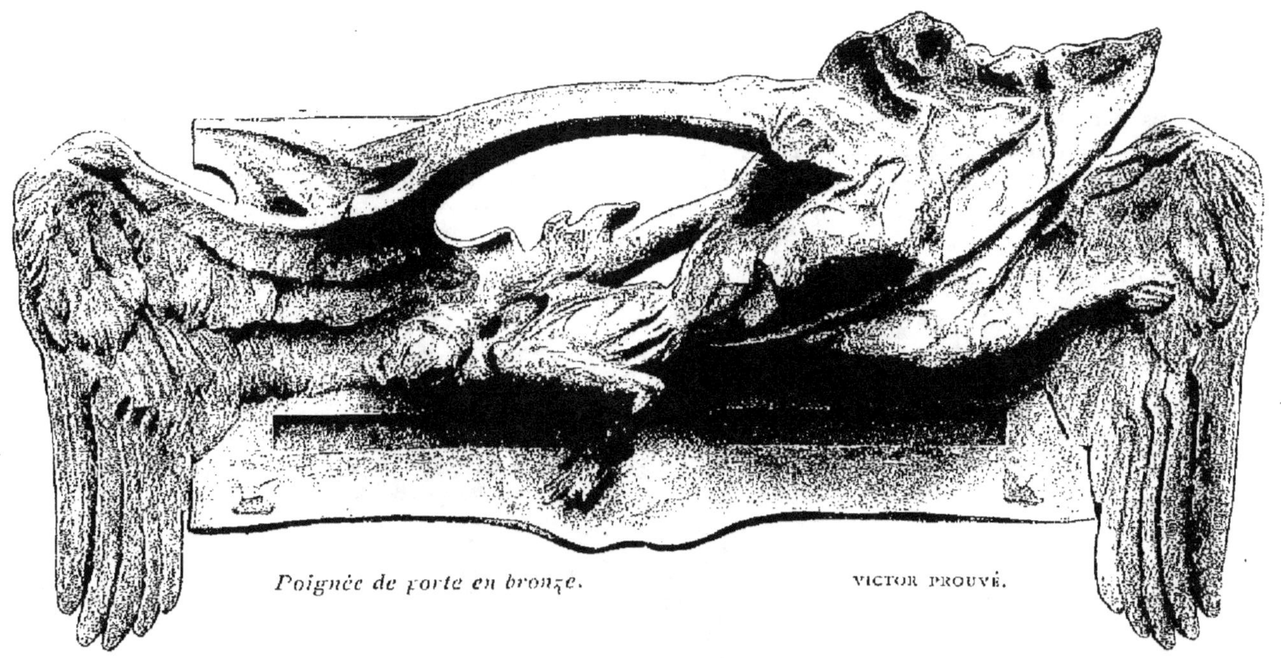

Poignée de porte en bronze.   VICTOR PROUVÉ.

Conclusion sur la Peinture aux Salons

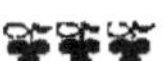

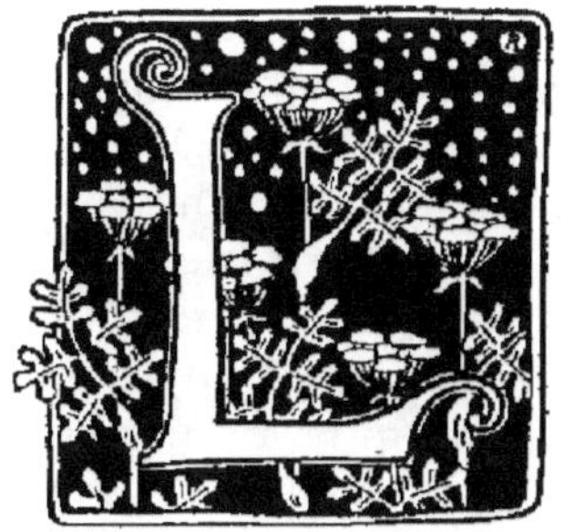

ᴇs deux Salons sont fermés depuis bientôt deux mois, mais la signification véritable ne s'en précise que mieux pour nous : le moment nous invite à nous laisser aller à quelques réflexions d'ensemble sur les tendances d'art qui se sont manifestées, ou sur les idées qui doivent de plus en plus présider à toute conception artistique. Notre souvenir se reporte maintenant aux œuvres qui nous ont paru le plus significatives ; quelques noms s'imposent encore à notre mémoire, après tout ce que l'on a déjà dit : et sans doute, toute cette longue suite de Salons annuels ne doit pas, pour être vraiment profitable, s'écouler et s'évanouir dans le passé et dans le vide, sans donner prise à quelques remarques fixes, qui en conservent les traces successives. Ce n'est pas assez de distinguer les Salons et de les dater par le nom du peintre auquel est échue la Médaille d'Honneur, comme l'année sportique se désigne par le gagnant du Grand-Prix : c'est en quelque sorte le bilan de l'art qu'il faudrait pouvoir établir tous les ans ; et cette fois-ci, il semble que nous soyons appelé à cet examen par une solennité particulière, et qu'une période d'expositions s'achève, en même temps

que vont disparaître les locaux où l'on se dirigeait par habitude. Essayer de formuler une conclusion après tout ce débordement de peinture, dégager une morale des divergences qui se sont révélées dans le goût et la recherche, c'est là une tâche fort attirante ; et aussi bien, puisque l'on m'y convie, le tenterai-je volontiers.

Pour cela, il est nécessaire d'en revenir sans cesse aux lois générales de la peinture, à ses moyens d'expression et à sa destination, d'autant mieux que cette destination change suivant les époques, et que les mêmes édifices ne s'ouvrent pas toujours aussi généreusement à la décoration picturale. Au xiv\u1d49 siècle, on peut dire que le tableau n'existait guère, et que la peinture était presque exclusivement murale ; au xv\u1d49 siècle, ce furent surtout les églises qui fournissaient aux peintres de vastes surfaces à couvrir ; aux siècles suivants, la peinture pénètre de plus en plus dans les palais et les villas. Aujourd'hui, l'art ne reçoit plus que rarement une aussi large hospitalité, et la grande décoration n'a pas souvent l'occasion de se donner libre jeu. Nous avons eu le Panthéon ; nous avons surtout maintenant la Nouvelle Sorbonne et l'Hôtel de Ville, qui ont fait une grande consommation de décorateurs, et auxquels il sera, souhaitons-le, beaucoup pardonné. Le Sacré-Cœur ne semble pas bouger pour le moment, et ne songe pas sans doute à ramener les beaux jours de *Santa Maria Novella*. De temps en temps, quelque mairie tient à faire peindre une noce de banlieue dans sa salle des mariages; et c'est à peu près tout. La grande peinture décorative, qui fournissait autrefois toute la matière de l'art, ne doit donc former aujourd'hui qu'une part minime des œuvres peintes. Et cependant, un grand nombre d'artistes s'obstinent, sinon à la peinture purement murale, du moins à de vastes compositions allégoriques, historiques ou légendaires, qui ne sauraient trouver place sous tous les plafonds. Quand l'auteur n'a pas visé ainsi une récompense marquante, il s'efforce d'obtenir l'achat de son tableau par l'État, regardé toujours par les artistes comme le garant et l'acquéreur naturel des fortes dimensions. Si le peintre aboutit dans ses intrigues, sa toile va alors compléter, non pas l'ornement d'un palais national, mais un panneau de salle de Musée; or, l'on s'habitue trop à regarder les Musées comme l'unique et le plus digne réceptable de toute œuvre d'art. Si les démarches échouent, le tableau regagne le seul domicile qui consent à le recevoir, le fond de l'atelier, d'où il ne sortira probablement plus.

C'est à la Bibliothèque de la nouvelle Sorbonne qu'est réservé le plafond de M. Dubufe; sachons-lui tout au moins gré de nous donner texte à quelques réflexions sur la légitimité du genre. Les discussions que l'on voit se reproduire, chaque année, sur la peinture *plafonnante* ou non plafonnante, me paraissent, en définitive, assez oiseuses; et peut-être serait-il

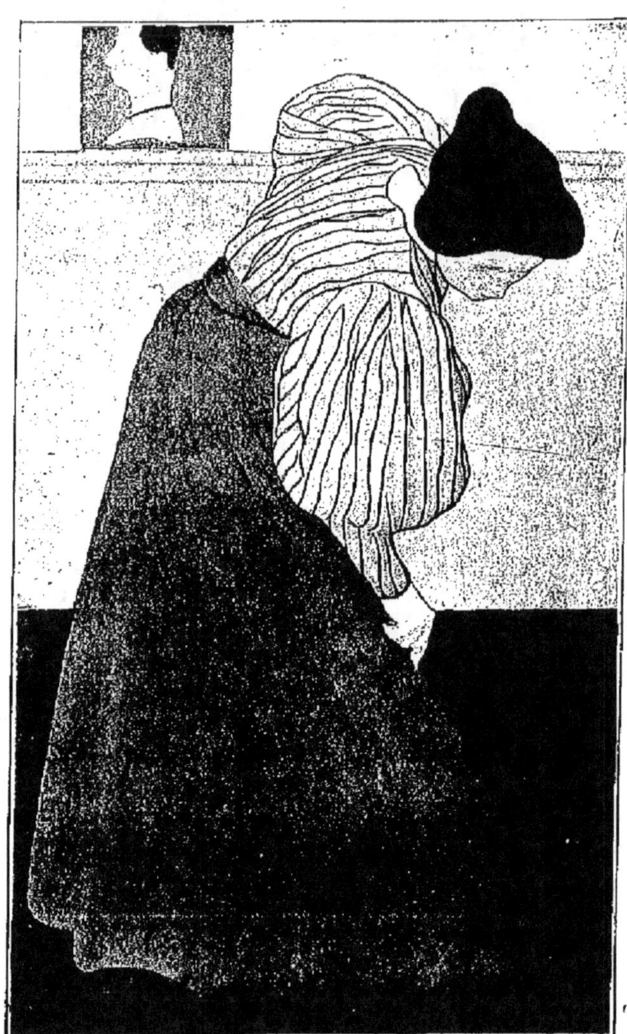

Panneau décoratif.   BOTKINE.

temps de convenir, en toute franchise, qu'une peinture de plafond est toujours fort désagréable à regarder. Il faut reconnaître, sans parti pris, dans cette invention de l'art, une immense erreur, à laquelle les plus grands décorateurs ont pu se laisser entraîner, mais que les nouveaux édifices officiels ont grand tort, je crois, de perpétuer. Seule, la Sixtine est capable d'anéantir, dans l'ébranlement prodigieux de toutes les puissances du génie, cette faute originelle de la conception picturale; dirai-je même que l'on peut voir dans les poses douloureuses de possédé auxquelles nous force le spectacle de cette voûte, une préparation significative, une sorte d'introduction au mystère qui va s'accomplir en nous sous la terrifiante domination de l'œuvre surhumaine?

C'est du moins une œuvre de grand style, et de véritable portée décorative, que le carton de Puvis de Chavannes, conçu pour une destination bien déterminée.

Voilà déjà bien des années que la première partie de l'histoire de *Sainte Geneviève*, peinte au Panthéon, avait contribué à établir définitivement l'universelle renommée du Maître. Le crayon nous donne déjà une haute idée de ce que sera cette nouvelle suite de trois panneaux. M. Puvis de Chavannes a acquis encore avec le temps une composition plus pleine et plus nourrie, si l'on peut ainsi dire; l'ordonnance des groupes y est devenue plus condensée, tout en restant d'une ligne simple et imposante. La procession qui sort de la ville et s'avance au devant de la sainte, les débardeurs qui dé-

-hargent les barques de ravitaillement, les mu-
-ailles mêmes de Paris, tout cela se trouve très
-ermement situé et
-tabli, et nous com-
-nunique une très
-rande impression.
    On a déjà parlé ici
-le la robuste pein-
-ure de M. Jean-
-Paul Laurens, qui
-témoigne aussi sû-
-rement d'une maî-
-trise sans cesse re-
-nouvelée. Mais il
ne faut pas omettre
la frise composée
par M. Victor
Prouvé pour la
mairie d'Issy, *La
Vie*, d'un arrange-
ment très souple et
d'une jolie qualité
de couleur, avec
cette ronde d'en-
fants qui monte à
droite de la berge,
et le groupe noble
et triomphant, au
centre, de la mère
et du nourrisson,
tandis que se dé-
roule dans le fond
un de ces paysages
attendrissants des
bords de la Seine,
à la fin d'une belle
journée d'été. Mais
pourquoi faut-il
que dans les coins
s'imposent des cou-
ples vulgaires, qui
accusent trop un
lieu et une date à
cette souriante ap-
parition de la vie,
et qui nous rap-
pellent que c'est
aux Moulineaux
que nous sommes?
immédiatement
évoquent pour

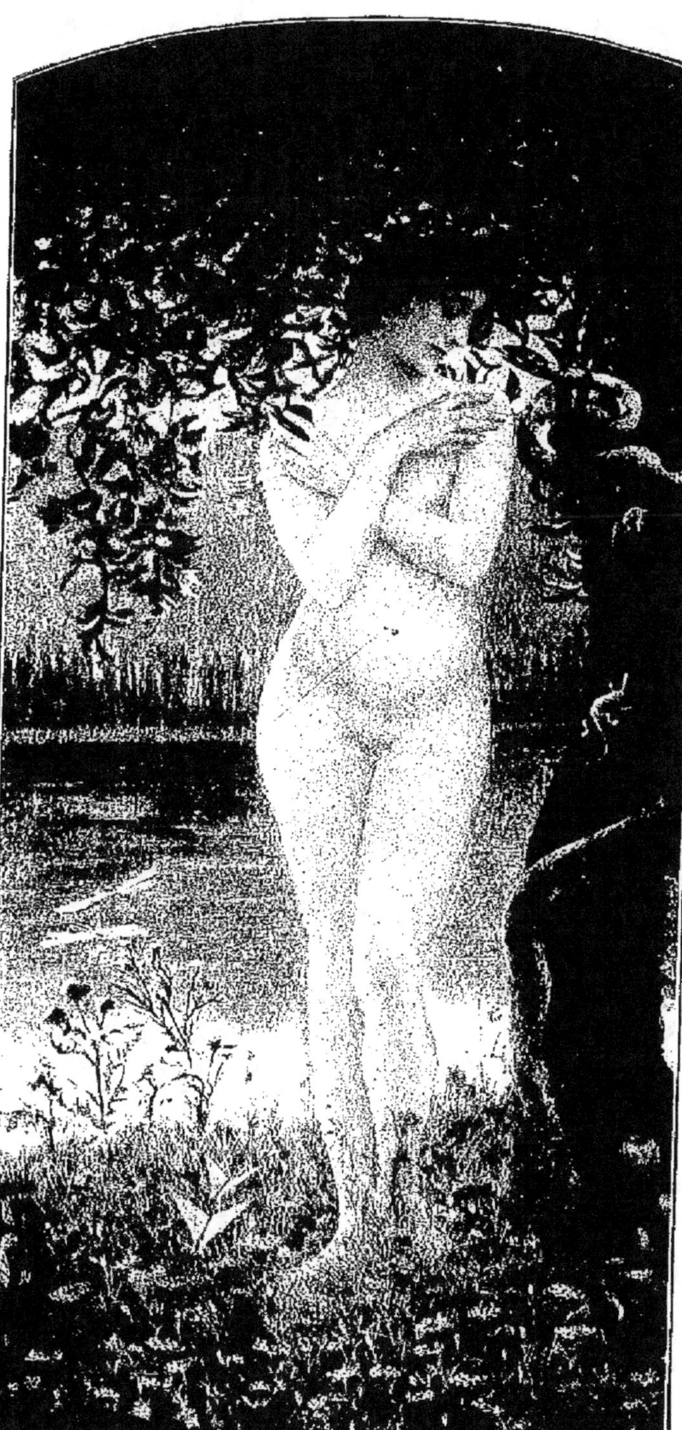

Ève.   LÉVY-DHURMER.

Il faut bien dire aussi un mot du grand
tableau de M. Henri Martin, *Vers l'Abîme* dont
le sujet symbolique
et les proportions,
et aussi le parti pris
des grandes lignes
du paysage, font, en
quelque manière,
une œuvre décora-
tive. Reconnais-
sons d'abord que
l'idée en semble
beaucoup plus
claire qu'on ne l'a
voulu voir en géné-
ral ; le grand défaut,
c'est que l'exécu-
tion en reste encore
trop aride et trop
frénétique, le mo-
delé trop uniforme
encore dans les
figures et les ter-
rains, bien qu'on y
distingue cepen-
dant plus de soli-
dité et de cohésion
que par le passé.
Pour s'imposer
dans la totalité de
cette large surface,
il faudrait à l'œu-
vre un accord plus
soutenu et moins
heurté des formes
et des colorations,
venant discipliner
et assouplir les qua-
lités d'âpreté et de
vigueur qu'il faut y
remarquer.
    Voilà à peu près
les seules œuvres
des Salons que l'on
puisse classer dans
la grande décora-
tion, en élargissant
même la significa-
tion immédiate de
ce mot. Mais si la
peinture murale

ous des odeurs de guinguettes et les silhouet-
-s propres aux environs des *fortifs :* voilà qui
-est plus de la décoration.

ne trouve plus à s'employer fréquemment, est-
ce à dire qu'il n'y ait plus à faire œuvre de
décorateur? Au contraire, dirai-je ; mais nous

devons comprendre autrement la peinture décorative. L'artiste doit songer à élaborer autre chose dans son atelier que de grands tableaux de galeries, sans préoccupation de jour ou d'entourage. Ce sont les tableaux de chevalet qui devront procéder de l'art ornemental ; car c'est à toute œuvre d'art qu'il appartient d'être décorative ; et il s'agit de concevoir une pein-

gager dans cette voie longtemps négligée de l'art. Bien d'autres artistes ont droit à notre considération et cherchent, avec eux, à nous toucher par des figures qui prennent dans le site et la posture où elles nous apparaissent, ou dans l'action à laquelle elles participent, une signification humaine et allégorique, qu'il faut prendre garde toutefois de compliquer d'inter-

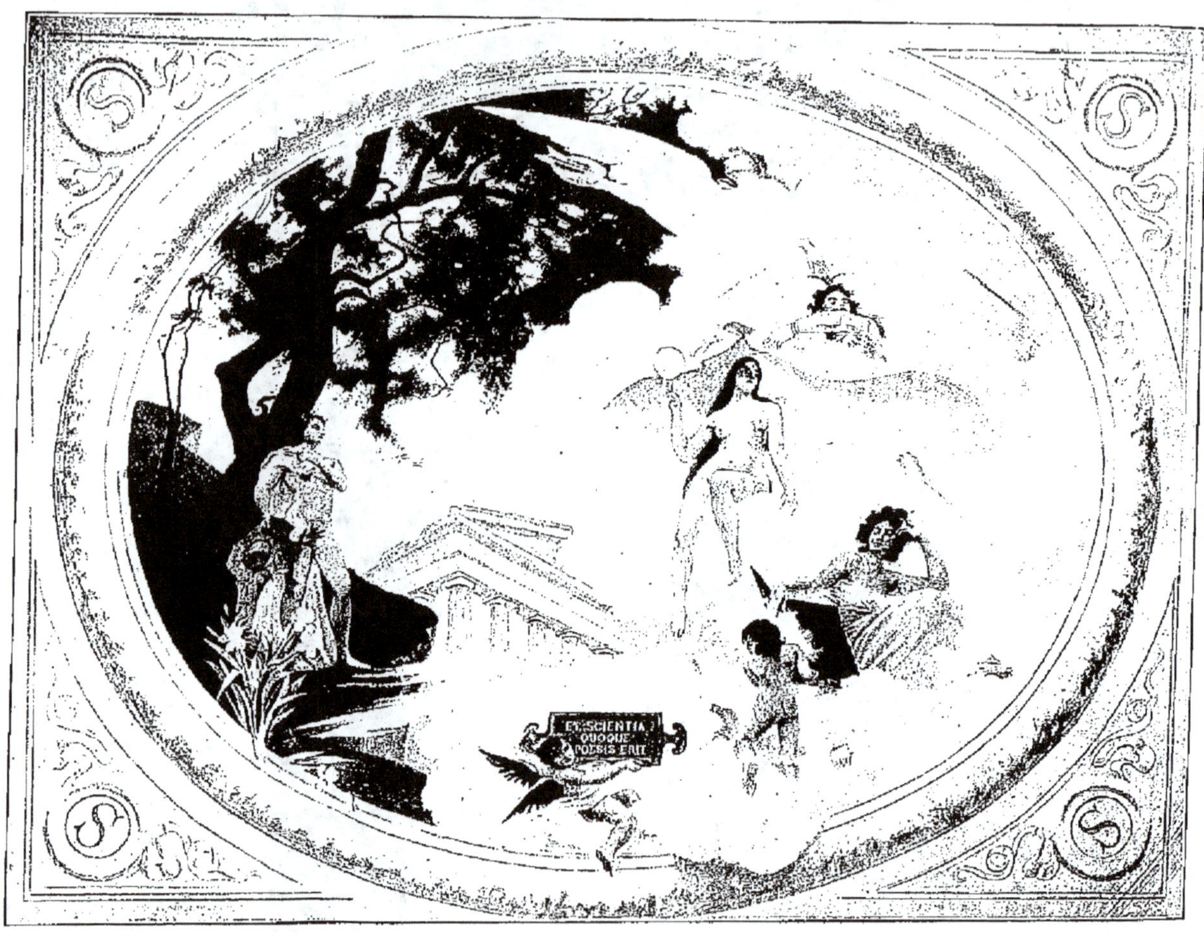

Plafond pour la Sorbonne. G. DUBUFE.

ture d'*intérieur*, pour ainsi dire, qui prendra toute sa valeur sous l'éclairage assombri et dans la retraite intime de nos appartements. Je prévois d'autres occasions de revenir plus tard sur ce que l'on pourrait entendre par le caractère décoratif de la peinture ; on comprend en tout cas que les préoccupations de plein air et de relief ne devront pas dominer les efforts de l'artiste, et qu'il y faut chercher par dessus tout le style, l'arrangement, la ligne et l'harmonie, en même temps que l'intensité expressive du sujet. On a déjà relevé ici le mérite des compositions de MM. René Ménard et Aman-Jean, qui ont été des premiers à s'en-

tions par trop littéraires. Là réside en effet le grand écueil, et les peintres du plus haut mérite ne l'ont pas toujours évité. Parmi les artistes dont les Salons de cette année ont laissé en nous le souvenir, il convient de rappeler au moins aux Champs-Élysées MM. Fantin-Latour — bien que les formes souples et balancées paraissent devenir sur ses toiles trop inconsistantes — Raphaël Collin, Albert Laurens, Bellery-Desfontaines. On n'a pas oublié sans doute l'*Ève*, de M. Lévy-Dhurmer, apparue dans un radieux enchantement, et que nous reproduisons ici. Nous ne saurions trop en relever la ligne élégante, et cette ordon-

ance savante, serrée et harmonique, qui est
en, dans toutes les œuvres du peintre, la
arque d'un esprit pénétré du vrai sentiment
décoratif. Il faut noter au Champ-de-Mars, les
savoureuses peintures de MM. Ary Renan, Lu-
en Monod, Leempoels, de Mlle Rœders-
in ; les colorations puissantes
et fastueuses de M. La Touche, qui devrait se résou-
dre à mieux ordonner
et définir ses riches-
ses, et celles de
M. Brangwyn, qui
restent malheu-
reusement trop
un échantillon-
nage de beaux
tons assourdis.
Et M. Botkine
a tiré de très heu-
reux effets de la
franche donnée
de simplification
selon laquelle il
a interprété quel-
ques figures de
femmes.

Le portrait lui-
même saura se
plier au senti-
ment décoratif,
et la physionomie
du modèle se révé-
lera ainsi bien plus pro-
fondément, car tout sera
disposé dans le tableau
pour la mieux formuler, et on
la pénétrera plus à loisir
dans la chambre où elle vien-
dra prendre place en silence.

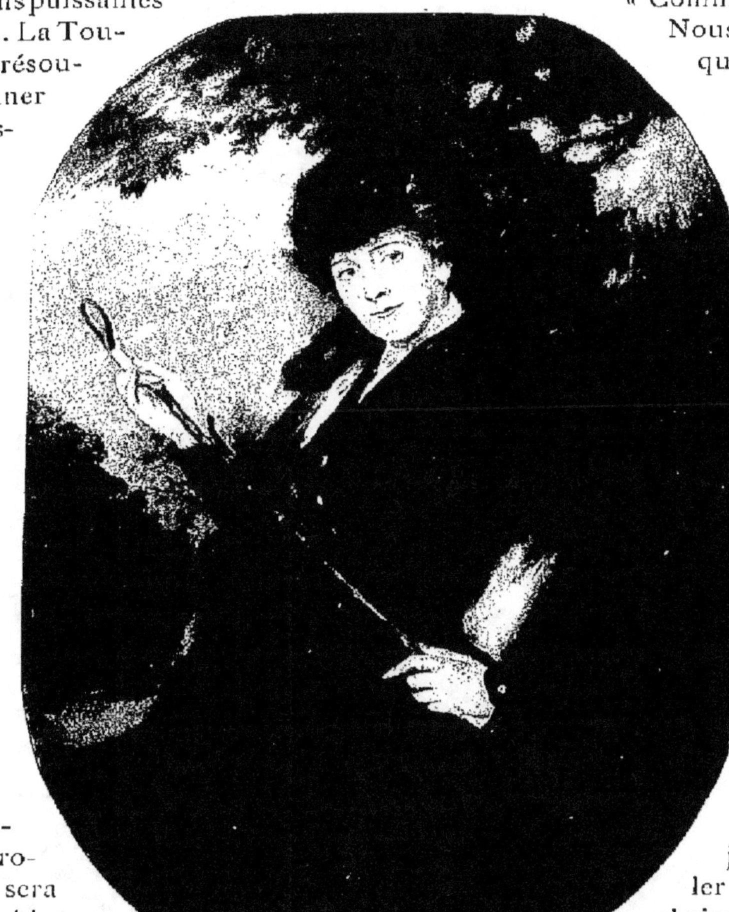
Portrait.   J. BLANCHE.

La belle exposition des Portraits de femmes
et d'enfants nous a permis de voir bien des
modèles de ces visages, présentés dans une
pose qui serve à les définir, sans troubler
l'allure tranquille que doivent garder ces
figures muettes. L'école anglaise du siècle dernier a spécialement compris ce prestige de
l'arrangement et du style ; mais nous n'avons
pas à en être jaloux, car il est facile de s'aviser
de tout ce que les peintres anglais ont découvert chez nous, et emprunté en particulier à
notre Greuze.

Cette conception du portrait nous transporte
bien loin de la recherche photographique, qui

fait saillir sur la toile toutes les grimaces caractéristiques, toutes les rides, toutes les flétris-
sures que le peintre tenace a observées sur le
visage de son modèle. Il n'y a pas longtemps
que le plus bel éloge que l'on pensât faire à un
portrait, c'était cette simple exclamation :
« Comme il sort du cadre ! »
Nous croyons au contraire
qu'un portrait ne doit pas
s'avancer à l'impro-
viste, comme un in-
trus ; mais que, fixé
à la muraille, il
doit rester en-
foncé dans son
cadre, s'allier à
la trame de la
tenture, tout en
surgissant, peu à
peu, semble-t-il,
quand nos yeux
se poseront lon-
guement sur lui.

Il ne suffit pas
non plus que le
portrait révèle
chez l'artiste une
habileté singu-
lière, la connais-
sance de toutes
les ruses du mé-
tier, si loin qu'elle
soit poussée, et la
joie de peindre, d'éta-
ler de beaux tons de
chairs ou d'étoffes, ou d'enlever avec autant d'aisance que
d'éclat une tête sur un fond. Ce
sont là des qualités qu'il ne
faut pas mépriser, pourvu
qu'elles soient modérées par d'autres soucis ;
ce n'est pas assez d'être un peintre pour se
faire l'analyste et l'historien d'une physionomie, il faut être aussi un penseur.

Enfin, nous reviendrons aussi de ces portraits
à grand fracas, qui semblent pétiller dans tous
les sens, et suffisent à désorganiser à eux seuls
toute harmonie entre les meubles divers d'un
salon. M. Besnard lui-même semble désabusé
de la dangereuse vanité des robes couleur
de feu. Et nous pouvons ranger dans la même
classe ces portraits comme nous en connaissons, où les détails accessoires — les pelisses,
les chapeaux lustrés et les complets du bon

faiseur, ou bien les cannes de camelote — prennent une importance outrageante pour la physionomie humaine.

Après ces réflexions, il serait oiseux de dire quels sont les talents qui nous paraissent condamnables. Il suffit de citer en hâte, parmi ceux qui tentent de nous donner des portraits plus recueillis, plus composés et plus pénétrants, MM. Blanche, Dagnan-Bouveret, Aman-Jean, Lévy-Dhurmer, René Ménard, Burnand,

surtout le caractère grandiose, ample et serein comme le fait M. Harpignies, soit que l'on en veuille manifester la majesté écrasante et aride devant l'infirmité des hommes, suivant la manière de M. Demont-Breton, ou soit que l'on tente d'associer de plus près la nature à nos souvenirs, à nos angoisses et à nos regrets, comme le montrent quelques études récentes de M. Helleu. La recherche même la plus sincère de la nature peut ne pas se départir du

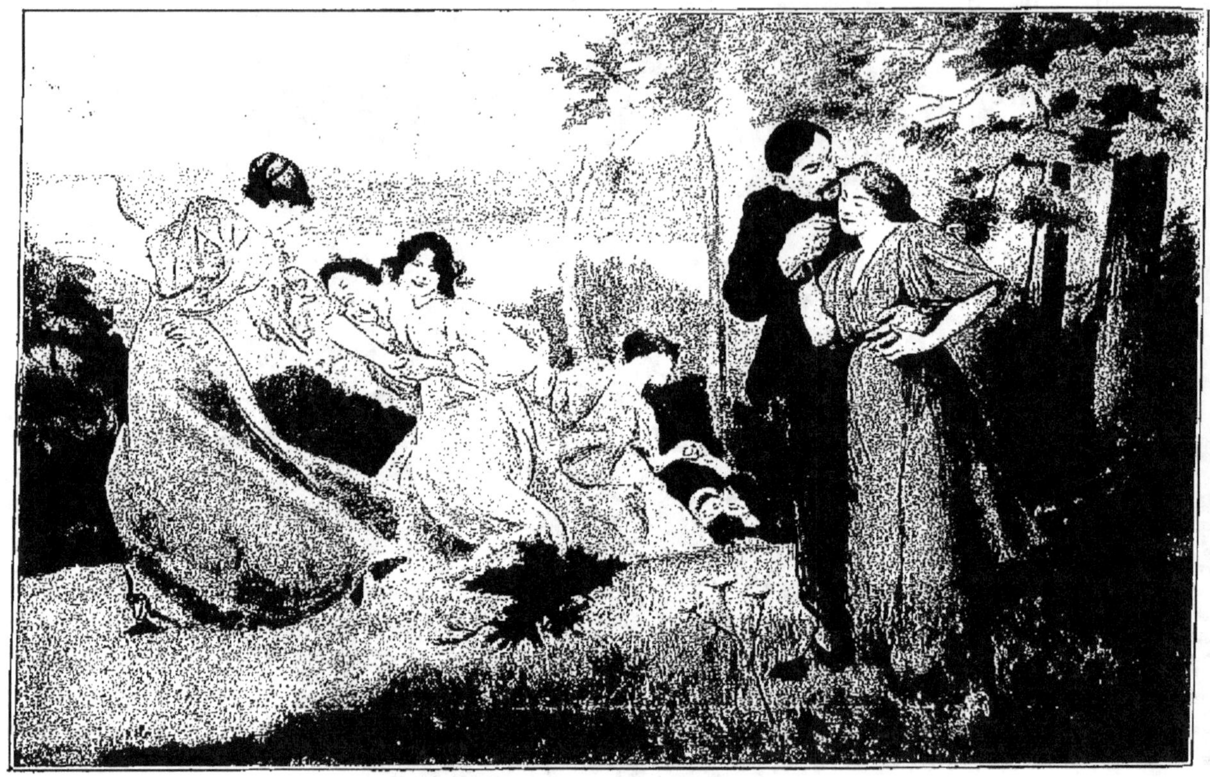

Décoration pour la Mairie d'Issy (Fragment).   V. PROUVÉ.

de la Gandara, Boutet de Monvel, — et Boldini, malgré ses exubérances de gestes.

De M. Blanche, nous donnons dans ce numéro le *Portrait de Mme la Princésse* ***, qui, pour n'avoir pas été exposé au Salon, n'en est pas moins de la meilleure façon de l'artiste. La reproduction permet déjà d'apprécier cette sorte de plénitude aisée du métier, cette distinction d'allure, cette union souple et onduleuse de la figure et de l'entourage, qu'ont si heureusement développés les modèles de l'école anglaise.

Le paysage s'ennoblit aussi de la dignité d'une recherche décorative, et quelques exemples que nous avons sous les yeux suffisent à l'affirmer, soit que l'on s'efforce d'en exprimer

sentiment de l'effet et de l'ordonnance, et les tableaux de M. Cazin réussissent bien à le prouver.

Ces aperçus en diront assez, je le pense, et je n'ai pas besoin de m'attarder à des conclusions. Dans toute œuvre, l'artiste doit avoir à se déterminer, à choisir, à agencer, à exprimer. Si les conditions de l'art ne cessent d'évoluer avec les nécessités de l'existence et la tournure des esprits, tout artiste véritable doit comprendre ces conditions telles que son époque les réclame, et se reporter d'ailleurs aux règles perpétuelles de l'art, autour desquelles on peut-être trop longtemps gambadé.

GUSTAVE SOULIER.

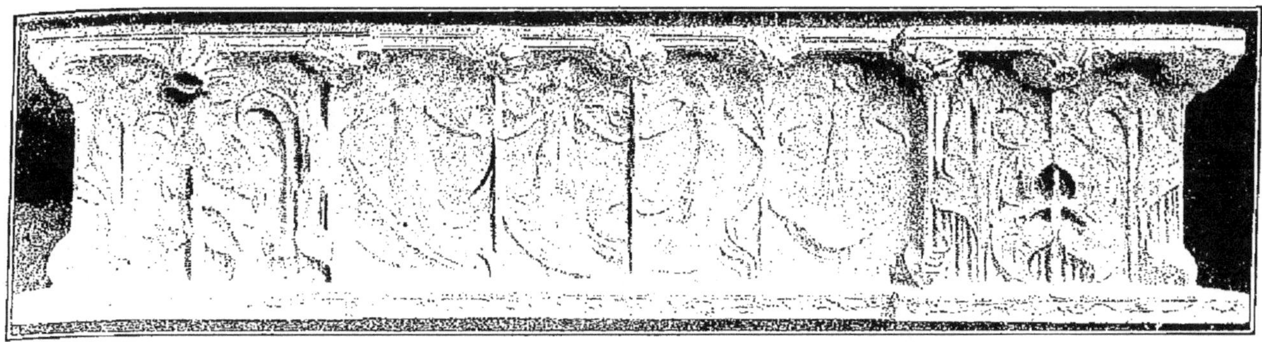

Cheminée (détail).

L'ART DOMESTIQUE DE M. VALLGREN

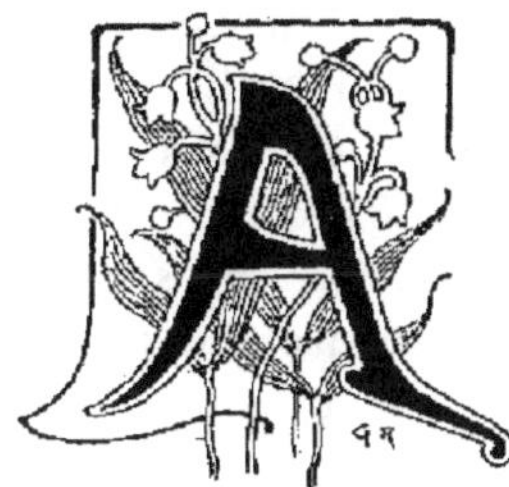u nombre des artistes qui ont le plus le sens de la sculpture moderne, il faut assurément compter M. Vallgren. Dans tout ce qu'il tente, figure d'expression en marbre, en bronze ou en pierre teintée selon le procédé qu'il a inauguré, ou même dans un simple buste, il s'efforce de faire œuvre intime et décorative. Ces visages qui s'accoudent pensivement, qui s'extasient ou s'apitoient sous la révélation de la jeunesse ou du deuil, trouvent bien leur entourage nécessaire dans les appartements où s'abrite notre vie quotidienne. Aussi affectionne-t-il particulièrement les statuettes et les groupes de dimensions réduites, qui prennent sur une table ou sur une étagère une véritable valeur de bibelot. On connaît de lui une série d'*Urnes cinéraires*, de *Pleureuses* et de *Maternités* (l'une d'elles est au Musée du Luxembourg), où il a réussi à mettre sur les figurines modelées toute la prostration et tous les soubresauts de la douleur. Il choie son œuvre d'une main tendre et compatissante; il l'habille et la caresse, pour ainsi dire, d'admirables patines, laissant tantôt sur le bronze comme un reflet de flamme vorace, et qui se glacent tantôt en reflets mauves ou verts, comme si la statuette avait séjourné au fond des eaux.

Dès longtemps aussi, et l'un des premiers, M. Vallgren s'est appliqué à donner à d'humbles objets usuels tout l'imprévu et la séduction d'une œuvre d'art. Aux Salons du Champ-de-Mars ont déjà figuré des tentatives très diverses faites dans cette voie. L'artiste s'y reconnaît toujours à certaines inflexions habituelles, à

une élégance de formes sveltes et affinées, au charme d'une imagination mystique et senti-

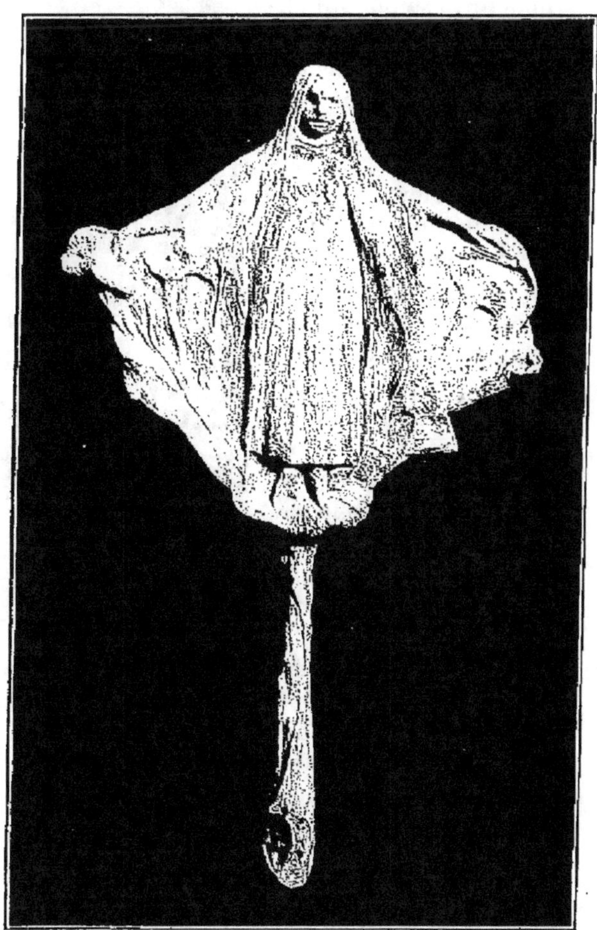

Miroir à main (revers).

mentale, grâce à laquelle toute pensée prend aussitôt figure. Et par là se découvre, à vrai dire, le tempérament de l'homme du Nord, l'âme du Finlandais qu'est M. Vallgren, le

7

cerveau qui a été nourri de légendes dès son origine, et qui ne cesse de s'entretenir de ses propres songeries. Il n'y a jamais, dans l'idée de ses œuvres, aucun symbole obscur et péniblement concerté; c'est au contraire la vision naturelle d'un esprit délicat et rêveur qui donne carrière au ciseau ou à l'ébauchoir, d'un mouvement aisé. La précieuse vertu des pays scandinaves, ce n'est pas tant de fournir aux caractères qu'ils développent le trésor héréditaire des fables antiques, que de former des âmes légendaires, qui ne s'arrêtent point à une mythologie officielle, mais aspirent devant elles le libre espace où peuvent éclore pour chacun, selon l'inclination de ses songes coutumiers, les irréelles figures de mythes personnels. C'est ainsi que l'on parvient rapidement à relever le principe fondamental et le thème générateur dont s'inspire toute la décoration de M. Vallgren.

On pourrait dire que toutes ses idées décoratives se ramènent à l'assimilation de la vie végétale et de la vie humaine. Il associe les fleurs au sentiment de la joie ou de la souffrance; les formes de fleurs s'apparient pour lui à des formes de femmes : elles fleurissent ensemble, pour ainsi dire; et des calices ouverts, il fait surgir des sortes de Filles-Fleurs, qui semblent s'épanouir elles-mêmes, comme d'une tige que formeraient leurs jambes frêles, dans le mouvement souple et rigide de leurs hanches étroites et de leur buste dressé. C'est là l'attitude des figures de femmes, auréolées de grandes fleurs de soleils, qui forment l'intéressant lustre en cuivre que l'artiste exposait, il y a deux ans, au Champ-de-Mars; et c'est à peu près la même conception que l'on retrouve dans l'Applique de bronze dont nous donnons aussi la reproduction. Mais, cette fois, M. Vall-

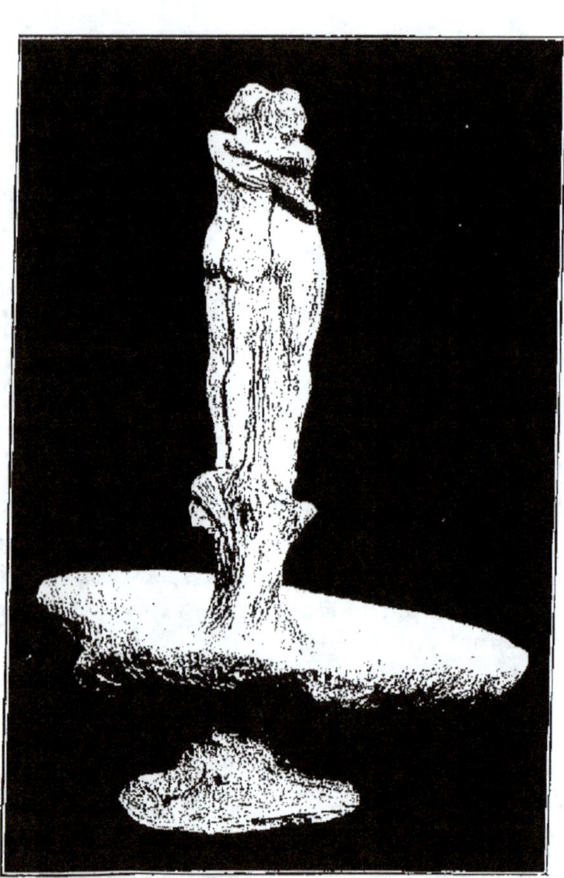

Coupe (pièce centrale d'un surtout de table).

gren a choisi les fleurs d'arum, dont la blancheur semble répandre elle-même de la lumière, pour y placer les minces ampoules de verre, imitant l'épi central, où s'allumera le fil incandescent. Des feuilles de fléchières soutiennent les tiges, et la sveltesse de ce jeune corps se marie bien au galbe pur et élancé des fleurs qui s'inclinent au-dessus de lui et l'environneront de clarté. La composition est ici d'une simplicité et d'un charme accompli.

Ailleurs, c'est la vie humaine qui se penche sur la fleur comme sur un miroir, ou comme sur un calice où l'on boirait la science, et qui semble chercher, dans cette existence mystérieuse et primitive qui se révèle, le secret de sa propre destinée. Tel est le motif de la *Coupe à fruits* que l'on trouve encore dans ce numéro, et dont on remarquera aisément la ligne exquise et nonchalante, et la grâce rêveuse, fondant la robe de la femme sur la tige de nénuphar qui semble l'entraîner dans son ascension.

On peut noter la prédilection de l'artiste pour les fleurs aquatiques, dont les mouvements paraissent se modeler sur les frissons mêmes des flots, et participer de leurs fluides ondulations. Par là même, elles s'animent à nos yeux d'une vie plus fébrile et plus subtile, plus proche de cette existence immatérielle, toute de grâce et de sentiment, que décèlent aussi ces formes ténues de petites Elfes, dont M. Vallgren peuple ses œuvres.

Car M. Vallgren est avant tout sculpteur, et il le reste dans toutes ses compositions : presque toujours, dans les objets d'utilité qu'il conçoit, il fait appel aux personnages pour l'ornementation; il leur fait jouer de petits drames mystérieux et intimes, des sortes d'allégories de notre vie et de notre pensée; et il faut bien re-

connaître là la puissante et savoureuse originalité de cet artiste. Le Salon du Champ-de-
Mars nous montrait, il y a quelques années, un
surtout de table en argent, composé de trois
pièces, qui ne laisse pas d'être très significatif
et qui découvre singulièrement la tendance de
cet art. Je regrette que nous n'ayons pu reproduire ici que la pièce centrale. Le thème est
emprunté à la *Rose de Noël*, et ce sont aussi
les phases de la vie hu-
maine qui se développent,
en même temps que s'épanouit le calice de la
fleur. La fleur elle-même s'évase et forme une sorte
de drageoir. Mais tandis que dans la première,
une figure légère de femme se penche, se tenant debout tout au bord des pétales, dans un mouvement exquis d'inno-
cence et de curiosité, la
seconde coupe symbolise
l'Amour : la fleur est déjà

se dégagent guère, dans leur touchante graci-
lité, que des corps adolescents, ne saurait nous
échapper ; mais il faut dire que cet art serait
d'une dangereuse école, et que la quintessence
du sujet, ou la fuite constante de l'arrangement habituel et banal, risqueraient d'égarer
ceux qui voudraient s'y essayer. Regardez le pied
oblique de la coupe à fruits dont j'ai parlé plus
haut : l'artiste est ici servi par un sentiment
merveilleux du rythme et de la mesure ;
mais un peu plus, l'é-
quilibre des lignes serait
compromis.

Il convient de remarquer
aussi que l'emploi des
figures mode-
lées en relief ne saurait
s'appliquer indifférem-
ment à la dé-
coration de toutes les
pièces d'or-
fèvrerie. Il s'adapte fort
bien cepen-
dant à cette sorte d'orfèvrerie d'ap-
parat à la-
quelle s'est appliqué M.
Vallgren, et qui est plus

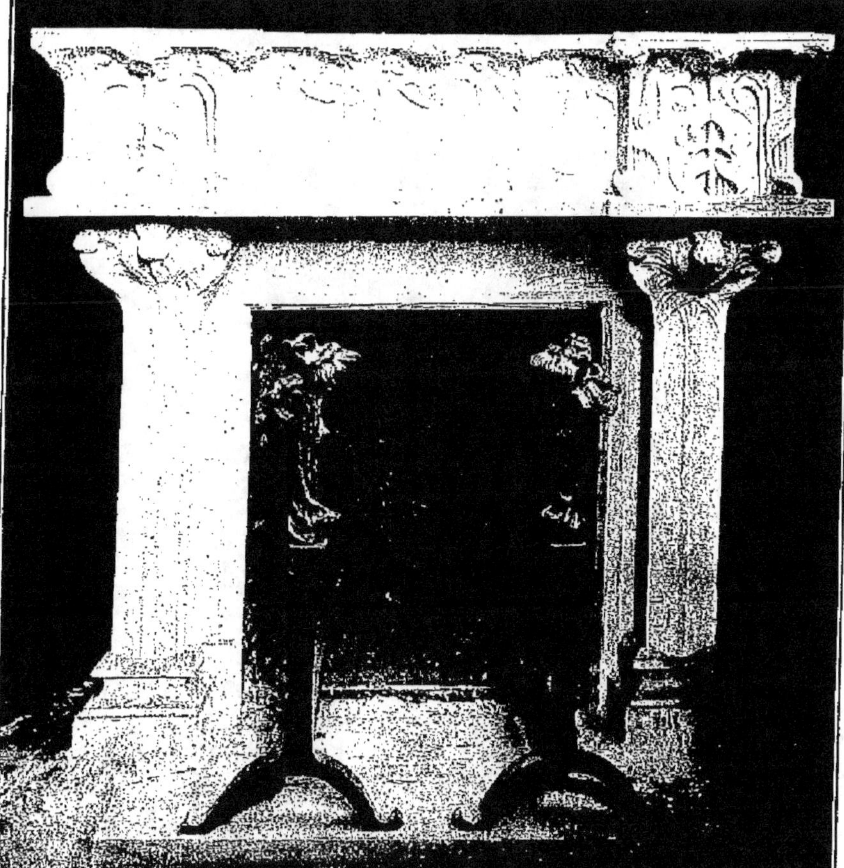

Cheminée.

plus ouverte, et sur les étamines se dresse le
groupe de l'homme et de la femme, qui se
tiennent étroitement embrassés. Le motif de la
troisième pièce est la Maternité : du cœur de
la fleur s'élance une jeune mère, tenant un
poupon dans ses bras. Voilà bien, je le disais,
qui nous aide à déterminer la personnalité de
ce talent, pressé d'appuyer sur une idée la
recherche de l'élément ornemental, et cela
sans violenter l'inspiration, en se livrant à la
tournure native de l'esprit.

Et sans doute le charme subtil et fragile de
ces compositions précieuses et mièvres, où ne

faite pour parer la table que pour porter des
fruits ou des gâteaux. Il n'y a ici qu'à louer
l'ingéniosité de l'ornement, qui sait rester
souple et sans surcharge. Mais les objets plus
usuels, tels que les théières, les cafetières, les
sucriers, ou autres pièces destinées à être
maniées, doivent être cherchés dans une donnée plus sobre, et plus dépouillée, pour ainsi
dire, d'agrémentation extérieure. Je ne crois
pas qu'il soit dans la voie de l'orfèvrerie nouvelle de se proposer, par exemple, pour modèles les aiguières de la Renaissance, si grouil-
lantes de formes diverses, animales et végé-

tales, accouplées toujours avec une noble élégance, mais dont la pompe et l'emphase seraient peu dans le caractère de notre temps. L'élément végétal même ne doit, me semble-t-il, prêter ici au décorateur qu'une assistance discrète, et ne point alourdir les formes essentielles du vase sous un modelé trop directement emprunté à la nature. Peut-être est-il bon de signaler là en passant une tendance fâcheuse que paraissent manifester plusieurs tentatives récentes, où le style ne prend pas une part assez prédominante. C'est dans la forme même de l'objet que l'orfèvre doit trouver l'élément capital de l'élégance et de la séduction qu'il sera capable de réaliser; c'est le galbe général qui doit le préoccuper avant tout, et déterminer les motifs d'ornement dont il le rehaussera. M. Vallgren lui-même l'a bien compris, du reste, et l'on connaît de lui une *Écuelle d'enfant*, avec sa cuiller, qui ne sont point, malgré leur attrait d'art, des bibelots de vitrine, mais vraiment des objets de ménage, conçus dans une forme simple et aimable, et très légèrement ornés de reliefs et de devises.

L'orfèvrerie n'est d'ailleurs pas seule à solliciter l'activité de M. Vallgren, et de côtés bien divers il s'est senti attiré vers les recherches d'art domestique. Nous avons déjà parlé d'une applique et d'un lustre électrique, dont j'ai dit l'heureuse invention décorative, faisant déverser la lumière par des fleurs de tournesols ; il faut pourtant relever, dans la composition qui ne manque pas de grâce, une certaine maigreur de tiges, communiquant à l'ensemble un aspect un peu vide pour ses dimensions.

On trouvera encore reproduit dans ce numéro un *Miroir à main*, que M. Vallgren a encadré de fleurs de pavots, auxquelles il a conservé une allure rustique et sans apprêt; et sur le revers, le même sentiment naïf nous ravit dans cette figure de fillette, dessinée d'un relief à peine sensible, et qui tient des fleurs avec un geste simple d'offrande, évoquant en nous d'une façon charmante et lointaine le ressouvenir de l'attitude orante d'une nielle byzantine. J'avoue que je goûte dans ce rappel atténué, cette sorte de sous-entendu où l'artiste et l'amateur se comprennent à demi mot, un plaisir particulièrement délicat. N'y a-t-il pas, en effet, une distinction d'esprit très particulière, et la finesse d'un talent très libre et très cultivé, dans cette adresse tout instinctive à glisser dans une œuvre d'inspiration très moderne, et même très locale — car cette fillette a bien l'allure et le costume d'une jeune Suédoise — une douceur voilée d'archaïsme ?

Je veux appeler aussi l'attention sur une série d'objets consacrés à la décoration d'une porte. Nous n'avons pu mettre ici sous les yeux de nos lecteurs que le *Heurtoir;* il y a aussi une serrure, une clef et des gonds, qu'il ne faut pas en séparer. On doit louer spécialement M. Vallgren de n'avoir pas adapté à ces objets un motif quelconque d'ornement, mais d'avoir cherché à pénétrer plus intimement leur signification propre, afin de les embellir selon leur caractère et leur destinée. N'est-ce point là, d'ailleurs, le système ordinaire de M. Vallgren? Nous avons vu qu'au sujet de son lustre et de son applique, il avait choisi pour thème ornemental des fleurs qui semblent donner de la lumière. Ici, c'est toute une « histoire des portes » qu'il raconte, pour

Applique.

ainsi dire ; il prête en quelque sorte un caractère muet et fatidique aux portes, qui mettent tour à tour une communication ou un obstacle entre l'abri serein et chaud du foyer, et le vent, le froid et les ombres du dehors. Des fleurs sauvages ont grimpé à l'abandon, et sous le judas quadrillé, une petite fille, avec sa natte dans le dos, se suspend en suppliante, comme pour implorer asile, et frappe des genoux contre la porte : tel est le sujet du heurtoir de bronze. La fillette elle-même forme le marteau, que l'on soulève par le bout de la robe qui s'envole, terminée en bouton de fleur. Le mouvement est sobre et exactement approprié à l'utilité de la figure, qui reste une trouvaille délicieuse. D'autres motifs moins importants décorent les autres parties : à côté du trou de la serrure se tient une enfant qui pose ses doigts sur ses lèvres, comme dans une crainte vague et mystérieuse ; la poignée de la clef s'orne d'un chien aboyant, et nous voilà soudain ramenés au *cave canem* des seuils antiques. Pour les gonds de la porte, M. Vallgren a heureusement songé à ajuster des têtes de pavots, rappelant les végétations parasites se desséchant au hasard des interstices. On le voit, c'est bien toute une légende des vieilles maisons qui a surgi sous les doigts du modeleur, et qui éveille en nous à son tour les éternelles hallucinations du vent d'hiver.

A l'ennoblissement de la maison se rapporte encore la cheminée en pierre teintée que l'ar-

Lustre.

tiste termine en ce moment, et qui restera, à coup sûr, parmi ses œuvres décoratives les plus considérables et les plus complètes, par la grâce souple et ingénieuse du motif ornemental qui court en frise, et par le solide assemblage des parties. Nous retrouvons ici le thème des soleils et des arums, entre lesquels s'enlacent en vivante guirlande des formes féeriques de femmes, dont la robe, reliée aux tiges et aux feuilles, atteste la nature à demi végétale. Cette fantaisie ondule en un rythme souple et caressant, tandis que sur les montants de la cheminée, franchement taillés dans la pierre et laissant au bloc sa structure massive de support, des chardons s'élèvent, et leurs fleurs épineuses se groupent pour former un chapiteau. Les lignes générales restent d'une simplicité rigide, n'enlevant rien à la construction de son aspect logique et résistant ; le caractère architectural, accusé encore par la nudité de la pierre, s'impose avec une vraie grandeur. Sur les chenets, fondus en cuivre, des soleils encore ont été nerveusement modelés, par touches plus rudes ; mais les fleurs se tordent et s'affaissent sur leurs tiges, décrépites et défaillantes, comme sous la chaleur excessive du brasier.

Il ne faut pas oublier de remarquer les colorations agréables que le sculpteur donne à cette pierre moelleuse, par la pénétration des acides, et qui, en même temps qu'elles en corrigent la blancheur froide, lui communiquent le lustre émoussé et onctueux d'une belle patine.

Ainsi s'exerce cet art attentif et nuancé, désireux de toucher par un charme secret, et non seulement de plaire par la vue d'une jolie chose. Et ce qui donne à M. Vallgren son individualité caractéristique, c'est ce mépris du décor quelconque, du motif indifférent, qui semble prêt à se plier également à toute forme et à toute matière, de la moulure facile qui s'agence d'elle-même, sans mordant, sans surprendre jamais par un accent vif et personnel; mais toujours, au contraire, on discerne chez lui ce talent aiguisé, prompt à saisir, en quelque sorte, la vraisemblance de l'ornement. Toute œuvre décorative prête au développement d'un thème approprié. Il faudrait mettre quelque ménagement à l'éloge, si l'on sentait l'artiste soucieux de renchérir sur l'intention et de compliquer le symbole; mais l'on ne saurait vraiment observer dans cet art intime ni recherche, ni prétention. Tout imitateur en arriverait à peu près fatalement à l'obscurité ou à la manière; M. Vallgren nous laisse toujours, dans ce que son art peut avoir de plus rare et de plus expressif, une impression de fraîcheur et de naïveté: ses ouvrages nous révèlent un sentiment mélancolique et primesautier; et à vrai dire, la grâce de ces figurines ne les rend-elle pas un peu parentes, avec une inspiration bien différente et très moderne, des terres cuites tanagréennes?

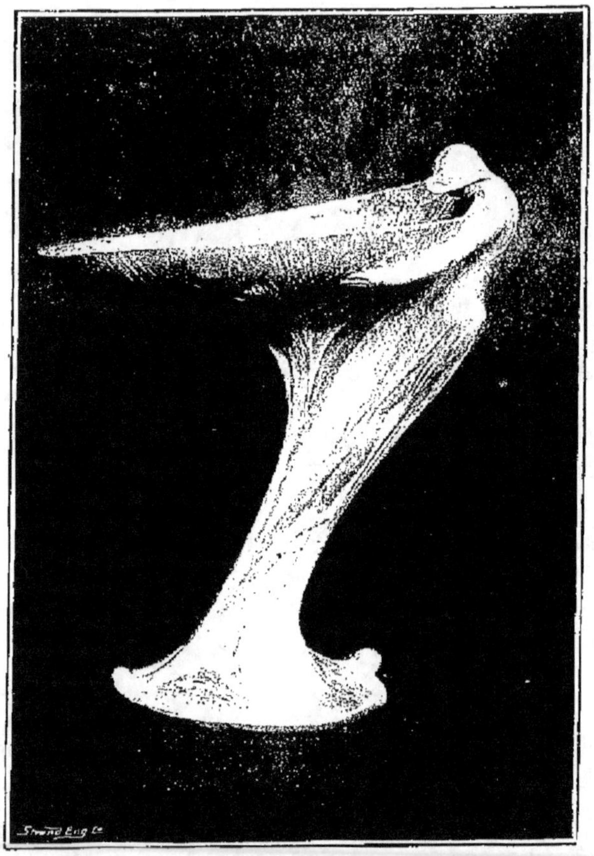

Il ne faudrait pas croire que M. Vallgren ayant un vrai tempérament de sculpteur et s'étant fait connaître d'abord comme tel, il est nécessaire, pour acquérir une idée exacte de sa nature et de ses qualités, de le juger sur ses œuvres purement sculpturales. On s'imaginerait, bien à tort, qu'il n'accorde aux soucis de l'art appliqué que ses heures de loisir et les rognures de son talent, et que c'est en manière de délassement des travaux sérieux qu'il s'amuse à asservir à un détail pratique ses dextérités de métier. Je voudrais, au contraire, faire entendre que M. Vallgren se propose sans cesse de réaliser un art *domestique*, et que c'est par cette direction primordiale de son talent et de ses efforts qu'il occupe, dans notre art contemporain, une situation considérable et tout à fait personnelle. Il ne peut même pas être question ici d'art industriel; M. Vallgren ne cherche pas à produire des objets purement usuels, mais l'embellissement de notre intérieur le sollicite sans relâche. Il conçoit véritablement ce que doit être l'art de la maison, et partout où son art peut intégralement prendre place dans nos demeures, il s'efforce de l'y introduire. J'ai dit que le motif ornemental n'était jamais quelconque chez M. Vallgren; il faut le dire aussi du caractère d'ensemble de ses ouvrages. Il suffit d'observer la cheminée de pierre que j'ai décrite tout à l'heure, pour se rendre compte qu'elle ne sera pas à sa place dans tout logement. On imagine pour elle une sorte de hall, qui accuserait plus le dessein de l'architecte que celui du tapissier, et où l'on retrouverait la même sévérité de tenue, marquée par la franchise de lignes de l'édifice. Il en est de même pour les autres œuvres, délibérément exécutées suivant un caractère bien voulu et nettement déterminé. On ne voit point que de tels objets puissent se répéter à de nombreux exemplaires; ils gardent bien le caractère de pièces uniques : leur originalité même semble en interdire la reproduction, car l'objet déjà vu ailleurs serait trop facilement reconnaissable. C'est ainsi que M. Vallgren s'est toujours refusé, par exemple, à céder à un

Coupe.

:diteur le droit de multiplier ses petits bronzes.

Il y a donc autre chose, dans l'exercice de ce talent, que des tentatives d'art appliqué : il y a une véritable accommodation de la statuaire à une nouvelle conception de cet art. Le temps n'est plus des grandes figures taillées dans le marbre ou coulées en bronze; c'est la figurine qui doit dominer. Ce n'est pas une raison pour voir là un signe d'impuissance chez les artistes, et pour déplorer que l'on ne sache plus imaginer et sentir qu'un art amoindri, rapetissé. Nous serions vraiment bien à plaindre, et notre vision de l'art serait par trop restreinte, si les sculpteurs ne travaillaient que pour les musées et les places publiques. Quant à nos intérieurs, on commence à comprendre qu'ils ne doivent pas être disposés comme une salle d'exposition; il est temps d'aménager un peu chez nous, et d'y mettre plus d'ordre et d'intimité. Pour orner les chambres, on en est arrivé à l'encombrement, à une accumulation de bibelots, dont on ne parvient pas toujours à allier, avec l'entourage, l'aspect étrange ou exotique. De même que je prônais, pour tout objet, un élément de décoration qui soit en rapport avec son rôle et sa nature, l'ornementation même de notre maison gagnera une sorte de lucidité logique à tirer son développement du confort même de la maison, au lieu d'y ajouter des parures extérieures et indépendantes. De cette entente d'un art journalier et méthodique vient, chez M. Vallgren, le désir d'approprier ses statuettes à une destination spéciale. N'oublions pas aussi que le plaisir esthétique ne se contente pas de la satisfaction des yeux, mais que le sens du toucher y a sa part. Nous aimons caresser un bibelot de prédilection, comme pour apprécier mieux les délicatesses

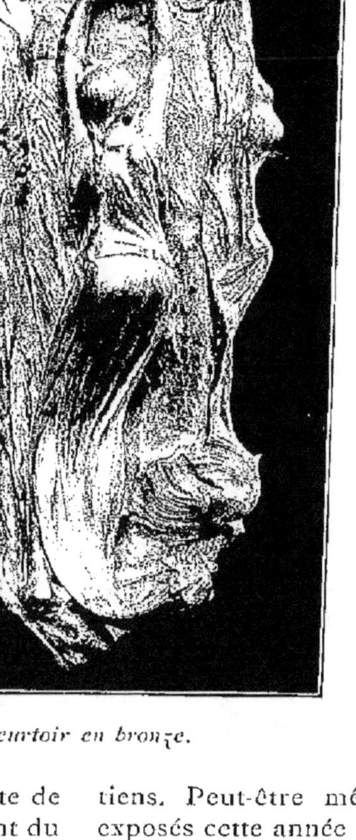

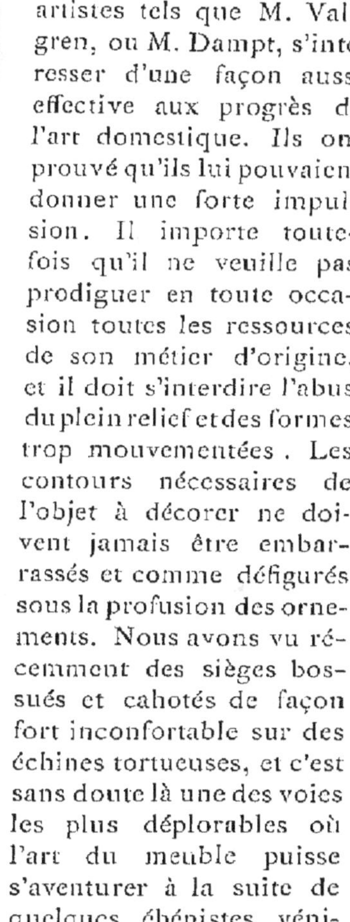

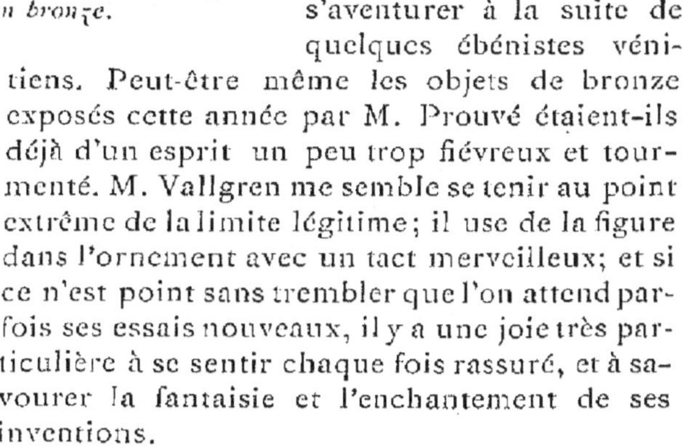

Heurtoir en bronze.

du modelé et la douceur de la patine. Sur un objet d'usage, notre main se posera d'elle-même en même temps que nos regards, et nous nous sentirons invités d'une façon plus fréquente et plus directe à jouir de son voisinage. C'est bien l'art le mieux fait pour nous que celui qui trouve ainsi mille chemins pour nous captiver, et auquel nous ne pouvons rester étrangers.

Nous ne saurions trop nous féliciter de voir des artistes tels que M. Vallgren, ou M. Dampt, s'intéresser d'une façon aussi effective aux progrès de l'art domestique. Ils ont prouvé qu'ils lui pouvaient donner une forte impulsion. Il importe toutefois qu'il ne veuille pas prodiguer en toute occasion toutes les ressources de son métier d'origine, et il doit s'interdire l'abus du plein relief et des formes trop mouvementées . Les contours nécessaires de l'objet à décorer ne doivent jamais être embarrassés et comme défigurés sous la profusion des ornements. Nous avons vu récemment des sièges bossués et cahotés de façon fort inconfortable sur des échines tortueuses, et c'est sans doute là une des voies les plus déplorables où l'art du meuble puisse s'aventurer à la suite de quelques ébénistes véni-

tiens. Peut-être même les objets de bronze exposés cette année par M. Prouvé étaient-ils déjà d'un esprit un peu trop fiévreux et tourmenté. M. Vallgren me semble se tenir au point extrême de la limite légitime; il use de la figure dans l'ornement avec un tact merveilleux; et si ce n'est point sans trembler que l'on attend parfois ses essais nouveaux, il y a une joie très particulière à se sentir chaque fois rassuré, et à savourer la fantaisie et l'enchantement de ses inventions.

GUSTAVE SOULIER.

NOUVEAUX ESSAIS D'AMEUBLEMENT

M. BELLERY-DESFONTAINES. — MM. LOUIS BIGAUX ET JOSEPH LE CŒUR

M. Bellery-Desfontaines est peintre. L'un des meilleurs élèves de Jean-Paul Laurens, il collabore aux toiles du maître comme décorateur-architecturiste. Et, personnellement, il expose aux Champs-Élysées, depuis quelques années, des œuvres très distinguées, à tendances symboliques, telle l'*Illusion*, au dernier Salon. Entre deux tableaux, il s'occupe d'art décoratif, préoccupé, lui aussi, de formes nouvelles. C'est un consciencieux. Il ne se contente pas de dessiner un meuble, il en exécute le modèle en cire et surveille ensuite, de très près, le travail de reproduction.

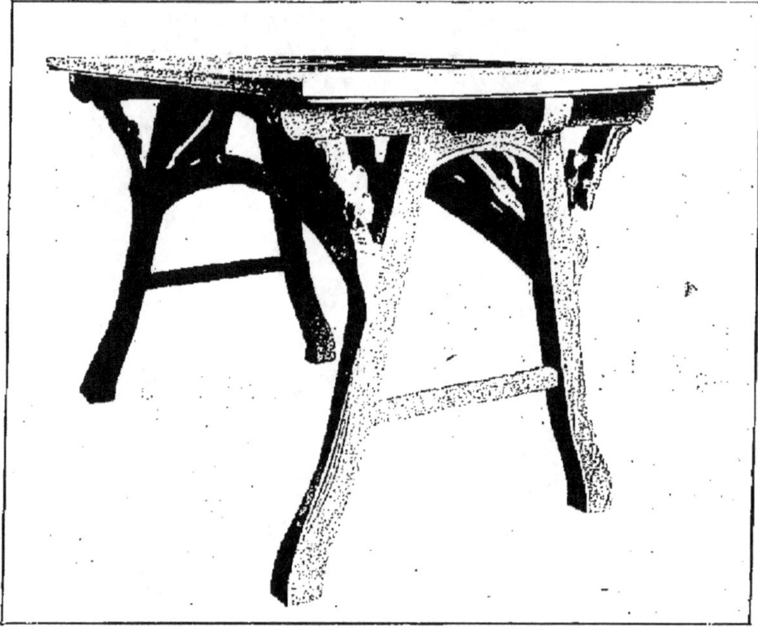

Table. — BELLERY-DESFONTAINES.

Dans sa récente conférence sur l'art nouveau, M. Grasset a reproché avec juste raison, à la plupart des peintres et sculpteurs qui s'essayent dans l'art décoratif, de ne s'être pas adonnés préalablement à l'étude de la géométrie et de l'architecture, qui, seules, peuvent donner « la notion et le sens des proportions » (c'est-à-dire « le sens des rapports entre les longueurs, les largeurs et les épaisseurs ») et le sens constructif ou sens de l'équilibre : « de l'équilibre qui est une condition essentielle de durée ».

M. Bellery-Desfontaines, a étudié la géométrie et l'architecture. La table que vous voyez ici, et que la photographie a malheu-reusement déformée, m'a paru très logique-ment construite. C'est une table de travail en noyer, avec dessus carrelé en céramique. M. Bellery-Desfontaines l'a voulue très simple. Comme seuls « agréments » décoratifs : sur les tenons, un délicat enrou-lement, dont l'humble feuille du cresson a fourni le thème; et de douces cannelures aux incurvations des pieds. Elle ne doit son élé-gance qu'aux éléments qui concourent à sa solidité : à ses arcs, à ses tenons, si joli-ment « accen-tués », et sur-tout aux gra-cieuses jam-bettes fuselées qui viennent renforcer les équerres.

Je trouve moins de grâce, je l'avoue, aux deux autres meubles, mais j'affirme qu'ils en ont beaucoup plus que ne leur en a prêté la traîtresse photographie qui déforme, à son gré, tous plans et toutes lignes. Ainsi, les accoudoirs du canapé ne sont pas aussi lourds qu'ils en ont l'air. Ils le sont un peu trop, comme tout le meuble, du reste. Je veux dire que M. Bellery-Desfontaines n'a point voulu faire là un meuble élégant, mais un meuble solide, comme doit être tout bon canapé, ami de nos fatigues. On s'y peut laisser tomber de toutes ses forces, et j'ai jugé qu'on y est fort à l'aise.

où s'impriment en vert, sur fond crème, des feuilles de châtaignier stylisées. Le dossier inscrit son arc dans un entablement rectangulaire à amortissements, entablement « très primitif », de chaque côté duquel s'enlèvent deux figures symboliques. Cette disposition ne s'adapte pas très bien, à mon sens, au corps du meuble, mais l'auteur tenait à lui donner un cadre qui fût en harmonie avec le « style » de son armoire-bibliothèque dont les deux montants, vous le voyez, sont quelque peu « gothiques ».

La forme générale de cette bibliothèque n'est pas banale. Et M. Bellery a été parfois fort bien inspiré dans le détail. Il aime le symbole, je vous l'ai dit, et vous ne douterez pas qu'il n'ait attaché une signification à ce joli motif qui couronne l'un et l'autre des montants. Le symbole est d'ailleurs simple et charmant de ce papillon butinant cette fleur... Et c'est un symbole aussi, vous le devinez, cette branche d'olivier dont l'éventail se marie, d'un si souple mouvement aux souples courbes des appliques latérales.

Comme la table, comme le canapé, la bibliothèque est en noyer clair et bien veiné, qu'aucun brou de noix ne souille. Le corps principal est à deux vantaux pleins ornés de charnières en cuivre rouge dont le motif emprunté au lierre est très gracieux. Une guirlande de lierre finement gravée sur l'un des vantaux grimpe mollement parmi les moires du bois, et c'est le meilleur ornement de ce meuble. Pourquoi faut-il que M. Bellery-Desfontaines, avant de consulter la nature, ait

Canapé.

BELLERY-DESFONTAINES.

imaginé une si lourde colonne pour les peintures du soubassement. Au reste, la bibliothèque est bien construite; plus solide qu'élégante, oui, mais ce n'est pas une bibliothèque de salon. Je note, et c'est très important, qu'elle est intérieurement fort bien disposée et très logeable.

En somme, ce premier essai de M. Bellery-Desfontaines est des plus louables; j'ai vu, de lui, en outre, de très intéressants projets de chaises, de fauteuils, de tapis, de coussins. Et je suis persuadé qu'il prendra, dans l'art du mobilier, une des meilleures places.

Voici maintenant MM. Le Cœur et Bigaux. Ils ont exposé à Bruxelles le petit salon que vous voyez reproduit ici. Et ils sont, je crois, les seuls à représenter chez nos voisins, l'art décoratif français.

M. Le Cœur est l'auteur des meubles, M. Bigaux a signé la décoration générale.

La photographie donne une idée bien incomplète de cette décoration. Elle a diminué la hauteur de la pièce, et tout en nous supprimant un fort joli plafond, elle prête une importance exagérée au panneau qui surmonte la cheminée centrale. Ce panneau, à vrai dire, n'est venu que par hasard jouer un rôle décoratif auquel il n'était pas destiné, et je trouve, pour ma part, qu'il gêne l'ensemble. Pris à part, il est des plus fins. La tenture qui tapisse le mur n'est pas moins délicate et charmante. Je ne connais rien de plus flatteur pour l'œil que cette bordure de tenture si finement stylisée, et dont les tons violacés s'harmonisent si justement avec le fond jaune verdâtre.

8

De tous les meubles de M. Le Cœur, c'est la cheminée que je préfère avec ses jambages droits. Les formes curvilignes du canapé et de la console eussent réclamé, je crois, un peu plus de légèreté dans l'exécution. Mais M. Le Cœur est menuisier et bon menuisier avant tout, et nous n'en sommes pas moins en présence d'une recherche de nouvelles formes très intéressantes. (Les deux vitrines de gauche, disposées en encorbellement ne manquent pas de galbe.) Tous ces meubles sont en chêne, en chêne clair, rehaussé d'ornements de bois des îles. Et leur meilleure originalité leur vient précisément de l'emploi très intelligent que M. Le Cœur a su faire de ce bois exotique dont la coloration rouge, très chaude, tranche admirablement sur la blonde lumière du chêne. Le lambris mobile est intérieurement rehaussé de panneaux du même bois. Et c'est de ce bois encore que M. Le Cœur s'est servi pour réaliser sur le parquet une décoration géométrique qui est d'excellent effet. Ce petit salon est donc fort harmonieux, et l'exposition d'un ensemble aussi complet est un excellent exemple à suivre.

M. Le Cœur, non plus que M. Bellery-Desfontaines n'encourra, j'aime à le croire, le reproche d'avoir copié des modèles de meubles anglais. C'est un reproche qu'on adresse trop souvent aux artistes français. Qu'ils se soient quelquefois inspirés de ces modèles, j'y consens. Mais ils avaient mieux à faire, et ils ont fait mieux, car lorsque je compare les manifestations qui se sont produites chez nous depuis quelque temps dans l'art du mobilier avec celles qui ont eu lieu outre Manche, je n'hésite pas à proclamer l'infériorité de ces dernières. La récente exposition des *Arts and Crafts* n'était point pour me contredire, et les meubles exposés en ce moment à la *Royal Albert Hall* ne font que me confirmer dans une opinion qui, il faut le regretter, ne manquerait pas d'étonner beaucoup de Français. Mais quoi? la mode est au meuble léger importé d'Angleterre, et, tant que cette maîtresse impérieuse dictera leur choix à tous ceux qui se piquent d'élégance, il n'y a pas à espérer réagir.

Il n'en est pas moins vrai que, s'il existe dans toute une catégorie de fabricants un mouvement furieux d'opposition à toute tentative d'art nouveau, l'idée, quand même, fait son chemin. Si l'on voit des bronziers se syndiquer pour organiser parmi leurs ouvriers, parmi leurs apprentis, des concours de garnitures de

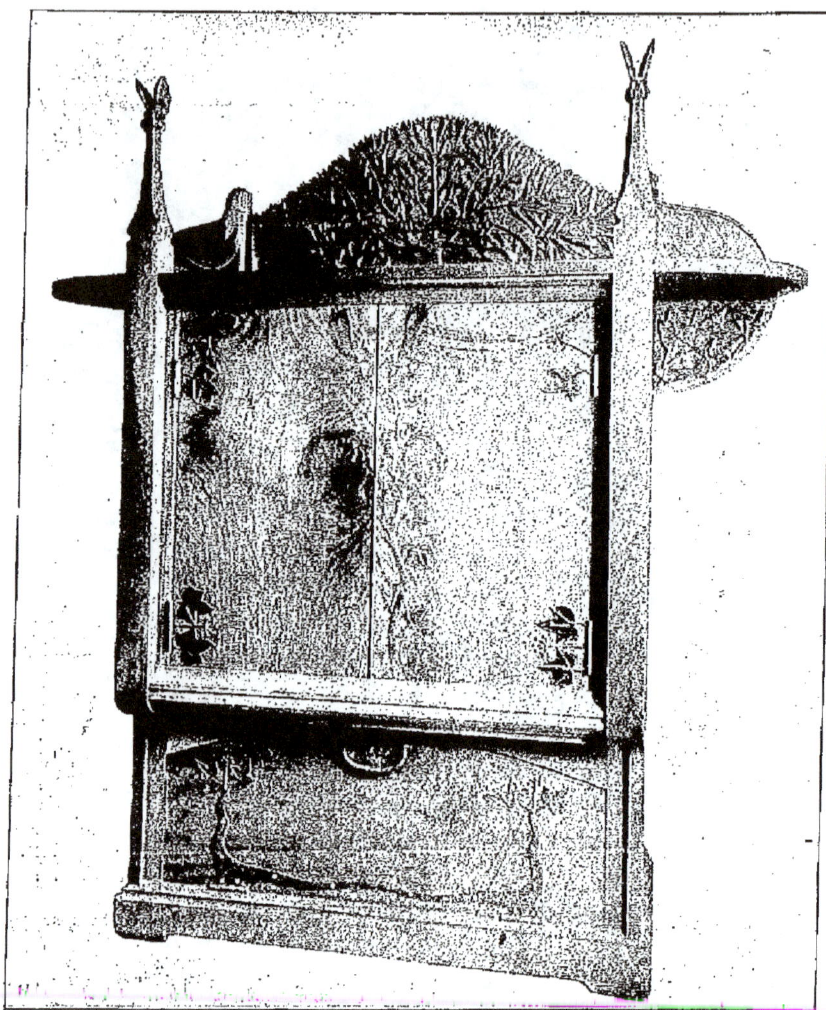

Bibliothèque.   BELLERY-DESFONTAINES.

cheminées, de flambeaux, de candélabres et de bras de lumières où l'on n'accepte que des pastiches d'art anciens, on ne voit ni le même entêtement, ni la même folie de réaction chez les grands représentants de l'industrie du meuble. Ceux-là même qui, par la nature des travaux qu'ils produisent, sembleraient au premier abord les ennemis-nés de toute formule nouvelle, ont été les premiers à s'adjoindre des collaborateurs capables de créer ces formules.

J'étonnerais certainement bien des gens si je leur disais que, dans tel château de province dont le propriétaire, homme de goût, vient de brocanter, pour se loger à neuf, tout un ameublement second Empire, j'ai vu des projets de décoration intérieure qui ne le cèdent en rien, pour la recherche de la nouveauté, aux projets les plus hardis du Champ-de-Mars, et des croquis de meubles d'où l'on avait exclu de parti-pris toute imitation, même lointaine, d'art ancien.

Et ces projets ne venaient pas d'un quelconque des artistes dont cette revue, à plusieurs reprises, a signalé les efforts, mais de grandes entreprises parisiennes bien connues pour s'être bornées jusqu'ici à d'admirables mais stériles copies du passé.

Le fait est concluant. Croyez bien, en effet, que si, dans ces grandes maisons, on s'est décidé à tâter de l'art nouveau, ce n'est ni par conviction, ni par dilettantisme : c'est par nécessité. La clientèle a demandé autre chose, — on sert la clientèle — et vous verrez à l'Exposition de 1900 si les plus rétifs de nos fabricants n'exposent pas, eux aussi, des essais mal venus peut-être, mais loyaux, de style neuf.

EDOUARD SARRADIN.

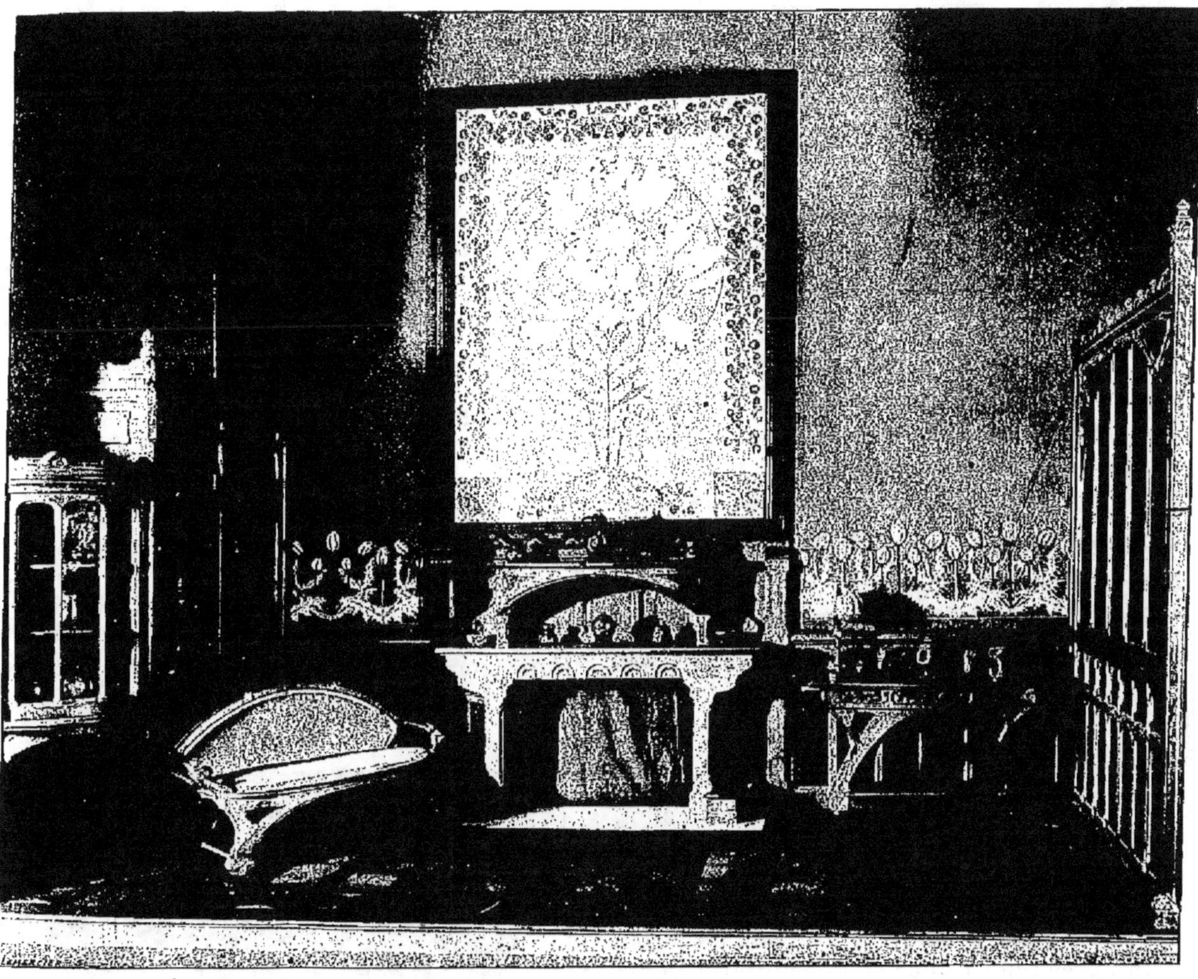

Décoration d'intérieur.　　LE CŒUR ET BIGAUX.

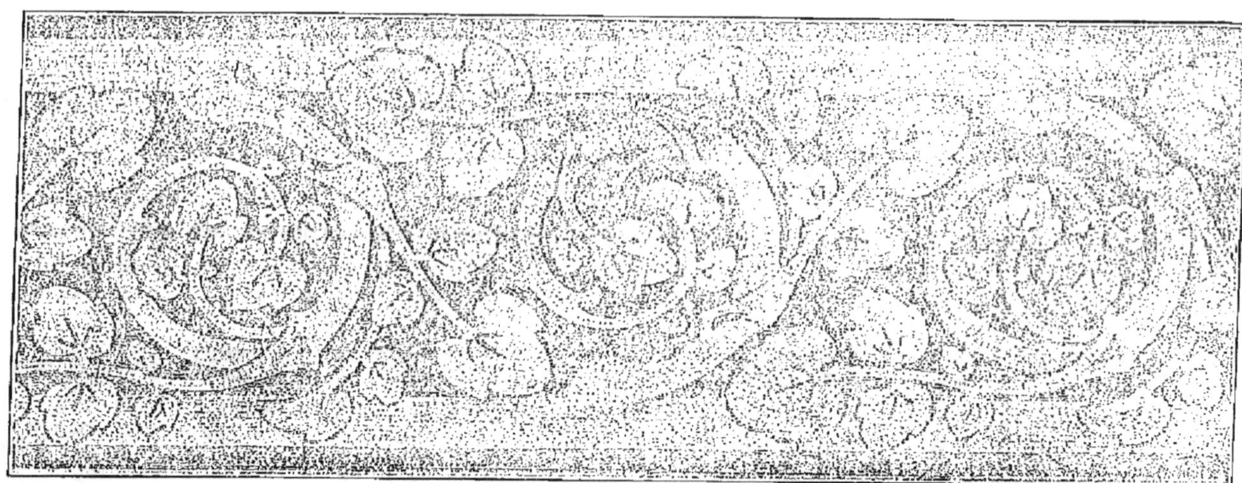

L'Exposition des travaux d'élèves à l'École des Arts décoratifs

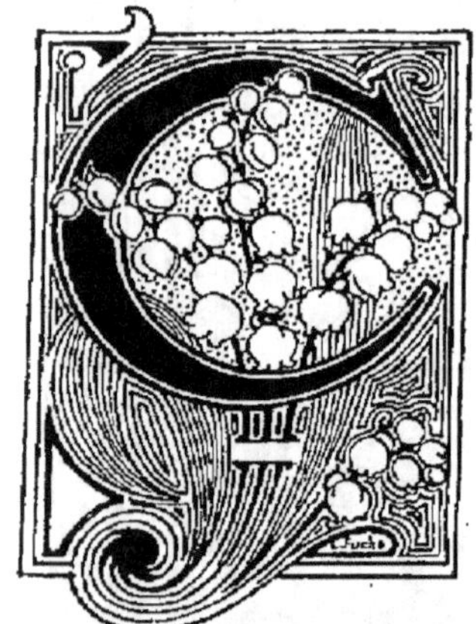

HAQUE année, à la fin de juillet, l'École nationale des Arts décoratifs ouvre ses portes au public et, dans une exposition forcément restreinte, en raison de l'exiguïté des locaux, met en lumière les travaux de ses nombreux élèves.

L'entrée seule, dans cette cour entourée de vieux bâtiments, met le visiteur, dès le premier moment, sous le charme d'une poésie particulière, faite à la fois de traditions et de souvenirs.

Depuis Louis XV qui, il y a près d'un siècle et demi, créa cette école, sous le nom d'École royale des élèves protégés, pour aider à l'éducation artistique des artisans d'alors, son origine et son but ont été bien souvent oubliés. Viollet-le-Duc y a pourtant professé longtemps. C'est là, dans ce cours de composition d'ornement dont il inventa le titre et la forme, si souvent repris depuis, qu'il exposa tout d'abord ses théories libérales, et d'une logique si sûre, de l'étude directe de la nature appliquée à la décoration.

Son successeur, Ruprich-Robert, suivit la voie tracée par le maître. Le solide et savant ouvrage dans lequel il concentra ses idées, *la Flore ornementale*, n'eut en France qu'un suc-

cès relatif. C'est à l'étranger surtout qu'on médita les leçons qu'il donnait. L'Angleterre notamment s'appropria ses théories et en obtint, tout en restant elle-même, les résultats qui nous ont étonnés depuis vingt ans.

Les traditions qui règnent à l'École ne sont donc pas, à l'encontre de bien d'autres, très gênantes. Celle de Louis XV consistait à imprégner toutes choses d'une note d'art. Celle de Viollet-le-Duc consistait à prendre

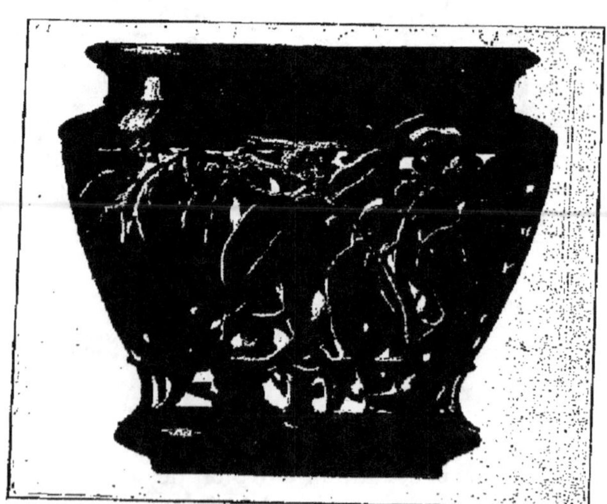

conseil en tout de la nature. Toutes deux sont encore les seules, à présent, dont s'inspire l'École, dirigée depuis vingt ans par un homme d'idées larges et d'un goût aussi sûr qu'éclairé, M. Louvrier de Lajolais; fière des élèves nombreux qu'elle a formés, et dont les travaux, dans les expositions annuelles, ne

s'attache un appareil électrique destiné à projeter sur la table sa lumière. Si l'invention de ce motif accessoire est la création propre de

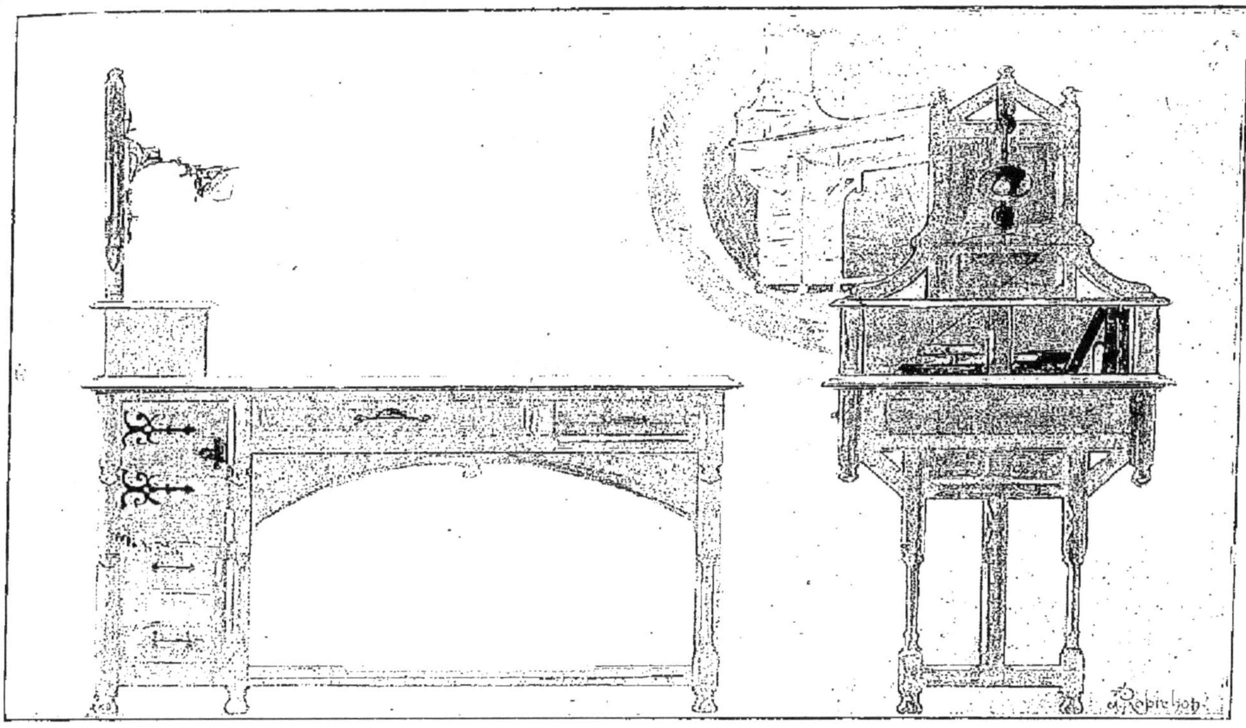

Une table de travail.   COMPOSITION DE ROBICHON.

constituent pas l'apport le plus banal, elle travaille et poursuit sa voie, sans se préoccuper des critiques. Voyons les résultats qu'elle obtient.

L'analyse de l'exposition de cette année, dans une étude aussi courte, est chose difficile.

Les travaux des élèves sont variés autant qu'ils sont nombreux. Nous nous bornerons donc à présenter à nos lecteurs les reproductions de quelques-unes des compositions empruntées aux différents cours de l'école, et qui caractérisent le mieux, à notre sens, les tendances de l'enseignement qu'on y reçoit.

Prenons-les, si vous le voulez bien, une à une. Nous avons, de M. Robichon, trois compositions importantes, une table de travail, une grille de square et une lampe à pétrole.

Très sérieusement étudiée, la première se caractérise par l'adjonction au motif principal, sur la gauche, d'un panneau vertical, où

M. Robichon, si elle ne lui a été suggérée ni par un des articles du programme, ni par une

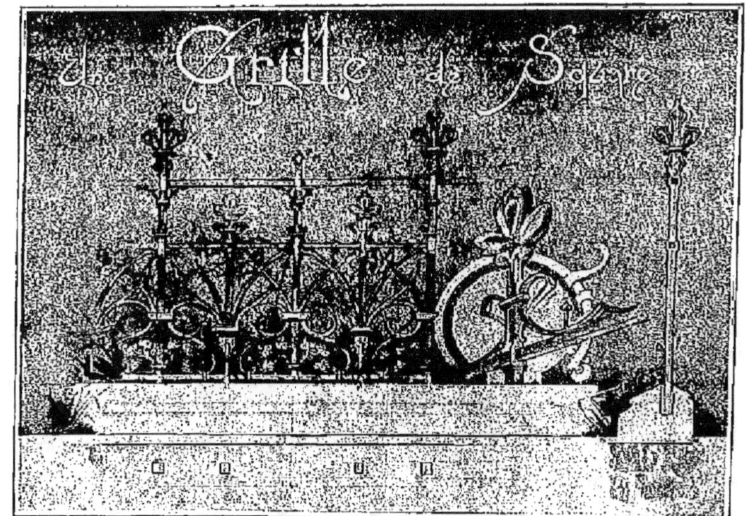

Une grille de Square.   COMPOSITION DE ROBICHON.

collaboration bienveillante, elle lui fait grand honneur. L'appareil, en lui-même, n'a rien de neuf, mais il est bien compris. Peut-être la tulipe électrique ne s'avance-t-elle pas suffi-samment au-dessus du plateau de la table pour répondre à toutes les exigences. Elle est encore bien éloignée du centre où s'éparpil-leront les feuillets de copie, les cahiers ou les livres sous l'œil du travailleur, mais elle est bien à la hauteur voulue et son inclinaison est bien faite pour propager, dans la direction nécessaire, les ondes lumineuses.

Le panneau, bien assis sur le rayon trans-versal où s'aligneront les livres courants, relié aux extrémités de ce rayon par deux croi-sillons très simples, mais d'une forme élé-gamment incurvée, échappe à toute critique sérieuse. Il n'en est pas de même de la table, dont les montants, rétrécis en colonnettes légères, n'ont pas la solidité voulue pour porter la lourde charge des tiroirs. Telle qu'elle est, néanmoins, l'œuvre est d'une bonne tenue, et suffisamment homogène. Le modèle aussi des ferrures mérite d'être loué, quoiqu'il n'ait rien de personnel. Mais il y a harmonie entre les ferrures et le dessin de la table.

On goûtera moins la lampe à pétrole, dont la base est bien établie, mais dont l'ensemble est lourd, quoique ingénieux. Il y a lieu aussi de regretter la découpure par trop accentuée du bouton qui commande la mèche, et pour lequel la forme circulaire est de rigueur. Les doigts qui le manieront ne doivent être ni accrochés ni blessés.

On a déjà vu bien souvent le motif dont s'est inspiré M. Robichon pour sa grille, dont le

détail, d'ailleurs, manque de netteté dans la

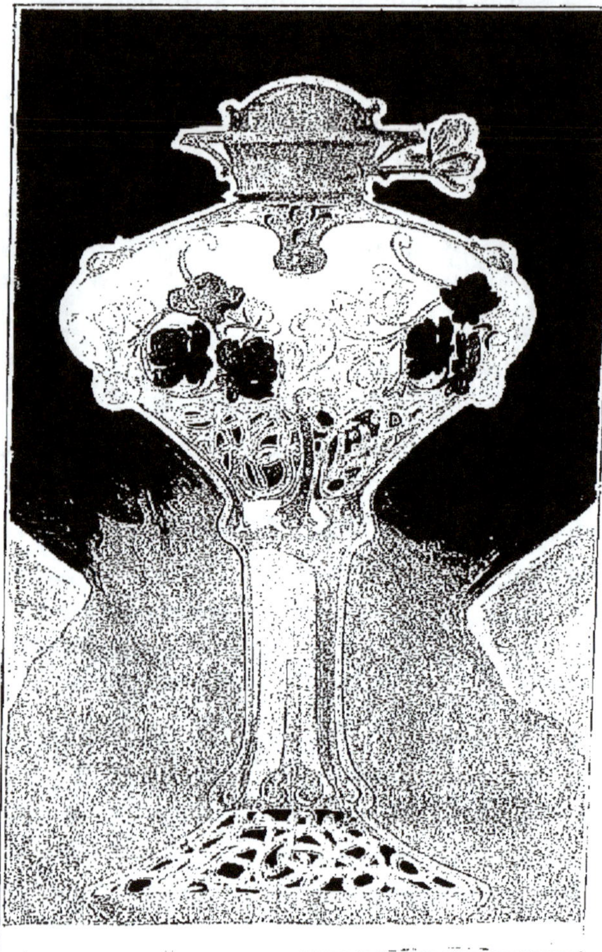

Une lampe à pétrole.   COMPOSITION DE ROBICHON.

partie inférieure. L'œuvre est assez bien com-prise, néanmoins, pour la matière employée.

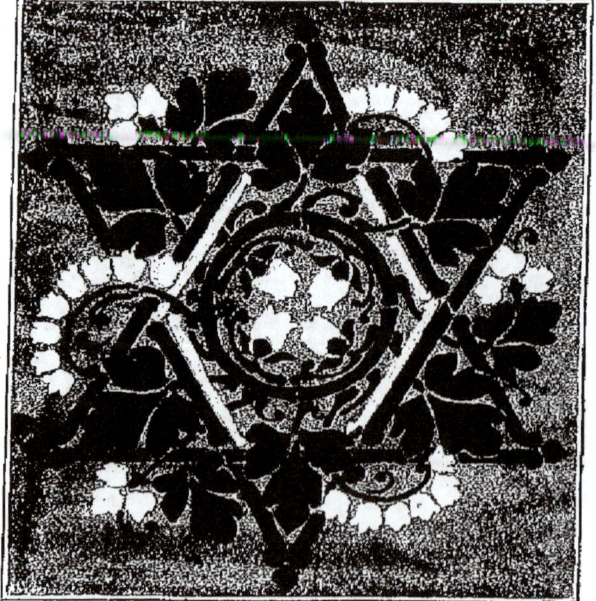

Rosace peinte.   COMPOSITION DE LEGHAS.

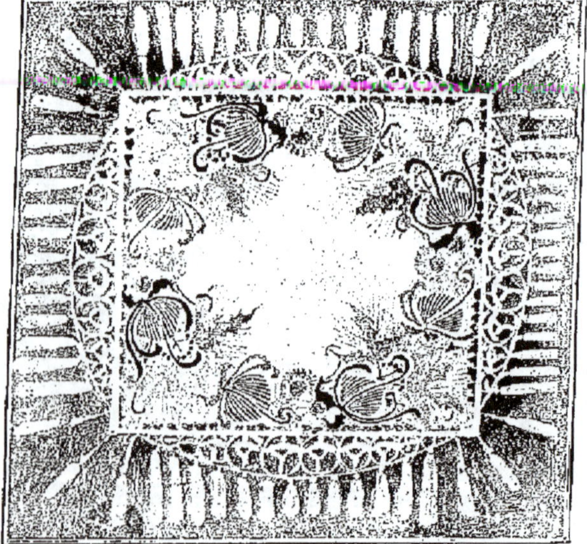

Une serviette à thé.   COMPOSITION DE BOUDOIS.

Les compositions dont M. Chadel est l'auteur ne sont pas moins intéressantes en leur

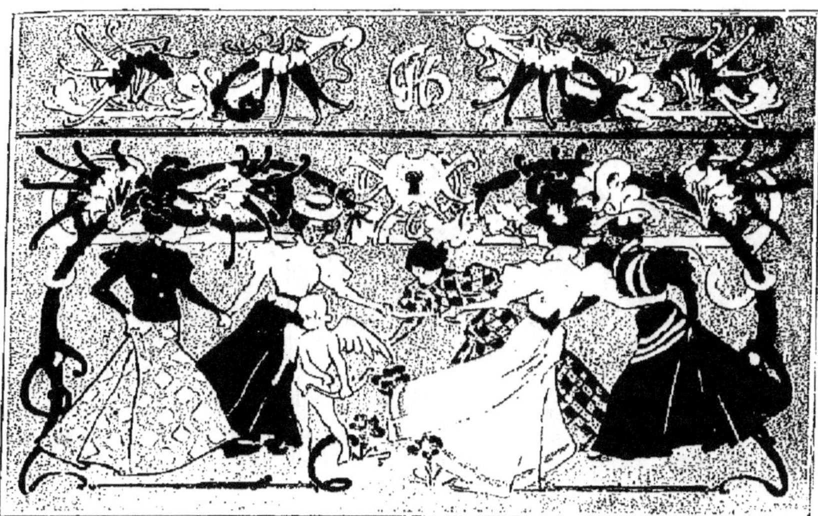

Un coffret en marqueterie.
COMPOSITION DE CHADEL.

genre que celles de M. Robichon. Une d'entre elles, spécialement, est charmante : c'est la face d'un coffret de marqueterie. Rien de spirituel, de fin et de gracieux comme cette ronde menée par de mignonnes Parisiennes autour d'un petit Cupidon bien embarrassé pour savoir à laquelle il décochera le trait vainqueur. Les toilettes dont les a revêtues le jeune artiste sont du jour; on pourra sans difficulté, dans vingt ans, déterminer la date à laquelle elles auront été composées, mais nulle excentricité, au fond, ne les dépare. Manches à gigots et jupes cloches ont été stylisées comme les pétales des fleurs qui s'enroulent sur le décor classique d'arabesques dans lequel la scène s'encadre. Excellent aussi, le procédé par lequel on a séparé de la composition à figures la composition purement ornementale. A la bande qui court le long du couvercle s'oppose, dans la partie supérieure du coffre, une bande de largeur identique où le trou de la serrure trouve sa place. Tout, en un mot, est disposé avec un goût raffiné qui n'exclut ni la préoccupation du but à poursuivre, ni celle de la matière employée. C'est bien d'une mosaïque de bois qu'il s'agit, et l'œuvre, une fois exécutée, serait complète.

Dans la composition qu'il destine à servir de couverture à la *Vague* de Métra, M. Chadel s'est visiblement inspiré du procédé de Mucha, qui consiste à séparer une chevelure en une infinité de mèches séparées et à rouler en sinueuses volutes ces mèches. Le procédé semblait ici indiqué, la Vague étant personnifiée par une femme dont les cheveux figurent ainsi parfaitement le caprice onduleux du flot. L'encadrement est formé par des algues qui se relient à merveille aux volutes de la chevelure. Exécuté en cuir repoussé, rehaussé de couleur, comme le superbe panneau de Prouvé que nous avons reproduit naguère en hors texte, le motif serait du meilleur goût et de l'effet le plus chatoyant.

Il y aurait quelques réserves à faire sur le panneau de vitrail composé par le même élève. Non que la composition en elle-même ne soit bonne. Au point de vue décoratif, elle est joliment comprise, mais elle semble infiniment mieux indiquée pour

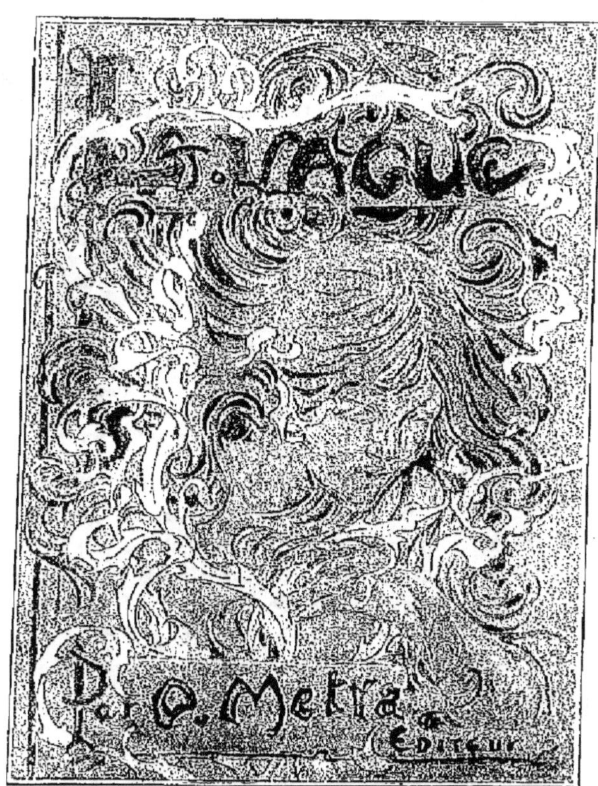

Couverture pour un morceau de musique.
COMPOSITION DE M. CHADEL.

être reproduite en couleur sur le papier que pour être reproduite en vitrail. La mise en plomb n'y est pas suffisamment indiquée.

On ne peut décerner que des éloges au modèle de cache-pot en bronze présenté par

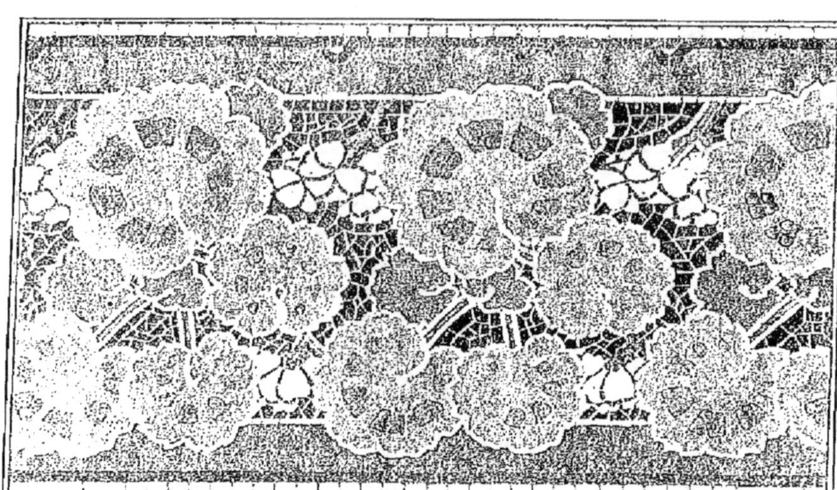

Une bordure en mosaïque.   COMPOSITION DE COSSARD.

M. Lhuer, un lauréat, d'ailleurs, de nos concours. La forme du vase est bien appropriée à l'usage auquel on le destine, et je sais peu de réussites aussi heureuses que le motif de feuillages qui constitue la panse ajourée du cache-pot. Il est large, il est ferme, il a du caractère et une certaine noblesse, et les ajours y sont ménagés avec infiniment d'adresse.

La composition de M. Boudois pour une serviette à thé serait irréprochable, s'il s'agissait d'autre chose que d'une serviette à thé. Elle est ingénieusement disposée, et produirait, une fois exécutée en broderie, un excellent effet comme couleur. Mais pour un objet d'usage courant comme celui-là, grand tout au plus comme un mouchoir de poche, que de complications! Ajoutons que cette serviette doit être un objet résistant et qu'elle ne le serait guère, encadrée comme elle l'est dans un cercle de passementerie, agrémenté lui-même de glands. Avez-vous songé, M. Boudois, à quel prix reviendraient de telles serviettes?

La rosace peinte de M. Legeas ne me déplaît nullement. Elle sort de l'ordinaire, avec le double triangle où s'encadre le cercle qui rappelle le motif ancien de la rosace, et les six pointes formées par le double triangle

sont meublées de feuillages d'une façon très satisfaisante. Un bon point surtout à la façon dont l'artiste a plié la tige du muguet, parsemée de blanches clochettes, en courbes sinueuses.

Deux projets de bordures, pour finir, tous deux en mosaïque. Ni l'un ni l'autre n'est neuf. M. Pailler a emprunté le motif de la sienne à la décoration byzantine, et les géraniums de M. Cossard me rappellent je ne sais quoi de déjà vu; mais les deux projets, le premier surtout, où d'avance tout le travail du mosaïste est indiqué, sont tout prêts pour l'exécution. Réalisés, ils feraient bonne figure.

En résumé, ces travaux d'élèves sont d'une moyenne excellente, et on n'y trouve pas que

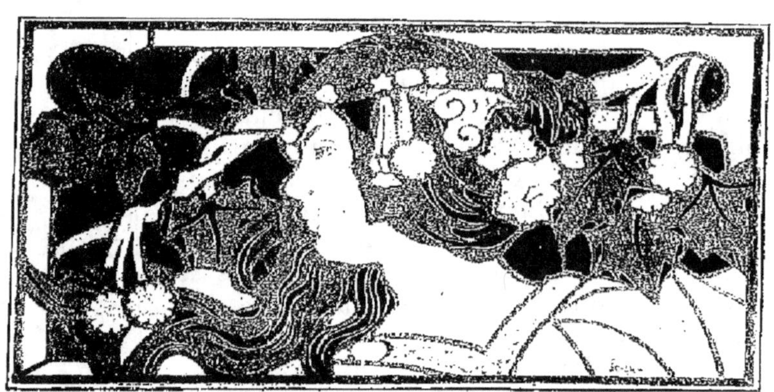

Un panneau de vitrail.   COMPOSITION DE CHADEL.

des promesses. Il n'est que juste d'en reporter tout l'honneur à l'École qui a formé ces jeunes talents.   THIÉBAULT-SISSON.

CONCOURS D'OCTOBRE

Deux vignettes, en blanc et noir, une pour le papier à lettres de la revue, et une pour l'enveloppe. Chaque vignette doit être accompagnée de la mention : « Art et Décoration, revue mensuelle illustrée d'art moderne, 13, rue Lafayette, Paris », et former un tout harmonieux avec elle. Toute liberté pour la forme et la disposition des lettres. Limite extrême des envois : le 25 octobre. Trois prix : un de cinquante et deux de vingt-cinq francs.

Art et Décoration

LE BISCUIT DE SÈVRES

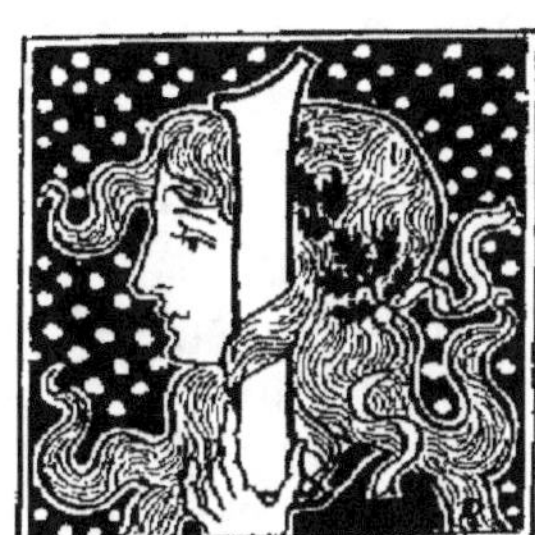

L est à la manufacture de Sèvres, au-dessus du musée, sous les combles, un lieu de délices exquis pour les artistes : c'est le musée des modèles. Entre ces rangées symétriques de vieux plâtres, ombrés par le temps d'une poussière qui adoucit leur teinte d'un blanc cru, que d'heures charmantes à passer ! C'est un siècle et demi de l'histoire de notre art ; et quel siècle ! le plus agité, le plus vivant, le plus changeant qui fut jamais.

Ici, toutes les transformations du Louis XV, toute l'audace de ses courbes, tout le délire de ses contorsions. Là, le caprice assagi durant les premières années du Louis XVI, puis le retour à la forme droite, d'abord égayée d'un peu de grâce, enlaidie peu après par l'abus de la monotonie rectiligne, pervertie enfin, sous l'Empire, par une admiration fanatique pour une antiquité mal comprise et maussade. Plus loin, le Louis-Philippe et la Restauration luttent entre eux de mauvais goût, de platitude et de maigreur, l'une toujours fidèle au principe, formulé par Percier, de l'imitation architecturale dans le moindre bibelot de porcelaine, l'autre féru de romantisme et entiché du gothique troubadour. Ailleurs, le Second Empire et les premières années de la République se caractérisent par une profusion de petites machines compliquées, surchargées, à la Carrier-Belleuse, et par une interminable série de ces grands vases ovoïdes dont les larges panses, revêtues de frises peintes, attes-

taient, en même temps qu'une habileté déplacée, l'ignorance absolue de l'art décoratif tout spécial qui convient à la porcelaine.

Et parmi toutes ces variétés de tasses et de soucoupes, de buires et de jardinières, de cabarets, de surtouts de table, de soupières, de vases décoratifs, une série charmante vous attire, et finit par s'imposer, quasi seule, à une attention qu'aucune laideur ne rebutera.

Quelque appauvrie qu'elle soit, en effet, par le pillage raisonné qu'en firent, en 1870, les Prussiens, la collection des modèles authentiques exécutés par nos maîtres légers du

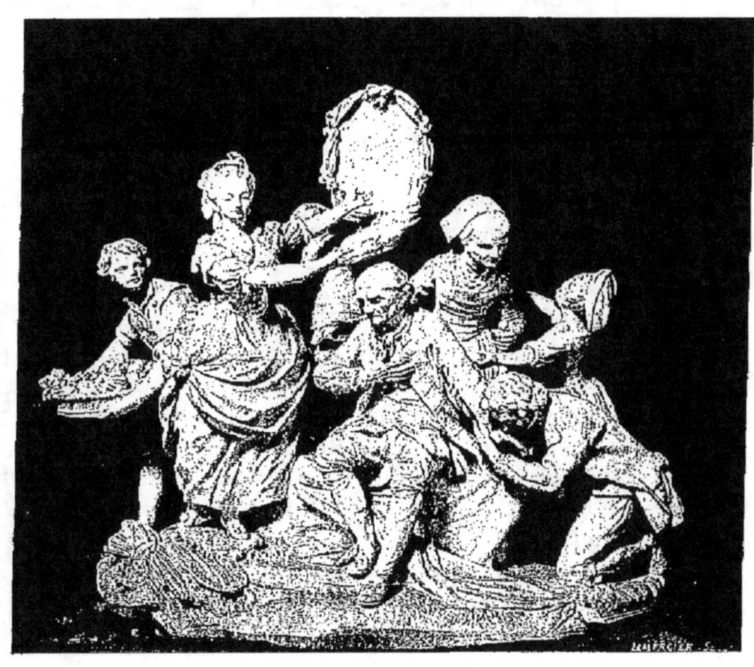

La fête des grands-parents (xviii⁰ siècle).

xviiiᵉ siècle pour être reproduits en biscuit est une collection unique en son genre. Elle n'existerait pas, qu'il manquerait un chapitre essentiel à l'histoire de notre art ; bien des noms tomberaient dans l'oubli, bien des gloires même courraient le risque, n'étant

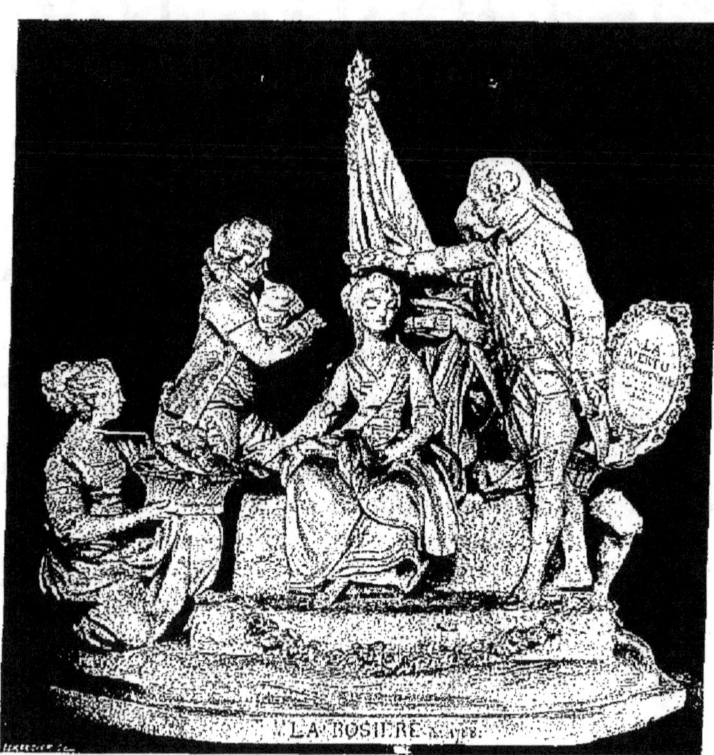

La Rosière (xviiie siècle).

plus appuyées que d'œuvres vaines, de tomber après discussion dans une déchéance d'où le plus indulgent des critiques hésiterait à les tirer dans l'avenir.

Les premiers de ces modèles remontent à 1749. La manufacture de Sèvres n'existait pas encore, car sa fondation ne remonte qu'à 1756 ; mais la manufacture de Vincennes, qui l'avait précédée, et qui était aussi, dans une certaine mesure, une manufacture royale — puisque Louis XV la commanditait pour un tiers — avait été fondée en 1740, et elle avait entrepris la fabrication du biscuit dès que son succès s'était affirmé pour le reste. Elle ne produisit pas toutefois le biscuit d'une façon continue. Même en tenant compte du peu de soin qu'apportaient à la conservation de leurs modèles les gens du dernier siècle, même en doublant, par conséquent, ou en triplant le chiffre des sujets antérieurs à 1756 qui figurent dans la collection actuelle, on ne trouverait pas, de 1749 à 1756, plus d'un motif nouveau par année ; mais déjà ces motifs se recommandent par une entente parfaite des exigences auxquelles un ouvrage de ce genre doit répondre.

Le biscuit est une matière d'un blanc pur,

faite d'un kaolin de premier choix, et dont la cuisson accentue davantage encore la blancheur. L'artiste qui fournit le modèle, en terre cuite ou en cire, sur lequel on prendra un moule destiné à la production mécanique des objets, reste libre de donner à son œuvre toutes les finesses qu'il lui plaît, puisque la matière ne sera revêtue, ni de l'engobe, ni de la couverte feldspathique dont la porcelaine ordinaire s'habille et qui en empâtent les reliefs. Liberté entière, d'autre part, dans la composition, où le pittoresque peut entrer à haute dose, où la scène, sans inconvénient, peut être à plusieurs personnages, puisque le modèle n'est jamais moulé tout d'une pièce. On divise, en effet, en autant de morceaux qu'il est nécessaire, et l'on réunit après la cuisson ces morceaux dont le réparateur effacera ensuite les bavures.

A ces libertés s'opposent un certain nombre d'entraves. De par la matière même dont il est fait, le biscuit se renfermera, de toute nécessité, dans les limites restreintes du bibelot.

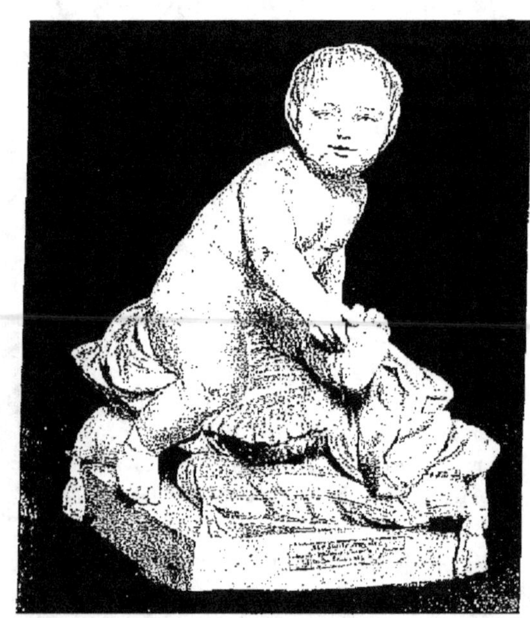

Madame Royale, fille de Louis XVI. vajou.

Sans se borner, comme les produits du vieux Saxe, aux dimensions exiguës de l'objet d'étagère, il ne dépassera pas, en hauteur, de 28 à 30 centimètres, surtout s'il se réduit à une figure unique et si le motif traité est un nu, — car il

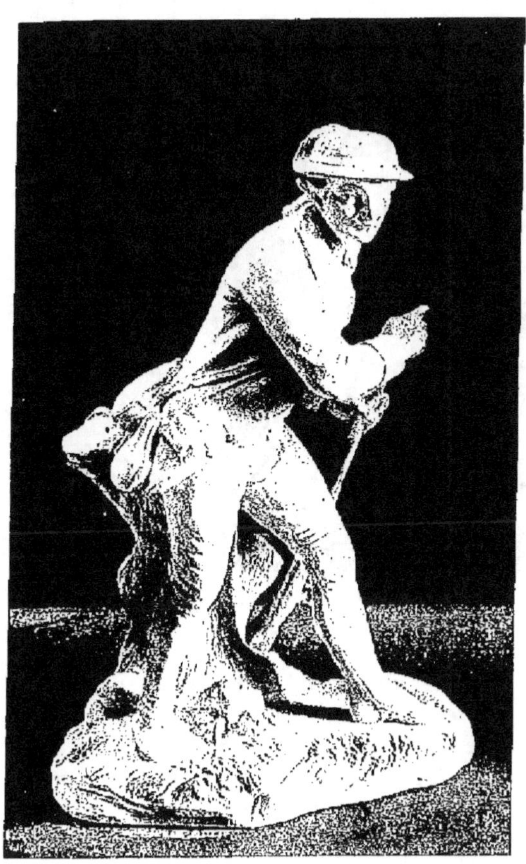

Surtout Louis XV. — Chasseur.

est indispensable qu'il se garde de singer la statuaire. Les effets de modelé dans les chairs, qui conviennent au marbre, sont interdits, par définition même, au biscuit ; car le statuaire achève lui-même son marbre, tandis que le dernier coup, celui qui donne à l'objet son caractère et son véritable aspect artistique, est donné au biscuit par un réparateur qui peut être une mazette et qui dénaturera, neuf fois sur dix, le modèle, s'il s'agit d'un nu de dimension.

Ce sont là les règles du genre qu'un peu de bon sens suffit à tracer. On n'y a pas toujours obéi. C'est pitié, dans la collection des modèles de ce siècle, de voir la lamentable série de bustes officiels, de 50 à 60 centimètres de haut, commandés, depuis la Restauration jusqu'à la fin du Second Empire, aux représentants les plus misérables de notre école de sculpture. La tendance a été d'ailleurs manifeste, dès le Premier Empire, à confondre le biscuit avec les autres travaux du sculpteur. Encore, si l'on

s'était contenté, comme on le fait aujourd'hui, de réduire, pour la reproduction en biscuit, les belles œuvres des contemporains, le mal aurait été moins sensible ; mais la laideur des œuvres reproduites, sous la Restauration et sous Louis-Philippe, est sans nom. Certes, on ne peut s'empêcher de rire quand on voit, sous le Premier Empire, les artistes se mettre à la torture pour créer des conceptions aussi fâcheuses que la tasse à bouillon de Marie-Louise, une tasse figurée par un casque orné d'une énorme chenille et que deux Amours enguirlandent de roses. Le motif est d'une intarissable gaieté ; mais l'exécution, malgré tout, a de la tenue, tandis que la *Jeanne d'Arc* et le beau *Dunois* de Brachard, la première coiffée d'une toque à plumes, le second d'un casque à multiples panaches, sont le comble du grotesque. L'absurdité du harnachement s'y complète d'une exécution prétentieuse autant que lourde. C'est l'ouvrage d'un Joseph Prudhomme en délire.

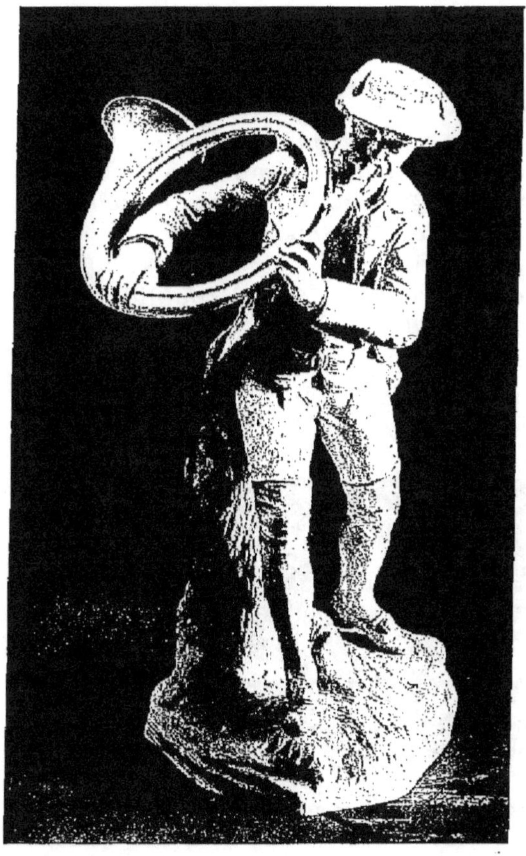

Surtout Louis XV — Sonneur de trompe.

Au XVIIIe siècle, au contraire, tout est grâce, esprit et finesse. Non seulement l'art dépensé dans ces compositions, toutes charmantes, est autrement raffiné que celui des modèles de ce siècle, mais les sujets traités sont admirablement adaptés à la matière dont ils seront fabriqués.

Les artistes pourtant, au début, sont de simples employés de la manufacture. Ni Falconet, ni Caffiéri, ni Pigalle, qui plus tard ne croiront pas déroger en modelant, pour cette destination spéciale du biscuit, de gracieuses figurines pour cheminées ou pour surtouts de table et des statuettes décoratives de grands hommes, n'ont été appelés, dans les commencements, à collaborer à cette brillante éclosion. Ce sont d'obscurs artisans qui ont modelé à Vincennes, d'après les dessus de portes de Boucher, la délicieuse série d'enfants nus qui figure à la fin de cet article ; et le merveilleux surtout de table dont le Président de la République vient de porter en Russie une reproduction est l'œuvre des mêmes anonymes. Là encore, la pensée première n'est pas d'eux. La tradition veut qu'Oudry soit l'auteur de la composition,

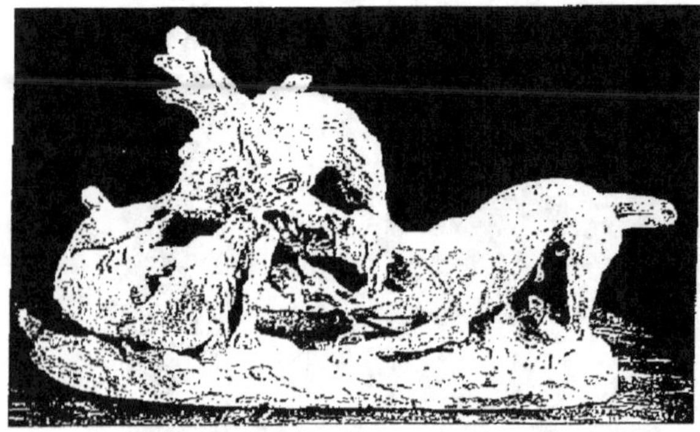
Surtout de M. Gardet. — Chasse au cerf.

donnons de toutes ces pièces pour se rendre compte que l'exécution des modèles, même avec les indications fournies par un maître, était une entreprise singulièrement périlleuse. Elle a réussi à ceux qui l'ont tentée.

Ce surtout est formé de sept pièces. Dans le motif central, une meute force un cerf. D'un coup de ses solides andouillers, la bête a jeté bas trois sur cinq des limiers qui la serrent de plus près, mais les survivants ne la lâchent pas et, tandis que l'un d'eux, par derrière, lui enfonce ses crocs dans la cuisse, l'autre, encore plus hardi, va s'élancer à sa gorge. L'ensemble est vivant, animé, disposé à ravir et délicieux de couleur. On ne peut s'empêcher, il est vrai, de constater que le cerf est bien petit pour des chiens aussi gros. Suivant la coutume du siècle, on en a pris à son aise avec les indications de la nature. Pour conserver au motif l'élégance dont on s'est fait une loi primordiale, on a supprimé les caractéristiques de la force et

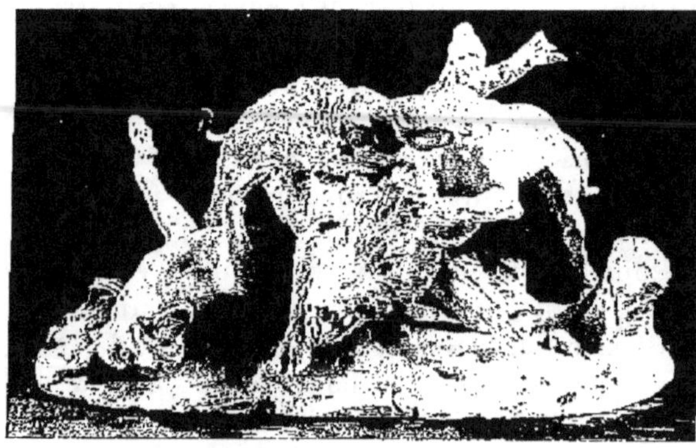

Chasse au loup.   OUDRY.   Chasse au sanglier.   OUDRY.

et qu'il en ait dessiné pour la manufacture les motifs. Mais il suffira à nos lecteurs de jeter un coup d'œil sur les reproductions que nous

accentué de parti-pris la finesse. Il en est résulté moins un cerf qu'un délicieux à peu près de cerf, un pur joujou de la Forêt-Noire en biscuit.

Les deux motifs secondaires, la *Chasse au loup*, la *Chasse au sanglier*, qui flanquent le

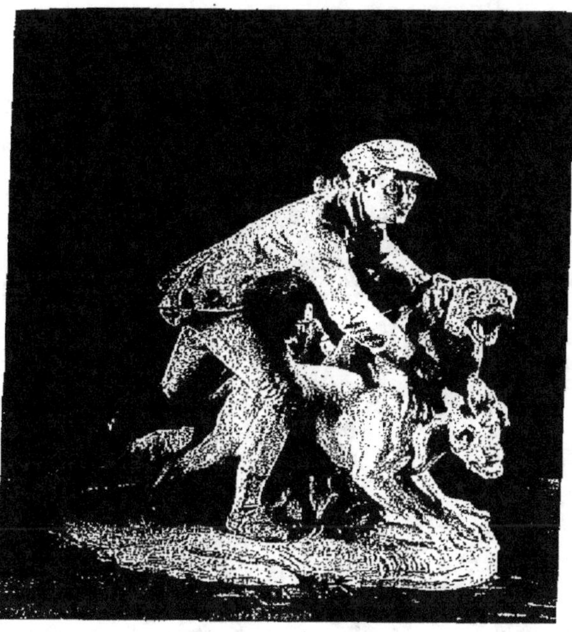

Surtout Louis XV. — Valet de chiens.   OUDRY.

motif principal, prêtent moins à la critique au point de vue de l'exactitude dans les formes. Ils ne sont ni moins pittoresques, ni moins heureusement composés.

Mais où le xviiie siècle triomphe, où il déborde d'entrain, de vivacité spirituelle et légère, de justesse et de grâce expressive, où sa merveilleuse entente des nécessités décoratives s'affirme, c'est dans les figures détachées qui accompagnent les groupes d'animaux. Voyez l'homme au fusil, le valet de chiens, les deux sonneurs de trompe. Aucun d'eux qui ne se relie directement à l'action, tout en gardant comme pièce séparée son charme propre. Je ne voudrais certainement pas déprécier le surtout récemment exécuté pour la manufacture, sur ce même sujet de la *Chasse*, par un jeune animalier, M. Gardet, qui, à plusieurs reprises déjà, s'est affirmé à nos Salons annuels comme un maître, mais ses figurines de chasseurs à pied sont bien loin, pour la vérité de l'allure, l'entente du pittoresque et surtout le sens décoratif, des modèles du siècle passé. Les figures montées, *l'Amazone et le Piqueur*, offrent déjà un intérêt plus vif, la première surtout, dont le cheval, sautant un obstacle, et les chiens, lancés au galop, donnent une animation réelle à la scène.

Mais quelles bases étroites pour des motifs aussi compliqués! L'artiste n'eût pas dû perdre de vue que ces objets, destinés à la décoration d'une table, doivent être soustraits à tout heurt provenant des compotiers ou des menus objets de l'entourage. Il eût été, partant, nécessaire d'en élargir la base, à la fois pour les asseoir solidement et pour préserver de tout choc leurs multiples saillies. La reproduction que nous donnons des deux pièces nous fournit une preuve décisive à l'appui de nos réflexions. Quelque récente que soit la fabrication du surtout, des accidents, déjà, s'y sont produits, et l'un des chiens du piqueur a été victime, à la patte, d'une fracture dont les traces sont visibles.

Par contre, l'artiste moderne se relève dans le détail de l'exécution. En ce qui concerne surtout les animaux, il témoigne d'une supériorité éclatante. Il atteint même au style dans ses deux groupes de chiens et dans le *Cerf forcé par les chiens* qui est le motif central du surtout. Si nous sommes contraint de lui reprocher, dans cette dernière pièce, une erreur analogue à celle des figurines à cheval, s'il est à regretter que les andouillers saillants de l'animal soient destinés à éprouver le même sort que la patte dont nous parlions tout à l'heure

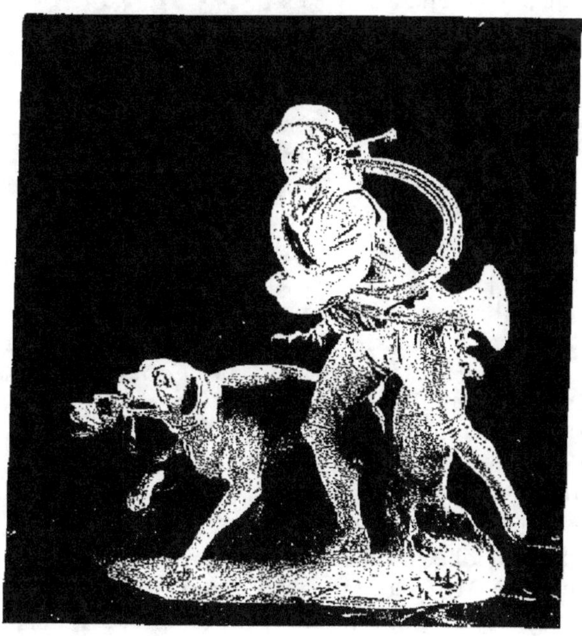

Surtout Louis XV. — Piqueur et chiens.   OUDRY.

il n'en faut pas moins reconnaître que la scène est traitée avec une incomparable vigueur. Elle fait preuve, en même temps que d'un savoir étonnant, d'une vérité dans le mouvement et d'une exactitude dans l'observation qui en font un véritable chef d'œuvre. Joignez-y qu'elle est dramatisée à ravir et concentrée avec une superbe vigueur. Par là, elle rachète éloquemment ce qui manque, à d'autres points de vue, à la conception par trop naturaliste de ce siècle.

Ce surtout m'a mené bien loin. J'avais rêvé, dans cette courte étude, d'appeler l'attention sur bien d'autres chose encore. J'aurais voulu conter par le menu, avec tous les développements qu'elle comporte, l'histoire du biscuit au xviiie siècle; j'aurais aimé à le montrer, dans la variété infinie de ses sujets, se réglant d'année en année sur la mode, et des pastorales imitées de Boucher passant, avec La Ruë, à ces monographies pittoresques qui s'appellent la *Lanterne magique*, les *Marchandes de poisson*, la *Marchande de fleurs*, les *Mangeurs de raisin*, la *Toilette*. Il est interdit, malheureusement, d'insister. Dans l'espace mesuré qui me reste, c'est à peine si j'ai le temps d'esquisser, dans un rapide croquis, la physionomie des phases successives de la fabrication, de mentionner l'hommage rendu par Leriche aux célébrités du théâtre, entre autres à Mlle Contat, qu'il a immortalisée sous la figure de *Thalie*. L'actualité est la spécialité, d'ailleurs, de Leriche. Il excelle à croquer d'un trait juste, en précises et lestes figurines, tantôt les érangers de passage, comme l'aventurier, par exemple, qui se fit passer à Paris,

pour le *Fils du Grand Mogol*, tantôt les types de Jocrisses dont s'égayent, à la foire Saint-Laurent, le monde de la Cour et celui de la Ville. Puis, c'est Falconet, c'est Pigalle, avec les délicieux petits nus et les gracieuses figurines d'enfants qu'ils modèlent pour la cheminée des boudoirs; c'est Pajou, avec ses inimitables portraits des Enfants de France, d'une grâce si pénétrante et si fraîche, et surtout avec cette exquise merveille bien connue sous le nom de *Marie-Antoinette et le Dauphin* (1781).

Rien ne se fait plus, désormais, qu'à l'antique. On usera et on abusera du nu à l'avenir. La reine elle-même, dans le petit groupe de Pajou que je viens de mentionner, et que nous reproduisons, n'a-t-elle pas donné l'exemple, que nous trouverions maintenant immodeste, de se faire représenter demi-nue?

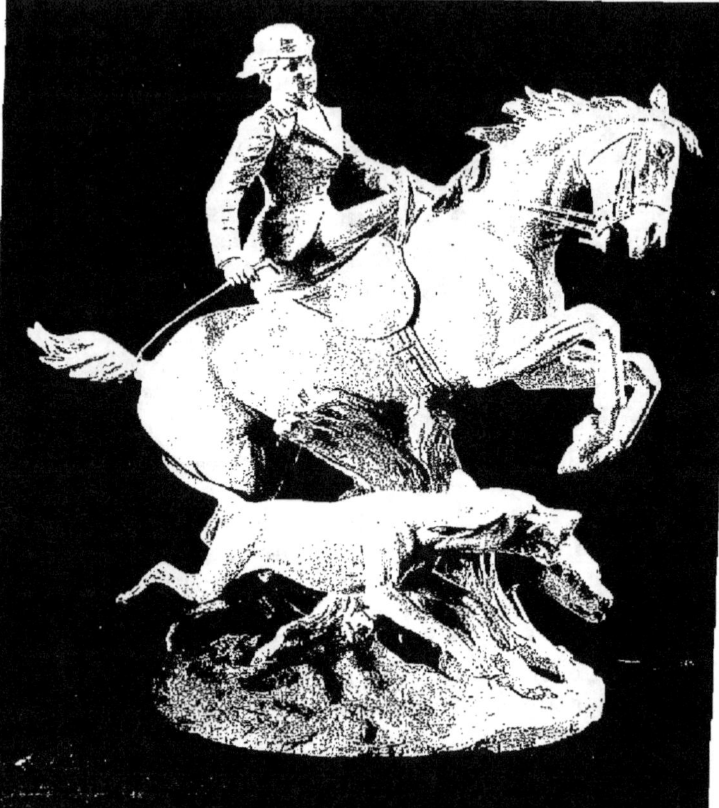

Surtout de M. Gardet. — Amazone sautant un obstacle.

L'amour gai, pimpant, à fleur de peau, si joliment caractérisé, vers 1760, par le *Baiser donné* et le *Baiser rendu*, fait place au pastiche banal des camées et des médailles antiques, aux Cupidons allégoriques et rondelets dont Boizot, un délicat pourtant, nous assassine dans son *Amour rémouleur*, aiguisant une flèche, dans son interminable série des Amours menaçants, dépités, triomphants, même dans un *Nid d'Amours* ingénûment ridicule, et le tout sera encore dépassé aux approches de la Révolution, par le mélange à la mode, un mélange où le pathétique, le sentimental et le patriotique se fondent dans un pathos déclamatoire et navrant.

Si l'on voit par hasard encore de l'esprit, c'est de l'esprit si alambiqué, si apprêté, qu'il alourdit et vulgarise tout ce qu'il touche. Vous faites-vous une idée de l'*Insomnie* figurée par une jolie femme, rejetant d'une main fébrile les couvertures de son lit pour chercher, sous sa chemise entr'ouverte, la puce importune qui la mord?

De pittoresque plus ombre. Le sentimentalisme courant l'a gâté. Au lieu des piquantes petites scènes où excellait La Rüe, on ne voit plus que la transcription aggravée des scènes larmoyantes qui ont fait la fortune de Greuze, des pères paralytiques, des fils et des filles coupables, ou des scènes déjà empreintes de ce civisme et de cette *humanitairerie* exaltés dont le parallélisme avec les égorgements de la Terreur est d'une observation si curieuse dans l'histoire. A peine, une fois encore, en 1788, trouvera-t-on une composition qui rappelle,

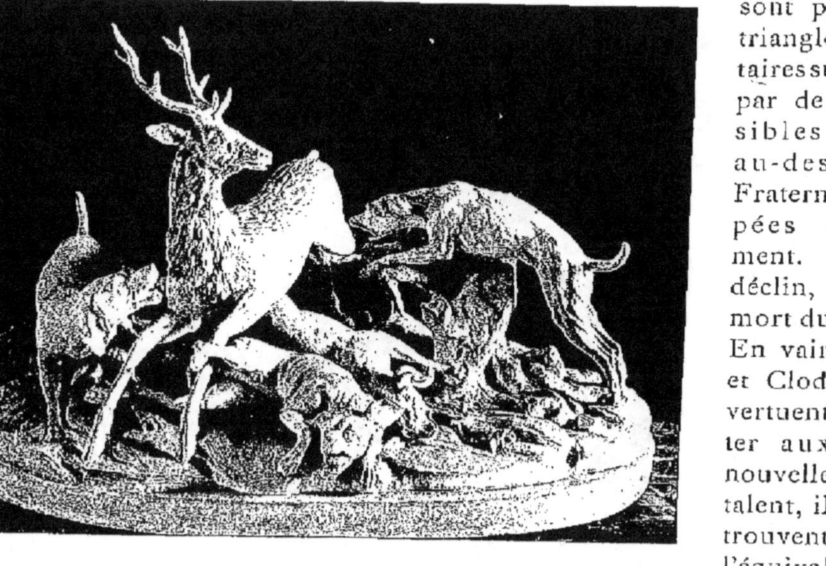

Surtout de M. Gardet. — Cerf aux prises avec les chiens.

dans le détail, d'aller de pair avec les charmants bibelots d'autrefois.

Le glas de l'ancien régime a sonné. *Lugete, Veneres.* Ce ne sont plus que triangles égalitaires suspendus par de trop visibles Génies au-dessus de Fraternités drapées chastement. C'est le déclin, c'est la mort du biscuit. En vain Boizot et Clodion s'évertuent à adapter aux idées nouvelles leur talent, ils ne retrouvent plus l'équivalent, le premier de sa *Dubarry* et de sa *Marie-Antoinette*, le second de ses bas-reliefs et de ses Nymphes. En dépit du concours apporté par des maîtres, sous le Premier Empire, sous la Restauration, sous la Monarchie de Juillet, à la manufacture royale, rien ne se fera plus désormais que d'odieux. Le second Empire pourtant, malgré l'ignominie des inventions qu'il essaye pour faire neuf, malgré l'extravagance de ses pâtes bronzées ou bleutées,

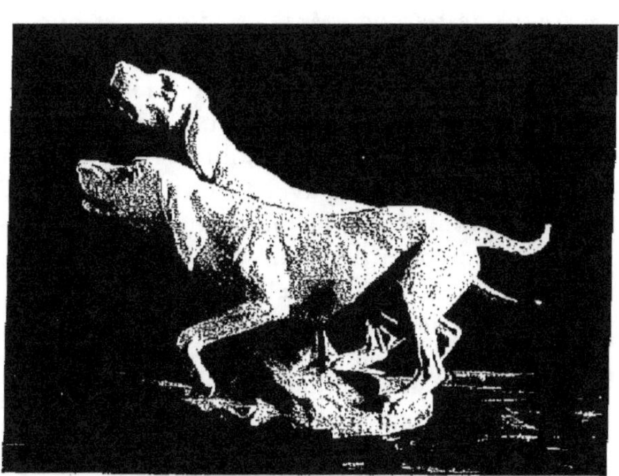

Surtout de M. Gardet. — Groupe de chiens.

Surtout de M. Gardet. — Groupe de chiens.

dans les scènes de genre, l'aisance et la grâce disparues, un *Couronnement de la Rosière* qui serait digne, en dépit de quelques exagérations enrichira la collection des modèles d'une pièce exceptionnelle, magistrale, avec l'*Enfant au lévrier* (portrait du Prince impérial), de Carpeaux.

Il y a progrès de nos jours. S'il paraît inutile de reproduire, comme on l'a fait, en biscuit, le *Guerrier* ou la *Maternité* de Paul Dubois, ou la *Vierge au lis*, de Delaplanche, on a été, croyons-nous, heureusement inspiré en repro-

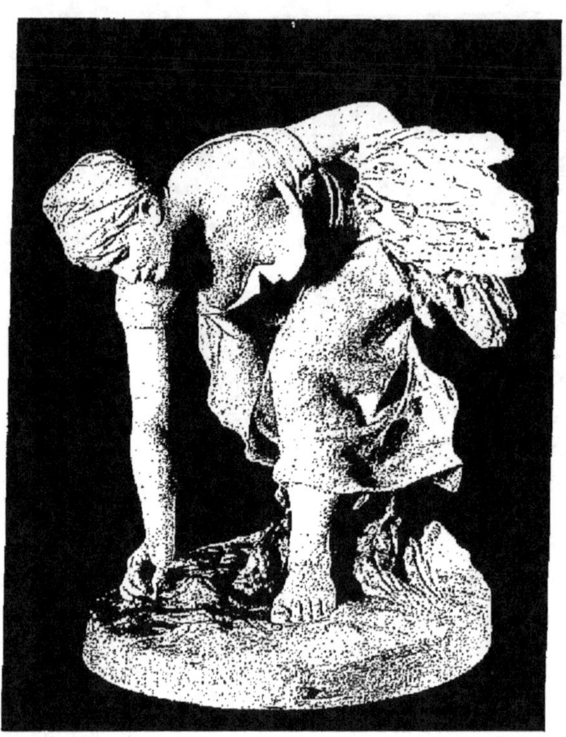

Glaneuse.   HOUSSIN.

duisant ces œuvres charmantes qui s'appellent la *Moissonneuse*, de Houssin, la *Chanson*, de Félix Charpentier, la *Léda*, de Suchetet, la *Catherine II*, de Deloye, *La plaine et le Ruisseau*, de Larche. Mais le mieux est encore de recourir à la commande directe.

On me dira, comme on me l'a déjà répondu, que le budget de la manufacture est limité, qu'on arrive tout juste à joindre les deux bouts, et que l'argent, par conséquent, fait défaut pour permettre à la direction, chaque année, de commander une demi-douzaine de modèles. La réponse ne me paraît qu'à demi concluante. Les frais de réduction de statues qui n'ont pas été faites, en vue d'une reproduction, en biscuit, coûtent aussi cher à eux seuls qu'un modèle commandé à un artiste de talent, et, pour le même prix qu'un morceau commandé à des maîtres, on obtiendrait aisément dix morceaux commandés à des jeunes en pleine possession déjà de leur talent, mais dont la notoriété n'est pas faite.

Pour quiconque suit de près les Salons, il est certain qu'on trouverait aisément une trentaine de ces jeunes, capables d'inventer des motifs charmants, pittoresques, traités selon l'esthétique du genre.

On y gagnerait doublement. D'une part, en étendant la production, en variant les modèles, en les imprégnant d'un esprit plus moderne, on augmenterait dans des proportions très sensibles le chiffre de la vente. D'autre part, on répandrait parmi les artistes le goût d'un art moins encombrant, moins inutile, par suite, que celui qui foisonne aux Salons.

Les bons modèles ne leur manqueraient pas pour bien faire. Outre le surtout de Gardet, qui renferme, comme nous l'avons dit, des parties vraiment magistrales, on leur mettrait sous les yeux les morceaux déjà terminés du surtout que la direction des Beaux-Arts commanda, voilà deux ans et demi, à M. Frémiet, et qui constituera pour la manufacture, à l'Exposition de 1900, un attrait exceptionnel. Dans l'atelier du maître, où j'ai vu l'œuvre en train, j'ai pu m'en rendre compte. Comme dans le surtout Louis XV, comme dans le surtout Gardet, le motif traité est la *Chasse*. Mais cette fois la conception est tout autre. Avec la finesse habituelle de son goût, M. Frémiet l'a variée au possible en y introduisant l'allégorie, en y reproduisant l'image de la chasse à toutes les époques de l'histoire, et sous les climats les plus différents.

La chasse à l'ours, entre autres, est une pure merveille. Campée avec une incomparable noblesse, sur un char de bois aux roues pleines traîné par un attelage de rennes, une Minerve scandinave y préside. C'est en même temps une scène préhistorique de l'érudition la plus consciencieuse et tout un poème de grâce, d'ingéniosité et de délicatesse. Nous aurions voulu pouvoir le reproduire, mais des règlements draconiens s'y opposent. On ne connaîtra par aucune reproduction cette conception délicieuse avant l'Exposition de 1900. Trop heureuse d'avoir à montrer un chef-d'œuvre d'une allure aussi fière, la manufacture tient à garder entière la surprise au public qui verra dans leur ensemble ses travaux. Nous ne saurions lui en faire un crime : nous le regrettons, pour nos lecteurs, amèrement. Jamais l'art si français du biscuit n'aura produit morceau plus achevé dans sa grâce et plus exquis dans sa légère minutie.

THIÉBAULT-SISSON.

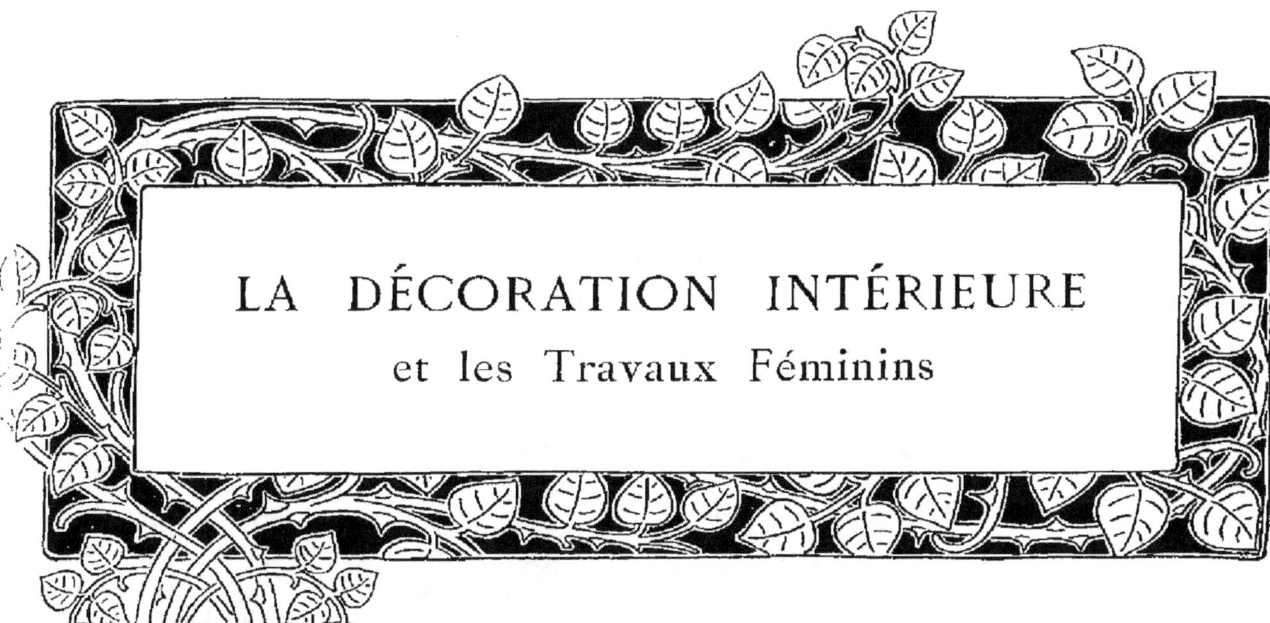

LA DÉCORATION INTÉRIEURE
et les Travaux Féminins

OTRE but dans ces notes rapides, est surtout d'étudier les ressources principales que peuvent apporter à la décoration des intérieurs les travaux exécutés par la femme à ses heures de loisir.

Ces ressources sont précieuses, et plus que nous ne saurions le dire. Ce sont ces travaux, en effet, qui, exécutés d'après un plan conçu et mûri longuement, peuvent donner à l'aspect de nos demeures un caractère artistique et essentiellement personnel, ce dont les tapissiers sont incapables, à quelque prix que ce soit.

Ce sont ces travaux surtout qui peuvent largement contribuer à faire entrer chez nous cet art nouveau que l'on réclame tant, que chacun désire, et qui, si difficilement, remplace les décorations surannées dont le commerce nous a trop longtemps abreuvés; et il nous faut, dès lors, substituer de nouvelles œuvres à ces antiquités, qui soient plus en harmonie avec nos goûts, notre époque et nos besoins.

On voit par là quelle énorme portée morale peut avoir sur l'avenir artistique de notre époque cette collaboration féminine.

Qui, plus que la femme, est à même de favoriser et d'accomplir cette évolution? N'est-ce pas à elle que revient le soin d'orner nos demeures? C'est donc elle qui, par ces travaux d'un goût nouveau et tout moderne, introduira chez nous cet élément qui va rajeunir et revivifier l'arrangement intérieur et la décoration de nos appartements. Ce sera le point de départ, le début. Peu à peu viendront des réformes plus importantes qui porteront le renouveau parmi les éléments essentiels de notre ameublement.

De nombreuses tentatives sont faites; mais, sinon stériles, du moins restent-elles peu étendues, le prix élevé de ces œuvres uniques étant hors des ressources de la plupart.

Mais, au lieu d'une réforme radicale presque

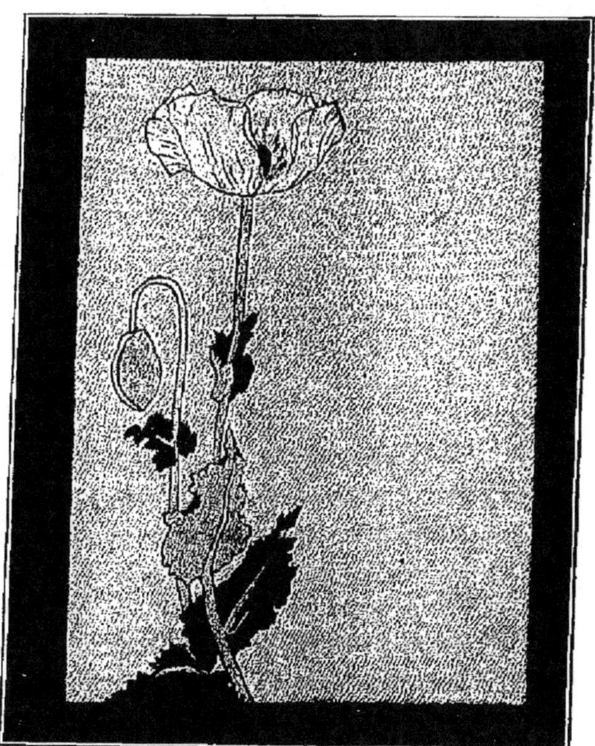

Écran : Pavot d'après une estampe japonaise.

toujours impossible, pourquoi ne pas préparer peu à peu celle-ci? Les travaux féminins

seraient en ceci d'un secours inappréciable.

Qui empêche, au lieu de cette bande de tapisserie de style Louis XIV ou Louis XV que nous connaissons tous, qui empêche de composer, de chercher, d'acheter même un modèle (car on en peut trouver) répondant à nos goûts plus modernes? Certes, pour le composer ou le choisir, ce modèle, certains efforts s'imposent.

Ce n'est plus, en effet,

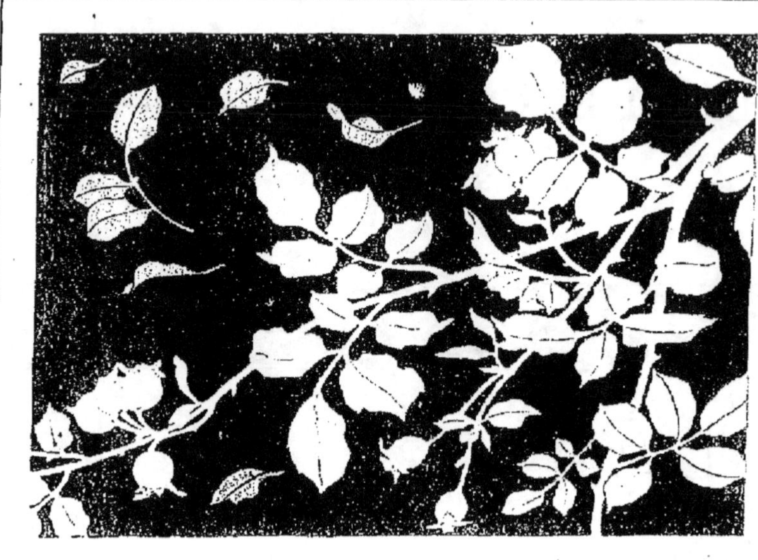

Coussin. Arbouses.   E. COUTY.

le motif courant classique, consacré et adopté et qui a presque force de loi. Là, aucun précé-

posé son intérieur d'éléments dont on puisse regarder les détails, sans avoir l'ennui de les retrouver au hasard des visites ou des voyages, comme cela est inévitable avec ce dont nous croyons devoir nous contenter!

Nous ne nous occuperons donc ici que des moyens décoratifs rentrant bien dans les facultés d'exécution courante, travaux dont toutes les femmes sont capables en général. Nous éloignerons, de parti pris, toute question de meubles et de

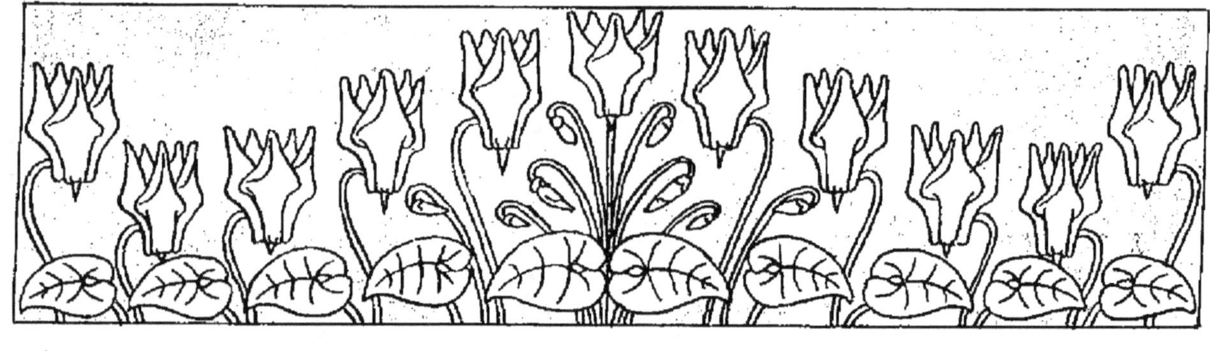

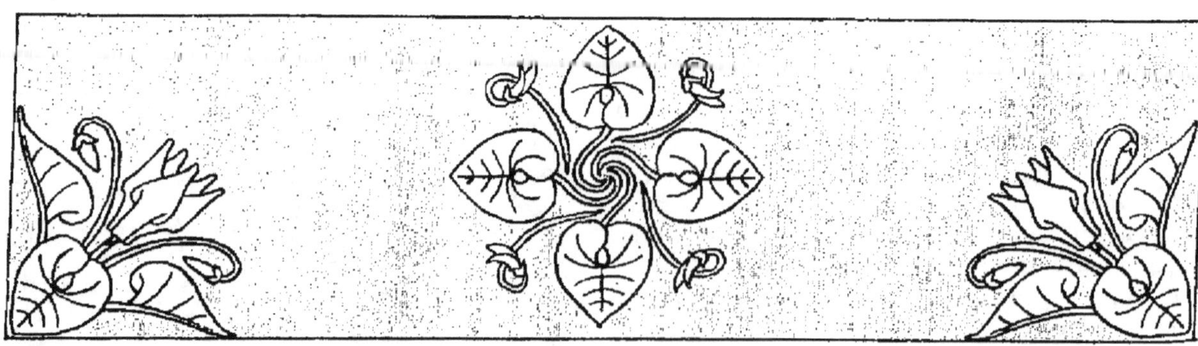

Siège et dossier pour une banquette.   M.-P. VERNEUIL.

dent; seul le goût est maître et se trouve sans autre appui que lui-même.

Mais aussi, quelle satisfaction d'avoir com-

tentures, dont l'exécution exige des spécialistes et de coûteuses dépenses. Nous ne verrons que les travaux bien féminins et essaierons de les rajeunir et de les renouveler.

Nous ne voulons pas nous adresser à la femme qui, jeune fille, a suivi assidûment les cours d'art décoratif. Celle-là n'a nullement besoin de nos conseils et peut facilement concevoir et exécuter toutes choses à sa convenance; mais nous parlons à la femme qui, sans connaissances artistiques spéciales, a cependant le désir de se composer un intérieur confortable et conforme à son esthétique.

Nous diviserons les travaux féminins en trois catégories: 1º La tapisserie, 2º la broderie et 3º les applications d'étoffes.

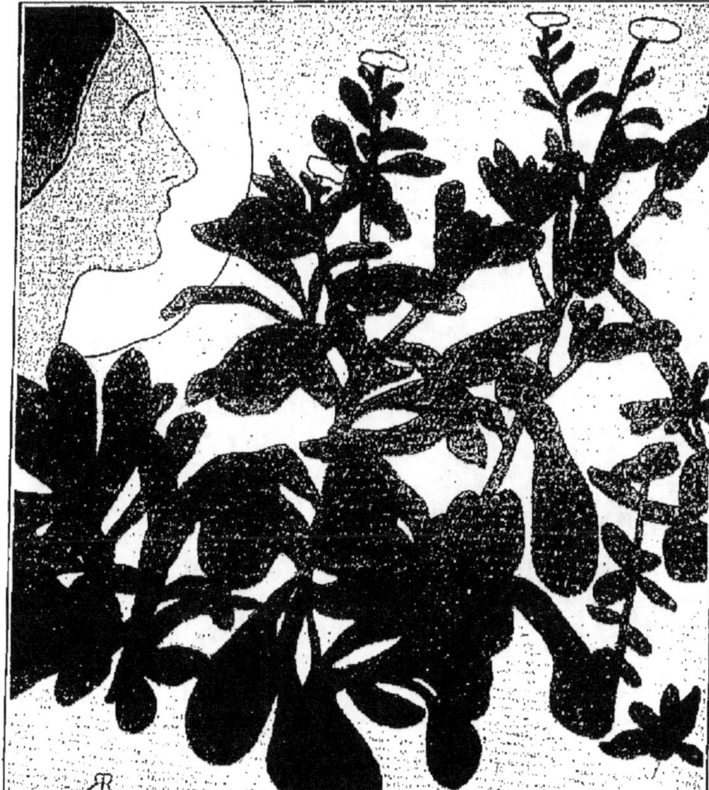

Écran. RIPPL-RONAI.

familière à chacun, et étendre ainsi le cercle des ressources dont nous aurons à disposer.

Déjà, du reste, ces trois procédés nous permettront de varier nos motifs à l'infini, et d'adapter à chaque sujet le genre d'exécution qui lui convient.

D'autre part, deux cas principaux se présentent à nous : 1º Nous avons à décorer entièrement à notre convenance une pièce quelconque : salon, boudoir, salle à manger ou chambre à coucher; 2º nous voulons simplement, par l'adjonction d'objets nouveaux, rajeunir et modifier l'aspect d'une pièce déjà décorée.

Nous laissons volontairement de côté les dentelles, peintures diverses, pyrogravure, etc.,

Le premier cas, de beaucoup le plus intéressant, nous laisse le champ absolument libre.

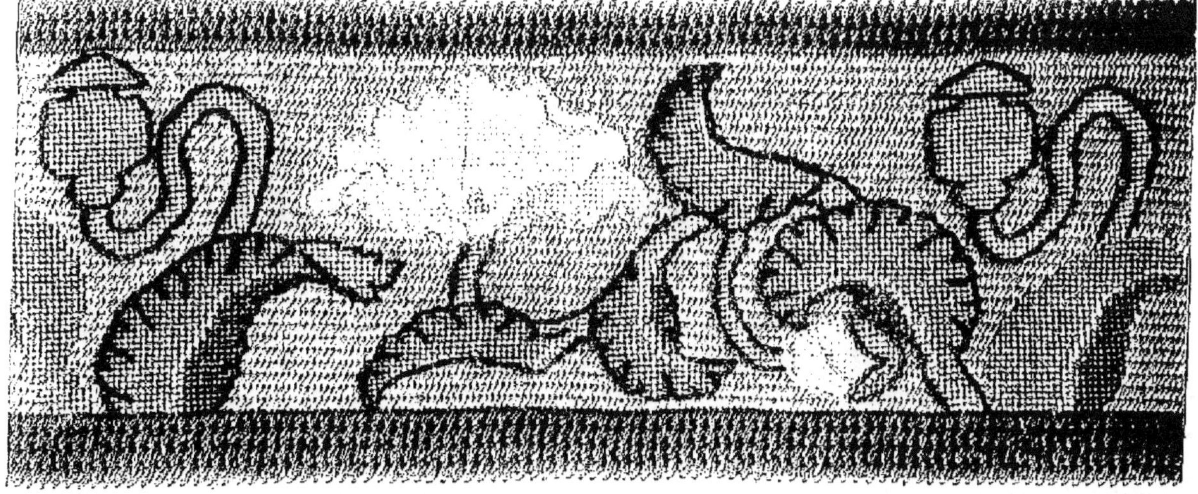

Bande. Pavots. M.-P. VERNEUIL.

de pratique moins courante; nous pourrons cependant plus tard en rendre la technique

Là, les couleurs, les éléments divers sont à notre disposition sans autre nécessité que celle de les bien harmoniser entre eux et de faire un ensemble plaisant et agréable.

Pour le second cas, le choix raisonné du

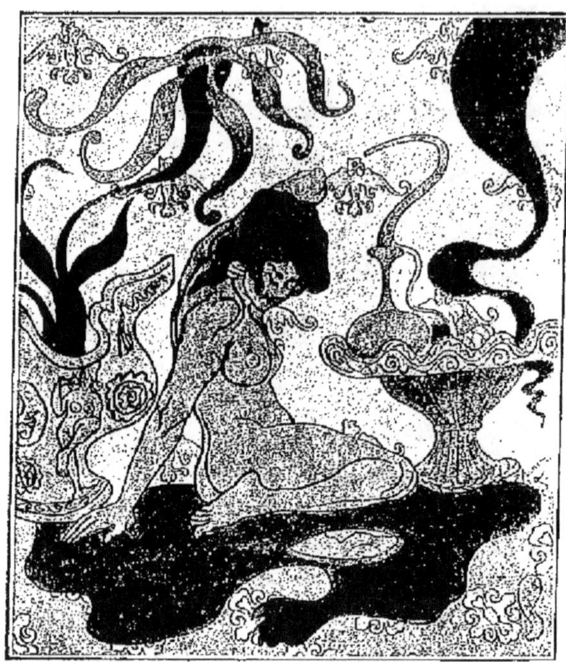

Panneau Décoratif.   RANSON.

motif s'impose, de même que celui de la coloration, qui ne doit pas déséquilibrer un ensemble déjà composé. Que de fois ne se préoccupe-t-on pas assez de cela, s'attachant seulement à la séduction du motif ou de la couleur pour eux-mêmes?

Dans ce cas donc, les conseils autres que ceux-ci seraient inutiles, le choix devant forcément varier avec chaque cas particulier. Aussi bien, pourra-t-on en trouver les éléments dans l'étude que nous allons rapidement faire de la composition complète d'une pièce.

Comme nous le disions plus haut, on ne doit partir qu'après avoir conçu un plan formant le squelette, la partie ferme reliant tous les éléments de la décoration. Ce plan comprendra deux résolutions distinctes: la recherche du motif général et l'harmonie de coloration de la pièce.

Quoique, le plus souvent, on s'en soucie peu et que le bariolage et la confusion soient, sinon recherchés, du moins tolérés, nous ne

pouvons ici accepter cette manière de voir.

Si une harmonie doit être créée dans chaque pièce d'une demeure, une dominante doit également exister aussi bien dans la coloration que dans les éléments constitutifs des motifs décoratifs. Donc, deux décisions à prendre; quel élément constituera le thème ornemental : végétal, animal, ornement?

Ensuite, quelle harmonie allons-nous créer? bleu et jaune, vert et orangé ou tout autre?

Ici, le goût personnel est juge souverain et la liberté la plus complète nous est laissée; les couleurs employées en art décoratif étant avant tout conventionnelles, nous devons surtout chercher l'harmonie, quitte à faire des roses bleues ou des lis rouges.

Une fois ces deux points acquis, seule la besogne matérielle reste à faire; c'est-à-dire recherche et tracé des motifs, et exécution de ceux-ci.

Pour le tracé, écartant le cas par trop particulier où l'exécutant est son propre dessinateur, on trouvera des maisons spéciales qui se chargeront de ce soin; et, si nous ne voulons pas nous faire composer des motifs inédits (moyen bien préférable et dont les frais pourtant sont minimes pour une œuvre d'ensemble assez considérable), ces maisons possèdent, en propre, des motifs nouveaux encore peu répandus et que nous pourrons exécuter dans telle gamme qu'il nous plaira. On se croit trop sou-

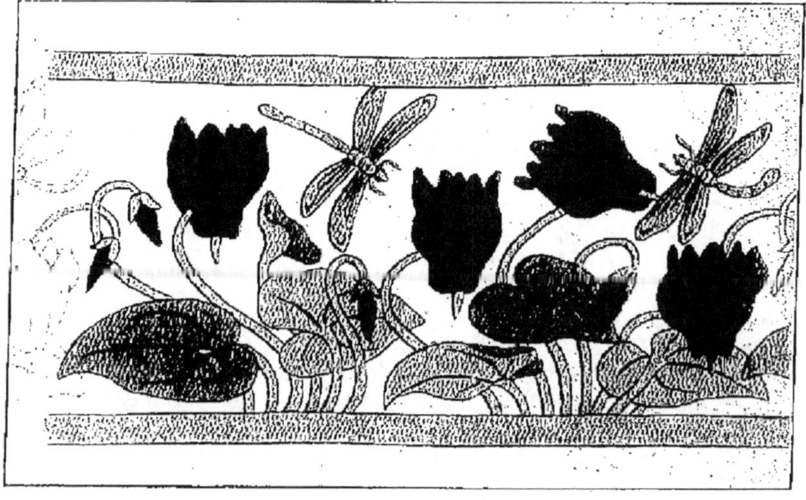

Bande. Cyclamens.   M.-P. VERNEUIL.

vent forcé de suivre à la lettre les indications fournies avec le canevas; des modifications de couleurs, faites avec goût, introduiront un peu de personnalité dans ce motif que l'on pourra ainsi modifier à sa guise.

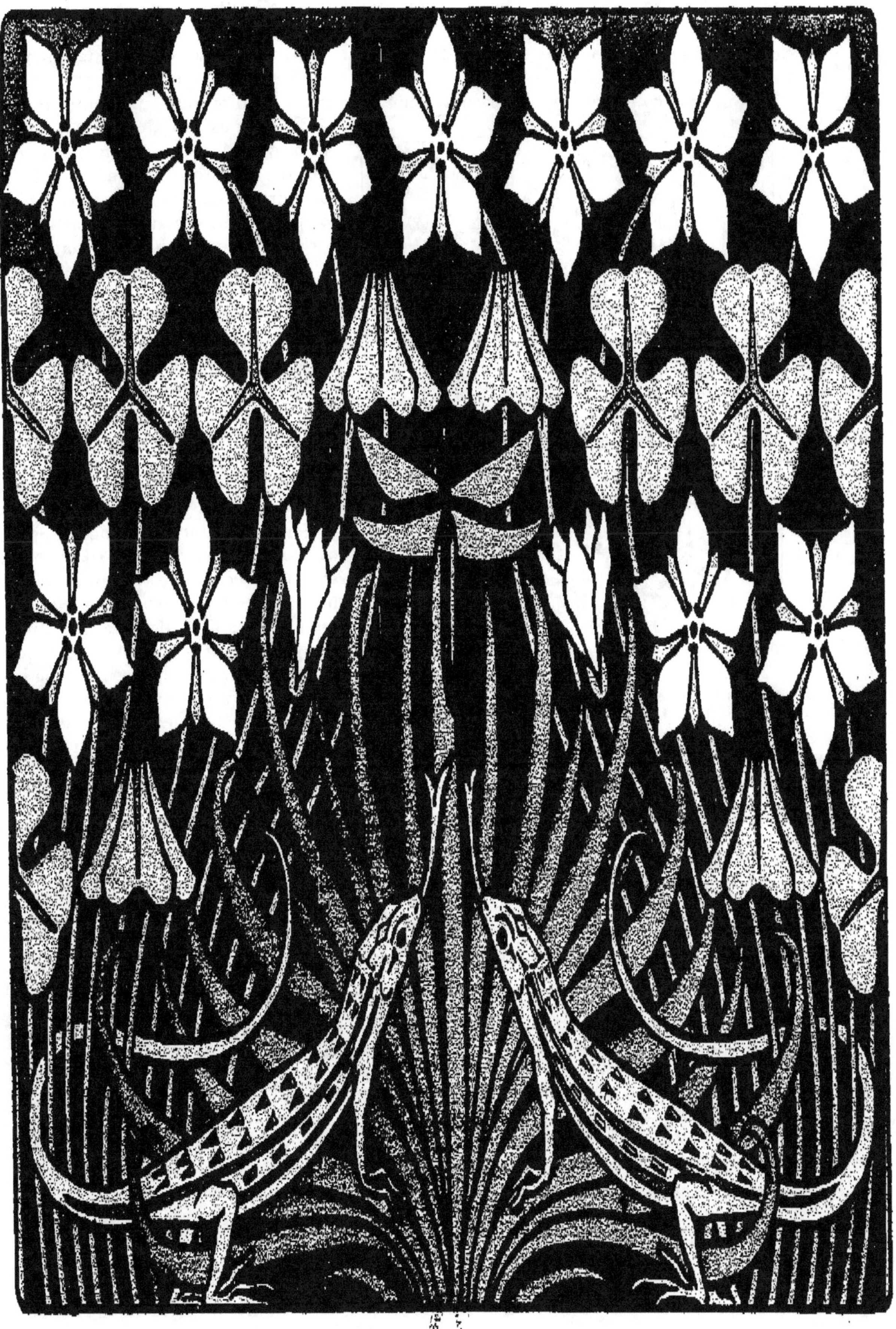

Motif décoratif pour coussin ou bande.

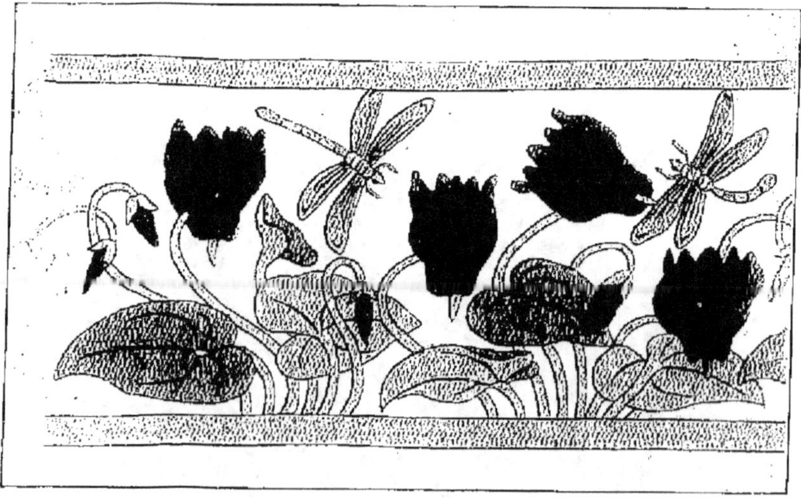

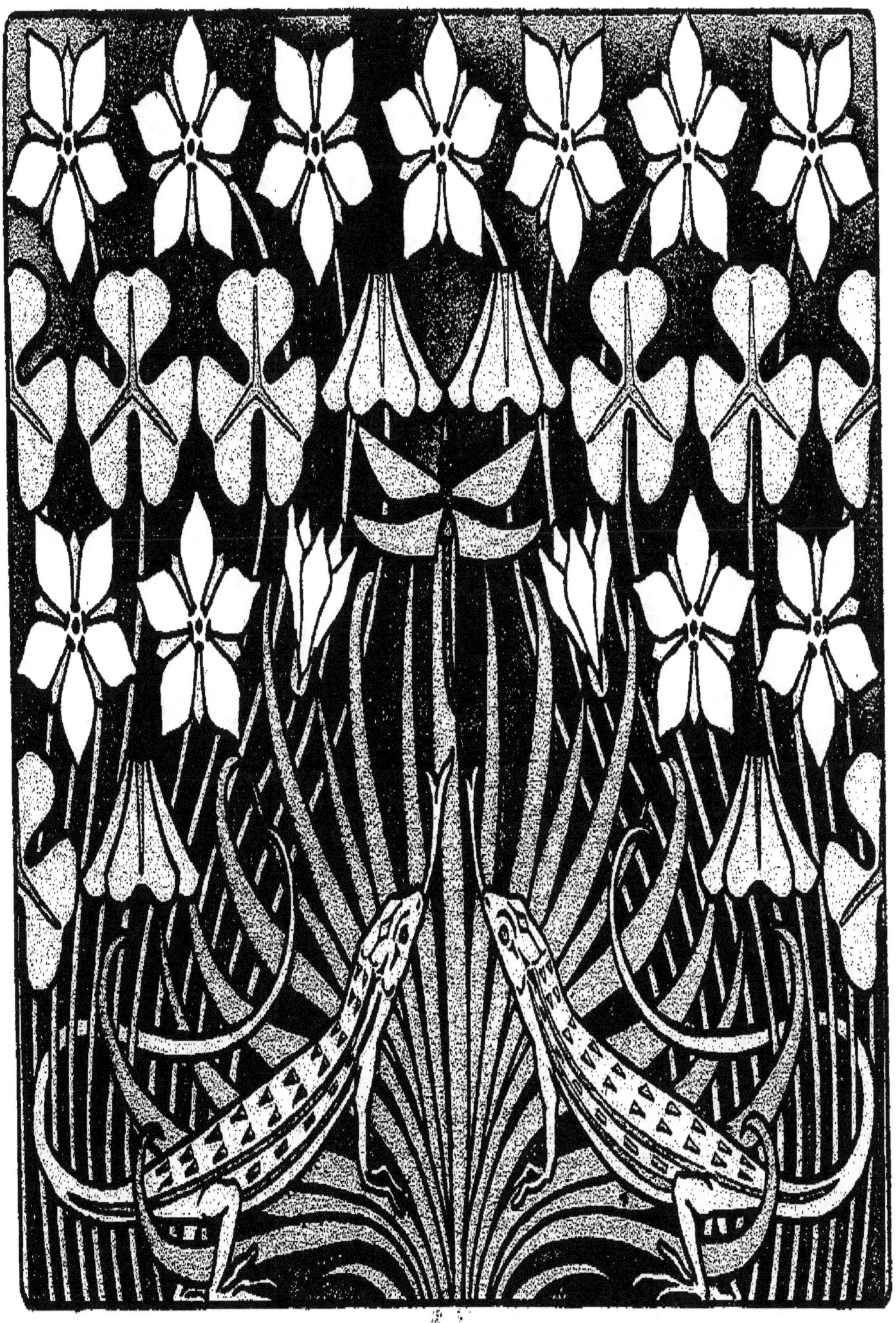

Motif décoratif pour coussin ou bande.

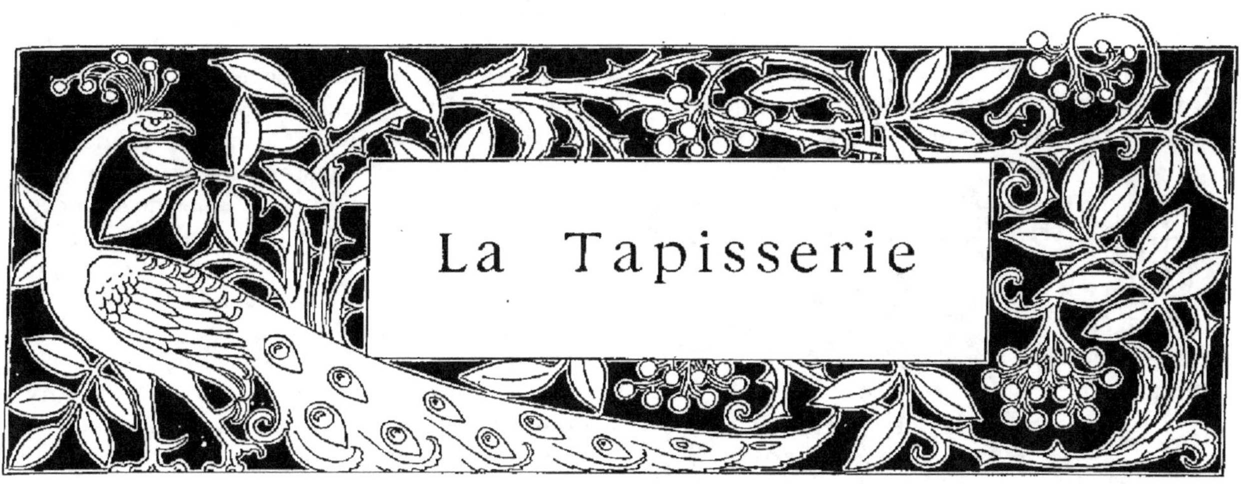

La Tapisserie

Que de fois avons-nous vu des femmes passer des années à exécuter laborieusement des décorations complètes de salons, par exemple, comprenant la couverture de nombreuses chaises, de coussins, de canapés, des bordures de portières, de rideaux, et plus encore? et reproduisant à l'infini un dessin banal, pris au hasard d'un journal de modes ou de l'étalage d'un magasin de nouveautés; dessin encore déformé par l'application du point carré, qui seul semble avoir le privilège de séduire pour l'exécution des tapisseries. Nous ne reparlerons pas du motif, mais certes, nous devons nous occuper des *points* qui sont nombreux, et qui bien employés permettent de faire des œuvres beaucoup plus variées et plus intéressantes. Nous en donnons ici quelques exemples.

Si même on veut, pour des raisons quelconques, employer l'immuable point carré, pourquoi ne pas dissimuler les inévitables brisures du dessin sous un trait, cernant les formes, les détaillant, les enrichissant au besoin, et que l'on vient rebroder, une fois la tapisserie faite et finie par les moyens ordinaires.

On n'aura plus ici à se préoccuper du canevas, mais bien de la pureté de la forme que l'on pourra ainsi rétablir, rendre plus harmonieuse, et plus souple.

Comme exemple, prenons cette bande de simples pavots. La plante y est exécutée entièrement au point carré. Mais pour y introduire de la variété, un autre point a été choisi pour le fond, un troisième pour les filets. En outre, l'ouvrage terminé, le trait est venu rectifier les formes, les cerner, les détailler; faire les dentelures des feuilles, par exemple.

L'effet ainsi produit est incontestablement

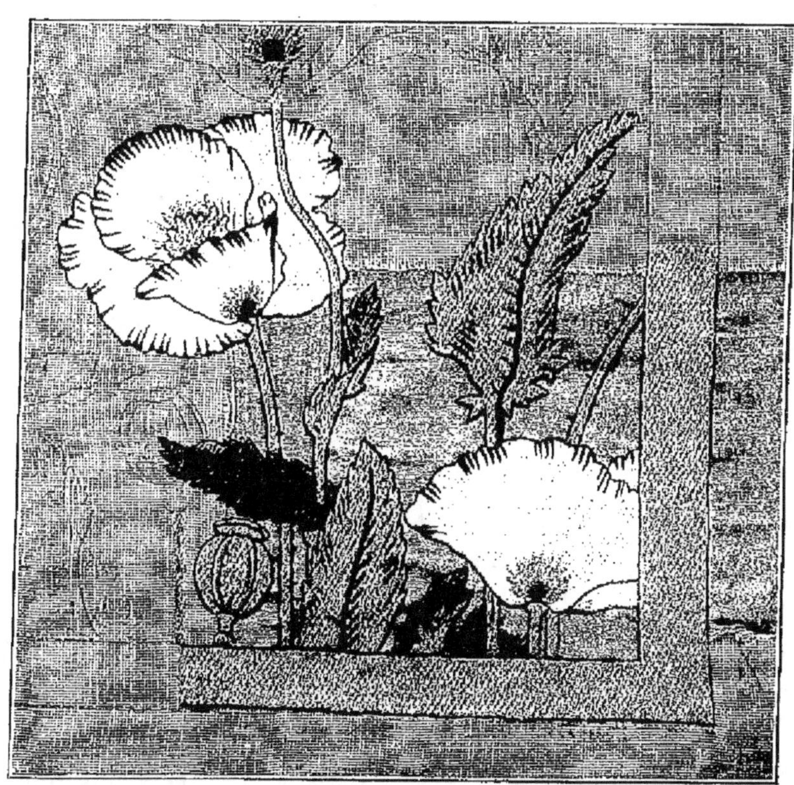

Pavots. Fragment de coussin. E. COUTY.

supérieur et le résultat plus satisfaisant. Mais, cependant, un autre point nous conviendrait mieux encore : c'est celui qui, dans les exemples que nous donnons, porte le numéro II. On peut l'exécuter de différentes façons : ou sur canevas ordinaire, ou sur simple toile.

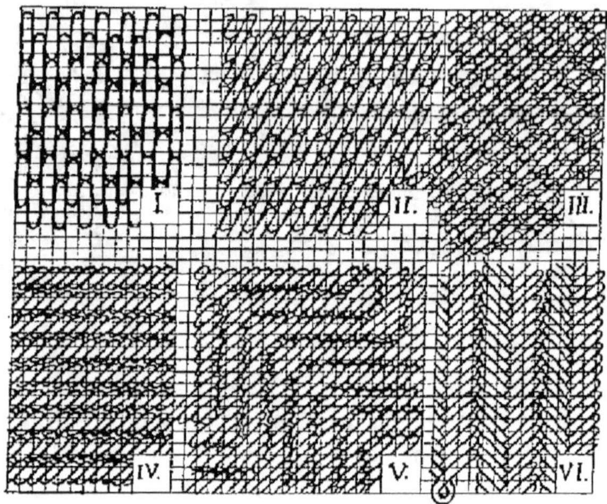

Points de Tapisserie.

Dans ce dernier cas, l'exécution en est plus difficile et une certaine habileté est nécessaire. Les fils du canevas ne sont plus là pour guider le travail, assurer la régularité du point, et l'inclinaison uniforme de ceux-ci. Aussi, quelque soigné qu'il soit, un travail exécuté ainsi présente-t-il des défauts, qui pour nous cependant deviennent de précieuses qualités; cette irrégularité forcée enlève de la sécheresse, donne plus de vie, fait jouer davantage la matière. Il ne faudrait cependant pas partir de ce principe en le poussant à l'extrême, et croire qu'une exécution lâchée rendra plus intéressante l'œuvre exécutée ; il faut au contraire chercher à approcher de la perfection autant que possible ; ce qui échappera à notre application suffira amplement. Le plus souvent, ce point s'exécute avec une laine plus fine que celle employée d'ordinaire; aussi, le travail est-il long. On a cherché à y remédier; la partie la moins intéressante, mais aussi la plus longue d'un ouvrage quelconque, n'est-elle pas presque toujours le remplissage du fond. Pour certains travaux, en

supprimant ce remplissage, on abrège fortement l'exécution tout en produisant un effet différent de celui que nous aurait donné l'exécution pleine en tapisserie. Une étoffe quelconque, drap, soie, ou autre, sert de support à l'ornementation. Celle-ci est calquée sur un canevas fin, que l'on applique sur l'étoffe; on exécute la tapisserie et, une fois terminée, on tire les fils du canevas.

C'est par ce dernier moyen qu'ont été exécutés le coussin orné de pavots de M. Couty, dont nous donnons un fragment, et la bande de cyclamens autour desquels volent des libellules. Le premier de ces ouvrages montre bien la disposition du canevas sur l'étoffe. Une partie des fils ont été tirés sous le motif exécuté. Le fond choisi ici était la soie; c'était le drap, par contre, pour les cyclamens.

Mais par ce procédé, on produit bien plus un effet de broderie qu'un effet de tapisserie ; et quoique l'admettant, pour l'économie considérable de temps qu'il nous apporte, nous préférons de beaucoup la tapisserie pleine, produisant un effet plus lourd, peut-être, mais à coup sûr présentant un bien plus grand caractère d'unité. Cette observation qui s'applique

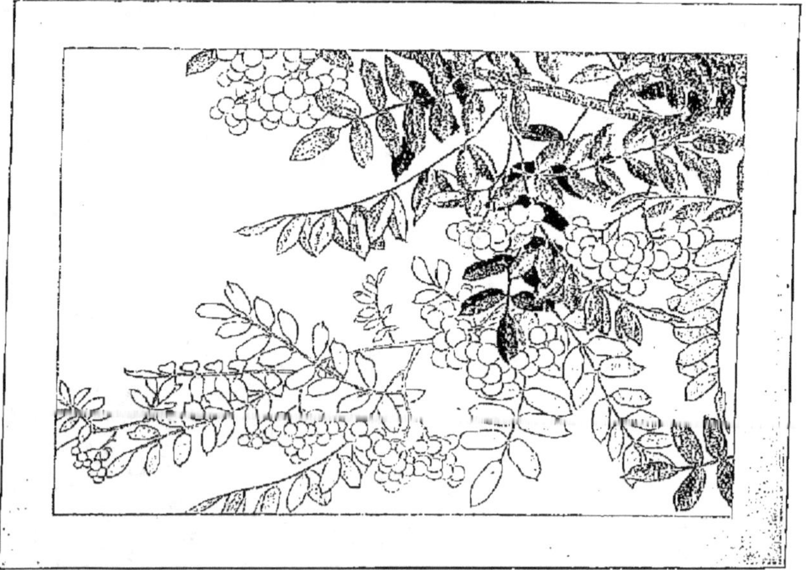

Coussin. Sorbier.   B. COUTY.

surtout aux grandes surfaces, est moins absolue cependant pour les petites, pour les coussins par exemple; là, on peut reprocher un peu la lourdeur de la tapisserie pleine, et alors le fond apparent peut devenir un avantage.

D'autres exemples de ce point, mais avec le

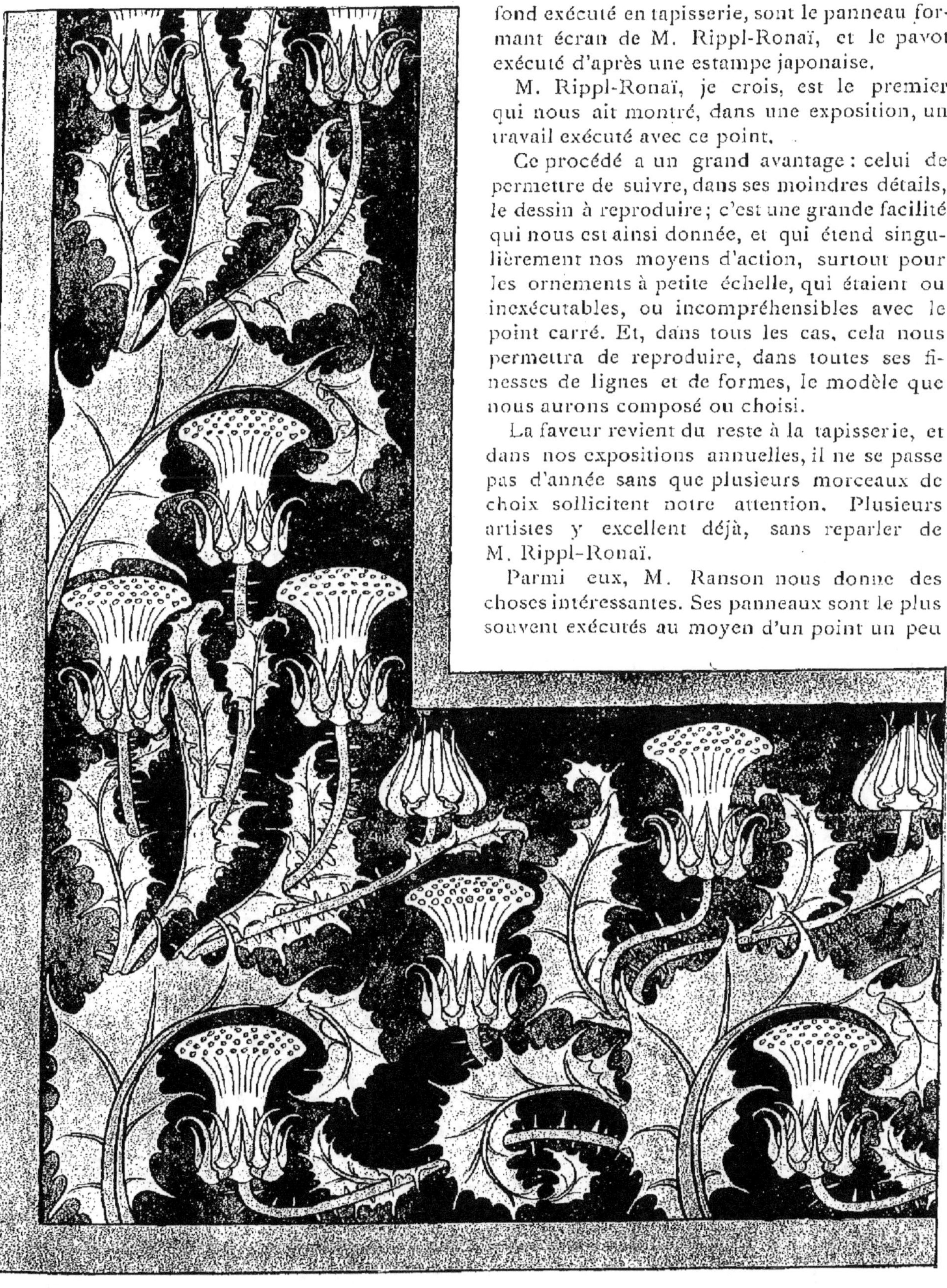

fond exécuté en tapisserie, sont le panneau formant écran de M. Rippl-Ronaï, et le pavot
exécuté d'après une estampe japonaise.

M. Rippl-Ronaï, je crois, est le premier
qui nous ait montré, dans une exposition, un
travail exécuté avec ce point.

Ce procédé a un grand avantage : celui de
permettre de suivre, dans ses moindres détails,
le dessin à reproduire ; c'est une grande facilité
qui nous est ainsi donnée, et qui étend singulièrement nos moyens d'action, surtout pour
les ornements à petite échelle, qui étaient ou
inexécutables, ou incompréhensibles avec le
point carré. Et, dans tous les cas, cela nous
permettra de reproduire, dans toutes ses finesses de lignes et de formes, le modèle que
nous aurons composé ou choisi.

La faveur revient du reste à la tapisserie, et
dans nos expositions annuelles, il ne se passe
pas d'année sans que plusieurs morceaux de
choix sollicitent notre attention. Plusieurs
artistes y excellent déjà, sans reparler de
M. Rippl-Ronaï.

Parmi eux, M. Ranson nous donne des
choses intéressantes. Ses panneaux sont le plus
souvent exécutés au moyen d'un point un peu

Bande pour portière ; fragment.

M.-P. VERNEUIL.

grossier, mais qui ne gêne pas trop, étant donnée la grande dimension de ses décorations. Celles-ci, dans des gammes simples, sont de compo-

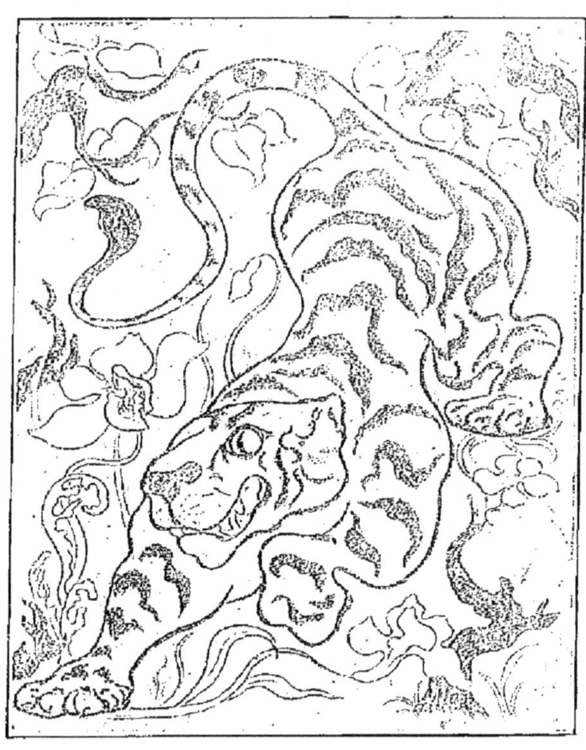

Panneau.   RANSON.

sition heureuse, bien que l'abord en soit rendu un peu redoutable par le parti pris du dessin.

Mais l'harmonie de la coloration compense ce que certains peuvent regarder comme des fautes.

D'autres encore parmi lesquels, M. J. Flandrin, suivent cette voie et savent y donner de beaux effets décoratifs.

Mais ce sont là, souvent, des pièces considérables. Nous visons moins haut, et nous nous

contentons d'orner autour de nous les objets usuels, déjà assurés de faire œuvre ainsi utile et intéressante.

Et parmi eux, ceux auxquels nous pourrons appliquer nos décorations modernes, sont nombreux, et nous n'aurons que l'embarras du choix. Grands rideaux et portières, lambrequins, dessus de chaises, de fauteuils ou de canapés, coussins et banquettes pourront tour à tour être ornés ; sans compter les paravents, les écrans, les bandes courant autour de la pièce, les tentures mêmes.

Et variant l'aspect par les procédés divers, usant des applications auprès de la broderie, de la tapisserie ensuite, nous parviendrons à créer un ensemble qui, peu à peu, nous acheminant vers des réformes plus considérables et plus radicales, modifiera insensiblement le style et l'ordonnance de nos intérieurs.

La tapisserie est de tous les procédés que nous avons à notre disposition le plus ingrat, tant à cause du temps qu'exige l'exécution du moindre travail que de l'aspect un peu terne de sa matière.

Nous allons au contraire avec la broderie et les applications, avoir à notre disposition avec les gammes opulentes des soies aux teintes éclatantes ou atténuées, les tons plus sourds des draps et jusqu'à la simplicité des cotons et des cretonnes. Les ressources nous sont moins mesurées, et nous tâcherons d'en tirer parti.

(A suivre)   M. P. VERNEUIL.

Nous devons à l'obligeance de M. Henry, communication d'un certain nombre des dessins qui ornent cet article.

Nous sommes heureux de l'en remercier ici.

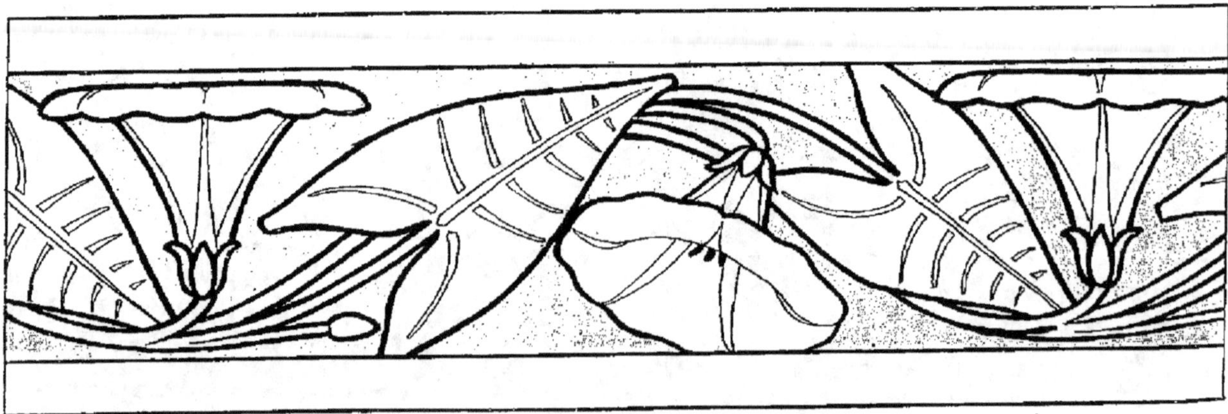

Bande. Liserons.   M.-P. VERNEUIL.

NOTES SUR L'ÉTAIN

Il y a trente ans, personne ne se serait douté que l'étain reviendrait à la mode, qu'il prendrait place à côté du marbre, de la pierre, du bois ou du bronze parmi les matières employées pour la sculpture. Et pourtant que de chemin la technique de ce métal n'a-t-elle pas parcouru en un petit nombre d'années! Voilà certes un argument irréfutable à opposer à ceux qui prétendraient que l'art moderne piétine sur place et ne fait nul progrès; il a suffi de l'effort de deux ou trois artistes pour donner en peu de temps une expansion extraordinaire à une branche des arts industriels qui, très certainement, aux époques les plus florissantes n'eut jamais plus de succès.

Je ne veux pas refaire ici l'histoire de l'étain, très connue, dans ses grandes lignes du moins, car les détails en sont beaucoup plus ignorés qu'on ne le pense; et somme toute, c'est une étude qu'il faudra recommencer dans son ensemble le jour où des travaux particuliers, des monographies auront suffisamment fait connaître les ateliers provinciaux pour permettre de classer les œuvres conservées dans les musées. Il n'y a aucune honte à l'avouer : aujourd'hui nous ne savons pas encore fort bien distinguer une œuvre française d'un étain fabriqué en Allemagne ou en Suisse.

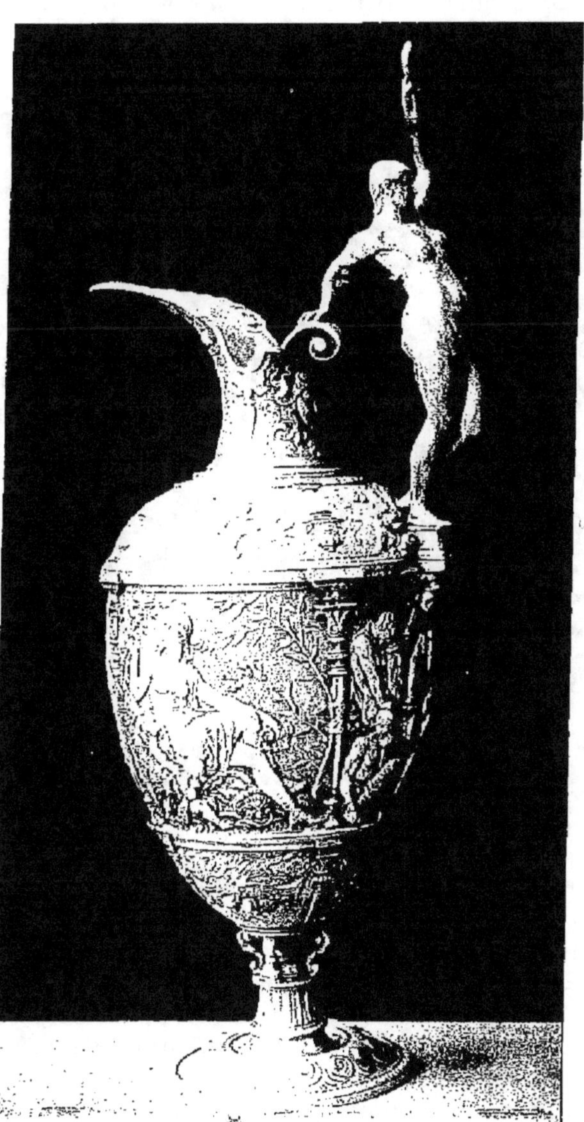

Aiguière.
(Musée du Luxembourg.)

BRATEAU.

Mais, de ces monuments anciens, je ne veux retenir qu'un point de l'histoire, intéressant encore aujourd'hui pour nos artistes : il s'agit de la technique employée pour fabriquer les étains : les uns, et ce sont assurément les plus nombreux, sont décorés de reliefs obtenus par la fonte dans des moules de différente nature; les autres sont ornés de dessins gravés à la pointe, quelquefois d'une très grande délicatesse, le plus souvent assez grossiers et de facture sommaire. Les procédés mis en œuvre pour produire la première série de ces étains n'étant pas fort différents de ceux qui ont été repris aujourd'hui, il n'y a pas lieu d'y insister, surtout dans une revue telle que celle-ci qui s'adresse surtout à des gens pour lesquels ce côté est presque toujours suffisamment connu. Quant aux étains gravés, je ne vois pas que de véritables artistes aient songé à les faire revivre : c'est une lacune que je regrette; j'espère que d'ici à peu elle sera comblée. Si ce procédé de fabrication est plus limité dans ses moyens, il permet cependant, employé avec habileté, de très jolis effets décoratifs, et surtout peut ramener les artistes à faire de la *poterie d'étain* et non toujours de la sculpture. Enfin, et sans vouloir plus longtemps insister sur les étains

11

du passé, il est cependant un enseignement qu'on en peut tirer : bon nombre des monuments de cette époque étaient dorés et je ne vois pas que personne ait songé à appliquer l'or sur l'étain : cependant du mariage de ces deux métaux on peut tirer de très bons résultats.

Ce que je voudrais en ces notes rapides sur les étains fabriqués par nos contemporains, c'est moins faire une énumération plus ou moins accompagnée d'éloges ou de critiques d'œuvres que nous tous avons pu examiner dans les expositions et que les gravures insérées ici suffisent à rappeler au lecteur, que traiter un point délicat se rapportant à l'emploi de l'étain lui-même. La question me paraît valoir la peine d'être abordée, car elle se rattache à la direction générale que prennent les très louables efforts faits par différents artistes pour le renouvellement, la régénération, peut-on dire, de nos arts décoratifs.

J'ai eu mainte et mainte fois l'occasion d'exprimer cet avis, que nos artistes qui s'occupent d'art industriel ne sont pas assez artisans et que, par contre, nos artisans ne sont pas toujours assez artistes : en d'autres termes, animés, j'en suis certain, des meilleures intentions, bien souvent peintres et sculpteurs font des efforts très louables, mais qui sont à l'avance frappés de stérilité, parce que voulant créer des œuvres d'art industriel, mais non suffisamment instruits de ses besoins, ils produisent des morceaux qui, dès leur naissance, sont des bibelots de collection ou de musée. D'autre part, les artisans tout en possédant une éducation artistique assez forte ne sont, pas plus qu'aux derniers siècles du reste, nullement des créateurs ; mais, à la différence de leurs

devanciers auxquels les artistes tendaient continuellement la perche, qu'on me passe l'expression, en leur fournissant des modèles, les artisans sont aujourd'hui presque complètement dépourvus de ce secours, de ces modèles qui restent presque entièrement à créer pour notre époque. Les plus forts s'en tirent en puisant à pleines mains dans ce vieil arsenal démodé que leur fournissent les œuvres du passé ; rien d'étonnant, dès lors, que le plus grand nombre ne produise que de misérables pastiches qui, au point de vue de la chronologie, s'échelonnent de la Renaissance à la fin du siècle dernier. Il y a là un écueil dont on aurait tort de se dissimuler le danger ; et tant qu'il subsistera, à mon avis, la plupart des efforts qu'on tente aujourd'hui seront paralysés ; sans doute, de temps en temps, nous posséderons des artisans qui seront en même temps des artistes de talent ; mais ce seront toujours des exceptions, des isolés au milieu d'une masse incapable de soutenir la comparaison avec l'ensemble majestueux des artisans des deux derniers siècles. Ceux-là ne dépassaient certes pas en habileté ceux de notre époque ; mais grâce à certains procédés de travail, à une méthode religieusement suivie, l'ensemble de leur œuvre présente une cohésion, manifeste un *style* que nous cherchons vainement à constituer. C'est que, si le milieu social a pu changer, si les conditions de la production ne sont plus les mêmes, il est pourtant des conditions nécessaires au développement des arts industriels, que ni le temps ni le milieu ne sauraient modifier, qui appartiennent à toutes les époques qui ont eu un art digne de ce nom. Cela ne saurait tenir à une organisation du travail, telle que celle

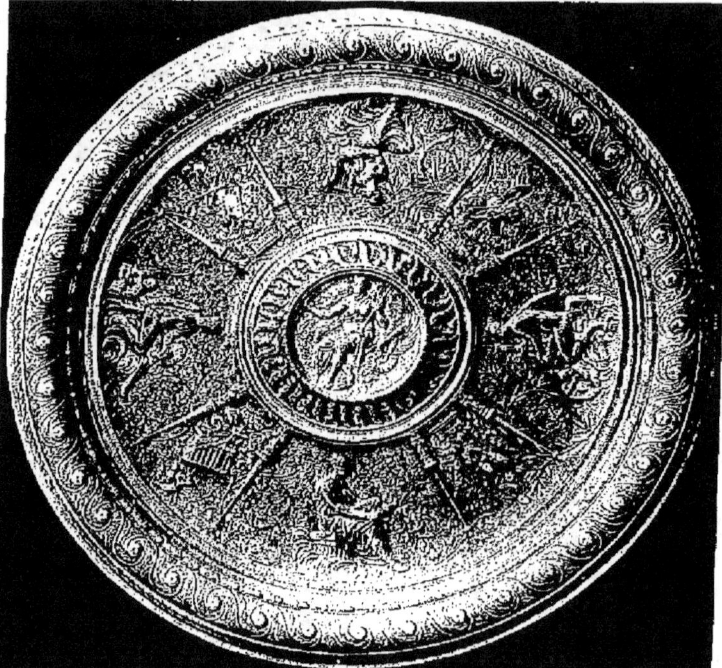

Plateau d'aiguière.
(Musée du Luxembourg.)
BRATEAU.

qui pouvait résulter de l'existence de corporations — organisation essentiellement éphémère et plutôt gênante — mais à une méthode de production qui, pour les arts industriels, est de tous les temps. Les arts industriels d'une époque sont toujours le reflet et l'application aux usages journaliers de ce qu'on a appelé, en se servant d'une expression sans doute trop étroite, mais qui se comprend bien, le grand art : en d'autres termes, architectes, sculpteurs et peintres doivent être les grands fournisseurs de modèles qu'utilisent les artisans en tenant compte des modifications que ces modèles doivent subir suivant la matière en laquelle ils seront traduits et la destination de l'objet à décorer. Il n'est donc pas absolument nécessaire que, pour fournir des modèles aux artisans, les artistes soient artisans eux-mêmes et connaissent tous les secrets d'une fabrication et d'une technique qui varient à l'infini. Il est très rare, à n'importe quelle époque, que

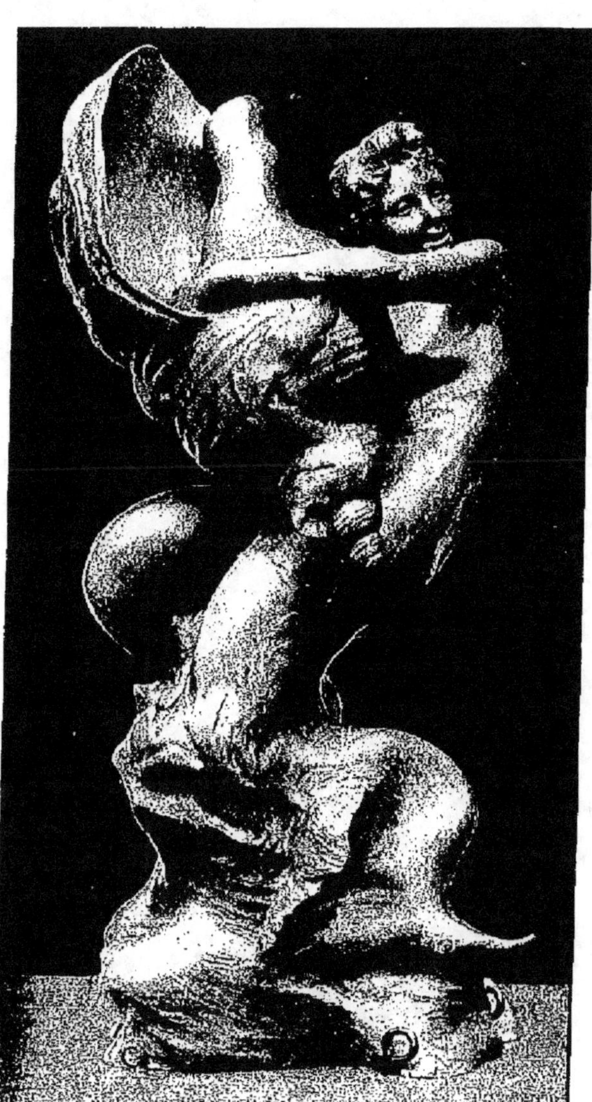

Surtout de table.   RAOUL LARCHE.
(Musée du Luxembourg.)

l'artiste ait été lui-même artisan ; il est rare aussi que l'artisan ait été artiste, du moins, si on attribue à ce terme le sens de créateur. Ce sont des vérités qui sont très méconnues aujourd'hui : d'où il résulte que la fin de notre siècle aura vu l'éclosion d'un très grand nombre d'œuvres charmantes, qu'on range, je ne sais pourquoi, parmi les ouvrages d'art appliqué à l'industrie, alors qu'elles ne peuvent figurer que dans des vitrines ; et une foule d'objets industriels tout à fait horribles, parce que

ceux qui les font, incapables d'une conception artistique un peu élevée, n'ont point été guidés par les modèles que les artistes auraient dû leur fournir. Là est, au fond, tout le secret de cette réunion de tous les arts sans qualificatif à laquelle nous aspirons tous sans arriver à l'opérer. Le problème n'est pas, cependant, aussi difficile que celui de la quadrature du cercle et avec un peu de bonne volonté on lui donnerait une solution.

Si je m'étends aussi longuement ici sur ce que je crois être une des plaies de notre époque au point de vue artistique, c'est que, précisément, quand on considère les œuvres d'étain créées dans ces quinze dernières années, sauf de rares exceptions, on est amené à se demander quelle ligne de conduite ont suivie les artistes qui les ont exécutées. Croient-ils réellement avoir fabriqué des objets d'art industriel ? ou bien ont-ils été séduits par une matière nouvelle pour eux, trop longtemps méconnue, et ont-ils voulu simplement

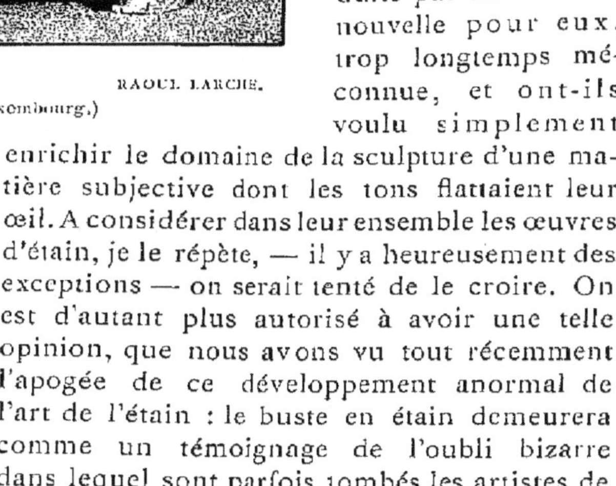

enrichir le domaine de la sculpture d'une matière subjective dont les tons flattaient leur œil. A considérer dans leur ensemble les œuvres d'étain, je le répète, — il y a heureusement des exceptions — on serait tenté de le croire. On est d'autant plus autorisé à avoir une telle opinion, que nous avons vu tout récemment l'apogée de ce développement anormal de l'art de l'étain : le buste en étain demeurera comme un témoignage de l'oubli bizarre dans lequel sont parfois tombés les artistes de notre époque, méconnaissant absolument la destination des objets et l'emploi des matières mises à leur disposition.

sait, par la création de pots de toutes formes et de toutes grandeurs, de coupes, de gobelets, d'écuelles, de plats ou d'assiettes, de bouteilles

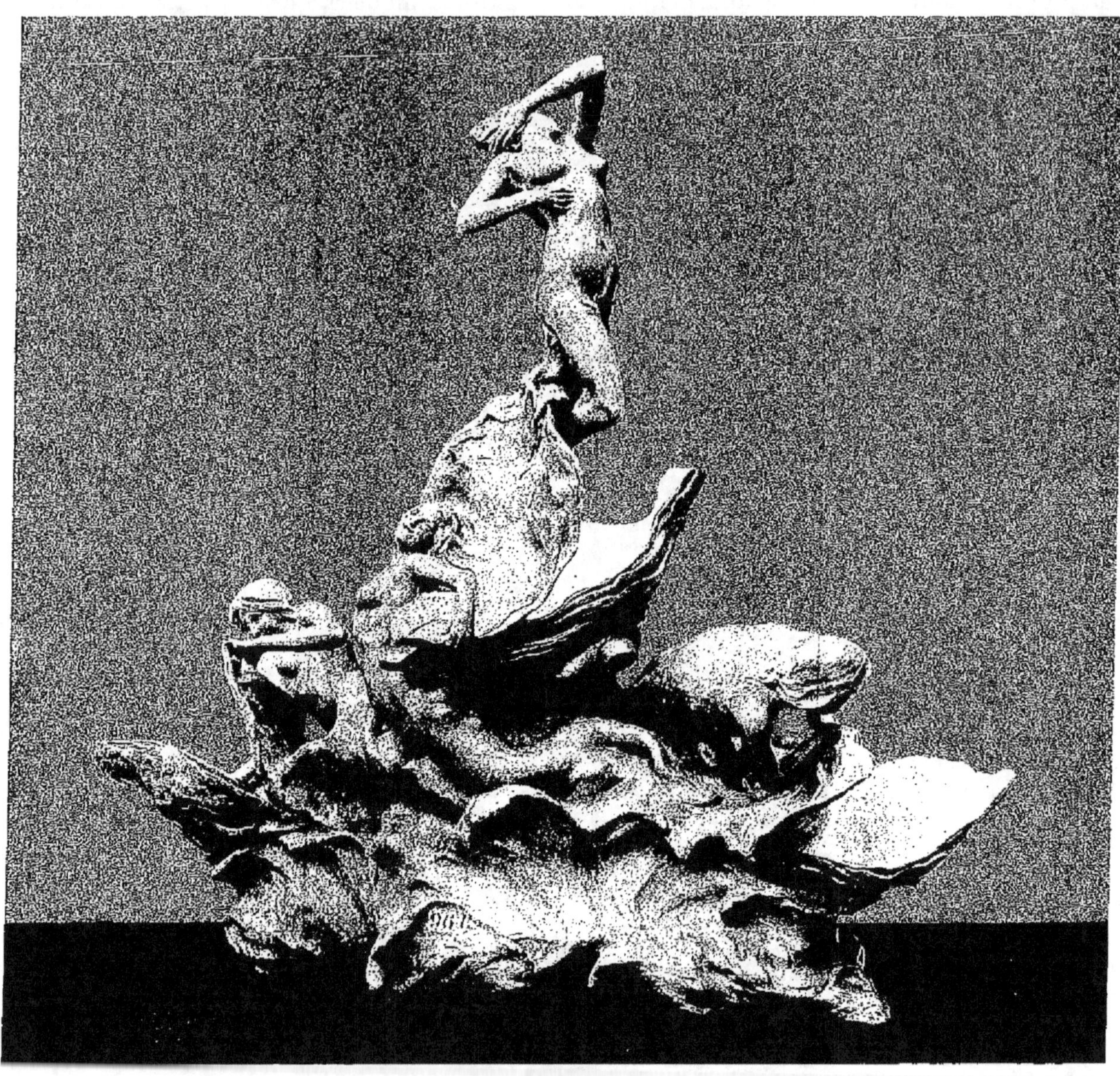

Surtout de table.   (Musée du Luxembourg.)   RAOUL LARCHE.

A dire vrai, si cette renaissance de l'art de l'étain a produit quelques fort jolies choses, — elles suffisent à la légitimer — il faut bien avouer cependant qu'au point de vue plus étroit de l'art industriel, elle n'était pas absolument commandée et surtout ne pouvait prendre une très grande extension. Et cela pour des raisons très terre à terre. L'emploi de l'étain — dans ses applications à des objets usuels — ne répond plus, à notre époque, à de très nombreux besoins. Il en était tout autrement autrefois : le potier d'étain remplis-

ou de bassins, de coffrets ou de boîtes, d'ornements d'église même, un rôle tout à fait prépondérant; il avait autant de clients que le chaudronnier, l'orfèvre ou le faïencier. Pour des bibelots tels que l'aiguière ou le bassin exécutés par Nicolas Briot d'après des dessins ou des estampes des petits maîtres du xvie siècle, objets qui en soi n'avaient aucune destination pratique, si ce n'est la décoration des dressoirs, on rencontre cent pièces, canettes, écuelles ou plats qui ont réellement servi. Jusqu'à la fin du siècle dernier, presqu'à la fin du règne de Louis XV ou environ tout au moins, l'étain a constitué, pour ceux qui n'étaient pas assez fortunés pour posséder de l'orfèvrerie d'argent, une vaisselle d'un usage courant et dont les formes, en France n'étaient que l'imitation des œuvres en métal précieux.

Le potier d'étain avait donc un débouché assuré. En est-il de même aujourd'hui? je ne le crois pas. Personne ne voudrait manger dans de l'étain, et en somme on a raison; c'est un métal trop facilement oxydable, trop malléable pour être d'un usage bien pratique, et l'argent ou tout au moins le métal argenté coûte trop bon marché aujourd'hui pour ne pas condamner d'avance l'usage d'une matière peu durable et peu appétissante. Il y a là une évolution que l'artisan ne saurait méconnaître; celui qui veut appliquer un décor artistique à ces mêmes objets qu'on fabriquait au siècle dernier en étain, doit concevoir son œuvre, non pas en vue de son exécution dans ce métal, mais de son exé-

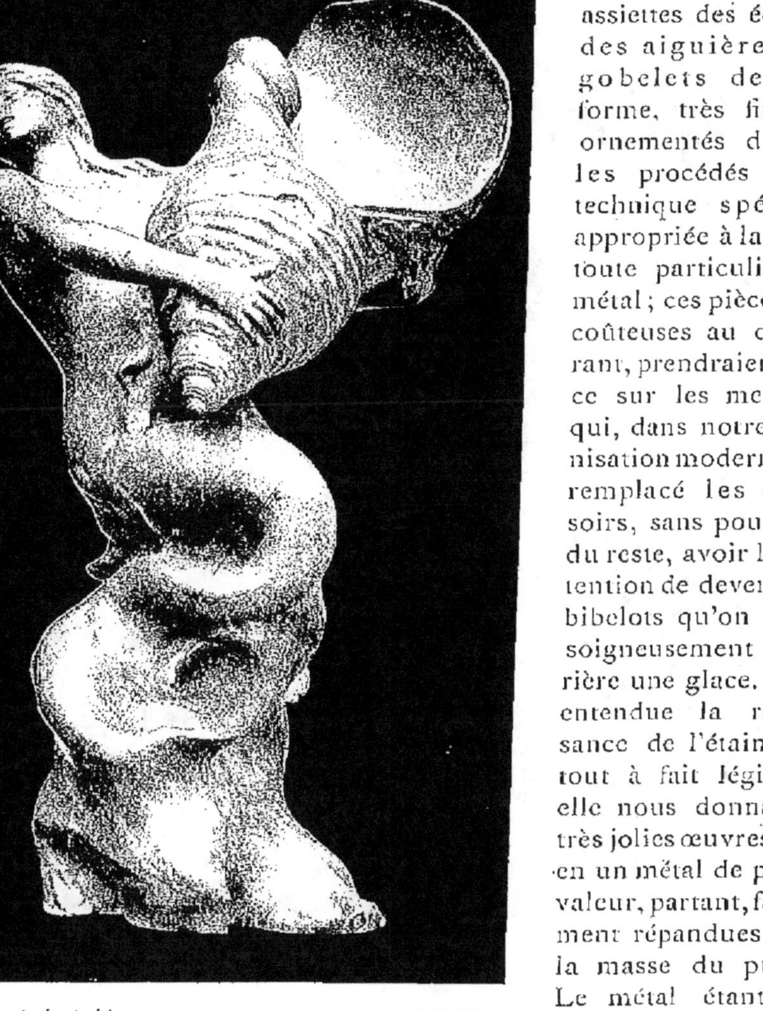

Surtout de table.   RAOUL LARCHE.
(Musée du Luxembourg.)

cution en argent ou tout au moins en métal argenté, ce qui est tout un.

Mais, me dira-t-on, ce que vous venez de dire équivaut à déclarer que la vaisselle d'étain est morte. Mais certainement, elle est morte, pour des causes tout à fait indépendantes de l'art, et nous n'y pouvons rien faire. Et au fond, j'imagine qu'aucun de ceux qui ont contribué à remettre l'étain à la mode, que Brateau, par exemple, qui a repris avec tant de talent, les anciens procédés de fabrication, et à ses débuts, a surtout créé des plats et des assiettes, aucun de ceux-là, bien certainement,

ne s'est imaginé que le public allait délaisser la porcelaine ou la faïence pour garnir sa table d'étain. Mais Brateau et les autres se sont dit — et en cela ils avaient raison — qu'il n'était pas défendu, à l'imitation d'un Briot ou d'un Enderlein, de fabriquer des plats, des assiettes des écuelles, des aiguières, des gobelets de jolie forme, très finement ornementés d'après les procédés d'une technique spéciale, appropriée à la nature toute particulière du métal; ces pièces, peu coûteuses au demeurant, prendraient place sur les meubles, qui, dans notre organisation moderne, ont remplacé les dressoirs, sans pour cela, du reste, avoir la prétention de devenir des bibelots qu'on abrite soigneusement derrière une glace. Ainsi entendue la renaissance de l'étain était tout à fait légitime; elle nous donnait de très jolies œuvres d'art en un métal de peu de valeur, partant, facilement répandues dans la masse du public. Le métal étant très mou et ne pouvant subir, après la fonte, que des retouches insignifiantes et presque toujours très visibles, les artistes des derniers siècles avaient pensé que, sans être sec, le décor de l'étain devait être, dès l'abord, d'une grande netteté; assez de causes extérieures viendraient corriger ce que les reliefs pourraient avoir, en sortant du moule, de trop précis et de trop arrêté. C'était parfaitement juste, et c'est dans ce sentiment que furent exécutées les premières œuvres qui signalèrent vraiment la renaissance de l'étain ; c'est dans ce sentiment que travaillent encore quelques artistes, et je leur en fais mon compliment. Mais je dois reconnaître, en historien véridique, que la majorité de ceux qui tripotent l'étain s'est singulièrement éloignée de ce point de départ. Et, quel que soit d'ailleurs le mérite des œuvres qu'ils ont produites, œuvres sur lesquelles j'aurai à revenir, et se patine même très rapidement. Il en résultera que toutes ces jolies figures, que nous voyons aujourd'hui se dresser gracieusement au flanc de quelque aiguière, ou s'étendre mollement sur une feuille ou quelque coquil-

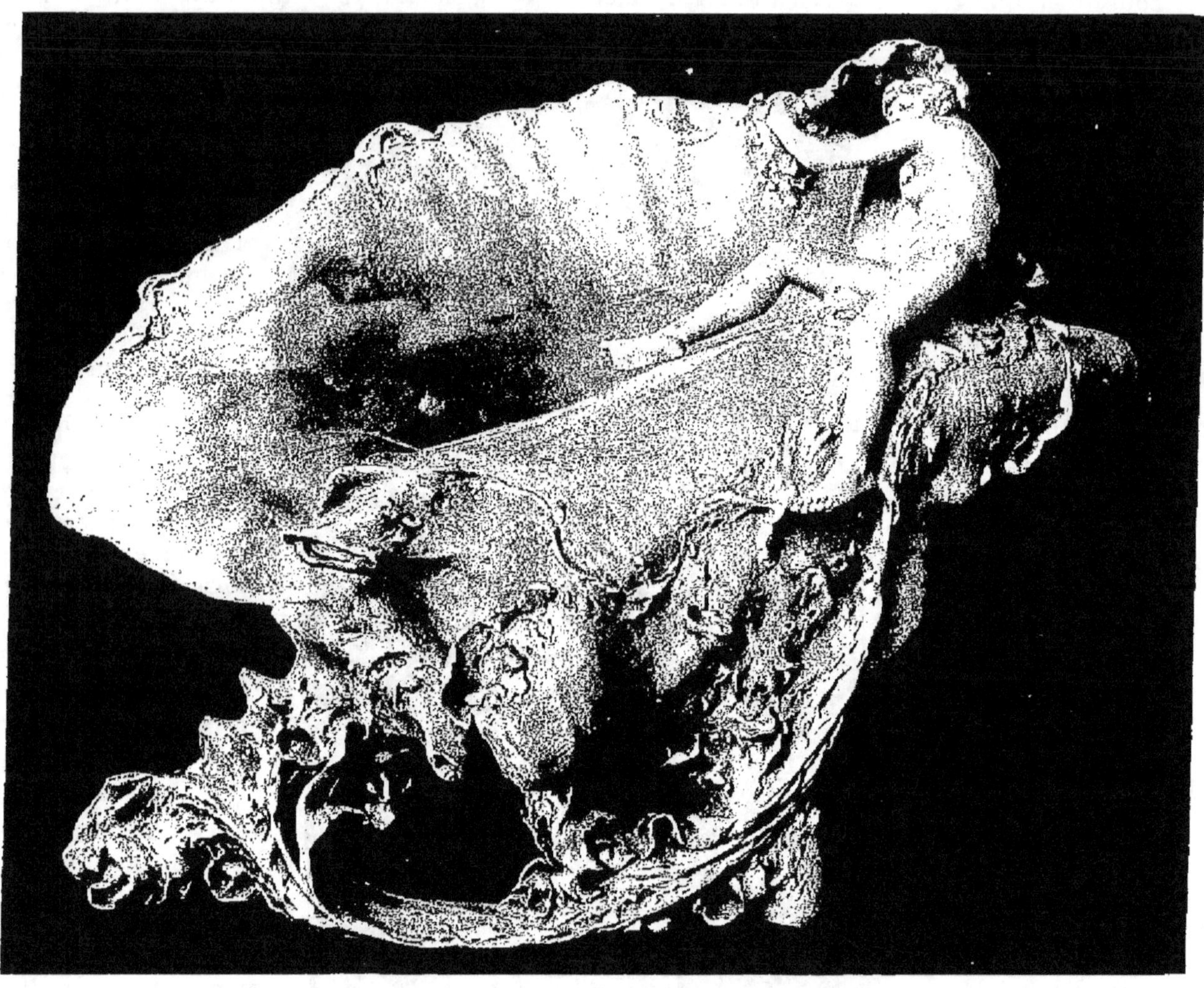

Coquille.   (Musée Galliera)   LEDRU.

j'avoue ne pas comprendre pourquoi la plupart de ces morceaux sont exécutés en étain plutôt qu'en une autre matière. Ce sont des ouvrages de sculpture, et dès lors, suivant les cas, le bronze ou l'argent me sembleraient plus indiqués. J'imagine que la plupart de ceux qui emploient l'étain pour leurs petites sculptures, ont été séduits par les tons gris du métal, évidemment plus agréables, moins froids que les tons de l'argent, l'aspect doux et très enveloppé que ces tons donnent aux formes. Tout cela serait très joli si cela pouvait durer ; mais il ne faut pas oublier que l'étain, quel que soit l'alliage avec lequel on le marie, se patine lage, avec lesquels elles semblent faire corps, deviendront des choses horriblement tristes ; car si le bronze prend une belle patine en vieillissant, il n'en est point de même de l'étain. Le bronze, manié chaque jour, rien que par le contact des mains, acquiert des tons admirables ; l'étain se tache et, métal très malléable, si on le nettoie, surtout quand il sert à traduire des formes délicates, un modelé étudié, s'use, s'arrondit et perd tout son charme. Tout ce que je dis ici, je le dis sans parti pris et, je le répète, sans préjuger de la valeur des œuvres d'étain, dont quelques-unes, en tant que sculptures, sont très remarquables. Mais, à mon avis, ces sculp-

ures ont le tort de ne tenir compte ni de la na-
ure particulière du métal, ni de la destination
{es objets ainsi produits. Créer un surtout de
able en étain — la chose a été faite, et la sculp-
ure témoigne de beaucoup de talent — est au
noint de vue décoratif un non-sens. Car un
urtout de table doit être une chose brillante
t gaie, et la note dominante de l'étain est tou-
ours sourde et un tantinet triste.

Qu'est-ce qui a donc pu, dans l'étain, séduire
à ce point les artistes? On dirait que mentale-
ment, peut-être inconsciemment, ils ont assi-
milé la souplesse et la malléabilité de ce beau
métal à la souplesse de la cire; ils ont pensé,
sans doute, qu'une matière aussi moelleuse
d'aspect traduirait, mieux que toute autre, leur
pensée créée en cire ou en terre. Or, si on va
au fond des choses, l'étain n'est pas une
matière si souple que cela; elle est plutôt aigre
au toucher et plus propre à reproduire des
formes précises et même un peu sèches que
des formes très enveloppées. En sorte que les
sculptures en étain d'aujourd'hui sont des
sculptures en cire reproduites en étain — on
eût pu tout aussi bien les reproduire en bronze;
mais dans la traduction en métal, si on sent
une matière, c'est la matière dans laquelle a
été créé le modèle, la cire, et non la matière
en laquelle le modèle a été traduit. Or, pour
faire une œuvre parfaite, si une sculpture en
bronze ou en étain doit être tout d'abord, pour
des raisons techniques, exécutée en cire ou en
terre, il ne faut pas, cependant, qu'une fois
terminée, on puisse dire que le bronze ou
l'étain ont l'air d'une cire. Je sais bien qu'on
s'en tirera en jouant sur les mots, et c'est un
petit jeu auquel on se plaît trop aujourd'hui :
on dira que le morceau est fondu à cire perdue
et il ne manquera point de gens que ces mots
subjugueront. Fondu à cire perdue ou non,
un bronze ou un étain doivent toujours être
un bronze ou un étain et présenter les caractères propres à la sculpture en bronze ou à la
sculpture en étain, qui ont leurs lois tout
comme la sculpture en cire ou en bois. Ces lois
sont méconnues aujourd'hui, je vous l'accorde,
mais elles n'en subsistent pas moins. La
puissance des mots est telle que, grâce à elle,
les meilleures intentions peuvent produire
les résultats les plus déplorables. Se sou-
vient-on, il y a quelques années, des polémi-
ques qu'ont soulevées les différents procédés de
fonte, et le triomphe définitif des procédés de
fonte à cire perdue d'un seul morceau? Par un

certain côté, les sculpteurs avaient raison,
puisqu'en exigeant qu'on fondît leurs groupes
et leurs figures à cire perdue d'un seul morceau, ils empêchaient du coup les monteurs en
bronze d'estropier et de défigurer leurs
œuvres; mais personne, que je sache, ne leur
a fait observer que rien ne les forçait à
remettre leurs productions entre les mains de
monteurs et d'ajusteurs sans talent. Que ne
faisaient-ils leurs montages et leurs ajustages
eux-mêmes? En réalité, c'est que ce travail
était long, difficile et que beaucoup de sculpteurs n'en connaissaient point la technique spéciale et ne se souciaient point d'en faire
l'apprentissage. Autrefois, les sculpteurs ne
répugnaient pas à ce travail minutieux et
ennuyeux, et, tout en faisant des fontes à cire
perdue, ils faisaient des *bronzes* dont toutes
les parties étaient revues et retouchées par
eux-mêmes ou par leurs élèves, sous leurs
yeux. Beaucoup d'artistes de la Renaissance
n'ont considéré le bronze fondu à cire perdue,
au sortir de la fosse, que comme une ébauche
qu'on retravaillait profondément, exactement
comme s'il se fût agi d'un marbre ou d'une
pierre. Ce travail de nettoyage, de polissage,
de ciselure donnait plus de précieux à l'œuvre
et, sans lui faire rien perdre de sa saveur première, lui enlevait ce caractère de cire moulée
en métal qu'on paraît rechercher aujourd'hui
et qui gâte beaucoup de beaux bronzes créés
de notre temps. Vouloir retrouver sur le métal
le coup de pouce que l'artiste a imprimé sur la
cire, c'est un enfantillage qui peut tout au
plus servir à contrôler le degré de conscience
que le fondeur a apporté à l'exécution de son
travail. Mais un beau bronze comme un bel
étain ne doivent pas être simplement le mou-
lage de la cire : un bronze ou un étain doivent
se présenter à nous avec les aspects propres à
chacun de ces métaux, ou bien l'œuvre n'est
point parfaite et indigne de prendre place à
côté des chefs-d'œuvre du passé, dans lesquels le métier, trop oublié aujourd'hui par les
artistes, égalait la hauteur de la conception.
C'est grâce à l'oubli de ces principes éternels
que beaucoup de nos bronzes ou de nos étains
ont l'air de cire. Les snobs trouvent cela charmant parce que ce sont des cires perdues et que
la chose est à la mode; mais, si on va au fond
des choses, on découvre sous cette façon de
procéder beaucoup de paresse et cette malheureuse tendance de notre époque à se contenter
en art, d'à peu près, parce que ce qui serait

définitif et parfait demanderait trop de temps et trop de peine. Ce sont, à coup sûr, de mauvaises dispositions pour tenter de régénérer l'art.

D'aucuns trouveront sans doute que je suis trop sévère, que je vois trop en noir une situation qui, au demeurant, n'est pas désespérée. Je serais désolé pour ma part qu'on prît mal ce que je viens de dire et ce que je crois être la vérité. Peut-être, rentrant en eux-mêmes, quelques artistes feront-ils leur profit des reproches que je leur adresse ; en tout cas ma littérature, si médiocre qu'elle soit, aura encore une moins mauvaise influence que celle qui distille, du matin au soir, la louange sur notre art contemporain. Le contentement perpétuel, l'admiration du moi sont de mauvais conseillers. Beaucoup d'artistes de notre époque, partis sous une heureuse étoile, se sont arrêtés en chemin, étouffés sous le poids des couronnes ; au lieu de progresser, de chercher, ils se sont mis à rabâcher sans lasser leurs admirateurs. Et cette admiration mutuelle et universelle, qui nous tue ou nous atrophie, s'est étendue des arts aux arts industriels, en sorte que si on mettait bout à bout tous les éloges qui ont été décernés à des riens,

on arriverait à cette conclusion qu'il est bien inutile de chercher à régénérer l'art appliqué à l'industrie, tous ceux qui le pratiquent ayant pour le moins du génie. Il ne faut point décourager les artistes, mais pour Dieu ! ne les accablons point sous les fleurs ; c'est le plus mauvais service qu'on leur puisse rendre. Si je pouvais supposer que tous nos artistes contemporains prissent en mauvaise part ce que je viens de dire, je n'hésiterais pas à me taire. Je me contenterais de signaler les qualités des œuvres me paraissant dignes d'être conservées, oubliant tout à fait celles qui ne montrent que des défauts. Mais c'est précisément parce que je crois qu'il est encore beaucoup d'artistes sincères, aimant leur art pour lui-même, dignes de leurs devanciers et capables de progresser, que je me hasarde à leur découvrir toute ma pensée. Quelques-uns penseront que je me trompe ; d'autres m'approuveront ; mais tous peuvent être assurés de la sincérité du jugement que je viens de formuler.

Cela dit, je vais examiner quelques-unes des œuvres d'étain qui ont vu le jour dans ces dernières années.

(A suivre.) EMILE MOLINIER.

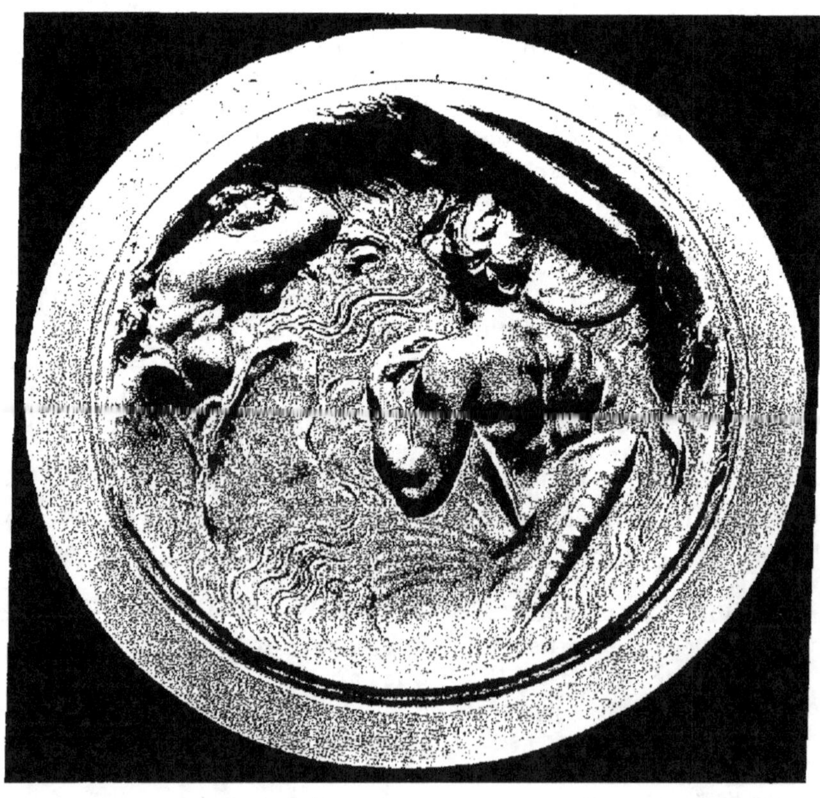

Plat. (Musée Galliera) J. DESBOIS.

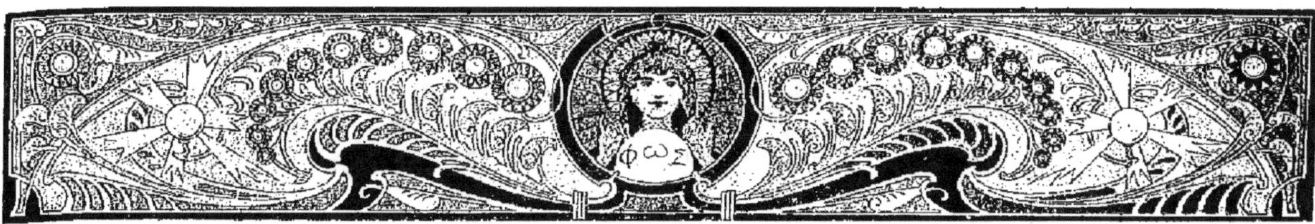

Projet de décoration en sgraffito.   A. CRESPIN.

L'Art Décoratif en Belgique

MM. PAUL HANKAR et ADOLPHE CRESPIN

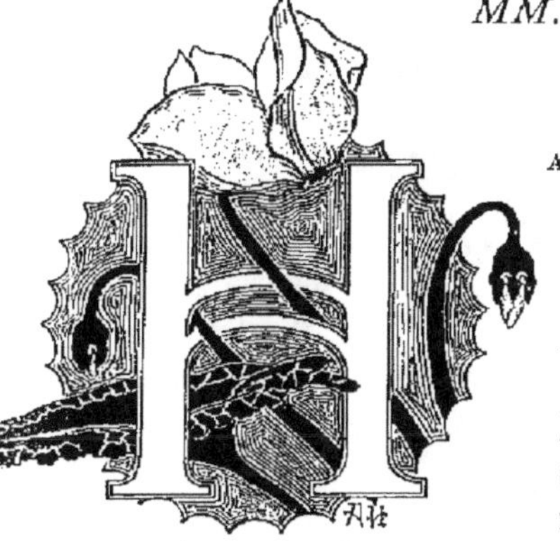

ANKAR ET CRESPIN! Ces deux noms, unis dans une laborieuse et féconde collaboration, comme ceux qui les portent sont liés par une fraternelle amitié, décorent d'une signature collective nombre d'œuvres dans lesquelles s'affirment le souci d'un art neuf, l'horreur des redites et de la banalité, le désir, fréquemment réalisé, de créer une harmonie de lignes et de couleurs échappant aux traditionnels canons et pourtant séductrice. Les deux Ajax, convertis aux pacifiques travaux de l'atelier; Oreste architecte, Pylade décorateur, l'un inspirant et encourageant l'autre, celui-ci apportant à celui-là ses conseils d'ami sûr, prêt à recevoir à son tour les précieux avis de son collaborateur.

Depuis bientôt dix ans, ils travaillent ensemble, et les voici tous deux, après l'âpre lutte des débuts, arrivés de compagnie au port, vent arrière et voiles gonflées; d'importants travaux accomplis par eux à l'Exposition internationale de Bruxelles, spécialement à Tervueren où, par un audacieux bouleversement des usages établis, on a requis le talent des artistes au lieu de réclamer l'aide des tapissiers, les ont définitivement classés à leur rang. Et le grand public, qui pouvait les ignorer ou ne voir en eux que d'ingénieux chercheurs, a été

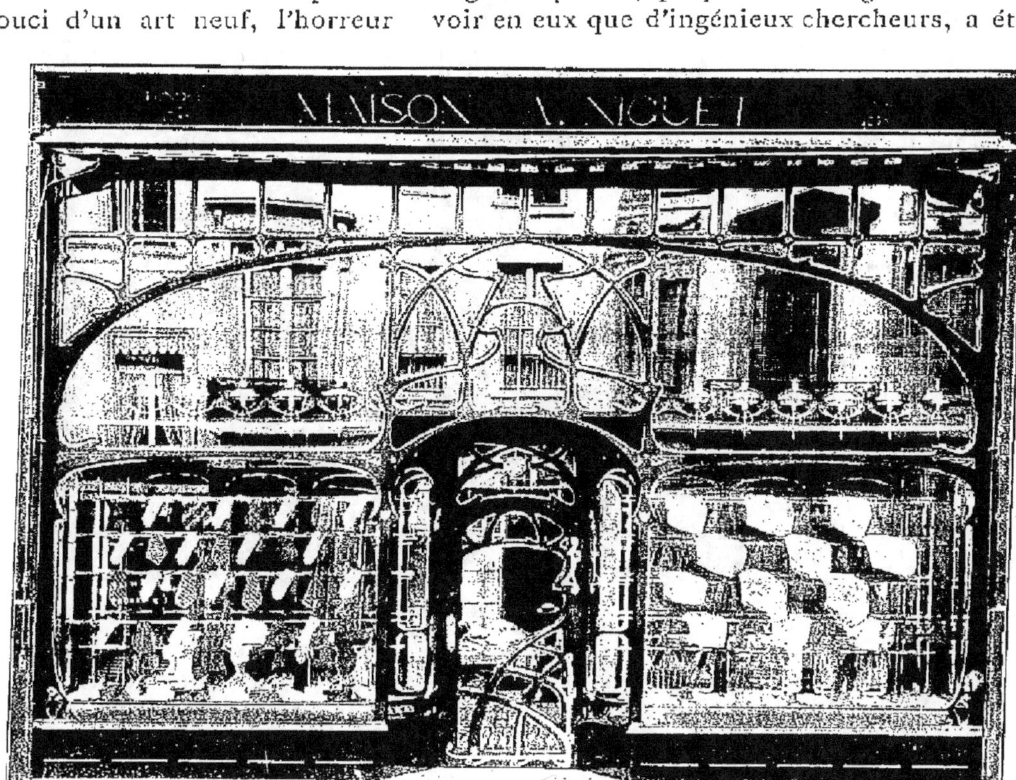

Boutique à Bruxelles.   P. HANKAR.

forcé de reconnaître que ces cerveaux emplis de chimères étaient capables de concevoir sur l'ameublement, sur l'ornementation, sur la décoration, les idées les plus pratiques, les plus aisément réalisables, en même temps qu'il devait confesser le singulier attrait du style nouveau si exactement approprié à la destination des locaux abandonnés à leur imagination.

Dans cette association, Hankar est l'architecte, Crespin le décorateur. Le premier apprit son métier de bâtisseur chez Beyaert, l'un des architectes les plus éminents de la Belgique, celui qui libéra l'art de construire des lourdes pratiques qui en arrêtaient l'essor.

Bâtisseur!... Hankar s'intitule plus volontiers « démolisseur », tant il met d'énergie à saper les routines, à renverser les préjugés, à abattre les monuments d'erreurs, de sottises, de poncifs, d'hérésies artistiques élevés par l'ignorance et le mauvais goût. Ce que lui donna Beyaert, ce fut une solide

Porte de magasin à Bruxelles.   P. HANKAR.

Sans méconnaître l'intérêt et la beauté des styles d'autrefois, il s'est dit avec raison que ces styles trouvaient leur justification et leur raison d'être dans les mœurs, les coutumes, les goûts et les usages des époques auxquels ils s'épanouirent et qu'il est tout aussi illogique de bâtir en 1897 une maison de style François Iᵉʳ qu'il est absurde de donner à une gare de chemin de fer l'aspect extérieur d'une cathédrale gothique. (Que ceux que ferait sourire ce rapprochement aillent donc voir à Bruges si je plaisante!) Dès ses débuts, en 1888 je pense, il affirma pratiquement les principes d'une architecture rationnelle, dégagée des réminiscences de périodes abolies, conçue dans l'unique préoccupation de la destination de l'édifice et des nécessités de la construction. Comme décoration, beaucoup de sobriété : des motifs tantôt empruntés à la nature et stylisés, tantôt purement linéaires. Aucune dissimulation dans la bâtisse. Les matériaux apparents, honnêtement montrés sans maquillage, mais en les faisant participer à l'ensemble décoratif, au concert de tous les éléments mis en œuvre.

éducation professionnelle, car les idées d'Hankar sur l'architecture et sur la décoration sont de celles que les maîtres n'enseignent pas, — qu'ils n'enseignaient pas, surtout, à l'époque si proche, et qui nous paraît déjà si lointaine, où professaient les artistes pour qui l'audace novatrice consistait à reproduire avec fidélité les édifices de la Renaissance flamande.

Hankar s'est fait une esthétique personnelle.

La maison qu'il se construisit à lui-même, rue Defacqz, à Bruxelles, offre à cet égard un puissant intérêt. Tout y est ordonné selon ces principes, avec une logique et une simplicité admirables. L'originalité de la façade, le dessin du balcon en fer forgé qui la couronne, l'élégance des proportions, l'absence de tout ornement banal la signalent aux passants qui ne peuvent manquer de se dire : « Voilà la maison d'un artiste ». A l'intérieur, la distribution des appartements, le dispositif des dégagements et pièces accessoires, l'aménagement des jours, tout est compris et réalisé avec une parfaite entente de ce que doit être un *home* confortable et gai. A cet égard, la maison de

ment, la décoration et l'ameublement de toutes ses parties.

Chose remarquable — la Belgique a toutes les témérités — il s'est trouvé des propriétaires que n'ont point effarouchés ces proclamations révolutionnaires. Dans le lot des clients de M. Hankar, quelques-uns ont autorisé l'architecte à suivre son inspiration personnelle, tant dans la construction que dans la décoration intérieure. D'autres lui ont confié le soin d'une installation, d'un mobilier complet de maga-

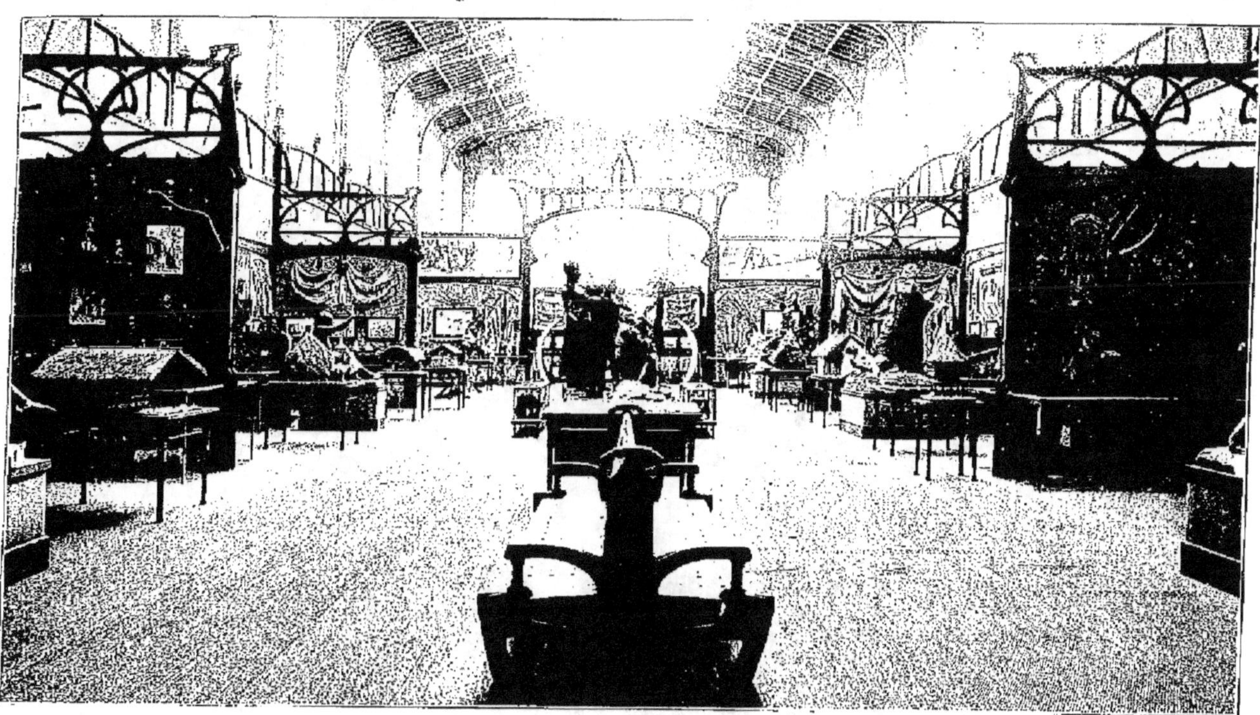

Vue d'une salle de l'Exposition coloniale de Tervueren.

M. Hankar peut être comparée à la maison, déjà célèbre, construite par Victor Horta pour M. Tassel et dont notre éminent confrère M. Thiébault-Sisson a longuement entretenu les lecteurs de la *Revue* (1). Les tendances de Paul Hankar sont, en effet, analogues à celles de son ami Horta. Tous deux, ils ont le même dédain des formules, des recettes, des modes conventionnels de construire et de décorer. Novateurs, ils le sont au même titre, chacun d'eux poursuivant avec un égal acharnement l'expression d'un style qui échappe aux influences du passé et relève directement de notre époque. L'un et l'autre, ils comprennent l'architecture comme la synthèse des manifestations plastiques, embrassant, outre le bâti-

sin. Et voici que surgissent, peu à peu, des maisons qui apparaissent dans les rues et les avenues de Bruxelles comme des fleurs rares dont l'éclat et la beauté tranchent sur la banalité des parterres. On s'arrête, au rond point de l'avenue Louise, devant deux façades voisines dont les lignes harmonieuses, les reliefs judicieux, l'ornementation de bon goût sont un régal pour les yeux. Rue Lebeau, dans le quartier neuf érigé sur les terrains de l'ancien Palais de Justice, c'est l'officine d'un pharmacien avec son enseigne allégorique, sa vitrine pittoresque, ses *sgraffiti* emblématiques, la diversité de ses trois balcons superposés, qui requiert l'attention. L'élégante rue Royale devenue, depuis les expropriations de la Montagne de la Cour, une artère commerciale importante, se pare d'une vitrine exquise, celle

1. Voir *Art et Décoration*, n° 1.

du magasin Niguet, dont nos planches donnent, mieux que toute description, une idée exacte. La porte, d'un dessin hardi et sûr, qui combine si adroitement l'élément décoratif avec les exigences d'une clôture, mérite, à elle seule un examen approfondi. Ailleurs, dans la populeuse rue de l'Écuyer, c'est l'élégance de la vitrine de la maison Claesen, *au Carnaval de Venise*, qui appelle et retient les regards. M. Hankar a dessiné amoureusement les moindres détails de cette installation, l'une des réalisations les plus complètes d'art décoratif nouveau auxquelles il nous ait été donné d'applaudir. Chaises, comptoirs, armoires, bureau, glace d'essayage, vitrine d'exposition, appareils d'éclairage, copie de lettres, porte-parapluies, tapis, frise décorative, plafond, tout a été conçu selon un plan d'ensemble, avec la préoccupation d'ennoblir par la pureté de la forme, sans superfluités ornementales, les objets usuels nécessaires à un commerçant. C'est charmant, et, chose rare, ce n'est pas anglais !

Il y a tout à espérer de cet artiste de trente-huit ans, qui apporte dans la composition d'une enseigne, d'une lanterne, d'une balustrade en fer forgé autant de soin que dans l'élaboration d'une épure architecturale. C'est ce qui l'a fait très justement désigner par l'État indépendant du Congo pour l'aménagement intérieur de la salle d'ethnographie du Palais colonial. Ici encore, en s'inspirant du milieu qu'il voulait évoquer, en cherchant ses motifs de décor dans la faune et la flore locales, et jusque dans les fétiches des nègres, il a créé un ensemble pittoresque, vivant, personnel, un peu barbare comme il convenait, qui a mis en évidence, une fois de plus, l'ingéniosité de son esprit et la fantaisie de son imagination.

Dans la plupart des œuvres que je viens d'énumérer, Adolphe Crespin a, de ses pinceaux habiles, secondé M. Hankar, complétant et achevant le travail de son ami.

M. Crespin est, lui aussi, un « jeune » et un novateur. Né à Bruxelles, de parents français, il passa, comme tout le monde, par l'Académie qu'il déserta bientôt pour faire une sérieuse éducation artistique chez le décorateur Janlet, artiste de talent, voué, comme tous ceux de sa génération, à la Renaissance flamande, mais qui eut le bon goût de ne pas imposer ses préférences à ses élèves et s'appliqua à leur donner, sur la décoration, des notions saines et un enseignement méthodique. Plus tard, il passa chez Henri Baes. Des voyages d'études en Espagne, en Italie, en Angleterre, un séjour prolongé à Paris éveillèrent chez lui le goût des harmonies chatoyantes, des rythmes inédits. Il pratiqua, à la fois, pendant quelques années, l'art de chevalet et la peinture décorative. Tels portraits, tels tableaux d'intérieur ou d'accessoires le montrent ingénieux en son métier, dessinateur consciencieux et coloriste délicat. L'influence d'un de ses parents, paysagiste de mérite, qui avait lutté corps à corps avec la

Papier peint.   A. CRESPIN.

Chimère sans arriver à la dompter entièrement, le détermina à entrer résolument dans la voie qui devait le mener au but. Après dix années de travail opiniâtre dans lesquelles il accumula à profusion les cartons d'affiches, les panneaux décoratifs, les frises ornementales, les modèles de papiers peints, de sgraffites, de tapis, de plafonds, même de costumes de théâtre, — le voici en bonne posture parmi les artistes belges du décor, professeur de composition ornementale à l'école de dessin de Schaarbeek et à l'école professionnelle pour jeunes filles fondée par M. Bisschoffsheim, récompensé du diplôme d'honneur à l'exposition internationale de Bruxelles.

Il fut, je crois, avec Edouard Duyk, mort prématurément il y a quelques mois,

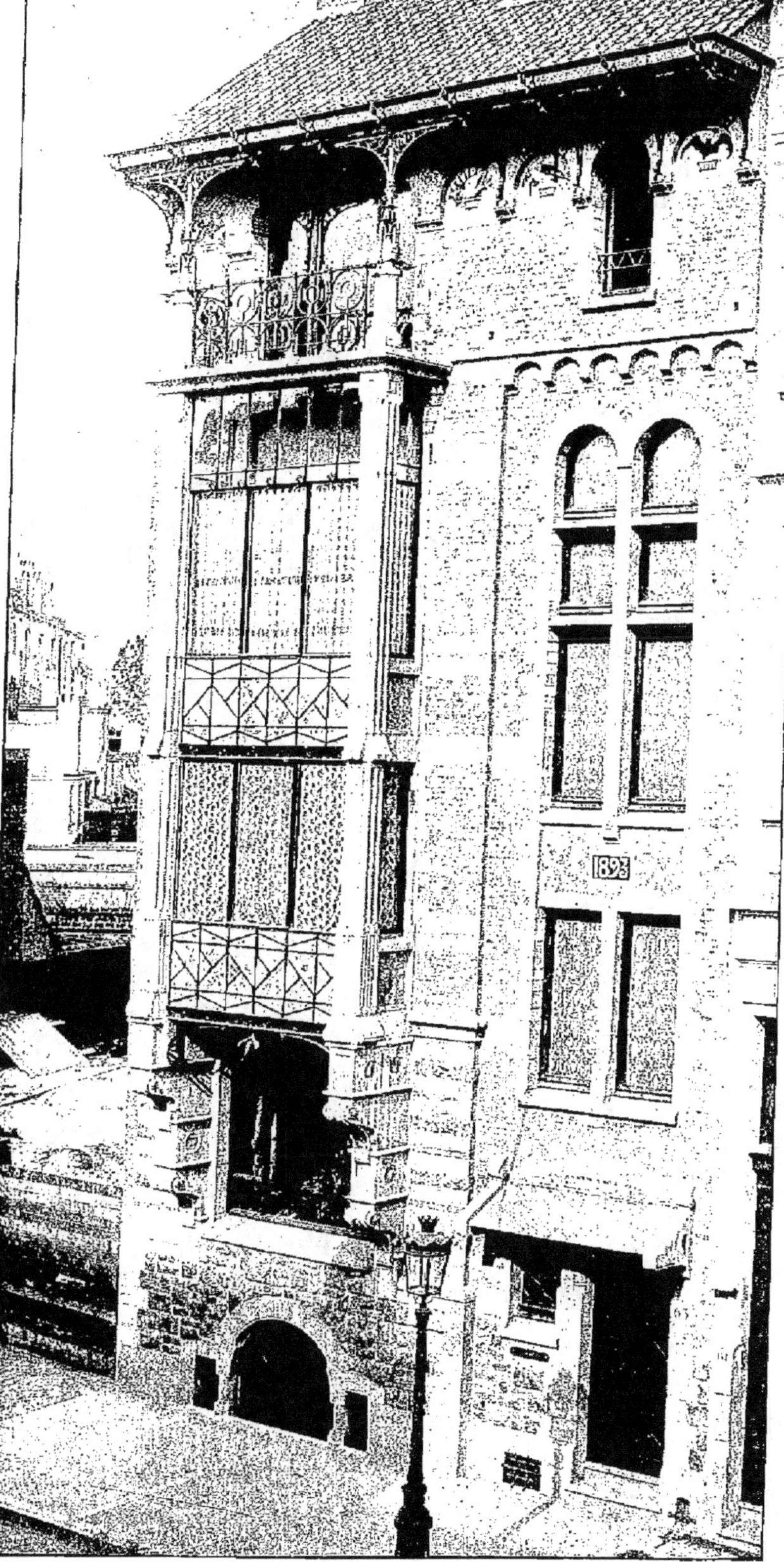

Maison de M. Hankar, architecte, à Bruxelles.

incursion dans le domaine de l'affiche, alors exclusivement réservé à Jules Chéret, et qui valut depuis à bon nombre de nos artistes les succès les plus flatteurs. Il risqua en 1887 (il y a dix ans, il y a un siècle!) une affiche pour un bal donné par la Presse au Théâtre de la Monnaie. Qui se souvient de cet essai, et quel est le malin collectionneur qui en possède un exemplaire? Bientôt après, il imagina une affiche pour une exposition d'agriculture organisée dans la banlieue, à Cureghem. Mais les procédés de reproduction étaient à cette époque si rudimentaires que Crespin et Duyk—je crois bien que Duyk en était — durent se contenter d'une lithographie monochrome, entièrement exécutée par eux sur la pierre, à l'imprimerie, et tirée à la diable.

le premier artiste belge qui songeât à tenter une Mordus du désir d'égaler les maîtres français, les deux artistes firent tant et si bien que peu à peu les maisons d'impression perfectionnèrent leur outillage. Ils composèrent en teintes plates la jolie affiche du *Cortège des fleurs*, celles de l'*Alcazar*, du *Cirque*, de *Nieuport-Bains*, de la *Ferme de Spa*, vingt autres, trente autres, qui, reproduites d'une manière satisfaisante, éparpillèrent sur les murs, aux devantures des magasins, sur les colonnes des boulevards, aux guichets des théâtres, la joie des couleurs vives, le régal des polychromies harmonieuses.

La même collaboration valut à M. Malpertuis, directeur de l'Alcazar et du Palais d'Été, pour toutes ses revues de fin d'année et ses ballets, de pimpants et pittoresques costumes galamment troussés, retroussés et décolletés.

Concurremment avec ces délassements, M. Crespin poursuivait, tantôt seul, le plus souvent en collaboration avec M. Hankar, d'importants travaux décoratifs. C'est lui qui créa et exécuta la décoration murale des magasins Niguet et Claesen, de la pharmacie Peeters dont il est question ci-dessus. La composition des tapis, des frises, des plafonds, est due à son esprit inventif. C'est lui aussi qui imagina le dessin des sgraffites utilisés par M. Hankar pour ses deux maisons de l'avenue Louise. Une autre de ses compositions, exécutée par le même procédé, orne la façade d'une maison habitée par un photographe. Dans toutes

ces œuvres, M. Crespin interprète quelque motif fourni par la nature : fleur, feuille, fruit, animal, dont il dégage la synthèse. Et de la répétition du même sujet, combinée avec le souci d'une heureuse harmonie de lignes et de couleurs, il fait jaillir une ornementation primesautière, élégante, d'une nouveauté séduisante. C'est, faut-il le rappeler, le retour aux procédés des grands décorateurs d'autrefois, l'application des principes enseignés et mis en œuvre par Eugène Grasset en France, par feu William Morris en Angleterre, pour ne citer que deux maîtres. Les reproductions des modèles de papier peint : *Perroquets*, *Confetti et Serpentins*, *Poissons*, qui accompagnent cet article, précisent l'exposé de l'esthétique décorative de M. Crespin.

Tout cela paraît bien simple. Mais que d'efforts pour faire comprendre au public, enlisé dans les routines, ces vérités élémentaires! Quelle obstination à combattre, quelles résistances à vaincre! Sans compter la lutte intérieure à soutenir contre l'éducation reçue. « Vous n'imaginez pas ce qu'on nous enseignait, me disait M. Crespin. Peindre un rinceau apparaissait comme quelque chose de si compliqué, de si effrayant, que les leçons consacrées à cet élément décoratif ont failli me dégoûter à tout jamais de faire de l'art! »

L'artiste est de ceux qui ne redoutent ni les difficultés, ni la contradiction, ni l'hostilité.

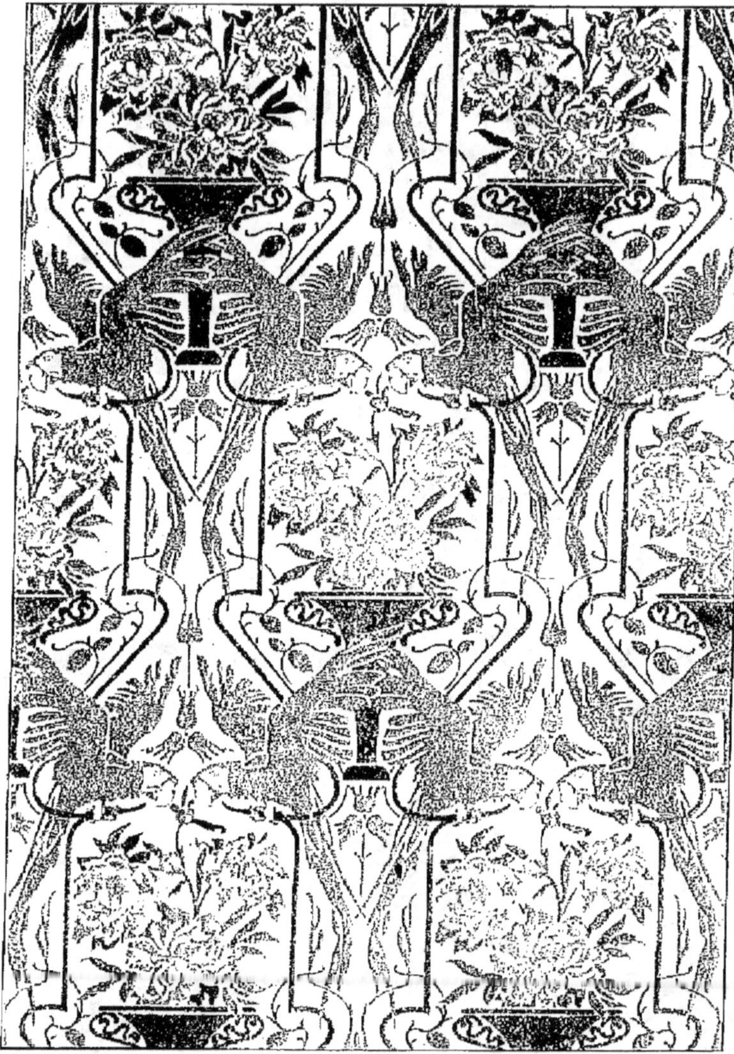

Papier peint.   A. CRESPIN.

Avec une confiance inébranlable, une persévérance silencieuse, il est arrivé peu à peu à ses fins. On admet sa manière de voir, on s'étonne de ne pas l'avoir accueillie plus tôt. Et des commandes officielles lui sont faites, — celle, par exemple, qu'il reçut en collaboration avec Edouard Duyk : la décoration d'une salle au Palais colonial de Tervueren dont j'ai parlé à propos de la participation de l'architecte Hankar.

Dans ces vastes toiles qui évoquent en de caractéristiques panoramas encadrés de frises artistement composées les sites et les tribus du Congo, M. Crespin a révélé, en même temps que son habileté manuelle, d'incontestables dons de composition. Paysage et figures sont traités largement, comme il convient, et bien mis en place. Le décorateur, cette fois, a appelé à la rescousse le peintre d'autrefois, et l'un et l'autre ont fort bien compris et exprimé ce qu'on attendait d'eux.

Examinons de plus près quelques-uns des papiers peints mentionnés tout à l'heure, et dont nous donnons la reproduction.

Un des rôles des tentures murales consiste à animer les chambres, à détruire le sentiment de captivité où des murailles dressées nues devant nous ne manqueraient pas de nous enfermer.

Elles apportent, dans notre intérieur, un reflet de la Nature, non point une imitation

Papier peint. A. CRESPIN.

vainement illusoire ouvrant tout à coup devant nos yeux de fausses perspectives de campagne, mais le retour de sujets harmonieusement agencés, capables d'intéresser notre imagination, et empruntés de plus ou moins près au spectacle de l'Univers. L'ordre et la simplification y sont nécessaires, car il ne faut pas oublier que nos demeures sont des lieux de retraite et de quiétude où nous devons trouver la paix indispensable à notre repos et à notre travail; le papier de nos murs qui suffirait, par sa seule contemplation, à jeter le désarroi dans notre esprit, serait d'un résultat déplorable. Il ne faut pas vouloir trop raffiner, mais je ne crois pas exagérer en remarquant que le papier sur lequel nous jetons les yeux dans nos instants de réflexion doit inviter de lui-même nos pensées à la netteté et au calme. Je repousserais bien loin, pour ma part, un papier qui ferait grouiller sans relâche autour de moi tous les bas-fonds de la mer, ou qui se parsèmerait de toutes les fleurs de nos parterres; et je connais des exemples où ces exagérations ne sont pas loin d'avoir été commises.

L'impression de tranquillité est d'autant plus utile à un motif de tenture qu'il doit, pour ainsi dire, servir de support, non seulement aux meubles, mais de plus près encore aux objets d'art qui y seront appliqués. C'est le second rôle de la tenture murale. On ne pourrait pas admettre qu'un tableau se superposât à un autre tableau : le rôle du papier peint est par conséquent un rôle de discrétion, et par un certain côté tout négatif; il doit ne pas embarrasser la vue, ni retenir les regards au détriment des objets qu'il encadre. Et il faut bien se rendre compte de la difficulté très grande qu'il y a à composer ainsi un papier peint, qui soit à la fois intéressant par lui-même et se prête à cette destinée effacée et serviable qui consiste à mettre autre chose en valeur. Aussi la critique doit-elle être fort pourvue d'indulgence en cette matière, et le papier peint qui échappe aux reproches est peut-être déjà bien près de la perfection.

Disons tout de suite que M. Crespin use d'un très heureux choix de colorations, sans tapage, qui répondent bien aux conditions du genre. Il emploie de vieux tons vert et brique, sur fond gris-vert, dans le modèle aux perroquets; le motif des poissons comprend des mordorés et des bruns rouges, avec les ondes ménagées en blanc sur champ bleu très lavé, le tout étant saupoudré d'or éteint en *crachis*. Ces deux harmonies, la première plus puissante, sont fort bien trouvées; quant aux plumes de paon, elles se détachent en bistre sur le fond gris-rose pointillé de blanc. Je ne m'attarderai pas à reprocher au papier décoré de poissons les réminiscences de japonisme qu'il accuse dans

le procédé de dessin. Cela ne lui ôte guère de son mérite, qu'assure assez l'entrelacement des cordages, des poissons, des algues et des ondes. Mais la réserve commune que je formulerai à l'égard de ce motif et de celui des perroquets, c'est la dimension du sujet, qui arrive à être très absorbant ; les cadres que l'on suspendra sur les murs ainsi revêtus risqueront de se perdre sur le fond qui, je le crains, ne restera pas à son plan. Le danger serait moins grand si le décor s'absorbait davantage dans le champ; mais dans les deux exemples, il se trouve indiqué d'une silhouette très nette, et c'est de là, d'ailleurs, que ces tentures tirent une part de leur caractère. Des trois modèles que nous reproduisons, celui où s'entrecroisent des plumes de paon, avec la tonalité modérée que j'ai indiquée plus haut, est sinon le plus original d'invention et le plus agréablement combiné, du moins le plus heureux de résultat ; peut-être y souhaiterions-nous un ton qui en réchauffât l'accord tant soit peu somnolent.

Nous avons voulu nous exprimer en toute franchise et formuler quelques restrictions. C'est par là seulement, croyons-nous, que l'œuvre tentée par cette revue sera tout à fait profitable. Mais affirmons à nouveau le vif intérêt des efforts de M. Crespin et le haut souci d'art qu'ils manifestent.

Octave Maus et Gustave Soulier

CONCOURS DE NOVEMBRE

Nous donnons comme sujet, pour le prochain concours, un berceau. — Ce meuble est d'un usage trop universel pour que nous en ayons à énumérer les conditions nécessaires. Rappelons seulement que les plus récentes doctrines médicales se prononcent contre le mouvement dont les mères avaient, depuis l'origine des âges, l'habitude de rythmer nos sommeils enfantins. On pourra donc concevoir le berceau sous une forme stable, et sans donner de jeu aux oscillations. Il ne faut pas perdre de vue non plus les préoccupations pratiques, auxquelles nous faisons toujours appel, et l'on devra éviter avec

soin, dans la structure du meuble, les angles auxquels pourraient se heurter l'enfant. La matière est laissée au choix de l'artiste, qui devra s'abstenir des détails de sculpture dont l'entretien deviendrait difficile.

L'artiste devra fournir deux dessins, un dessin géométral au tiers et un dessin en perspective au cinquième de l'exécution.

Trois prix seront décernés, de 100, de 50 et de 25 francs.

Les dessins devront être déposés à la Librairie Centrale des Beaux-Arts, le 25 novembre, au plus tard.

Imp. de Vaugirard, G. de Malherbe & Cie, 152, rue de Vaugirard, Paris. ÉMILE LÉVY, *Éditeur-gérant.*

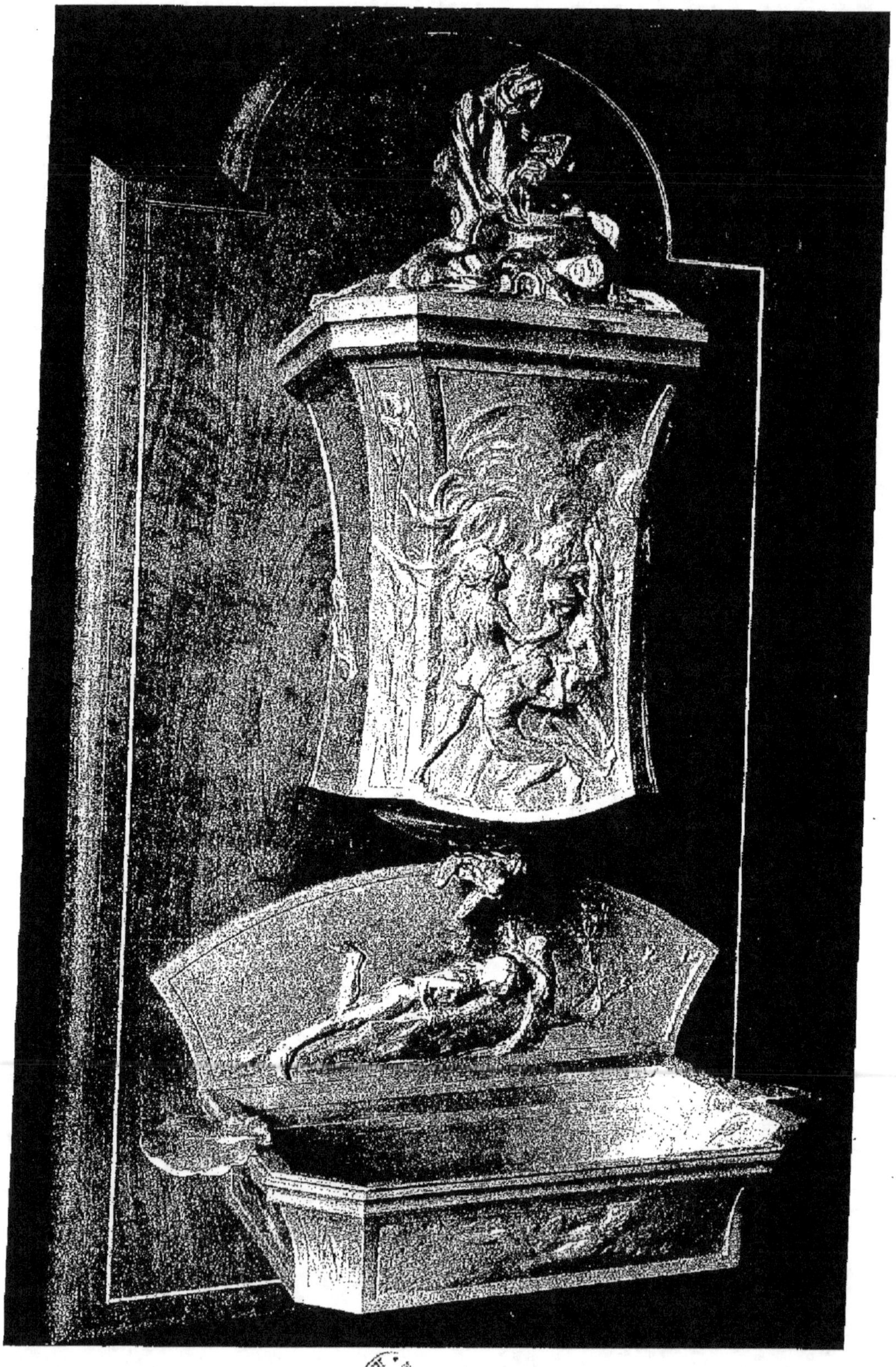

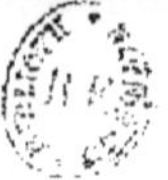

Fontaine en étain.   CHARPENTIER.

Art et Décoration

NOTES SUR L'ÉTAIN

(Suite et fin)

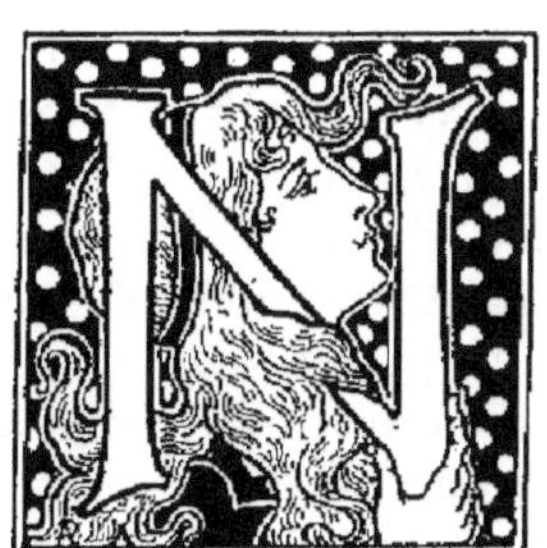

ous disions plus haut que la renaissance de l'art de l'étain à notre époque ne nous paraissait pas absolument légitime. L'examen d'un très grand nombre d'œuvres qui ont vu le jour dans ces dernières années me paraît de nature à confirmer cette manière de voir. Nous écarterons, si vous le voulez bien, dès l'abord, la

ter. Il s'ensuit que, en ces questions, pour le moment tout au moins, le métal employé est de minime importance. Si on en excepte l'or, qui conserve sa valeur, qu'un monument soit d'étain, de bronze ou d'argent, le prix qu'on en demandera *en espèces* ne correspondra toujours que très imparfaitement à sa valeur en matière: partant la matière n'est rien, l'art est tout. Je ne crois pas que les artistes puissent se plaindre de cette situation. Donc je persiste dans mon opinion, et à mon avis on ne saurait trop le répéter : la renaissance de l'étain est injus-

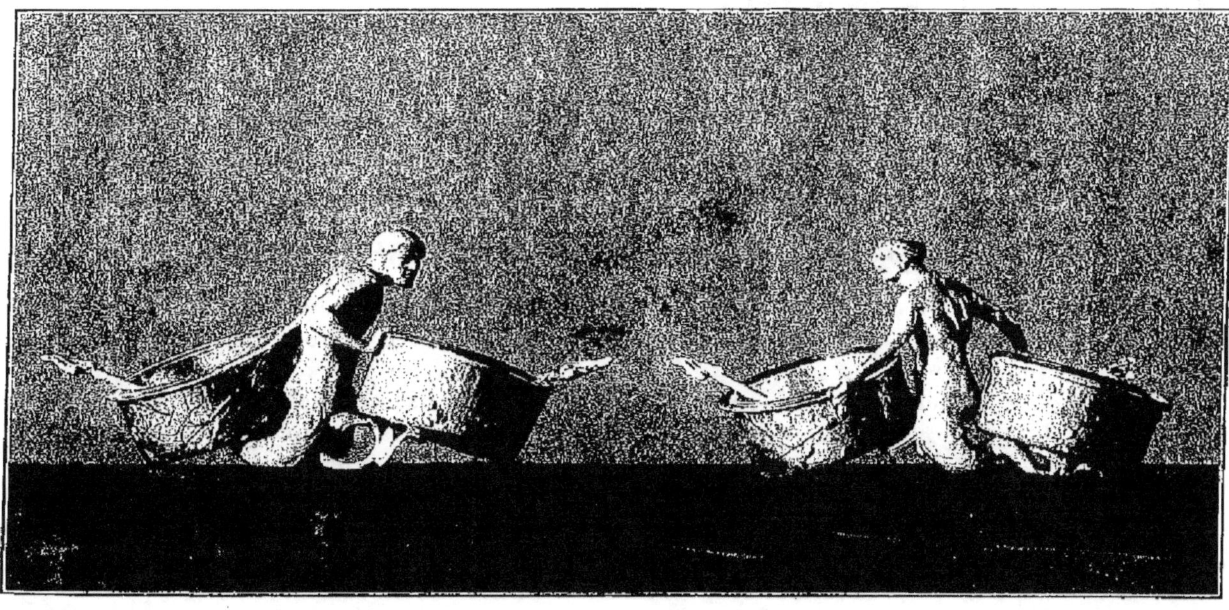

Salières.

BRATEAU.

question de la valeur du métal employé : en un moment où le prix de l'argent est tout à fait avili, il ne peut venir à l'esprit de personne l'idée de le remplacer par un autre métal. Or, presque tous les monuments d'étain nouvellement créés eussent été plus beaux exécutés en argent. D'ailleurs, aucun pour ainsi dire des objets d'art enfantés en ce moment par des artistes voués aux arts industriels n'a été répété à des centaines d'exemplaires : cet état de chose, je le déplore, mais je le dois consta-

tifiée. Ceux-là mêmes qui s'y appliquent et dont bon nombre, (ce en quoi je les approuve fort) sont opposés à toute réminiscence de l'art du passé, subissent inconsciemment l'influence de ce même passé qu'ils voudraient abolir jusque dans son souvenir; les étains d'un Briot ou d'un Enderlein, les gobelets ou les écuelles du xviie et du xviiie siècle, créés à une époque où l'étain tenait son rang auprès de l'argenterie trop chère pour les petites bourses, hantent leur cerveau. Aujourd'hui, il ne s'agit plus de

13

cela, et fabriquer de la vaisselle d'étain destinée aux usages journaliers, chercher à la faire
adopter, c'est une entreprise aussi déraison-
nable que d'essayer de faire voyager dans des
pataches des hommes de la fin du xixᵉ siècle.

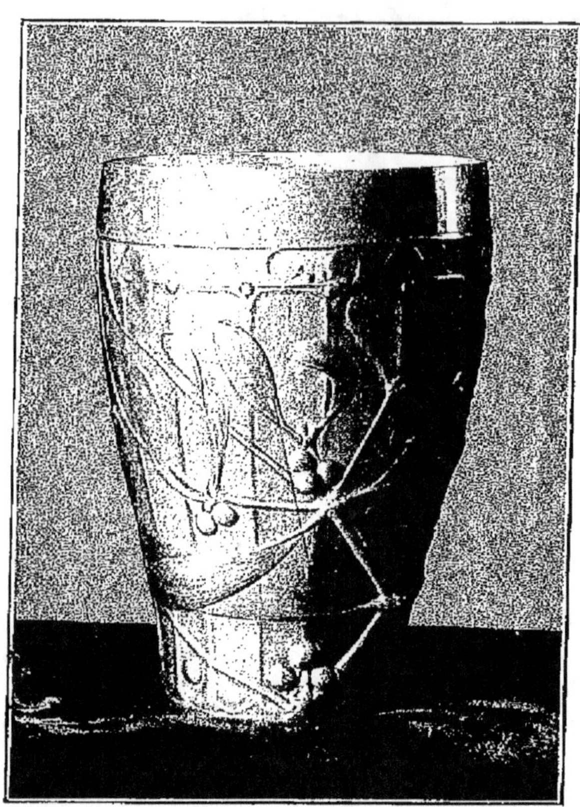

Gobelet.   BRATEAU.

Quel est l'amateur qui, ayant acheté une écuelle
à Brateau ou à Baffier, y mangera son potage ?
Quel est celui qui, goûtant un vin généreux, aimera à le déguster dans un métal où il retrouvera toujours au fond de son gobelet le goût du
vin bu la veille ? Non, l'étain est un métal qui
décidément ne mérite pas l'intérêt qu'on lui a
porté dans ces dernières années. Il a donné
lieu à de louables recherches au point de vue
de la technique, mais j'estime qu'il serait plus
sage de s'en tenir là. Si quelques curieux
aiment à garnir leurs étagères de bibelots en
étain, libre à eux ; mais pourquoi avoir recours à l'étain pour la vaisselle quand on a à
sa disposition un métal comme l'argent ou
une aussi admirable matière que la porcelaine ?
Au fond, les premières créations de ceux
auxquels est due la renaissance de cet art me
donnent raison : Brateau, quand il créait son
beau plateau et sa belle aiguière de style Renaissance, pensait à ces pièces qui, au xviᵉ siècle,

ne descendaient jamais des dressoirs qu'elles
étaient destinées à décorer ; il ne songeait pas
à faire un monument d'usage ; et il avait raison,
car vraiment je ne sais à quel usage bassin et
aiguière serviraient aujourd'hui. Dans cette
pièce où des figures de femmes symbolisent
les arts libéraux, il faut louer assurément une
impeccable exécution qui égale et surpasse
parfois l'habileté des orfèvres du xviᵉ siècle.
Mais j'avoue que la partition du champ du
bassin, obtenue au moyen de pilastres ou de colonnettes, système qui se retrouve sur la panse
de l'aiguière, est loin de valoir la partition au
moyen de cartouches qu'a adoptée Briot. Je
sais bien que Brateau pourrait m'objecter que
pareil parti pris a été embrassé par maint orfèvre du xviᵉ siècle : mais tout archéologue que
je sois, la raison me paraîtrait peu valable ;
pourquoi emprunter aux œuvres du passé
précisément leurs petits côtés, leurs faiblesses,
les points où on sent que l'exécutant a eu quelque
mal à rassembler et à former un tout des
détails décoratifs qui lui étaient fournis par les
livres de modèles ? Ces réserves faites, je ne
vois pas de difficulté à reconnaître que le
galbe de son aiguière est très élégant et que
l'anse même, formée d'une figure de la Vérité à
laquelle je préférerais une anse véritable, est
d'une exécution précieuse qui défie la critique.
Ces motifs irrationnels, ces débauches de forme,
souvent plus amusantes que réellement belles,
nous les rencontrons dans des œuvres de la
Renaissance que nous admirons. Mais n'oublions pas que nous devons, autant que faire
se peut dans une vieille civilisation, être originaux si nous voulons être vivants, et qu'au
surplus, dans cette admiration des œuvres du
passé, entrent pour beaucoup une question historique et une question archéologique qui
n'ont rien à faire avec l'art proprement dit.
Que les archéologues tombent souvent dans
ce travers, qui consiste à admirer toute œuvre
qui est ancienne ou réputée telle, rien de mieux :
question de profession et d'habitude. Mais que
nos artistes modernes aient le même défaut, ils
seront inexcusables quand ils cherchent à
faire œuvre originale. Si nous imitons le
passé, prenons ses qualités, mais gardons-nous
de ses défauts. Brateau, j'en suis certain, ne
m'en voudra pas, si je dis que son bassin et
son aiguière sont des œuvres très importantes
sans doute, pleines de qualités, admirables par
la conscience de l'exécution, mais inférieures
par la conception à ce qu'il exécute depuis,

surtout à ces étains qui ne font plus songer que de très loin aux pièces anciennes. Un moment il a été attiré [par l'art allemand, et le résultat de ce goût a été la création d'une canette que je n'aime pas beaucoup, je le dis franchement, car sous prétexte de style allemand, elle côtoie de très près un style gothique qui fut à la mode chez nous, il y a quelque cinquante ans, et qui est, Dieu merci, fort oublié et très justement, et le sera vraisemblablement jusqu'au jour où quelque snob le remettra à la mode. Mieux inspiré il fut très certainement, le jour où il modela délicatement une petite salière dans le style de la Renaissance française, dont l'architecture rappelle ces énigmatiques faïences auxquelles successivement ont été imposés les

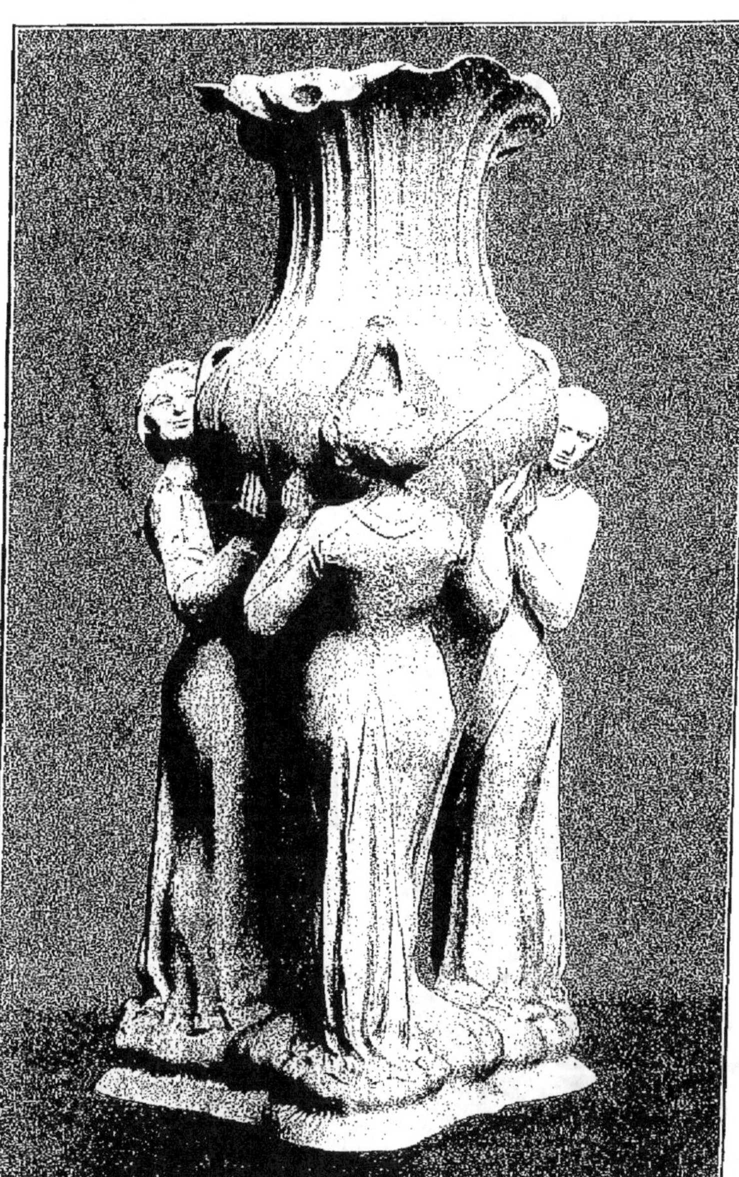

Vase.

(Musée Galliéra).   BAFFIER.

noms les plus divers. Henri II, Diane de Poitiers, Oiron ou Saint-Porchaire ont eu tour à tour l'honneur d'avoir protégé ou vu fabriquer ces délicates pièces de céramique, si françaises de style et de technique. Simple réminiscence du reste, car on ne trouverait pas dans toute la série de ces charmantes faïences une seule pièce dont celle-ci pût passer pour être la copie : nulle part on ne rencontre ces fines cariatides ailées, qui semblent empruntées à quelque estampe d'An-

drouet du Cerceau, ou ces petites figurines qu'abritent des arcades surbaissées dans le style de la Renaissance française. Les mascarons seuls, qui forment, à la base du petit monument, de véritables patins, sont bien des créations du potier qui travailla à l'époque des derniers princes de la maison de Valois.

Une assiette aux bords contournés, suivant le profil qu'affectionna chez nous le style rocaille, montre sur son marli toute une série de divinités marines, néréides et tritons qui se jouent sur les flots, tandis qu'au milieu de ce cadre charmant s'épanouit le chiffre du Roi, deux L entrelacés sur un champ fleurdelisé. Mon Dieu, je sais bien que rien là-dedans n'est d'une originalité flagrante, que les néréides, aux formes nourries et aux minois fripons, sont proches parentes des nymphes peu farouches d'un Clodion ou même d'un Marin ; que le chiffre de Louis XV est emprunté presque trait pour trait à une composition du siècle dernier; mais, néanmoins, l'arrangement est si heureux, le style si délicat, que je ne puis m'empécher de louer une pièce dans laquelle quelques-uns sans doute trouveront trop de réminiscences du passé. Que si ces monuments paraissaient trop pleins d'art ancien et condamnables à ce titre, il en faudrait encore retenir une notion précieuse pour connaître le tempérament de l'artiste dont la souplesse a su à la fois s'assimiler le style de la Renaissance et ce je ne sais quoi de captivant et de fugitif qu'a le style français du XVIIIe siècle.

Mais voici une série d'œuvres beaucoup plus personnelles et pleines de charme, une série de gobelets dont la *Revue* a déjà publié quelques spécimens et dont on retrouvera ici des variantes. Sur des galbes très simples et d'ailleurs très bien dessinés, l'artiste a appliqué, en relief généralement peu accentué, une décoration végétale : trèfle en fleurs, épis ou gui dont les feuilles grasses et lancéolées alternent avec les baies caractéristiques ; puis, vers les lèvres du vase, sur une frise circulaire, se déroule généralement une devise qui concourt elle-même à la décoration. Le gobelet, qu'il soit légèrement resserré à sa base pour former

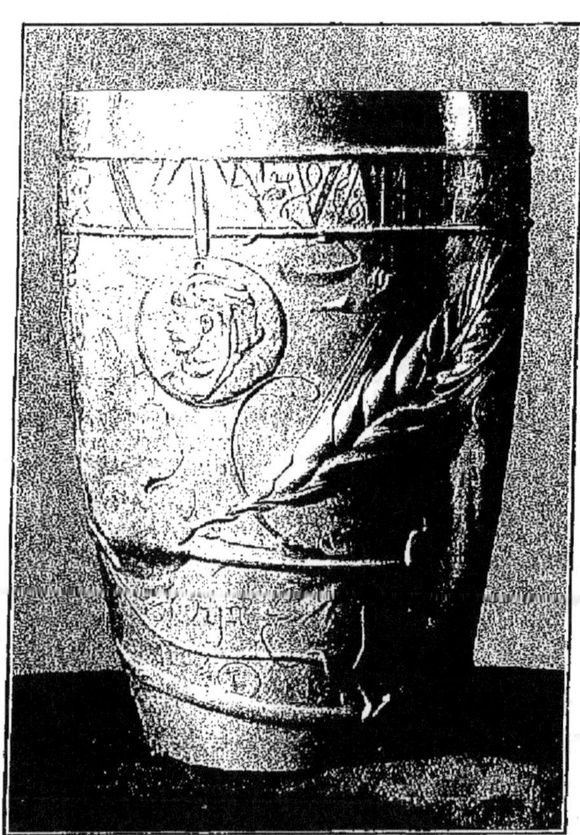

Gobelet.   BRATEAU.

un rudiment de pied, ou qu'il soit coupé carrément, est bien en main, simple de forme et agréable au toucher, toutes qualités que requiert tout vase à boire. Ce rajeunissement du gobelet, de la timbale, pour l'appeler par

son nom, est un des résultats les mieux venus et les plus heureux des efforts de Brateau. J'imagine que la plupart de ces pièces feraient très bonne figure en argent et que, de ci de là, quelques notes d'or réveilleraient très heureusement la monotonie du métal. Je ne sais si ces modèles ont été exécutés en une autre matière qu'en étain ; en tout cas, c'est un essai à tenter.

Un charmant petit pot de grès ou de faïence, — je ne sais plus lequel au juste, mais peu importe — a reçu de la main de l'artiste une monture en étain. Passe encore pour le couvercle et, dans ce cas, l'emploi de ce métal n'a rien que de très légitime ; mais le cercle très ouvragé qui entoure le pied, pourquoi le faire de ce métal qui, par son oxydation rapide, ne produira plus avec les couleurs de la céramique les oppositions de tons qu'on a cherché à provoquer ?

Cet exemple montre mieux que tout autre, je crois, l'erreur que nous commettons en employant un métal dépourvu de beaucoup de qualités qui se rencontrent, au contraire, nombreuses et durables en d'autres matières. Les deux salières de Brateau, ces corbeilles soutenues par un triton et une sirène, sont infiniment mieux en argent. Et en l'espèce, je le répète, qu'on ne me vienne point objecter le prix de ces objets. Ce serait là une raison puérile. Sans doute, les exemplaires en argent, qui nécessitent un travail assez long de ciselure, coûtent plus cher que les exemplaires en étain ; mais nous ne considérons ici que des objets de grand luxe, et, dans l'espèce, le prix est chose secondaire : l'essentiel est de bien faire. Et ces charmantes figurines ne sont point nées pour être traduites en un vil métal.

Comme une véritable pièce d'orfèvrerie d'argent, par le martelage et le repoussage, est fabriqué un plateau circulaire, très simple de profil, dont le marli est décoré de perles grosses et petites alternant, tandis qu'au fond, autour d'un ombilic chargé de motifs en forme de lettres S, s'étalent des godrons disposés en spirales. Toute simple qu'elle est, cette pièce dont la décoration rappelle certaines orfèvreries du trésor de Mycènes, me paraît d'une conception très noble et d'une exécution très large. C'est de plus une innovation très heureuse dans l'art de l'étain où la minutie dans l'exécution tient trop souvent plus de place que de raison. Je trouve ce monument beau, non pas en raison des souvenirs archéologiques qu'il peut éveiller dans mon esprit, mais parce qu'il témoigne d'un talent robuste, capable de se transformer et de s'élever au-dessus de l'ornière des traditions.

Un artiste, travailleur convaincu, Baffier, a été, lui aussi, et depuis de longues années, tenté par l'étain. Il exposait, il y a plusieurs années déjà, un groupe, espèce de surtout de table ou de corbeille soutenue par deux robustes figures de paysannes. Cette création avait incontestablement des qualités sculpturales ; mais ses formes un peu massives me parurent peu propres au but que poursuivait l'auteur. Les personnages étaient vraiment trop solidement charpentés pour prendre place sur une table au milieu des cristaux, et d'une foule de choses d'aspect léger et un peu papillotant. Un peu plus de grâce ne messied pas en semblable circonstance, sans que pour cela on soit tenu de tomber dans la mièvrerie et le maniérisme. Mais voici que Baffier, sans renoncer à son projet d'un grand surtout de table qu'il exécutera, je l'espère, quand il en aura le loisir et en aura la commande — ce que je lui souhaite de tout mon cœur — s'est mis à fabriquer des

de forme, savantes de modelé, empruntant leur galbe à des fruits. Ces étains réunissent

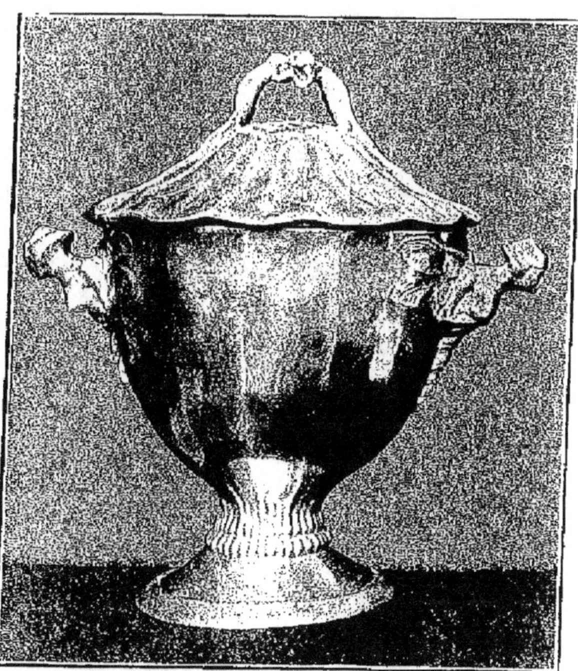

Sucrier.   BAFFIER.

les conditions nécessaires pour en faire des objets d'usage et il en faut être très reconnaissant à l'artiste. C'est une bonne leçon qu'il donne à ceux que nous créent éternellement des bibelots de vitrine. Ainsi compris, sans que j'aie à abdiquer aucune des idées que j'ai émises au courant de ces notes au sujet de l'emploi de ce métal, l'étain peut, dans une certaine mesure, reprendre chez nous la place qu'il occupait autrefois dans le même mobilier familial. Ce sont des objets bien assis, doux au toucher, bien dessinés et, de plus, qualité rare presque toujours en art et surtout aujourd'hui, fort simples. Inspirés directement par l'étude de la nature, ils en ont la solidité, l'aspect honnête et absent de toute fioriture inutile. Les anses, qu'elles soient composées seulement de tiges repliées ou de figures de femmes en gaines, sortes d'insectes à tête humaine, sont bien attachées et font bien corps avec le vase dont elles doivent faciliter l'usage. Les boutons des couvercles, lézards gracieusement repliés, lézard faisant la cour à une grenouille, sont habilement traités sans petitesse. D'autres vases, aiguière, pot à vin, etc., sont actuellement en cours d'exécution et compléteront un ensemble de vaisselle d'étain d'un aspect très original et très personnel. Une tasse à vin, sur laquelle

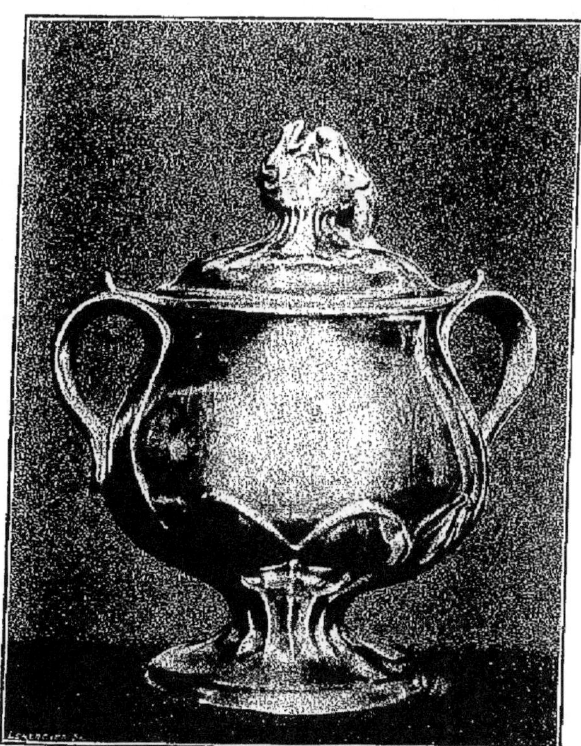

Drageoir.   BAFFIER.

vases et des coupes en étain. Les deux pièces ici reproduites, drageoirs ou sucriers — la désignation importe peu — sont des œuvres simples

se développent des scènes de vendange en très mince relief, accompagnée d'une anse faite

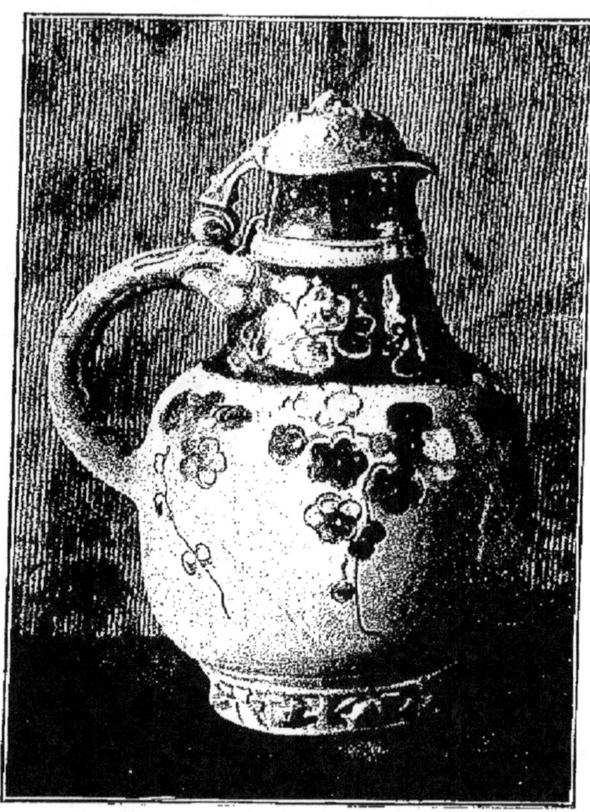

Vase de faïence monté en étain.   BRATEAU.

d'un sarment de vigne, peut prendre place dans cette série qui fait grand honneur à l'artiste. Il y a là une tentative très heureuse pour faire quelque chose de nouveau, de bien conforme à la destination des objets et dont le ton de simplicité convient tout à fait au métal mis en œuvre. Encore un peu, et Baffier nous réconcilierait tout à fait avec la vaisselle d'étain. C'est un artiste qui n'aime guère les sentiers battus, qui voudrait dégager entièrement notre art de l'imitation de modèles anciens et qui applique, à lui-même, la méthode de travail qu'il préconise. Il y a là une tentative, que dis-je, une réussite qu'il importe d'encourager efficacement. Le jour où on voudra bien remeubler nos palais nationaux avec autre chose que des pièces de Musée qui s'y détruisent sans profit pour personne, et au détriment du développement du mouvement artistique actuel, Baffier est de ceux au concours desquels il faudra faire appel : j'imagine qu'il ferait très bien un *feu* pour une cheminée monumentale et mille autres ustensiles de bronze concourant à une décoration d'ensemble d'un style vrai-

ment moderne. Et puis il aime son métier et ne pense pas qu'une semblable besogne soit au-dessous d'un sculpteur. Mais ce sont-là des souhaits qui, je le crains, sont purement platoniques et, tout au moins, d'une réalisation difficile. Et c'est dommage. Car si l'Etat encourage les arts dans une certaine mesure, en achetant bon nombre d'œuvres créées pour les placer dans les Musées, il ne serait pas mauvais, au point de vue des arts industriels, qu'il jouât un peu le rôle que remplissait autrefois le souverain. Il lui faudrait faire plus de commandes qu'il n'en fait en ce genre : ce serait un moyen très efficace, non seulement d'encourager les artistes, mais de faire créer des modèles permettant véritablement à nos artistes de se développer. Chez nous, on est tellement habitué à la tutelle de l'Etat, que bien des modifications apportées dans notre mobilier par le style moderne, n'auraient véritablement quelque chance d'être adoptées par le grand public — qui peut faire vivre en définitive les artistes — que si ces modifications portaient, en quelque sorte, l'estampille de l'Etat. Question de budget, me répondrat-on ; d'accord. Mais, j'ai le grand tort de croire, sans doute, que c'est dans l'industrie artistique de grand luxe que notre pays peut conserver une supériorité ; c'est pourquoi ces

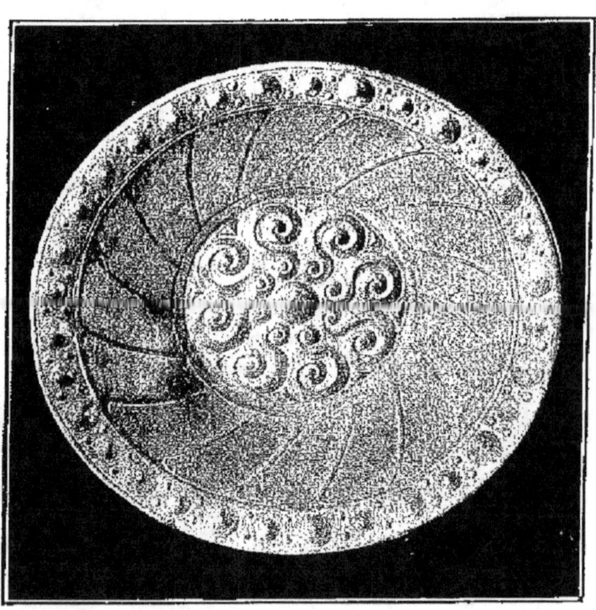

Bassin.   BRATEAU.

arguments budgétaires ne me convainquent nullement. L'argent consacré au développement de cette branche de notre industrie ne peut rentrer dans la classe des dépenses inutiles.

Les étains de Desbois, de Ledru, de Larche, de Charpentier, nous ramènent à la sculpture en étain. Ici, nous sommes en face de beaux bibelots ou de majestueux monuments, auxquels j'ai peine à reconnaître une ombre de ce caractère utilitaire qu'on s'attend à trouver dans un objet d'art industriel. Nous sommes en présence de dilettantes de l'étain, non de potiers d'étain. Est-ce à dire que je condamne ces monuments en bloc ? Nullement. Mais je ne comprends pas pourquoi ces œuvres sont exécutées en étain. Est-ce la couleur du métal qui a séduit les artistes ? Je veux le croire. Mais on me permettra de faire remarquer que le bronze est susceptible, aujourd'hui que la chimie n'a plus de secrets, de recevoir toutes les patines qu'on désire, patines aussi variées de teintes qu'on peut le souhaiter. Est-ce la technique de l'étain qui a paru intéressante ? Admettons - le ,

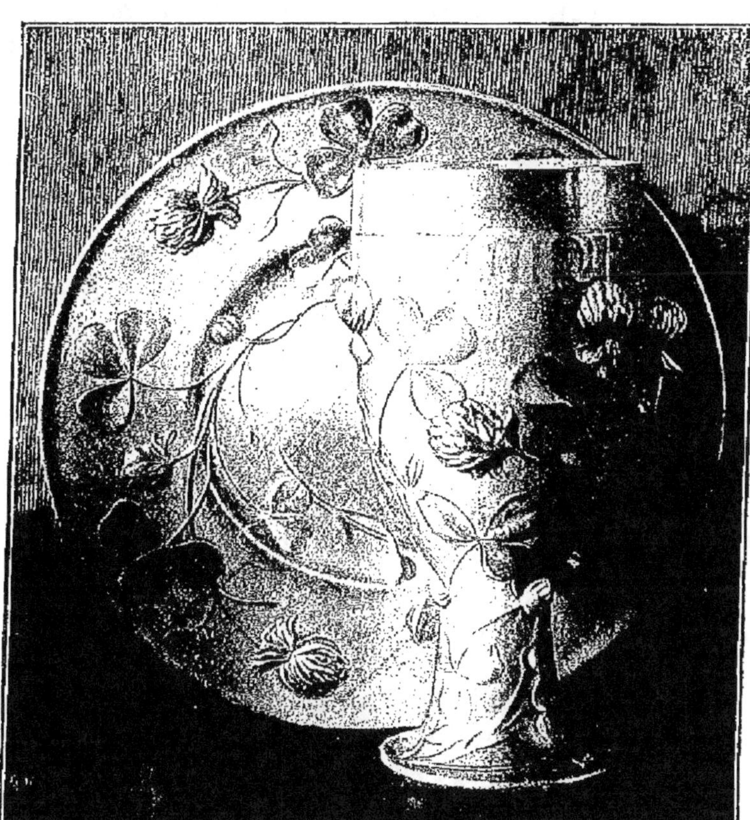

Plateau et Gobelet.

mais on me permettra de trouver que, l'œuvre terminée, je ne vois là rien de très différent du bronze, c'est-à-dire des morceaux de sculpture qui *s'éditent* avec la même facilité que des œuvres de bronze. Suivant leurs diverses destinations, il eût, je crois, été préférable de choisir, pour l'exécution de ces différents morceaux, soit le bronze, soit l'argent, avec toutes les gammes de coloration que comportent ces métaux. Je sais bien qu'avec beaucoup de bonne volonté on pourrait trouver que l'étain a des reflets tout à fait particuliers, des finesses de tons qu'on ne retrouve pas ailleurs. Cette opinion-là, je la connais depuis longtemps : c'est de la littérature à propos de l'étain, littérature parfois fort agréable quand la plume est maniée par un maître écrivain. Mais, quand on y regarde de près, on sait ce qu'il faut penser de ces jugements littéraires formulés, trop souvent, par des gens qui, en art, ne voient que la petite bête, le petit côté des choses, l'amusant, le rare, le curieux, mais sont incapables de sentir l'harmonieuse simplicité d'une forme. C'est la même littérature qui a voulu mettre à la mode et nous faire admirer en bloc, sans faire le départ entre les choses vraiment belles et les *chinoiseries*, les petitesses de l'art japonais, qui n'est grand et ne peut nous paraître grand, en somme, tout snobisme mis à part, qu'en ce qui rappelle, plus ou moins, les conceptions artistiques propres à notre race. Tout ce bagage littéraire a perdu trop d'artistes et ne mérite pas d'être pris au sérieux. Et à ces braves gens, à ces névrosés qui ont l'air d'éprouver de petits frémissements dans le cou à la vue des tons plus ou moins gris, plus ou moins argentés de l'étain, il n'y a qu'une réponse à faire : à savoir que, neuf fois sur dix, les œuvres qu'ils admirent à cause de leur teinte, sont recouvertes de patines factices. Si on laissait à l'étain sa véritable couleur, son aspect blanc et froid, j'imagine que leurs sensations seraient tout autres. Qu'on ne vienne donc pas nous parler de l'étain et de la poésie de la gamme de ses tons argentins.

Ces réserves faites à propos de la matière employée, il y a de très bonnes parties dans le surtout de table de Larche dont les sirènes sont très vivantes et gracieuses de silhouette ;

les petites bonnes femmes de Ledru, perchées sur des coquilles, pour être peut-être d'un art moins noble, forment encore de charmants objets, très français d'aspect. La fontaine de Charpentier, d'une forme sévère qui rappelle certains monuments de l'époque de Louis XIV par la sobriété de ses lignes, — cela soit dit sans le moins du monde insinuer qu'il y a là l'ombre d'une imitation — est, sans contredit, une bonne chose, à laquelle on ne peut faire d'autre reproche que les griefs généraux que je formule contre l'étain. La sculpture décore la forme, la suit, se marie avec elle sans la déguiser. On ne peut rien demander de plus. J'avoue ne pas goûter au même degré toutes les compositions de Desbois dont bien des sujets ne sont peut-être pas fort clairs et dont certaines femmes sont tellement musclées, que n'étaient leurs cheveux, on pourrait les prendre pour des succédanés de l'*Hercule Farnèse*, vu de dos, bien entendu. L'anatomie de la femme, traitée de cette façon, n'est guère séduisante, et Michel-Ange lui-même, qui pourtant n'a point reculé devant la création de figures de femmes colossales, en a toujours enveloppé la forme; sous cette forme, on sent courir le sang, on pressent la force; mais nulle part ne s'étalent les montagnes et les vallées d'un système musculaire que quelques exceptions parmi les représentants du beau sexe, possèdent, mais qu'elles cachent sous une enveloppe charnue, aussi soigneusement que les chats déguisent leurs griffes.

Ces notes rapides sur l'art de l'étain à notre époque, notes qui d'ailleurs pêchent beaucoup par omission, demanderaient, peut-être, une conclusion. Cette conclusion, j'ai quelque répugnance à la formuler ici, parce qu'elle pourra paraître brutale; néanmoins, comme cette conclusion découle logiquement des pages qui précèdent, je dois m'exécuter. A mon avis, l'étain ne peut jouer dans notre renaissance artistique qu'un rôle des plus effacés, et sauf pour un petit nombre d'objets, des bibelots ceux-là, destinés en quelque sorte à montrer que notre époque peut faire aussi bien que les siècles passés, l'emploi d'un métal de ce genre n'est commandé ni par les qualités du métal lui-même, ni par le prix élevé des matières qui le pourraient remplacer. L'étain, au point de vue pratique, a trop de défauts et pas assez de qualités. Revenons donc franchement à l'orfèvrerie; c'est une branche dans laquelle presque tous les artistes qui se sont adonnés à l'étain peuvent réussir; que si quelques-uns d'entre eux n'en connaissent pas tous les secrets, avec le concours d'excellents ciseleurs (et il n'en manque point chez nous) ils pourront renouveler complètement un art d'une incontestable utilité et dont les spécimens les plus courants aujourd'hui, anémiés et abâtardis, ne représentent ni une imitation intelligente de notre art ancien, ni les tendances nouvelles de l'art français.

Émile Molinier.

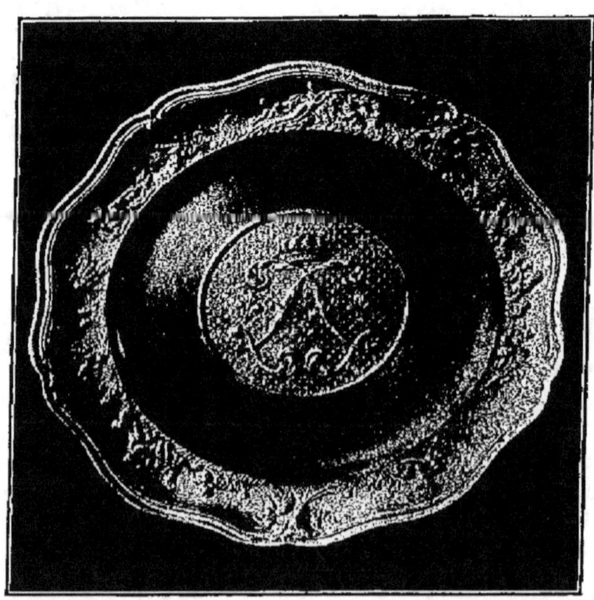

Assiette.   BRATEAU.

MEUBLES NOUVEAUX

Nous examinerons aujourd'hui quelques meubles, et même un ensemble d'ameublement et de décoration, exécutés à Paris par d'importantes maisons industrielles. Le fait par lui-même est significatif, et prouve que le ce qu'il attend inconsciemment. Car il ne faut pas oublier que la majeure partie de la clientèle, même de la clientèle éclairée, ne formule guère ses désirs, et qu'elle se borne à choisir, parmi les modèles qu'on lui offre, celui qui lui

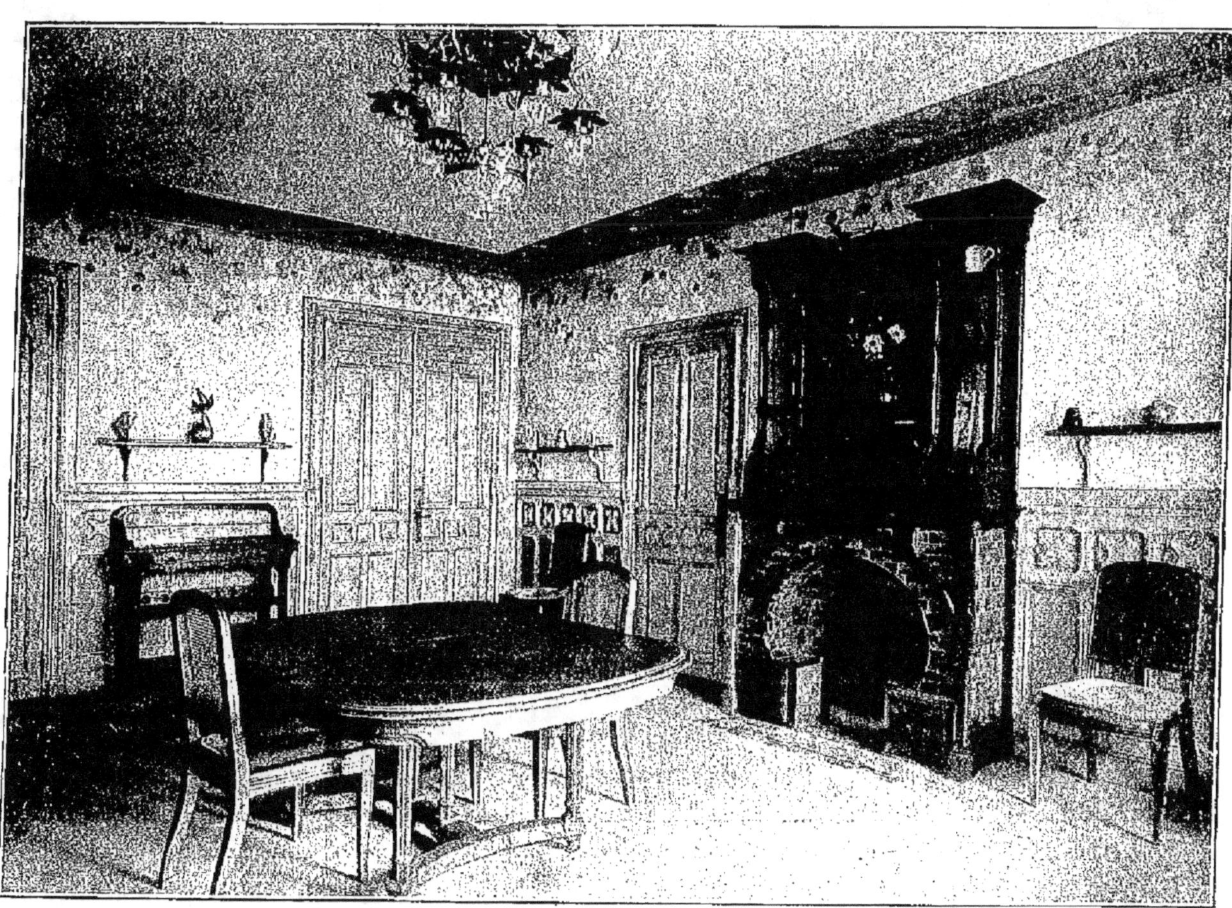

Intérieur de salle à manger.

mouvement de rénovation s'est propagé plus vite qu'on ne pouvait l'espérer il y a quelques mois encore. Il est bien certain que l'initiative industrielle, s'ajoutant aux essais personnels de quelques artistes, apporte une plus grande chance de triomphe aux tendances de nouveau style qui se sont fait jour dans l'art du meuble, en même temps qu'elle fournit une indication de ce qui se passe du côté du public, de ce qu'il demande déjà ou de plaît davantage, ou plus souvent celui qui lui paraît le plus généralement estimé, le plus à la mode. Cette docilité même du goût public n'est-elle pas faite pour donner plus de courage aux fabricants? Et du jour où, dans les magasins, l'on mettra sous les yeux des acheteurs autre chose que des copies de styles passés, ou que l'imitation du meuble anglais dans ce qu'il a de plus « camelote », il y a fort à penser que leur choix saura s'adresser à des

14

meubles bien compris, simples, commodes et élégants. Mais jusqu'à présent, il serait excessif de reprocher au public de n'avoir pas pris ce qu'on ne lui a jamais présenté ; et d'autre part, lorsqu'on voit ce que certains grands magasins inaugurent ces jours-ci sous le nom de « style moderne », on ne peut engager personne à s'y laisser convertir.

Il convient donc de féliciter des maisons comme celles de M. Le Cœur ou de M. Mau-

est avant tout nécessaire, et un bon menuisier sera peut-être plus que tout autre capable de combiner des formes pratiques, surtout pour les meubles ordinaires. C'est toujours là, en effet, qu'il faut en revenir, et les tentatives partielles dont les Salons nous apportent chaque année le résultat, n'arrivent guère qu'à réaliser des objets d'exception. C'est même, peut-on dire, ces préoccupations multiples et opposées d'arts individuels qui paralysent jusqu'ici

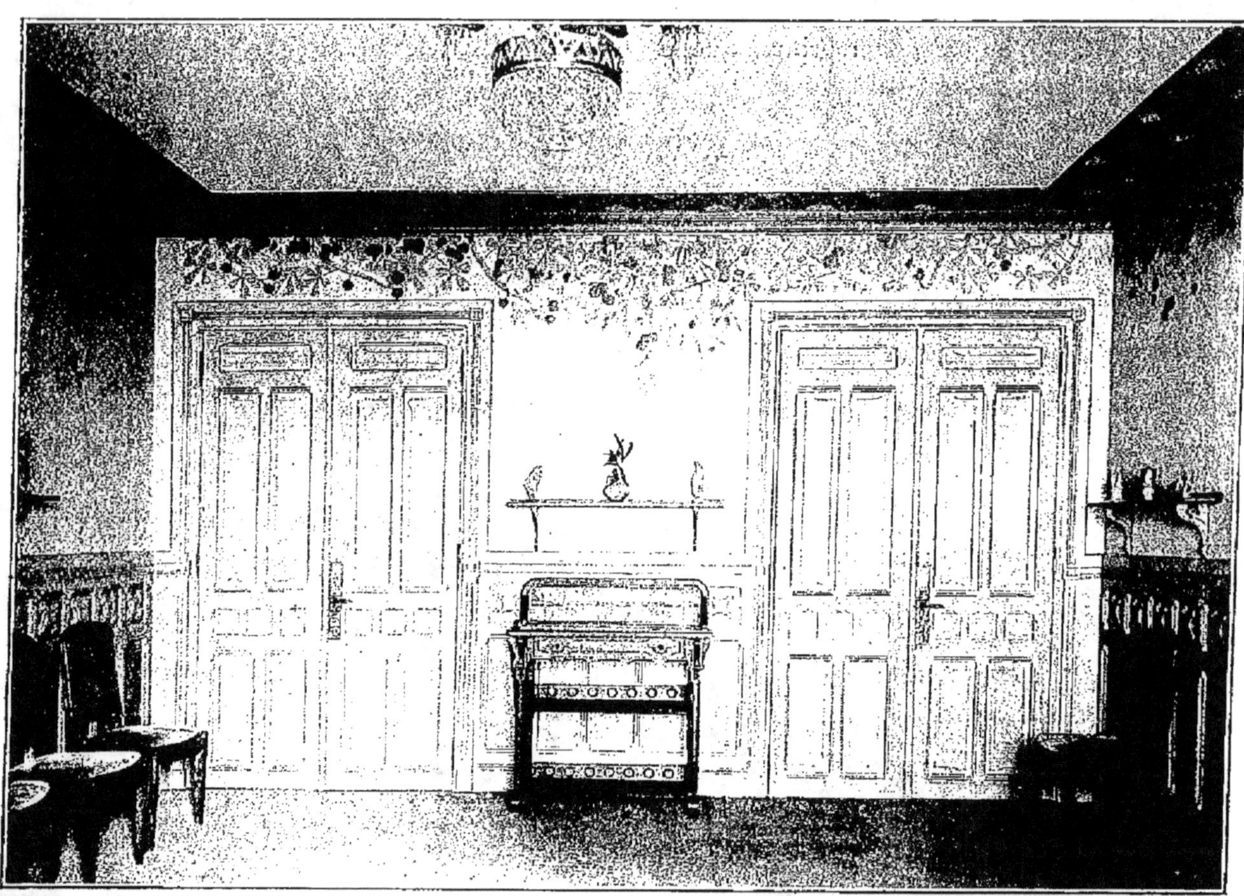

Intérieur de salle à manger.

LE CŒUR ET BIGAUX.

rice Coblence des recherches honnêtement tentées pour nous doter d'ameublements conçus pour la vie actuelle, même lorsque ces recherches n'auraient pas encore abouti à un résultat complet et définitif.

Remarquons encore, avant de considérer de plus près quelques-uns de ces essais, que le meuble moderne entre ainsi dans sa véritable voie de production. Ce n'est pas qu'il faille décourager les efforts isolés d'artistes chercheurs : plusieurs ont prouvé que leur exemple n'était pas inutile et ont révélé une orientation excellente. Mais la main d'un homme du métier

l'essor de nos arts industriels ; et je suis loin d'être de l'avis de ceux qui pensent qu'on ne peut espérer autre chose de notre époque, où le sens de l'individu s'est partout développé jusqu'à l'outrance. Il s'agit seulement, pour l'artiste qui se voue aux arts de l'ameublement, de consentir à l'humilité de son rôle d'auteur, et de ne point attacher autant d'importance à la signature. Car il faut bien songer que lorsqu'un style se sera établi — et cela, non point sous la domination d'un créateur, mais par la direction naturelle et parallèle de tous les esprits, — le meuble deviendra anonyme. C'est pourquoi je ne verrais guère d'inconvénient, pour ma part, à ce qu'une maison industrielle s'inspirât, dans les mobiliers nouveaux qu'elle exécute, des formes heureuses dont un artiste a déjà pu donner le modèle. Loin de s'en alarmer, il faudrait y voir la marque de cette

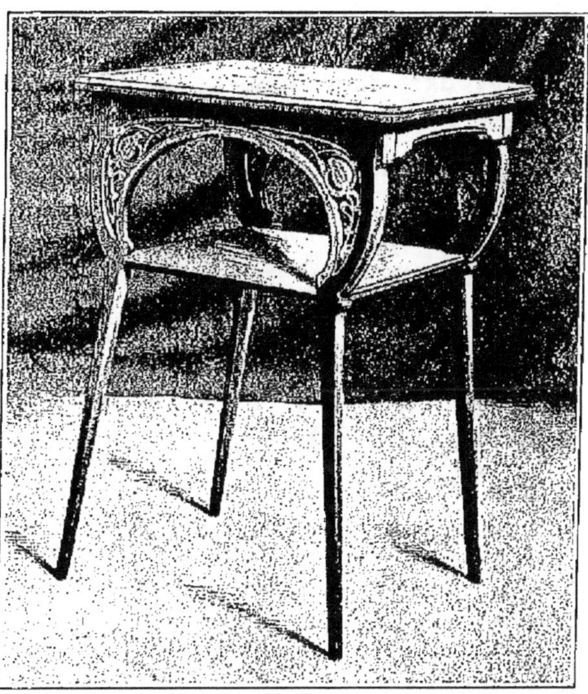

Table. COULENCE.

collaboration de tous, seule efficace pour que la rénovation tentée puisse revêtir son caractère indispensable d'uniformité et d'ensemble. Il ne peut être ici question de plagiat, car l'amour-propre de quelques-uns doit, en ce qui concerne les travaux d'ameublements, céder devant le profit de tous, et l'on peut dire que tout modèle que l'on reconnaîtra exactement conforme aux exigences de sa destination et à notre sentiment secret de l'allure ornementale tombera par là même dans le domaine public.

Il était utile, je crois, de donner corps à ces considérations générales, où j'ai esquissé un aperçu de la voie à suivre, et qui répondent, me semble-t-il, à des objections que l'on m'a faites, à des craintes que j'ai entendu formuler. Il faut avouer que, pour le moment, nous n'en sommes pas encore à ce point de consentement universel, que j'ai entrevu, et qui fera trouver et accepter les formes légitimes de nos meubles. Mais chaque essai nouveau nous achemine vers le but, en ce qu'il permet chaque

fois à notre discernement de s'exercer, de sorte que nous ¡ acquerrons une expérience de plus en plus certaine des fautes que l'on doit éviter et des données où il est bon de se maintenir.

On ne peut, du moins, reprocher à M. Le Cœur, qui travaille en collaboration avec le décorateur Louis Bigaux, d'élaborer timidement quelques essais fragmentaires. A eux deux, ils exécutent des ensembles de décoration et d'ameublement, et ce sera toujours là le point essentiel. Il faut bien dire aussi que c'est là que réside la plus grande somme de difficultés, car en même temps que chaque partie du mobilier exige une entente spéciale et une nouvelle ressource de conception, il importe que le tout soit déterminé par un principe constant de construction et d'ornementation, appliqué à des formes variées, et qu'il y ait entre les éléments divers un accord soutenu.

On a déjà parlé ici même d'un aménagement de salon que MM. Le Cœur et Bigaux ont exposé à Bruxelles; voici maintenant un intérieur de salle à manger, composé pour M. A. P...

Les auteurs ont voulu poursuivre ici un idéal de simplicité, auquel doivent certainement aboutir tous les efforts en faveur d'un art moderne; et ils se sont préoccupés de réaliser certaines conditions d'économie. C'est donc surtout des exemples pratiques et abordables que l'on a cherché à susciter. L'important outillage de la Maison Le Cœur a pu servir à souhait ces intentions, et il n'entre point dans ce mobilier de détails de sculpture. Tous les enjolivements de formes, les moulures, les découpages, tous les agréments dont se relève l'architecture du meuble, ont été donnés par la machine même. Et c'est bien sur ce perfectionnement et cette direction intelligente des moyens mécaniques qu'il faut fonder une grande part des ressources de notre industrie artistique. Il faut savoir gré à MM. Le Cœur et Bigaux de l'avoir compris; car je ne crois pas, pour ma part, qu'il faille suivre William Morris dans sa théorie de l'abolition de la machine, du moins pour la plupart des grands ouvrages industriels. Il n'est jamais possible de faire rebrousser chemin à son époque, et il y aurait toujours, d'ailleurs, un coûteux sacrifice à laisser sans emploi les forces dont nous pouvons disposer. Ce qu'il faut, ce n'est pas abandonner l'aide de la machine, mais la discipliner toujours plus, en atténuer la sécheresse de procédé, la rendre « plus souple à la main », pourrait-on dire, ainsi qu'un animal bien dressé. Plusieurs détails de menuiserie, obtenus par M. Le Cœur, montrent déjà que de grands progrès ont été faits de ce côté, et il faut être averti pour n'y pas reconnaître la main de l'ouvrier.

Toutefois, cette application suivie de la machine n'est pas, chez MM. Bigaux et Le Cœur, sans inconvénients, et elle semble les inviter à quelque paresse d'imagination, qui se trahit dans les dispositions ornementales. C'est ainsi qu'ils ont trop facilement recours aux éléments les plus rudimentaires du décor mécanique, aux lignes droites gravées dans le bois, ou bien aux ajours circulaires, tels que les enlève directement le foret ; et pourtant, en d'autres places, ils se sont montrés capables d'obtenir des effets plus affinés, comme, par exemple, dans les montants d'étagères qui surmontent la cheminée de cette salle à manger, et qui sont d'une ligne et d'une coupe assez gracieuses.

Par malheur, cet élément primitif de décoration se retrouve parfois dans la construction architecturale elle-même, et l'ouverture de la cheminée me semble encore trop peu cherchée, sans compter que la maçonnerie apparente éveille le souvenir d'un four, bien que les briques soient revêtues d'émail vert, où jouent des tons divers, agréables d'ailleurs.

MM. Le Cœur et Bigaux ont à se défier, je crois, dans leur recherche d'un art simple, d'en arriver à un art nu et froid. La maigreur des étagères qui courent le long des murs accuse encore cette impression. Il y aurait pourtant à trouver un degré exact où la simplicité reste plus souriante.

La structure des chaises, pourvues d'un dossier canné, tandis que le siège est rembourré et garni d'étoffe, est assurément bien comprise au point de vue du confort et de l'entretien, mais l'effet en semble néanmoins disparate.

La partie purement décorative de la pièce est l'œuvre plus particulière de M. Louis Bigaux, et elle prend dans l'ensemble une grande importance. Elle consiste surtout dans la peinture qui borde le plafond et s'étend en frise le long des murs, et qui emprunte son motif aux branches de marronniers. Elle est traitée en vert pâle sur un fond de toile gris-clair, et les fruits d'or bruni s'y assourdissent

tour à tour ou étincellent doucement. L'harmonie en est fort délicate, et je regrette seulement l'aspect de la toile marouflée sur le mur, qui semble enduite de colle. Il serait facile, je pense, de lui conserver son grain mat, tout au moins dans les parties qui ne reçoivent pas de peinture.

Il ne faut pas oublier de remarquer en passant les plaques et les poignées de portes en cuivre rouge, où se modèle une branche de pommier, très heureusement conduite.

MM. Bigaux et Le Cœur ont récemment décoré dans le même esprit plusieurs salons du restaurant Voisin. Il y a dans ces tonalités claires et cette sobriété de la décoration murale une note séduisante, mais il faudrait prendre garde de la répéter trop fréquemment.

Tels qu'ils sont, tous ces efforts méritent la considération, et il est permis d'en espérer

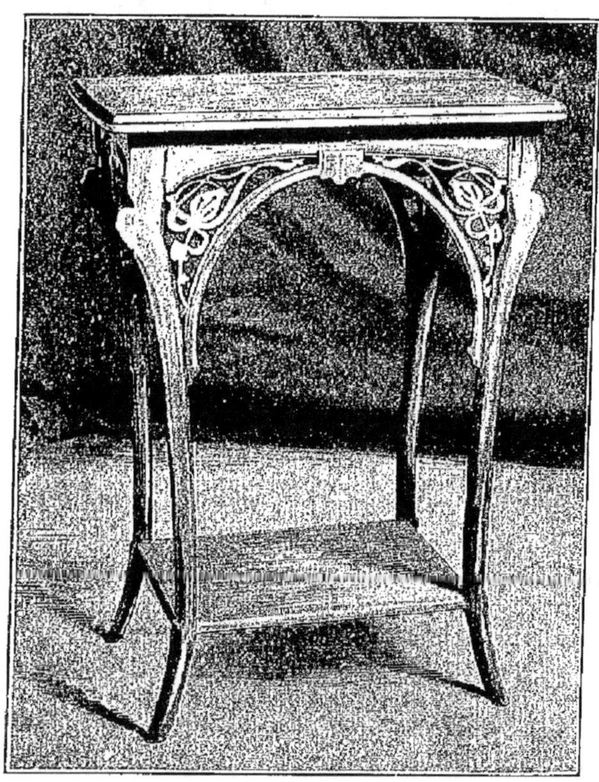

Table.   COBLENCE.

encore des résultats plus complets. Je me reprocherais d'avoir paru faire preuve à leur égard d'une trop grande sévérité, alors que les réserves sincères sont aux tentatives sérieuses le plus digne témoignage de l'intérêt et de l'attention, et qu'il conviendra toujours d'encourager des efforts aussi persévérants et aussi nécessaires.

M. Maurice Coblence n'est pas sans avoir tenté déjà, lui aussi, des ameublements d'ensemble, mais il a particulièrement réussi jusqu'à présent quelques petits meubles, dont nous donnons des exemples.

Pour les parties importantes de ses meubles, M. Coblence — comme M. Le Cœur, du reste — recourt aux bois naturels, que ne déguise aucune laque, ni aucun vernis. Le bois apparaît avec son grain spécial, sa tonalité véritable; et l'on ne saurait trop encourager cette sorte de probité de la matière, qui nous procure une qualité particulière de jouissance très neuve, et qui contribuera pour beaucoup à donner à notre art son caractère de simplicité. L'entente de l'ébéniste consistera en partie à utiliser, pour notre agrément, le jeu des veines, les différents degrés de matité ou de poli, et les colorations si variées, fournies par les essences que nous avons actuellement à notre service.

Les lignes générales des petites tables de M. Coblence me semblent fort joliment agencées et assouplies, inspirées de très loin, comme elles le sont, par l'architecture arabe qui, transformée ainsi par une libre et personnelle interprétation, restera toujours un des plus excellents modèles. J'aime beaucoup aussi la silhouette des chardons découpés qui s'adaptent aux voussures, et qui sont stylisés de façon si fantaisiste et si ornementale. Je reprocherai cependant à M. Coblence de les avoir compris en bois teinté, au lieu d'insérer dans les grandes lignes de ces meubles construits en poirier, des découpures d'un bois différent qui aurait été choisi pour un heureux alliage de tons, et que l'on eût retrouvé sur d'autres détails d'ornement, en particulier sur la tablette supérieure. Il y aurait eu aussi avantage à faire du motif de chardon lui-même le thème ornemental de ces tables, afin de donner au meuble entier un signe d'unité. La fleur se serait développée de nouveau, avec une nouvelle interprétation, sur le plateau, que l'on regrette de voir décoré de figures, exécutées sur l'une des tables en marqueterie, et sur l'autre en bois pyrogravé et teinté.

Je doute que la figure en couleurs doive être employée pour l'ornementation du meuble, où l'élément décoratif doit être plus susceptible de se plier aux lignes architecturales ; et je crois aussi qu'il ne faut faire de la pyrogravure qu'un usage extrêmement discret, et plutôt sur de menus objets que sur un meuble. La technique en semble toujours, pour ainsi dire, trop factice, et comme ajoutée par amusement au travail de menuiserie ; je ne sais si je me trompe en lui trouvant toujours un air d'art d'amateur. La marqueterie, au contraire, qui est si pleinement un art du bois, sera toujours d'un excellent secours dans l'ébénisterie. Les pièces diverses, strictement ajustées, lui communiquent un caractère de fermeté et de cohésion, et s'encastrent bien dans l'encadrement du meuble.

Je veux signaler, en terminant, une innovation qu'a essayée M. Coblence sur d'autres modèles de meubles : ce sont des applications de bois découpés, fixées sur un fond d'essence différente, et qui s'y détachent en relief, comme une sorte de broderie nouvelle. Cet essai sera, je crois, susceptible de donner d'intéressants effets ; mais les résultats obtenus n'ont encore rien de définitif : ces ajustements ne font pas assez corps avec le meuble, où ils ne pourront, du reste, jouer qu'un rôle très réservé.

On le voit, on ne cesse de chercher dans les ateliers, et l'on trouve. Il faut souhaiter aux artisans un sens de plus en plus net du rôle et de la part que doit prendre la décoration dans l'ameublement, afin qu'ils puissent utiliser leurs victoires.

Gustave Soulier.

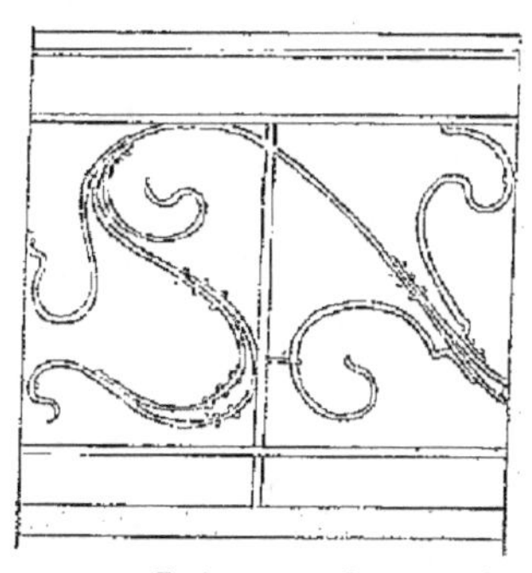

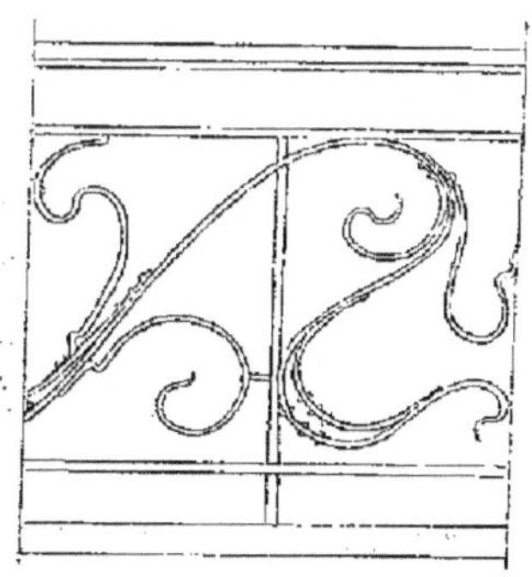

Balcon en fer forgé.

HORTA.

ARNOLD BOECKLIN

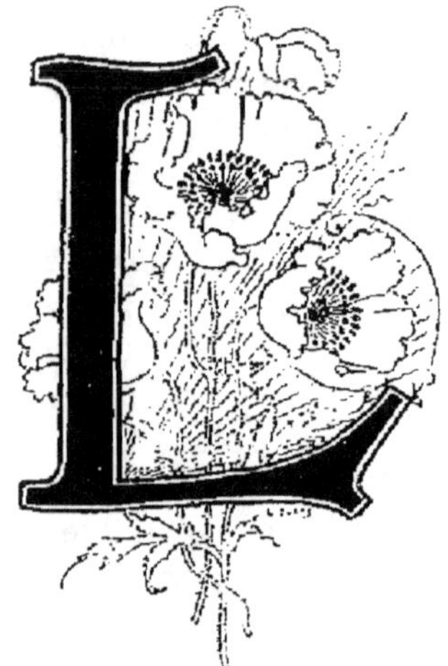

'ALLEMAGNE entière s'est associée au jubilé des soixante-dix ans du peintre suisse Arnold Bœcklin, que Bâle, sa ville natale, a célébré le 16 octobre, en grande pompe. C'est qu'il n'est point, à l'heure actuelle, d'artiste vivant dont l'influence ait été plus prépondérante, et sur un groupe d'artistes de talent plus nombreux, que celle de ce Suisse en qui toute l'école néo-idéaliste, essaimée de Munich à Berlin à travers villes et campagnes, reconnaît son précurseur et son chef.

Disons tout de suite que Bœcklin a été conspué en Suisse, en Allemagne et même en Italie, comme jamais artiste ne l'a été en France davantage ; seulement, l'Allemagne, la Suisse et l'Italie étaient les pays dont les paysages, les traditions, l'esprit, l'érudition et la sentimentalité répondaient à la tournure de son âme et qui, de tous leurs caractères multiples harmonieusement fondus, devaient contribuer à créer la caractéristique de son œuvre.

I

La biographie de Bœcklin se résume ainsi : indépendance absolue, même au prix de la misère, et perpétuel va-et-vient d'Allemagne en Italie et d'Italie en Allemagne, à travers la Suisse. Ses premières impressions artistiques lui viennent, bien entendu, de Holbein ; le portrait de sa mère, un type bien bâlois, en fait foi (1). Ses premières impressions de nature valent bien les impressions d'art qu'il aurait

pu recueillir dans les musées, devant les terrains de Huysmans et les nuages de Ruysdaël ; elles lui viennent de ce Jura Bâlois, aux belles cassures de rochers régulières, aux aspects de forteresses naturelles, couronnées de ruines écimées et pourfendues, d'où l'on domine à la fois la plaine du Rhin et le plateau suisse, d'où la vue s'étend à la fois sur les Vosges, la Forêt-Noire et les Alpes. Il n'a jamais oublié non plus les transparences vertes et les remous écumeux de l'eau du Rhin, de Stein à Laufen. Jeté dans le monde des ateliers et des musées, il va droit à Poussin, rarement à Ruysdaël, et son indépendance l'écarte de tout enseignement suivi. Il glisse à travers Düsseldorf, Bruxelles, Anvers, Paris, comme ses naïades écailleuses à travers les embruns. En 1850, il se reconnaît chez lui à Rome ; trois ans après, le 20 juin, il épouse l'unique femme de son œuvre, Angela Rosa Lorenza Pascucci. Et pourtant, les femmes de l'œuvre bœcklinienne sont très variées ; mais l'artiste bâlois, qui peint toujours de mémoire, est un observateur excessivement sagace et minutieux, qui n'a besoin que d'un archétype pour en déduire tous ses types. « Étudiez une fois un sapin en botaniste, dit-il à ses élèves, et vous n'aurez plus besoin de copier d'autres sapins ; si vous savez ouvrir les yeux dans vos promenades, vous n'aurez plus besoin de vous asseoir en pleine campagne devant un motif qui change à chaque minute, bien plus que votre mémoire ne le change en apportant fraîche une impression sur la toile. » Mais il est juste d'ajouter que Bœcklin a le tort de juger de la mémoire des autres d'après la sienne. Des éléments disjoints de la nature se rejoignent dans son esprit, pour encadrer une scène à laquelle il peut rêver des journées entières devant une toile blanche. Puis, soudain, la toile est couverte ; le pinceau court partout à la fois, avec une verve improvisatrice aussi stupéfiante que celle de Delacroix ; la composition jaillit en une fois : le Maître n'y apportera plus que de loin en loin une touche, ici ou là, pour en aviver l'impression.

Ce que cette composition sera, le voici. Une scène fantastique, par exemple, sera rêvée aussi simple que possible, absolument une, complète, sans épisodes qui distraient

<hr>

(1) Nous aurions tenu à accompagner cette étude de notre collaborateur de reproductions plus nombreuses pour donner une idée plus complète des œuvres de Bœcklin ; nous nous sommes vus contraints d'y renoncer, l'éditeur qui détient, au sens exact du terme, tous les droits de reproduction sur ces œuvres nous ayant demandé plusieurs milliers de francs pour nous accorder le droit de reproduction des quelques clichés que nous lui avions demandés. Nous n'en sommes que plus reconnaissants à M. Sarasin-Thurneysen de l'exquise bonne grâce avec laquelle il a mis à notre disposition la photographie des trois fresques dont Bœcklin, en 1869, décora un pavillon de son hôtel, et que les connaisseurs les plus délicats mettent au premier rang dans l'œuvre si complexe du maître. Nous ne nous étonnons plus que l'œuvre du grand peintre suisse, ainsi cadenassée, n'ait pu pénétrer davantage en France, et y soit même absolument ignorée. *(Note de l'éditeur.)*

J'attention, et telle absolument qu'elle devrait se passer, si l'on admet la réalité de sa conception. Une naïade, par exemple, sera créée de toutes pièces, d'une femme aussi femme que possible, d'un poisson aussi réalistement ressouvenu que possible, et se comportera dans l'eau avec des allures à la fois de baigneuse et

simple encore, fait de moins d'éléments, et sur les masses sombres duquel passe une brume lumineuse de Corot, le vaporeux friselis de ses contours de bosquets, la légèreté de ses feuillages. Mais Bœcklin, s'il a su placer toujours à l'endroit nécessaire le personnage qui donne de l'âme et du style, le caractère mytho-

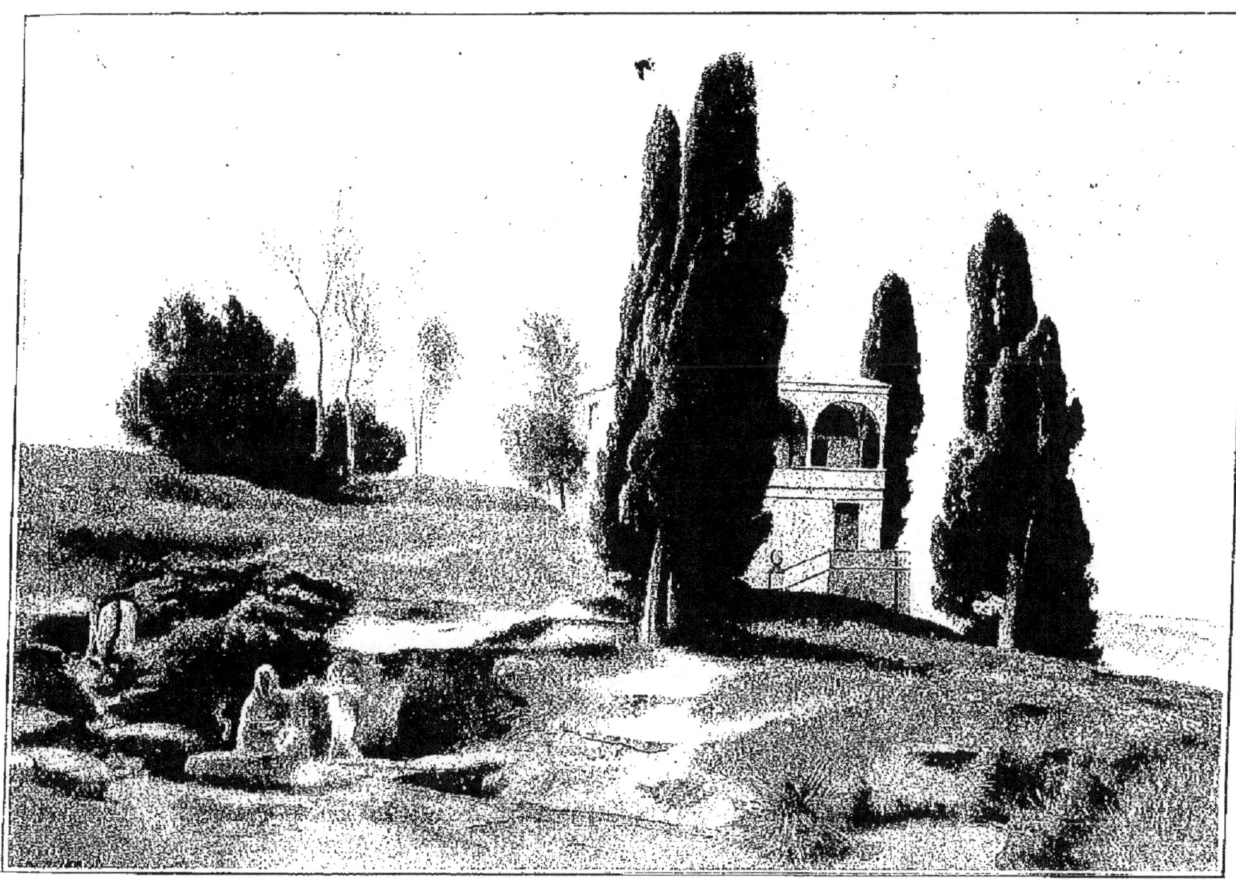

La Fuite en Égypte.

de poisson, si exactes que le miracle aura été accompli : le monstre aura pris vie.

S'agit-il d'un paysage, quelques vers de Virgile auront-ils donné au peintre le sentiment de l'horreur sacrée ? Immédiatement, il se souviendra de tel bois de lauriers, de bouleaux ou de cyprès, de telle mélancolique solitude italienne d'un caractère sombrement, mystérieusement classique, de tel banc de marbre en hémicyle, de telle statuette qui prêtait à ce lieu une religiosité païenne, ou bien, sous les fûts vigoureux du *lucus*, d'une éclaircie par laquelle on entrevoyait la colonnade d'un temple lumineux ; et voici un grandiose paysage, équilibré et balancé comme une composition de Poussin, mais beaucoup plus

logique et classique, ne s'est jamais défendu non plus contre les impressions d'absolue solitude, et c'est ce qui fait si grands certains de ses paysages, où les avant-plans pétris de fleurs — asphodèles ou colchiques — semblent n'avoir jamais été foulés, et fleurir uniquement pour les invisibles divinités.

La nostalgie de l'Italie a donc fait de ce romantique médiéval, né dans la ville où les traditions suisses et souabes sont encore le plus fermement implantées, un classique, tout comme ils amenèrent le Gœthe de *Goetz de Berlichingen* à *Iphigénie en Tauride*. On se souvient du récit de la première vision des horizons italiens, depuis les rives du lac de Garde, et le rappel immédiat d'Iphigénie dans l'esprit de Gœthe. Bœcklin a dû vivre quelque chose de tout à fait semblable, et a traduit à la fois son impression et celle de Gœthe, dans sa série de *Châteaux assiégés par des pirates* et de *Villas au bord de la mer*, dont l'une est précisément intitulée : *Iphigénie en Tauride*. Cette série traduit avec une extraordinaire puissance tout un groupe de très vives impressions du poète, foulant pour la première fois la terre italienne.

Mais le classicisme de composition de ce romantique de la couleur a un caractère bien spécial. Cette compréhension de l'antiquité est celle, toute récente, que nous ont faite les travaux d'archéologie des philologues et mythologues modernes, des Max Muller, des Fustel de Coulanges, des Schliemann. Il n'y a jamais une faute de vraisemblance archéologique, non plus qu'une faute de vraisemblance naturaliste, chez Bœcklin ; et en cela, il est servi autant par sa science que par son instinct. Delacroix lisait l'Arioste, Dante, Shakespeare, Byron ; Bœcklin a lu Homère, Hésiode, Eschyle, Virgile, et s'est intéressé passionnément à leurs plus récents commentateurs. Son *Polyphème* et son *Prométhée* sont les seules traductions sérieuses des poèmes antiques depuis Poussin. Quant à la vraisemblance naturaliste, elle consiste chez Bœcklin à ne jamais donner au sol une végétation contradictoire avec sa minéralogie : jamais un arbre ne souffrira du voisinage d'un arbre d'une autre essence, incompatible avec la présence du premier. Je ne connais à cette règle qu'une infraction, et encore est-elle voulue : ce sont les palmiers alliés aux bouleaux, de l'*Ile de la Vie*, où tout a droit à l'existence. Il y a encore une vraisemblance supérieure, qui allie entre elles exclusivement les lignes que la nature a coutume de rassembler : un site se révèle tout entier d'un même caractère. C'est en cela que ce romantique est un classique ; s'il connaît des débauches de couleurs, il n'en connaît aucune de lignes, ni de détails.

II

La base de l'œuvre de Bœcklin, c'est le paysage ; c'est par là qu'il est le moins antipathique au goût latin ; je dirai même plus : qu'il est quelquefois, lui partout ailleurs si parfaitement rudesque, purement latin ; et la meilleure preuve en est que nous pourrions citer un paysage de F.-L. Français, au Musée de Mulhouse, que Bœcklin aurait pu signer, et auquel tous les connaisseurs pourraient se tromper. C'est de son paysage, bâlois ou italien, toscan surtout, que naît logiquement toute son œuvre. Derrière les événements épiques et les fantaisies mythologiques les plus étranges, c'est toujours lui qui règne au fond, d'une beauté souveraine harmonisant parfois tous les contraires, tous les heurts de coloration. Du paysage pur au paysage monumental, au paysage de plus en plus peuplé de personnages antiques ou modernes, jusqu'aux grandes scènes mythologiques, où le paysage n'est plus qu'une vague, qu'un rocher, une grotte, l'inspiration de Bœcklin se fait de plus en plus particulière, de plus en plus étrange au premier abord, de plus en plus en dehors de tout ce qui a été vu, de tout ce qu'on a coutume de voir ; le paysage assiste à une création nouvelle, ou tout au moins à la résurrection d'êtres, de formes, depuis des siècles abolis. Bœcklin, en effet, conçoit tout de la façon précisément la plus inattendue et, tout compte fait, la plus simple. Après le coup de la surprise, qui met en déroute toutes les imaginations préconçues sur un sujet donné, il faut bien lui accorder qu'il a raison, que si la chose fantastique a eu lieu, elle n'a pu avoir lieu qu'ainsi. C'est à force de bonhomie, de naïveté, une naïveté qui consiste à tout rapporter des choses de l'antiquité à la vie de tous les jours, et à la conviction qu'au fond rien n'a changé des sentiments et des faits primordiaux de l'existence, qu'il arrive à insuffler la vie à tout ce monde de monstres marins et terrestres, d'anciens mythes oubliés. Il ne craint pas d'introduire l'anecdote dans les cosmogonies, le grotesque dans les situations tragiques et une pointe de ridicule à côté de l'héroïsme. Si ses centaures se livrent des luttes furieuses à démolir les montagnes (Musée de Bâle), ils ont aussi tout à coup la lubie d'aller, au grand ébahissement des populations, se faire ferrer à la forge du plus prochain village (collection La Roche-Ringwald, Bâle). Si ses tritons sonnent de la conque dans la désolation des champs labourés de longues vagues hurlantes, ils sont amoureux aussi ; par les larges houles de fond, ils poursuivent les néréides ; ils s'ébattent en famille (La Roche-Ringwald, Bâle), et leur paternité ou leur maternité drolatiques font sourire en même temps qu'elles attendrissent, tant elles sont à la fois bestiales et humaines.

Ce n'est pas cette intimité-là qui avait été

vue jusqu'ici dans la mythologie. Et ce qui l'augmente, ce qui la rend plus tangible — il faut encore y insister — c'est le réalisme de traduction de cette vie bondissante, fluctuante, nageante. Les sirènes font des sauts de carpe, et les doigts tremblent de luxure aux centaures blanchis qui les laissent échapper; les écailles reluisent et glissent entre les mains; les poitrines des tritons velues, verdies ou brunies dans les antres de la mer, font penser à des sables chevelus d'algues; les barbes et les toisons pendent ruisselantes comme des mousses marines; le pateaugeage des sirènes multicolores autour de leur écueil (Musée de Bâle) a la vie, le bruit, les commérages et l'écume d'un lavoir où des lessiveuses cancanent. Jamais le style et la cocasserie, depuis Rabelais et Shakespeare, n'avaient fait si bon ménage; chez Bœcklin, la puérilité même est toujours énorme; elle devient celle d'un Gargantua qui manierait le pinceau.

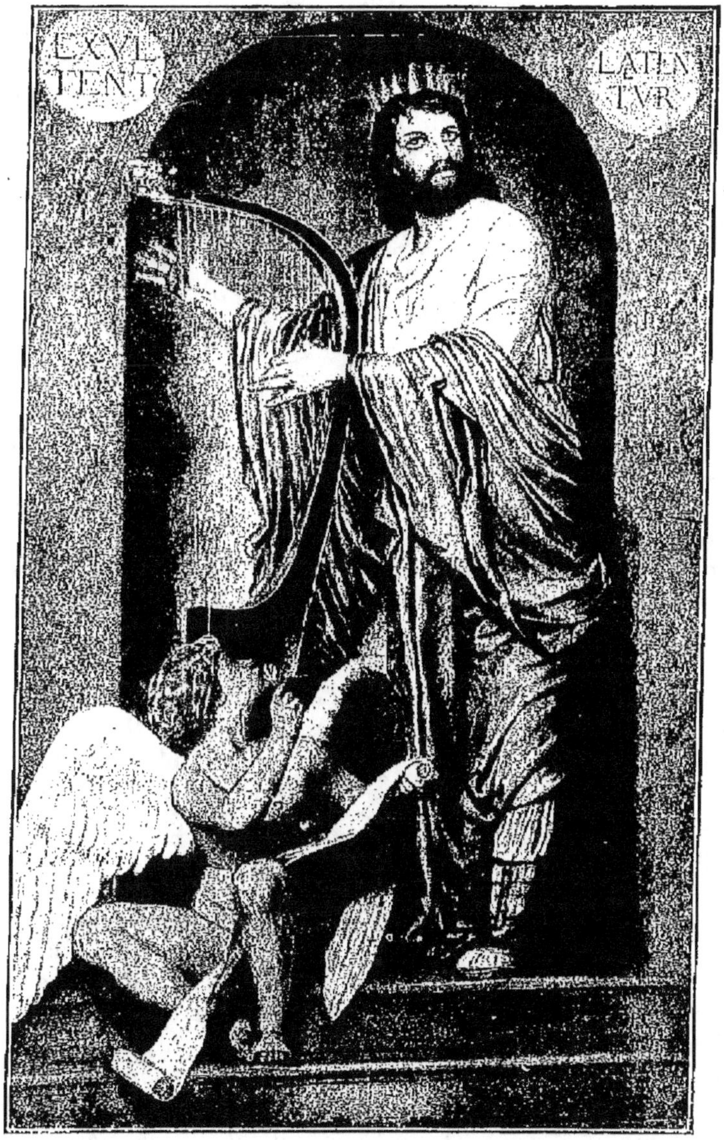

et plus résignée cependant, au sentiment de l'heure qui passe, des jours qui s'éteignent, des feuilles qui tombent et des années qui s'envolent. Les *Ages de la femme* du Musée de Zurich, le *Vita somnium breve* du Musée de Bâle, et surtout un navrant tableau, où deux vieillards, se tenant par la main, somnolent sous une tonnelle, dans un jardin fleuri qu'ils ne verront plus une seconde fois fleurir, condensent ce sentiment d'une façon poignante, et témoignent de la profondeur, en quelque sorte musicale, de l'âme de l'artiste. Le *Silence de la forêt* (Berlin), avec sa grande licorne qui s'avance à travers la sombre colonnade de sapins de la forêt vierge, *Pan effrayant un pâtre* (Galerie Schack) et le *Dragon* de la ballade de Gœthe se dévidant avec lenteur hors de sa caverne, sûr de happer les infortunés voyageurs de la *via mala*, nous donnent, aussi intenses que possible, et uniquement par des moyens de peintre, les sensations de l'isolement absolu, de la terreur religieuse dans les forêts élevées, de la panique dans la montagne et du cauchemar dans les étranglements des gorges...

David.

Dans les scènes terrestres, même bonhomie, même jovialité, même rire de bon géant qui a le sens de la nature et de la vie, dans les petites histoires de nymphes et de chèvre-pieds, chasses de Diane, danses au son de la flûte de Pan ou de la syrinx; mais aussi parfois, une tremblante mélancolie aux premiers souffles printaniers, ou bien une mélancolie plus sombre,

III

Sortons de ce monde fantastique, que depuis Rubens et Jordaens aucune imagination aussi puissante n'avait évoqué avec une telle intensité de vie, une telle force de re-création. Nous voici en présence de scènes charmantes ou désopilantes, reconstitution de la vie populaire antique, ou de grands épisodes historiques ou religieux, de très grands symboles p'.ilosophiques : c'est toute une légende des siècles qui commence, sinon aux jeux de la vague et des tritons de tout à l'heure, ou même à Adam dans le paradis terrestre, du moins aux tavernes de Suburre, aux cabarets de soldats romains, aux grandes griseries de la vendange, et aboutit à la *Descente de croix* et aux *Pieta*, puis à la Chevalerie (l'épique et formidable *Aventurier* du Musée de Brème, le *Roger délivrant Angélique*), puis à *la Peinture et la Poésie*, puisant à la même fontaine, à la *Vénus Genitrix* toujours vivante, toujours moderne. Mais je sens venir l'objection, très française, car en Allemagne, en Angleterre et en Italie on la fait moins, — et pour cause : tout cela, c'est de la littérature; que devient la peinture dans toute cette complexité d'intentions et ces recherches de drame?

Ceci nous amène à parler brièvement de la facture. Bœcklin peint généralement *a tempera*, mais selon toutes sortes de recettes qui lui sont particulières. Il se laisse toujours emporter par son sujet et peint selon la nécessité du moment, à sa manière, qui consiste à se prêter aux exigences du motif et à ne gêner aucunement l'impression du spectateur. On conçoit donc que cette manière-là n'ait pas pu et pas dû varier avec la mode, d'autant plus qu'elle est d'une largeur, d'une facilité et d'une souplesse merveilleuses, ici frottant à peine la toile, la voilant d'un rêve de couleur, ailleurs empâtant avec une fermeté lisse aux apparences d'encaustique. Quant au coloris, objet de toutes les discussions en Allemagne, quand on discutait Bœcklin, et qui va sans doute l'être désormais aussi en France, je crois qu'il est indiscutable, comme celui de Rubens, de Delacroix ou de Besnard, dans ce sens qu'on l'aime ou qu'on ne l'aime pas, spontanément, avant que d'alléguer les motifs pour ou contre. Il a été qualifié de *giorgionesque*, entre autres à *la Gazette des Beaux-Arts*, ce qui peut excellemment se soutenir, mais nécessiterait un très long développement. D'autre part, des détracteurs ont appelé ce coloris : vinaigre pour les yeux, bigarrure de cacatoès, badigeonnage d'omnibus londonnien, etc. Comme on le voit, il y a de la marge. La vérité est qu'il est très spécial à Bœcklin et varie énormément d'une toile à

l'autre, si bien qu'entre les *Jeux de la vague* et le *Vita somnium breve* de Bâle, par exemple, et les paysages de la Galerie Schack, il y a réellement un abîme; mais en face de n'importe laquelle de ces toiles, on est obligé de convenir, quel que soit ce coloris — excessivement fondu, harmonieux et doux, ou heurté, violent, dissonant — qu'il obéit à la suggestion du sujet, qu'il en est une nécessité.

Là où son coloris conciliera, je crois, tous les suffrages, c'est, par exemple, dans le portrait de Mme Bœcklin, appartenant à la Kunsthalle de Bâle; c'est encore dans certains de ses paysages (le *Paganisme sacré* du Musée de Bâle) et certaines de ses vagues. Dans ses paysages, il a des colorations sourdes, ambrées, profondes, ou au contraire, dans ses vagues, métalliques, luisantes, pailletées, à reflets changeants de labrador, qui ne sont qu'à lui et qui constituent son appoint à la symphonie des grands coloristes, comme les transparences de gemmes celui de M. Gustave Moreau. N'eût-il apporté que cela au monde de la couleur, le nom de Bœcklin ne serait pas négligeable dans l'histoire artistique du siècle. Mais il y a encore tant d'autres choses dans le monde de la ligne et de la forme! Car ce synthétique a défriché dans tous les sens, et ouvert tout autant de sentes par où se sont précipités, chacun selon son tempérament, ses disciples, dont quelques-uns sont les plus belles espérances de l'Allemagne actuelle. Ses toiles et fresques, même celles dont le coloris est la grande qualité, résistent merveilleusement à la reproduction, et cet œuvre multiple, étrange et incroyablement varié... et quelquefois inégal, a déterminé, en Allemagne, le mouvement d'opinion publique, aujourd'hui si favorable à l'art nouveau.

Les perpétuels voyages de Bœcklin l'ont sans doute empêché de se livrer aux travaux d'architecture, de sculpture et d'art décoratif qui l'eussent tenté et où il n'eût pas manqué, là encore, d'innover. Cependant, il est assez d'indices qui permettent de pressentir ce qu'il eût fait dans tous ces domaines. Il est impossible d'avoir vu un ou deux de ses paysages monumentaux, sans être frappé de la belle ordonnance de ses architectures, de l'heureuse disposition de ses grands jardins à l'italienne, et telle de ses villas au bord de la mer serait, nous le savons, le rêve d'intérieur qu'il s'était fait. Les fresques du Musée de Bâle sont une œuvre de jeunesse, contrariée en pleine exécution par tous les « protecteurs éclairés de l'art » à Bâle, à cette époque, et que, de guerre lasse, l'artiste abandonna inachevées avec dégoût. Plus tard, il se vengea en sculptant les masques grimaçants de la Kunsthalle. Mais déjà, dans cette décoration interrompue de la cage de l'escalier du Musée, il faut relever au moins les médaillons où figurent les mas-

littérateurs français, de passage à Bâle, ont éprouvé et dit le charme.

Je n'ai pu retracer qu'à bâtons rompus la physionomie d'une œuvre et d'un artiste, dont la diversité d'expression est si captivante que les ouvrages les plus brefs (voir le manuel, classique en Allemagne, de Muther sur « l'Art Moderne ») lui doivent encore, malgré la né-

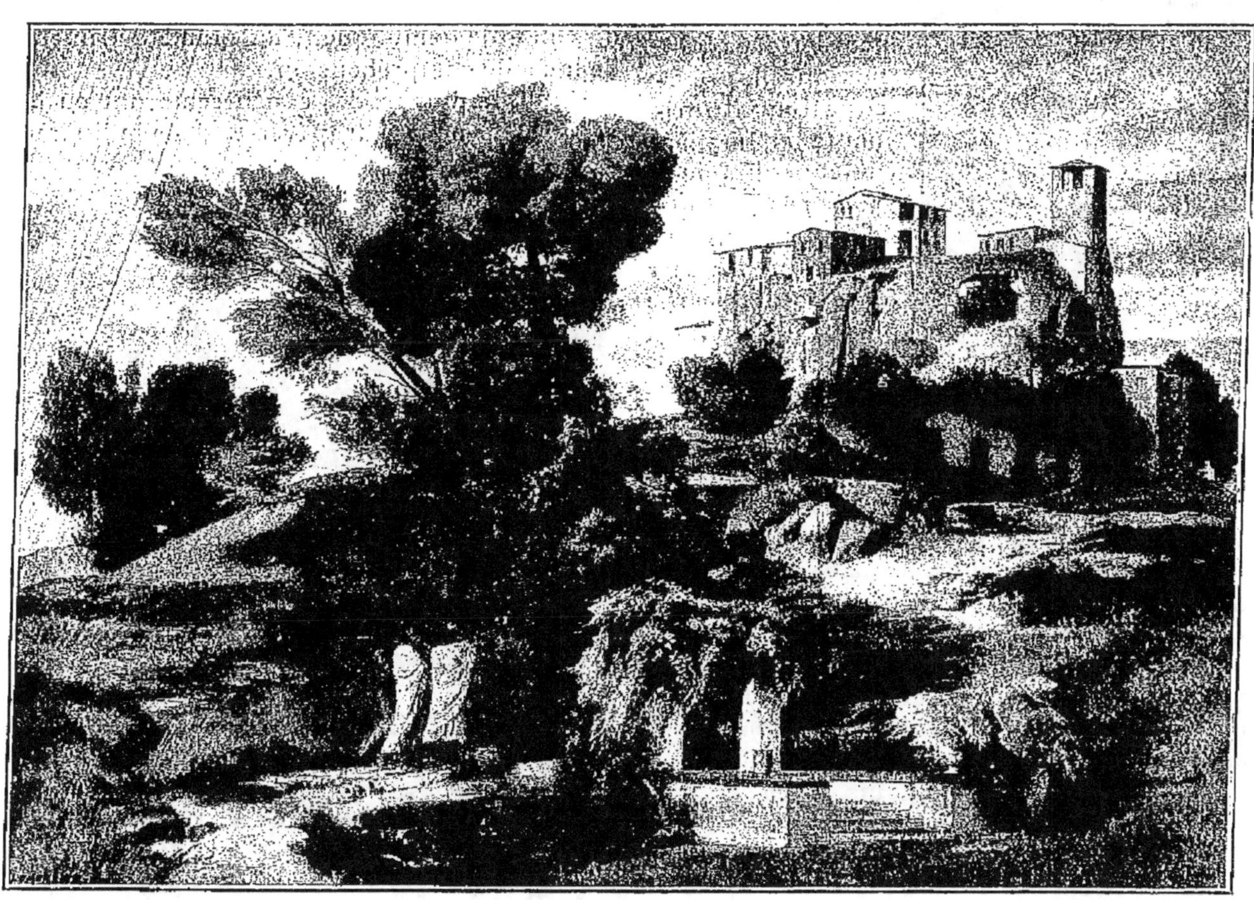

Les disciples d'Emmaüs.

ques symboliques de *l'Art effaré devant la Nature*, de la *Méchanceté* et de *l'Idiotie*, qui de tous leurs traits crient leur signification. Puis, je sais au fond d'un jardin particulier, à Bâle, sous une vérandah, trois fresques dont deux comptent parmi les plus beaux paysages de notre temps ; c'est là qu'il faut voir une de ces prairies fleuries, dont Bœcklin s'est avisé de découvrir la beauté, bien avant que les impressionnistes aient mis ce sujet à la mode. Un essai de sculpture polychrome, le bouclier à la tête de Méduse, dont un exemplaire est au Musée de Bâle, est encore, en fait d'art décoratif, une création saisissante, dont bien des

cessité de se borner, un très grand nombre de pages. Supplions, une nouvelle fois, ceux qui sont appelés à prendre connaissance de Bœcklin, à la minute présente, de ne pas oublier qu'il ne s'agit point d'un nouveau venu, désireux de bruit et qui cherche à faire sa trouée, mais d'un vieillard de soixante-dix ans, qui ne se soucie d'aucuns honneurs vains, et qui, dès l'année 1850, était déjà ce qu'il est aujourd'hui, aussi bien que Puvis de Chavannes, son aîné de trois ans, n'est pas Puvis de Chavannes de ce matin seulement.

WILLIAM RITTER.

Un Vitrail d'Appartement

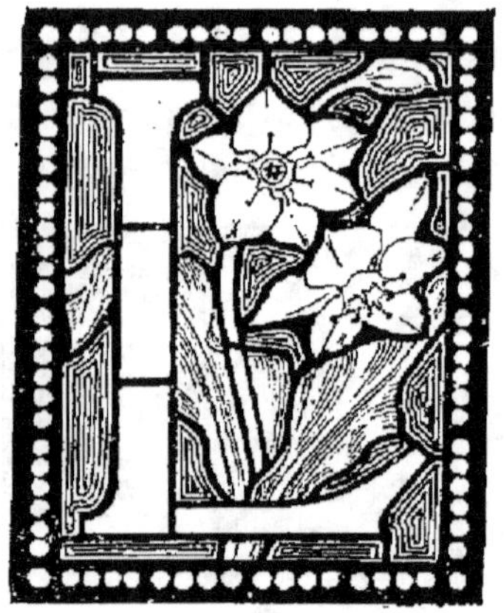

A crainte du Seigneur, je veux dire le respect du programme, n'est peut-être pas, de nos jours, la préoccupation dominante en matière de concours, et il n'est pas rare que des jurys se voient contraints, pour être équitables, de décerner la palme aux plus indisciplinés.

Rien de semblable en l'occasion présente, et le soin scrupuleux qu'ont mis presque tous les concurrents à suivre les stipulations édictées, vaut qu'on le signale avec éloge.

Je me plais à louer surtout la tendance manifeste chez la plupart à rendre leurs projets, non seulement aimables dans leur forme immédiate, mais aussi, faciles à traduire et à réaliser matériellement. Il suffit donc de le vouloir énergiquement, pour acquérir en matière d'art industriel une documentation technique convenable, puisque, sur une cinquantaine de projets émanant d'artistes différents sans doute par l'âge, les goûts, l'orientation des études, il en est à peine quelques-uns dont un praticien ne pourrait faire usage sans remaniements essentiels.

D'autres efforts sont visibles et non moins intéressants. C'est ainsi qu'en général, on n'a pas cru qu'il fût suffisant, pour « faire vitrail », de cerner tant bien que mal les principaux contours du dessin par un trait robuste et que l'indication des plombs a été judicieuse, l'équilibre entre les différentes pièces bien établi. Sans doute, bien des coupes nécessaires ont été omises, bien des formes dessinées que le diamant ne saurait traduire, mais on n'atteint pas d'emblée à la perfection et je me sens plein d'indulgence pour ces défauts véniels quand je constate que la plupart des concurrents ont su se garder d'un travers assez fréquent de nos jours, même chez les professionnels, très familier, par exemple, aux

Anglais. Je veux parler de cette pratique, au moins bizarre, qui consiste, sous le prétexte d'enrichir un vitrail et de lui donner du caractère, à le cribler de plombs inutiles qui l'alourdissent et le compliquent au grand détriment de la facile compréhension.

Enfin, la plupart des concurrents ont eu la sagesse de ne pas trop verser dans la littéra-

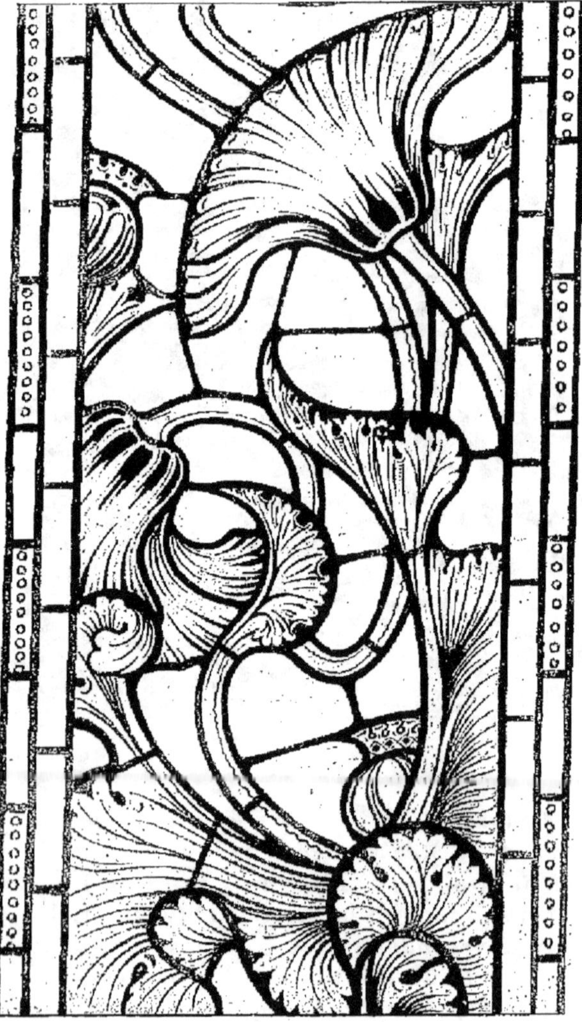

Détail. 1ᵉʳ Prix. SOCARD.

ture, ainsi que le sujet choisi aurait pu les y inciter, et ont compris qu'on leur demandait de faire preuve de talent plutôt que d'esprit.

Pourquoi ces très réelles qualités ne se sont-

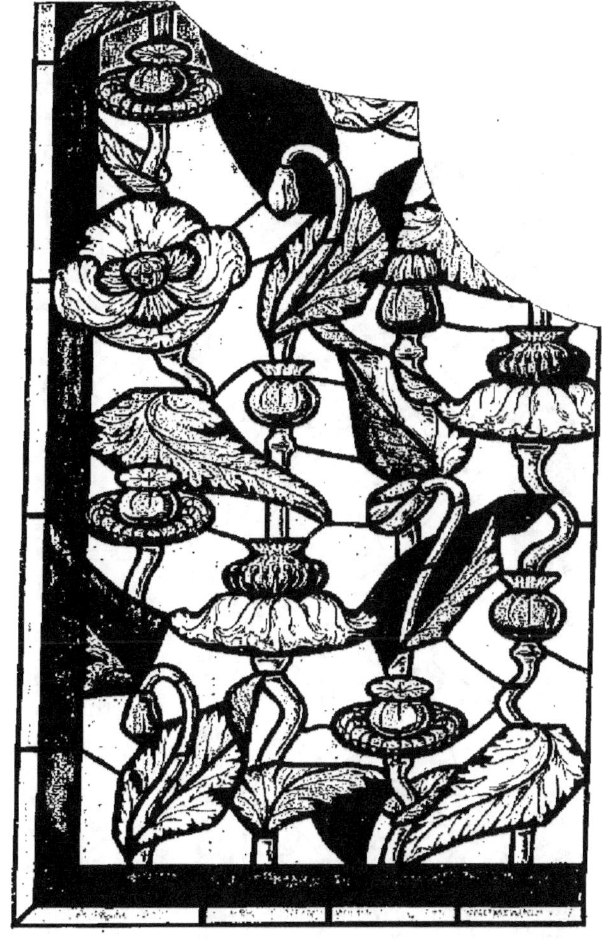

Mention. MARGUERITE BRUGNIOT.

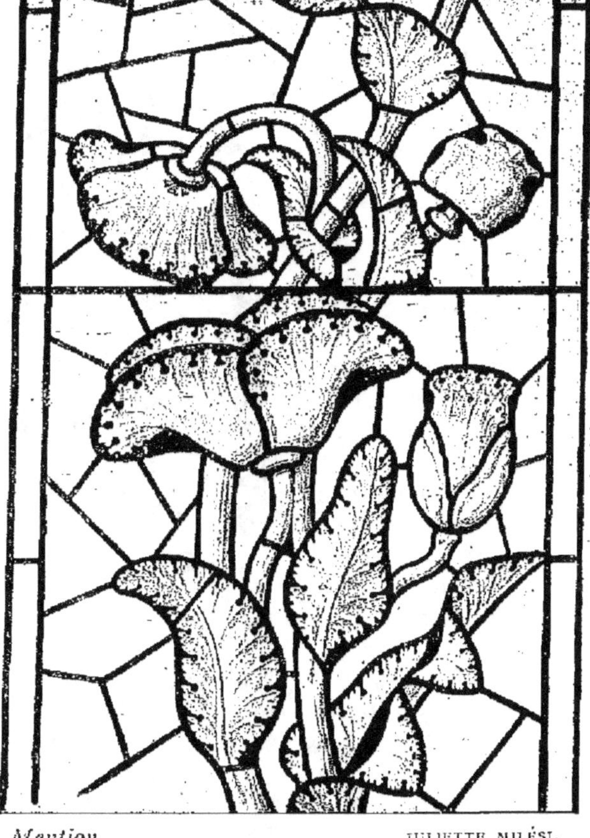

Mention. JULIETTE MILÉSI.

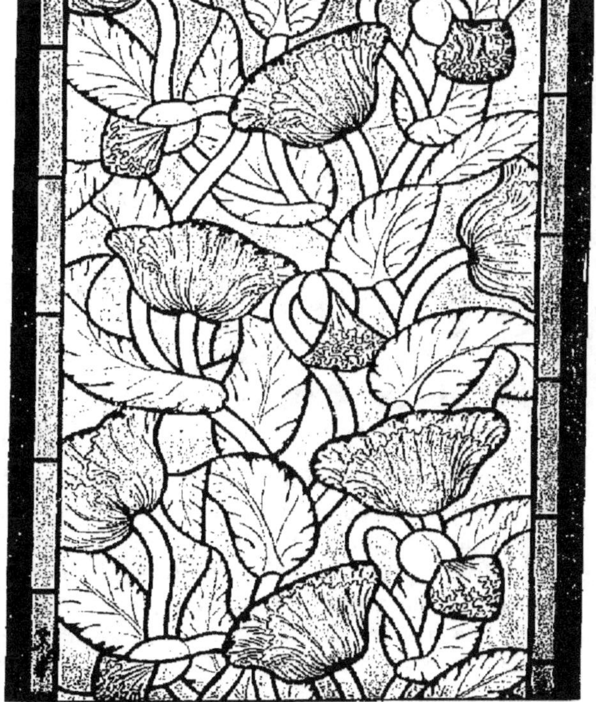

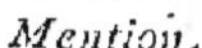

Mention. PAYEN.

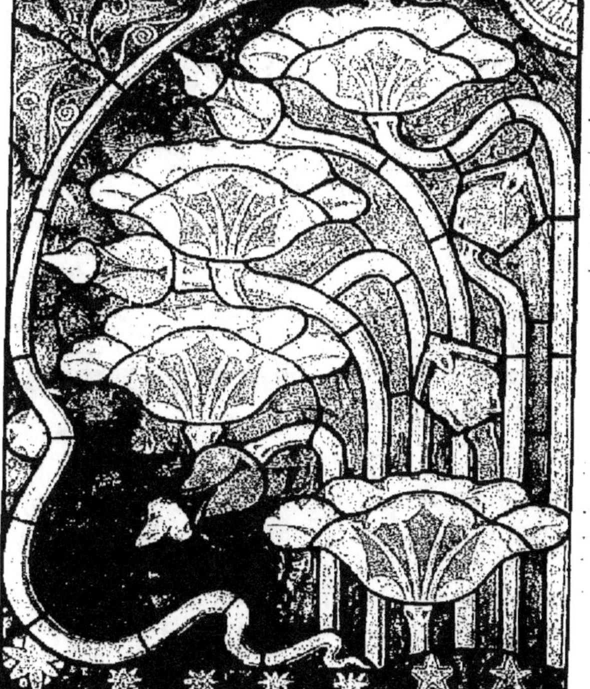

Mention. LÉON LAUGIER.

elles pas accompagnées d'un peu plus d'invention, de hardiesse, ou tout simplement d'originalité ?

Je pourrais alors crier franchement « bravo », tandis qu'il me faut bien avouer que si le plus grand nombre des projets sont « honorables », il n'en est pas un de transcendant et que, si j'avais fait partie du jury, mon embarras eût été très grand devant des œuvres aussi voisines les unes des autres.

Et puis, j'enrage un peu de voir combien ont mal dirigé leurs efforts et gâché à des superfluités un temps et un talent dont l'emploi s'indiquait si bien d'autre part. Ainsi, alors qu'on demandait l'indication aquarellée seulement pour le croquis au dixième, la grande majorité des concurrents a cru devoir colorier également le dessin grandeur d'exécution. Rarement excès de zèle fut plus intempestif, et, ce faisant,

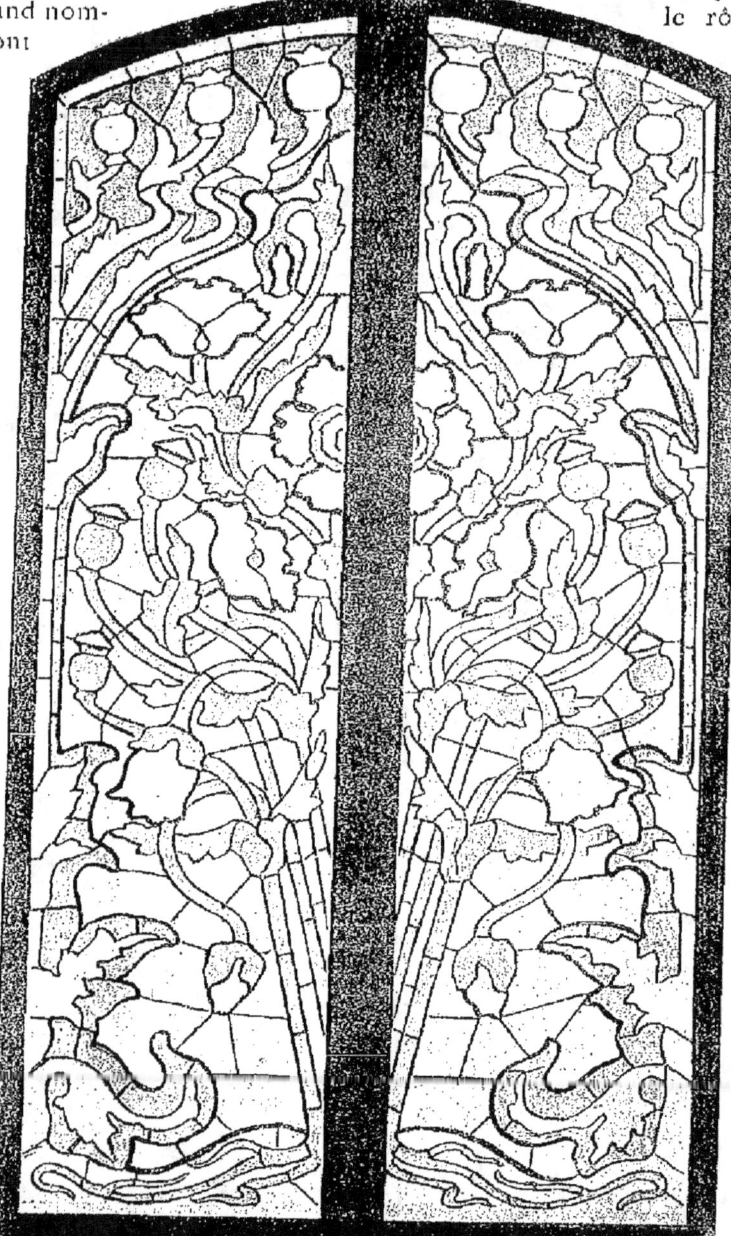

2ᵉ *Prix.*   BLANCHE LAUZANNE.

harmonieux que l'on vise à atteindre, on rencontre le plus souvent un aspect morne ou criard. Et comme partout où la couleur est en cause, l'impression première joue le rôle capital et influe souverainement sur le jugement définitif, on voit aisément les conséquences qui en résultent.

Je n'aurais compris cette imprudence que si elle avait eu pour excuse le désir de faire comprendre par un « rendu » bien explicite le rôle intéressant et parfois capital que peut jouer dans la composition d'un vitrail la variété des verres employés. Chose étrange, le grand nombre semble n'avoir jamais observé les matériaux qui constituent le plus ordinairement les vitraux d'appartement actuels, et ne point se douter que depuis vingt ans l'industrie a presque décuplé les ressources dont disposait jadis le peintre verrier. Ils

plusieurs d'entre eux me semblent avoir bénévolement amoindri leurs chances de succès. C'est que cette enluminure du carton n'est pas seulement inutile parce qu'elle fait double emploi avec l'esquisse réduite, mais encore elle rend pénible ou impossible le calque sur verre, enfin elle réclame une expérience très spéciale sans laquelle, au lieu de l'effet sont nombreux pourtant les nouveaux matériaux et les verres coulés, granulés, chenillés, givrés, gaufrés, maroquinés, martelés, marbrés, opalescents, pour ne parler que des principaux, ont gagné maintenant leurs lettres de grande naturalisation et offrent aux modernes des ressources que ceux-ci ont le devoir de ne pas ignorer et seraient maladroits de dédaigner.

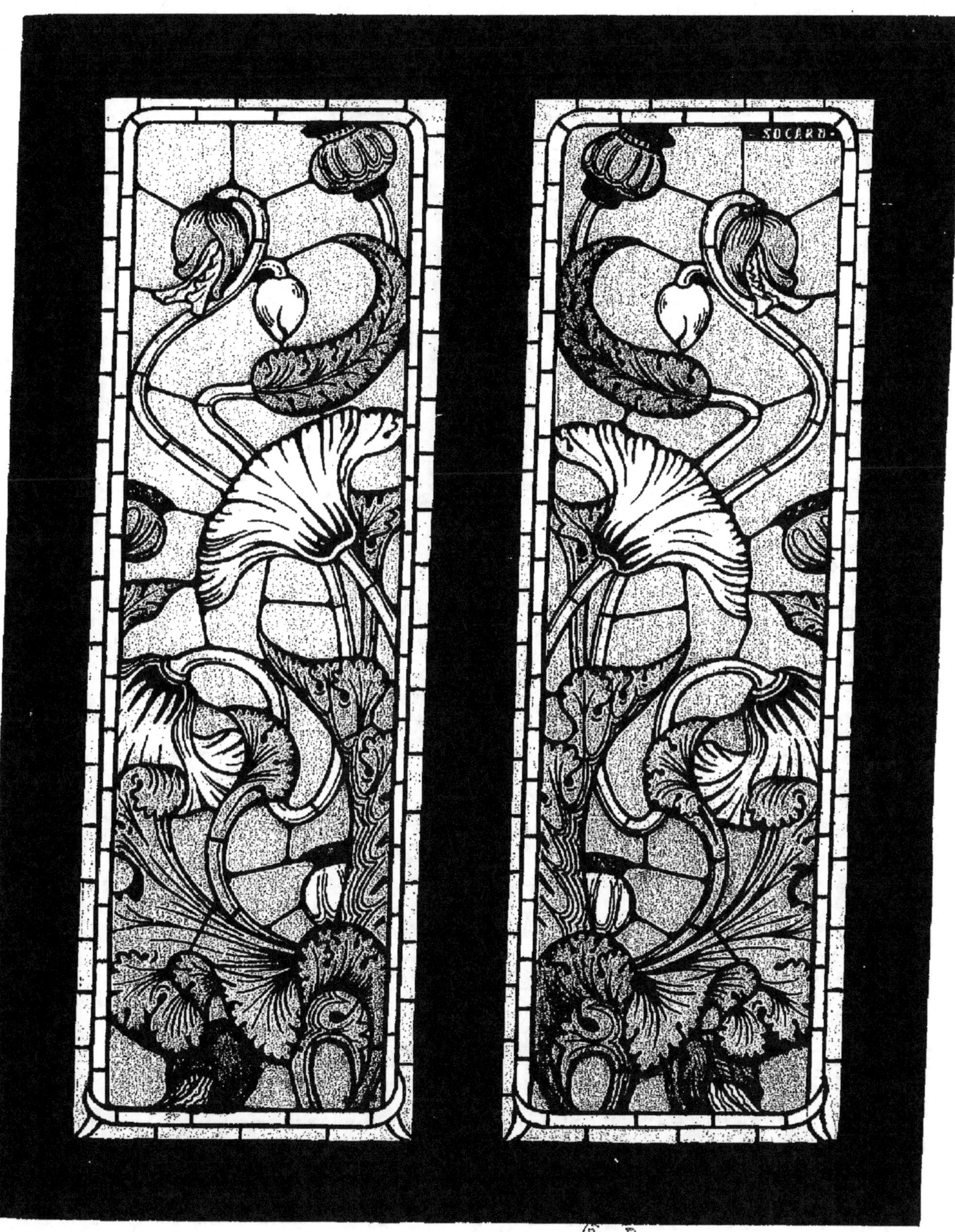

VITRAIL D'APPARTEMENT

Projet de M. Socard
(1ᵉʳ *prix*)

elles pas accompagnées d'un peu plus d'invention, de hardiesse, ou tout simplement d'originalité ?

Je pourrais alors crier franchement « bravo », tandis qu'il me faut bien avouer que si le plus grand nombre des projets sont « honorables », il n'en est pas un de transcendant et que, si j'avais fait partie du jury, mon embarras eût été très grand devant des œuvres aussi voisines les unes des autres.

Et puis, j'enrage un peu de voir combien ont mal dirigé leurs efforts et gâché à des superfluités un temps et un talent dont l'emploi s'indiquait si bien d'autre part. Ainsi, alors qu'on demandait l'indication aquarellée seulement pour le croquis au dixième, la grande majorité des concurrents a cru devoir colorier également le dessin grandeur d'exécution. Rarement excès de zèle fut plus intempestif, et, ce faisant, plusieurs d'entre eux me semblent avoir bénévolement amoindri leurs chances de succès. C'est que cette enluminure du carton n'est pas seulement inutile parce qu'elle fait double emploi avec l'esquisse réduite, mais encore elle rend pénible ou impossible le calque sur verre, enfin elle réclame une expérience très spéciale sans laquelle, au lieu de l'effet

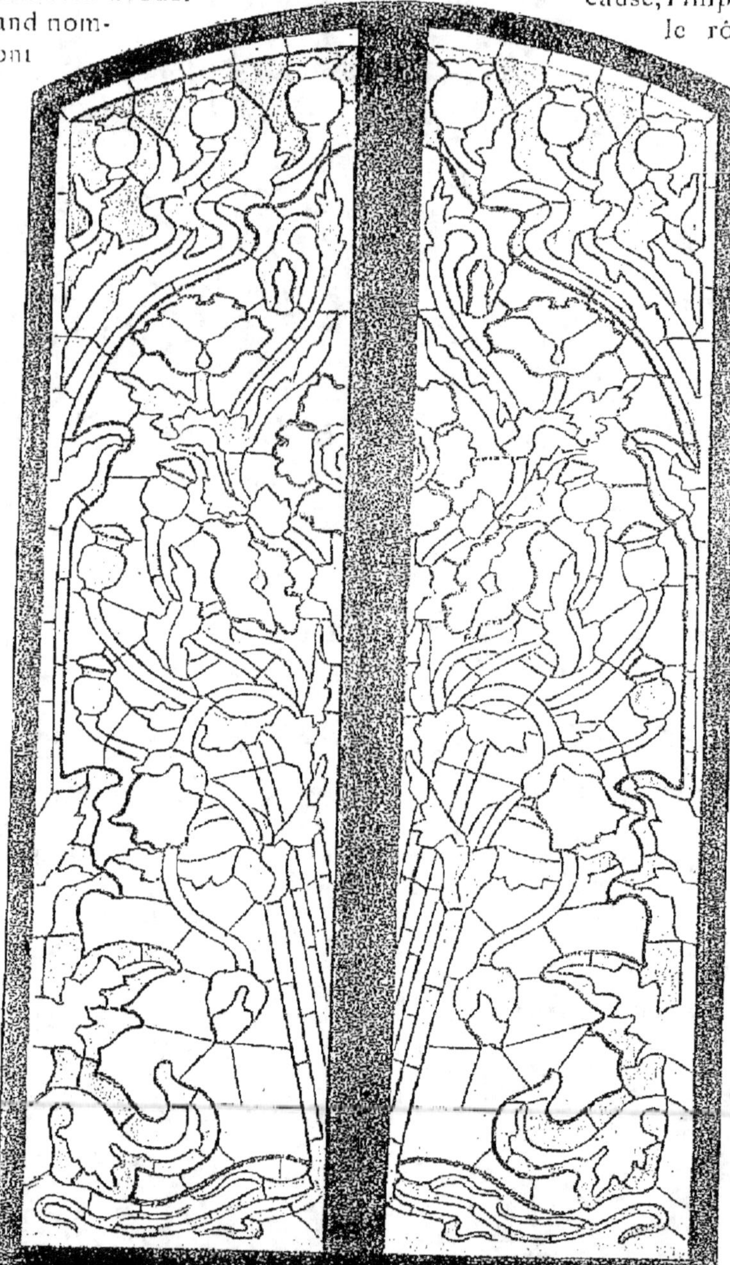

2e *Prix.*   BLANCHE LAUZANNE.

harmonieux que l'on vise à atteindre, on rencontre le plus souvent un aspect morne ou criard. Et comme partout où la couleur est en cause, l'impression première joue le rôle capital et influe souverainement sur le jugement définitif, on voit aisément les conséquences qui en résultent.

Je n'aurais compris cette imprudence que si elle avait eu pour excuse le désir de faire comprendre par un « rendu » bien explicite le rôle intéressant et parfois capital que peut jouer dans la composition d'un vitrail la variété des verres employés. Chose étrange, le grand nombre semble n'avoir jamais observé les matériaux qui constituent le plus ordinairement les vitraux d'appartement actuels, et ne point se douter que depuis vingt ans l'industrie a presque décuplé les ressources dont disposait jadis le peintre verrier. Ils sont nombreux pourtant les nouveaux matériaux et les verres coulés, granulés, chenillés, givrés, gaufrés, maroquinés, martelés, marbrés, opalescents, pour ne parler que des principaux, ont gagné maintenant leurs lettres de grande naturalisation et offrent aux modernes des ressources que ceux-ci ont le devoir de ne pas ignorer et seraient maladroits de dédaigner.

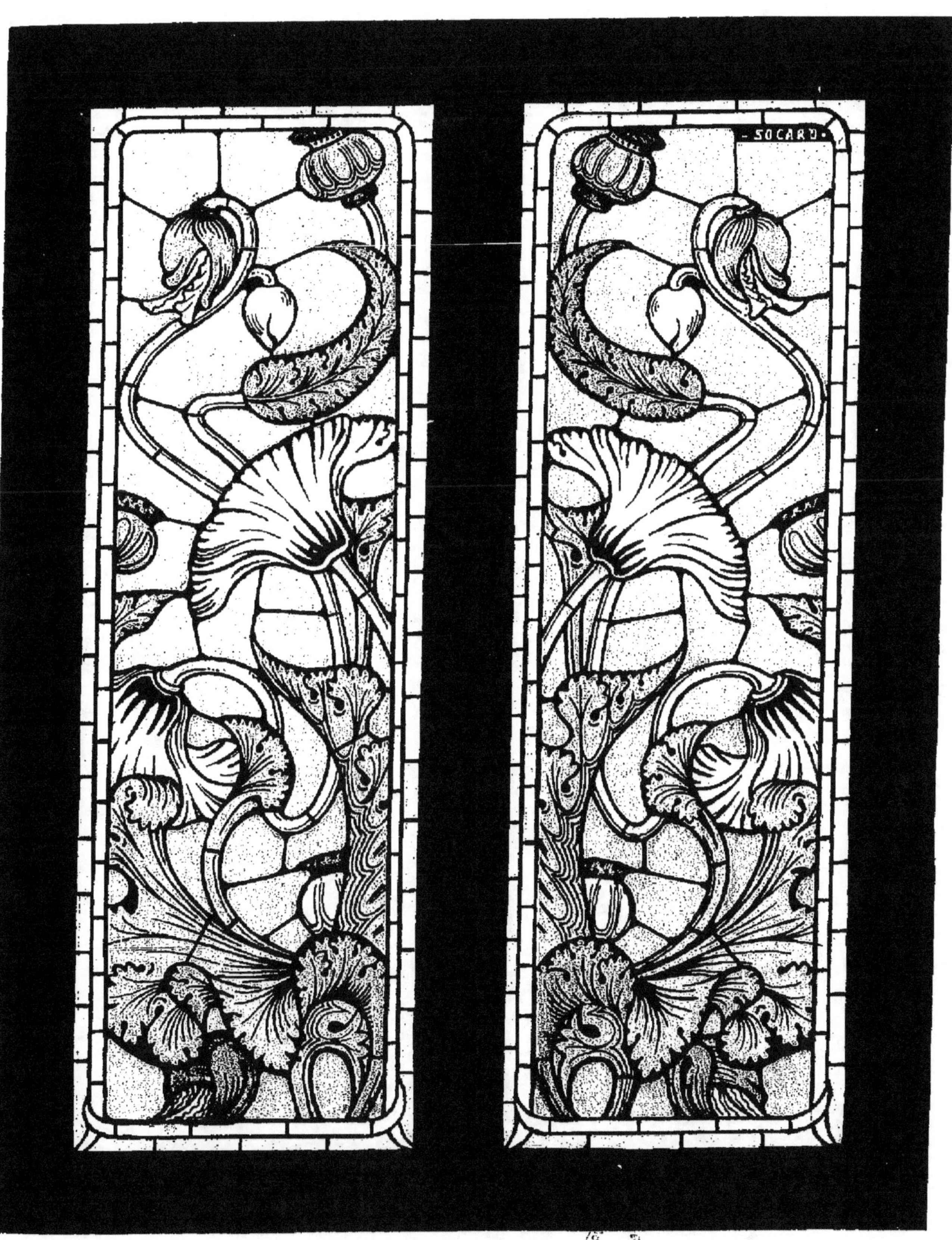

VITRAIL D'APPARTEMENT

Projet de M. Socard

(1ᵉʳ *prix*)

C'est à peine cependant si une brève notice, jointe à deux ou trois projets, indiquait timidement l'emploi possible, pour les fonds, d'un autre verre que le transparent classique, alors qu'un peu de réflexion eût dû montrer que pour une chambre à coucher, l'usage s'imposait presque de ces verres spéciaux qui, se laissant traverser par la lumière, non par le regard, pouvaient assurer à la pièce l'intimité nécessaire. Le programme l'indiquait presque, en prévoyant l'emploi de châssis mobiles pour donner libre accès à la lumière ordinaire quand on n'avait rien à craindre des indiscrets ou qu'on voulait voir au dehors.

Il y avait bien d'autres choses dans ce programme, pourtant très concis, que les concurrents auraient pu comprendre sans même qu'il leur fût besoin de lire entre les lignes, et dont ils n'auraient rien perdu à s'inspirer.

C'est d'une fenêtre de chambre à coucher qu'il était question, de cette partie de notre habitation où le goût personnel de l'individu peut et doit se manifester, au mépris de toutes ces considérations de mode, de style, de convention auxquelles tant de gens n'osent parfois se soustraire, malgré qu'ils en aient, et qui pèsent si fâcheusement sur notre émancipation en matière de mobilier et de décoration intérieure.

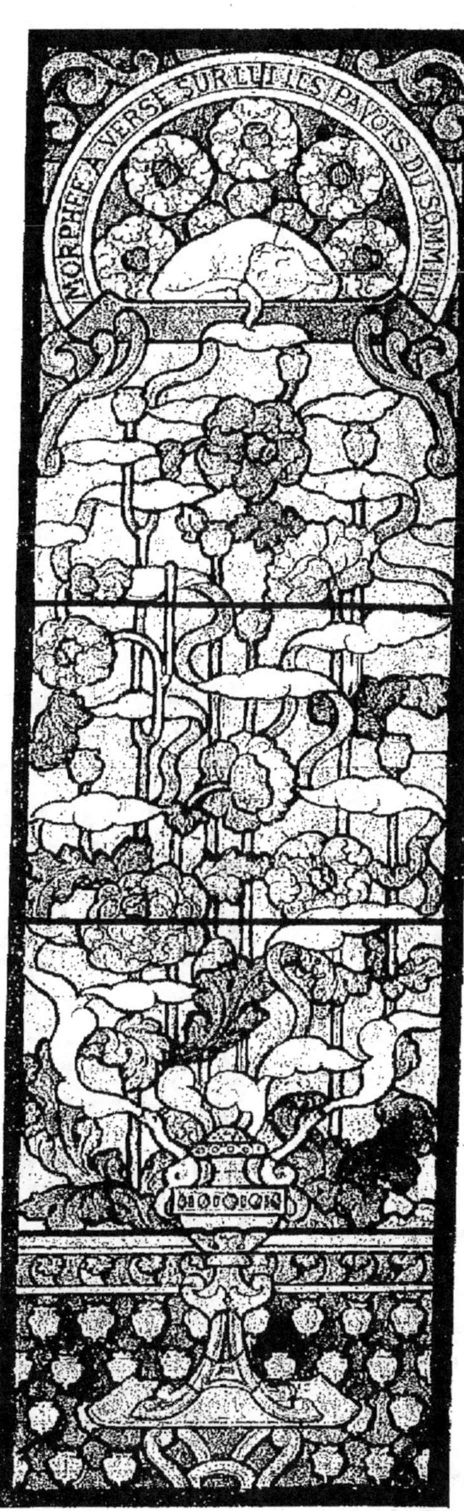

3me Prix. COQUILLAT.

Je gagerais, par exemple, que si beaucoup d'artistes avaient composé leur projet comme s'il devait être immédiatement réalisé et utilisé pour leur usage personnel, l'ensemble des envois y eût singulièrement gagné... en simplicité.

Mais c'est principalement sur la façon d'entendre le coloris que l'influence de ces préoccupations personnelles eût été sensible. Ils se seraient avisés bien vite que, même san tenir compte des heures possibles de migraine ou d'hyperesthésie, les couleurs franches devaient être proscrites d'une chambre à coucher ou n'y apparaître que par touches rares et petites. Ils auraient aussi remarqué que, parmi les harmonies discrètes qu'on peut obtenir en nombre par le mélange des tons atténués, certaines sont dangereuses malgré leur séduction dès l'abord. Je veux parler des tons froids (bleuâtres et certains verdâtres) qui, par la lumière quasi lunaire qu'ils déversent sur les choses et les gens, imprègnent les intérieurs d'une tristesse mortelle.

Or, un coup d'œil sur l'ensemble des maquettes et esquisses m'apprend bien vite qu'elles sont légion, celles où le verdâtre et le bleu turquin triomphent souverainement, qu'elles sont minorité imposante celles qui ont emprunté aux verrières de nos cathédrales leurs tons les plus éclatants,...

qu'elles brillent surtout par leur absence celles où ce côté si essentiel de la question

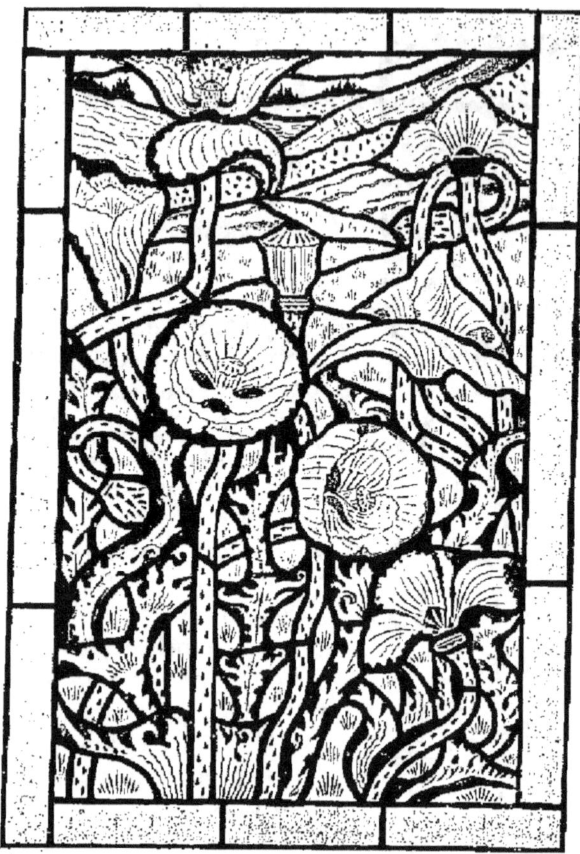

2ᵉ *Mention.* DE PENHOUET.

a été sincèrement étudié et résolu heureusement.

Je ne pouvais, en une matière où le charme de la couleur joue le rôle prépondérant, m'abstenir de ces observations, mais je ne me dissimule pas que malgré l'abondance des gravures il faudra quelque peu me croire sur parole... Les projets n'ont pu être reproduits qu'en passant sous les fourches caudines de cet impitoyable égaliseur qu'est l'orthochromatisme, laissant dans l'aventure qui des défauts, qui des qualités.

Comment ces défauts et ces qualités se trouvent répartis parmi les projets les plus marquants ; je vais m'efforcer de l'analyser.

Ce sont sans doute les bonnes qualités de technique qu'elle reflète qui ont valu à la composition de M. Socard le premier prix. On sent là, en effet, la main d'un habile praticien ; la plante est puissante et bien tracée, les détails sont indiqués avec science et précision,

et l'ensemble a certainement du caractère. Il a même du « style », beaucoup trop de style, car sa parenté indéniable avec les ornements du xııᵉ siècle me semble en la circonstance tout l'envers d'une qualité. Là où, malheureusement, M. Socard se sépare des traditions du moyen âge, c'est quand il coupe avec brutalité sa composition par les filets de bordure ; je crois qu'il trouverait difficilement des exemples anciens d'un traitement aussi rude. Je comprends d'autant moins ce parti, qu'il avait toute liberté de choisir une largeur supérieure à celle de 0ᵐ,35 qu'il a adoptée, de diminuer ses filets d'encadrement et surtout de restreindre son échelle générale.

Dans un esprit tout différent a été conçue l'œuvre de Mlle Blanche Lauzanne, qui a obtenu le deuxième prix. Ici, plus de réminiscences du passé, mais un ensemble bien équilibré, tout moderne et d'une couleur très harmonieuse. L'envie me viendrait bien de critiquer certaines raideurs, certains angles péniblement agressifs, si je n'avais à signaler le

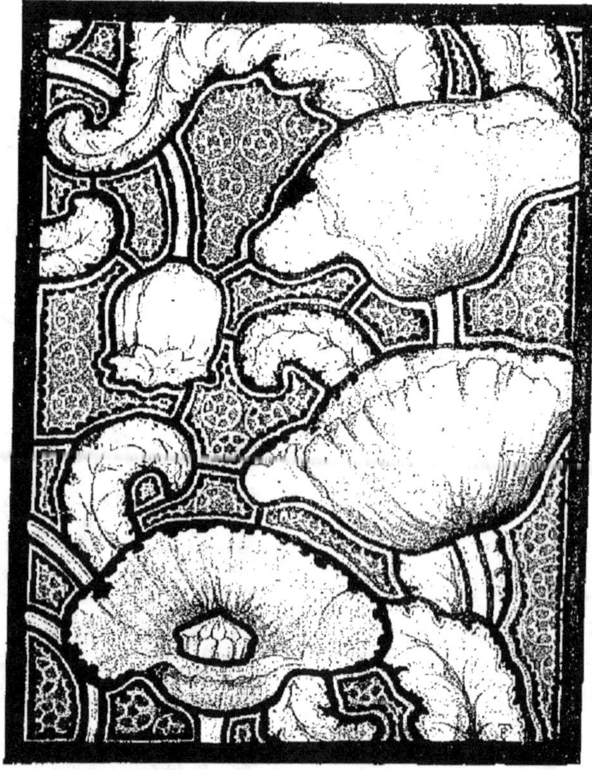

(Mention.) TIXIER.

dispositif ingénieux par lequel Mlle Lauzanne est arrivée à faire jouer les deux tons principaux de son vitrail en faisant représenter par chacun tantôt le fond, tantôt la plante. Cette recherche, qui donnait à l'ensemble une allure toute particulière, est malheureusement peu apparente dans la reproduction par la gravure.

Très touffue la composition de M. Coquillat, qui vient ensuite avec le troisième prix, trop à mon gré, car ce sont surtout ses parties les plus simples, comme par exemple l'arrangement des têtes de pavot en jeu de fond, que j'apprécie principalement. L'idée est ingénieuse de transformer les fumées qu'épand la cassolette, en rubans continus avec endroit et envers, serpentant parmi les pavots. Le dessin est aimable et soigné, mais beaucoup trop nature et pas adapté du tout à l'exécution sur verre.

Quant au chat qui s'apothéose à la partie supérieure, c'est un peu le bloc enfariné du fabuliste et sa silhouette deviendrait aussi peu féline que possible, si l'on transportait le dessin sur verre.

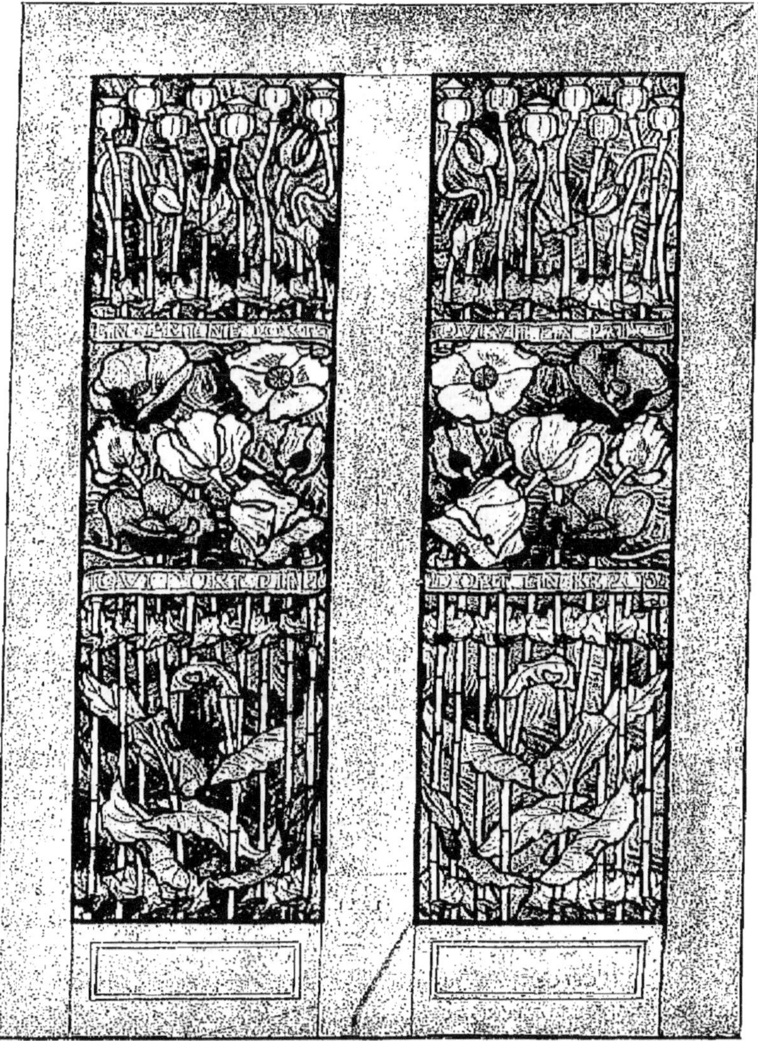

Mention. AMÉLIE RISLER.

feuilles terminales, n'eût demandé qu'un travail insignifiant.

Un vitrail ne doit pas être traité cependant comme une étoffe ou un papier de tenture, et l'erreur où est tombé M. Payen me semble d'autant plus regrettable, que son œuvre valait par de vraies qualités constitutives. Sans lui en faire un grief, je note que M. Payen est l'un des rares concurrents qui n'ait pas fait paraître dans sa composition le fruit du pavot, pourtant si caractéristique.

Le panneau unique de M. de Penhouet (2° *mention*), est certainement un des plus personnels qui aient été présentés ; les défauts n'y manquent pas, mais les qualités y abondent. C'est ainsi qu'on a envie de critiquer la couleur et la distribution des fleurs, mais que l'on remarque aussitôt leur variété et leur curieuse interprétation ; le détail de la mise en plombs paraît excessif, on l'oublie pour remarquer l'esprit avec lequel feuillages et terrains sont exprimés. Au résumé, si l'œuvre présente quelques inégalités, elle témoigne d'une rare volonté et possède une saveur de bon aloi.

L'arrangement que présente M. Lucien Payen (1re *mention*) est fort ingénieux ; il a su agencer le report de son motif unique de telle sorte qu'il demeure pittoresque et ne laisse presque pas sentir la répétition. Son échelle est bonne, sa coloration délicate et je ne doute pas qu'il ait obtenu un bien meilleur rang sans son idée malencontreuse de rogner à la diable son dessin sur les bords, alors qu'affranchir les silhouettes des fleurs et des

M. Léon Laugier, dont un seul projet se trouve reproduit ici, en a envoyé trois dont aucun n'est banal. Il a tenté, chose méritoire, de rendre moins monotone, par le moyen de simples retournements, la répétition du même motif dans les six carreaux d'une fenêtre ordinaire dont les petits bois sont main-

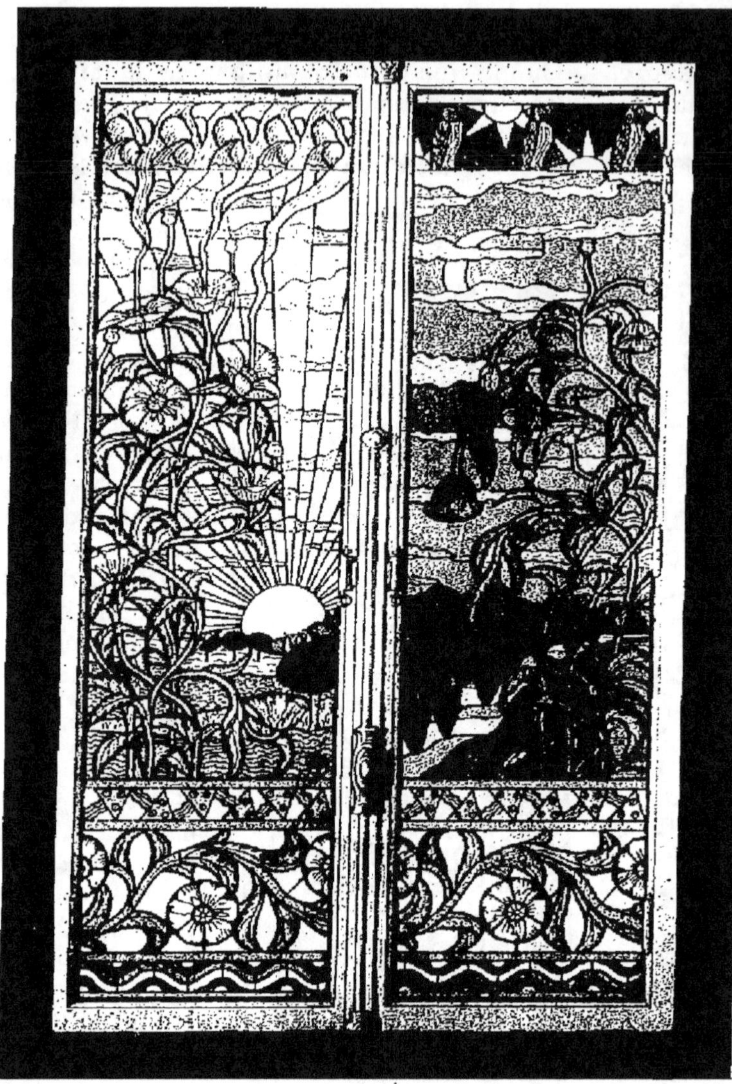

Mention.   PAUL FOLLOT.

tenus. Les dessins de M. Laugier sont fermes et s'exprimeraient bien sur verre, mais je lui conseille de renoncer complètement au coloriage de ses cartons d'exécution.

Dans la fenêtre de M. Paul Follot (*mention*), il fait grand jour à gauche, clair de lune à droite. L'idée est curieuse et heureusement exprimée. Mais en adoptant le coloris prévu par M. Follot, qui se traduit par des dominantes très intenses, orange d'un côté, bleue de l'autre, l'ensemble boîterait fort désagréablement.

L'ordonnance qu'a adoptée Mlle J. Milési (*mention*), est la simplicité même.

Une haute tige de pavot développe ses feuilles et ses fleurs sur un fond réticulé. Le dessin est précis, souple, ferme et l'exacte connaissance de la technique du métier se révèle à plus d'un détail. Moins de travail, surtout moins de modelé, n'auraient pu qu'améliorer cette distinguée composition.

Tout autre est le parti de Mlle Amélie Risler qui a nettement divisé chaque compartiment de la fenêtre en trois zones et bloqué dans chacune, feuilles, fleurs, graines, les séparant par des inscriptions assez bien appropriées. L'ensemble est un peu trop tassé et le dessin anguleux, mais le coloris est des plus heureux.

Aimez-vous la perspective? M. Albert Muret (*mention*) en a mis partout. Je rends volontiers hommage à sa science du dessin. Mais sa composition est aux antipodes du vitrail et la lame mince et diaphane qu'est le verre n'est pas faite pour exprimer des lointains. Si grandes que soient parfois les divergences en matière d'esthétique, je crois que cette opinion ne rencontrerait guère de contradicteurs.

M. Emile Mangeaut (*mention*) a bien équilibré ses feuillages et trouvé des distributions ingénieuses pour les fonds, bleu, rouge et jaunâtre, sur lesquels ils se répandent. Je crois que moins déchiquetées, les feuilles auraient fait aussi bon effet, tout en devenant plus exécutables.

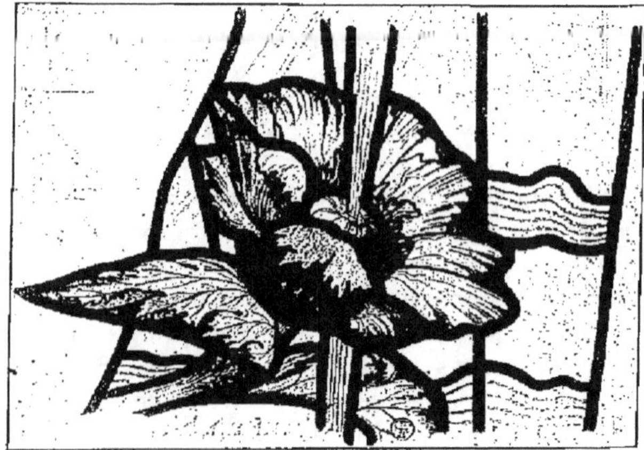

Détail.   PAUL FOLLOT.

Avec M. Jules Tixier (*mention*), qui clôt la

série des projets primés, nous voyons des fleurs gigantesques, cruellement rouges ramper sur des fonds bleus enrichis par un travail de demi-teinte. Sans doute de tels vitraux produiraient grande impression, tant par leurs proportion que par leur coloris. Mais qu'elle serait triste et sombre la chambre qu'ils seraient censés éclairer! Il faut bien se garder, en effet, d'employer pour les pièces que l'on habite en permanence, les verres de couleur puissante qui doivent être réservés pour les monuments de grande allure et de vastes dimensions.

Il y aurait bien à glaner dans les trente-cinq projets dont je n'ai fait encore nulle mention, mais ils ne se distinguent pas les uns des autres par des qualités ou des défauts assez saillants pour que leur étude intéresse les lecteurs. Je m'en voudrais d'allonger encore l'examen d'un concours sur lequel je crois m'être étendu bien au-delà des limites que sa valeur lui aurait dû valoir.

Je me bornerai donc à signaler rapidement le demi-panneau de Mlle Marguerite Brugniot, dont l'interprétation assez large procède un peu du xvᵉ siècle allemand et a vraiment de l'allure; enfin l'esquisse palotte de Mlle Sarrasin, qui a prodigué les coupes dans ses fonds qui pouvaient s'en passer, et les a omises dans ses feuilles et ses volutes qui les réclamaient impérieusement.

En somme, on pouvait at-

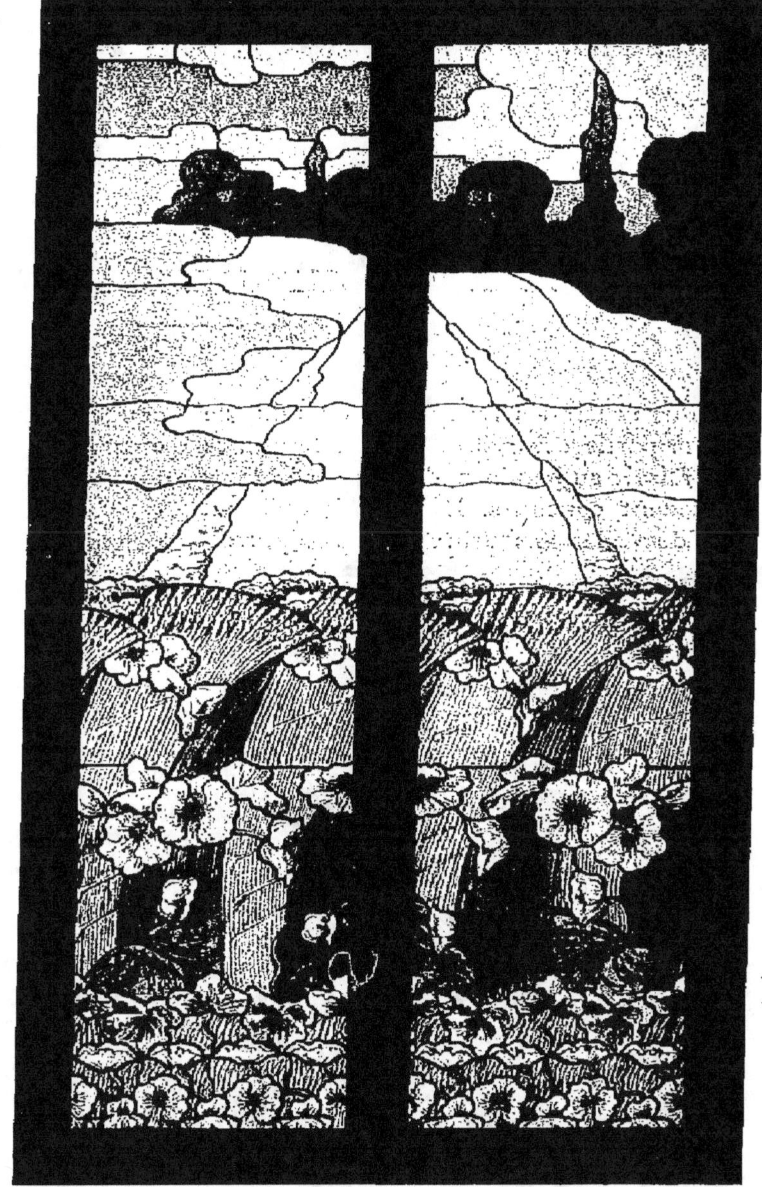

Mention. ALBERT MURET.

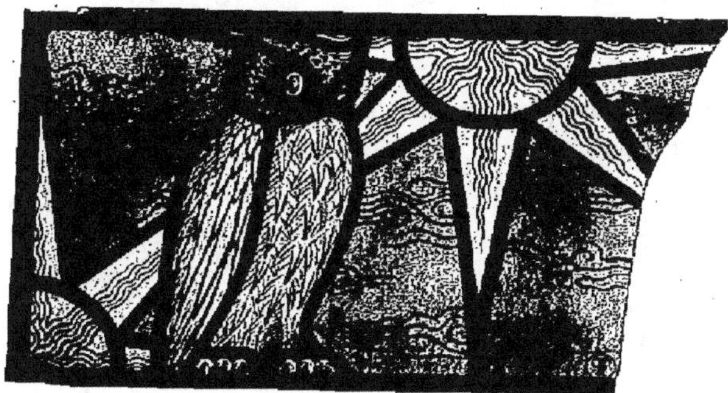

Détail. PAUL FOLLOT.

tendre de ce concours mieux qu'il n'a donné, mais il serait injuste de ne pas rendre hommage à l'effort des concurrents qui s'escrimaient, en général, sur un terrain très nouveau pour eux.

Et si, alors que les vacances battaient leur plein, il a pu réunir cinquante projets sérieux, cela témoigne que, chez nous, on ne se désintéresse pas tout à fait de cet art, si français et si souple du vitrail, qui ne demande qu'un peu de bon vouloir de la part du public et des artistes pour manifester son renouveau.

Félix Gaudin.

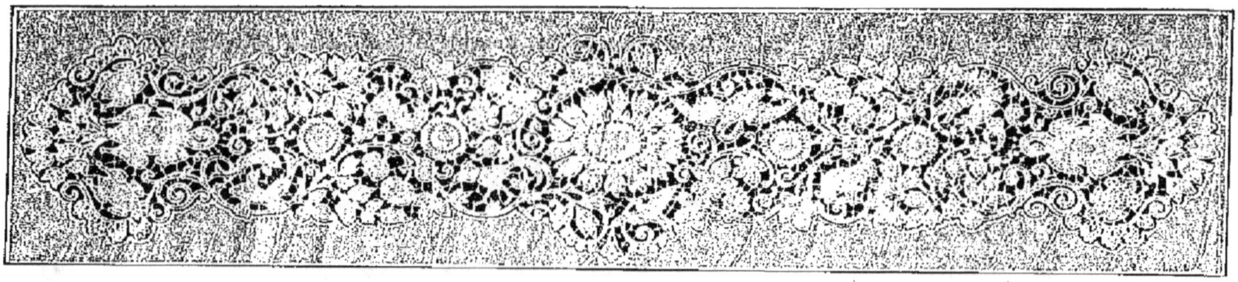

2ᵉ *Prix.* *Projet de* L. LELÉE.

Concours pour un Chemin de Table

On pourrait faire, à l'usage des chemins de table, une partie des reproches que le maître Grasset faisait au bandeau de cheminée dans un précédent concours. Il trouvait qu'il est fâcheux de voiler le marbre et ses sculptures.

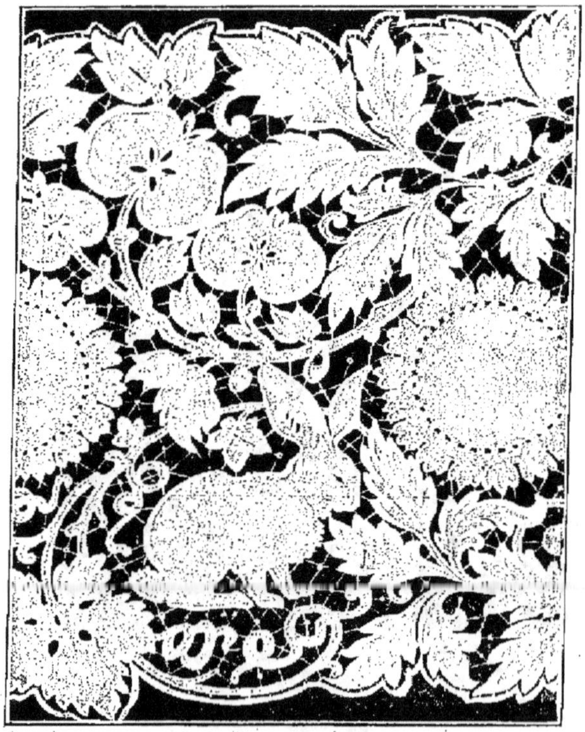

2ᵉ *Prix.* *Projet de* L. LELÉE. (*Détail.*)

Ici, c'est la nappe principale dont on cache l'ornementation damassée, en la recouvrant, au milieu, d'une seconde nappe plus petite, ornée de broderies ou de guipures à jours, qu'on fait valoir, souvent, par une doublure en soie de couleur. Il est vrai qu'on ne se permet cet excès de luxe que pour un grand dîner, quand on sort le surtout d'argent, les coupes de porcelaine et les cristaux taillés, entremêlés de candélabres, sous lesquels le chemin de table forme un tapis spécial. Son rôle est de faire valoir les pièces artistiques qu'il supporte et encadre. Il faut qu'il s'harmonise de richesse avec le brillant de l'argenterie, avec les colorations vives des fleurs, le charme plus discret mais plus savoureux des fruits, et l'éclat des lumières. Il doit se jouer dans les parties inoccupées, y garnir les *chemins vides*, et rendre encore plus gai et plus vivant le centre de cette table, vers lequel rayonne, en quelque sorte, toute la joie du repas. Ce doit être une pièce élégante, d'un travail raffiné autant que le comporte un objet d'ameublement. C'est donc un des plus jolis thèmes sur lequel puisse s'exercer le goût du dessinateur et l'habileté d'aiguille de la brodeuse.

Je reprocherai un peu aux concurrents de n'avoir pas assez compté sur le talent des brodeuses. Ils ne leur ont préparé que des ouvrages d'une simplicité d'exécution tout à fait commune; le dessin tracé par un simple feston et découpé dans la toile, c'est l'enfance de la broderie : on doit exiger plus pour accompagner dignement les riches ciselures de l'orfèvrerie et les fines peintures des porcelaines.

Mˡˡᵉ Gaudin obtient le *1ᵉʳ prix* pour un dessin de bonne forme, d'un bord bien étudié, sans déchiquetures trop fréquentes ailleurs. Les capucines qui couvrent cette composition affectent, cependant, un peu de monotonie que j'attribue à la disposition des jours. C'est dans les grandes feuilles que ces jours, assez variés et bien choisis, sont distribués : et, au contraire, il n'y a presque pas de jours dans les fleurs. C'est un contresens : dans la nature, ce sont les fleurs qui, par leur intensité de couleur, dominent sur la verdure plus tranquille du feuillage. Il fallait donc multiplier les jours et la richesse dans les fleurs et être plus modéré d'effet dans les feuilles. Quelques

que ces petits trous ronds pour border ses réserves de toile : on en a tant abusé dans la lingerie à bon marché. Mais, en somme, il y

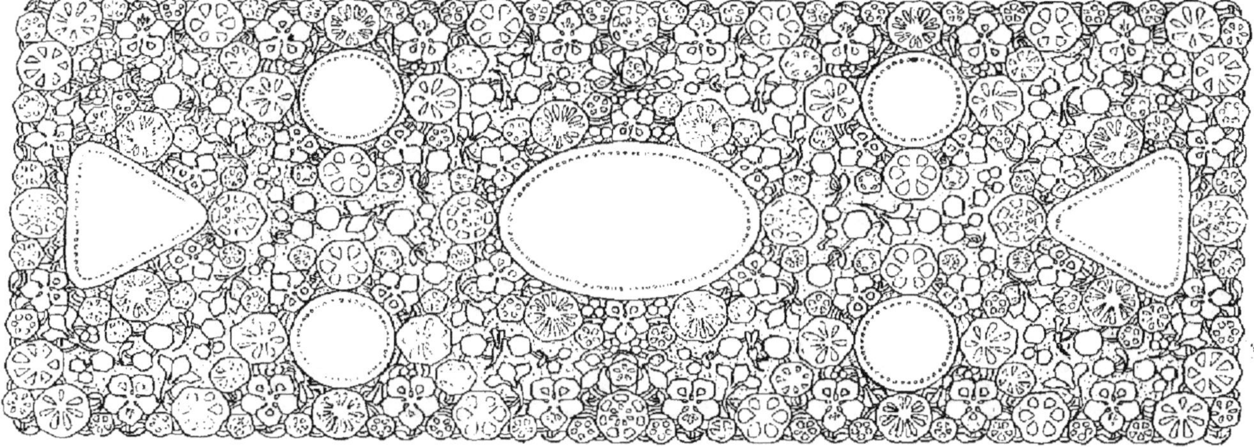

nervures rayonnantes, en fils tirés, auraient suffi dans celles-ci, et auraient empêché l'effet de pastilles qu'affectent toutes les petites feuilles de cette composition. Mlle Gaudin a bien le sentiment de ce qui convient à ce genre

a de la part de Mlle Gaudin un effort certain d'avoir dessiné un projet appliqué à la broderie fine.

Il n'en est pas de même de M. Lelée Léopold qui a le 2e *prix*. Son dessin semble des-

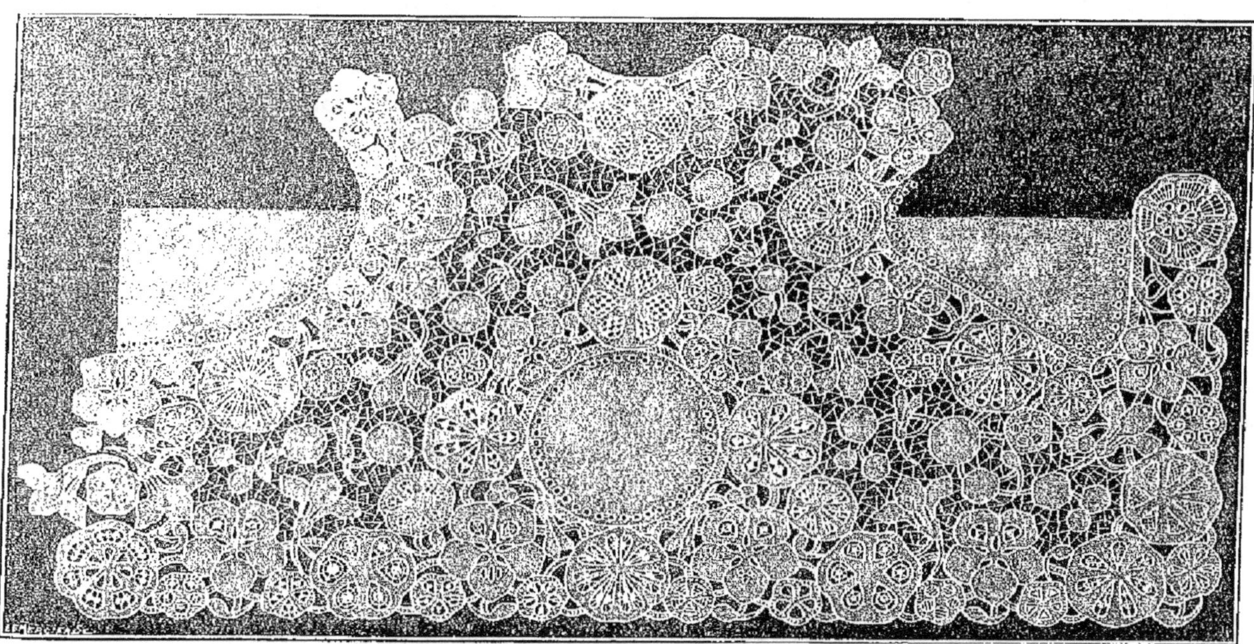

d'ouvrage au point coupé; elle a disposé ses fonds assez habilement, les laissant, à dessein, tout à fait à clair vers les bords, et garnis, dans les autres parties, de barrettes disposées en mosaïque irrégulière. En cherchant davantage, elle aurait pu trouver un motif moins banal

tiné à la broderie mécanique et ne se compose que de percés sans jours. Le tout est d'un travail trop commun pour être digne d'une table richement garnie. Mais il se recommande par un habile et spirituel mélange des animaux qu'on mange, avec des branches de fleurs et de fruits. L'idée est bonne, bien qu'elle ait été si souvent exploitée au xvɪᵉ siècle. Je n'aime pas beaucoup ses volailles plumées, dont la prin-

cution plus riche et mieux en rapport avec sa destination.

Autre observation : la forme renflée, surtout

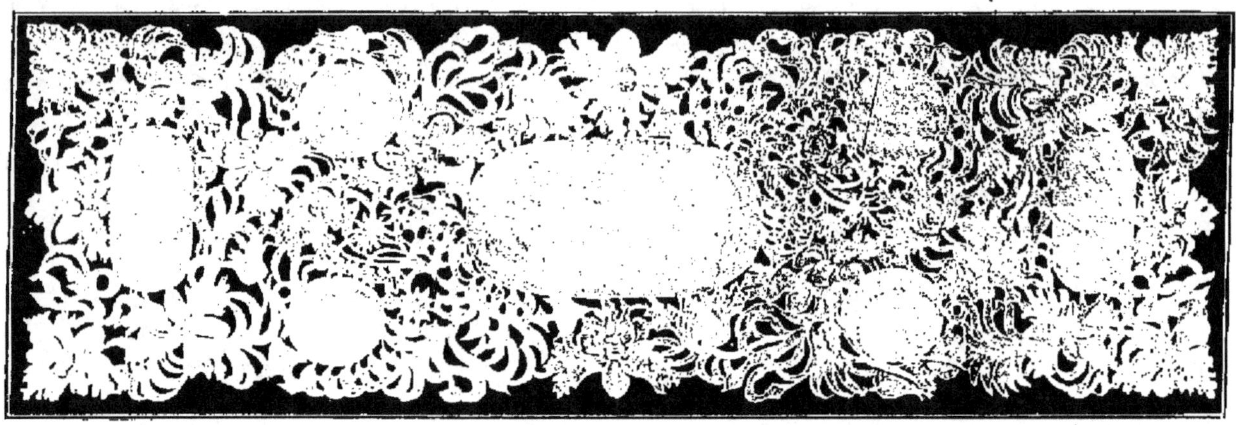

cipale affecte la forme traditionnelle du pélican qui se perce le flanc pour nourrir ses

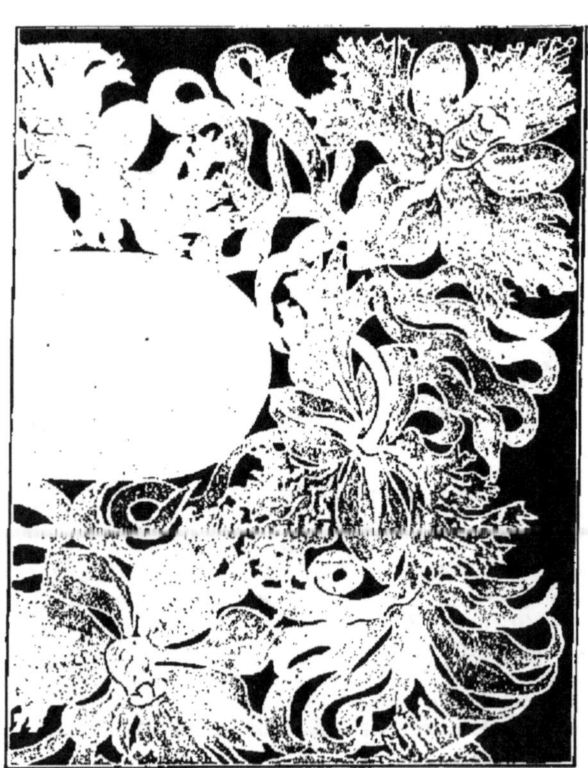

enfants qu'on croit voir rangés sous ses pattes. Les poissons et le homard ont du mouvement, mais le lapin est trop joujou de Nuremberg. Je crois que ce dessin aurait beaucoup gagné à être traité plus finement et en vue d'une exé-

au milieu, est-elle bien pratique? Elle a l'inconvénient de faire arriver la broderie jusque sous les verres des maîtres de la maison : c'est gênant, parce que les verres perdent tout aplomb en posant sur les festons brodés qui font relief à côté des creux ajourés.

Mlle Daubian-Delisle (*3ᵉ prix*) ne compte que sur les festons de reliefs plus ou moins accentués pour faire valoir ses belles pivoines un peu perdues dans une broussaille de feuilles flamboyantes. Pas un jour à l'aiguille : un parti pris de simple découpage du fond sans barrettes ; et quel bord peu pratique pour être déchiqueté à l'excès. Vraiment, la broderie est un art qui offre plus de ressources que vous ne lui en demandez là. Votre composition, si plantureuse, perdrait sa sécheresse si vous aviez fait briller des points clairs dans les larges pétales de vos fleurs.

Peut-être, ainsi modifiée, aurait-elle paru la meilleure de ce concours.

Ce n'est pas la même chose dans le dessin de Mlle Roullet qui obtient une mention. Si d'autres sont trop gros, je crois que celui-ci est trop menu. Ce n'est plus un chemin de table, c'est une écharpe en dentelle duchesse qui irait mieux sur les épaules d'une dame. Ces jolies branches de silènes, que butinent des papillons, seraient un peu écrasées par le surtout d'argent et les candélabres. Vous avez, cependant, préparé pour les surtouts des réserves de toile dont les formes sont mieux étudiées que chez les autres concurrents. L'ensemble est charmant, mais manque de solidité, faute d'une bordure un peu plus robuste. Et puis, évitez de dessiner en blanc sur fond noir : c'est dur et mortuaire : un peu plus de gaieté dans le rendu ferait mieux valoir votre ouvrage.

L'autre mention est attribuée à Mlle Sarrazin. Son dessin, d'une bonne ornementa-

que Mlle Sarrazin sait broder aussi bien que Mlle Gaudin : en allégeant sa manière, elle arrivera sûrement à un meilleur résultat dans un prochain concours du même genre.

Quel dommage qu'on ne puisse pas distribuer ces prix à table et réunir tous ces lauréats

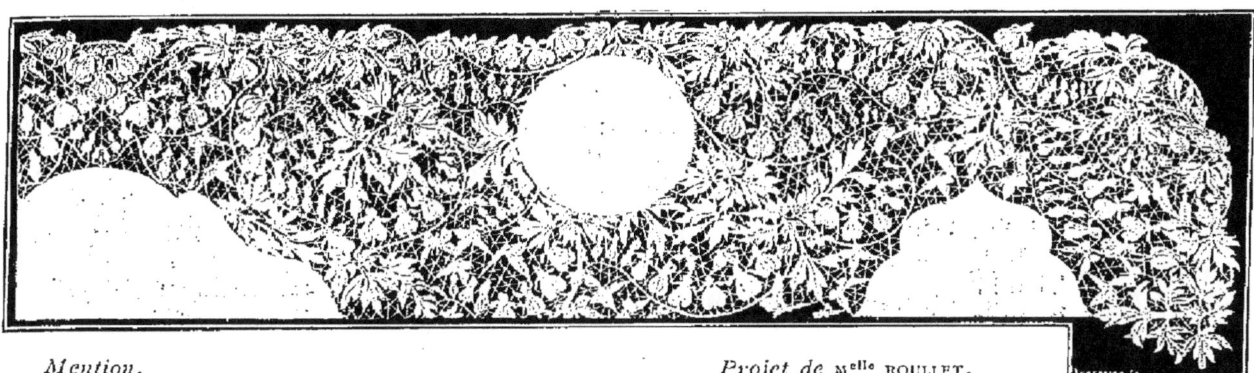

Mention.   *Projet de Mlle ROULLET.*

tion, est d'une forme compliquée et d'un caractère trop architectural pour de la broderie. Il a le défaut de placer toutes les pièces du surtout en ligne droite. Leur disposition en quinconce garnit bien mieux la table. On dirait d'un ouvrage à faire en bois ou en marbre. L'aiguille peut aborder des formes plus délicates et plus fouillées. Cependant, on voit

dans un grand dîner : ils apprécieraient eux-mêmes, sur place, les qualités et les défauts de leurs compositions. Je suis sûr que nous tomberions facilement d'accord, entre la poire et le fromage, sur les critiques un peu nombreuses, dont j'ai cru, dans leur intérêt, assaisonner les compliments que je leur envoie sur leurs succès.   ERN. LEFÉBURE.

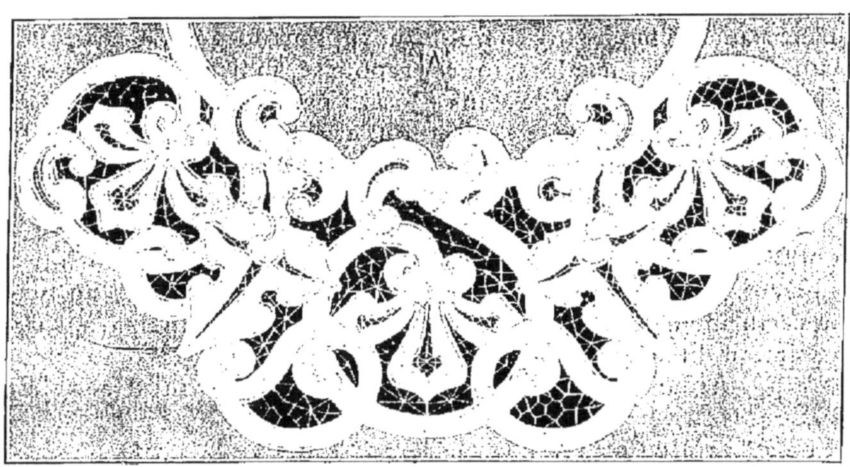

Mention.   *Projet de Mlle SARRAZIN. (Détail.)*

CONCOURS DE DÉCEMBRE
SUPPORT EN FER FORGÉ

Les objets de fer forgé conviennent-ils à toutes les pièces d'une habitation ? Nous ne le pensons pas, car cette matière est quelque peu sévère et son aspect un peu rébarbatif. Quelle que soit la richesse de son travail, le temps lui donne toujours une patine sombre. Le fer s'allie à merveille aux bois foncés à construction

robuste, mais point aux mièvreries d'un boudoir.

C'est pourquoi sa place est tout indiquée dans les vestibules, salles d'entrée, au bas des escaliers, dans les salles à manger, etc.

Le fer forgé est rarement bien traité en tant que matière, et on lui fait bien souvent produire des effets pour lesquels il n'a aucune inclination. Un des principaux travers modernes est de chercher à lui donner l'aspect d'une matière molle et mince, alors qu'il faudrait, au contraire, qu'il montrât toujours sa dureté et sa force.

On cherche au moyen du fer forgé à imiter les objets les plus fins, les plus doux, les plus délicats, les plus tendrement diaphanes; j'ai presque décrit la rose! Oui, la rose, mais en tout cas pas celle en fer qui orne toutes les boutiques de fer forgé!

Rien n'est plus lourd et plus tristement compliqué que cette malheureuse fleur de fer, si malencontreusement martelée. Et quel travail, mon Dieu!!

Le fer doit, au contraire, se contenter de formes simples, reliées solidement entre elles. Son aspect sera relativement léger, parce que c'est sa vraie condition de solidité. Voilà pourquoi c'est une faute que de chercher, au moyen d'un trop grand nombre de formes repoussées, à le faire ressembler à de la fonte. Ce qu'on néglige plutôt, c'est de travailler les surfaces et les arêtes du métal pour en ôter la froideur et la sécheresse. Or, le fer s'y prête à merveille et à peu de frais. Au moyen de poinçons divers, de coups de burins et d'empreintes, on donne à ces surfaces une richesse singulière, une fois le métal un peu oxydé; car, alors, tout ce travail scintille au nettoyage et brille dans l'ombre comme une matière précieuse.

Une des autres erreurs de notre temps consiste à construire les objets de fer par assemblages au lieu de soudures. En effet, le fer forgé dont on rive, cloue ou visse entre elles les diverses pièces, est sujet à se disloquer promptement, en vertu même du poids de la matière et de l'oxydation du temps. On en peut voir des exemples frappants dans les supports en fer du xvıı^e siècle, dont les divers enroulements sont simplement rivés entre eux, ce qui a, par suite du temps et de l'usage, enlevé toute espèce de rigidité à ces paquets de ferraille; de sorte que, quand on les remue, on les voit changer de forme, s'incliner, vaciller et tomber.

Anciennement, on peignait le fer, surtout celui qui était exposé à l'air, pour le conserver, et on en profitait pour produire des effets de couleur et de dorure des plus intéressants. Cependant, ici, la matière se trouve masquée et privée d'une partie de ses principales ressources d'effet, qui est le brillant que prennent toutes ses aspérités. Aujourd'hui, au contraire, on lime le fer pour pouvoir le polir comme un miroir et lui donner cet aspect clinquant si estimé des modernes. Or, en enlevant la trace du coup de marteau, on ôte au métal tout son esprit; on le rend *bête*. Seulement, finir au marteau n'est pas le fait de tous les forgerons. D'ailleurs, l'abandon de la pratique de la soudure, négligée de plus en plus, montre que ce métier aussi a sa part dans l'universelle décadence.

Nous proposons justement, cette fois-ci, un de ces supports mobiles en fer forgé, pouvant se placer dans l'angle d'une pièce et supporter une jardinière.

Le pied proprement dit aura un mètre de hauteur, et il sera nécessaire d'indiquer, reposant dessus, la jardinière elle-même, faite de métal qui peut être du cuivre rouge ou jaune. Le projet sera fait au dixième, avec un plan à la même échelle indiquant la disposition constructive, et sera accompagné d'un détail, grandeur d'exécution, comportant une partie seulement — la plus caractéristique — du pied ou support forgé. La jardinière sera en métal repoussé, mais peut être très simple de forme.

On peut aussi la supposer en métal nickelé ou argenté, si tant est que la couleur de ces métaux s'allie bien au travail de la forge. La chose est possible mais point facile, car la rudesse du fer convient peu à la douceur de l'argent, excepté quand on traite ces deux matières par incrustation ou damasquine.

Mais l'objet principal du concours est ici le support.

Trois prix seront décernés, de 75 fr., 50 fr. et 25 fr.   EUGÈNE GRASSET.

N. B. — Il a été indiqué dans le concours de novembre un dessin en perspective, au cinquième d'exécution. Tous nos lecteurs auront compris qu'il s'agit d'une perspective telle, que le point de l'objet le plus rapproché du spectateur se trouve placé sur une échelle au cinquième de l'exécution du dit objet.

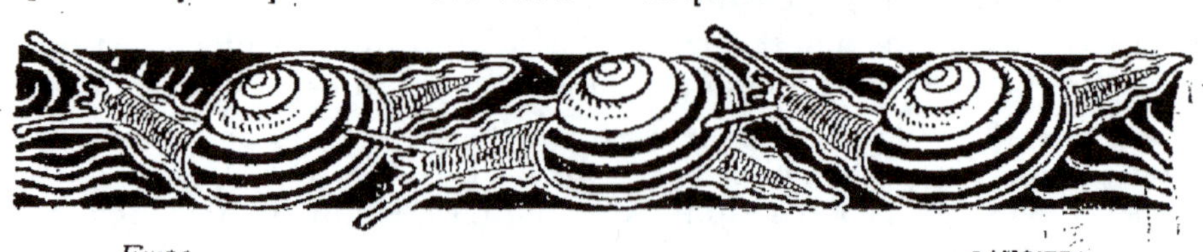

Frise.   LAUGIER.

Imp. de Vaugirard, G. de Malherbe & Cie, 152, rue de Vaugirard, Paris.   ÉMILE LÉVY, *Éditeur-gérant.*

Art et Décoration

❦❦

La Sculpture en Ivoire à l'Exposition de Bruxelles

La sculpture chryséléphantine vient de renaître en Belgique. Le prix élevé de l'ivoire, la pénurie de praticiens capables de mettre celui-ci en œuvre avaient peu à peu fait choir dans l'oubli cet art charmant. Et la précieuse matière, jadis assouplie au génie des statuaires, à la fantaisie des artisans, semblait irrémédiablement dévolue aux manches de couteau, aux ronds de serviette et aux billes de billard, lorsqu'une heureuse inspiration ouvrit à l'ivoirerie une ère nouvelle.

C'est au gouvernement de l'État indépendant du Congo et plus spécialement au baron Van Eetvelde, secrétaire d'Etat, dont l'intelligence supérieure et l'esprit d'initiative ont provoqué nombre d'innovations artistiques, que les ivoiriers sont redevables de cette efflorescence inespérée. M. Van Eetvelde mit généreusement à la disposition des meilleurs de nos statuaires une partie des richesses éburnéennes que chaque navire revenu d'Afrique décharge sur les quais d'Anvers. Il entra personnellement en relations avec eux, les excita à renouer la tradition interrompue des maîtres flamands et brabançons des XVIIᵉ et XVIIIᵉ siècles, les Van Obstal, les Copé, les Faidherbe, les Duquesnoy, les Bossint, les Angermayn, alla même jusqu'à leur trouver des acquéreurs. Grâce à ses efforts persévérants, voici, en quelques années, la sculpture chryséléphantine ressuscitée et s'imposant impérieusement parmi les plus belles tentatives de rénovation esthétique qui marquent notre époque.

Un premier groupement avait réuni à l'Exposition d'Anvers, en 1894, un petit nombre

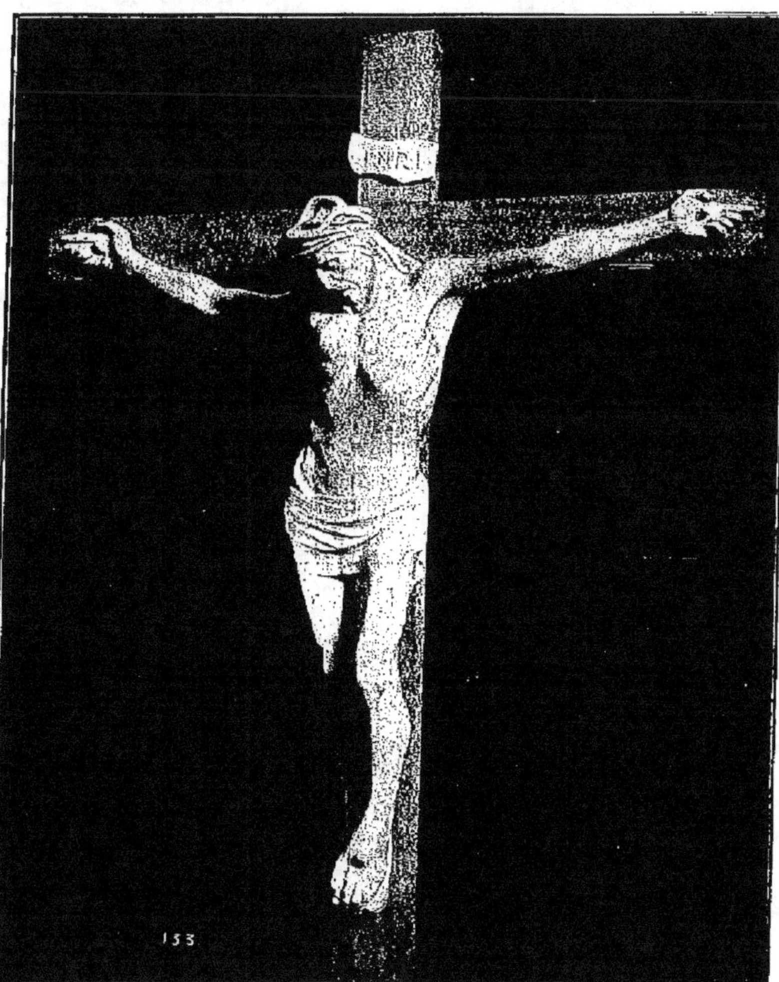

Christ en croix.　　　CONSTANTIN MEUNIER.

d'œuvres. Mais l'essai était timide, restreint à des statuettes de petites dimensions, et seuls quelques artistes téméraires, Julien Dillens en tête, prirent part à l'escarmouche.

Au Palais colonial de Tervueren, construit dans la majesté d'un admirable décor de verdure et d'eaux sommeillantes, le Salon d'honneur est entièrement consacré à la sculpture en ivoire. Sur des socles en bois du Congo, variés à l'infini et dont les dessins sont dus à l'imagination de nos meilleurs architectes,

de grandes dimensions : figures en pied, bustes de grandeur naturelle. Il en est qui ont combiné avec goût l'ivoire et le bois, soit dans la composition de figures en ronde-bosse, soit dans les applications de l'art aux objets d'ameublement et d'ornementation. Des essais de polychromie ont été tentés. La gravure, la peinture ont été mises à contribution. L'adjonction de pierres précieuses, renouvelée de l'époque byzantine, a même été requise. Bref, l'effort s'est orienté dans toutes les

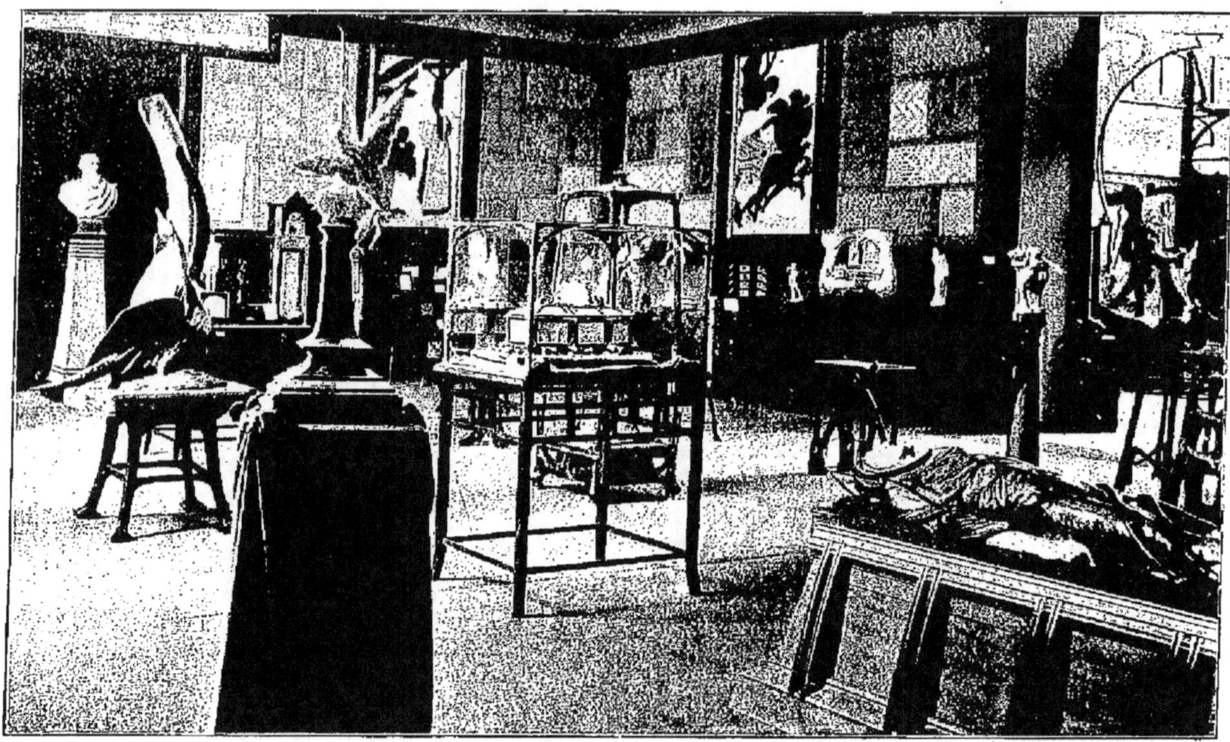

Le Salon d'honneur au Palais colonial de Tervueren.

parmi lesquels Victor Horta et Paul Hankar, statues, figurines, bas-reliefs s'érigent en blanche floraison avec la grâce de leur silhouette, la douceur lactée de leur coloration, la délicatesse de leurs veinules, la transparence des surfaces planes que polit la lumière. La plupart des statuaires belges ont pris à cœur de collaborer à l'œuvre commune, les uns par des compositions originales, spécialement conçues en vue de la matière à utiliser, d'autres par la reproduction en ivoire de figures modelées pour le bronze ou le marbre. Quelques-uns, s'inspirant des pratiques usitées au temps de Phidias et qui dotèrent l'art de la Minerve du Parthénon et du Jupiter d'Olympie, ont employé simultanément l'ivoire et le métal pour exécuter des œuvres

directions et le résultat offre un réel intérêt.

Dans le grand nombre d'œuvres exposées, de tendances diverses et de valeur inégale, un classement s'impose. En appelant à lui les artistes, l'Etat du Congo a dû se montrer éclectique et ne décourager aucune bonne volonté. Mais qui n'aperçoit, du premier coup d'œil, la distance qui sépare des belles œuvres, étudiées et mûries, de C. Meunier, de Ch. Van der Stappen, de J. Dillens, de P. de Vigne, de G. Devreese, d'E. Rombaux et de quelques autres dont les noms seront cités au cours de cet article, les « postures » quelconques, dénuées de style et de pensée, écloses dans les ateliers anversois ? Anecdotes et sujets de piété, amours mièvres, madones, *Ecce Homo, Christ à la colonne, Saint Sébastien,* hommages puérils et courtisanesques au roi Léopold, constituent, avec quelques objets exclusivement industriels qu'on s'étonne de rencontrer en ce Salon d'art, le lot négligeable de l'Exposition.

Cette rue Saint-Sulpice de l'ivoire a malheureusement ses chalands, et la badauderie de la foule s'attendrit aux complaintes, aux romances sentimentales, aux cantiques et aux litanies que chantent, d'une voix larmoyante, les ivoiriers de sacristie et de boudoir. Il eût mieux valu, certes, ne pas détourner des billards, des couteaux et des brosses à cheveux, leur destination naturelle, les défenses d'honnête pachyderme, qui ont servi à perpétrer ces ramasse - poussière.

Ceci déblayé, le visiteur reste en présence de deux catégories d'œuvres qui se partagent son attention. Les unes appartiennent au domaine de l'art décoratif et réalisent, avec plus ou moins de bonheur, une application de l'ivoire aux objets usuels. Je citerai, dans cet ordre d'idées, la *Glace aux paons* composée pour un appartement malheureusement de style mauresque par MM. Samuel et Crespin ; le *Coffret de mariage* en ivoire et bronze argenté de M. Fernand Dubois, dont divers objets réunis dans une vitrine : un cachet, une broche, un coupe-papier, des éventails, décèlent beaucoup d'ingéniosité dans la combinaison des motifs ornementaux ; le *Meuble à collections*, de M. Paul Han-

kar, le *Vase au cygne* de M. Wolfers.

Les autres relèvent exclusivement de la statuaire et, parmi elles, il est quelques morceaux de premier ordre dont les illustrations qui accompagnent ces notes permettront d'apprécier l'intérêt.

En modelant son *Christ en croix*, Constantin Meunier a montré ce que peut tirer un artiste tel que lui d'un sujet si souvent traité qu'il semble impossible de composer une modulation nouvelle sur le thème imposé de la douleur et de la résignation. L'œuvre, d'un puissant caractère plastique, s'éloigne autant des images gothiques du Rédempteur que des innombrables spécimens que nous ont légués du divin supplicié les statuaires de la Renaissance italienne. Le Christ de Meunier est humain, poignant de tristesse, endormi avec une souveraine noblesse dans le calme de la mort. La tête inclinée vers la terre, les membres cloués sur la croix, le torse amaigri sont traités avec une sobriété et une maîtrise admirables.

La *Psyché* de Paul de Vigne, qui s'apparente par l'élégance et la grâce à la sculpture italienne du XVIe siècle, la *Chrysis* de Godefroid Devreese. dont le mouvement voluptueux semble avoir été inspiré par la forme même de la pointe d'ivoire dans laquelle elle a été taillée, l'*Allegreto* de J. Dillens, reproduction d'une des plus jolies figurines de l'artiste, le *Vénusberg* animé et séducteur d'Egide Rom-

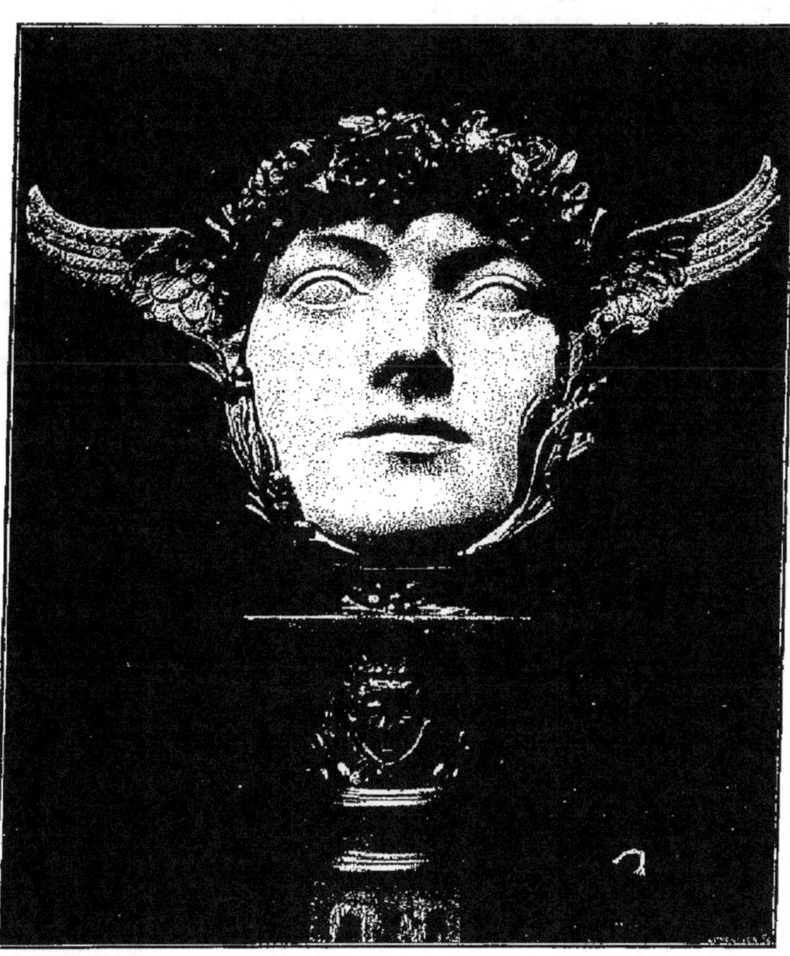

Masque.　　　　FERNAND KHNOPFF.

baux, prennent rang à côté de cette œuvre
maîtresse.

Le *Belluaire* de J. Dupon présente à divers

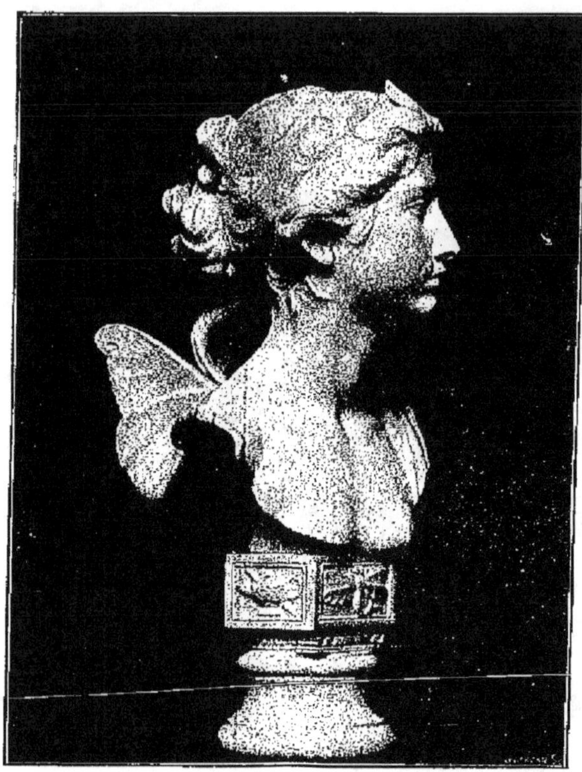

Psyché.   PAUL DE VIGNE.

égards un incontestable intérêt. Outre son
mérite plastique, la figure de l'artiste anversois se distingue par ses dimensions inu-
sitées. C'est, de toutes les statues d'ivoire,
la plus importante qui ait été exécutée en
Belgique, et la juxtaposition des matériaux
mis en œuvre a été faite avec une telle adresse
qu'il est presque impossible de découvrir les
joints.

Cette question des raccords, de même que
celle de la malléabilité de l'ivoire, obtenue,
dit-on, par les anciens au moyen de mixtures
dans lesquelles entraient la racine de mandra-
gore et l'orge fermentée, préoccupe à juste
titre les artistes. Elle figurait parmi les *desiderata* exprimés au comité de l'Exposition internationale de Bruxelles pour être soumise, sous
forme de concours, à l'investigation des spécialistes. Si la sculpture chryséléphantine
continue à se développer, comme tout le fait
espérer, ces difficultés de métier devront être
définitivement résolues pour lui permettre
d'élargir son champ d'action.

Dans le *Sphinx du Silence*, l'une des œuvres

capitales du Salon de Tervueren, Charles Van
der Stappen esquiva le problème en combinant
ingénieusement la disposition du casque et de
l'armure, tous deux en métal, avec les parties
visibles du visage et du cou, taillées dans un
superbe morceau d'ivoire. Ce procédé lui per-
mit de réaliser un buste de dimensions naturelles, lequel, par l'harmonie des lignes, la
souplesse du modelé et le goût des ornements,
marque à la fois dans l'œuvre de l'artiste et
parmi les plus remarquables envois du Salon.
Je reviendrai prochainement, dans une étude
d'ensemble consacrée à Charles Van der Stappen, sur cette figure et sur un autre ivoire,
orné de pierreries, que l'artiste composa, à la
demande du Comité de l'Exposition, pour être
offert à l'heureux
gagnant du gros
lot de la Tom-
bola.

Le *Sphinx du
Silence* est conçu
dans un sentiment
décoratif qui a ins-
piré deux autres
compositions, par
lesquelles je ter-
mine la nomencla-
ture des morceaux
de choix qu'abrita,
durant six mois,
le Palais Colonial:
un *Saint Michel* de
belle allure de
D. Weygers, et un
Masque, à l'ex-
pression énigmati-
que, de Fernand
Khnopff.

Dans la compo-
sition du premier,
M. Weygers a
échappé, comme
Constantin Meu-
nier pour son
Christ, au péril
des redites. Saint
Michel, qui est le
patron de Bruxel-
les et dont l'image
colossale, en bron-
ze doré, évolue sur

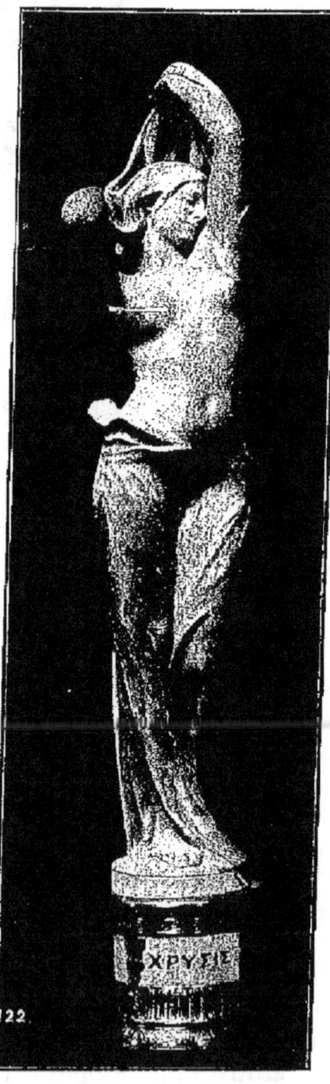

Chrysis.   G. DEVREESE.

la flèche de l'Hôtel de Ville, est particulièrement
en honneur dans les ateliers de la capitale, et il

n'est guère de statuaire qui n'ait reçu, au moins une fois dans sa carrière, la commande d'une effigie de l'archange triomphant. On pressent la difficulté de ne pas répéter ce qui a été fait antérieurement. M. Weygers s'est tiré d'affaire en artiste habile qui unit aux connaissances techniques un sens spécial des exigences ornementales.

D'autres œuvres mériteraient une mention, sans doute. Et les noms d'Hippolyte Le Roy, de Guillaume Charlier, de Charles Samuel, de Pierre Braecke, de Desenfans, de De Tombay me viennent à la plume, évocatifs de travaux dans lesquels apparaît un sérieux souci d'art. Mais cet examen succinct ne peut s'étendre à tous. Les lecteurs de la *Revue* auront d'ailleurs, si le projet dont on m'a fait part se réalise, l'occasion d'apprécier à Paris, en 1900, l'ensemble de la production artistique qui, dans ce domaine spécial, a eu en Belgique une si rapide fortune.

Le mouvement restera-t-il limité, comme il l'est actuellement dans les Flandres, à l'exécution de délicates et souples figurines? Il y a tout lieu, croyons-nous, de supposer que l'exemple donné par les sculpteurs sera suivi dans les industries d'art. L'ivoire se prête à ravir aux usages les plus variés; il peut recevoir, entre des mains habiles, les destinations les plus simples ou les plus compliquées, depuis les coffrets ouvragés, à décor d'entrelacs ou de figures que l'ancienne Byzance fabriqua, jusqu'aux étuis japonais, jusqu'aux cuillères et aux peignes si curieusement fouillés de l'Assyrie et de la vieille Égypte. Nous appelons de tous nos vœux ce renouveau. **OCTAVE MAUS.**

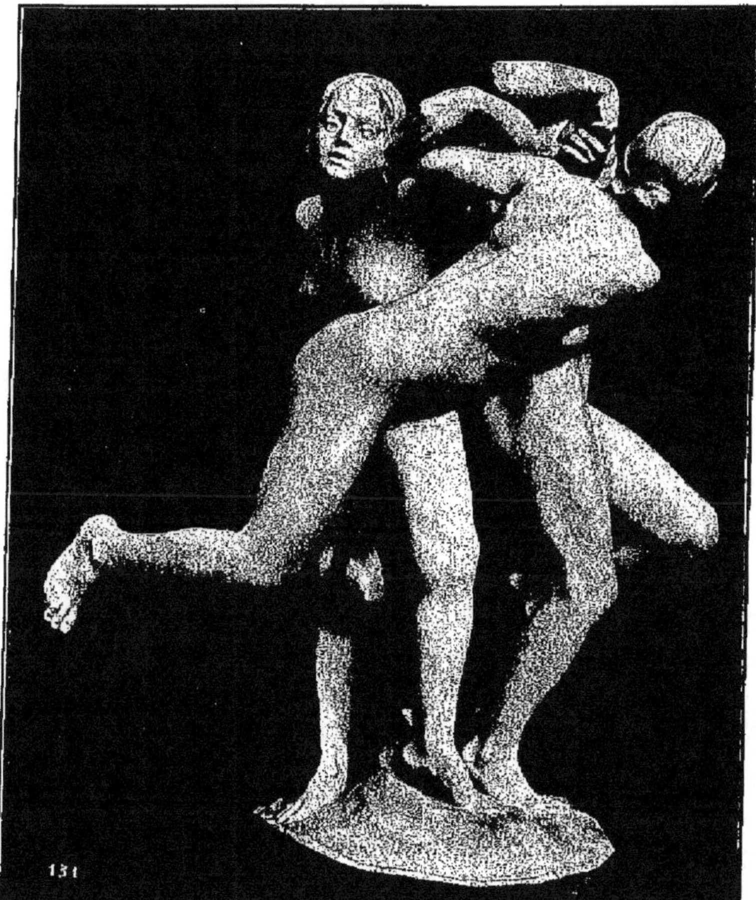

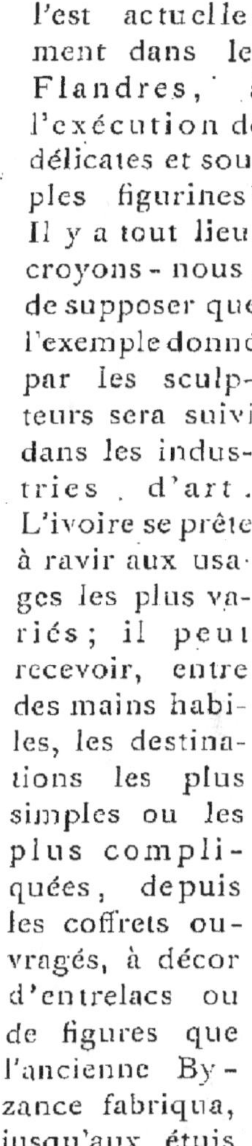

Venusberg.   E. ROMBAUX.

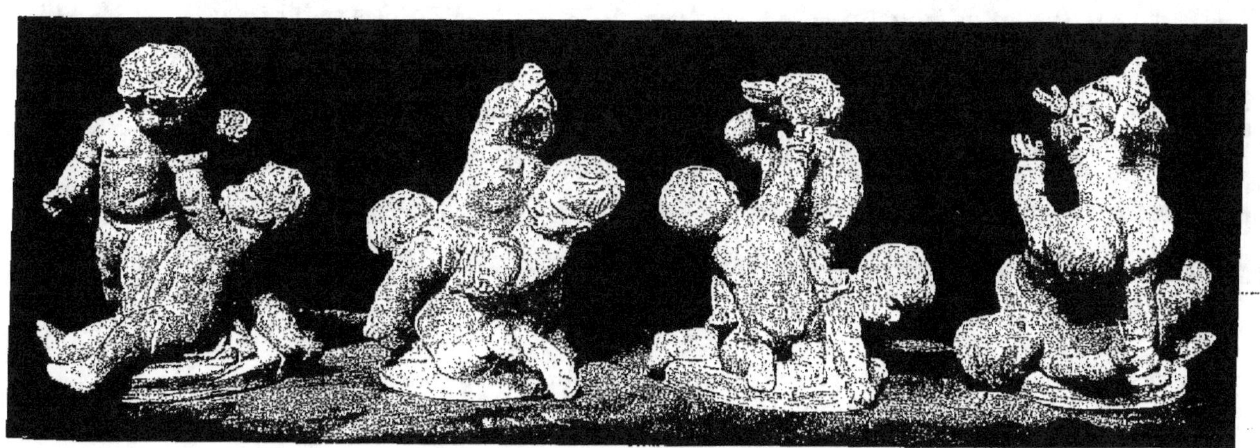

Biscuits de Sèvres (XVIIIe siècle).   BOIZOT.

Le Concours de la Société d'Encouragement à l'Art et à l'Industrie

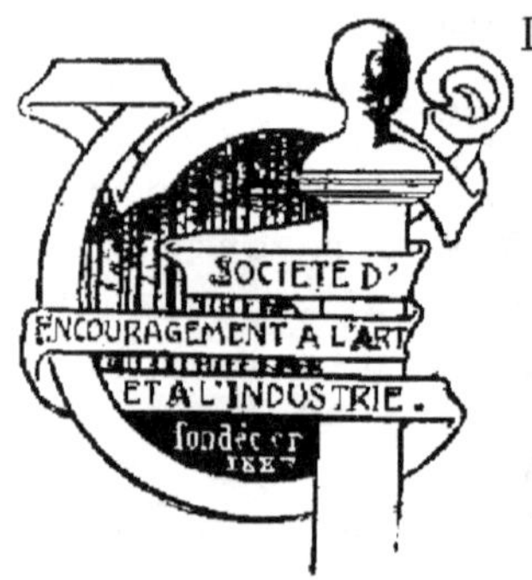

Cul-de-lampe. THOMAS.

La Société d'Encouragement à l'Art et à l'Industrie avait mis au concours, cet été, entre les élèves des écoles d'art, un diplôme à décerner aux lauréats de ses concours, une carte d'invitation à ses soirées, une composition artistique destinée à servir de couverture au programme de ses représentations, et une marque ou monogramme à employer comme cul-de-lampe dans les publications de la Société.

Ce concours a été jugé le mois dernier par une commission formée en partie de membres de la Société, en partie de fonctionnaires délégués par l'administration des Beaux-Arts, par laquelle la Société est subventionnée. Quelques critiques d'art avaient été adjoints au jury. J'en étais.

Je n'étonnerai personne en disant que, malgré l'abondance des projets — il y en avait en tout plusieurs centaines — le concours a été trouvé unanimement très médiocre. Cette médiocrité, les programmes en étaient peut-être un peu responsables, car il y manquait ces indications sommaires qu'on ne devrait jamais négliger dans un concours entre élèves, et qui

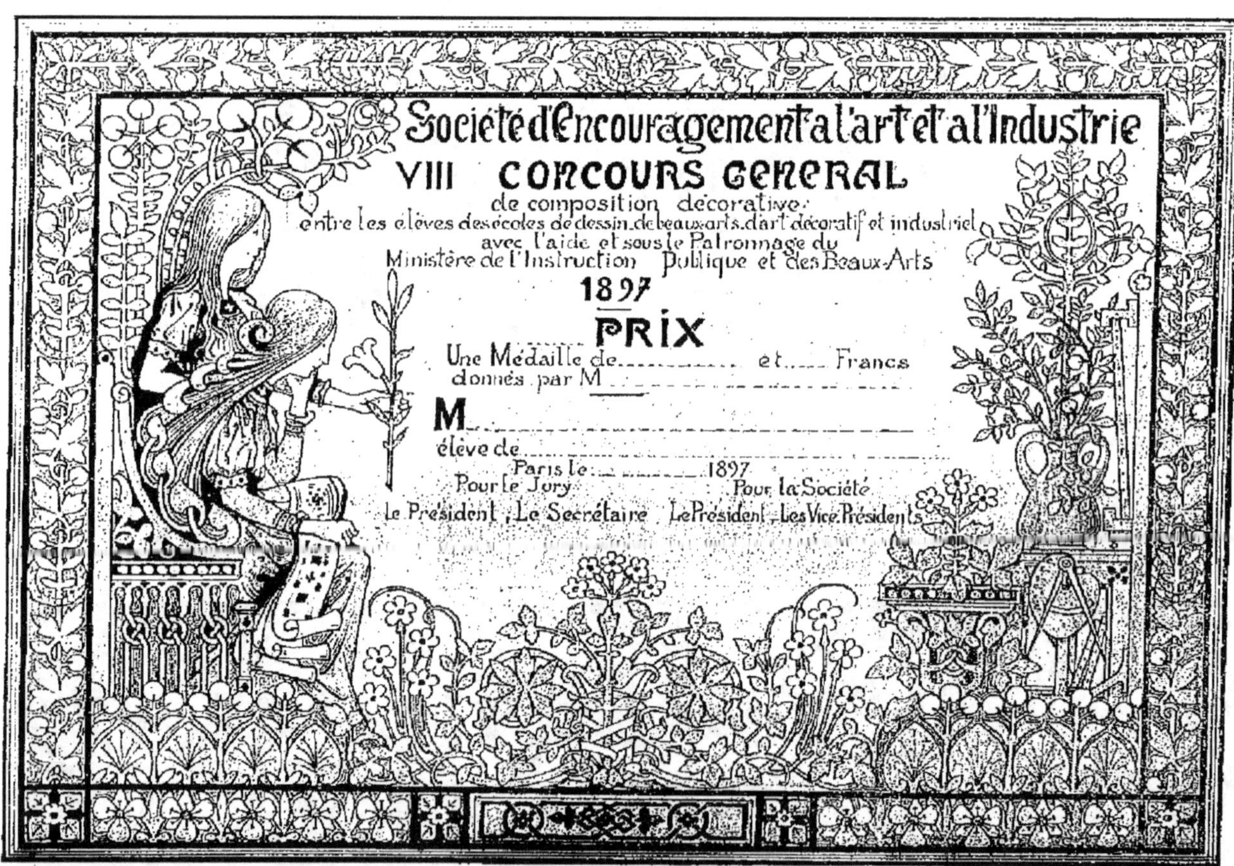

Concours de diplôme (1ᵉʳ prix). CHAUVET.

Toutes ces compositions devaient être composées pour être reproduites en phototypie.

appellent leur attention par avance sur les difficultés du sujet, en précisant nettement les exigences spéciales auxquelles il est tenu de satisfaire, par définition même.

pose de l'orner. Vous ne trouverez pas moins absurde, en y réfléchissant, le dessinateur qui,

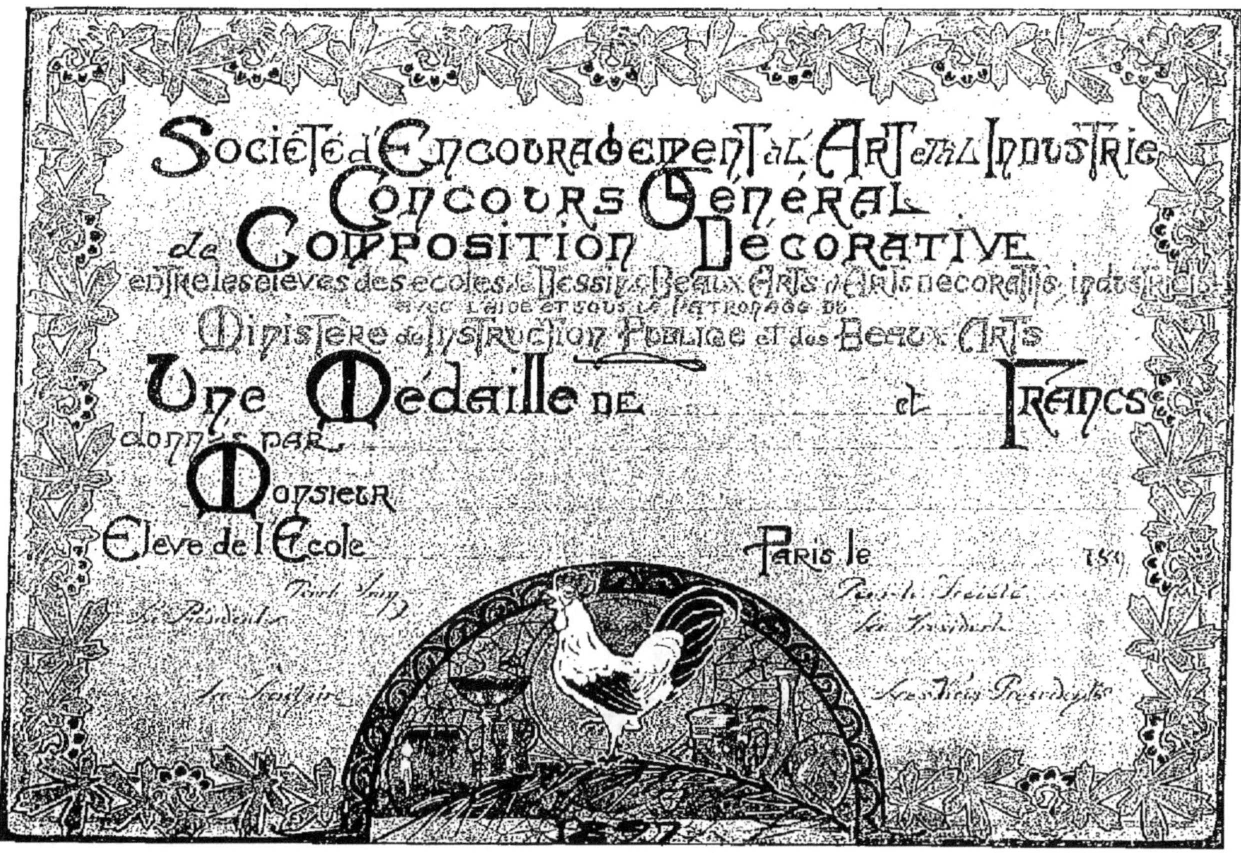

Concours de diplôme.

FR. BRÉARD.

Il me paraît indispensable, en effet, quand on propose pour sujet de concours un diplôme, d'établir ce qu'entendent par ce terme tous les gens qui réfléchissent tant soit peu. Un diplôme n'est pas une composition décorative comme une autre : c'est un certificat avant tout. Ce qui constitue, pour celui auquel on le décerne, l'essentiel, c'est la mention qu'il contient du concours à la suite duquel on le décerne, et, plus encore que cette mention, l'indication du prix, contre-signée par le président du jury. Le premier soin de l'artiste chargé de l'exécution d'un diplôme sera donc de disposer d'une façon apparente, bien en vue, l'arrangement typographique ou la combinaison de lettres qui constituent le côté pratique de la chose, c'est-à-dire le certificat.

Vous ririez d'un menuisier qui, ayant à exécuter un buffet, se préoccuperait de la partie ornementale tout d'abord, et ferait dépendre la forme du buffet des dimensions ou des dispositions des panneaux dont il se pro-

pour créer un diplôme, s'inquiétera surtout de disposer d'une façon agréable pour l'œil un groupe de figures symboliques et fera passer le certificat au second rang.

C'est ce qui est arrivé, pour le diplôme de la Société d'Encouragement, à la plupart des concurrents. Ils ne se sont pas rendu compte qu'il importait avant tout de laisser au milieu de la composition un grand blanc dans lequel les indications nécessaires s'inscriraient, et que le plus clair de leur travail consistait à délimiter ce grand blanc par un encadrement auquel on n'interdisait pas le pittoresque, mais auquel il était formellement défendu de tirer l'œil au détriment de la partie essentielle, le certificat.

De tous les concurrents, deux seulement ont compris d'une façon précise les exigences spéciales du sujet. Le jury a récompensé par un premier prix celui qui, tout en se donnant pour loi d'accuser, dans sa composition, la destination spéciale du diplôme, tout en encadrant, d'autre part, d'une bordure très franche

le champ sur lequel s'enlevait la mention caractéristique, *Société d'Encouragement, 8ᵉ concours
général de composition décorative*, etc., avait

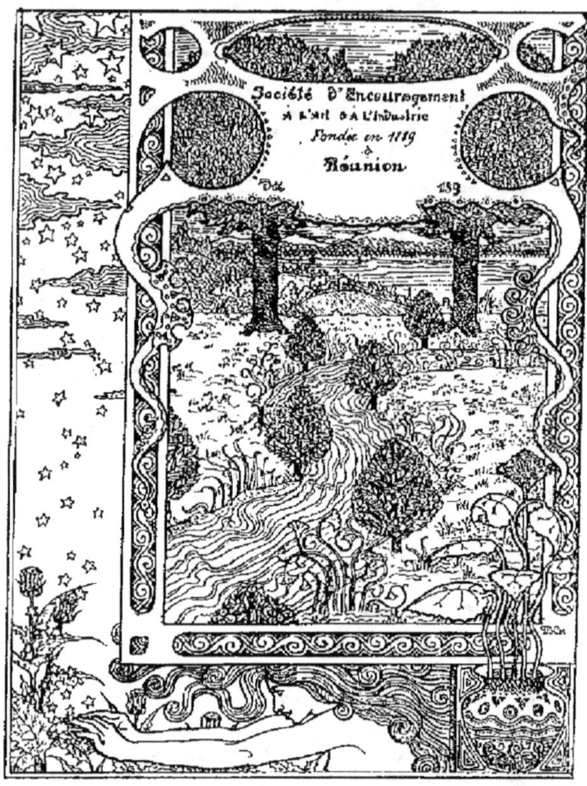

Couverture de programme.   PAUL FOLLOT.

su vivifier l'ensemble en y introduisant d'un
côté des figures et de l'autre une série d'attributs destinés à affirmer mieux encore
l'idée de prix, et de prix décerné à une
œuvre d'art. La reproduction que
nous donnons de ce projet, dû à
M. Georges Chauvet, de l'École régio-
nale des Arts industriels de Reims,
permettra à nos lecteurs de juger du
bel équilibre logique de sa composition et des qualités qui s'y attestent. Il
eût été meilleur encore si le détail en
avait été moins touffu dans la partie inférieure, et si la coloration en avait été
d'un vert moins acide.

On n'a point accordé de prix, et je
le regrette, à une composition conçue
dans le même esprit et fort intéressante, de M. François Bréard, élève
de l'École nationale des Arts Décoratifs de Paris. La maigreur de son
encadrement et la disposition un peu
confuse des lettres ont rendu sévère pour lui le
jury. Nous le reproduisons pourtant de préfé-

rence aux projets honorés de la seconde et de
la troisième récompense. Tout en rendant justice au mérite pittoresque et à l'agrément
indéniable des figures dont M. Lorant, élève
de l'École Bernard-Palissy, a fait le motif
principal de sa composition, j'estime qu'il
s'était mis de lui-même hors concours en ne
réservant pour le certificat qu'une portion in-
finitésimale et tout à fait insuffisante de l'ensemble. Le projet de M. Senninger, de l'École
nationale des Arts Décoratifs de Paris, ne m'a
paru, de son côté, qu'assez médiocrement
réussi, et sa composition, correcte d'ailleurs,
n'est formée que d'éléments banals.

Pour la carte d'invitation, les résultats ont
été moins satisfaisants encore que pour le
diplôme. Un seul projet méritait l'attention :
c'est celui que nous avons reproduit. Il est
l'œuvre de M. Henri Thomas, de l'École
nationale des Arts Décoratifs de Paris. Nos
lecteurs y constateront comme nous, en même
temps qu'une distinction élégante, un heureux
emploi de la figure et des encadrements d'une
variété ingénieuse.

Le programme a donné lieu à un petit
nombre de compositions bien comprises, parmi lesquelles on en retenait deux surtout,
envoyées par le triomphateur du diplôme,
M. Chauvet. Elles méritaient toutes deux le
premier prix. J'aurais préféré voir récompen-
ser, pour ma part, celle qui comporte, comme
motif central, le masque de la Comédie, et dont

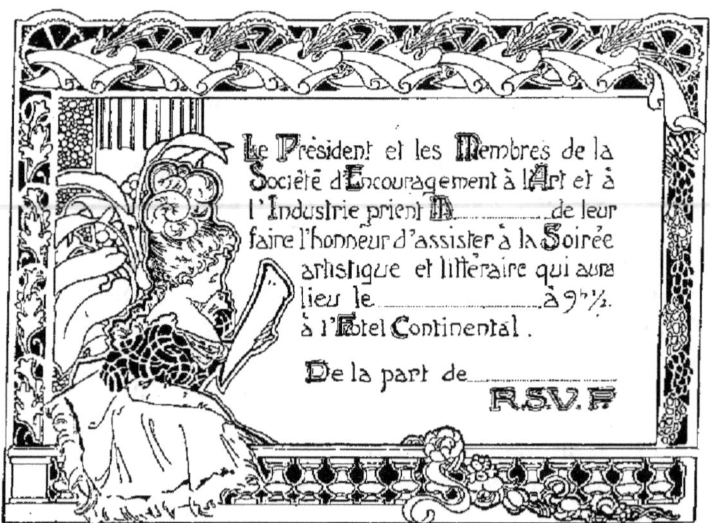

Carte d'invitation (1ᵉʳ prix).   THOMAS.

les feuillages ornementaux portent, en guise de
fleurs, des globes de lumière. L'autre a néan-

moins emporté les suffrages, mais je lui reproche un emploi mal justifié de la figure. Cette jeune

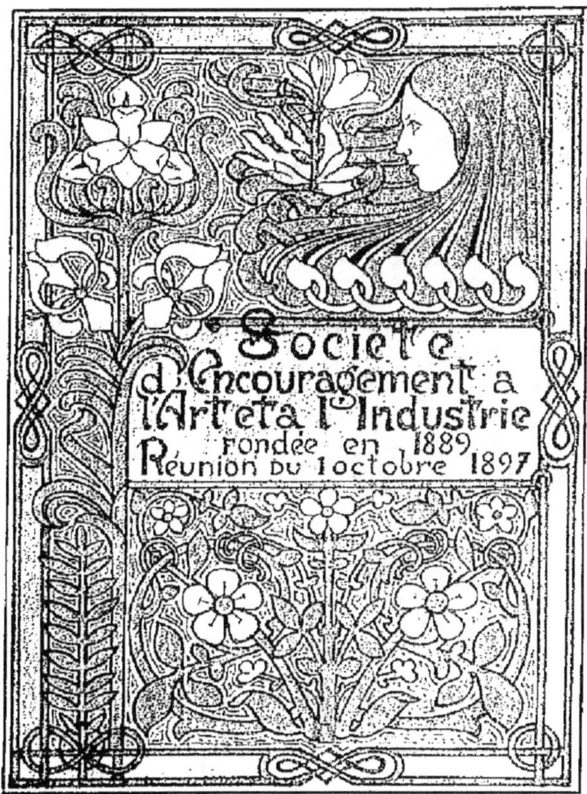

Couverture de programme (1er prix).   CHAUVET.

fille au type hiératique, dont les mains, avec un respect religieux, tiennent un lis, ne me semble caractériser aucunement le programme de soirée auquel elle a la prétention de servir de frontispice.

On adressera le même reproche aux projets reproduits par nous, quoique non primés, de M. Paul Follot, élève de l'École Guérin. Mais la composition du premier, sans être originale, n'est pas dépourvue d'habileté, et le camaïeu bistre en est fort agréable. On a goûté assez vivement dans le second une jolie saveur archaïque. Quant à la marque de la société, on peut dire qu'à part une demi-douzaine de projets, le résultat du concours est néant. Sauf un seul, qui n'a pu pourtant réunir le nombre de suffrages nécessaire pour un prix, aucun des concurrents n'a donné à sa composition le caractère de largeur et de simplicité, dont le sens typographique fait un devoir à tout artiste chargé de composer un ornement de bas de page ou de fin de chapitre. Il est vrai que nos imprimeurs, les premiers, ignorent le plus souvent ce principe, jadis élémentaire dans

leur art. Sacrifiant à une fausse élégance, ils recherchent les ornements maigres et les griffonnis à la plume, qu'ils devraient exclure à tout prix. Certes, l'auteur du projet auquel on a décerné le premier prix a témoigné d'un talent des plus fins dans sa composition. Mais cette légèreté, dans l'art du livre, n'est pas de mise... Comparez à cet ornement typographique si frêle, qu'un souffle le ferait envoler, la belle tenue du projet de M. Thomas, bien arrêté dans son encadrement, et si franc dans son parti d'opposition de noirs et de blancs. Le projet de M. Paul Follot (second prix) n'est pas le rêve, mais le souci de la destination typographique s'y atteste, et à ce titre seul il serait infiniment préférable aux lignes grêles dont le projet de M. Guyot se compose et qui lui donnent de loin l'apparence, non d'un cul-de-lampe, mais d'une simple toile d'araignée.

Nous n'en féliciterons pas moins la Société d'encouragement d'avoir mis ces sujets au concours. Que les résultats du concours soient médiocres, peu importe. Il suffit, pour ramener à un plus juste sentiment de certaines nécessités artistiques, d'avoir éveillé sur elles l'at-

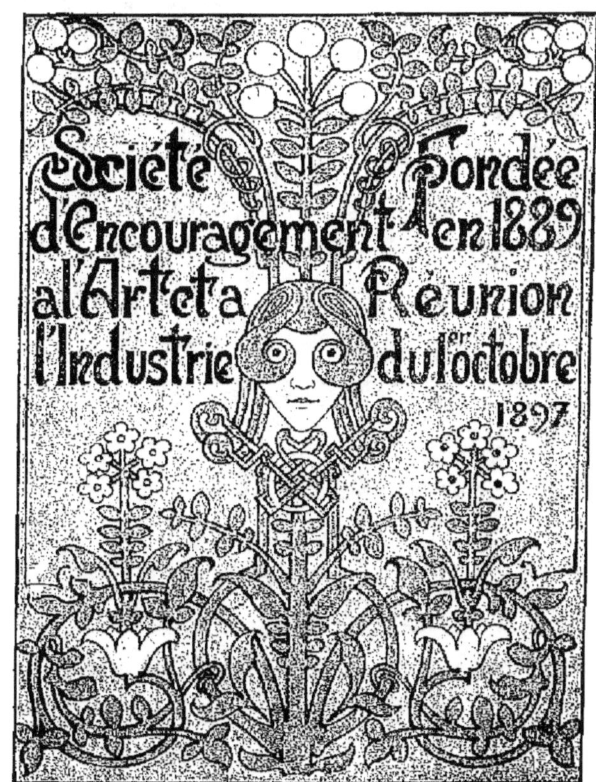

Couverture de programme.   CHAUVET.

tention. Imprécises dans ces premiers essais, les idées de la jeunesse se formeront et se clarifieront peu à peu à force de réfléchir et de penser aux mêmes choses. Vienne un second concours du même genre, et la physionomie des envois, modifiée, montrera que l'expérience antérieure a servi. D'eux-mêmes, nos jeunes gens en auront dégagé la leçon. C'est beaucoup.

Je me reprocherais, toutefois, de terminer sans appeler une fois de plus l'attention sur la nécessité d'ajouter au programme, quel qu'il soit, l'ensemble d'indications dont je parlais au début de cet article, et cette définition, parfaitement nette du sujet, qui limiterait l'effort des concurrents et contraindrait leur esprit d'invention à ne s'exercer que d'accord avec la logique.

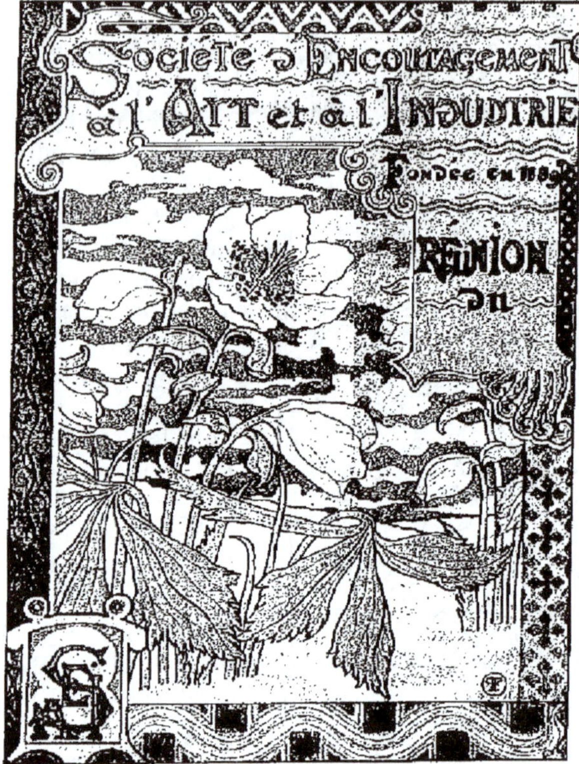

Couverture de programme.   PAUL FOLLOT.

Il est indispensable, en effet, de se souvenir que les artistes qui prennent part à ces concours sont des jeunes, à qui fait défaut l'expérience. On leur apprend, dans la plupart des écoles, à développer leur imagination et leur goût, à composer, en un mot, d'une manière générale.

Ce qu'ils ignorent presque tous, c'est la mesure dans laquelle une composition décorative ingénieuse convient ou ne convient pas à tel ou tel métier, dont la technique leur est inconnue comme les règles.

Cette ignorance n'est pas spéciale aux jeunes. Elle leur est commune avec toute la génération artistique antérieure. Nos lecteurs ont eu sous les yeux, au moment des fêtes franco-russes, les menus exécutés par des artistes en renom pour la table présidentielle : s'ils y ont vu autre chose que des fantaisies, assurément fort adroites, mais misérablement ordonnées, qu'ils me le disent !

Des règles décoratives, nul souci.

THIÉBAULT-SISSON.

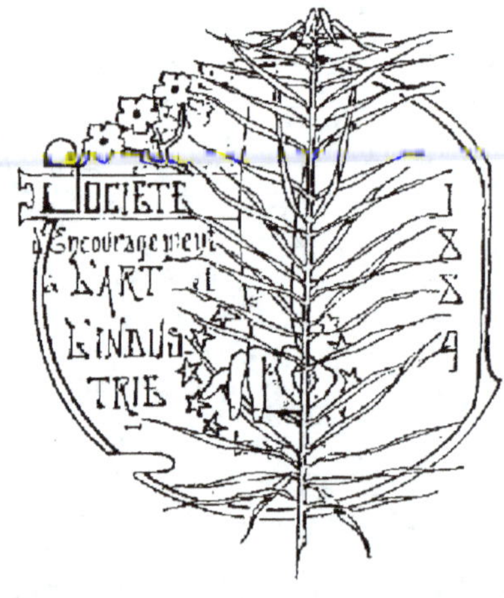

GUYOT (*1ᵉʳ prix*).

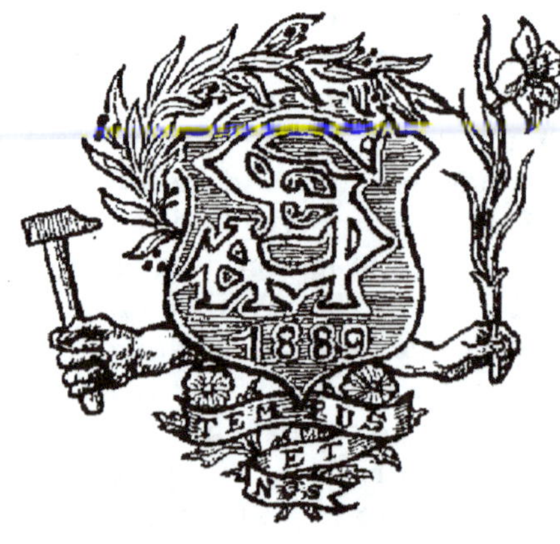

PAUL FOLLOT (*2ᵉ prix*).

Marques ou monogrammes à l'usage de la Société.

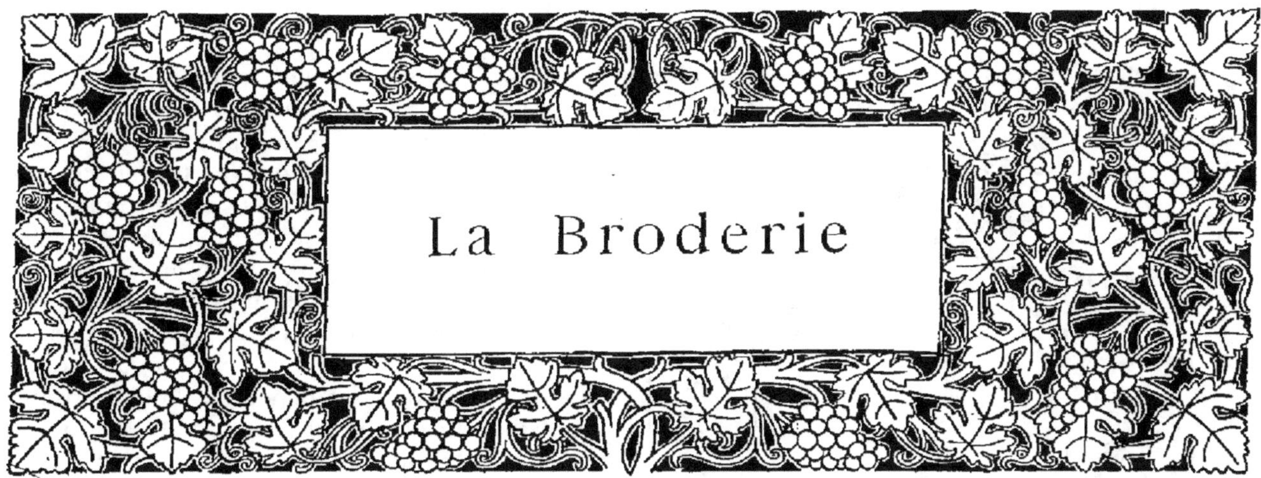

La Broderie

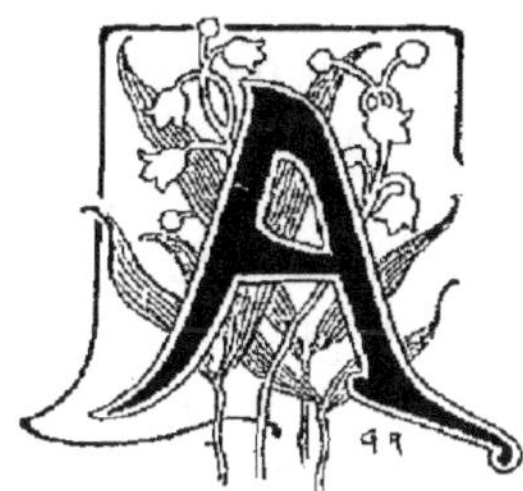

vec la broderie, délaissant la laine, nous commençons à employer les cotons, les fils et les soies; et, alors que la tapisserie est propre à être utilisée surtout pour de grandes surfaces, par contre la broderie exige un cadre plus restreint. Car si la tapisserie est longue à exécuter, la broderie l'est plus encore; la matière employée étant plus fine, exige pour couvrir un espace égal un travail plus considérable.

Mais aussi, la broderie tout en se prêtant à la décoration d'ameublement, va nous faire aborder une ornementation plus intime, qui n'en sera pas pour cela moins intéressante; je veux parler ici des linges de table et de la manière de les décorer. Là aussi, un art renouvelé peut et doit trouver place, et par son contact journalier avec nous peut contribuer à nous rapprocher du but que nous poursuivons. C'est ainsi que nappes et napperons, serviettes, chemins de table, services à thé, à fruits, à dessert, dessus de dressoirs ou de plateaux, dessous de carafes et mille autres objets pourront recevoir une ornementation agréable, sobre ou somptueuse, suivant leur destination ou suivant nos goûts.

D'autre part, la broderie pourra être employée pour l'ameublement proprement dit, où elle nous fournira des bandeaux de chemi-

née, des dessus ou des dossiers de sièges, des portières, des coussins et des écrans, sans compter des rideaux, tant de fenêtres que de berceaux, des garnitures de toilette, etc.

Prenons donc le linge de table.

Là, deux genres de décoration se proposent, suivant que le service doit être utilisé dans l'intimité ou dans les réceptions; le premier, plus simple, plus sobre, plus familier; l'autre plus riche ou plus ouvragé. De même, deux matières opposées se présentent à nous, établissant une distinction dont nous ne sommes pas, du reste, obligés de tenir compte. Le coton, plus vulgaire, s'oppose à la soie, plus somptueuse. Mais là, le goût est souverain maître et nulle règle ne saurait s'imposer. Et peut-être le motif même désignera-t-il la matière à employer pour sa meilleure interprétation.

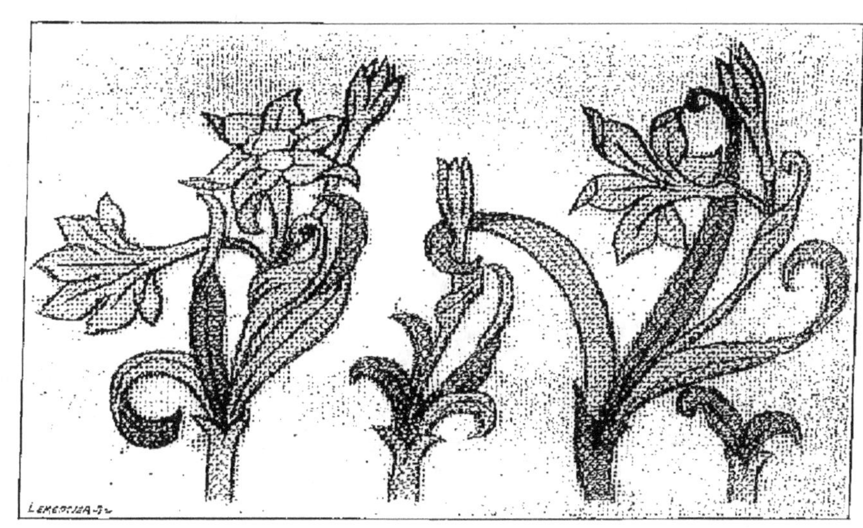

Jonquilles (fragment). MAISON HENRY.

Mais ce qui peut et ce qui doit nous importer davantage, c'est le choix du motif employé et des éléments constituant ce motif.

Pour le service familial, les herbes potagères, les animaux de basse-cour nous fourni

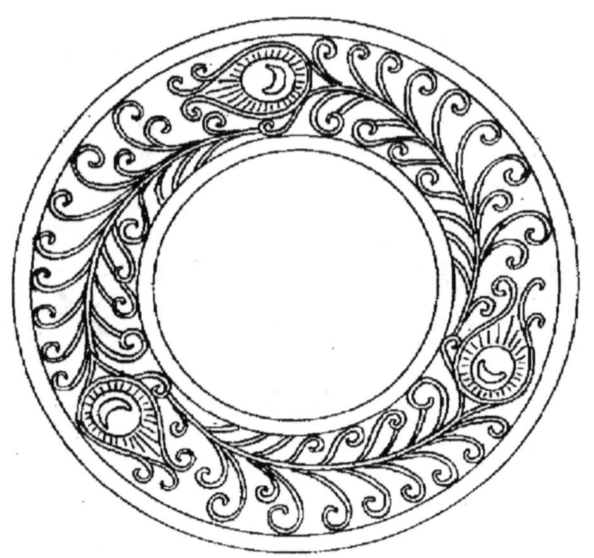

Dessous de carafe.   M.-P. VERNEUIL.

ront des sujets gais, simples et sans prétentions. Les coqs et les poules, les canards, les

Un arrangement peu compliqué, de belles lignes et de l'ingéniosité feront, de ces éléments vulgaires, des compositions intéressantes ; plus intéressantes certes, et de beaucoup, que les broderies prétentieuses qui s'étalent d'ordinaire à cette place. Car il ne faut pas croire qu'un beau motif décoratif comporte forcément une plante noble d'aspect ; les artistes du moyen âge nous en ont donné l'exemple quand, avec le cresson, le persil, le figuier ou la vigne, ils composaient ces chapiteaux ou ces frises sculptées qui font aujourd'hui notre admiration par la science d'arrangement et la beauté du style qui ont présidé à leur composition.

Pourquoi donc ne délaisserions-nous pas momentanément l'églantine ou la rose, le lis et les autres fleurs dont nous sommes rebattus, pour jeter les yeux sur les fleurs plus modestes qui nous entourent, plantes de nos champs ou de nos potagers, et qui paraissent sur nos tables. Le pissenlit, ses feuilles aux belles dentelures et ses graines si légères ;

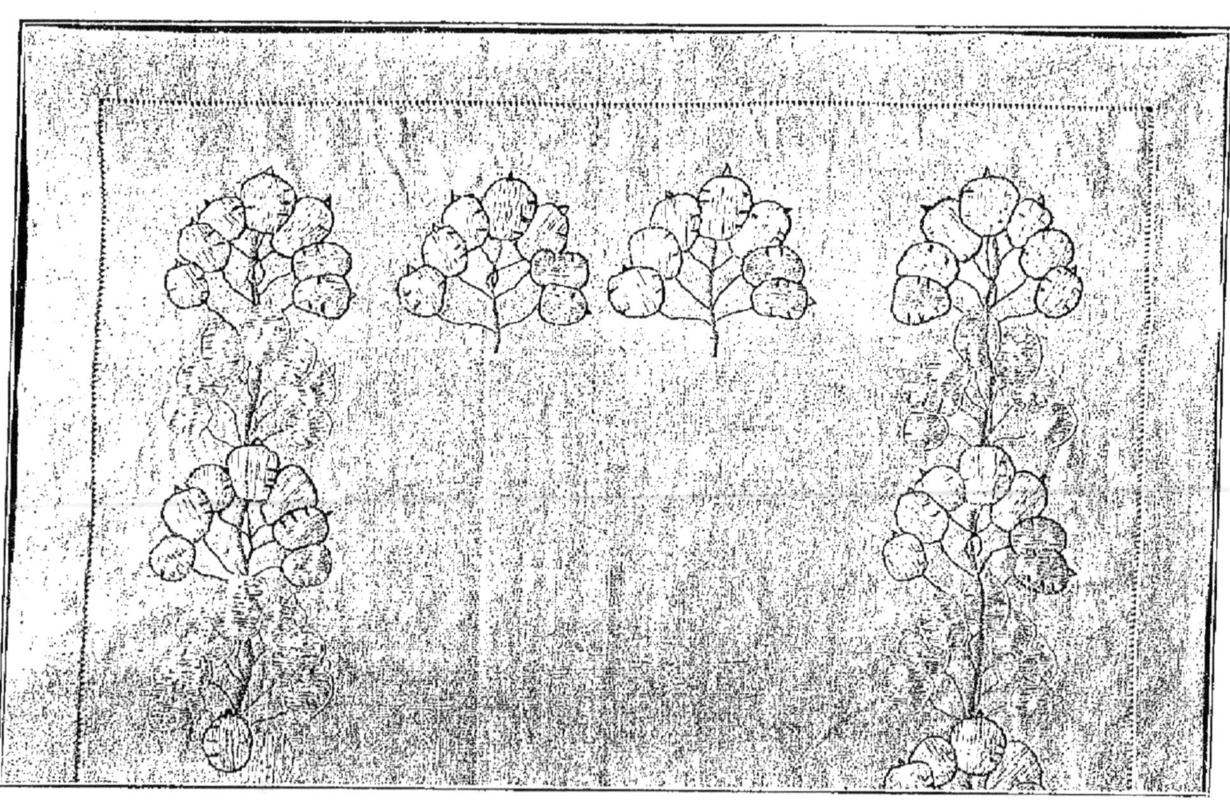

Chemin de table (Monnaie du Pape).   DUEZ.
(Maison Henry.)

lapins mêlés à l'ombelle de la carotte, à la feuille du céleri, au navet, au cresson, nous inspireront autant de motifs bien appropriés.

l'ail et sa gracieuse floraison ; la carotte et son ombelle ; la fleur du concombre ou celle de nos arbres fruitiers se plieront facilement à nos caprices et formeront des motifs au moins aussi intéressants, en tous cas, plus neufs, plus imprévus et d'une meilleure adaptation que ceux employés le plus souvent.

Si, à ces végétations, nous voulons ajouter peuvent s'exécuter soit au moyen de simples traits unicolores ou multicolores, soit brodés en plein. Dans ce dernier cas, des motifs beaucoup plus légers s'imposent, aussi bien pour la simplification du travail que pour le bon

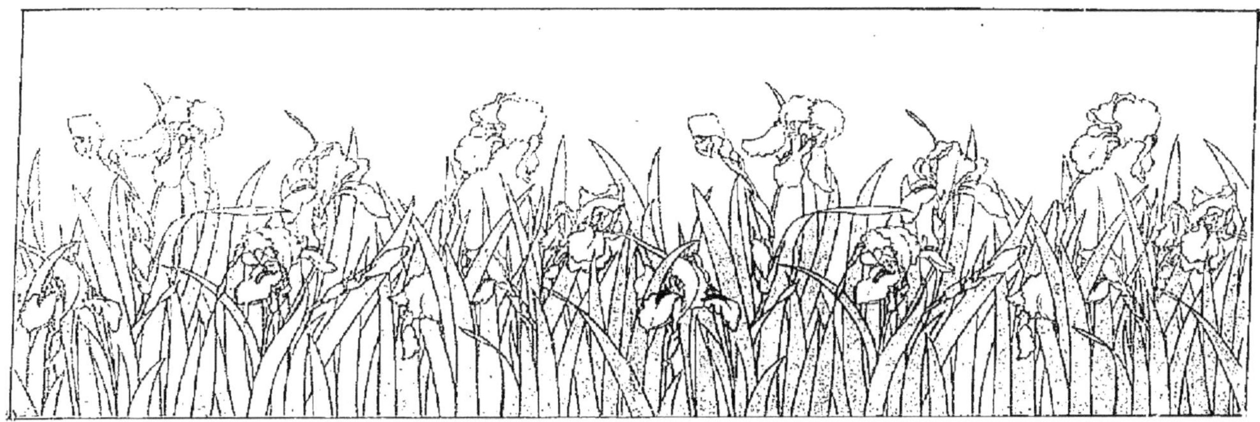

Iris (Frise décorative). E. COUTY.

quelques animaux, nous n'avons encore que l'embarras du choix. Je citais plus haut les coqs, les canards et les lapins ; nous pourrons y ajouter le paon, la pintade, le faisan et les

aspect de l'objet fini. Nous ne parlerons pas de la stylisation à faire subir aux fleurs. Nous n'avons pas la prétention de faire ici un cours d'art décoratif. Mais, repoussant l'aspect nature, on devra s'ingénier à rendre leur reproduction en broderie facile et bien compréhensible.

Les cotons et les soies de couleur nous fournissent, du reste, une gamme suffisante de tons supportant le lavage, pour que nous ne soyons pas embarrassés lors de la recherche du colo-

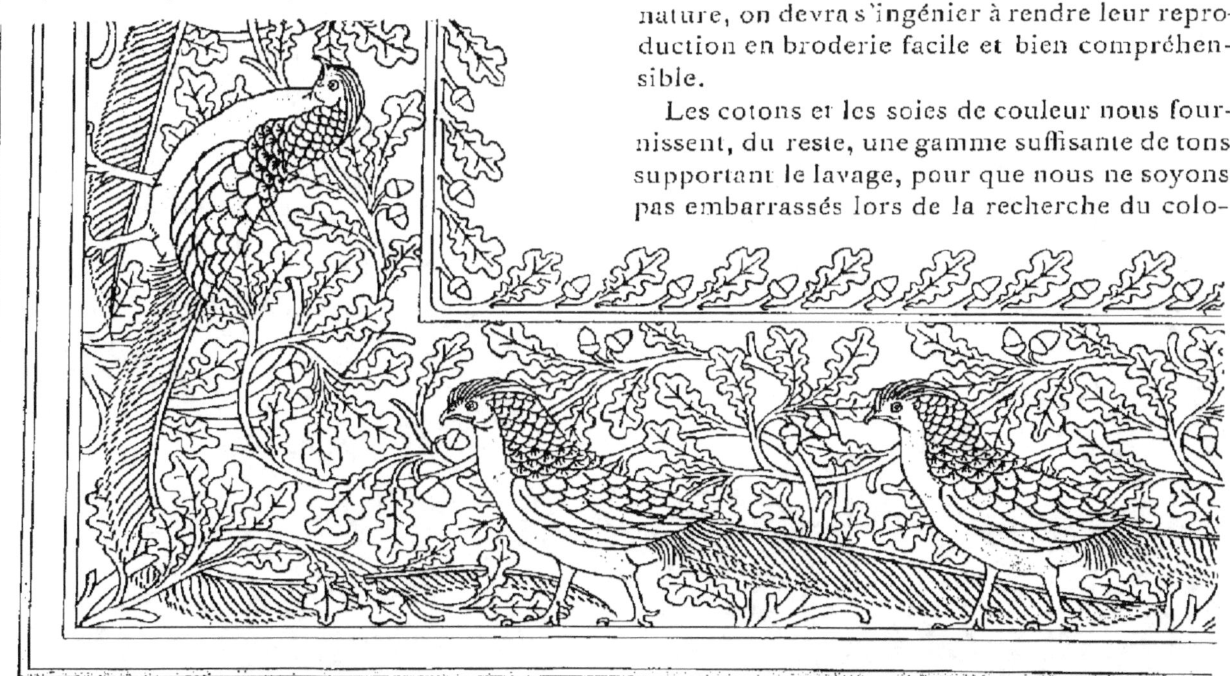

Faisans dorés (Bordure de nappe). M.-P. VERNEUIL.

gibiers divers : lièvres, chevreuils, perdrix, cailles, bécasses, etc. On voit par là, que le champ est vaste et bien inexploré.

Nous donnons ici un croquis de broderie de nappe où le faisan doré et le chêne ont été utilisés. Ces motifs ou tous autres semblables

ris. La technique de ces broderies est trop connue pour que nous en parlions ici ; mais il serait cependant souhaitable de voir le point de croix rejoindre le point carré tant employé en tapisserie ; car sous prétexte de broderies russes, on nous abreuve de motifs d'aspect raide et cassé, uniformément exécutés en cotons rouges et bleus. Sans doute, ce point est d'une exécution simple et rapide, mais nous sommes persuadés qu'aussi simple et aussi rapide est l'exécution du chemin de table de Duez que nous donnons ici. Il est orné de « mon-

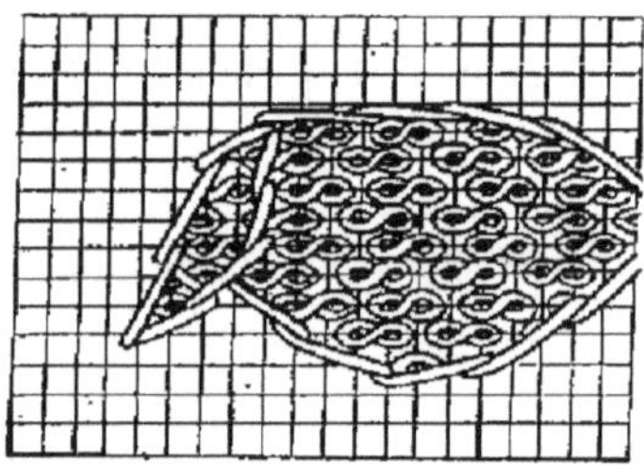

Jonquilles (Détail du point).

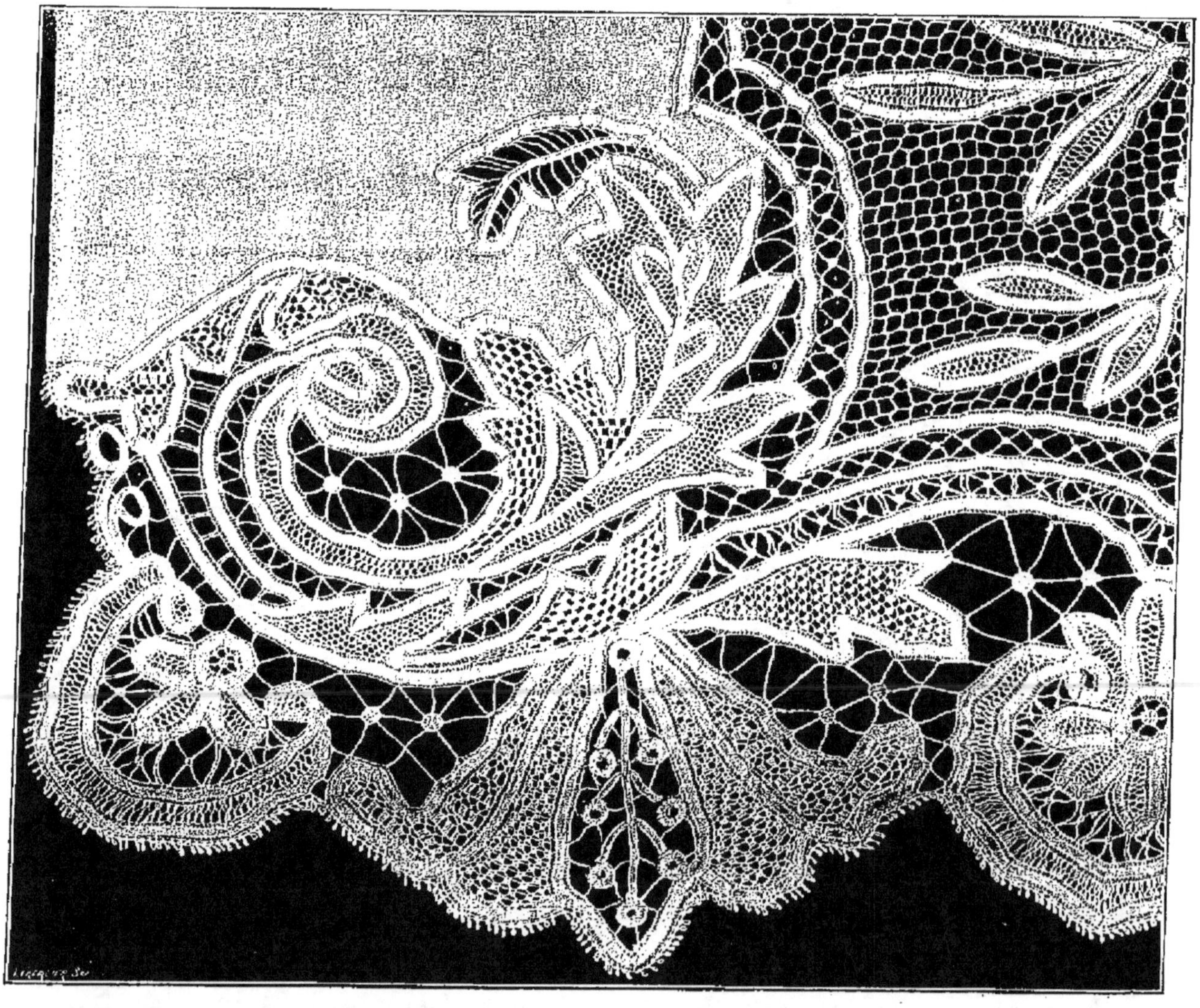

naies du Pape », détachant leurs disques pâles sur une toile écrue assez foncée; le trait se trouve être de deux couleurs différentes, crème et marque à peine dans les parties plus éloignées. L'effet est franc, sobre et sans prétention. La facture en est simple et l'exécution facile; trois tons de soie sont employés et suffisent pour bien écrire le motif. Nous sommes, du reste, peu partisans de la polychromie à outrance appliquée au linge de table. Une gamme simple, peu éclatante, quoique gaie, doit suffire et produire un bon résultat. C'est le cas de ce chemin de table. Et même, si nous voulons employer le point carré, nous devons en ce cas ne pas nous borner aux modèles courants d'un intérêt si limité. Une stylisation bien appropriée nous permettra d'y introduire quantité d'éléments nouveaux, fleurs ou animaux; mais,

Dentelle renaissance (Détail).   LEFÉBURE.

suivant que les bouquets sont placés au premier plan ou au second. D'un ton terre de Sienne dans le premier cas, il devient presque justement, cette broderie si simple exige une stylisation telle, qu'il est bien difficile, sinon impossible, d'enlever aux motifs qui doivent être reproduits par ce procédé une raideur caractéristique, dont la décoration s'accommode, faute de mieux, mais que nous verrions volontiers remplacer par une ornementation plus souple et plus élégante.

Pour des décorations plus riches, la flore et

simple ne peut nous suffire, d'autres procédés viennent nous offrir des ressources nouvelles.

Telle est la broderie connue sous le nom de broderie Renaissance. Procédé charmant et que son nom semble destiner à la réédition perpétuelle de pastiches ou de motifs sans

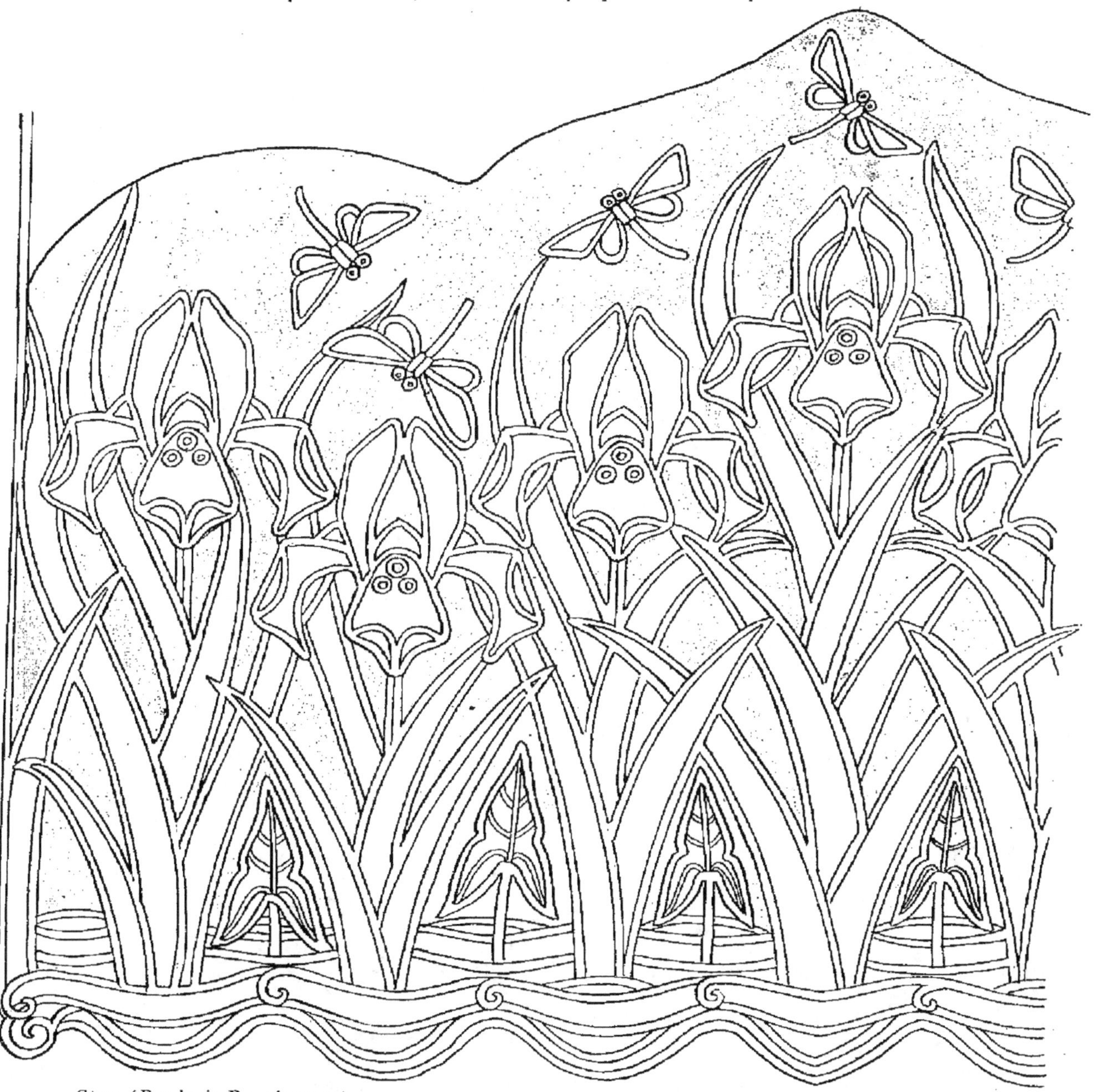

Store (Broderie Renaissance).

M.-P. VERNEUIL.

la faune nous sont offertes en entier; mais que la richesse ne soit pas une excuse au mauvais goût. Quelques tons harmonieux, un fil d'or peut-être, doivent nous contenter largement, et nous chercherons surtout la richesse dans la noblesse de nos lignes et l'ingéniosité de nos arrangements. Du reste, si la broderie

grand intérêt, il ne tient qu'à nous, cependant, de le faire se plier à l'exécution d'œuvres nouvelles. Est-il besoin de rappeler la technique de ce procédé? Le dessin est reporté sur une toile à calquer; on commence par coudre, suivant ce dessin, des lacets spéciaux plus ou moins ornés formant le motif et le suivant

dans toutes ses formes. L'ornement ainsi constitué, on réunit au moyen de barrettes ou de
mailles les lacets du dessin; on garnit de jeux

Petite nappe.

CAUSÉ.
(Maison Henry.)

de fond divers les intérieurs de fleurs ou de
feuilles, on les orne de jours, on les enrichit
à loisir et suivant sa fantaisie. Terminé, le
travail est séparé de la toile à calquer qui lui
servit de support primitif.

Nous donnons ici la reproduction d'un fragment exécuté qui, mieux que toute description,
fait ressortir toutes les ressources de ce procédé.

Celui-ci pourra nous servir pour faire,
d'après le croquis qui orne le titre de cet
article, un chemin de table dont la vigne est
l'élément constitutif.

Et abandonnant le linge de table, cette broderie nous mettra à même d'exécuter des
rideaux aux dessins neufs et variés, pouvant
ainsi se relier à la décoration générale de la

ration générale d'une pièce, la broderie nous
offre ses ressources; traitée largement, on peut
en tirer de puissants effets décoratifs, trop peu
employés malheureuse-
ment. Usant de cotons ou
de soies lavables, larges et
fournis, au moyen de
grands points elle peut
nous permettre un décor
simplifié, d'un bel aspect
et d'une exécution rapide.
Elle nous autorisera, par
exemple, à faire courir autour d'une pièce des bor-
dures ou des frises aux
colorations douces ou
joyeuses, comme les deux
frises de M. Couty, que
nous reproduisons ici. L'une composée de
pavots, l'autre d'iris, pourront être exécutées
simplement et seront d'un bon effet. Mais
nous ne saurions trop recommander en ce
cas la largeur dans la conception et l'exécution. C'est de la broderie formant décoration murale que nous faisons; elle doit être
simple et bien écrite, d'une belle ligne et d'une
sobre coloration. Traitée par aplats, un trait
cernant les formes, rejetant le modelé et les
détails inutiles, elle nous sera d'un fort
appoint dans l'ornementation d'une pièce. Elle
décorera encore des portières, de grands
rideaux, des tapis de table, etc.

La broderie au passé, plus fine, nous don-
nera, elle, des pièces plus précieuses.

On en peut juger par le coussin orné de

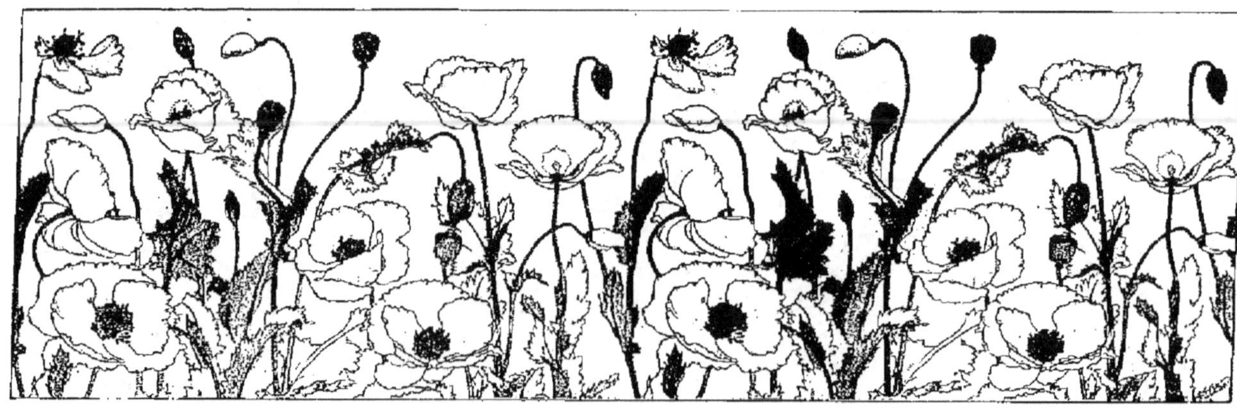

Pavots (Frise décorative).

E. COUTY.

pièce. Elle nous permettra de faire, d'après le
croquis que nous en donnons, le bas de store,
où l'iris et la libellule sont employés.

Là encore, puisque nous parlons de la déco-

géraniums, de Mⁿᵉ Duez, ou encore par le
haut de paravent du même auteur que nous
reproduisons. Mais ici, la broderie, d'une exécution merveilleuse, sort un peu du domaine

de la pratique, car la difficulté et l'extrême lenteur de l'exécution en font des pièces uniques
considérées plutôt comme objets d'art que
comme objets d'usage courant. Or, c'est surtout sur ceux-ci que nous nous efforçons
d'attirer l'attention ; car c'est avec eux que

Or, pourquoi dépenser à leur profit une
somme de travail considérable, alors que cette
même somme de travail, mieux utilisée et d'une
façon plus pratique, nous permettrait de réaliser un grand nombre de choses utiles et tout
aussi intéressantes. Car dans ces objets, dans

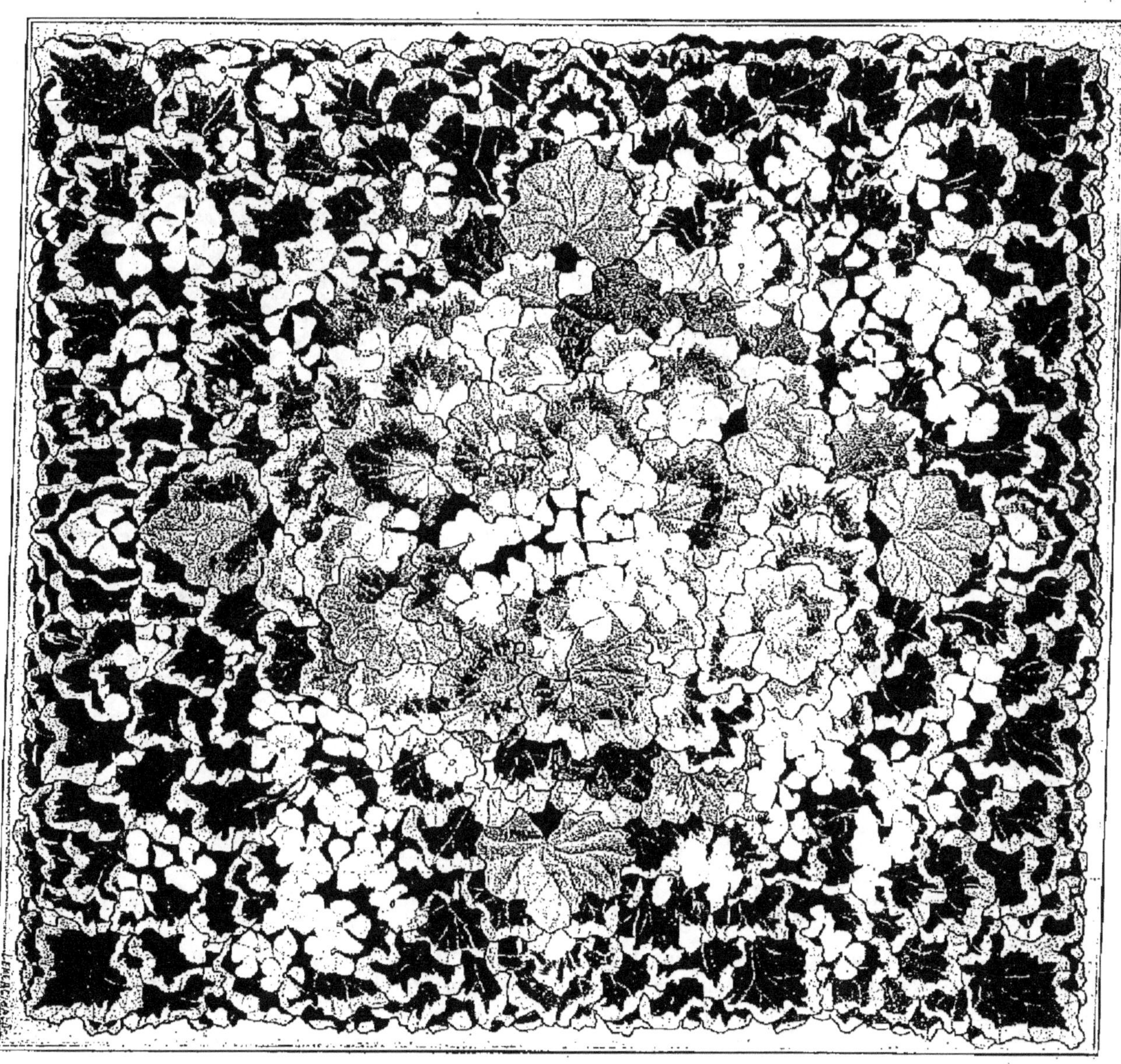

Coussin (Géranium).   Mme DUEZ.

nous pourrons constituer ces ensembles décoratifs facilement réalisables que nous rêvons ;
et non avec des éléments dont chacun exige
des mois d'un labeur assidu.

On ne saurait trop s'élever contre cette fu-
reur de productions d'objets de vitrines ; car
mettre à l'usage de tels chefs-d'œuvre de pa-
tience et d'exécution ne se peut pas ; ce serait
les gâter et les perdre d'une façon irrémédiable.

pièces rares, seules la difficulté et la minutie du travail les empêchent d'entrer dans la
pratique. Leur composition un peu plus simplifiée et surtout leur exécution plus large en
feraient facilement des objets d'usage courant.
Il ne faut pas que, sous prétexte d'art moderne,
on ose à peine s'asseoir sur un siège ou s'appuyer sur un coussin. Il faut que le procédé
soit assez robuste pour supporter l'usage, et

l'exécution assez rapide pour que le renouvellement se puisse faire sans effort en cas de nécessité. Il faut aussi qu'il puisse rendre avec souplesse les motifs que nous avons composés.

Ce sont donc les moyens simples et expressifs qu'il nous faut rechercher; c'est pourquoi la broderie à points larges nous sera d'un

de rendre agréables les pièces que nous habitons et de les orner? Un peu plus d'initiative personnelle et moins de désintéressement ou de confiance aveugle dans le goût, le plus souvent médiocre, des arrangeurs patentés, et un grand pas sera déjà fait dans la voie nouvelle. Les heureux résultats qui suivront ces tenta-

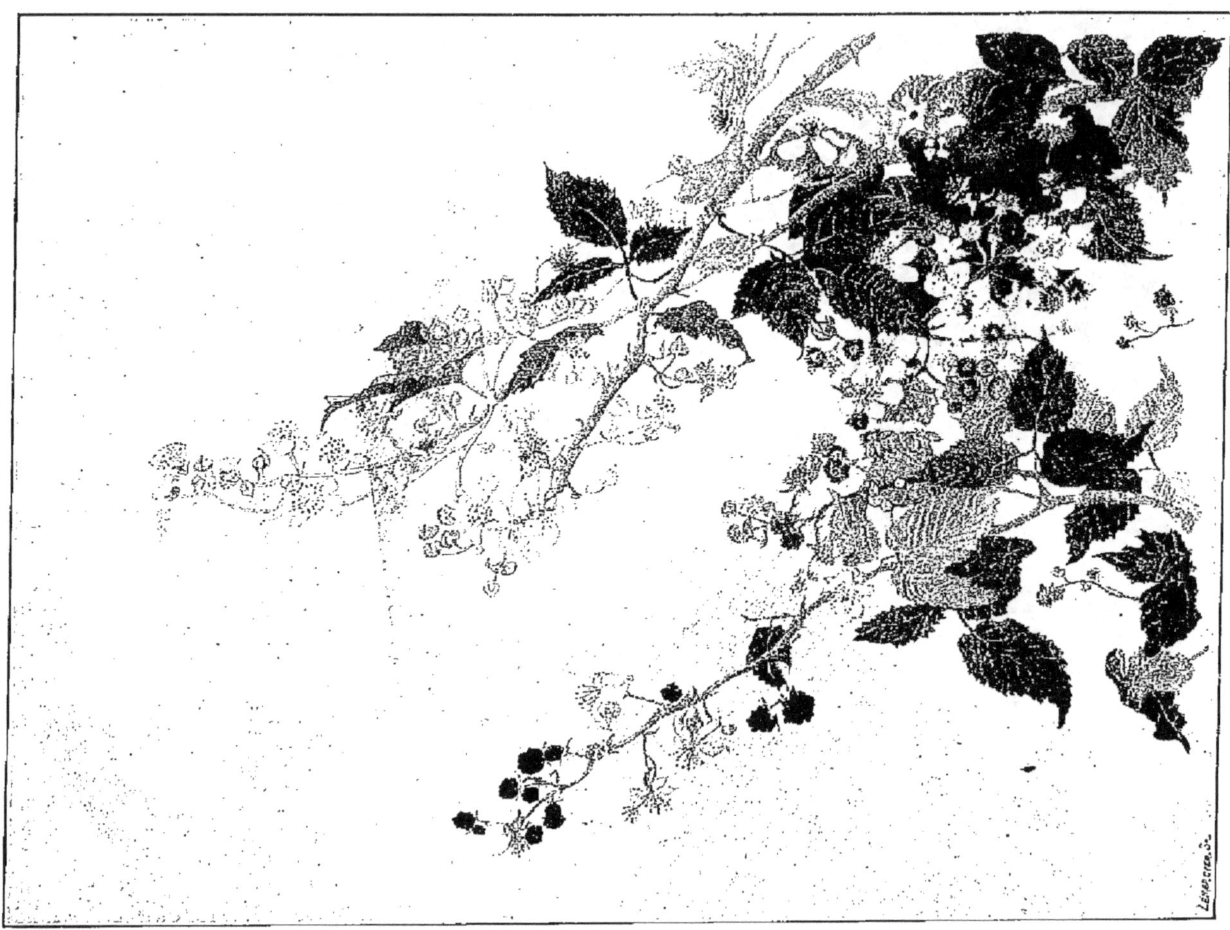

Broderie pour paravent.   Mme DUEZ.

grand secours. Exécutée sur de fortes toiles, sur des draps, pour la broderie d'ensembles ou la décoration murale, elle nous sera un excellent moyen d'ornementation trop peu employé, qui, s'unissant aux applications d'étoffes dont nous aurons à parler la prochaine fois, nous permettra de concevoir et de réaliser des décorations intérieures uniques, pratiques, bien en rapport avec nos besoins et nos goûts.

Il nous a été donné de voir des pièces tendues d'étoffes, des frises brodées très simplement limitant les surfaces. L'effet était charmant et bien fait pour encourager des tentatives nouvelles. Or, y a-t-il une chose plus intéressante et plus légitime que la recherche

tives ne pourront alors que nous engager à les renouveler, à les faire plus complètes et à persévérer.

Ce que nous voudrions voir chez nous, c'est ce que nous avons pu voir en Belgique, chez M. Serrurier-Bovy, par exemple. Il expose des intérieurs complets, composés par lui, et où les meubles, les tentures, les tapis, tout enfin est conçu d'après des formules simples et nouvelles, dans des gammes gaies et chaudes.

De telles expositions donnent au public la vue de la chose exécutée, ce qui est le meilleur moyen d'en provoquer chez lui le désir et, par suite, la réalisation.

M.-P. Verneuil.

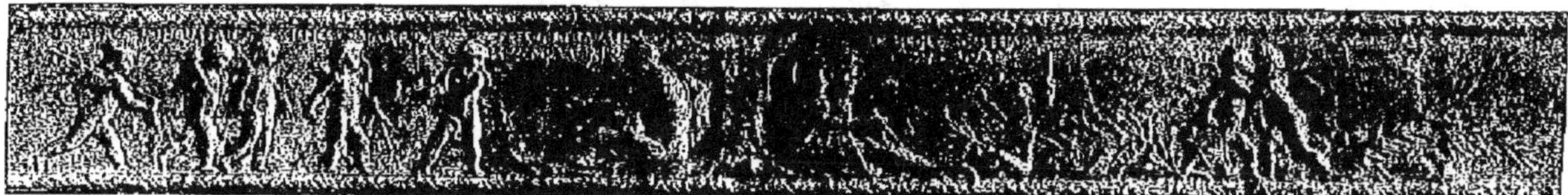

Les Dernières Fabrications de la Monnaie de Paris

L'Hôtel des Monnaies de Paris, qui va entreprendre prochainement la fabrication de nos nouvelles espèces, est établi quai Conti depuis plus de cent ans. Le bâtiment, construit par un très habile architecte, Antoine, remplaça l'ancien Hôtel sis rue de la Monnaie, qui était devenu insuffisant. La première pierre fut posée le 30 avril 1771. La Monnaie des Médailles, séparée, dès le xvi⁰ siècle, de l'Hôtel des Monnaies de Paris, quitta, à la Révolution, le palais du Louvre, fut transférée dans un bâtiment de la rue Guénégaud, dépendant de l'Hôtel, et constitua une administration spéciale. Ce ne fut qu'en 1832 que les deux services furent réunis, et c'est à partir de cette époque que les ateliers du quai Conti frappent les monnaies françaises et étrangères, ainsi que les médailles et les jetons de tout genre.

La troisième République a voulu avoir ses monnaies ; grâce à l'augmentation du contingent de monnaies divisionnaires attribué à la France par la convention monétaire signée au mois d'octobre dernier, des pièces d'argent aux nouveaux types seront bientôt mises en circulation.

Le génie d'Augustin Dupré qui figure sur les pièces de 100, 50 et 20 francs, un chef-d'œuvre de gravure, mais qui est déjà centenaire, et la tête de République de Merley, des pièces de 10 fr., vont être remplacées par les compositions, en cours d'exécution, de notre grand médailleur, M. J.-C. Chaplain.

L'Hercule de nos pièces de 5 francs, que l'auteur du Génie rendit si lourd et si disgracieux, la tête de République d'Oudiné de nos pièces divisionnaires d'argent, bien démodée actuellement, vont faire place à la jolie Semeuse de notre célèbre maître M. O. Roty.

Nos sous seront, aussi, modernisés par le talent si souple et si délicat de M. Daniel Dupuis. On ne verra plus cette tête de République d'Oudiné, la même que celle des monnaies d'argent, mais une jolie figure jeune, coiffée du bonnet phrygien. Au revers, se

Modèle des nouvelles monnaies d'argent (face).   L.-O. ROTY.

trouvera une France casquée, assise sur les nuages et tenant le drapeau d'une main et une branche d'olivier de l'autre ; un petit génie,

actuellement exposés dans la grande salle du Musée de la Monnaie.

Bien des personnes ignorent que notre atelier

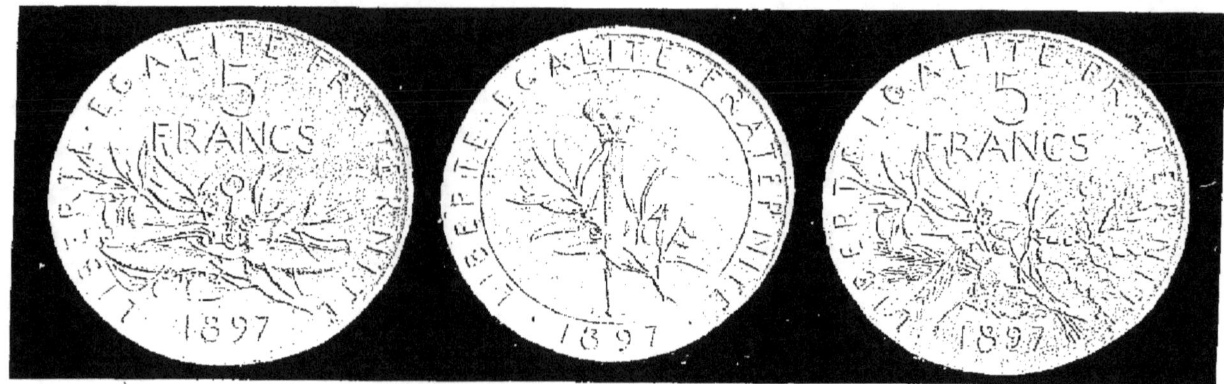

Projets pour le revers des nouvelles monnaies d'argent.   L.-O. ROTY.

personnifiant le Travail, complètera cette composition.

On sait quelle faveur eut dès le début, auprès des gens de goût, la jolie Semeuse, qui marchant fière et alerte, aux premiers rayons du soleil, jette à pleines mains les semences du progrès et de la civilisation. Cette Semeuse,

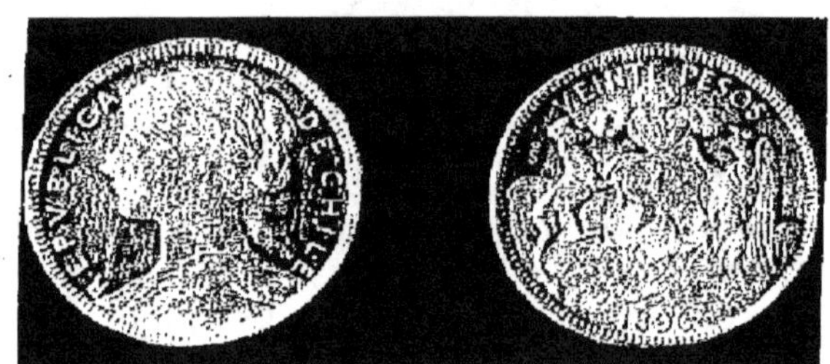

Monnaie d'or du Chili.   L.-O. ROTY.

une véritable trouvaille, figurera sur la face de notre nouvelle monnaie d'argent.

Le sujet du revers a subi plusieurs modifications.

L'artiste avait d'abord songé au flambeau de la Science, posé sur une branche d'olivier ; il modifia cette composition, qui fut remplacée par des balances, dans lesquelles est passée une branche d'olivier ; puis, nouveau changement, les balances disparurent et une branche d'olivier, une branche de chêne réunies à des épis, accompagnèrent seules les inscriptions. Les nouvelles pièces de 50 centimes en cours de fabrication, n'auront qu'une simple branche d'olivier au revers, avec les légendes. On pourra se rendre compte des modifications apportées au sujet du revers, par les gravures données ici, faites d'après les modèles en plâtre

monétaire de Paris, qui doit transformer nos monnaies, bien vieillottes, en nouvelles espèces plus modernes, ne se charge pas seulement de la frappe de notre numéraire national. De nombreux pays étrangers se sont adressés à lui pour la fabrication de leurs monnaies. Le *deuxième Rapport au Ministre des Finances*, qu'a publié récemment M. A. de Foville, directeur de la Monnaie, donne les renseignements les plus précieux sur la faveur dont jouissent à l'étranger les ateliers du quai Conti. Bien souvent aussi ces pays ont été en même temps tributaires de l'art français. Ainsi les gourdes, les pièces de 50, 20 et 10 centièmes de gourde (argent), de deux et d'un centième (bronze), fabriquées pour Haïti, en 1881 et plus tard, sont l'œuvre du médailleur M. Roty et du graveur La Foresterie. Les quelques pièces de 100 francs de Monaco, faites dans ces dernières années, sont du même maître ; son effigie du prince Albert Ier a remplacé celle du prince Charles III, par M. Ponscarme. Ce

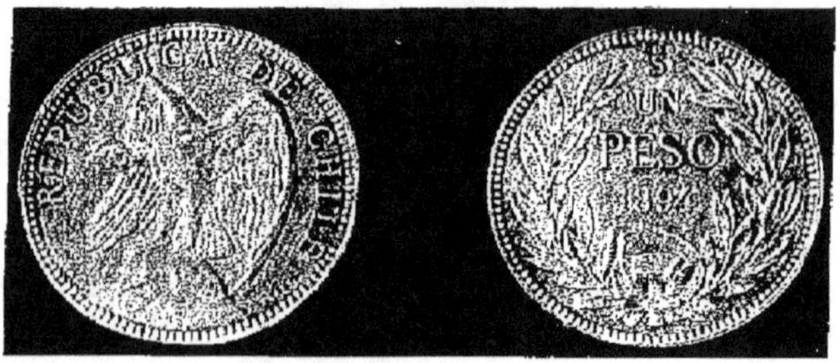

Monnaie d'argent du Chili.   L.-O. ROTY

délicat profil de jeune fille que l'on admire sur les 20 et 10 pesos d'or du Chili, monnaies qui valent les plus jolies médailles modernes, cet aigle aux ailes éployées des pesos et pièces divisionnaires, sont aussi à ranger dans l'œuvre de M. Roty ; ces monnaies font honneur au graveur par leur haute valeur artistique.

C'est M. Tasset qui a exécuté les coins des monnaies frappées en 1891 pour la République Dominicaine ; toutes pièces du système monétaire français.

L'effigie de Ménélik sur ses talari et ses guerches, a été gravée par M. Lagrange, ancien graveur de la Monnaie. Cette figure du « roi des rois » d'Ethiopie est singulièrement énergique; au revers de toutes ses monnaies, se trouve le lion couronné, armes du prince. Le

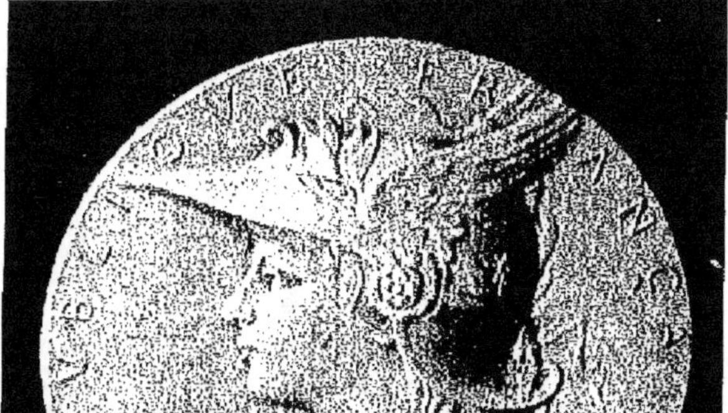

République casquée.　　L.-O. ROTY.

souverain abyssin, qui paraît être un amateur de notre art national, a confié, cette année, l'établissement de nouveaux coins à M. J.-C. Chaplain. Ces coins sont presque terminés; ils auront à peu près les mêmes types que les anciens.

Les autres monnaies étrangères frappées à l'Hôtel des Monnaies, dans ces dernières années, sont loin de valoir, au point de vue de l'art, celles dont nous avons parlé ; quelques-unes sont même dénuées de toute recherche artistique : telles sont les monnaies du Maroc, les 20, 10 et 5 lepta en nickel de la Grèce,

un artiste russe, ne manque pas de valeur.

Dans ces dernières années, la Monnaie de Paris a frappé des monnaies spéciales à ses colonies ou à ses pays de protectorat, l'Indo-Chine, la Tunisie, la Grande - Comore, et des bons de caisse en nickel pour les îles de la Réunion et de la Martinique. La république assise des piastres et autres pièces de l'Indo-Chine, par Albert Barre, l'ancien graveur général, ne répond plus au goût moderne. Le *cent* de cette colonie, gravé en 1896 par M. Daniel Dupuis, est une des plus jolies conceptions de l'artiste, qui a su encadrer dans une composition le trou percé dans chaque pièce; la France qui protège sa jeune colonie est d'un sentiment délicat.

Le choix d'un sujet pour les bons de caisse de l'île de la Martinique (1 franc et 50 centimes, nickel), offrait de singulières difficultés. M. Borrel a su en triompher et l'on doit reconnaître que l'artiste a donné à ces pièces une grande originalité; le buste de cette belle mulâtresse, comme type monétaire, est une des plus heureuses créations.

Veut-on quelques chiffres pour indiquer l'activité toujours croissante de la Monnaie de Paris? Le montant des fabrications françaises

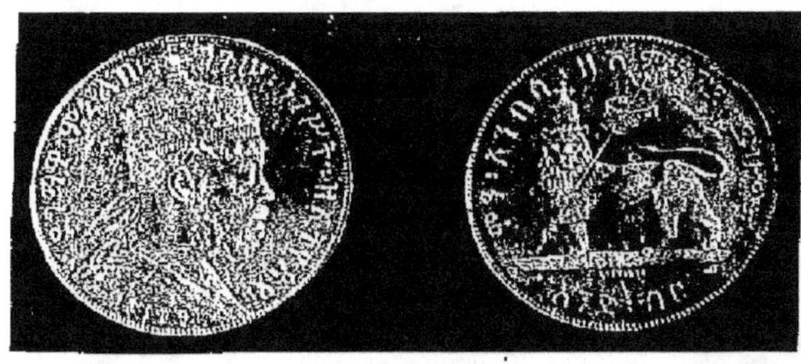

Monnaie d'argent de Ménélik.　　LAGRANGE.

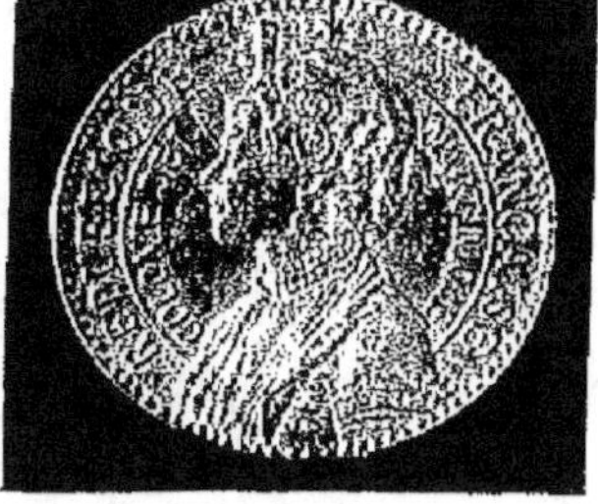

Bon de caisse de la Martinique.　　BORREL.

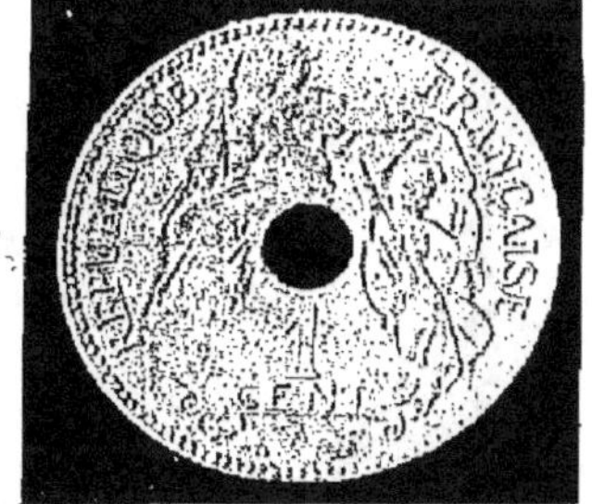

Cent de l'Indo-Chine.　　DANIEL-DUPUIS.

les 10 et 5 centavos en nickel de la Bolivie. Seules, tranchent les roubles et pièces divisionnaires d'argent, dont la fabrication totale a été confiée à notre atelier monétaire.

L'effigie du tsar Nicolas II, gravée par

et étrangères avait dépassé 33 millions en 1894 et 158 millions en 1895. L'année dernière, elles ont presque atteint le chiffre énorme de 240 millions. Pour les six premiers mois de cette année, le chiffre de 171 millions a été dépassé!

Les travaux exécutés à la Monnaie ne sont pas, nous l'avons dit, exclusivement monétaires; ses ateliers frappent aussi les médailles de tout

de M. J.-C. Chaplain, a atteint un chiffre de frappe énorme, bien justifié d'ailleurs par sa valeur artistique et par son intérêt historique.

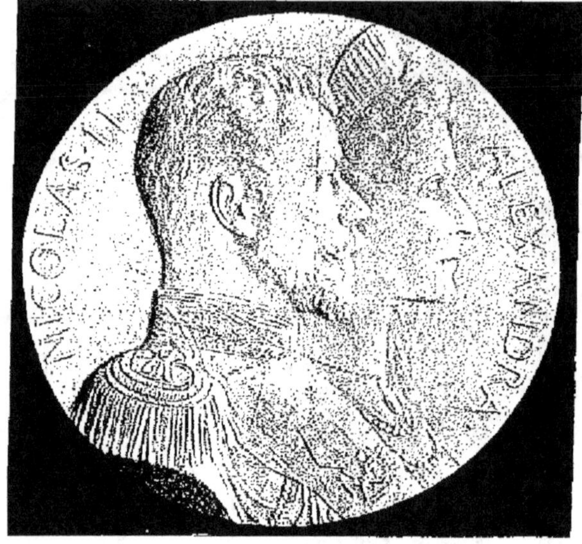
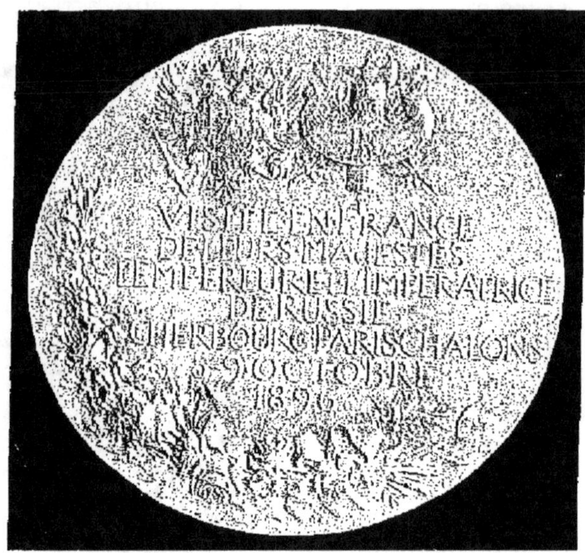

Médaille commémorative de la visite des Souverains russes en France.   J.-C. CHAPLAIN.

genre que leur commandent les administrations et les particuliers; elle en avait le monopole de fabrication jusqu'à ces dernières années. On peut se procurer, à un tarif fixe, certaines médailles dont les coins appartiennent à l'administration.

Jamais les œuvres de nos graveurs n'ont été plus en faveur, et à juste titre, auprès du

Les étrangers ne sont plus maintenant les seuls à apprécier, comme elles le méritent, les productions de nos médailleurs.

Un rapide aperçu sur les médailles parues dans ces dernières années, permettra de se rendre compte du développement considérable qu'a pris cet art mineur en France dans ces dernières années.

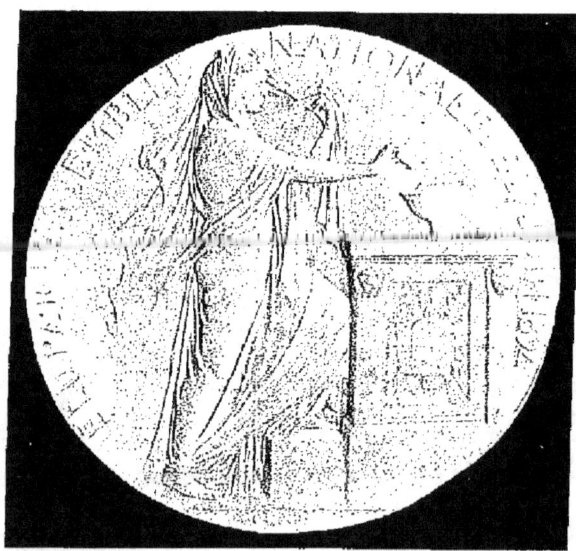
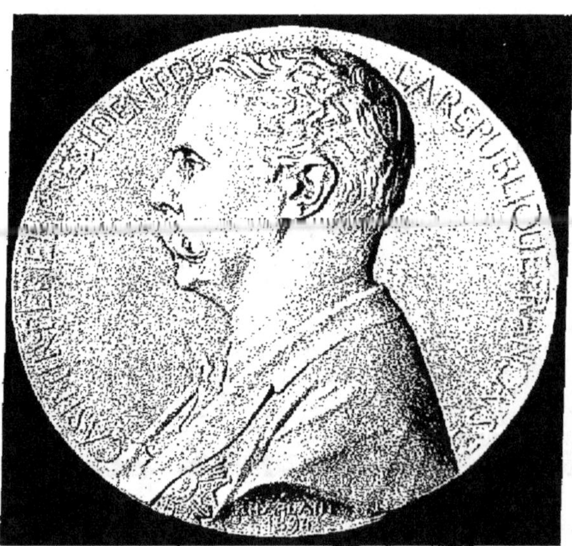

Médaille commémorative de l'élection de M. Casimir-Perier à la Présidence de la République.   J.-C. CHAPLAIN.

public. Les commandes ont afflué à la Monnaie; une des médailles mises en vente, celle de la *Visite des Souverains Russes en France*

On peut constater que cette renaissance de la médaille a coïncidé avec le redoublement d'activité de notre atelier monétaire.

L'*Art et Décoration* a publié, il y a quelques mois déjà, un intéressant article de M. L. Bénédite, sur les œuvres de M. L.-O. Roty. L'auteur a fort justement rendu hommage à la haute valeur de l'artiste, dont les premiers travaux ont été une véritable révélation et ont été le point de départ d'une nouvelle Renaissance. Tout le monde connaît cette jolie plaquette du *Club Alpin français*, frappée en 1889; la Science montre à un Alpiniste le chemin qu'il doit suivre, sujet d'un sentiment profond. Une autre plaquette, d'un style bien délicat, fut exécutée par l'artiste, pour distri-

plaquettes du maître, on peut citer celles aux bustes de *M. Julien Girard, proviseur du lycée Condorcet, de M. Henry Lozé, préfet de Police, de M. L.-A. Collin, de M. Jules Cambon, gouverneur général de l'Algérie, de M. Stéphane Dervillé, président du Tribunal de Commerce de la Seine, de M. Angelo Mariani* et du *Cinquantenaire de la Maison Christofle.*

L'année 1896 a été particulièrement privilégiée. Treize médailles ou plaquettes de M. Roty ont paru successivement, entre autres les trois médailles religieuses de la *Vierge, Jeanne d'Arc*

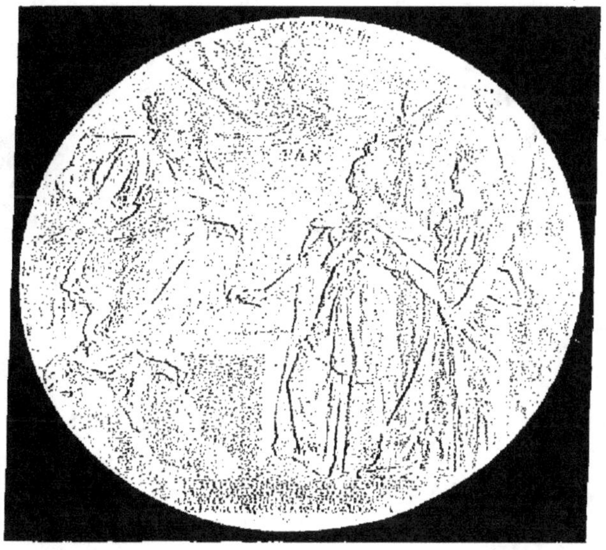
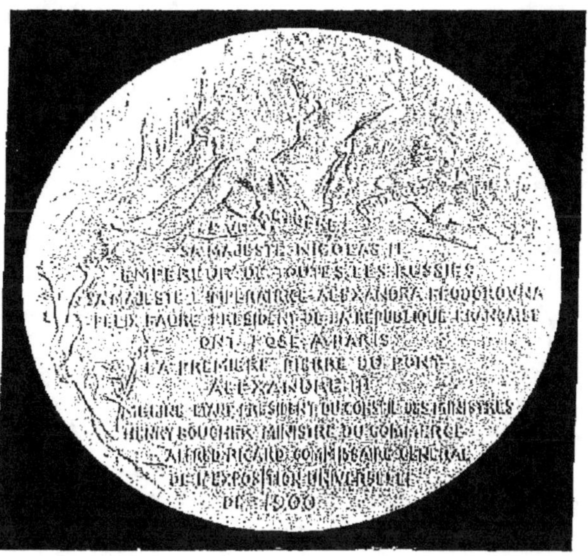

Médaille commémorative de la pose de la première pierre du pont Alexandre-III. DANIEL DUPUIS.

buer à ses amis; le sujet, qui rappelle certaines œuvres de la plus belle période de la Renaissance, nous montre une jeune femme, vêtue à l'antique, assise sous un arbre, lisant un livre ouvert sur ses genoux; le tout respire un air de tranquillité sereine. Le joli bracelet, frappé en plaquette, pour le *Centenaire de 1789,* est une des plus charmantes compositions en ce genre. A partir de 1890, le grand talent du médailleur s'imposant sans conteste, les balanciers de la Monnaie fabriquèrent successivement les médailles pour *l'Inauguration de la Préfecture du Rhône, la Chambre de Commerce de Lyon, l'Exposition française de Moscou, la Chambre de Commerce de Paris, les Assurances mutuelles de Rouen, etc.* La nouvelle *Médaille de mariage,* qui a si heureusement remplacé les vieilles pièces, bien démodées, dont la Monnaie possédait les coins, a rapidement gagné auprès du public l'estime qui lui était due. Parmi les dernières

et *Sainte-Geneviève,* et les plaquettes de *M. Gaston Boutmy, directeur de l'École des Sciences Politiques,* et de la *Visite à Versailles.* On sait que des exemplaires de cette dernière plaquette furent offerts à LL. MM. Nicolas II et l'Impératrice Alexandra, lors de leur visite au palais, le 8 octobre 1896.

M. J.-C. Chaplain semble affectionner le procédé de la fonte pour les portraits; il est indiscutable que le modelé peut être mieux rendu et avec plus de douceur; le procédé de la frappe ne saurait, d'ailleurs, être employé pour des pièces de grand module, il ne permet pas les retouches sur les épreuves, retouches qui leur donnent un caractère plus artistique. Aussi, le nombre de ses médailles frappées, à portraits, est-il moins important que les fontes. L'admirable science du modelé, que possède le maître, est surtout remarquable dans les médailles frappées à l'effigie de *M. Charles Hermite, membre de l'Académie des Sciences,* de *M. Joseph Bertrand, secrétaire perpétuel* de cette Académie, de *M. Casimir Perier, président de la République,* de *M. Hervé-Faye, membre de l'Académie des Sciences;* le plus vivant portrait est certes celui, tout récent, de *M. Garnier, architecte, membre de l'Académie des Beaux-Arts.* Ajoutons à ces œuvres, bien précieuses au point de vue iconographique, les médailles de l'*Inauguration de l'École nationale des Arts industriels de Roubaix* (1ᵉʳ octobre 1890), de la *Société nationale des Habitations à bon marché,* de la *Visite de l'Escadre russe à Toulon* (13 octobre 1893), de l'*Institut Smithsonien* (1896), et des *Jeux olympiques d'Athènes,* ainsi que la plaquette pour le *25ᵉ Anniversaire de la fondation de l'Usine de bière de Ny Carlsberg,* en Danemark. Une mention toute spéciale doit être faite de la médaille relative à la *Visite de LL. MM. Nicolas II et l'Impératrice Alexandra à la Monnaie de Paris.* Le gouvernement avait chargé notre grand artiste de graver la pièce commémorative qui a été offerte aux souverains lors de leur visite, le 7 octobre de l'année dernière. M. Chaplain a représenté, d'un côté, les bustes superposés de l'empereur et de l'impératrice, et au revers, une des presses qui fabriquent les roubles ; une inscription rappelait le souvenir de la visite dont était honorée la Monnaie de Paris. Un exemplaire, en or, fut frappé en présence de Leurs Majestés par un des beaux balan-

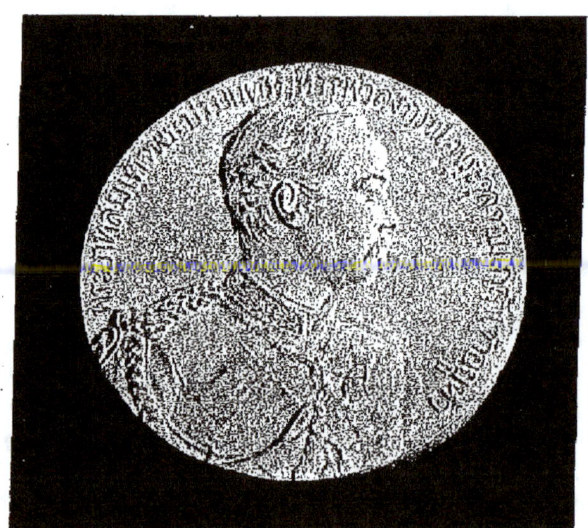

Médaille commémorative du voyage du roi de Siam en Europe. A. PATEY.

ciers de l'ancienne Monnaie des Médailles, balancier qui avait été fait sur les ordres de Nicolas de Launay, directeur de cet établisse-

ment à la fin du règne de Louis XIV. C'est avec ce même instrument dont Pierre le Grand avait admiré la « beauté » et la « masse », que fut faite la médaille commémorative offerte au

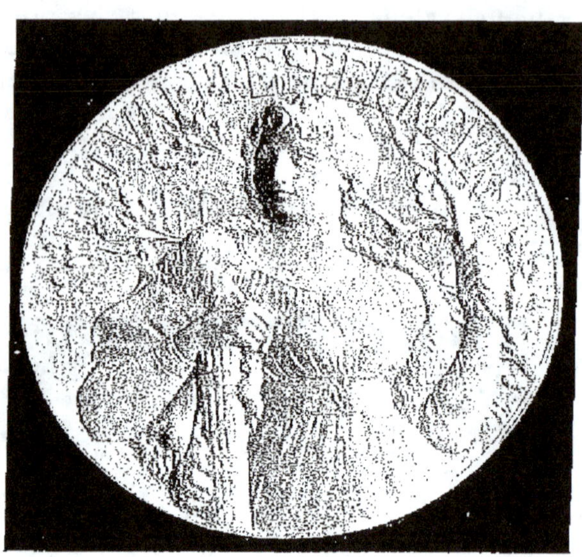

Médaille de la Mutualité des Peigneurs de Roubaix. LEFEBVRE.

fondateur de l'Empire Russe lors de sa visite, en 1717, à cet atelier, très célèbre à l'époque. Nous avons dit plus haut que le public peut se procurer à la Monnaie une médaille relative à la visite du souverain allié en France, qui ne diffère de celle qui lui fut présentée, que par les inscriptions et le sujet du revers.

C'est également à l'occasion du séjour en France de S. M. l'Empereur Nicolas II, que M. Daniel Dupuis exécuta la médaille commémorative de la *Pose de la première pierre du pont Alexandre-III,* composition très heureuse et d'un sentiment élevé. Le talent de Daniel Dupuis, souple et plein de charme, s'inspire de cette belle époque de la Renaissance française. Aussi, comme les grands artistes du xvıᵉ siècle, le médailleur préfère-t-il la fonte, qui laisse plus de liberté pour les sujets et pour les modèles. Nous ne pouvons citer, pour ces dernières années, qu'une seule pièce frappée offrant un portrait, celle de *M. Vuillemin, ingénieur.* Parmi les médailles commémoratives ou autres, il faut mentionner : le *Centenaire de la Révolution ;* la médaille du *Conseil municipal de Paris* (la Ville de Paris protège le travail, revers); la *Musique* et l'*Agriculture* (médailles de récompense du département de la Seine); le *Conseil général de la Gironde ;* l'*Alliance française ;*

les médailles de l'*Exposition Universelle de Quito* (1891) et de l'*École des Beaux-Arts de Philadelphie*; l'année dernière, a paru celle de l'*Automobile-Club*.

M. Borrel, à qui l'on doit les jolis bons de

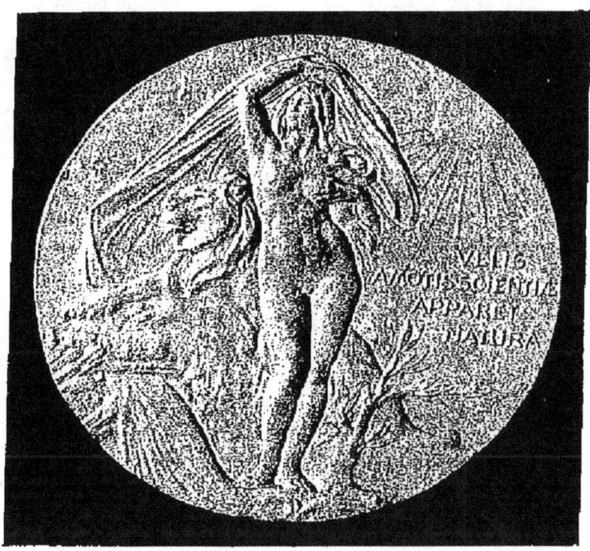

Médaille commémorative du Centenaire du Muséum.
L. BOTTÉE.

caisse de la Martinique, est l'auteur de plusieurs médailles sorties des presses du quai Conti : une fine et délicate effigie de *République* couronnée de chêne, des sujets pour la *Colombophilie* et pour la *Photographie* ; le *Centenaire de l'École des Langues Orientales* (plaquette); *Paul Bert*, etc.

Un de nos artistes contemporains, dont le talent varié rappelle ces maîtres étonnants du XVIe siècle, M. L. Bottée, qui est tout à la fois sculpteur, orfèvre, ciseleur, émailleur, a pratiqué lui aussi l'art de la médaille, et ces dernières années ont vu paraître plusieurs pièces historiques : *Inauguration du nouveau port de Calais* (1889) et *du port de Tunis* (1893); *l'Exposition universelle de 1889* ; la *Consécration de l'église de Saint-Just en Chevalet* (1892); le *Centenaire du Muséum*; ajoutons une pièce banale, la *Science*, et la médaille de la *Société des Architectes diplômés*.

Nous devons mentionner, parmi les dernières œuvres de M. Maximilien Bourgeois sculpteur habile et médailleur de talent, le *Centenaire de la République française* et le *Centenaire de l'École polytechnique* (1894), pièce qui a eu le plus vif succès auprès des membres de l'école; citons aussi la médaille des *Sénateurs*.

M. Alphée Dubois est, depuis longtemps,

un des représentants les plus estimés de la gravure en médaille. Le *Congrès national de l'enseignement primaire*, l'*Élection de Carnot, Président de la République*, ont fait le sujet d'œuvres très originales. Deux portraits sont à mentionner, celui de M. *Milne-Edwards* et de M. et Mme *Chevalier* (plaquette); cette plaquette, d'abord fondue, a été ensuite réduite et frappée.

Les récentes *Expositions d'Angers* et de *Bordeaux* ont donné lieu à la frappe de deux médailles. On doit aussi à leur auteur, M. Henri Dubois, un *Saint Hubert*, un sujet allégorique, l'*Étude*, et un *Génie soutenant un cartouche*, d'un très joli style.

M. Mouchon n'est pas exclusivement médailleur; il excelle dans tous les arts mineurs; on sait que c'est lui qui a gravé les timbres de l'Exposition universelle de Bruxelles; le *Saint Michel*, composition un peu flamande, mais d'une exécution toute française, a eu le plus grand succès chez nos voisins. Sa médaille de *Lazare Carnot* est bien connue, mais c'est surtout sa plaquette, le *Souvenir de la Monnaie de Paris*, qui lui a acquis la faveur du public. Cette jeune femme ailée qui grave une inscription sur un cartouche est d'un sentiment très délicat.

Lorsque S. M. le roi de Siam vint, cette année, visiter la Monnaie de Paris, elle fut séduite par les œuvres du graveur de cet établissement, M. A. Patey, dont les dernières médailles frappées, *Barye*, les *Ballons dirigeables*, les *Hospices de Lyon*, l'*Exposition Universelle de Lyon*, la *Caisse d'Épargne du*

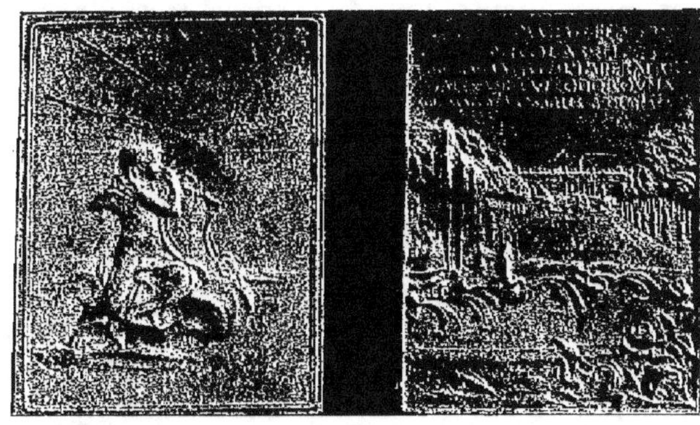

Plaquette commémorative de la visite des souverains russes à Versailles.
L.-O. ROTY.

Rhône et les *Sociétés de tir de Lyon*, ont acquis au brillant disciple de notre grand maître, M. Roty, une notoriété incontestable. Aussi, le royal visiteur, appréciant le talent de l'artiste, lui confia la gravure d'une pièce commémorative de son voyage en Europe. Les premiers exemplaires en ont été frappés tout récemment à la Monnaie.

Le plus fécond parmi les jeunes médailleurs de notre école moderne, M. F. Vernon, a su

Un sculpteur lillois, récemment revenu de l'Ecole de Rome, M. Lefebvre, est l'auteur de quelques médailles. Nous citerons la Société des *Peigneurs de Roubaix* et la *Chambre de*

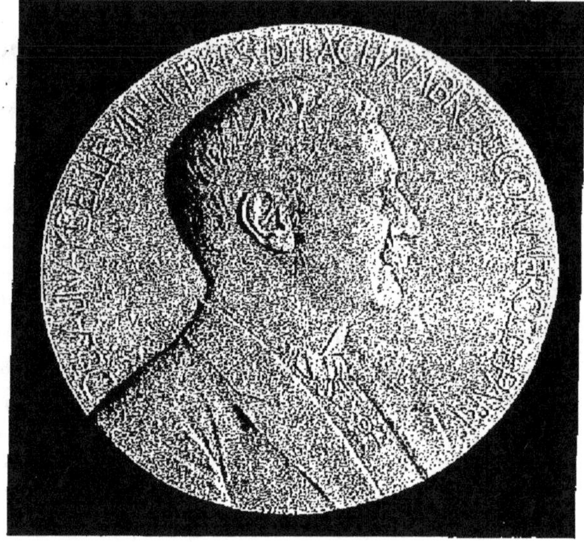
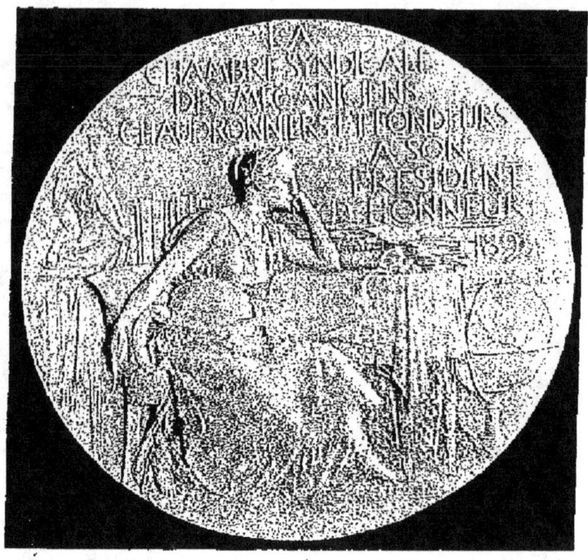

Médaille de M. Delaunay-Belleville, Président de la Chambre de Commerce de Paris.   F. VERNON.

donner aux sujets les plus difficiles à rendre un caractère réellement artistique.

Ses médailles frappées, la *Bicyclette*, l'*Union des Yachts français*, les *Carabiniers de l'Ile-de-France*, la *Société le Pistolet* en sont la preuve. M. Vernon excelle dans la composition d'un sujet allégorique; il sait lui donner ce style fin et délicat qui est un des caractères de notre génie national. Sur ses médailles du *Mariage du duc d'Orléans* et de *M. Delaunay-Belleville*, les personnages ont un aspect très vivant. Cette dernière œuvre sera certainement fort appréciée par les gens de goût.

Commerce de Roubaix; conçues dans le style franco-flamand, elles sont déjà un heureux début pour le jeune artiste.

Nous avons indiqué rapidement les principales médailles frappées à la Monnaie de Paris pendant ces dernières années; nous devons ajouter que la gravure des coins, qui nécessite autant de talent que de connaissances techniques, a été presque toujours exécutée par M. Tasset, dont la haute valeur comme artiste mécanicien est universellement appréciée.

F. MAZEROLLE

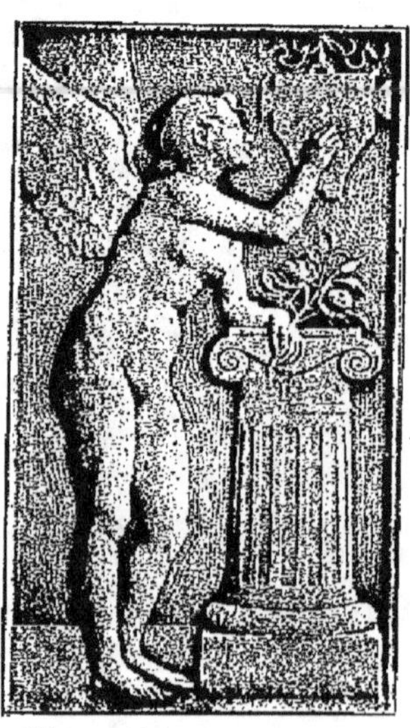

Plaquette.   MOUCHON.

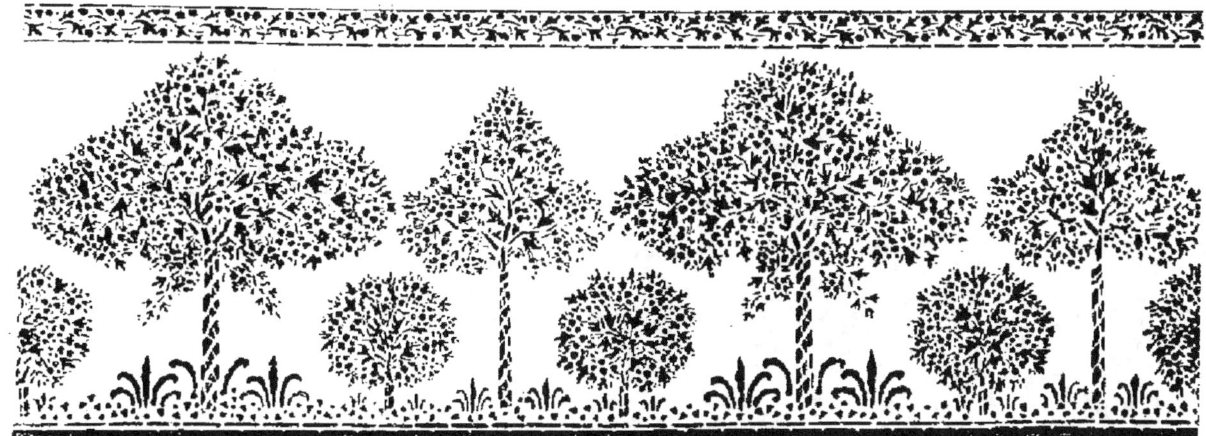

Frise au pochoir.   Mlle DOZOUL.

L'Exposition des travaux d'élèves à l'Ecole Guérin

Pour peu qu'on s'intéresse à l'avenir de nos industries artistiques, on sait ce qu'est l'École normale d'enseignement du dessin, fondée, il y a seize ans, par l'architecte Guérin. La première notoriété lui est venue des succès qu'elle a remportés, dans ses dix premières années d'existence, aux divers examens qui ouvrent à la jeunesse artistique la carrière de l'enseignement du dessin dans les écoles officielles. Un relevé des professions occupées par les anciens élèves de l'École, publié dans le petit volume où son directeur vient de condenser son histoire, nous apprend que, dans ces dix années, elle a fait diplômer *plus de cent jeunes gens* des deux sexes, qui professent aujourd'hui dans les établissements de l'État, de la Ville de Paris et de certaines municipalités provinciales.

Cette spécialité avait suscité force ennemis

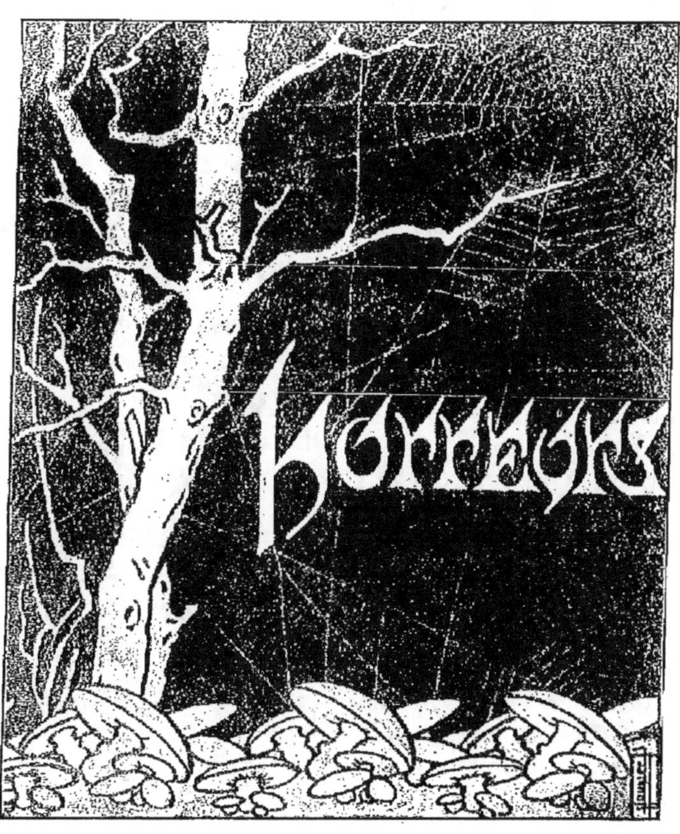

Reliure.   LAUGIER.

à l'Ecole Guérin. On lui reprocha de préparer ses élèves beaucoup moins à la pratique du dessin d'art appliqué qu'à un diplôme qui leur fournissait, sans doute, un gagne-pain, mais ne les instruisait nullement à former de bons et utiles auxiliaires pour les industries françaises relevant de l'art.

La direction s'émut de ces critiques : elle comprit qu'il y avait mieux à faire, en effet, que de créer des professeurs de dessin; elle s'évertua, dès lors, à modifier ses programmes dans le sens qui lui était indiqué; elle les adapta méthodiquement, graduellement, aux débouchés que l'évolution des industries artistiques, hâtée par des nécessités impérieuses, allait ouvrir aux jeunes gens, dans la céramique, dans le papier peint, dans le meuble et dans toutes les branches de la fabrication des tissus.

Elle s'adjoignit des maîtres éprouvés. On sait que le haut enseignement du dessin est professé à l'École Guérin par un artiste aussi consciencieux que délicat, aussi érudit qu'inventif, M. Luc-Olivier Merson, et que l'ensei-

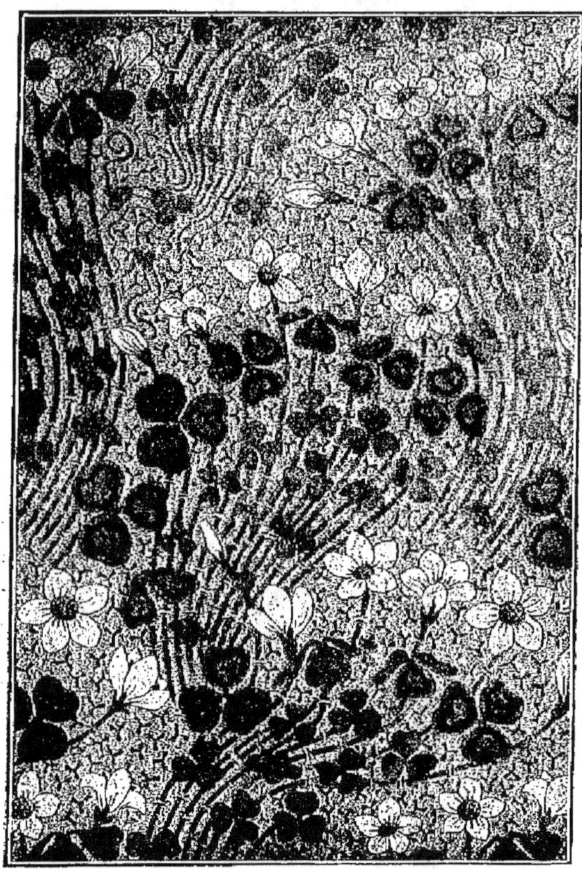

Étoffe soie (motif l'oxalide).   MARENVILLIERS.

gnement de la composition décorative, celui qui résume et féconde, en les dirigeant vers des résultats pratiques, tous les autres, a pour professeur, rue Vavin, M. Grasset. Ce que vaut cet enseignement, nos lecteurs ont pu l'apprécier, cette année, dans notre premier numéro. Ils y ont vu comment des jeunes gens, des jeunes filles, au bout de deux années seulement de cours d'études, apprenaient à inventer pour leur compte, à créer en vue de telle ou telle matière, de telle ou telle industrie, des motifs déjà personnels, si personnels même que des fabricants parisiens n'hésitaient pas à mettre au concours, entre les élèves de l'École, des compositions dont ils lançaient aussitôt dans le public les résultats industriellement reproduits et commercialisés.

Sur toute la jeunesse artistique dont l'objectif est la production de dessins pour l'art industriel, l'École exerce à présent une si puissante

attirance que le chiffre de ses élèves s'est élevé, cette année, à *cent treize*, dont cinquante et un ont été admis gratuitement. Si l'on se reporte aux succès que leurs prédécesseurs ont obtenus depuis six ans, aux différents concours ouverts par l'initiative privée ou publique, à ceux de l'Union centrale des Arts Décoratifs, de la Société d'encouragement à l'Art et à l'Industrie, des grands magasins du Louvre, on ne sera pas surpris de ce chiffre. On s'en étonnera moins encore si l'on réfléchit que l'industrie a fait des situations très sortables, dans les deux ou trois ans qui viennent de s'écouler, à bon nombre des anciens élèves de l'École, et que certains, M. Tony Sel-

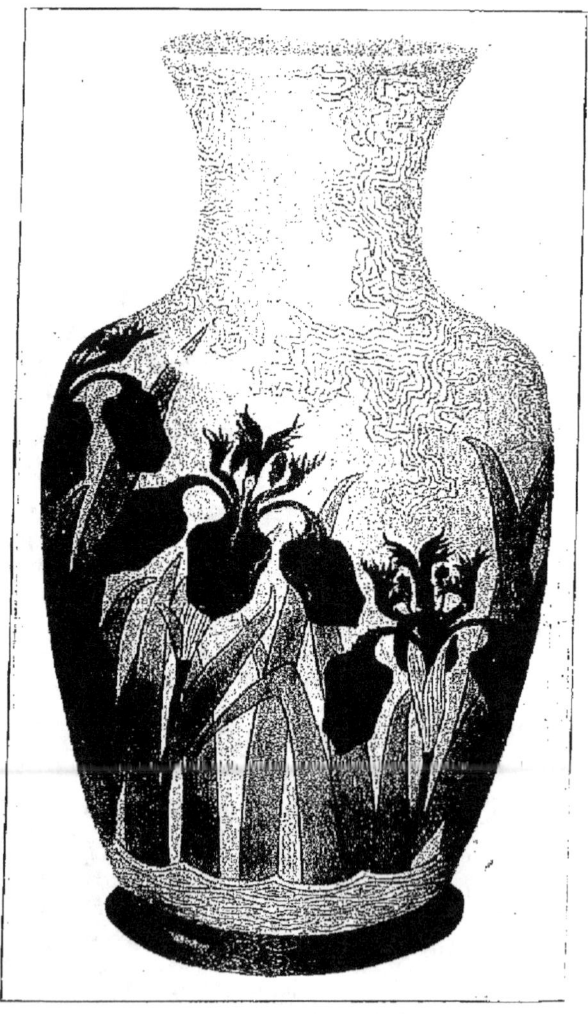

Vase grès.   Mlle CHAPUIS.

mersheim par exemple, se sont signalés à l'attention publique, en dépit de leur jeunesse, par des travaux de premier ordre.

La médaille, il est vrai, a son revers, et de tels succès n'ont pas été sans créer à cet éta-

blissement, si actif et vivifié par un enseignement si lucide, des jalousies parmi les
écoles rivales, parmi celles que la Ville de
Paris a groupées sous sa tutelle officielle et
qu'elle entretient, pour la plupart, à grands
frais, sans en tirer toujours des résultats qui la
dédommagent de ces frais. La subvention de
4,000 francs qu'elle avait accordée jusqu'ici,
non sans peine, mais avec régularité toutefois.

l'exemple est trop rare pour n'être pas hautement signalé, ne reçoivent aucun traitement —
l'établissement n'a pu boucler son budget. Ses
dépenses ont excédé de 13,000 francs ses
maigres et précaires recettes, et, si la manne
officielle ne tombe pas en temps voulu sur sa
caisse, l'initiative privée sera seule capable de
maintenir ouverte l'École. Elle y travaille d'ailleurs. Une souscription vient de s'ouvrir, dont

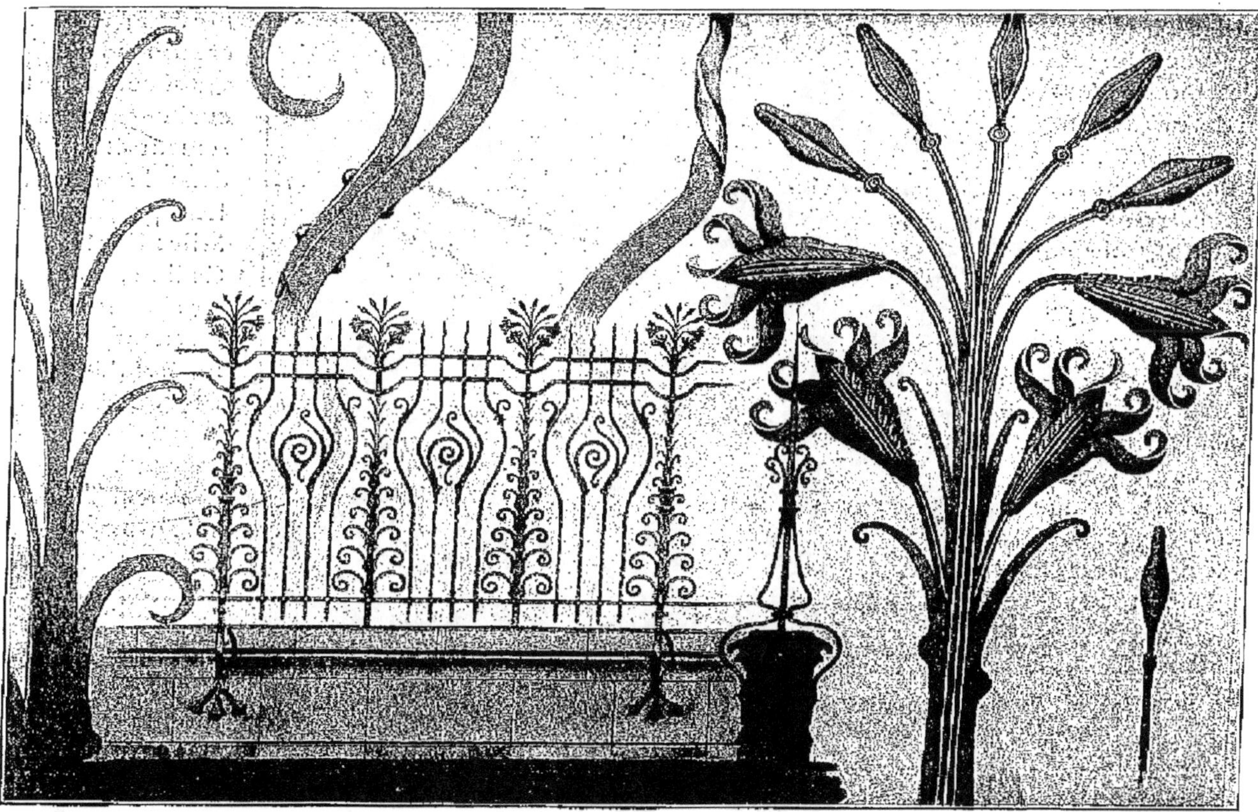

Grille fer forgé.   MOUCHOT.

à l'École Guérin, n'a pas été votée cette année.
On reviendra, à n'en pas douter, sur cet oubli
trop criant pour être indéfiniment prolongé.
Mais le symptôme est fâcheux; il dénote, de
la part des détracteurs de l'École, une rancune
tenace que la gratuité si libéralement accordée,
dans cet établissement, aux enfants des classes
pauvres, devrait rendre impuissante sur une
assemblée municipale vraiment démocratique.

De ce fait, voilà l'École en péril. Si modique
que soit son budget, restreint à un loyer de
6,000 francs, aux frais courants d'entretien,
d'éclairage, de chauffage et de modèles — car
ses maîtres, animés d'un esprit de sacrifice et
d'un dévouement désintéressé à leur tâche, dont

les industriels n'ont pas eu seuls la pensée.
Puisse-t-elle aboutir sans tarder et permettre à
l'École de fournir, contre vents et marées, une
croisière nouvelle marquée par autant de
réussites que les autres !

En attendant, l'établissement reste ouvert au
public, pour l'exposition annuelle des travaux
exécutés, au cours du dernier exercice, par les
élèves des différentes classes de l'École, et
cette exposition, comme celle de l'an passé,
est singulièrement instructive. Étudiée avec
soin, elle révèle, semble-t-il, un ensemble
d'efforts encore plus heureux, une vitalité encore plus créatrice et, au point de vue pratique,
plus féconde que les expositions précédentes.

Je ne m'attacherai, dans le rapide compte-rendu que je vais essayer d'en donner, qu'aux travaux d'ordre décoratif exécutés en vue des arts appliqués, et, parmi ces travaux, qu'à ceux où toutes les exigences du métier ont été le mieux prevues et le plus rigoureusement observées.

Une des séries de travaux, où les résultats obtenus sont de ceux qui satisfont pleinement, est celle de la tenture. Nous avions déjà vu, l'an dernier, de Mlles Fayolle, Audic et Dusset, des motifs d'ornementation pour étoffes, ingénieusement raccordés et d'une tonalité harmonieuse, avec des jeux de fonds très soignés. Nous retrouvons les mêmes qualités, cette année, dans une série de motifs de tenture exécutés sur ce thème : ornement et chevaux combinés. Mlle Mangin semble avoir été la mieux inspirée, par la façon dont elle a compris l'animal et dont elle l'a relié au

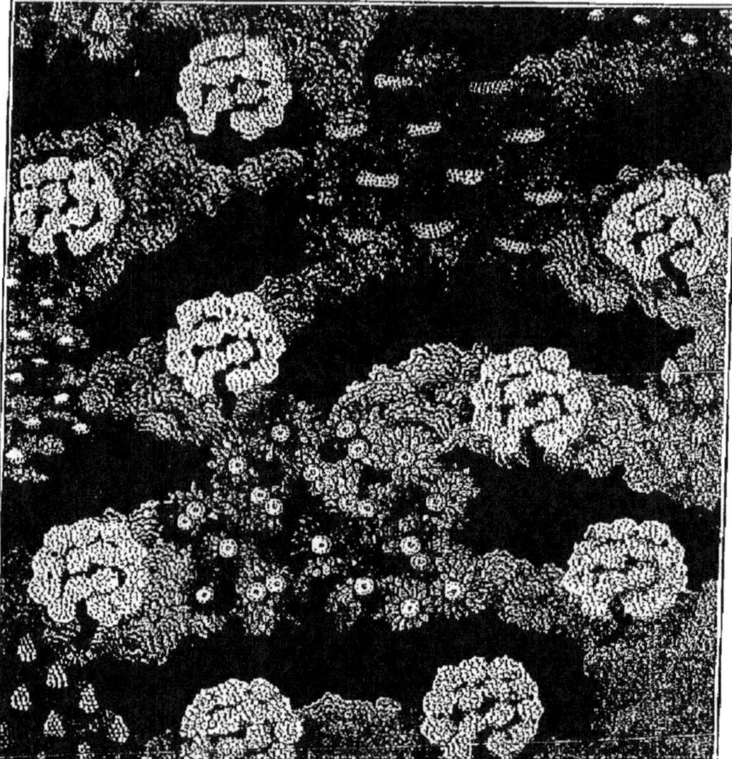

Étoffe d'ameublement.

Mlle MARCELLE GAUDIN.

fonds dont ces compositions ne sauraient se passer.

A signaler enfin, sur le même thème, une série de petites frises au pochoir, exécutées par des élèves de seconde année.

L'étoffe imprimée nous a valu toute une suite de motifs qui peuvent passer pour les meilleurs travaux peut-être de l'année, et dont le sujet consistait en un raccord d'arbres en sautoir. Rarement j'ai vu créations d'élèves si complètes et si scrupuleusement étudiées dans le détail. Les projets de Mlles Fayolle et Cadiou, sans être les seuls qui méritent d'être loués, m'ont paru tout à fait dignes de remarque.

Parmi les applications de la plante à l'étoffe, les compositions bien ordonnées et gracieuses sont en nombre, mais je les trouve en somme plutôt faites pour l'impression que pour le tissage.

motif d'ornement. Il faut louer également, dans ce projet, le choix des tons, qui dénote un œil délicat, et leur simplicité, tout à fait conforme aux nécessités bien comprises de la fabrication. Les mêmes qualités se retrouvent, avec un sens très fin du pittoresque, dans un projet de dessus de table en marqueterie, composé par la même élève : des renards dans une forêt de sapins.

Le même motif de tenture (ornement et chevaux combinés) a été traité par deux ou trois autres élèves avec goût. Le projet de Mlle Kastner, où l'animal est ingénieusement stylisé, mériterait une mention spéciale, si l'élève, à qui le temps sans doute a manqué, l'avait complété par l'indispensable jeu de

Tel motif dont on demandait aux élèves de faire une étoffe de soie, nous donne infiniment plus la sensation de l'imprimé sur cretonne que de la soie tissée. A quoi servent aujourd'hui les étoffes de soie ? Surtout au rideau ou à la robe. Il importe donc au créateur du dessin de se rendre compte d'avance, pour l'étoffe de soie, de la destination précise qu'il y attache et, suivant qu'il songera davantage au rideau ou davantage à la robe, d'agrandir ou de diminuer son motif. Les motifs exposés rue Vavin me paraissent, en général, trop grands pour la robe ou trop petits pour rideaux.

J'ai déjà mentionné le dessus de table en marqueterie de Mlle Mangin. Il en est, sur d'autres thèmes, de charmants. Celui de Mlle Durand, qui nous montre des aigles planant, dans une gorge rocheuse, sur un semis d'arbres isolés, est aussi séduisant, pour la combinaison des couleurs que pour l'instinct pittoresque.

Une frise au pochoir sur un motif de paysage a donné aussi des résultats excellents. J'ai

peut critiquer l'échelle un peu trop grande des motifs et la prédilection qui se manifeste, en couleur, pour l'emploi de tons bleus et de tons verts qui n'ont rien d'agréable pour l'œil, et que le premier soin du fabricant de vitraux serait certainement d'écarter.

Parmi les travaux de seconde et de première année, on voit enfin sans déplaisir une série de

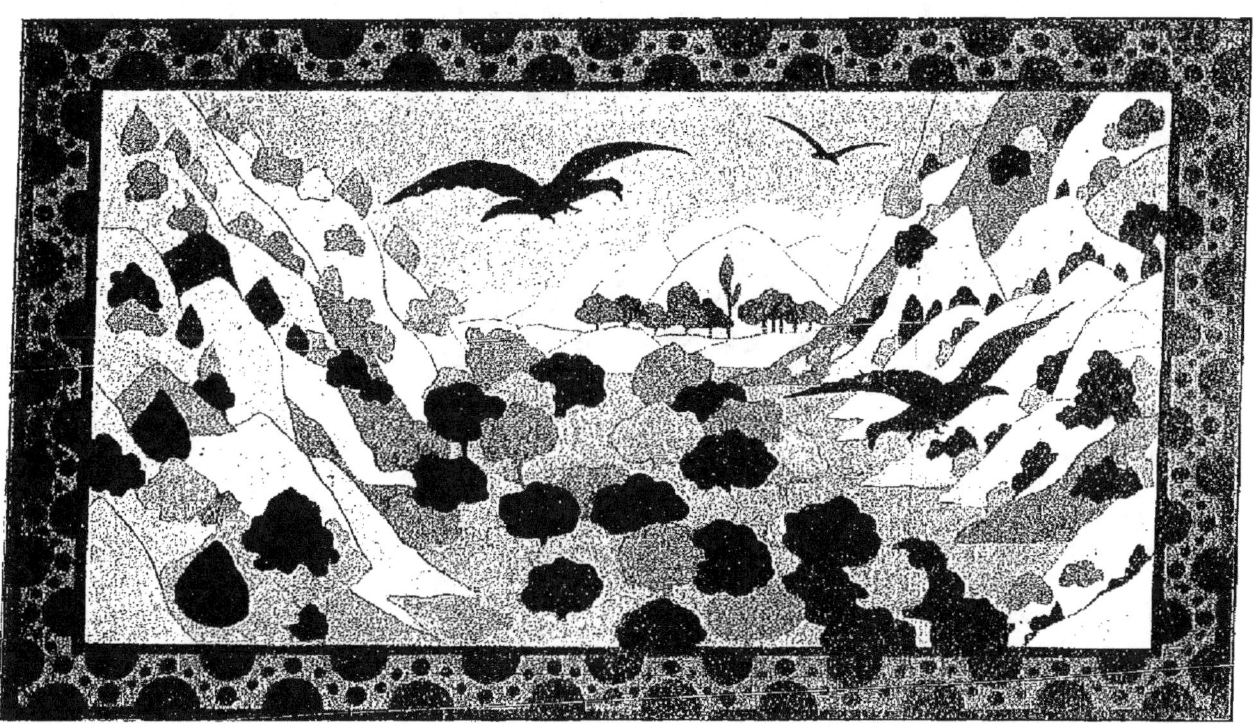

Table marquetterie.   Mlle DURRAND.

goûté, entre autres, très vivement le projet de M. Payen et celui de Mlle Dozoul.

Dans les travaux du fer, un motif traité d'une manière très souple, avec une intelligence raisonnée de la matière, par M. Mouchot, je crois. Dans les compositions de céramique, une tendance manifeste à donner à la poterie de grès une décoration qui se traduirait avec un réel bonheur en verre gravé à plusieurs couches. Le vase, en forme de calice, de M. Mouchot s'y prêterait en particulier d'une façon tout à fait heureuse. A signaler, à côté de ce vase, les projets de Mlles Henning et Cléry, de MM. Schneider et Pierre Selmersheim.

Le vitrail a fourni quelques compositions très bien comprises au point de vue du dessin et d'une mise en plombs très pratique. On y

frises au pochoir, dont la tête humaine, simplifiée sous forme de masques, a dicté le motif. Il ne faut juger ces essais que comme des exercices de classe. Tels quels, ils présentent toutefois de l'intérêt, de même qu'une série d'alphabets, composés par des débutants.

J'en ai dit assez, j'imagine, pour montrer que l'École Guérin est en voie de progrès, plus que jamais. Nulle part, les dons instinctifs des jeunes gens ne sont cultivés avec plus d'esprit de suite, plus de méthode, et ne reçoivent une éducation plus propre à faire d'eux, pour les industries nationales, des collaborateurs chez lesquels le goût et le sens pratique iraient de pair avec l'esprit inventif.

THIÉBAULT-SISSON.

LES BIJOUX DE M. LALIQUE

Nous reproduisons sur notre planche en couleurs plusieurs projets de bijoux de M. Lalique. On sait, par les exemples, que les Salons des Champs-Élysées ont mis sous les yeux de tous, quel est l'imprévu et la séduction des motifs que compose cet artiste. On ne saurait trop féliciter M. Lalique de s'être appliqué à donner une allure nouvelle au bijou et, surtout, d'avoir voulu allier le luxe à la sobriété. Il se préoccupe d'assembler des tonalités discrètes, où l'emploi des pierres acquiert un prix particulièrement rare, par leur choix, la place qu'elles occupent et la modération avec laquelle on en use. M. Lalique se sert beaucoup des émaux — émaux translucides, cloisonnés ou champlevés — qui lui fournissent d'heureux effets de couleurs; et ainsi se trouve réalisée la véritable parure qui enrichit et rehausse la toilette sans éclats excessifs et continus.

Boucle de Ceinture.

LALIQUE.

Une autre qualité rattache encore M. Lalique à la tradition de nos bons joailliers : c'est la destination personnelle qui a présidé à la recherche ornementale dans un grand nombre de ses travaux. Il est bien certain, en effet, qu'un bijou bien compris doit participer des caractères de la femme qui le portera. On sait, en particulier, que M. Lalique a beaucoup travaillé pour Mme Sarah Bernhardt; et peut-être est-il permis de découvrir là la raison de ces aspects un peu âpres et étranges que révèle parfois son art, et qui constituent le seul reproche qu'on puisse lui adresser.

M. Lalique cherche toujours avec grand soin la forme d'ensemble de ses bijoux, et il use abondamment, pour les détails d'ornementation, de la plante et de la fleur, auxquelles son interprétation sait laisser de libres mouvements et une élégante souplesse.

G. S.

CONCOURS DE JANVIER

UN MIROIR A MAIN

Un miroir à main doit nécessairement être léger et maniable : il importe que son cadre, supposé en bois de noyer poli, n'ait pas d'ornements trop saillants qui risqueraient de déchirer les étoffes ou de blesser les mains.

La forme de la glace à biseau, rectangulaire ou carrée, ronde ou ovale, est laissée au choix des concurrents. Ce panneau de bois qui masque l'envers de la glace, sera décoré, mais devra être rendu mobile pour faciliter le montage.

On prendra pour thème de la décoration du cadre, le nénuphar, et les concurrents s'appliqueront à trouver un contour artistique en faisant emploi de la feuille, du bouton et de la fleur.

Le miroir, dans sa plus grande dimension, n'excédera pas vingt-cinq centimètres, manche non compris.

Les concurrents devront donner à moitié de l'exécution la face et le revers.

Trois prix seront décernés : le premier de 75 fr., le second de 50 fr., le troisième de 25.

Les projets devront être déposés, avant le 25 janvier, à la Librairie centrale des Beaux-Arts, 13, rue Lafayette.

S. A. de l'Imp. de Vaugirard, G. de Malherbe, Direct., 132, rue de Vaugirard, Paris.　　　ÉMILE LÉVY, *Éditeur-gérant.*

Art et Décoration

JEAN-CHARLES CAZIN

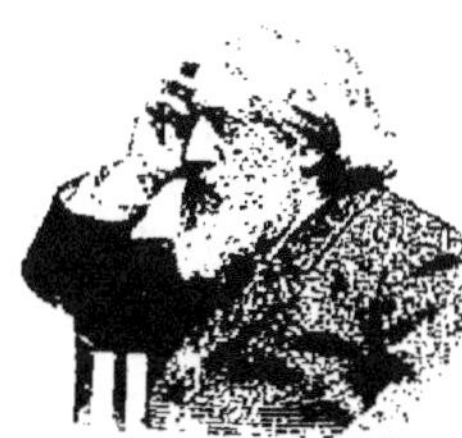

De taille moyenne, le port fier, la tête haute dressée sur des épaules carrées, les mains petites mais robustes, M. J.-C. Cazin offre dans sa physionomie un singulier mélange de force physique et de facultés morales, de matérialité et de rêve, de vie puissante, active et vigoureuse et de développement intellectuel et imaginatif. Le visage précise encore cette impression contradictoire. Les traits colorés, fortement accentués, avec un certain caractère de sensualité à la partie inférieure, sont couronnés par un large front d'être songeur et compréhensif qu'encadre une abondante chevelure rejetée derrière les oreilles, et par deux yeux bleus, à fleur de tête, vifs et mobiles, tendres et mystérieux qui regardent en dedans, si clairs pourtant, qu'ils semblent absorber toutes les images extérieures. C'est quelque chose comme la figure sympathique d'un faune bienveillant et contemplatif.

Ce portrait de l'homme physique semble être la représentation exacte de l'homme moral et donner l'explication de ce talent complexe et personnel, fait de nature et d'art, de culture et d'instinct, de spontanéité et de réflexion, c'est-à-dire de facultés observatrices et créatrices, riches, vivaces, diverses et comme opposées, disciplinées et accordées, en même temps, par un esprit sain et parfaitement équilibré.

C'est seulement en 1876 que M. Cazin fit son apparition comme artiste. Il avait bien, il est vrai, exposé antérieurement, en 1865 et 1866, et même obtenu les honneurs de la proscription au fameux Salon de 1863. Mais ce n'est que dix ans après qu'il prit véritablement contact avec le public, gardant ainsi un long silence recueilli, par une sorte de pudeur de laisser surprendre les tâtonnements et les hésitations de ses débuts, dans la conscience d'un esprit fort et mesuré qui ne se sent pas définitivement formé et se réserve avec sagesse, sûr de lui et de l'avenir. C'est ainsi que s'était également présenté, dix ans plus tôt, dans la plénitude de son épanouissement, un autre grand songeur à la famille duquel se rattache M. Cazin, M. Puvis de Chavannes.

En 1876, M. Cazin avait alors trente-cinq ans (1); c'était un homme dans toute la force de l'âge et la maturité du talent. Jusqu'à ce jour son temps avait été bien employé : les années s'étaient écoulées, remplies par de fortes études tant de culture intellectuelle que de recherches professionnelles, successivement élève, professeur, conservateur de Musée, potier en Angleterre, peintre en Hollande, en Flandre, en Italie, un peu partout, vivant sans cesse dans la solitude éloquente des spectacles éter-

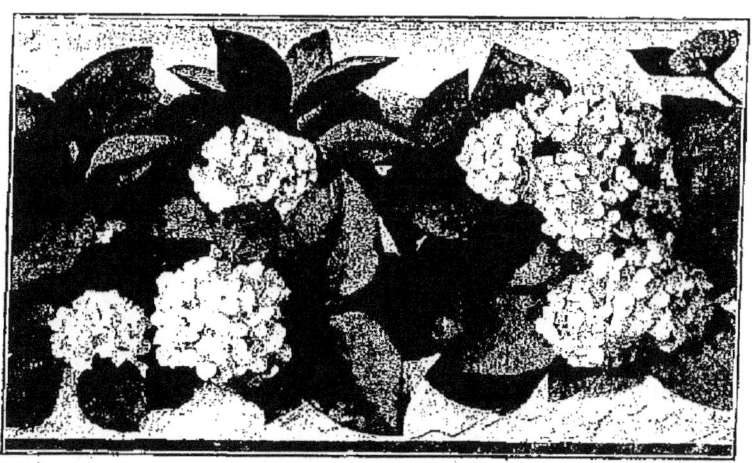

Frise Décorative.

nellement émouvants qu'offre la Nature dans ses aspects les plus grandioses comme les plus familiers, hôte assidu des Musées, accumulant

(1) Il est né en 1841, à Samer (Pas-de-Calais.)

une abondante et précieuse réserve de contemplations, d'observations, d'images, de souvenirs, qui s'avivaient dans l'étude attentive, réfléchie et passionnée des maîtres, comme nos idées se précisent et se développent dans un entretien avec de vieux amis.

A ce Salon de 1876, M. Cazin exposait *le Chantier*, suivi immédiatement de *la Fuite en Egypte* (1875), *le Voyage de Tobie* (1878), *le Départ* (1879), *Ismaël*, *Tobie* (1880), *Souvenir de fête* 1881, *Judith*, *Agar et Ismaël* (1883), précipitant pendant cette première période de sept ans, presque tous ses grands ouvrages historiques.

L'impression immédiate que produisirent ses premiers ouvrages fut une vive surprise. Ce fut un véritable étonnement devant ces peintures qui apportaient brusquement quelque chose d'inattendu, d'inédit, une présentation

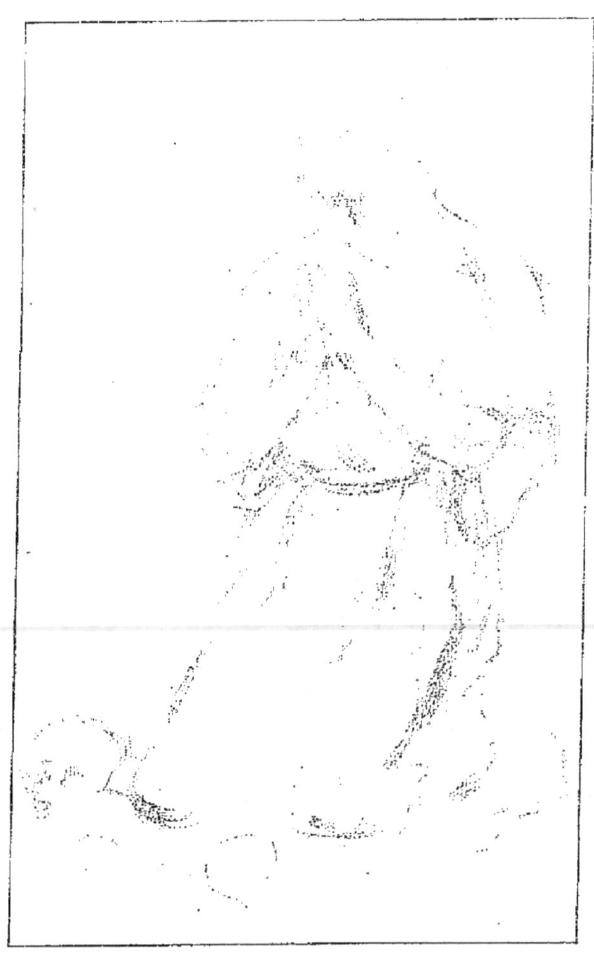

Étude.

imprévue de la composition, des notes d'une saveur singulière dans les harmonies, une vision comme rajeunie de la nature et une

émotion communicative dans le sujet. On y trouvait, on ne pouvait bien dire quoi de troublant qui déconcertait les habitudes reçues. Ce fut le lieu, comme on pense, de nombreuses et vives querelles. Le procédé lui-même fut mis en discussion et, comme c'est toujours sur les petits côtés que s'attardent les débats, ce fut à sa technique qu'on s'attacha le plus. On expliqua, on critiqua, on admira, suivant les partis ; on fit même courir, à ce propos, d'étranges légendes : M. Cazin ne peignait jamais que verrouillé à double tour, veillant jalousement à ce qu'on ne le surprît point dans l'exécution de quelque toile, l'œil aux aguets, ombrageux, inquiet, fuyant d'un pays aussitôt qu'un confrère apparaissait.

Sa technique, à vrai dire, n'était ni si compliquée, ni si dissimulée. Les catalogues avouaient avec simplicité et candeur : peinture à la cire ; cire et pastel ; gouache, cire et pastel... lorsque abandonnant parfois l'huile proprement dite qui était, pourtant, d'usage dans la plupart de ses tableaux, il essayait d'obtenir un aspect de matité et de fraîcheur délicate en employant tour à tour et en mêlant des procédés connus. Combien d'autres ne s'en étaient-ils point servis de la même façon? On attribua aux sortilèges du métier le charme qui était produit uniquement par la séduction de l'art.

On s'accoutuma, d'ailleurs, bien vite à l'étrangeté comme exotique de cette peinture qui semblait avoir pris, pendant le séjour de l'auteur en Angleterre, quelque grâce et quelque saveur britanniques, et depuis ce Salon de 1876, le public n'a cessé de suivre régulièrement, avec une admiration sympathique, l'œuvre riche, vivante, profondément poétique et humaine, de ce peintre vibrant à toutes les émotions de la vie intérieure et à tous les accords des grandes harmonies du dehors.

Une lacune de quatre années se produit dans ses envois aux Salons entre 1883 et 1888. M. Cazin, de nouveau, semble se recueillir sur lui-même, se défier du succès, craindre de se dépenser trop vite, fuir les influences néfastes du milieu professionnel, pour se ressaisir entièrement, se retrouver dans le cercle étroit de ses propres sensations et dans la confidence familière des maîtres. Il voyage en Flandre, en Hollande, et surtout en Italie, en Toscane, où il boit longuement, ardemment, le charme austère et pacifiant de cette nature et de cet art qui nous pénètrent par le même caractère d'élégance fière, de distinction rare, de tendresse sérieuse, de pureté ascétique ; il s'arrêta longtemps à Pise, subissant la séduction mélancolique, en plein pays méridional, de ce ciel gris et pluvieux et l'attrait puissant des grands souvenirs du passé.

Cette lacune créa-t-elle une ligne de démarcation dans son œuvre ? Les peintures postérieures à cette date reçurent-elles de cette trempe nouvelle, après une série de manifestations éclatantes, quelques traces de modifications soit dans l'inspiration, soit dans la conception, soit dans l'exécution de ses sujets ? Ce n'est plus guère facile à établir, à distance, aujourd'hui que toutes ces œuvres, éparpillées dans les deux mondes, ne peuvent plus être rapprochées dans un examen comparatif.

On pourrait, toutefois, constater sans conclure, que c'est à la première période de ses envois qu'appartiennent presque exclusivement ses compositions de caractère historique, tandis qu'à partir de 1888 les paysages forment comme le fonds de ses expositions ; en même temps, que ses tableaux de figures, moins nombreux, quittent le domaine de l'histoire et de la légende, pour entrer dans l'expression de sentiments d'une acuité plus moderne, et traduire des aspects encore plus généraux de l'humanité. C'est l'époque de *la Journée faite,* des *Voyageurs,* etc.

* *
*

Si l'on se place au point de vue des vieilles classifications officielles, d'après le simple énoncé de ses tableaux, M. Cazin eût donc été parqué dans les deux genres de l'histoire et du paysage. Mais il y a longtemps que l'on ne tient plus compte de ces délimitations puériles. La vérité est qu'il est bien difficile à certains esprits généraux et indépendants, qui regardent et qui pensent, de se créer une vision exclusive des choses, de faire abstraction du milieu dans lequel nous vivons, dont nous subissons l'influence et auquel nous prêtons l'illusion de nos sensations et de nos sentiments. Aussi, chez M. Cazin, la nature joue-t-elle toujours un rôle important dans ses tableaux de figures ; de même l'homme, présent ou absent, vient-il souvent animer ou émouvoir les représentations du grand décor dans lequel s'agitent sa turbulence éphémère et son orgueilleuse humilité.

Son charme le plus intense ne vient-il point, d'ailleurs, avant tout, du paysage ? Dans les

tableaux de figures, qui marquent ses débuts, c'est par ce moyen qu'il agit le plus vivement sur notre imagination. C'est par la nature qu'il nous fait entrer plus profondément dans le cœur de l'homme ; il l'appelle constamment à son aide, pour développer, dans une savante harmonie qui accompagne, souligne et prolonge le motif principal, les sentiments sous l'inspiration desquels est conçu son tableau.

C'est que le milieu dans lequel se présente

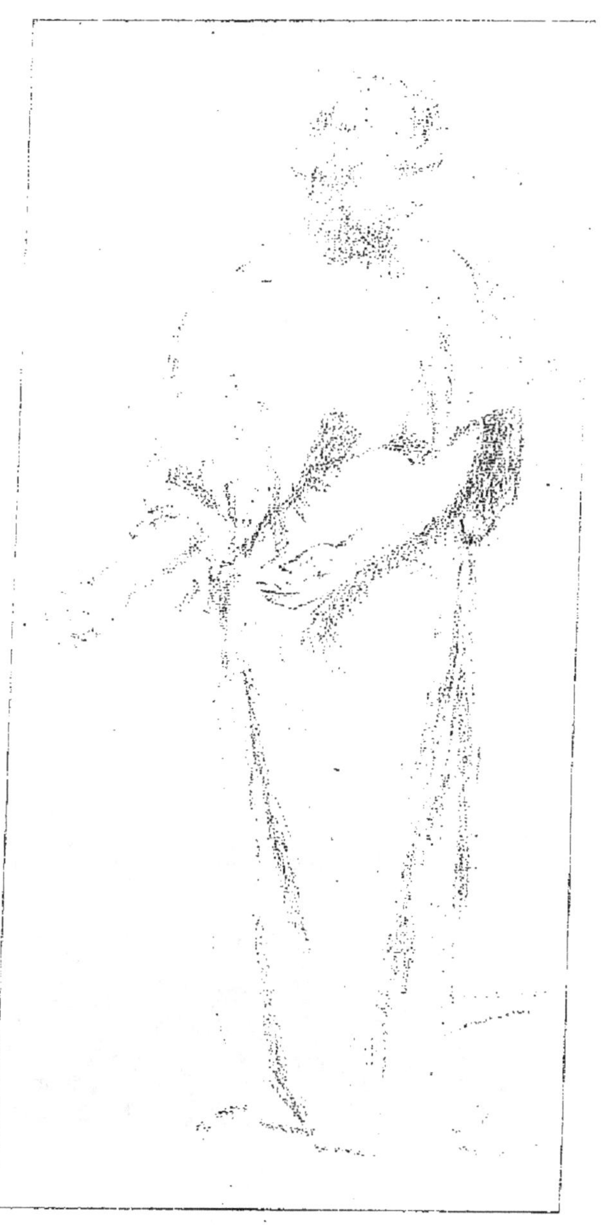

Etude.

la scène qu'il veut fixer produit, dans la réalité, sur lui-même, la commotion évocatrice qu'elle produit sur nous dans son œuvre. Ne nous semble-t-il point à voir la silhouette mélancolique des ces remparts sans combattants, sous l'angoisse d'un ciel du soir bas et fermé, que ce soit bien là la ville menacée et affligée, d'où doit sortir, dans ses habits de fête, la belle juive libératrice, Judith, dernier espoir du peuple hébreu! Ne semble-t-il pas, à mesurer l'étendue solennelle de ces dunes arides et interminables, dont les ondulations fauves ne sont rompues que par la tache sombre des genêts, des pins et des genévriers, que ce soit bien là le désert infranchissable où devaient se presser, dans un élan d'amour et de détresse, Ismaël enfant et sa mère exilée? C'est là, dans la limpidité de cette nuit sereine, au milieu de cette solitude apaisante, non loin de ce pauvre chaume endormi, c'est là que dut s'assoupir, d'un sommeil bienfaisant, à la première étape de leur fuite en Égypte, l'âme candide et simple des divins proscrits. Et n'est-ce point, ici, du seuil de cette humble demeure, avec son avant-cour étroite et son modeste pigeonnier, à la clarté propice des premières

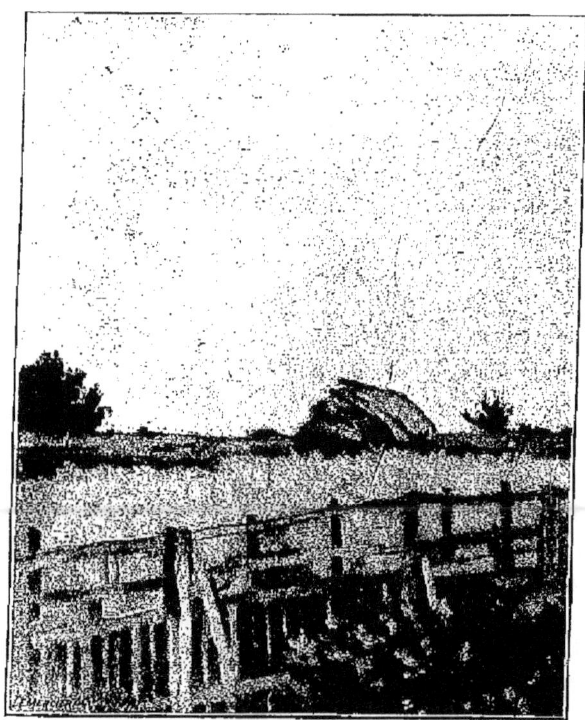

Paysage.

étoiles, que la famille du charpentier prit, en hâte, le chemin de l'exil?

L'esprit nourri de visions contenues, de songes lentement amassés, de sujets de prédilection qui se représentent de temps à autre à la mémoire et se précisent chaque jour inconsciemment, tenu par le travail et la méditation dans un état d'exaltation continue, il suffit de l'impression subite, inattendue d'un coin de nature, à une heure spéciale, dans de certaines conditions, pour émouvoir vivement son cerveau créateur et faire surgir aussitôt une de ces images préférées, l'évoquer avec une intensité si rare dans ce milieu sympathique que la scène s'y trouve comme liée et qu'il nous persuade qu'elle n'a pas pu se présenter autrement.

Dans cette voie de résurrection de l'histoire ou de la légende, M. Cazin trouva deux incomparables initiateurs : Poussin et Rembrandt. Ses longues contemplations dans les salles du Louvre ne furent point perdues. Il y avait longuement observé, dans le premier, ce mâle et fier génie, aux joies graves, à la grâce austère, au charme sérieux de mélancolie et de tendresse virile, aux sobres et profondes harmonies, aux formes simples et expressives, aux gestes naturels et rythmés, intelligence robuste, contenue, mesurée, douée d'une telle puissance compréhensive que nul, peut-être, malgré la fausse éducation classique de son temps, n'a exprimé plus fortement la grandeur patriarcale des scènes de l'Ancien Testament et ne s'est rapproché autant du rêve antique. Ils l'avaient bien compris déjà, ses illustres devanciers Delacroix qui le jugeait si hautement, comme « un des novateurs les plus hardis que présente l'histoire de la peinture », Millet, dont les lettres du Poussin étaient une des lectures favorites, et M. Puvis de Chavannes et Delaunay, et tous les vrais artistes qui ont voulu tenter chez nous l'étude des sujets religieux.

M. Cazin ne s'est-il point arrêté souvent devant ces notes apaisées de l'*Automne*, à cette heure sans lumière que celle qui subsiste après le départ du soleil, en face de ces femmes qui cueillent des fruits dans les arbres aux feuillages d'un ton roux si tendre? N'a-t-il point surpris ce gris rosé des terrains de droite, délicat, atténué comme ceux qui font la séduction de sa palette? N'a-t-il point contemplé avec profit l'*Eté*, dans son harmonie grave et sereine où l'on sent que les figures sont si bien celles du paysage et le ciel celui qui doit envelopper cette scène d'une solennité si calme et si auguste? N'avait-il point compris, avec ce maître puissant et réfléchi, toujours ému par son sujet, l'importance du choix de l'heure, de la collaboration du ciel, de la communion de la nature, ne lui a-t-il point demandé le secret de la langue expressive de ses harmonies ? N'est-ce point à l'école de Poussin que M. Cazin a pris le sens de cet accord intime entre les figures et le paysage et, pour ainsi dire, de cette participation, nécessaire, à l'émotion de la scène, des témoins inanimés qui entourent les acteurs principaux ?

ment touché par la simple beauté et l'incomparable grandeur des sujets bibliques et évangéliques ; mais comme lui, il a voulu puiser à cette source éternellement imagée, expressive et humaine, tout ce qu'on en pouvait extraire de tendresse, de pitié, de sympathie pour tout ce qui souffre dans les êtres et dans les choses. Aussi n'a-t-il point choisi ses sujets dans les

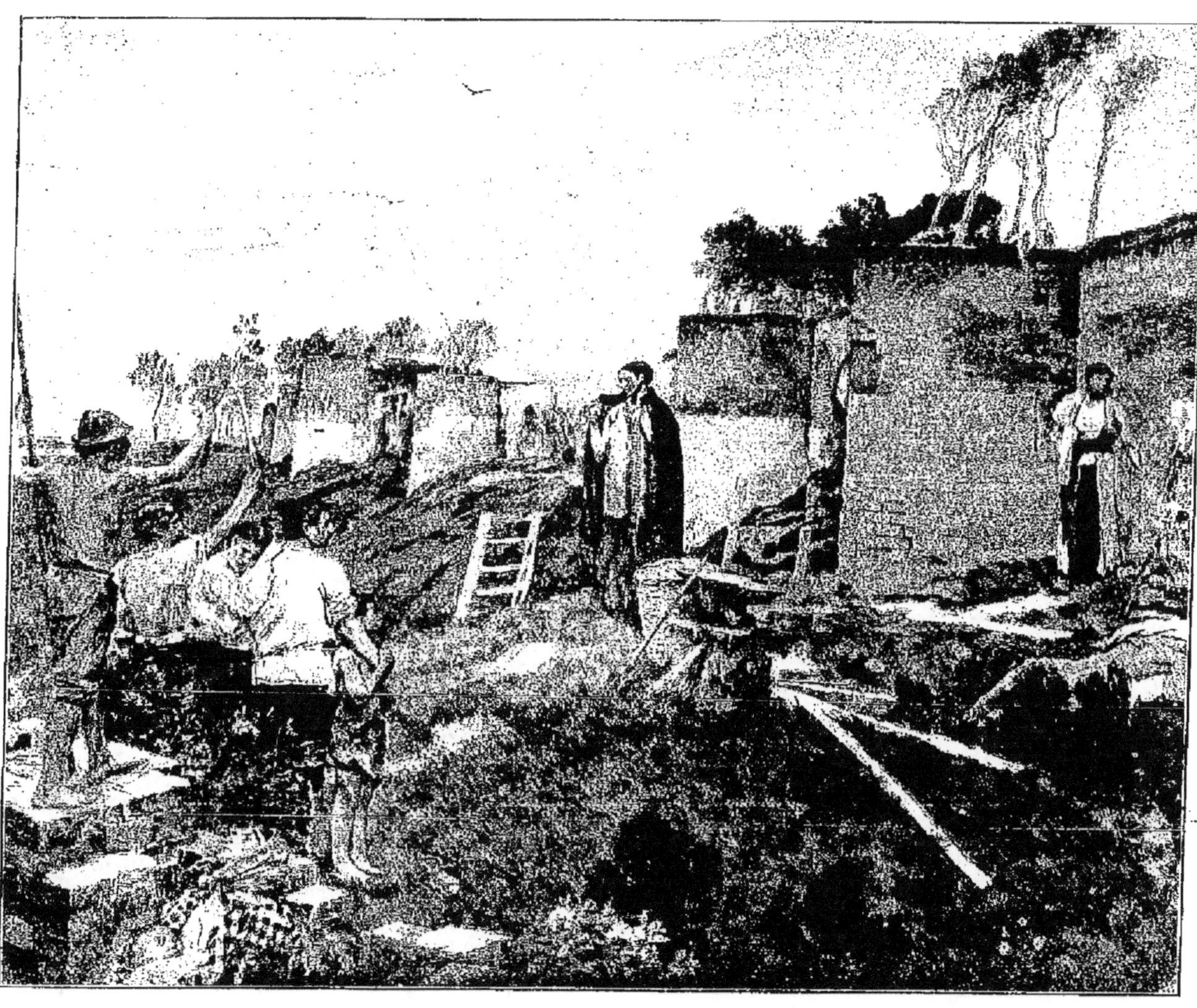

Judith.

Cette poésie subjective, il en avait aussi recueilli l'onde vivifiante à une source encore plus abondante et plus passionnée; il était allé se tremper auprès de l'âme la plus ardente et la plus généreuse, la plus humaine et la plus pénétrée du sens divin qui ait transfiguré dans le rayonnement de sa tendresse, de sa pitié, de son génie bienfaisant de lumière et d'amour, toutes les plus humbles et les plus misérables choses de la vie.

Après Rembrandt, M. Cazin a été forte-

fastes héroïques du peuple hébreu ni même parmi les grands actes douloureux de la grande tragédie chrétienne. Il a cherché surtout des scènes d'humble détresse, d'angoisse intime d'isolement et d'abandon, que la magie de sa lumière enveloppe comme d'une atmosphère miséricordieuse et consolante. Ici, dans ce paysage désert de dunes accidentées, c'est le groupe désolé d'Agar et d'Ismaël debout, serrés l'un contre l'autre dans l'amère tristesse de leur solitude sans issue ; là, c'est la pauvre mère errante et perdue dans le désert farouche qui, assise, derrière un repli de terrain, fixe d'un œil sec, dans une douleur muette, le corps abattu de son fils. Tantôt, c'est le départ de Tobie après les épreuves paternelles et son voyage en Médie, accompagné du beau et céleste jeune homme qui lui sert de guide, au

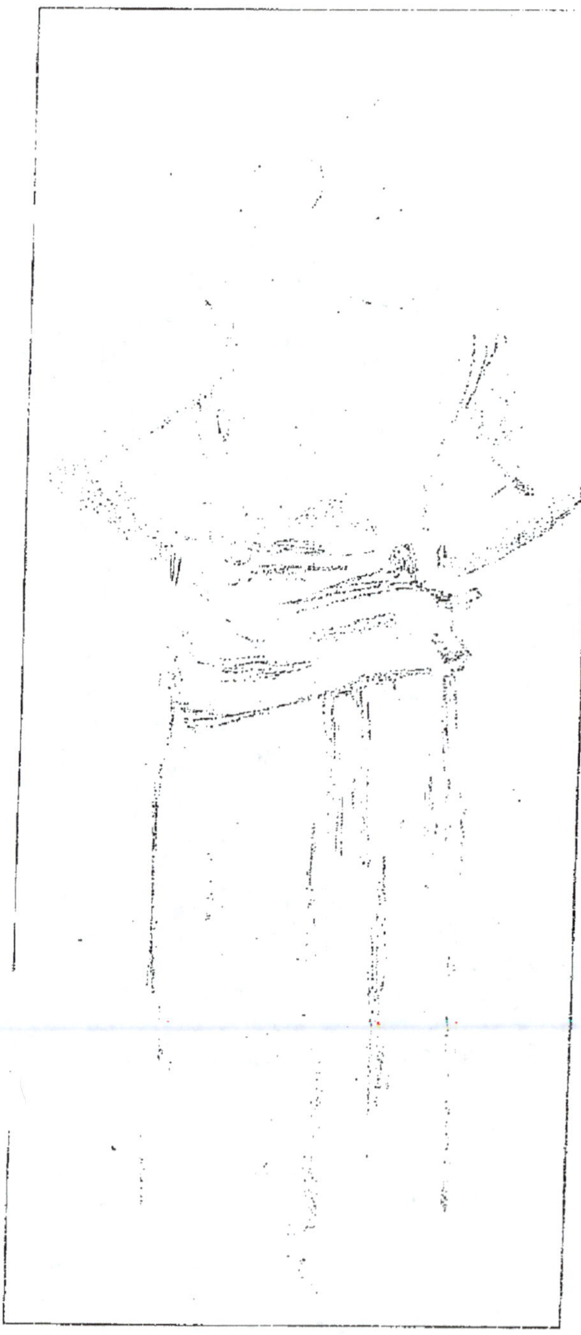

Étude pour « Judith ».

milieu de ce paysage sans ciel, au bord de l'étang où il pêchera le poisson monstrueux, dans cette toile qui a conservé un vague et suave souvenir de fresque florentine. Tantôt c'est Judith, qui n'est plus pour M. Cazin la belle veuve du riche Manassé de Béthulie, mais une sorte de modeste Jeanne hébraïque, moins sûre de ses charmes que de son courage qui, dans la détresse morne de cette ville assiégée et comme promise au vainqueur, part simplement, suivie d'une servante qui adresse un dernier adieu à son fiancé, muette, émue, mais calme, prête à la victoire ou résignée au sacrifice, au milieu des groupes silencieux qui saluent son dévouement. Ou bien encore, c'est le départ précipité et la première halte de la fuite, en Égypte, de ce jeune ménage de pauvres et saints vagabonds qui nous touchent ici, dans les hasards de leur exil, par leur simple humanité.

A Rembrandt encore, aux *Pèlerins d'Emmaüs* au *Bon Samaritain* du Louvre, il empruntera cet accent populaire, cette candeur ingénue, ce charme intime et familier, cette saveur réaliste, cet accent contemporain qui rajeunissent par le courant de la vie tous ces sujets humbles et touchants traités par les grands décorateurs catholiques d'Italie ou de Flandre, avec d'étranges magnificences, si éloignées des simples récits des Saints Livres. Et à la même heure, le rayonnement de Millet, dans le plein épanouissement de son noble et austère génie, religieusement naturaliste, venait encore agir fortement dans ce sens sur son imagination.

Car c'est à Millet, et plus immédiatement à M. Cazin, que remonte l'origine, dans les arts plastiques, de ce mouvement récent d'idéalisme et de religiosité qui déjà, dans la littérature s'était manifesté depuis Victor Hugo et Dickens. D'autres causes, l'évolution naturaliste du roman français qui, prenant ses tableaux dans les actes de la vie populaire, ouvrait à l'art la grande âme anonyme de la foule avec ses turbulences, ses inquiétudes, ses colères et ses douleurs, ses aspirations et ses espoirs ; l'influence, profonde chez nous, du roman russe qui a exalté la misère, la souffrance, l'abaissement, avec un accent évangélique tout nouveau, placèrent au premier plan de la sollicitude des écrivains, les humbles, les souffrants, les déshérités, réhabilitant même, les uns par esprit d'antithèse, les autres par préoccupations sociales, d'autres sous l'impulsion d'inquiétudes mystiques, toutes les faiblesses, toutes les laideurs, toutes les difformités.

A l'imitation de Rembrandt, M. Cazin avait tenté de rajeunir l'interprétation des vieux thèmes de l'histoire sacrée en empruntant ses éléments pittoresques à la vie de son temps, aux accessoires modernes et familiers du paysage de France et du vêtement contemporain. On peut rappeler, en passant, qu'on avait déjà essayé de renouveler ces mêmes motifs par l'adaptation d'éléments pris au décor oriental ; ce fut surtout au moment de la conquête de l'Algérie. Fut-ce la faute de cet exotisme de bazar ou plutôt la faute des artistes qui ne surent pas le comprendre, mais Horace Vernet et sa suite ont été moins heureux que M. Cazin.

Cette dernière tentative venait bien à point et son succès coïncidait avec le mouvement de religiosité vague, de mysticisme confus, de néochristianisme troublé, que la lassitude du document, la réaction poétique contre les formules du réalisme et du naturalisme avaient rapidement développé. Toute une école suivit qui s'essaya après M. Cazin en suivant ou plutôt en dénaturant les mêmes procédés, au rajeunissement de ces sujets pieux. On n'a pas oublié les essais plus ou moins aventureux de MM. Skredswig, Blanche, Jean Béraud et autres, et surtout l'effort vraiment artistique de M. Von Uhde, qui reprit certains épisodes de l'iconographie du Christ avec un charme réel de simplicité émue et grave.

Si M. Cazin a réussi à nous réconcilier encore une fois avec ces vieilles histoires un peu défraîchies, en ravivant l'éclat de leur poésie naturelle, c'est qu'il ne s'amuse pas aux ingéniosités des restitutions archéologiques, pas plus qu'il ne sort de son sujet pour expliquer des mythes ou pour créer des symboles. Il veut simplement être ému et humain. Dans le choix des éléments pittoresques, accessoires indispensables des formes, il n'a su retenir que les principes généraux et essentiels, de manière à donner à ses images l'accent concret de la vie, mais en veillant à retirer soigneusement de ses conceptions tout leur côté particulier et épisodique pour n'en conserver que les aspects éternellement humains.

Aussi Agar, dans sa chemise de toile serrée à la taille par une écharpe de laine quelconque ; Judith, un vulgaire cache-nez à carreaux noué autour du cou et agrafant sa mante limousine ; Joseph, en simple compagnon charpentier ; Marie, voilée sous son modeste tartan de petite ouvrière, conservent-ils, malgré l'emploi de ces choses familières et banales qui les rapprochent de nous, leur grand caractère légen-

daire et général. Le milieu et les accessoires peuvent être changés d'une façon piquante qui rajeunit le spectacle ; l'impression morale, loin

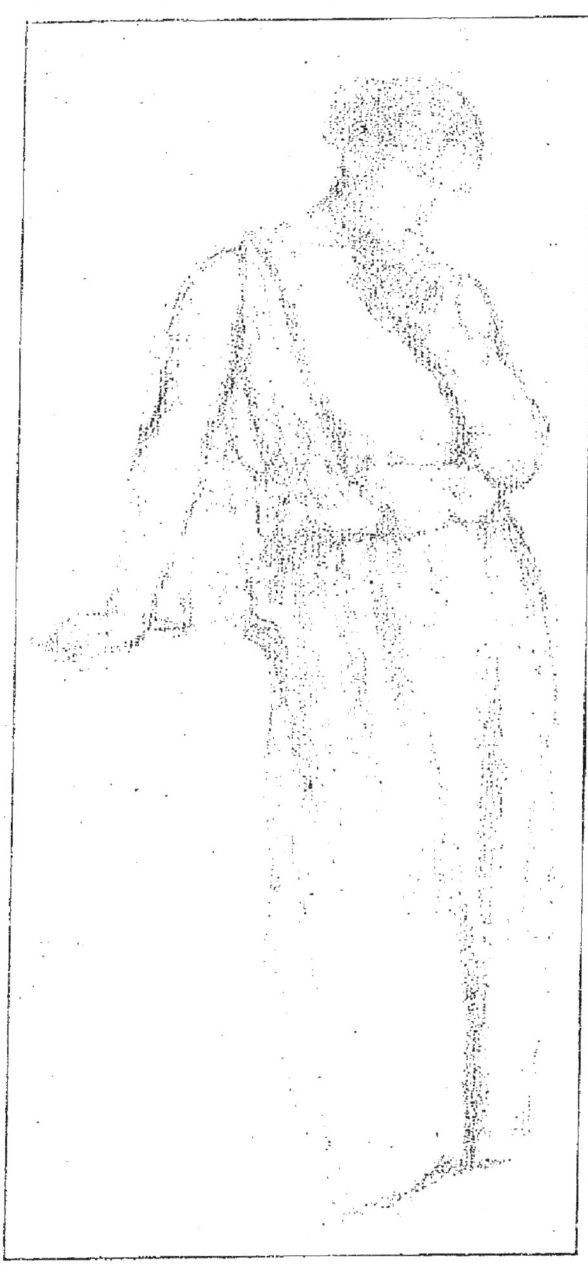

Étude.

d'être modifiée ou diminuée, en est au contraire accrue.

* *

Cette émotion large et humaine que M. Cazin nous fait éprouver en éveillant devant nous, comme du fond d'un songe, ces antiques visions des temps obscurs de la légende et des âges primitifs de l'histoire, il nous la fait éprouver avec une non moins vive et persuasive éloquence lorsque, dédaigneux des sujets déterminés, des prétextes consacrés, il a demandé son inspiration aux spectacles coutumiers de la vie de tous les jours. Il n'a plus ici à son aide, dans son travail d'ensorcellement poétique, l'action sûre qu'exerce sur l'imagination le mirage du passé. Et pourtant quels tableaux plus touchants, d'une sérénité plus haute et plus pacifiante, que ces deux scènes de la *Journée faite* et des *Voyageurs?*

Ici, dans la tendresse grave du soir, sous les dernières lueurs qui meurent, au milieu de ce vaste et plat paysage de plaines et de marécages, une jeune femme, encapuchonnée dans sa jupe, vient chercher son homme, un robuste ouvrier qui a posé ses outils, fixant tous deux, dans une contemplation muette, le petit être que la mère presse sur son sein. Là, c'est dans un coin de pays désert, très nu, très pauvre, au creux d'un pli de terrain barrant la vue de l'horizon, en face d'une barrière de bois, au milieu des buissons et des herbes fauves de la lande, un groupe de jeunes voyageurs qui se lève pour le départ après une courte halte dans une marche qui semble sans fin. La jeune femme noue son écharpe derrière la nuque; l'homme est déjà prêt, sa canne et son ballot à ses pieds. Tous deux contemplent encore, sans rien dire, le frêle enfant que le père tient dans ses bras. Les pauvres pèlerins n'ont pas un lourd bagage et les chemins sont longs et durs. Mais on sent qu'ils ont en eux la vaillance, l'espoir et la résignation des tendresses fortes et durables, et rien n'est plus émouvant dans sa simple et réelle éloquence que ce geste machinal et si expressif du départ dans un sentiment d'union étroite sur l'inconnu des routes et l'incertain de la vie.

Si, au point de vue spécialement pittoresque, M. Cazin a voulu rajeunir les Saintes Ecritures en plaçant leurs sujets en plein dans la vie moderne, se servant d'éléments particuliers pour traduire des conceptions d'ordre général, pour les sortir des conventions traditionnelles, les rafraîchir par l'illusion de la chose vécue; lorsqu'il est sorti de l'histoire ou de la légende afin d'exprimer certains aspects de notre vie, procédant en sens inverse, il parvient, tout en conservant à ses personnages les détails de leurs vêtements contemporains les plus vulgaires, à donner à ses sujets l'aspect de scènes qui sont de tous les lieux et de tous les temps, de la vie et de l'humanité. Millet avait procédé de même, mais en opérant par simplification des formes et par élimination de détail inutile et pouvant diminuer et spécialiser l'objet. M. Cazin, tout en se préservant ici encore avec soin du genre et du particulier, a cherché à généraliser le costume moderne, à le placer hors des siècles et des pays, sans le déformer ni le styliser, mais par un choix significatif, des combinaisons un peu exceptionnelles, travestissant, si l'on peut employer ce terme, ses personnages, avec ingéniosité et non sans grandeur. Ainsi, dans la *Journée faite*, le costume de l'homme : un mouchoir de calicot autour d'une casquette vulgaire, un gilet sur une blouse serrée à la taille et faisant comme une fustanelle de palikare, des houseaux de cuir serrant les jambes; pour la jeune femme : la jupe relevée sur sa tête en forme de mante par une idée si heureuse et si sculpturale; de même dans les *Voyageurs*, l'habillement assez excentrique du jeune homme, donnent à ces figures un abord sans doute un peu exceptionnel, mais qui n'a rien de choquant ni d'invraisemblable et qui contribue certainement à élever la compréhension du sujet.

*
* *

Bien qu'il soit un homme du Nord, aux songeries profondes et un peu voilées, les conseils de Poussin, sa propre culture littéraire eussent pu, semble-t-il, pousser M. Cazin vers les jardins éternellement fleuris du rêve antique. Ce qui permet d'avancer cette conjecture et de proférer ce regret, c'est qu'à l'austérité du Poussin, à sa philosophie un peu triste ou du moins sérieuse, à la gravité qui accompagne le moindre sourire et, pour tout dire, à sa grâce janséniste, correspondent chez M. Cazin une certaine tendresse voluptueuse, un pâle et mystérieux sourire même dans ses mélancolies les plus tenaces, quelque chose de vaguement doux, de compatissant, de consolant qui répand jusque dans les spectacles les plus désolés, je ne sais quelle atmosphère caressante de volupté tiède et parfois de sensualité discrète.

Il n'a guère, pourtant, composé comme sujets antiques qu'un *Théocrite*, vieillard songeur assis sur un tronc d'arbre renversé, dans un exquis paysage bucolique de fermes et de meules, sous un ciel opalin et rosé, que vient couronner, sans troubler sa rêverie profonde

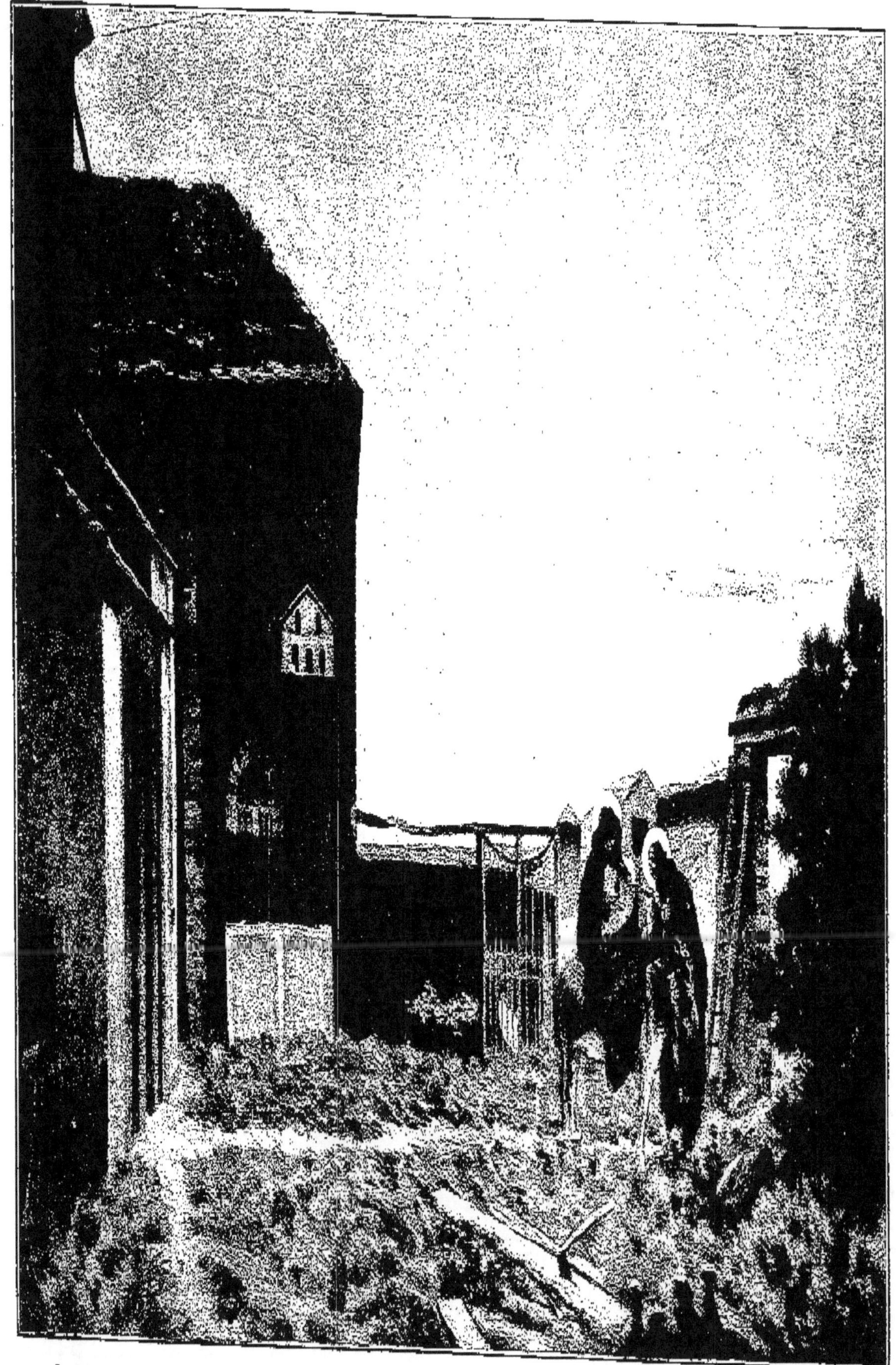

Le Départ.

J.-C. CAZIN.

et inconsciente, une figure allégorique sérieuse et attendrie, d'une grâce toute virgilienne.

Mais cette sensualité délicate se manifeste spécialement dans un certain nombre de paysages animés de nudités. Ce sont des scènes de bain au milieu de très simples paysages : un coin de rivière calme traversant des landes ondulées ou bordant un faubourg de petite ville dont les maisons, à demi cachées sous les feuillages, ferment l'horizon à l'autre bord. De jeunes femmes aux formes amples, aux lignes harmonieuses, aux belles chairs blondes, s'ébattent dans l'eau agitée, s'essuient ou se rhabillent en des attitudes naturelles mais d'une élégance simple et sculpturale. Ce n'est point, pourtant, ni Diane ni Artémis, ni les Naïades ni les Nymphes, ni Suzanne ni aucune autre des célébrités de la Fable ou de l'Histoire sainte, mais tout bonnement des jeunes femmes d'aujourd'hui, d'hier ou de demain qui vont recevoir d'une servante, (nous pourrions dire une femme de chambre), des petits verres de vin réconfortant portés sur un plateau, ou qu'attend un fin déjeuner servi sur l'herbe, étalé au milieu d'une nappe blanche, au premier plan. Il semble même que M. Cazin ait voulu à dessein, par ces accessoires très précis, éloigner toute équivoque, fuir tout ressouvenir conventionnel qui pût refroidir et abstraire son sujet, pour chercher, au contraire, à exalter, sans souci des héros et des dieux, des lieux et des temps, la sainte et éternelle beauté de la femme. Il y a là comme un air de volupté chaste, grave et sérieuse, quelque chose vraiment de corrégien et d'antique.

⁂

Dans la première partie de son œuvre, nous avons vu que M. Cazin s'était surtout servi des ressources du paysage comme d'un moyen particulièrement expressif pour développer ses sujets et les imposer à l'imagination. A partir de 1888, après cette absence de quatre années,

nous le voyons, au contraire, plus exclusivement préoccupé de traduire le verbe obscur et profond de la Nature en la considérant devant sa propre grandeur et son isolement et non comme compagne, témoin ou décor des agitations humaines. De même que les grands paysagistes hollandais, ses maîtres de prédilection, Van Goyen, Ruysdael, Hobbéma qui, les premiers, avaient découvert la beauté intime de la campagne natale, il n'a point fallu à M. Cazin des spectacles exceptionnels, des sites romantiques, des accidents imprévus, des aspects grandioses et sauvages pour arriver jusqu'à notre âme et la toucher fortement. Comme eux, il ne sort guère de la région favorite où il a installé, pour lui et les siens, son centre d'études et d'observations, dans ce petit royaume de terres en friches, de landes, de dunes, de buissons sauvages, de plages soli-

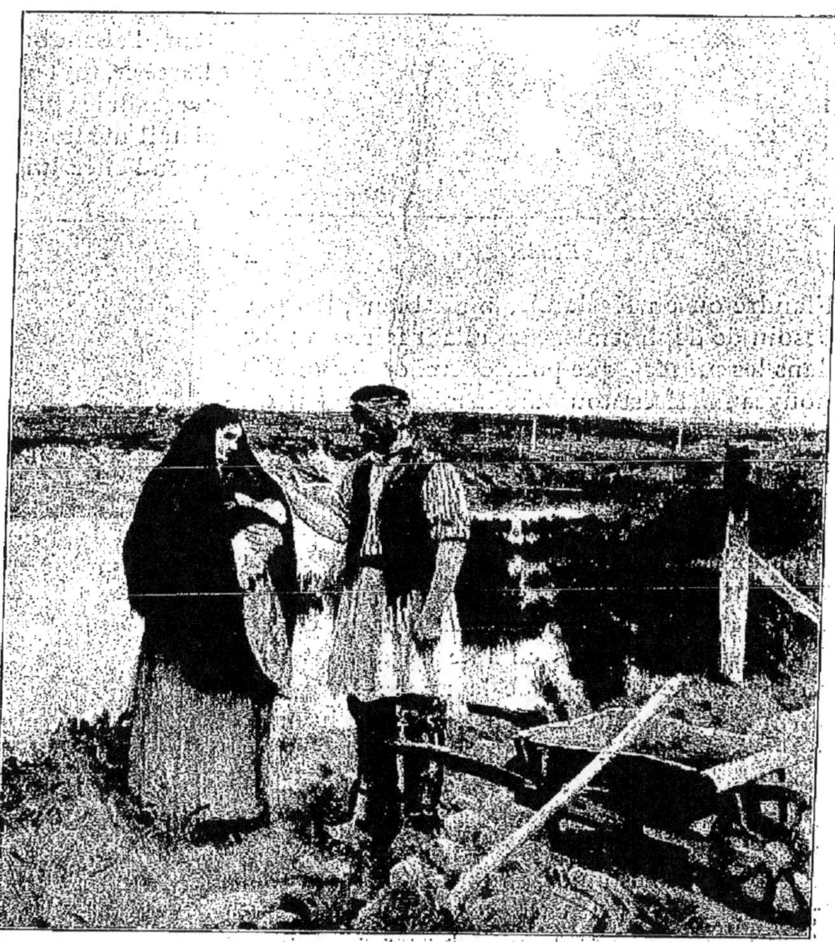

La journée faite.

taires, où il trouve concentrées toutes les beautés naturelles qui parlent avec émotion à son cerveau de poète et d'artiste sensitif. Tout

22

au plus, de loin en loin, se permet-il quelque courte échappée dans les pays voisins, en

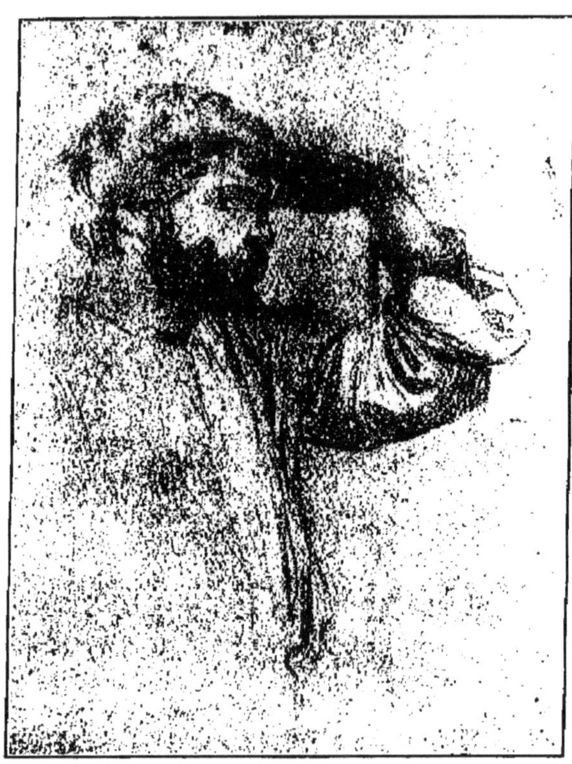

Etude.

Flandre ou en Hollande, mais bien plus par besoin de déplacement, en allant faire un tour dans les musées, que pour chercher des motifs nouveaux. Il est toujours inspiré quand il est chez lui, et l'on est surpris de la variété des aspects que prennent la même misérable chaumière, le même coin étroit de dune, suivant les points de vue auxquels il se place, l'heure différente, le caprice du vent et des nuées. De même que dans ses tableaux de figures, fidèle à sa compréhension morale du monde, devant les choses inanimées comme devant les êtres vivants, il se sent pris de la même sympathie étroite pour tout ce qui est petit, humble, pauvre, dédaigné, souffrant. Aussi choisit-il de préférence les motifs les plus accoutumés, les plus vulgaires, les plus misérables, les moins pittoresques, au jugement de ses confrères : champs moissonnés, humbles cabanes de pêcheurs, coins de carrières avec leurs pierres blanches et leurs treuils bizarres, moulins perdus de l'Artois, petites cultures, routes banales, dunes arides aux herbes grises, aux genêts hérissés de fleurs d'or.

Ici, c'est un carré de choux au milieu duquel sont plantées deux bêches, dans un terrain

sans horizon, fermé par un pauvre chaume, sous un ciel limpide où s'élève le croissant laiteux de la lune, où s'égrènent des vols d'oiseaux. Là, un potager avec son mur de clôture, son fond de petit village abrité au pied d'une colline, son cerisier au milieu du champ, son linge qui sèche sur la haie, ses alignements de choux, ses espaliers de vignes, toute cette prose de la campagne, d'où monte avec les parfums et les frissons du soir, une poésie intime et pénétrante. Plus loin, c'est un ruisseau, un « ru » très étroit, traversant un champ moissonné, avec ses meules de foin arrondies, ses petits saules cagneux, les barrières de bois qui divisent les pâturages, les pieux plantés au bord du champ ; ou bien, non loin de la mer, en avant d'un chaume dont la fumée s'échappe lentement du toit, s'éparpillant dans le ciel qu'envahissent les premières teintes violacées du soir, ce maigre arpent de glèbe, au milieu duquel, dans l'abandon du travail, ont été laissés une herse et, tout en avant, deux sacs de pommes de terre sur lesquels s'appuie une bêche ; toujours ce détail médiocre, insignifiant, terre à terre, qui prend chez lui une profonde signification. Ce

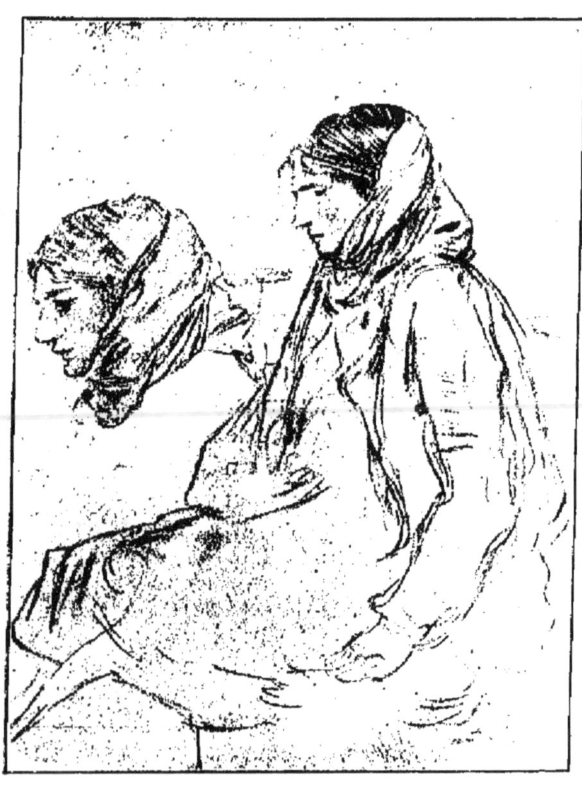

Etude.

sont encore tantôt des moyettes alignées dans un champ comme des ruches, tantôt de hautes meules, solitaires ou groupées, soutenues par des béquilles, qui rêvent au couchant, sem-

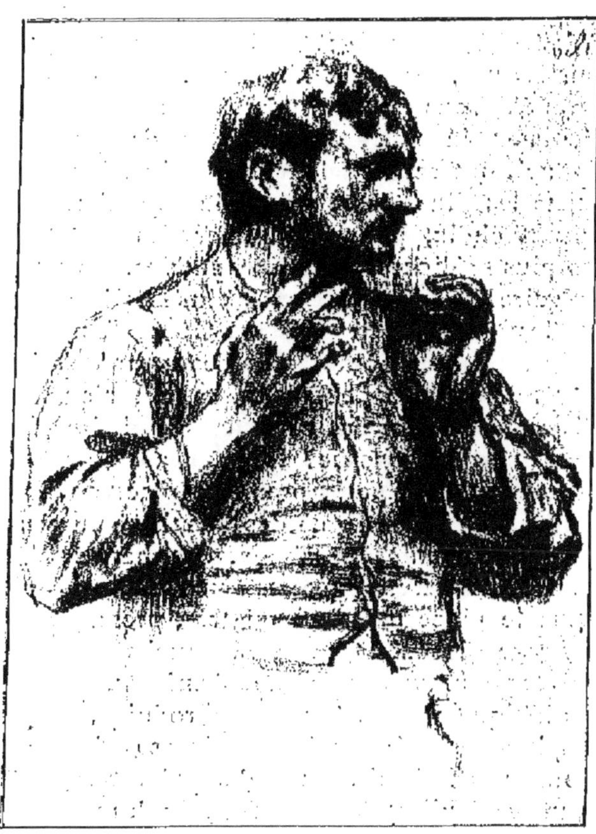

Étude.

blables à des pâtres appuyés sur leur bâton, enveloppés dans leur lourde limousine.

Personne n'excelle à rendre comme lui les petits chemins de villages endormis qui sentent bon les feuilles mouillées et les senteurs d'étable, et ces petites villes de province, avec leurs vieilles tours, leurs fossés comblés, mirant, dans l'eau plombée des canaux, leurs murailles blanches, leurs pignons aigus, leurs larges fenêtres, leurs petits ponts de pierre qui rejoignent les rives, ou ces étroites maisons aux fenêtres closes, à l'abri derrière une haute rangée d'ormes, avec de grandes ailes voisines de moulins, serrées l'une contre l'autre, toutes transies, sous la froide clarté de la lune qui donne aux vitrés de vifs éclats fantastiques; ces petites villes où tintent toujours des sons lointains de cloches, des sonnailles de diligence, exhalant avec une fraicheur de rosée, un désir de repos profond dans de gros draps humides d'auberge, le rêve de calme, d'apaisement bienfaisant que laissent les petites cités qu'on traverse et où l'on ne s'arrête pas.

L'impression morale que laissent ces visions est si saisissante, qu'il n'hésite pas, parfois, à les animer discrètement, en indiquant à coup sûr la présence humaine que notre imagination appelait. Dans cette ruine, sous la nuit qui vient, par ce ciel lourd et orageux où les pierres disjointes et les herbes fauves s'éclairent de lueurs stridentes, cette femme immobile et pensive, à demi cachée dans ces vieilles pierres, et comme recueillie sur les propres ruines de sa vie, ne semble-t-elle pas l'âme de cette solitude désolée? N'attendiez-vous pas, dans ce nocturne d'automne, sur cette route si froide, sous la lumière blanche et dure de la lune, avec ses squelettes d'arbres dépouillés, ses maisons égoïstement closes, le vieux vagabond qui traîne sa misère, rêvant d'un asile douteux? Sur cette route perpendiculaire aux ornières creusées, qui semble si longue, si longue, par cette nuit laiteuse, opaline, transparente, comme surnaturelle, le long des lignes d'arbres qui la bordent, entre d'étroits jardins, se cachent de petites maisons. Elles semblent attendre quelqu'un; et, en effet, à droite, se dessine vaguement, devant une porte, une

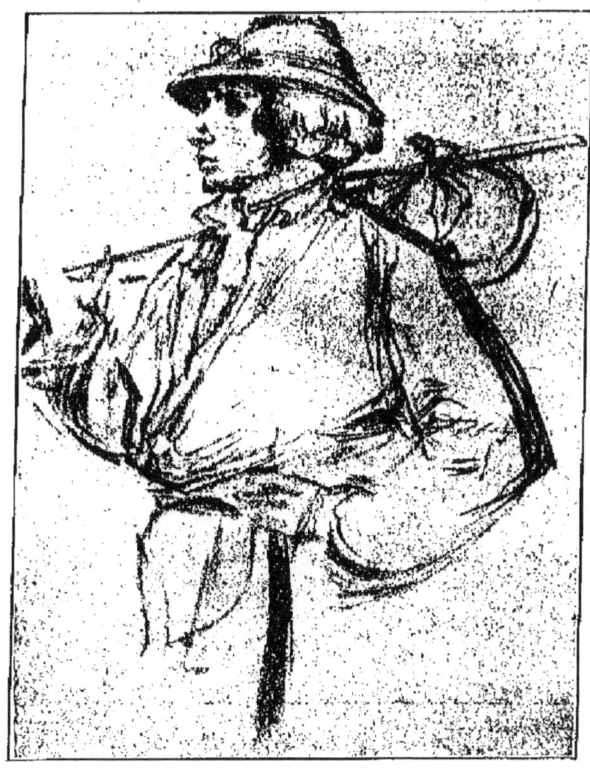

Étude pour « Tobie ».

forme qu'on n'avait pas vue, mais qu'on avait devinée, car l'imagination l'y avait déjà placée : une femme qui regarde, anxieuse, le bras levé au-dessus des yeux, ainsi que la figure de l'*Attente*.

Nous suivions ce paysan sur cette route sablonneuse et détrempée, sous la *Pluie* oblique : ce chemineau qui longe, dans la tristesse du soir, cette *Route nationale* qui s'ouvre de face, en perspective entre les deux rangées d'arbres matriculés et qu'on ne peut manquer de rapprocher de cette *Avenue de Middelharnis*, de la National Gallery, un des chefs-d'œuvre d'Hobbéma. Et dans cette comparaison, si l'on ose le dire, sans paraître blasphémer, notre âme trouve peut-être plus à se satisfaire dans l'œuvre de notre contemporain. C'est que si le maître de Harlem est parvenu à nous attacher, par la magie de sa lumière et son sens de la vie, à ce spectacle médiocre d'une route banale qui s'enfonce, de face, en plein milieu du tableau, entre les chétifs plumets de ses ormes maigres et noueux, bordée de fossés rectilignes et de pépinières bourgeoises et géométriques, cette contemplation ne parvient pas à agiter, dans notre âme, quelques-uns de ces sentiments qui dorment en elle et qui s'éveillent brusquement à certains contacts avec les choses. Ces rapports secrets, entre la nature et l'homme, d'où naît une source éternelle d'émotions, de sensations, d'exaltations, Rembrandt, Ruysdael, certes, les avaient senties ; M. Cazin s'en est souvenu devant eux.

Mais, s'il doit à Van Goyen la rêverie mélancolique de ces petites villes dormantes au

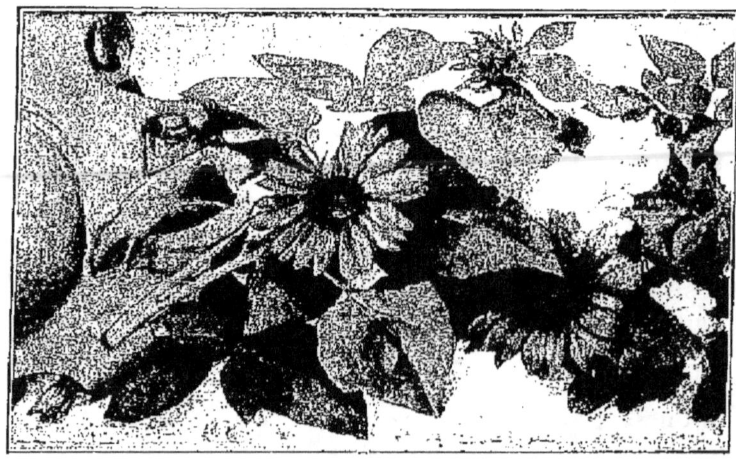

Frise décorative.

bord des canaux et le secret de ces préparations transparentes, en camaïeu brun, relevées de quelques tonalités pâles ; s'il a compris avec Rembrandt et Ruysdaël toute cette palpitation

profonde et passionnée de la nature qui s'éveille, souffre, se résigne ou se révolte comme un immense organisme pensant, c'est pourtant avec Hobbéma, malgré la diversité extrême de leur nature, qu'il est lié par la plus étroite parenté. Tous deux ont fui les aspects grandioses et inusités, ont eu peur de l'exceptionnel, ont satisfait leur inspiration dans les sujets les plus discrets, les plus familiers, en faisant choix, pour les animer des éléments les plus médiocres, les plus humbles, les plus vulgaires, en apparence les plus négligeables et les plus insignifiants. Chez l'un ou chez l'autre, ce sont tantôt des murs de clôture, des débris de bois mort, des planches disjointes, tantôt des barrières, des haies, des poteaux, quoi encore ? Ici, une armature de cloche qui occupe la première place au premier plan ; là, des fagots, des planches pourries, des instruments de labour, des herses, des bêches, des sacs, toutes ces pauvres choses qui, sous le pinceau de ces maîtres, prennent un langage si éloquent ou si touchant. Voyez la *Chambre mortuaire de Gambetta*, tout le pathétique que M. Cazin sait produire avec ces papiers déchirés, les feuilles éparses des couronnes, le lit défait, la note discordante et aiguë, dans ce deuil et cet abandon, du drapeau aux couleurs vives posé en travers, ces livres jaunes, les cachets de cire rouge des scellés, ce chapeau laissé sur un fauteuil, tout le mobilier banal d'une chambre quelconque, avec son plafond bas et son papier gris à fleurs. Ce n'est ici, à proprement parler, qu'un tableau de nature morte et rien n'est plus émouvant que l'éloquence muette de tous ces témoins inanimés.

Chez Hobbéma, si profondément doué du sens de la vie, ces accessoires vulgaires venaient contribuer à renforcer l'accent de vraisemblance, la sensation de nature et de réalité. Se souvenant de Millet, qui, plus tard les accusant fortement, les marqua comme d'une signification religieuse et symbolique, M. Cazin les reprend après le maître hollandais, pour leur donner un caractère encore plus expressif, un rôle ému et doucement pathétique. C'est qu'entre ces deux artistes s'est déroulée toute la grande évolution du paysage qui a modifié les points de vue primitifs de la conception de la nature.

Avec les Hollandais, qui ont compris le rôle de la nature isolée et inventé le paysage moderne, l'homme, être privilégié, créé par les religions humaines à l'image du Créateur, restait néanmoins considéré orgueilleusement comme le centre de l'Univers qui avait été préparé, ainsi qu'un riche et sympathique décor, pour l'utilité, la joie et la consolation de sa vie.

La philosophie qui a montré le néant de l'homme, la science qui a fait pressentir l'infini des mondes, nous ont fait comprendre, depuis, les rapports de l'homme avec sa planète et de sa planète avec le reste de l'Univers. Elles ont modifié le sens de nos contemplations en face de la nature, qui ne nous apparaît plus, tantôt que hautaine et indifférente, étrangère à nos agitations, tantôt que partageant elle-même notre propre humilité. Ce sentiment que l'homme n'est plus qu'un simple accident, que la terre n'est plus qu'une modeste planète égarée comme tant d'autres, à travers l'incommensurable immensité des espaces cosmiques, que tout autour de nous est passager, changeant, mouvant, éphémère, cette sensation de l'humilité terrestre sous la gloire éternelle des cieux, il nous semble qu'on l'éprouve plus que chez tout autre dans l'œuvre de M. Cazin.

Mais sur toute cette désolation, sur toute cette nudité, sur cette détresse des hommes, cet abandon et cette lassitude des choses, plane toujours une caresse attendrissante, je ne sais quel air de langueur douce et de mélancolie voilée, comme une mélodie lointaine et rêveuse. On sent que le grand magicien, Corot, est passé par là. M. Cazin n'a pas conservé, sans doute, l'exquise et inaltérable sérénité, la grâce éternellement souriante et comme païenne du grand vieillard enchanteur, mais il lui doit le charme subtil de l'enveloppe, le mystère divin de la lumière, la tendresse infinie de ses ciels nuancés au soleil couchant, ce qu'il y a de volupté et de caresse dans l'intime clarté de ses nuits douces et consolatrices, cet accent de sympathie universelle et compatissante, toute cette poésie intense, aiguë, pénétrante qui monte de ces choses misérables

à notre cœur d'homme et l'émeut profondément.

C'est le crépuscule ou la nuit que M. Cazin a choisis, de préférence, pour développer le

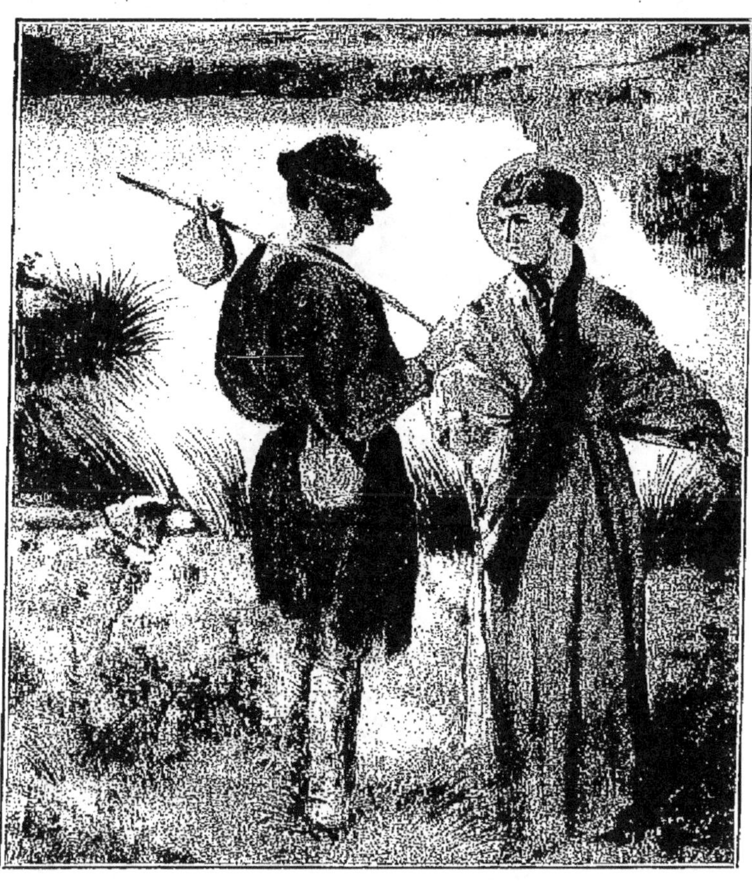

Tobie.

thème de ces harmonies tièdes, discrètes, apaisées, et plus souvent encore cette heure indécise, ce moment hésitant entre les dernières lueurs du jour qui s'en va et les premières ombres de la nuit qui monte, ces effets fugitifs et changeants qui frappent d'autant plus qu'on les sent plus passagers.

Il a éclairé, aux splendeurs du couchant, des ciels animés, des nuées en marche, de vastes firmaments orageux, lourds, chargés, aux nuages sulfureux, et il a trouvé ces deux notes désormais inoubliables, mélodiques et chantantes, ce ton, comme ému et mouillé, des tuiles rouges imprégnées de clartés crépusculaires, qu'Hobbéma lui avait déjà indiqué; et ces blancs des vieilles pierres, dans ses nocturnes, ces blancs froids comme avivés dans le bleu transparent de la nuit, avec quelque chose de frissonnant qui évoque des souffles et des parfums. Car c'est un paysagiste essentiellement évocateur, qui éveille la sensation encore plus que l'illusion. Ne semble t-il point pour chacun, devant ces images, tant est profonde l'intensité du charme poétique, qu'elles suscitent, pour lui et pour lui seul, l'impression de

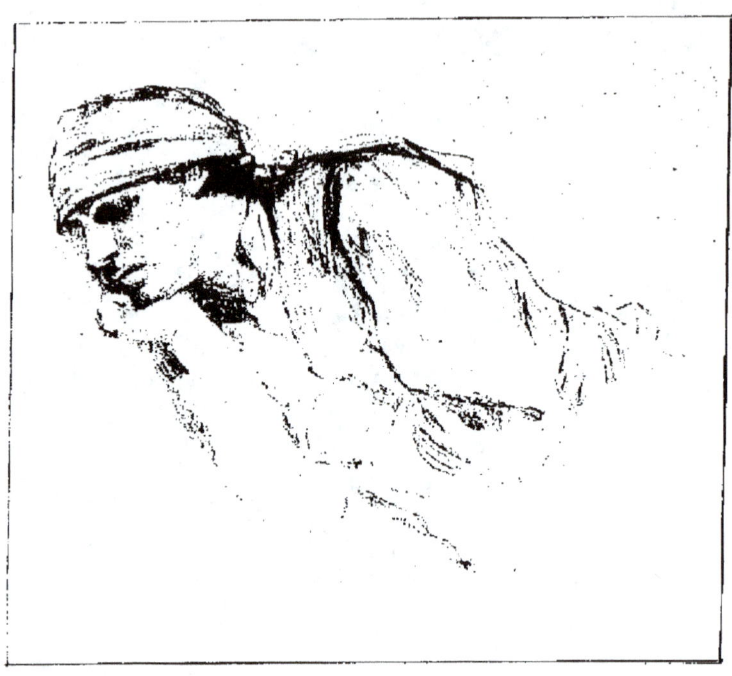

Étude.

choses déjà vues, de souvenirs exclusivement personnels?

***

Prestige rare du paysage; disposition du sujet dans une composition imprévue, sans arrangement apparent, sans effort, comme surprise sur la vie, en dehors des habitudes scéniques conservées par notre art pictural si longuement impressionné par le théâtre; éloquence des accessoires familiers qui parlent à nos sens un langage symbolique, plus fort et plus ému que tous les emblèmes surannés, ce mobilier conventionnel, ces oripeaux inanimés, figés, académiques qui encombrent tant de nos meilleures peintures; science délicate des harmonies, accord exact de tous les éléments constitutifs du tableau, des figures et du milieu, des terrains et des ciels, de l'impression morale et de la sensation organique, toutes ces qualités devaient faire de M. Cazin un décorateur exceptionnel.

De bonne heure, le goût de la décoration s'était manifesté chez lui d'une façon toute spéciale. De récentes expositions au Champ de Mars, une belle vitrine du Musée du Luxem-

bourg, nous font connaître M. Cazin comme potier, entre 1871 et 1875, alors qu'il était établi en Angleterre, dans ces premiers travaux, curieux spécimens, précurseurs du grand mouvement céramique de nos jours. Nous ne pouvons y insister en ce moment (1). En sa qualité de peintre, M. Cazin ne devait point se contenter, comme tant d'autres, de la perfection à atteindre dans la matière et dans les émaux. La forme et l'ornement le préoccupent. C'est dans l'étude de la fleur qu'il cherche ses éléments de décor. Mais là, comme dans les essais de panneaux, d'encadrements, de guirlandes, qui sont restés inutilisés dans son atelier et dont nous reproduisons un fragment, il sait comprendre la fleur dans sa physionomie légère, mobile, vivante et animée, au lieu de la déformer, de la défigurer et de la figer sous prétexte de la styliser, comme on fait trop généralement depuis quelques années.

Tous ses ouvrages de peinture et jusqu'à ses moindres sujets de chevalet, témoignent de ce sens très vif de la décoration, par leur mise en toile particulière, la présentation inédite du motif, le soulignement des éléments essentiels et l'harmonie savante de l'ensemble. Son œuvre décorative proprement dite est, néanmoins, assez limitée. A vrai dire, certains tableaux historiques, comme la *Judith*, étaient conçus dans la pensée d'une adaptation décorative, puisque cette peinture devait former la première pièce d'une série de cartons destinés aux Gobelins.

Ses principaux ouvrages spécialement affectés à une décoration sont: l'*Ours et l'Amateur de jardins*, la *Parole de Socrate*; l'*Étude*, sujet qu'il a traduit deux fois: une jeune femme assise et lisant, tantôt au milieu d'un paysage de sapins, au couchant, une sphère géographique à terre derrière elle, en une toile de forme cintrée; tantôt au pied d'une cabane de roseaux, près d'une source, dans un sentiment très virgilien; puis l'*Art*, plafond appartenant à M. Lerolle; enfin, surtout, sa grande toile, acquise par la Ville de Paris et qu'il est regrettable de ne point voir appropriée à la décoration

1. La Revue étudiera à part l'œuvre céramique de M. Cazin.

d'un monument public : *Souvenir de fête.*

On n'aura, sans doute, point oublié cette peinture, exposée en 1881, qui fut une des œuvres les plus passionnément discutées de M. Cazin. Au premier plan, sur le haut d'un palais en construction, qui éveille l'idée de travail dans une paix durable, un groupe personnifiant la Science et Travail, tend un rameau d'olivier à un guerrier casqué. Au fond, entre les guirlandes de feuillage, moutonnent les cimes rousses d'un grand parc au fond duquel s'arrondit une coupole, dans le ciel doux et suave qu'éclairent brusquement des éclats de fusées. C'est le panorama du Luxembourg avec la silhouette arrondie du Panthéon, tel qu'on le voit du haut de la fenêtre de M. Cazin, dans son atelier de la rue du Luxembourg.

Ici, encore, comme dans tous ses tableaux, M. Cazin tire un parti décoratif particulièrement nouveau et heureux de tous ces éléments médiocres, secondaires, qu'on évite généralement ou qu'on dissimule sous des arrangements conventionnels : échafaudages hérissés dans la nuit où sont accrochées des lanternes vénitiennes, charpentes, mâts dressés pour monter les matériaux, pierres taillées dans leur froide virginité, qui contribuent à donner à cette œuvre calme et sereine son accent étrange, son charme de simplicité et de vérité, de spectacle à la fois réel et imaginaire.

C'est que, sans doute, ce sont les mêmes qualités qui font à la fois les décorateurs et les poètes : le sens des images, le véritable esprit symbolique et généralisateur qui procède par choix et par simplification. Delacroix, Chassériau, Puvis de Chavannes, pour ne citer que quelques grands exemples parmi les modernes, n'en sont-ils pas la preuve évidente ? Le meilleur moyen d'intéresser l'imagination comme de toucher les cœurs, c'est toujours de sentir fortement et de parler sincèrement, d'être partout humain et vrai ; de se rendre, en même temps, un compte exact des conditions de son art comme des termes de son langage, d'analyser tous les éléments constitutifs de son sujet pour apprendre à les trier, à tirer de chacun d'eux son caractère expressif, en les accordant tous dans une orchestration simple et juste de manière que chacun d'eux soit à sa place, se faisant entendre plus vivement ou plus doucement suivant son rôle, et que l'ensemble de toutes ces notes combinées produise une harmonie générale, très une, qui émeuve profondément.

C'est par ces moyens, c'est grâce aux ressources d'une imagination sans cesse cultivée par la méditation et par l'étude, renouvelée et vivifiée chaque jour par l'observation constante de la nature et de l'homme, que M. J.-C. Cazin a produit une œuvre originale, émue et humaine, doucement persuasive, qui nous attire et nous retient dans la grandeur mélancolique et la beauté cachée des choses simples, à travers les splendeurs parfois méconnues de l'univers qui nous entoure et dans les enchantements du monde intérieur.

LÉONCE BENEDITE.

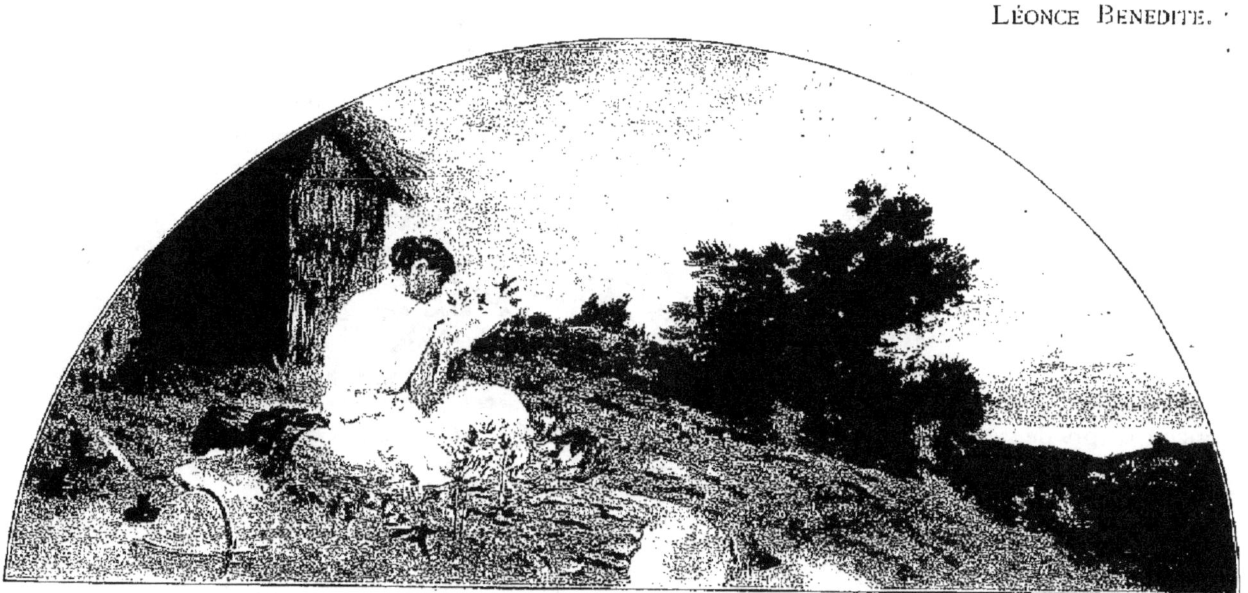

L'Étude (panneau décoratif).

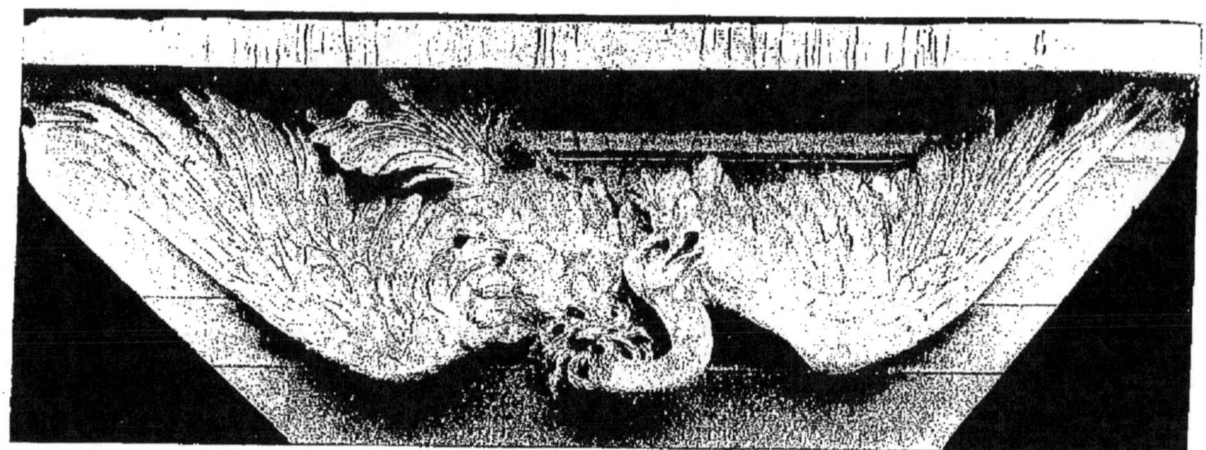

Frise des Oiseaux de proie.

La Sculpture Décorative aux Nouvelles Galeries du Muséum

Il n'est que juste, croyons-nous, de rendre hommage ici à une tentative de décoration sculpturale d'ensemble des plus originales et des plus dignes d'être connue du grand public. Elle est d'autant plus heureuse qu'elle est plus rare, et qu'elle s'applique non à un projet en l'air, mais à une chose exécutée; non à une fantaisie particulière, mais à un monument public. Il s'agit des nouvelles galeries du Muséum qui s'achèvent en ce moment et qui mettent la tache rouge et gaie de leur architecture en brique et pierre dans les arbres du Jardin des Plantes, du côté de la rue de Buffon.

L'architecte est *M. Dutert*, le hardi constructeur qui a conçu jadis l'arc de la Galerie des Machines. Il nous avait déjà prouvé, dans l'exécution de son œuvre grandiose, quel heureux emploi pouvait faire une architecture moderne originale des nouveaux matériaux mis en œuvre, comment les ferrures utilitaires avouées sans tricherie ni mensonge pouvaient avoir leur rôle et leur beauté dans la décoration. Certains détails aussi nous avaient dès lors montré sa préoccupation de renouveler l'ornementation architecturale par l'ingénieuse adaptation d'éléments modernes appropriés à la destination de l'édifice : des étaux, des clefs, des compas s'étaient trouvés associés à des feuillages décoratifs dans l'ornementation des grands arcs du Palais des Machines. Ici, non seulement à l'intérieur les poutres de fer apparentes montrent au plafond des galeries leur silhouette élégante et robuste, mais un peu partout, des motifs empruntés aux règnes animal et végétal, sculptés dans la pierre, le marbre et le bronze, viennent apporter leur note originale et significative, et donner à l'œuvre un caractère très particulier.

Et cela est intéressant, non seulement parce

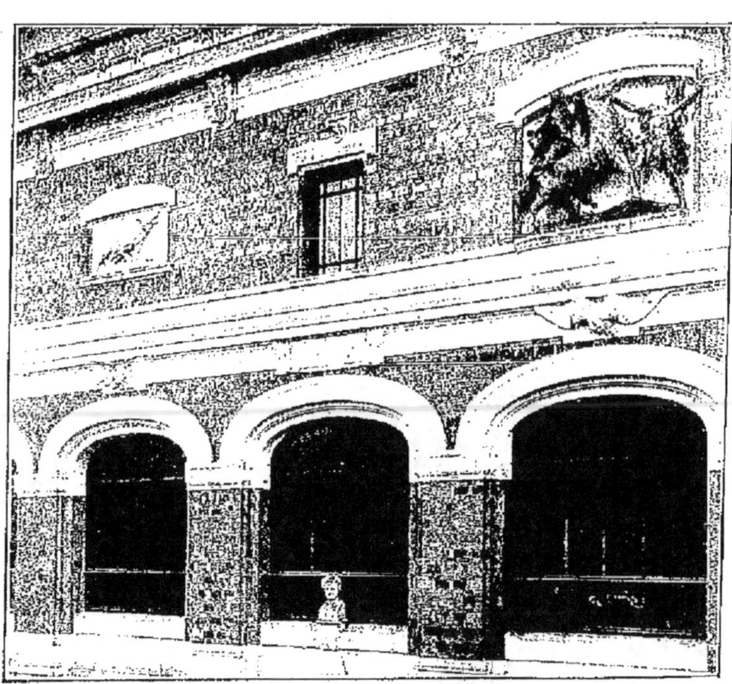

Détail de la façade sur le Jardin.

que, comme disent certains, l'artiste a trouvé le moyen de caser par-ci par-là, un tas de bêtes amusantes, ou parce qu'il a indiqué clairement ainsi la destination de l'édifice, mais parce qu'il a obéi à une idée décorative très originale sur laquelle nous allons avoir à insister. Nous laisserons à d'autres plus compétents, et quelques-uns l'ont déjà fait, le soin d'apprécier comme il convient les mérites proprement architecturaux de l'œuvre de M. Dutert, l'élégance de lignes de son dôme, l'intelligente distribution de l'éclairage de ses galeries, le parti des grands nus rouges de sa façade où éclate si heureusement la blancheur des corniches de pierre et des bas-reliefs de marbre; c'est à la partie proprement décorative que nous voudrions nous attacher uniquement ici.

Tout d'abord, un certain nombre de grands morceaux sculptés, commandés par l'État à des artistes de valeur, ont trouvé ou trouveront place en divers endroits du monument. C'est l'œuvre de *M. Frémiet* que l'on saluera tout d'abord en entrant dans le grand vestibule. Mais ses *Orangs-outangs* pas plus que son *Homme de l'âge de pierre* qui doit figurer sur la façade de la rue de Buffon ne sont encore en place, et nous ne pouvons maintenant en parler de visu. Nous nous proposons d'ailleurs de revenir plus tard sur l'œuvre décorative tout entière de ce maître artiste. En haut du pavillon d'entrée, une grande composition de *M. Allar*, harmonieuse mais un peu froide, représente les *Trois Règnes de la Nature*. Sur la façade du jardin, deux grands reliefs en bronze, s'enlevant sur fond d'or, mettent au milieu de chacun des deux corps du bâtiment une note de richesse assez heureuse dans un ensemble plutôt sobre et sévère. L'un représente le *Dressage du cheval*, par M. *Marqueste*, l'autre une *Chasse au Crocodile*, par M. *Barrias*. A la même hauteur, une série de bas-reliefs de marbre nous montrent divers animaux; ce sont : sur le jardin, un *Loup* de *Gauquié*, un *Sanglier* de *Tony Noël*, un *Singe* de *Fagel*, des *Antilopes* de *Bayard de la Vingtrie ;* sur la rue, un *Renne avec des enfants* de *Maniglier*, des *Chiens du Saint-Bernard* d'*Hector Lemaire*, des *Tigres* de *Lanson*, des *Chiens*

avec *des Loups* de *Carlier*. Chacune de ces œuvres nous représente l'animal en action, dans une scène de sa vie pour ainsi dire, et quelques-unes ont peut-être le tort de former un peu trop tableau et d'être un peu compli-

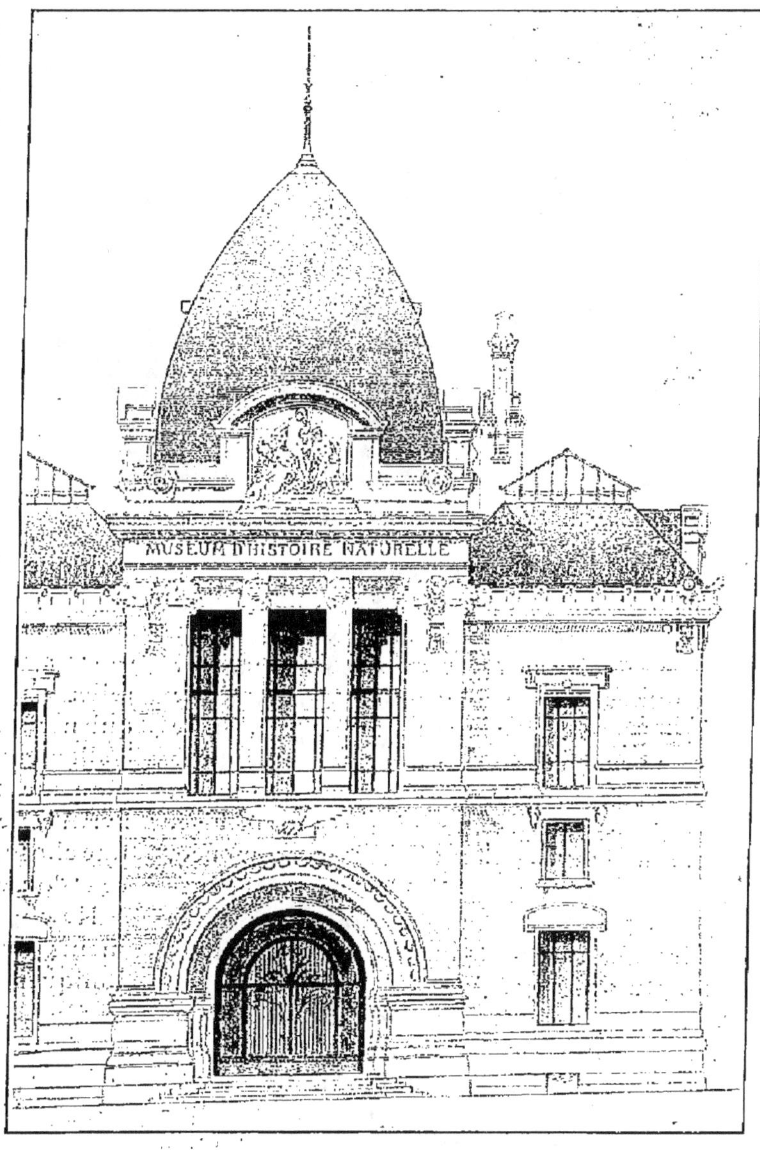

Pavillon d'entrée.   DESSIN DE M. DUTERT.

quées. Le Loup pris au piège de M. Gauquié nous paraît, par la belle simplicité de l'attitude, un des plus décoratifs en même temps qu'un des plus intéressants par la vigueur de l'exécution. La plupart d'ailleurs sont d'une exécution savante et serrée et prouvent que les exemples des grands animaliers du siècle des Barye et des Cain ont porté leurs fruits. Quelques-uns malheureusement ne semblent pas s'adapter comme il conviendrait aux nécessités de la décoration architecturale, débordent un peu trop ou sentent toujours un peu le morceau et le hors-d'œuvre.

Mais que l'on puisse trouver des sculpteurs de talent capables d'exécuter, sur commande,

quel effort il a fallu, quelle surveillance sur soi-même et sur les autres pour retrouver ainsi le simple et le naturel et pour revenir tout bonnement à ce qui avait été la tradition de nos ancêtres et le principe de la décoration

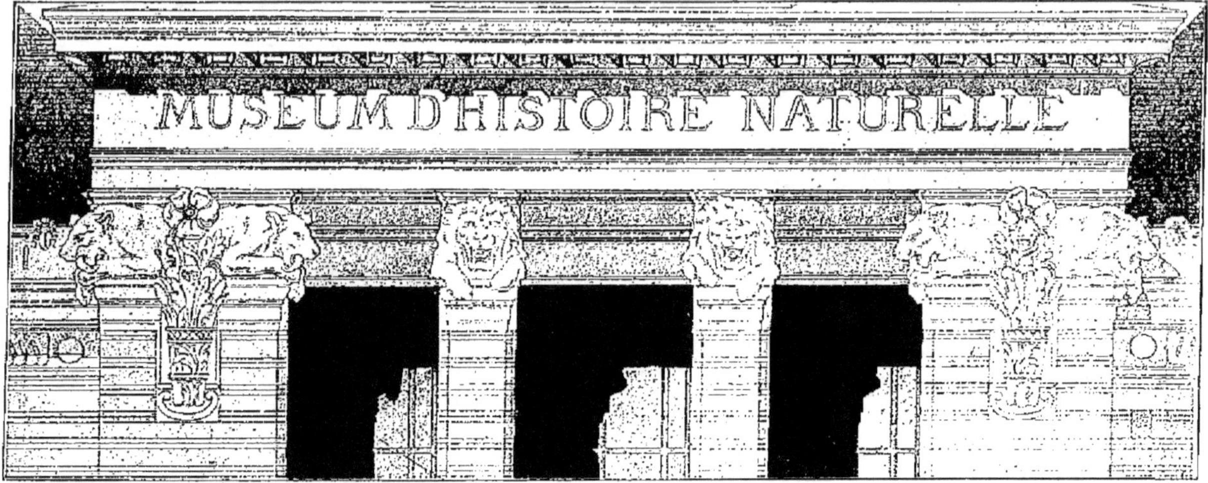

Chapiteaux aux Lions (d'après les dessins de M. Dutert).   VALTON.

d'excellents morceaux pleins de vérité et de vie, cela ne fait de doute pour personne ; qu'ils consentent à se plier aux exigences de la situation, à faire non pas un simple morceau, mais une œuvre destinée à figurer en une certaine place désignée par l'architecte, à être vue d'en bas, à côté d'autres œuvres analogues remplissant la même fonction décorative, voilà qui commence à devenir moins aisé. Mais, où la véritable difficulté commence, c'est lorsqu'on arrive à tout le détail de l'ornementation, et c'est là aussi qu'est la partie la plus intéressante et la plus nouvelle de l'œuvre de M. Dutert.

Son idée primordiale, essentielle, a été celle-ci : renoncer à tout prix à tous les éléments décoratifs banals, classiques et surannés, à tout cet arsenal de moulures, de profils, de chapiteaux, de consoles, de corniches dont on a tellement farci la cervelle de nos architectes, qu'ils naissent pour ainsi dire d'eux-mêmes sous leur crayon, tout naturellement, comme les épithètes banales sous la plume d'un chroniqueur mondain ou les fleurs de rhétorique sous celle d'un latiniste d'antan. L'auteur ici a mis de côté ses cahiers d'expressions et il a voulu parler une langue originale. Toute la décoration exécutée sous sa direction a été avec une volonté, une ténacité persistante empruntée à des motifs végétaux et animaux jusqu'au plus petit détail ; et il est singulier de penser

gothique. Tellement nous sommes imprégnés, tous tant que nous sommes, artistes et public depuis plus de trois siècles que la Renaissance a fait sortir notre art de ses voies naturelles d'un art artificiel et imposé au dehors, qui nous a refait comme une seconde nature. Tellement tout ce bric-à-brac décoratif, illogiquement imposé par la Renaissance du xvi⁰ siècle, nous paraît encore aujourd'hui une chose obligatoire et inévitable, surtout dans ce qu'on est convenu d'appeler le grand Art.

Ne cherchez donc dans les nouveaux bâtiments du Muséum ni chapiteaux doriques, ioniques ou corinthiens, ni bossages, ni tri-

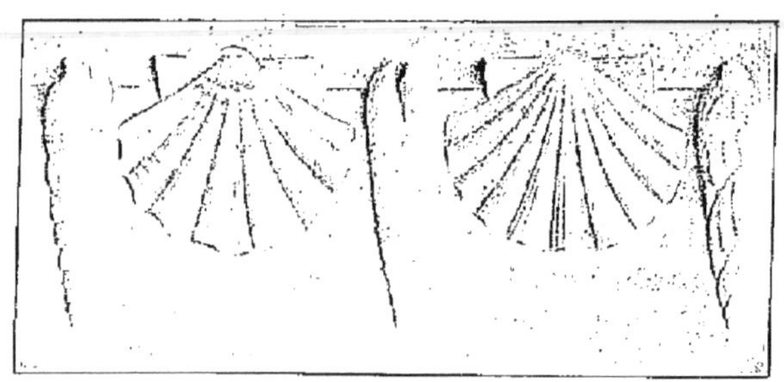

Frise des Coquillages.

glyphes, ni oves, ni perles, ni pirouettes : il n'y en a pas, ni rien qui y ressemble, jusque dans le plus petit détail : il est curieux de noter, par exemple, avec quel soin minutieux, sous les retombées du linteau de certaines fenêtres, l'on a mis à la place des denticules, fatalement attendues, des rangées de

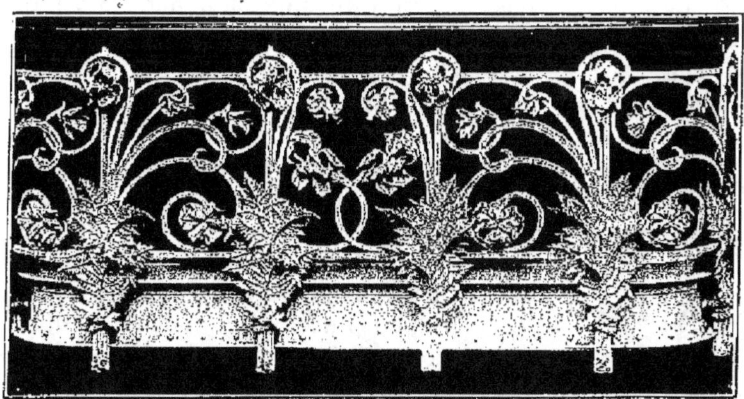

Balcon aux Iris (1er étage). D'APRÈS L'EXÉCUTION.

petits coquillages juxtaposés. Et cela ne laisse pas d'être un certain soulagement et une certaine joie pour tous ceux qui cherchent dans l'art décoratif, surtout dans ses applications monumentales, quelque chose qui nous sortirait enfin de l'ornière traditionnelle, qui nous changerait des triglyphes de la Nouvelle Sorbonne, ou des palmettes de l'École de Médecine.

Mais il y a mieux que ces infiniment petits dont nous parlions tout à l'heure. Regardons la porte principale ; c'est un très grand morceau assez original dans l'ensemble et d'une puissance de conception architecturale tout à fait remarquable. Sa large et robuste arcade en plein cintre est décorée tout uniment d'une bordure de feuilles de palmiers, qui s'emmanchent les unes dans les autres et se mêlent régulièrement à un large ruban formant entrelacs. Ces feuilles sont stylisées d'ailleurs d'une façon large et puissante, sans maigreur ni recherche excessive du détail, ce qui nuirait ici à l'aspect imposant de l'ensemble. Au-dessus, un autre bandeau nous montre une série de coquilles Saint-Jacques indiquées avec une sobriété, une netteté d'exécution et une franchise remarquables. Plus haut, les piles du premier étage qui encadrent les trois grandes baies éclairant la bibliothèque, sont couronnées de sortes de chapiteaux, les uns formés de têtes de lions, les autres de lionnes accouplées. Nous donnons ici la reproduction de cet ensemble un peu élevé pour être photographié directement, d'après les dessins mêmes de M. Dutert. Les deux chapiteaux extérieurs, si l'on supprime le beau fleuron qui en fait le centre, rappellent très légitimement, du reste,

et sans aucune intention de copie servile, les magnifiques taureaux de l'Apadana de Suze, agenouillés par paires et qui soutiennent de leur dos puissant, la toiture du palais. La sculpture de ces têtes de fauves est due à l'excellent animalier *Valton*. C'est à un autre de nos sculpteurs dont le talent d'animalier est aussi bien connu, *M. Gardet*, que nous devons l'admirable *Gypaète enlevant un agneau* qui se trouve sur cette façade entre la porte du rez-de-chaussée et la grande baie de la bibliothèque, sur le bandeau de pierre qui accuse la séparation de l'étage. Ce n'est pas seulement là un morceau de sculpture posé en hors-d'œuvre pour boucher un trou : le grand oiseau dont les

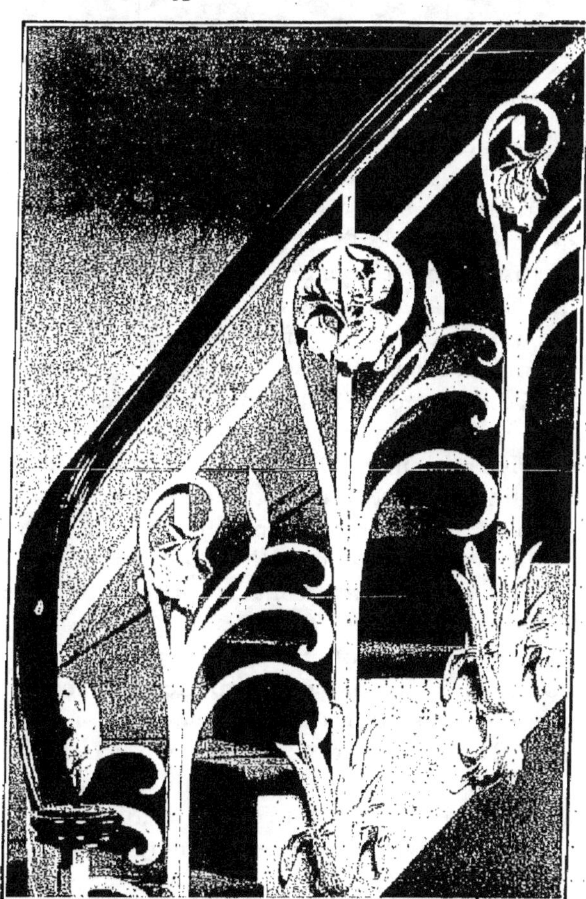

Rampe aux Iris (2e étage). D'APRÈS L'EXÉCUTION.

larges ailes éployées s'appliquent sous la corniche procède d'une idée excellente, il s'adapte très ingénieusement au membre d'architecture qu'il est chargé d'embellir, en épouse la forme et le décore sans le surcharger ni le faire disparaître. La répétition de ce motif avec des va-

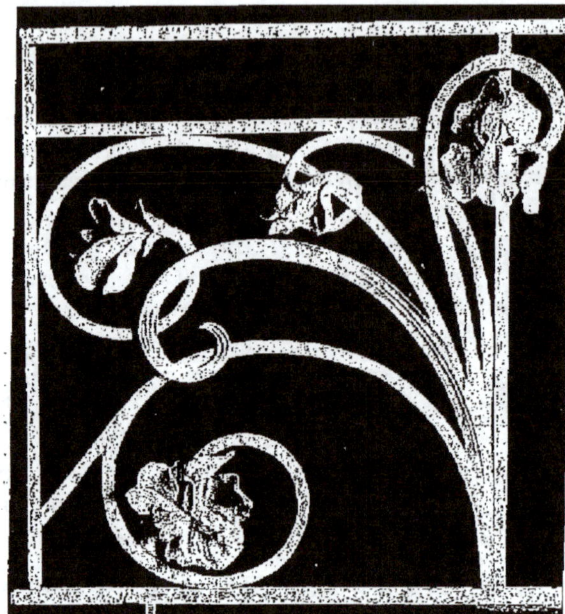

Détail du balcon aux Iris.   MAQUETTE DE M. BONIK.

riantes dont l'exécution est due à *MM. Boutry, Louis Noël*, etc., tout le long du même bandeau autour du monument, fait grand honneur à l'invention de l'architecte. Cette série d'oiseaux de proie, condors, aigles ou vautours servant comme de clefs au-dessus des arcades du rez-de-chaussée est certainement une des meilleures parties de la décoration.

C'est une idée également très ingénieuse et très heureuse que celle des crustacés et des sauriens formant consoles ou corbeaux sous certaines fenêtres du pavillon de tête, et s'appliquant aussi à merveille au membre d'architecture dont ils renouvellent la forme et l'aspect. Quelques-uns sont empruntés à des espèces disparues et exécutés d'après des fossiles du Muséum ; mais presque toujours, ils ont été choisis et interprétés de façon à présenter la stylisation ornementale nécessaire. Nous signalerons en particulier la façon vigoureuse et simple dont certaines carapaces de homards ont été traitées pour s'appliquer à la muraille avec une décision énergique et un parti-pris de simplification très intéressant.

Au-dessus des fenêtres, dans de petites niches carrées, nous voyons apparaître toute une série de petits animaux, félins pour la plupart, dont les maquettes ont été fournies par d'excellents artistes comme *MM. de Vasselot, Houssin, Lormier, Engrand, Truffot*, etc., et qui viennent, avec la ligne souple de leur corps, couronner harmonieusement

des fenêtres dont l'aspect d'ensemble est donné par une de nos planches. Immédiatement au-dessous du toit enfin, le chéneau se trouve décoré par toute une série d'insectes espacés de place en place, et par de grands bouquets de coquelicots qui, prenant naissance au-dessous de la corniche, traversent le larmier pour venir s'épanouir au-dessus. L'idée est très originale ; mais à notre avis, il est peut-être fâcheux de voir la ligne de la corniche ainsi coupée de distance en distance, et nous aurions préféré une autre combinaison qui respectât un peu plus les lignes de l'architecture.

Signalons encore la composition très heureuse bien que très simple des cartouches qui contiennent les noms de professeurs du Muséum, et qui alternent sur les façades du jardin et de la rue avec les grands oiseaux de la frise dont nous parlions tout à l'heure. Dans les intervalles, cette frise est décorée de coquillages exécutés en très faible relief, qui forment un fond discret où s'épanouit de temps en temps, tantôt un excellent morceau de sculpture représentant dans la majesté de son vol

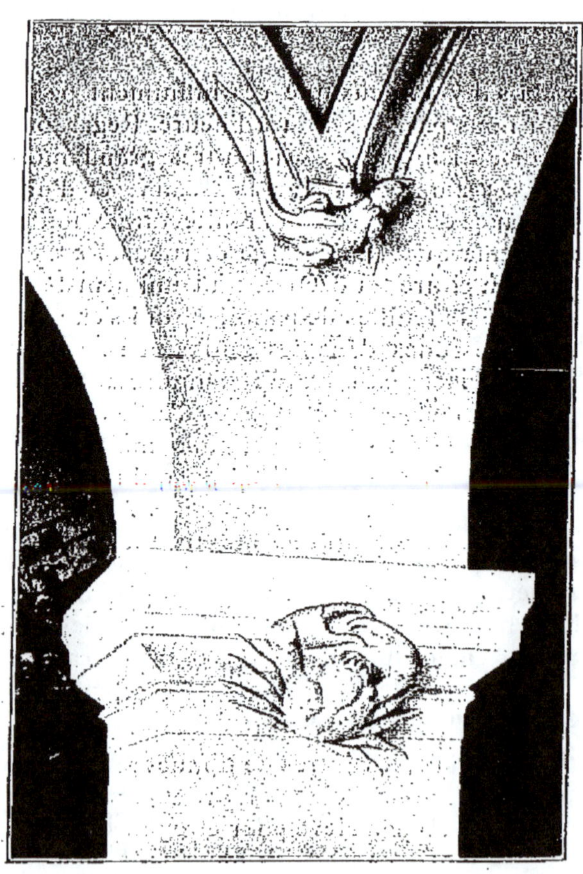

Chapiteau au Crabe (vestibule).

quelque condor ou quelque vautour, tantôt un de ces cartouches encadrés de bouquets de feuilles exotiques, du plus joli effet. Glissons, par exemple, sur les bustes regrettables qui s'étalent dans les fenêtres de la galerie du rez-de-chaussée. Ils représentent des gens infiniment respectables mais horriblement laids, et leur laideur se complique encore d'une exécution froide et poncive, d'une coupe à l'antique aussi académique et aussi surannée que possible. Il paraît que c'est un legs de l'ancien Muséum pour lequel ils avaient été exécutés jadis et non employés. N'insistons pas.

Si nous pénétrons maintenant dans l'intérieur du bâtiment, ce sont les mêmes observations que nous aurions à faire pour la décoration sculpturale, peu abondante d'ailleurs, si ce n'est dans le vestibule, et dont le chapiteau que nous reproduisons ici, nous donne un type excellent avec sa composition très étudiée, son profil original et le motif du crabe qui y est appliqué avec une justesse, une proportion et un à-propos remarquable, de façon à faire vraiment corps avec lui. — Pour ce qui est de la peinture, les œuvres de *M. Cormon* qui doivent représenter dans l'amphithéâtre du rez-de-chaussée *la Conquête de la terre par l'homme*, ne sont pas encore en place, et nous ne saurions en rien dire pour le moment. En différents endroits, et en particulier au plafond de l'escalier d'honneur et de la salle du premier étage, apparaissent quelques peintures ornementales dans une note gaie, claire et harmonieuse. Les motifs en sont empruntés à l'étude de la fleur, et *M. Hista* qui les a exécutées, les a conçues absolument dans le même esprit que toute la partie sculpturale dont nous venons de nous occuper. Elles occupent d'ailleurs une place assez peu importante. Au contraire, ce qui est tout à fait essentiel dans la décoration intérieure de notre monument, c'est toute la partie de serrurerie, grilles, rampes, balcons, pour laquelle les mêmes principes ont été adoptés, la même direction donnée par l'architecte qui a voulu

porter dans tout le détail de son œuvre le même caractère de spontanéité et de création originale.

La grille d'entrée d'abord en fer forgé, grille de défense robuste et sans mièvrerie, comporte de grandes branches de feuillages ornementaux qui mêlent leurs silhouettes élégantes aux lourds barreaux de fer. Les feuillages ici sont très stylisés, comme il convenait à la matière et à la destination de l'œuvre, et se tiennent assez loin de

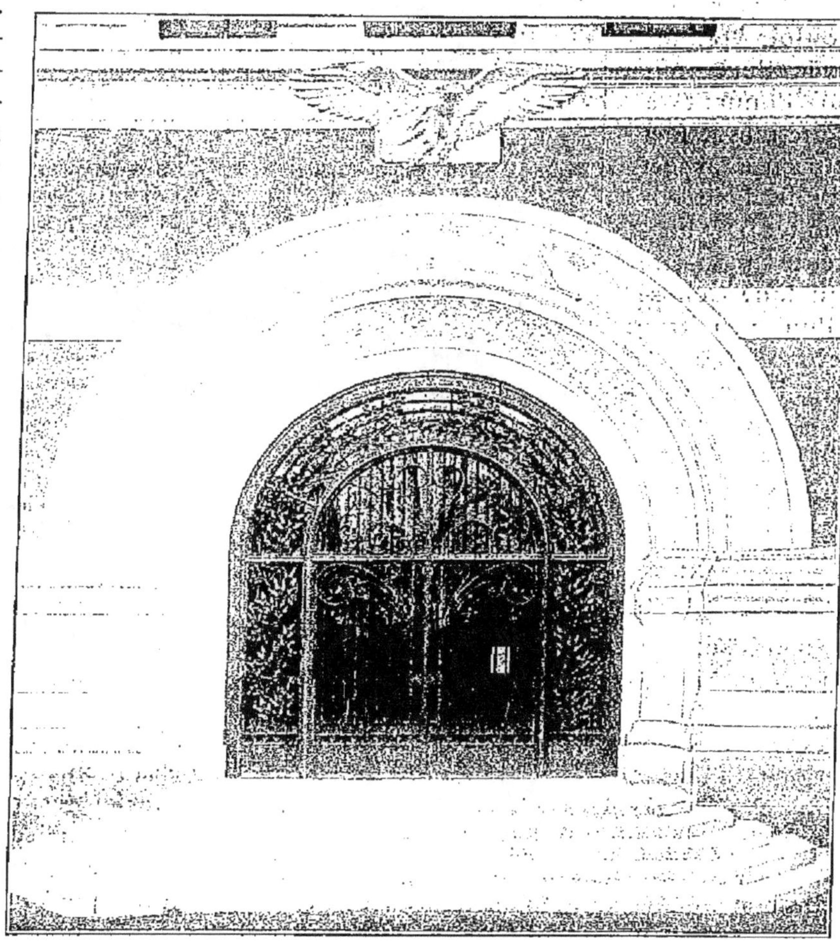

Entrée principale.

l'imitation de la nature. Au contraire, dans l'intérieur, la rampe du grand escalier d'honneur permettait à l'artiste avec une matière plus souple et plus riche, le bronze, des délicatesses et des raffinements d'exécution beaucoup plus grands. Un sculpteur ornemaniste de talent, *M. C. Bonin*, a exécuté sur les indications de M. Dutert, deux branches de feuillages d'une grâce tout à fait charmante qui, alternant entre elles, constituent comme les barreaux de la rampe. L'une est de *lauriers*, l'autre de *chrysanthèmes fleuris*. Les lauriers, d'ailleurs, n'ont rien de commun que le nom avec ces « rameaux sacrés » conventionnels qui s'enguirlandent avec des feuilles de chênes, aussi peu vraies que possible, sur les modèles classiques. Ce sont ici des lauriers tout à fait nature, aussi vrais, aussi modernes que leurs voisins les chrysanthèmes.

Peut-être même à notre avis sont-ils les uns et les autres un peu trop près de la nature : ils ont un peu trop l'air de vouloir lutter avec elle, et tout en donnant à cette rampe fort curieuse l'aspect d'une haie vivante, ils y mettent peut-être quelque chose d'un peu trop compliqué, on dirait presque un peu trop fouillis. Nous avouons préférer de beaucoup les *balcons d'iris et de fougères* des grandes salles du Musée. Par raison d'économie, on a dû

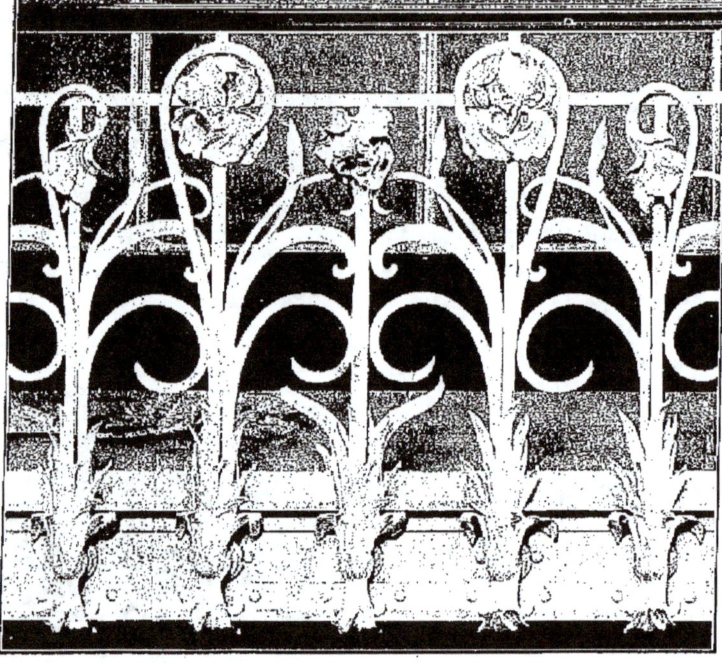

Balcon aux Iris (2ᵉ étage).   D'APRÈS L'EXÉCUTION.

exécuter ces balcons en fonte, et cette condition a peut-être contribué fort heureusement à retenir le modeleur dans une plus grande simplicité et à le laisser interpréter plutôt que copier la nature. L'idée primitive, du reste, était extrêmement heureuse et le dessin des trois motifs différents, fournis par ce thème des iris, est tout à fait ingénieux.

Le premier de ces motifs est appliqué au balcon de deux tribunes situées dans la salle du rez-de-chaussée, et il se continue dans le petit escalier contenu dans le pavillon en saillie sur la rue de Buffon. Il se compose de pieds d'iris dont les feuilles et les fleurs, tantôt épanouies, tantôt en boutons, s'enroulent harmonieusement, et s'enlacent les unes aux autres. Sur le bas de chaque pied, un paquet de feuilles de fougères vient s'attacher pour dissimuler ou plutôt pour indiquer l'attache du balcon. Ces bouquets de feuilles sont d'une exécution spirituelle et gracieuse ; mais ils

alourdissent peut-être d'une façon inutile et par conséquent fâcheuse le dessin du balcon ; et ils ont de plus le tort d'introduire des éléments copiés directement sur la nature à côté d'autres, les iris, qui ont subi la transformation, la stylisation décorative indispensable.

Au premier étage, dans une galerie qui règne tout autour de la salle, la disposition du motif diffère légèrement ; les enroulements sont plus larges, plus amples, les pieds d'iris plus espacés, et le balcon y gagne en aisance et en légèreté. Enfin, au dernier étage, dans une salle située dans le pavillon d'entrée au-dessus de la bibliothèque, nouvelle galerie, nouveau balcon ; mais ici les feuilles de fougère ont disparu, dégageant et allégeant la plante principale qui apparaît toute seule avec le bas de sa tige robuste et même la naissance de sa racine qui l'attache au plancher de la galerie ; et c'est peut-être grâce à sa simplicité et à sa franchise, grâce à l'heureux emploi de toutes les parties de la plante, celui des trois motifs que nous préférons, celui qui selon nous serait le plus pratique et le plus facile à adapter aux usages courants au lieu des odieuses banalités dont on nous afflige.

Tels sont les différents éléments dont se compose cette décoration du Nouveau Muséum. La concevoir était très bien : M. Dutert a montré en cela son talent de décorateur et son goût d'artiste en quête d'un art rationnel et original. La faire exécuter était peut-être la véritable difficulté. Artistes ou manœuvres, l'architecte ne trouve guère d'intermédiaires entre les deux. Les uns lui feront à grands frais quelques morceaux excellents mais isolés. Souvent malheureusement, ils n'auront pas le sentiment juste de la place que doit occuper leur œuvre dans un ensemble architectural, et cette œuvre, où qu'on la mette, aura toujours l'air comme rapportée et comme plaquée. Les autres ne seront capables que de copier, servilement et de répéter à l'infini des modèles exécutés en dehors d'eux, sans le concours de leur expérience particulière du travail et de leur sentiment des nécessités de la matière. Chez eux l'invention est morte, et nul ne saurait créer un motif, nul n'est même capable de travailler d'après un simple croquis, une indication de l'architecte. Ce serait là pourtant l'idéal : une pensée sortie de l'esprit qui dirige, et interprétée librement plus encore que traduite littéralement par l'exécutant.

C'est ainsi qu'il devait en être aux beaux temps de l'architecture française, (c'est à l'époque dite gothique, que je veux dire); l'imagier n'était certes pas alors livré à sa propre fantaisie, car comment sans cela expliquer l'unité de l'œuvre ? mais il savait travailler sur un thème donné, renouveler les motifs indiqués, et tout en restant dans l'harmonie générale mettre dans le moindre fleuron quelque chose de sa personnalité et de son génie. Si l'on se plaint, à juste titre, qu'il est très difficile aujourd'hui de faire œuvre de décoration originale, parce que les exécutants font défaut, il serait absurde de s'arrêter longtemps devant cette difficulté que l'architecture moderne s'est créée à elle-même, en faisant toujours ressasser à ses ouvriers les mêmes grecques et les mêmes palmettes, et en les rendant par ce travail machinal et continu aussi incapables d'invention qu'une machine à tourner ou un emporte-pièce, en anéantissant chez eux par la répétition de ces pastiches froids et secs la faculté de faire œuvre vivante et souple. Que les architectes aient le courage et la volonté de les appeler à l'œuvre, de les guider, de les diriger, de les former, les exécutants ne leur

manqueront bientôt plus. C'est ce qu'a essayé de faire M. Dutert. Non seulement il a fourni les idées et même les dessins, mais il a surveillé pas à pas l'exécution ; il a vu les modèles se former dans les ateliers, il a fait rectifier les maquettes selon les nécessités prévues, il a tiré parti aussi bien qu'il a pu des différents talents dont il pouvait disposer. Il a été vraiment, selon le beau mot d'autrefois, le *maître de l'œuvre*. Les imperfections de son œuvre tiennent précisément à ces difficultés, qu'il a rencontrées et combattues, sinon surmontées. On sent, malgré tout que certains morceaux de sculpture ont été conçus sans la préoccupation assez forte de leur adaptation au cadre architectural. Nos sculpteurs ne sont plus habitués à cette discipline et à ces exigences qui leur fourniraient pourtant le support, on pourrait presque dire la raison d'être qui manque trop souvent à leurs œuvres ; et d'autre part, l'incapacité de renouvellement chez les praticiens, a rendu inévitable, parfois, la répétition textuelle des mêmes motifs.

Il a surtout le mérite d'avoir donné l'exemple à tous ceux qui se contentent trop facilement d'une décoration toute faite, qui vivent sur des motifs ressassés à l'infini depuis la Renaissance de l'antiquité classique et tourmentés de mille manières, sans qu'il en soit jamais rien sorti que de mort-né, car la mort ne saurait engendrer la vie, et nous vivons depuis tantôt trois siècles sur le cadavre d'un art mort. Il a montré que l'on pouvait faire quelque chose d'original et de nouveau en jetant résolument par dessus bord tous ces exercices d'école, tous ces pastiches de classique, toute cette friperie sentant le moisi, et en revenant tout bonnement, tout simplement à la nature, selon le grand et fécond principe de toutes les époques créatrices.

Paul Vitry.

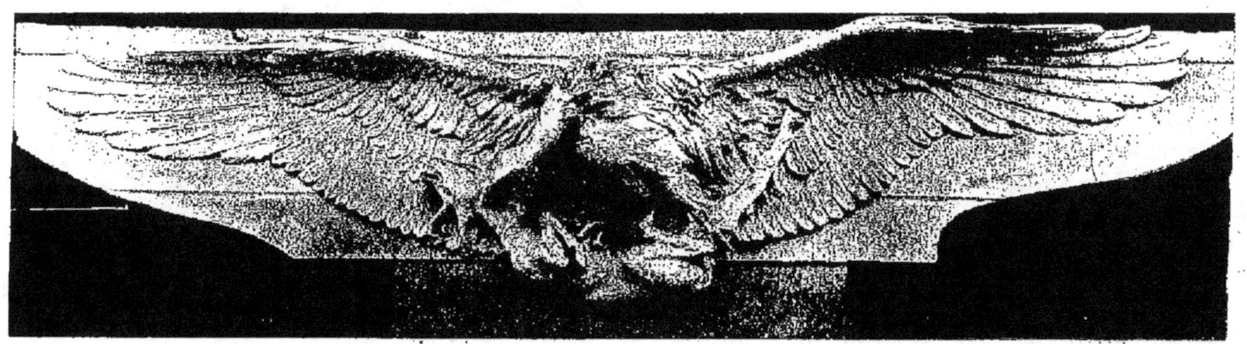

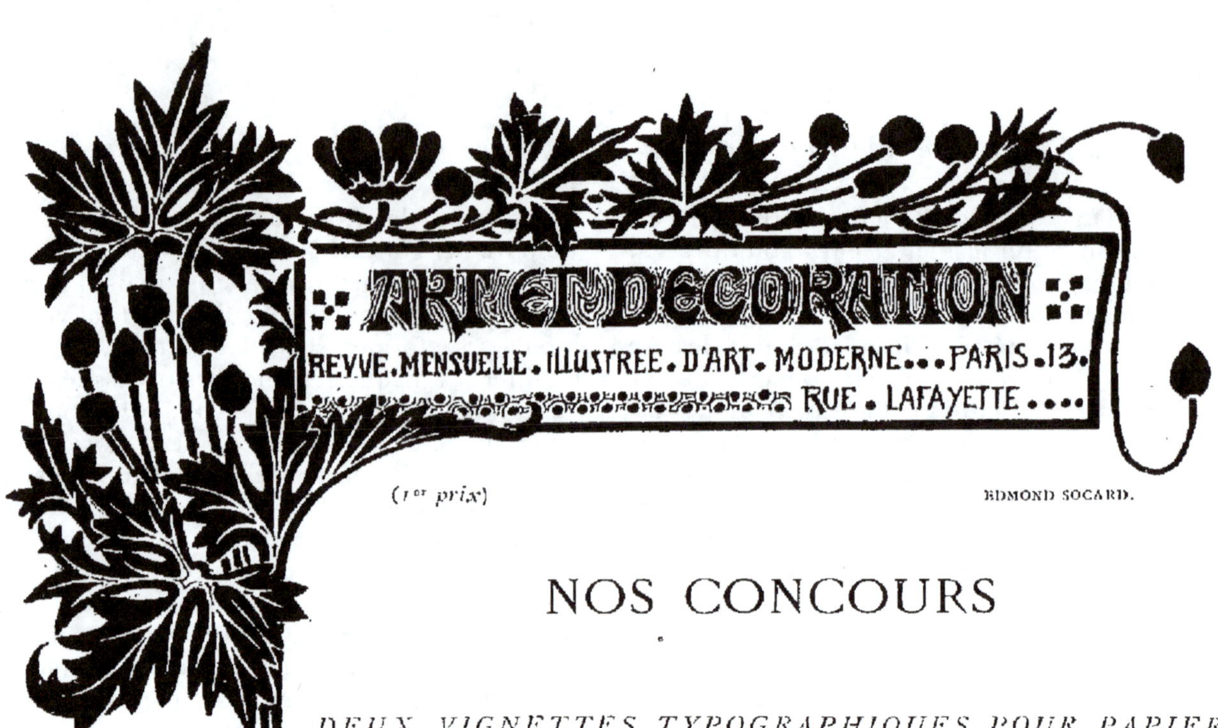

(1ᵉʳ prix)   EDMOND SOCARD.

NOS CONCOURS

DEUX VIGNETTES TYPOGRAPHIQUES POUR PAPIER

ET ENVELOPPES

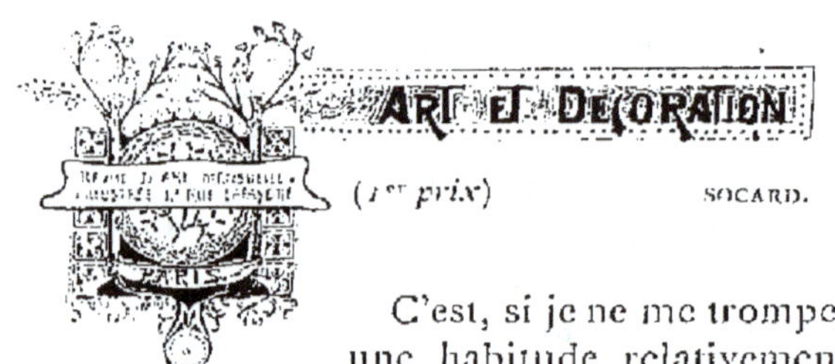

(1ᵉʳ prix)   SOCARD.

C'est, si je ne me trompe, une habitude relativement récente que d'employer des ornements imprimés en tête du papier à lettres, lesquels renferment en même temps un nom et une adresse et souvent de nombreuses autres mentions. Les maisons de commerce ont pensé avec raison qu'il était bon de mettre sous les yeux de leurs correspondants leurs noms et qualités afin qu'ils fussent ainsi rendus plus apparents et plus faciles à copier.

On pourrait même dire que tout papier à lettre devrait porter imprimé le nom et l'adresse de l'expéditeur, puisque chacun sait que telle lettre parfaitement écrite se termine par un nom et une adresse si exécrablement illisibles que, pour mon propre compte, je me suis vu plusieurs fois dans l'obligation de les découper et de les coller sur l'enveloppe renfermant ma réponse. Rien n'est plus absurde, plus irritant qu'un tel état de choses, et souvent on diffère de jour en jour de répondre jusqu'à ce qu'enfin on y renonce totalement.

Anciennement, on écrivait moins qu'aujourd'hui, mais on avait soin de le faire d'une façon en général posée et lisible. Avec la fièvre qui dévore nos sociétés et l'atroce calligraphie moderne, le besoin de la tête de lettre s'impose; de même que dans le tas de la correspondance, on n'est pas fâché de trouver immédiatement sur l'enveloppe elle-même l'origine de la missive.

La récente dactylographie ne présente que peu de garantie au point de vue de l'exactitude.

Depuis qu'on a adopté l'emploi de l'adresse ornée, il s'est créé des variétés innombrables de types qu'on peut classer en trois catégories

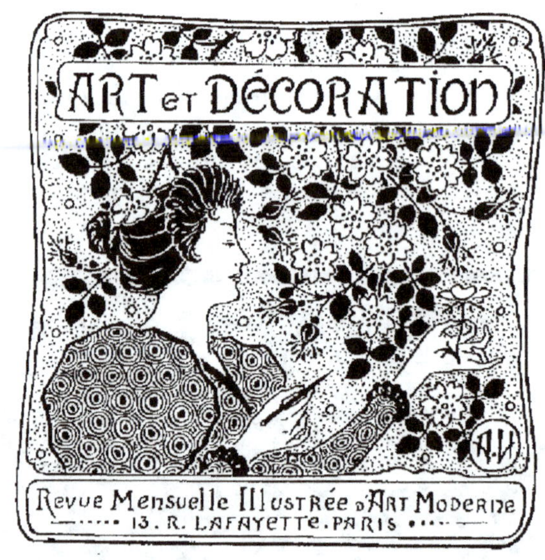

(3ᵉ prix)   A. HERBINIER.

principales selon la place occupée par l'ornement sur le papier. Ce sont :

Le *coin supérieur gauche* formant monogramme ou adresse et se développant en hauteur jusqu'à descendre sur toute la marge.

La *bande horizontale supérieure* plus ou moins large et arrivant quelquefois à descendre jusqu'au milieu de la feuille et même au delà.

Le *coin s'étendant à la fois horizontalement et verticalement*, plus ou moins loin, et inégalement dans les deux sens.

Ces trois dispositions peuvent être modifiées à leur tour; de plus, il faut remarquer que lors-

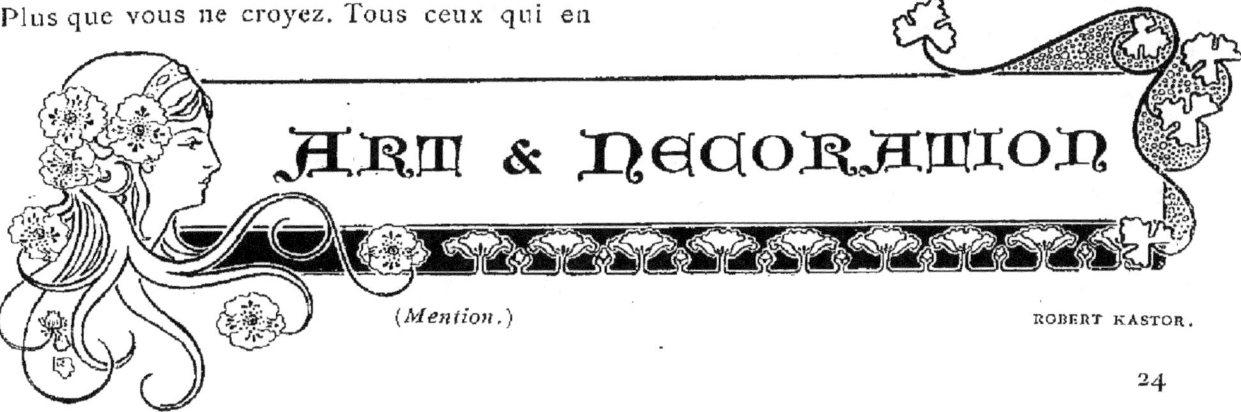

(*3ᵉ prix.*)   A. HERDINIER.

qu'on les charge à l'excès et qu'on leur donne un développement exagéré, l'effet produit est des plus mauvais. Ainsi, dans le premier cas, descendre l'ornement jusqu'au bas de la page est un manque de goût comme lorsque dans le second on s'étale jusqu'au milieu de la feuille.

On peut, en dehors de ces dispositions, adopter la *forme du cadre* complet ou à trois côtés seulement en faisant ou non prédominer la largeur d'un ou de plusieurs côtés.

L'idéal est comme toujours dans la plus grande simplicité. Un motif dans l'un des angles seulement est bien plus élégant qu'un étalage d'ornements compliqués et surabondants.

Mais si, en dehors des généralités qui précèdent, il est impossible de formuler le moindre programme, une composition de ce genre variant à l'infini, il est un point des plus importants à bien traiter. Je veux dire *la lettre*. En effet, la seule lettre du nom et de l'adresse peut suffire à constituer l'ornement demandé.

La lettre? Dira-t-on; la belle affaire! — Plus que vous ne croyez. Tous ceux qui en

ont fait sérieusement, en connaissent les difficultés ; et parmi cent dessinateurs d'un certain talent, il y en aura tout juste trois ou quatre capables d'en faire proprement. Il faut, en effet, à un haut degré, le sens, l'instinct de l'harmonie des lignes entre elles; car la lettre isolée ne compte pas, elle agit en groupes variés dont les permutations sont infinies. Les inexpérimentés s'imaginent que plus ils y mettent de crochets bizarres, de renflements imprévus et plus ils lui donnent de caractère. C'est exactement le contraire qui a lieu; car plus la lettre est simple, plus elle est belle, élégante et lisible.

Cette question de lisibilité est aussi très importante dans une adresse commerciale, et tout en formant bien les caractères, on peut en détruire l'effet par des ornements malencontreux qui les entourent.

Si l'ornement et l'inscription sont en noir sur blanc, il faut que la lettre l'emporte comme largeur ou *force de noirs* sur ceux de l'ornement, à moins que celui-ci ne soit tellement serré qu'il constitue un fond noir par lui-même, auquel cas la lettre ne pourra se détacher qu'en blanc. Le contraire a lieu pour des ornements et lettres blancs sur un fond noir. Ici il faut entendre par noir et blanc : clair et foncé, couleur et or, etc.

On peut employer aussi l'ornement au trait simple. Dans ce cas, on peut rendre la lettre lisible en l'isolant de l'ornementation par un large blanc ou bien en en doublant les

(*Mention.*)   ROBERT KASTOR.

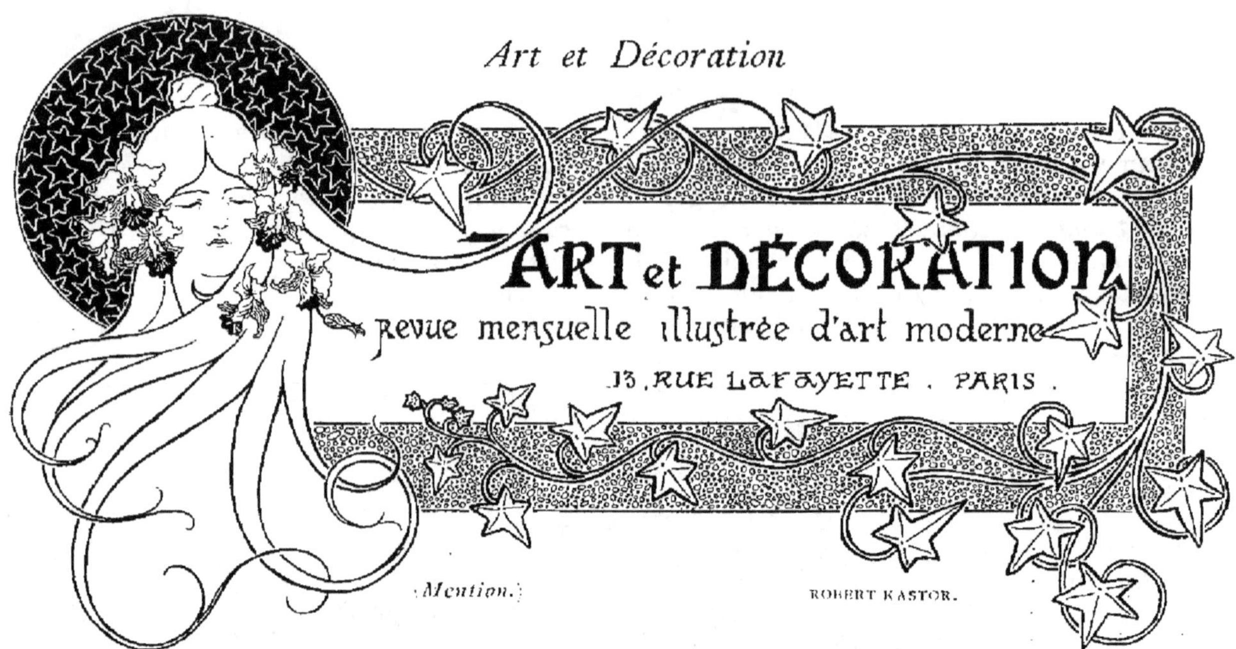

(Mention.) ROBERT KASTOR.

contours, ce qui constitue aussi une sorte d'isolement.

Le présent concours montre précisément les différents défauts que je viens de signaler, et malheureusement assez peu des qualités requises pour une bonne tête de lettre. La Commission d'examen a été frappée de la faiblesse relative des compositions qu'elle a eu à examiner. La plupart des dessins étaient d'une complication excessive. Ici le goût joue un rôle décisif; il faut sentir, en effet, que la simplicité est, dans une application de ce genre, le vrai chemin à prendre. Simplicité mais non Pauvreté.

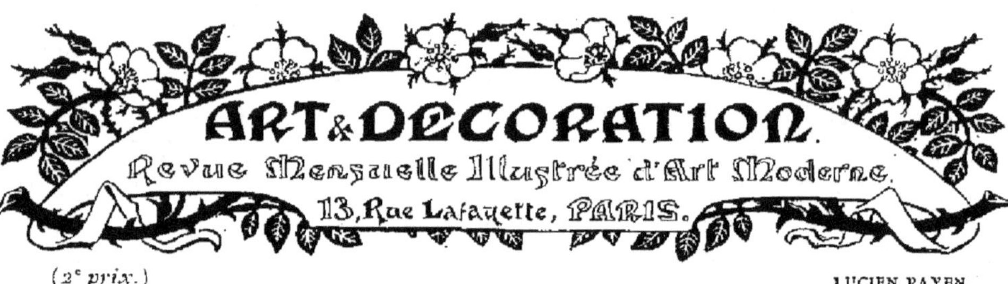

(2ᵉ prix.) LUCIEN PAYEN.

de manière à obtenir un effet léger. Cet aspect léger est absolument indispensable. C'est l'antipode de la fameuse tête de lettre en lithographie avec architectures, attributs, palmes, cartouches, lauriers, chimères, etc., le tout ressemblant à une énorme plaque en fonte de fer.

Cela ne veut pas dire qu'on ne puisse réussir avec de riches et importantes ornementations. Les manuscrits orientaux en sont la preuve ainsi que ceux du Moyen Age.

Là, toutes les ressources de la couleur et de l'or furent employées, tandis que ce n'est pas le cas qui nous occupe, au contraire; nous ne disposons que d'une impression. Est-ce à dire que notre effet doive être nécessairement pauvre? — Il s'en faut, car, par une habile répartition des pleins et des vides, des effets larges et des effets légers, on peut atteindre aussi à la richesse d'aspect la plus somptueuse.

Le dessin de *M. Edmond Socard* a obtenu

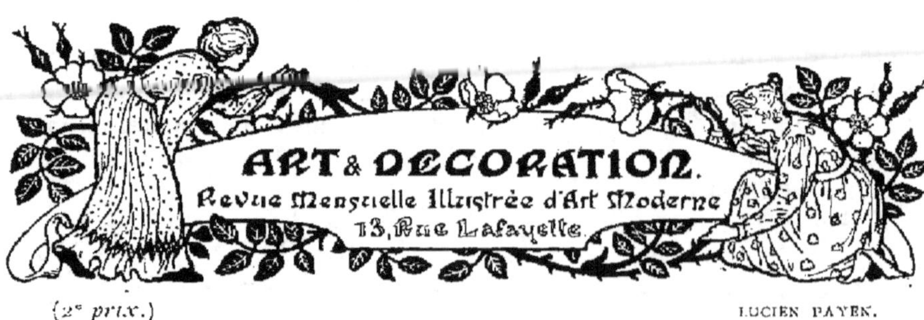

(2ᵉ prix.) LUCIEN PAYEN.

Ainsi, de la lettre seule, habilement groupée, avec tout au plus quelques petits ornements pour combler certains vides, produira un meilleur effet qu'un ornement chargé, surtout si l'on a soin, comme c'est un peu l'habitude maintenant, de la tirer dans un ton gris coloré,

le premier prix, bien qu'il présentât le défaut de ressembler à du fer forgé, à cause de l'égalité des pleins et du manque presque total de détails légers. Une barre de fer entoure toute la lettre, rendue elle-même peu lisible et comme enlisée dans des traits parallèles. La petite lettre laisse fort à désirer. Mais cette composition tirée en bistre, gris, vert ou jaune foncé, perdrait de sa lourdeur et laisserait mieux apprécier les lignes du bouton d'or ingénieusement agencées. Le motif de l'enveloppe est beaucoup trop fin et plein de détails sans signification.

M. Lucien Payen nous donne un motif très bien traité d'églantines passant derrière un cartouche, d'une courbe un peu trop lourde d'effet. Le dessin pour l'enveloppe est trop important. Second prix.

Troisième prix : *M. A. Herbinier*, avec un en-tête de forme carrée, dans lequel la lettre ne joue pas un rôle assez prépondérant. Le motif d'églantines aurait suffi sans la figure. Le projet d'enveloppe est meilleur en tant que dessin, bien que trop chargé, au point que je ne sais pas, quand on aura collé le timbre à la place laissée vide exprès, où *M. Herbinier* compte écrire l'adresse. A sa place, j'aurais fait de l'enveloppe la tête de lettre, et de celle-ci l'enveloppe, sans me préoccuper du timbre, et en ayant soin de donner plus d'importance aux inscriptions, car ici les noirs des feuilles font disparaître ceux des lettres.

Vient ensuite *M. Pierre Brun* avec deux charmants petits projets très bien exécutés, mais d'une délicatesse telle qu'ils en sont presque invisibles. C'est très fâcheux, car au point de vue dessin proprement dit, ce sont les meilleurs sous bien des rapports ; mais si l'on envi-

sage l'objet du concours, on est forcé de reconnaître que le but est complètement méconnu. Il ne suffit pas de bien savoir, il faut encore en plus savoir bien employer son acquis, et au lieu de cette extrême maigreur d'exécution, il eût mieux valu composer un motif plus frappé à la façon d'un timbre et faisant son effet à distance.

M. Robert Kastor a exécuté une composition un peu alourdie par le cadre gris, en tous cas trop large, qui entoure les titres. La façon en copeaux dont se termine la chevelure a quelque chose d'arraché. Il y a de jolis détails mais trop fins. Mêmes observations pour le motif de l'enveloppe dont la majeure partie doit être réservée à l'adresse.

Enfin, *Mademoiselle Berta Kerfstedt*, à Upsala (Suède), nous a envoyé deux petits motifs à peu près identiques, assez bien arrangés, simples, mais avec le défaut d'une lettre trop peu apparente, et gâtés dans le bas par des vermicelles d'origine anglaise.

Il est inutile d'insister sur les autres compositions dont, évidemment, quelques-unes renferment des qualités et du savoir, mais, en général, employées en dehors du but poursuivi.

Dans un concours de ce genre, nous ne saurions trop recommander aux artistes qui y prennent part, de travailler comme si c'était pour eux-mêmes. Ils tomberont moins, peut-être, dans l'inutile complication, et resteront vraisemblablement un peu plus pratiques. Ici, le problème posé était des plus simples, la commission pensait être embarrassée dans son choix ; elle ne l'a été que par la difficulté de pêcher dans le tas quelques dessins à peu près sortables.

E. GRASSET.

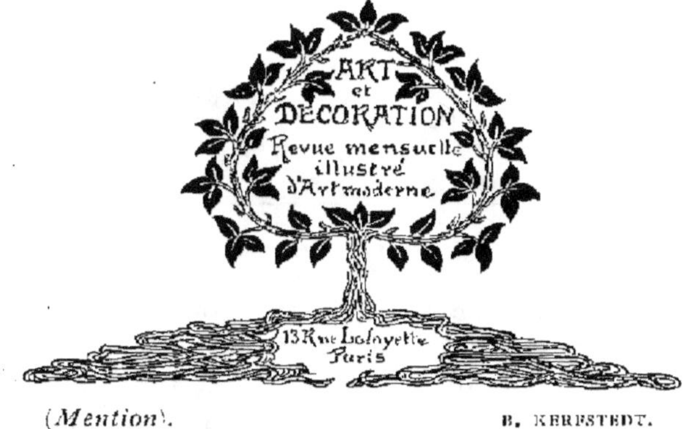

(*Mention*). B. KERFSTEDT.

Concours pour un Berceau

L'expression artistique de l'œuvre la plus simple est toujours difficile. Le berceau, image de cette période de l'enfance où le petit être qualités originales de composition et de décor n'échappent point complètement aux critiques. Le petit berceau de M. Francis Madeleine est

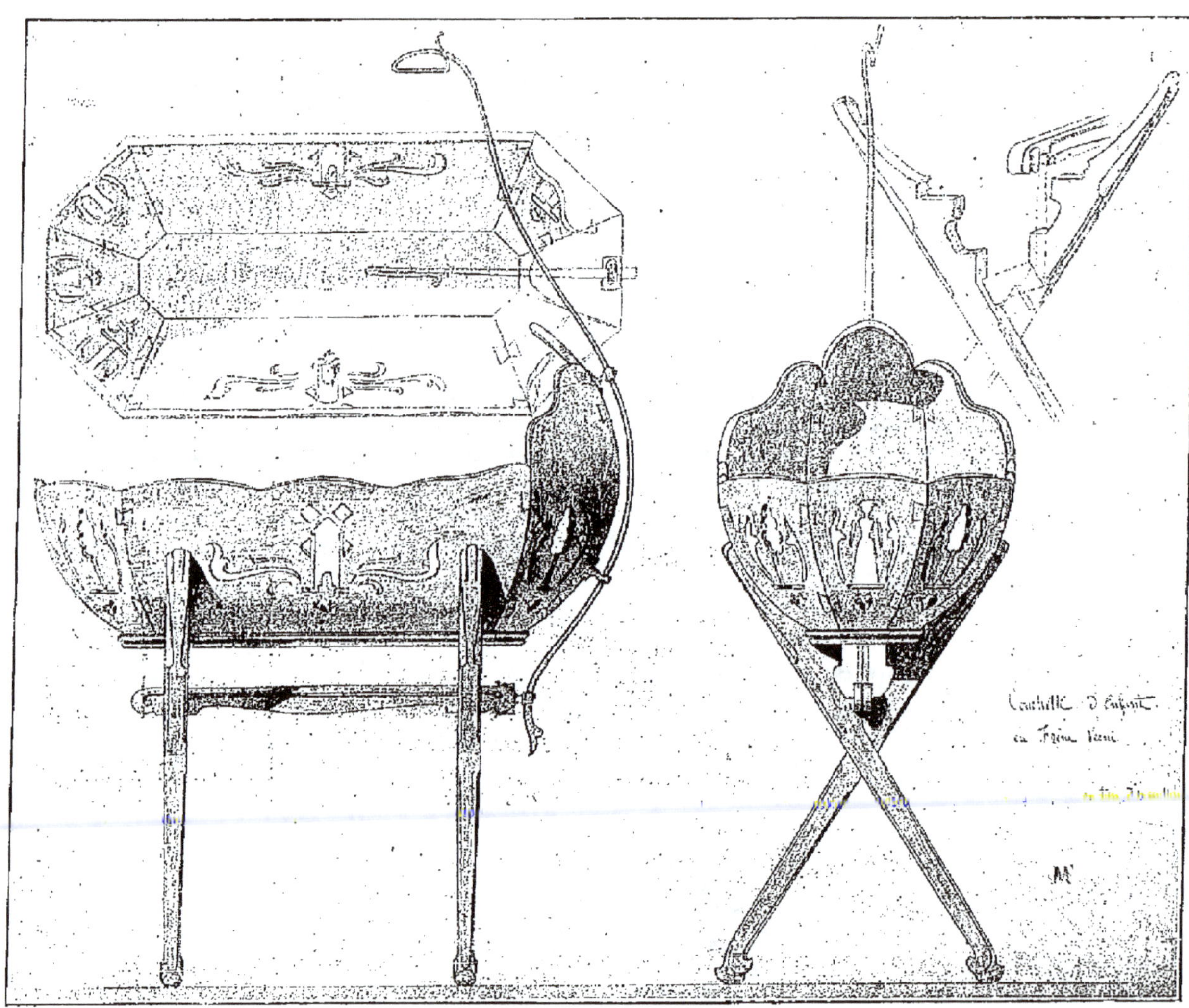

(rer prix.)   *Détails.*   FRANCIS MADELEINE.

aimé vit encore sa vie végétative, où il doit être bien couché, bien garanti contre le froid, bien protégé contre toute chance d'accidents, ne peut être ni trop léger, de crainte d'être renversé facilement, ni trop lourd afin d'être aisément déplacé.

Les projets primés, qui tous dénotent des vraiment gracieux: la forme polygonale des extrémités et la courbure de la couchette, donnent à ce joli meuble, la délicatesse qui convient à sa destination : l'ajourage des panneaux contribue à leur élégance et les supports en X sont bien des supports de bois, ayant les dimensions et les assemblages appropriés au bois. On aimerait à voir reliées par un petit motif à jour, sorte de gousset, les deux branches inférieures de l'X : on aurait ainsi l'impression d'une stabilité plus complète. C'est la seule observation que suggère le berceau de M. F. Madeleine, qui a étudié avec le plus grand soin ses assemblages d'ébénisterie. On aurait plaisir à voir le meuble exécuté, tel qu'il a été tracé par des dessins précis, qu'accompagne une habile perspective.

C'est aussi par une perspective charmante, rendant bien compte du parti décoratif, que se distingue le projet de M. Lucien Ott. Un décor de marqueterie, combiné avec des ajourages, atténue, sans le faire disparaître complètement, l'aspect un peu rigide de la forme rectangulaire adoptée. Des pieds doubles, reliés dans le sens longitudinal par une entretoise bien profilée, assurent la fixité du meuble.

Tout autre est la disposition du berceau de M. E. Boutin, qui paraît un peu lourd à cause du développement donné au dossier et qui pèche

s'accordant à la forme et à la dimension des panneaux, est tout à fait séduisant.

M. G. Joffrin a craint, lui aussi, d'exagérer la légèreté d'un meuble dont la chute déterminerait des accidents graves. Les quatre pieds de son berceau sont courts et consolidés encore par des liens qui les unissent aux traverses soutenant les parois ajourées du ber-

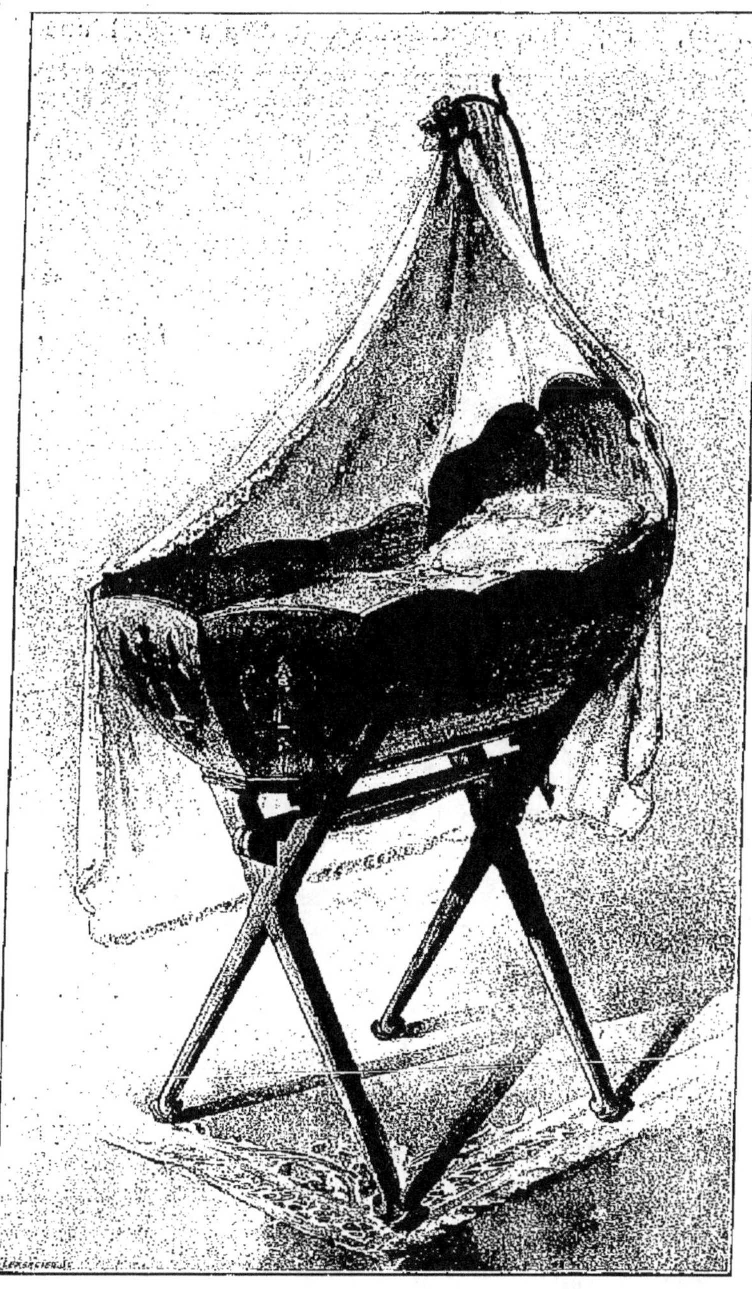

(2ᵉ *Mention*.)   G. MORGAND.   (1ᵉʳ *prix*.)   FRANCIS MADELEINE.

peut-être par excès de stabilité. M. Boutin a supposé entre les bâtis de bois des remplissages en cuir frappé et teint. Ce décor très clair,

ceau, la tige qui porte le rideau se termine par un doigt levé, symbole du silence.

Avec M. G. Morgand, le berceau est plus

rustique ; les supports, en forme de bambous, ne s'accordent guère avec les parois verticales pleines qui terminent le meuble : c'est une sorte de petite barque, dont l'ossature évidée apparaîtrait latéralement et où l'on souhaiterait, pour les extrémités, des formes plus souples, s'harmonisant mieux avec les nécessités du couchage. Dans le projet de M. Vanderplaneke la petite potence, élevée derrière l'enfant, a trop d'importance et serait disgra-

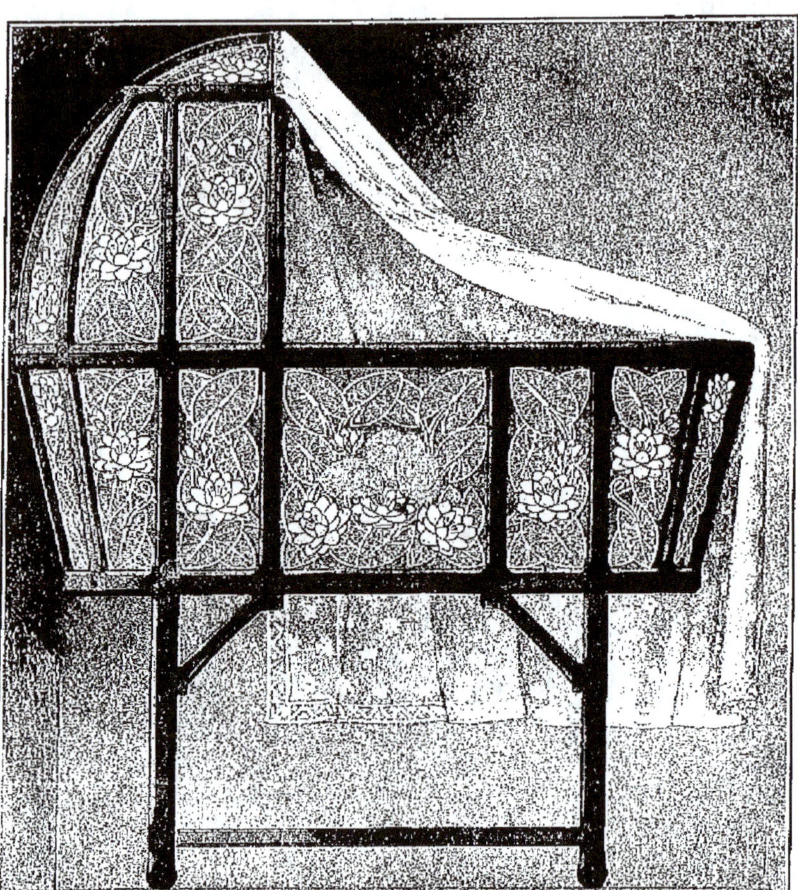

(3ᵉ prix.)   E. BOUTIN.

cieuse. Il y a cependant dans ce projet des qualités d'étude qui en ont motivé la publication.

Il faut que les concurrents se pénètrent toujours, avant de faire une étude sur un sujet quelconque, de l'importance du sujet, de la destination de l'œuvre, des propriétés des matériaux. C'est le moyen le plus sûr de trouver l'expression juste et décorative qui convient.

Les concours institués, depuis une année, par notre Revue, ont donné des résultats satisfai-

sants. Pour les rendre plus satisfaisants encore, nous compléterons nos programmes, désormais, par des indications plus précises, non seulement sur la destination de l'objet mis au concours, mais sur les qualités différentes des matériaux choisis, sur les nécessités qu'imposent le montage ou l'assemblage de ces matériaux, et sur les formes qui peuvent en dériver.

L'une des principales causes de la décadence des industries d'art dans la première moitié de ce siècle a été l'enseignement abstrait des formes, coïncidant avec la suppression des maîtrises et, par conséquent, de l'apprentissage technique.

C'est pour avoir méconnu l'appropriation de la forme à la destination de l'objet et aux propriétés de la matière, que notre industrie croyait à tort innover en imitant, dans une matière commune, les formes d'une matière précieuse : elle a fait en terre cuite émaillée de faux balustres de marbre, en bois peint ou revêtu de zinc plombaginé de faux ornements de plomb, en plâtre ou en ciment de fausses décorations de pierre ; elle a imité grossièrement en fonte les ornements du fer forgé, en un mélange d'huile, de litharge et de liège incorporés dans un tissu, les ornements du cuir repoussé. Or, il est impossible de faire œuvre artistique, si les qualités de la matière sont méconnues par l'artiste.

S'agit-il de l'exécution d'un meuble ? Les assemblages du bois à tenons et mortaises, ou à rainures et languettes, ne permettent pas des combinaisons où ces nécessités du montage seraient négligées. C'est à l'artiste d'y assujettir sa composition, d'étudier le décor de ses bâtis en ménageant les masses nécessaires à l'assemblage des différentes pièces, et en profitant pour le décor de son meuble, des obligations de la construction. Il est évident qu'un

meuble dont les formes ne permettraient point
les assemblages du bois, et nécessiteraient la
réunion des morceaux par des plates-bandes
de fer, entaillées et peintes, serait une œuvre
anti-artistique et condam-
nable, si nouvelles que
fussent les formes em-
ployées.

Ce n'est pas la forme qui
doit intervenir la première
dans la création de l'objet:
c'est la raison, je dirai même
le bon sens. Toute forme
doit être subordonnée à la
destination de l'objet et
aux propriétés de la ma-
tière.

CONCOURS DE FÉVRIER

PREMIER CONCOURS

*Une carte de membre de la
Société artistique des
amateurs. — Une affiche
des réunions et exposi-
tions de la Société.*

La Société artistique des
amateurs, fondée, il y a
deux ans, pour déve-
lopper le goût des
beaux-arts, chez les ama-
teurs, par des expositions de
peinture, sculpture, etc., et
par des auditions, littéraires
et musicales, vient de clore
la liste de ses membres en
l'arrêtant au cinq centième
adhérent. Désireuse de té-
moigner, par des faits de
l'intérêt qu'elle porte aux
artistes, elle a prié la direction de cette revue d'organiser, en son nom, un
concours : 1° pour une carte de membre de la
Société; 2° pour une affiche de dimensions
moyennes destinée à annoncer ses expositions
annuelles et ses soirées artistiques. Les trois
doubles projets, jugés les meilleurs, seront ré-
compensés par des prix de 3oo, 2oo et 1oo francs.
Les dessins primés resteront la propriété de la
Société.

Le projet de la carte de membre devra porter la mention: *Société artistique des Amateurs,*
la devise de la Société, *Ars et caritas,* et les
mots : *Carte de sociétaire,* au-dessous desquels

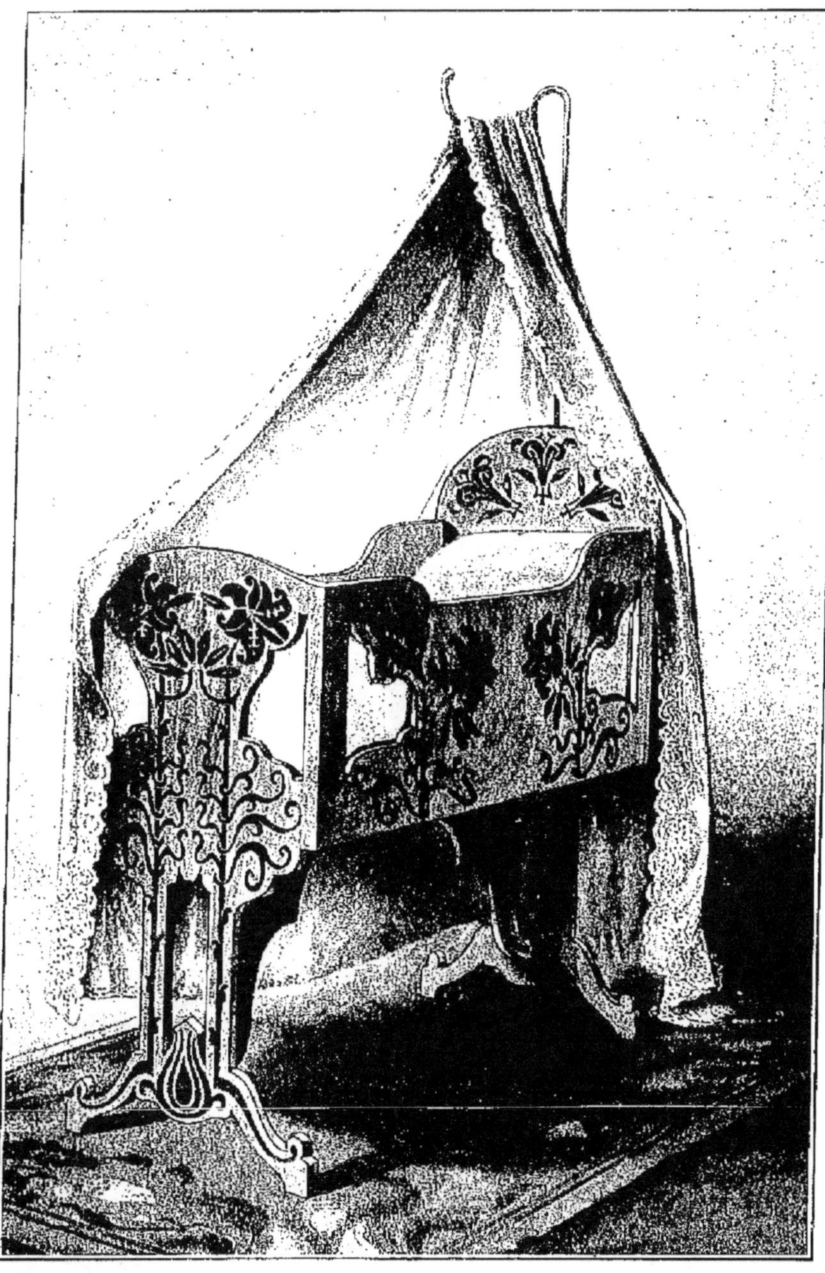

(2° *prix.*)   LUCIEN OTT.

sera réservée la place nécessaire pour recevoir
le nom du sociétaire précédé d'un *M.* La composition devant être reproduite par le procédé,
les concurrents devront prévoir la réduction.
L'encadrement sera rectangulaire.

L'affiche aura la dimension des affiches de
libraire ; elle renfermera la mention : *Société
artistique des Amateurs,* accompagnée de la

devise *Ars et caritas*. Elle devra être combinée de manière à encadrer avec goût un espace équivalent au quart à peu près de la composition, et qui renfermerait les indications géné-

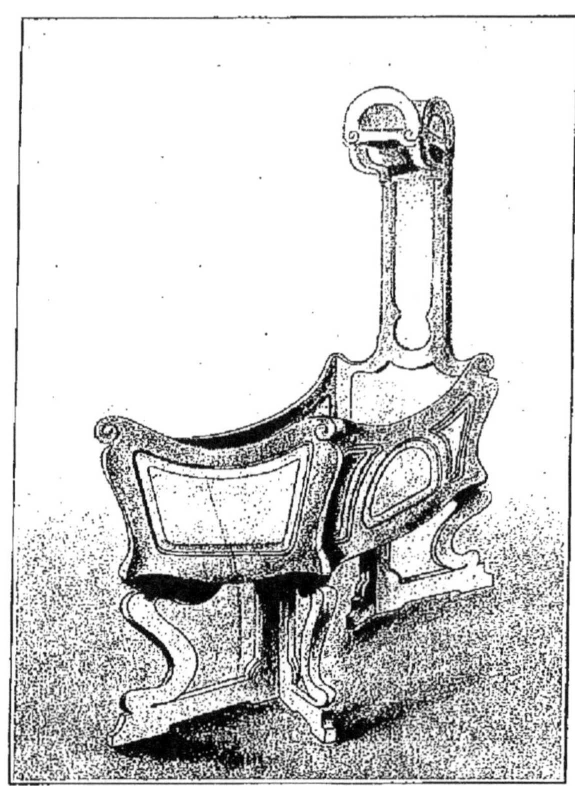

(*3ᵉ mention.*)   ALBERT VANDERPLANCKE.

rales que comporte l'annonce d'une exposition. Les concurrents devront prévoir le cas où l'affiche, réduite, servirait de programme de concert ou de soirée.

Les projets devront être déposés, *avant le 10 février*, à la librairie centrale des Beaux-Arts, 13, rue Lafayette.

SECOND CONCOURS

Le sujet du second concours est fourni par M. J.-L. Goffart, de Bruxelles.

Il s'agit d'une vignette pour papier à lettres. Les dimensions du papier sont de 21 centimètres sur 27 (quart-coquille). La vignette ne peut comporter plus d'un tiers de l'ensemble.

La difficulté consiste surtout à répartir d'une façon satisfaisante les indications contenues dans l'en-tête et à les encadrer avec goût.

On se rappellera que c'est d'un papier de commerce qu'il s'agit, que le nom doit frapper l'œil avant tout, la dimension de chacune des indications doit être proportionnée à

son importance. Voici le texte à insérer :

Lithographie de l'Académie Royale de Belgique.
J.-L. Goffart. Maison fondée en 1829.
181, rue du Progrès. Bruxelles.
Anvers 1894.
Médaille d'or.
Exposition du Livre, Paris, 1894.
Diplôme d'honneur.
Bruxelles 1897.
Diplôme d'honneur.

Téléphone : 1671   *Bruxelles, le 189*

Les dessins doivent pouvoir être reproduits, soit par la gravure sur cuivre, soit par la gravure sur la pierre. Il ne sera employé, autant que possible, qu'une couleur. Toutefois, l'artiste pourra employer deux couleurs, s'il estime arriver par là à un meilleur effet.

Les trois projets jugés les meilleurs seront ré-

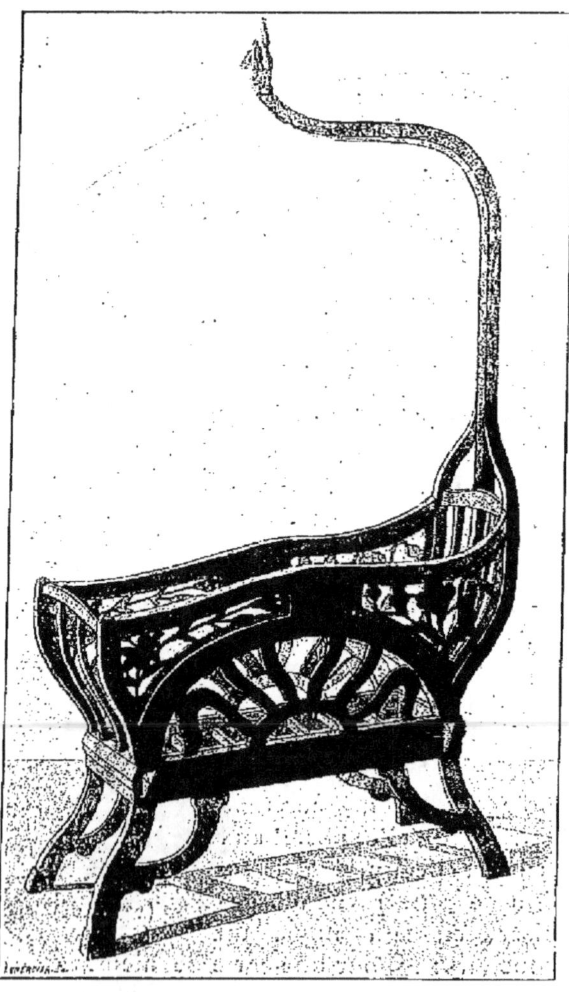

(*1ʳᵉ mention.*)   GUSTAVE JOFFRIN.

compensés par trois prix de 100, 50 et 25 francs.

Les envois devront être disposés, avant le 25 février, à la Librairie centrale des Beaux-Arts, 13, rue Lafayette, Paris.

L. MAGNE

1559. — Soc. An. de l'Imp. de Vaugirard, G. de Malherbe, Dir., 152, rue de Vaugirard. PARIS   ÉMILE LÉVY, *Éditeur-gérant.*

TABLE DES MATIÈRES

CONTENUES

Dans le Tome II (2ᵉ Semestre 1897)

TABLE DES GRAVURES

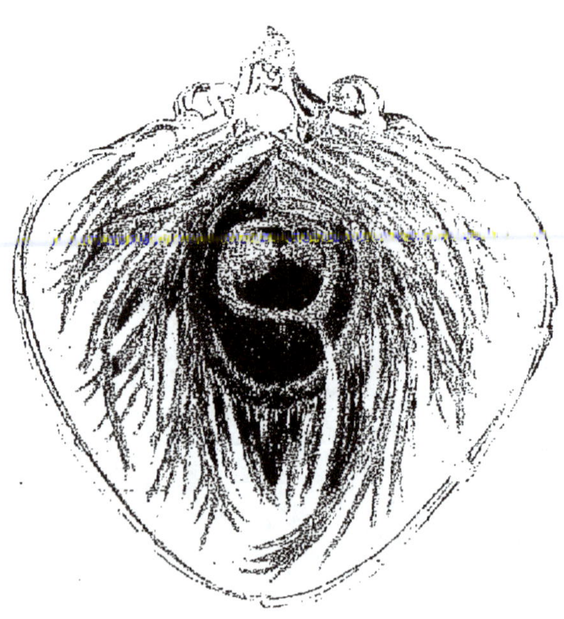

Petite coupe en émail. M. HIRTZ.

Art et Décoration

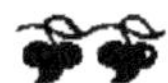

SUPPLÉMENT

TABLETTES

Le récent rapport, rédigé par M. Marius Vachon, à la suite de ses missions dans les pays étrangers, ramène la discussion sur les Ecoles d'Art Industriel qui n'ont pas toujours atteint chez nous le but pratique en vue duquel elles ont été créées. On ne peut pas dire cependant que ce soit la bonne volonté qui manque à leur égard. On s'occupe en ce moment de réorganiser l'École d'Art Décoratif de Calais, dont l'enseignement est exclusivement appliqué à la fabrication mécanique des dentelles, et nous rappelons que plusieurs de nos centres industriels ont de même joint à leur école de dessin des cours et des ateliers d'application, qui leur permettent de recruter des ouvriers nouveaux, instruits de leur métier. C'est ainsi que l'on trouve une école de tapisserie à Aubusson, et une école de céramique à Limoges ; et le public ne connaît guère l'existence d'une véritable Université des industries textiles, constituée à Roubaix, dont les élèves reçoivent à la fois un enseignement artistique, scientifique et manuel. Dans les laboratoires de l'école, on apprend à fabriquer les produits nécessaires à la teinture des tissus, qu'il fallait autrefois importer d'Allemagne, et le programme comprend même un cours de chauffage. Nous avons ainsi des ouvriers d'initiative, susceptibles de raisonner la pratique machinale de leur métier et de la dominer : les élèves de Roubaix sont actuellement fort recherchés, non seulement dans toutes les villes de France qui possèdent des fabriques touchant aux arts textiles, mais encore dans les centres étrangers.

De telles écoles sont assurément capables de renouveler chez nous l'ère de l'industrie, de changer les conditions qui ont régi jusqu'à présent l'invention des modèles et la production, en même temps qu'elles peuvent provoquer, dans les nouvelles générations, un goût et un sens plus profitables et plus profonds des belles choses. C'est pourquoi il convient de les développer et de les multiplier, plus que ces Sociétés d'Artistes, qui encouragent un peu trop à la légère toutes les prétendues vocations artistiques. Et pourtant, en voici encore une nouvelle qui se fonde, la *Fédération Artistique*, où doivent cette fois entrer, outre les artistes professionnels et artisans, les écrivains d'art et les critiques d'art. On ne saurait trop relever, pour quelques services rendus peut-être, ce que de semblables sociétés ont d'inutile, et même de nuisible, et à quel point elles contribuent à entretenir l'art et les ar-

tistes dans un état de satisfaction stagnante et de stérilité.

Une autre société encore : celle de l'*Art précieux de France*, dont le but est de produire des œuvres d'art et de donner à celles qui le mériteront, la sanction d'une valeur artistique incontestable, qu'un poinçon certifiera. Le nombre des fondateurs est limité à douze, qui comprennent déjà des artistes très authentiques. Mais c'est égal : cet estampillage des œuvres d'art n'est pas sans procurer quelque doux étonnement. Et vous verrez que l'on discutera tout de même sur leur valeur !

Ce qui est du moins indiscutable, c'est le talent de M. Formigé qui a composé depuis longtemps les plans destinés au nouveau Salon de la Société Nationale des Beaux-Arts, que l'on voudrait édifier à l'entrée du bois de Boulogne sur l'emplacement du Pavillon Chinois. Il est permis de penser, d'après les Palais des Beaux-Arts et des Arts Libéraux, au Champ-de-Mars, de récente mémoire, et qui avaient heureusement inauguré, pour nos monuments publics, l'usage de la céramique architecturale, que M. Formigé nous ménage de séduisantes innovations, qui ne feront que côtoyer les traditions d'art officiel. Par malheur, tous ces beaux projets reposent encore sur le consentement du Conseil municipal...

———

Sur la proposition du ministre des Affaires étrangères, M. Maurice Lobre, artiste peintre, est nommé chevalier de la Légion d'honneur (services rendus à l'art français en Russie). Le motif allégué reste mystérieux, mais la nomination n'en est pas moins justifiée de toute façon. Si les œuvres de M. Lobre n'appartiennent pas en propre à l'art décoratif, on y reconnaît cependant cette recherche de sentiment et d'intimité que nous prônons, et qui obtient toute sa valeur dans la retraite de nos demeures. On se souvient de ces fins intérieurs de Versailles, où le peintre a su faire flotter toute la mélancolie des souvenirs. Voilà une décoration aussi équitablement décernée que celle récemment attribuée encore, par l'office du même Ministre, au peintre belge Alexandre Struijs, l'auteur de *Consolez les affligés*.

* * *

M. James Tissot, l'auteur de la *Vie de N.-S. Jésus-Christ*, vient de terminer un Christ géant, qui lui a été commandé par les Dominicains, pour leur chapelle du faubourg Saint-Honoré. Au-dessous de la figure du Christ, sont représentés neuf motifs symboliques.

* * *

Le jeudi, 28 octobre, a été inauguré, en la présence de M. le Président de la République, le nouveau bâtiment de l'*Asile Temporaire* pour les enfants dont les mères sont à l'hôpital. L'Asile, situé avenue Villemain, 39, et auquel le journal *le Temps* a déjà consacré un intéressant article, est l'œuvre d'un jeune architecte, M. Augustin Rey. On ne saurait imaginer avec quelle intelligence des besoins spéciaux d'un tel édifice, et avec quelle sollicitude pour les petits pensionnaires, l'architecte en a compris tous les détails de disposition, d'aménagement et de mobilier. Il y a là une œuvre admirable d'entente et de charme simple et attrayant, avec cette façade de briques émaillées et de bois clairs, où jouent de jolis tons gais, et nous nous excusons de n'en pouvoir donner ici qu'un bref signalement.

* * *

Le journal *la Plume* vient d'organiser une tournée en Europe et en Amérique, pour exposer dans les principaux centres artistiques, l'œuvre complète du peintre Alphonse Mucha. C'est en Autriche, à Vienne, dans la galerie Artaria, que se tiendra la première de ces expositions. Les autres auront lieu dans les villes suivantes, aux endroits désignés ci-après :

Galeries Topic à Prague ; Littauer à Munich; Deman à Bruxelles ; Bella à Londres ; Meyer à New-York.

* * *

Le grand succès, désormais acquis, de l'Exposition Internationale de Bruxelles, a donné aux Liégeois le désir de tenter, à leur tour, une vaste entreprise du même genre.

L'idée a fait son chemin, et une délégation spéciale a été reçue par le Ministre du Travail, pour sonder les intentions du gouvernement et prendre date.

Il résulte de cette entrevue que les dispositions sont favorables, et que l'Exposition de Liège aura lieu, tout naturellement, après la grande Exposition de Paris, en 1901 ou 1902, au plus tard.

* * *

L'imprimerie de l'Empire Allemand, à Berlin, prépare, en vue de l'Exposition universelle de 1900, une édition de luxe du « Nibelungen-Lied », le fameux poème épique du Moyen Age.

L'œuvre, préparée par l'imprimerie de l'Empire, devra représenter, de la façon la plus exacte et la plus digne, les progrès accomplis par l'imprimerie, l'art industriel et l'art décoratif allemands.

La reliure du livre, en particulier, fournira aux artistes qui ont entrepris cet important travail l'occasion de déployer tout leur savoir. C'est M. Joseph Sattler qui a été chargé de composer les illustrations de cet ouvrage.

NÉCROLOGIE

M. *Lucien Falize*, l'orfèvre parisien bien connu, avait à peine cinquante-cinq ans. Il avait pris dans l'industrie d'art une place très importante et savait s'entourer de collaborateurs d'un véritable talent. Outre les diverses commandes que lui ont occasionnées les séries diverses des fêtes franco-russes, et qui ont répandu son nom dans le grand public, il a exécuté de nombreux bijoux et des pièces d'orfèvrerie, où s'affirme toujours un goût sérieux et érudit, et une richesse de bon aloi. M. Falize était officier de la Légion d'honneur.

* * *

Sir John Gilbert, né en 1847, artiste peintre des plus renommés de l'Angleterre, auteur de nombreuses illustrations, notamment de celles de Shakespeare. Elu en 1871 Président de la Société des Aquarellistes, il fut créé Chevalier peu après. L'Académie Royale de Peinture se l'adjoignit comme Associé en 1872, et en 1876 comme Académicien, mais il exposa rarement. La France l'avait nommé, vers la même époque, chevalier de la Légion d'honneur.

* * *

M. *Gaston Béthune* vient de succomber, à Auteuil, aux suites d'une maladie dont il souffrait depuis plusieurs années. Il s'était surtout fait connaître, aux Salons du Champ-de-Mars et dans les petites expositions, par des paysages à l'aquarelle, d'un beau caractère de composition, dont le musée du Luxembourg possède un exemple.

EXPOSITIONS OUVERTES

PARIS

A *la Plume*, Salon des Cent, 31, rue Bonaparte. — Exposition d'ensemble.

A *l'Art Nouveau*, rue de Provence. — Exposition d'ensemble de Céramique d'Art. Exposition Tiffany.

Exposition de la *Société des Artistes Lithographes français*, dans la salle de la Société populaire des Beaux-Arts, 13, rue Grange-Batelière.

A l'Hôtel des Chambres syndicales, 3, rue de Lutèce. — Exposition du 6e concours ouvert par la *Société Nationale des Architectes de France*. L'objet du concours était un projet d'hôtel pour Sociétés savantes ou artistiques dans une ville de moyenne importance.

Ecole normale d'Enseignement du Dessin, 19, rue Vavin. — Exposition de compositions décoratives industrielles.

Au Salon du *Figaro*. — Exposition d'œuvres d'Alfred Le Petit et Alfred Le Petit fils.

DÉPARTEMENTS

NANCY. — Exposition de la *Société Lorraine des Amis des Arts*, salle Poirel.

NEVERS. — 2e Exposition de la *Société Artistique de la Nièvre*.

ROUBAIX-TOURCOING. — 14e Exposition de la *Société Artistique*.

ROUEN. — Exposition des Beaux-Arts.

TOULOUSE. — 13e Exposition de l'*Union Artistique*.

ÉTRANGER

BRUXELLES. — Exposition internationale.

BRUXELLES. — 5ᵉ Exposition annuelle du Cercle *le Sillon*, au Musée d'Art Moderne.

TOURNAI. — Salon annuel du *Cercle Artistique*.

LONDRES. — Galeries de la *Fine Art Society*, exposition des illustrations exécutées par MM. G. W..., F A..., et L. Rhead, pour *la Marche du Pèlerin*.

LIVERPOOL. — 27ᵉ Exposition d'automne de la *Walker Art Gallery*.

BIRMINGHAM. — *Société Royale des Artistes*.

SHEFFIELD. — *Société des Artistes*.

BALE. — Exposition des œuvres de Hans Holbein, organisée en l'honneur de son 4ᵉ centenaire au Musée, et de celles de Bœcklin, à la Kunsthalle.

MUNICH. — 8ᵉ Exposition Internationale des Beaux-Arts.

VENISE. — Exposition Internationale d'Arts.

EXPOSITIONS PROCHAINES

PARIS

Exposition de la *Société des Peintres-Lithographes Français*, du 1ᵉʳ au 15 novembre 1897, à la galerie Chaine et Simonsohn, rue Caumartin.

A *la Plume*, du 1ᵉʳ au 31 décembre. — Exposition des œuvres de Baric.

Exposition de la *Société des Miniaturistes et Enlumineurs*, du 23 janvier au 6 février 1898, chez M. Georges Petit, 8, rue de Sèze.

DÉPARTEMENTS

ANGERS. — *Société des Amis des Arts*. — Exposition du 21 novembre 1897 au 15 janvier 1898.

NANTES. — *Société des Amis des Arts*. — Exposition sur invitations, du 15 janvier au 27 février 1898. Secrétariat : 10, rue Lekain, à Nantes.

ÉTRANGER

LONDRES. — *Société Royale des Artistes Britanniques*.

LONDRES. — *Institut des Peintres à l'Huile*.

BRISTOL. — *Académie des Beaux-Arts*

DOUVRES. — *École Municipale d'Art*.

BRUXELLES. — *Cercle Artistique et Littéraire*. — Du 30 octobre au 8 novembre, exposition des œuvres de Mᵐᵉ et M. Arden et de M. Carl Nys ; — du 9 au 18 novembre, des œuvres de M. Mariette ; du 19 au 28 novembre, des œuvres de M. Le Mayeur.

CHICAGO. — 10ᵉ Exposition annuelle à l'*Art Institut*, du 2 novembre au 12 décembre.

NEW-YORK. — 6ᵉ Exposition d'automne, du 22 novembre au 18 décembre 1897.

MOSCOU. — *Exposition Internationale d'Affiches Artistiques Modernes*, du 27 novembre ou 27 décembre, à l'École Impériale de Dessin. Les esquisses ou les reproductions envoyées pourront être vendues. Les envois doivent être déposés chez M. Per Lamm, 338, rue Saint-Honoré, Paris.

TURIN. — Exposition d'Art Sacré en 1898. Demandes d'admission avant le 15 décembre.

TURIN. — Exposition Nationale en 1898 *(Section Internationale des Beaux-Arts)*.

MONTE-CARLO. — Exposition Internationale des Beaux-Arts, sur invitations, de janvier à avril 1898.

BRUXELLES. — 3ᵉ Gestie des *Salons d'Art Idéaliste* en février-mars, à la *Maison d'Art*.

VIENNE. — Exposition Internationale des Beaux-Arts au Künstlerhaus, d'avril à juin 1898.

BARCELONE. — 4ᵉ Exposition des Beaux-Arts et des Industries Artistiques. Ouverture le 23 avril 1898.

CONCOURS

PARIS

Concours ouvert par la Revue *la Plume* pour une COUVERTURE D'UNE REVUE BIBLIO-ICONOGRAPHIQUE (dernier délai : 30 novembre). — Demander le programme aux bureaux de *la Plume*, 31, rue Bonaparte.

Concours de l'*Association des Sculpteurs-Modeleurs*. — Envois avant le 30 novembre 1897, à la *Réunion des Fabricants de Bronze*, 8, rue Saint-Claude.

Concours d'affiche *The bi-borax*. — Envoi des dessins à la Société, 12, rue de Crimée, Paris.

Concours ouvert par la *Revue Encyclopédique* pour un *menu illustré*. — Adresser les dessins au Directeur de la Revue, 19, rue du Montparnasse, Paris, avant le 31 décembre 1897.

DÉPARTEMENTS

SAINT-OUEN. — Concours pour la construction d'un Groupe scolaire ; école de garçons, école de filles et école maternelle.

LIMOGES. — Concours pour la construction d'un Hôtel de Préfecture. — Pour les renseignements, s'adresser à la Préfecture, à Limoges.

SAINT-QUENTIN. — Concours entre les architectes français pour la construction d'un monument à la mémoire d'un bienfaiteur de la ville. — Demander le programme à la mairie de Saint-Quentin.

EVREUX. — Concours pour la construction d'un Théâtre. — Demander le programme à la mairie d'Evreux. Dépôt des projets avant le 31 décembre.

LYON. — Concours pour un Lycée de jeunes filles. — Dépôt des projets avant le 1ᵉʳ mars 1898.

ÉTRANGER

MEXICO. — Concours international pour projet d'édifice. — Remise des projets avant le 30 novembre 1897.

BRUXELLES. — Concours de l'*Académie Royale*, limités aux artistes belges — 1° Portrait en buste, gravé en taille douce, d'un Belge contemporain, ayant une notoriété reconnue dans le domaine politique, administratif, scientifique, littéraire ou artistique. 2° Bas-relief (à figures demi-nature), représentant la Belgique recevant les nations étrangères à l'Exposition Internationale de Bruxelles. Envoi des œuvres avant le 1er octobre 1898.

BIBLIOGRAPHIE

A Londres, chez George Bell et fils, York Street, Covent Garden : *William Morris, his art, his writings and his public life ; a record*, by Aymer Vallance. — *Poems by John Keats*, illustrated by R. Anning Bell, with an Introduction by Prof. Walter Raleigh.

Voici deux beaux livres qui arrivent d'Angleterre, et où l'on retrouve, outre ce souci d'élégance et d'individualité qui sont de mise là-bas dans l'art du livre, le soin particulièrement consciencieux et le vrai caractère d'art que l'éditeur George Bell a coutume d'apporter dans toutes ses publications.

C'est une touchante pensée que celle qui a conduit M. Aymer Vallance à offrir ce « souvenir » de William Morris à ses admirateurs et à ses amis, comme pour célébrer ce que nous appellerions chez nous son « bout de l'an ». Voici un an, en effet, que l'Angleterre et que l'Art ont perdu le grand artiste, et c'est avec un plaisir accru d'émotion que l'on voit retracer ici, en traits fidèles et enthousiastes, toute cette belle vie d'ardeur et de noblesse, dans sa prodigieuse et diverse activité. Tous les dessins et les esquisses de modèles d'applications variées, que renferme cet ouvrage, donnent à l'exemple d'une telle vie une nouvelle portée d'enseignement, qui pourra être aussi profitable chez nous que de l'autre côté de la Manche, pourvu que l'on s'inspire des principes et non des résultats.

Ce sont aussi de beaux exemples de grand art et de haut style qu'il est possible de trouver dans les poèmes, magnifiques et passionnés, de John Keats. Il lui suffirait d'avoir écrit ce premier vers d'*Endymion* : « *A thing of beauty is a joy for ever* », pour rester l'un de nos éducateurs en beauté. M. R. Anning Bell a voulu orner ces pages de dessins au trait, délicatement inspirés — comme tout l'art de la gravure anglaise contemporaine, et à l'exemple de Walter Crane, — des illustrations italiennes du xv° siècle. On pense au *Songe de Polyphile*, et l'on est agréablement séduit par ces compositions légères, qui savent dans la recherche garder un air de simplicité.

Le 15 novembre prochain, paraîtra à la Librairie Centrale des Beaux-Arts, 13, rue Lafayette, la première livraison de *l'Animal dans l'Ornementation*. Cet important ouvrage, édité sous la même forme et d'après le même principe que la récente publication de la même Librairie, *la Plante et ses Applications ornementales*, si favorablement accueillie par les artistes et le public, comprendra *soixante* planches en couleurs, dues au talent de notre collaborateur M. M.-P. Verneuil.

**

Deux revues illustrées d'art décoratif viennent de faire en même temps leur apparition en Allemagne. La première est publiée à Darmstadt par M. Alexandre Koch, et nous ne pouvons qu'être flattés de l'exemple exercé par notre publication, et qu'accuse le titre en toute franchise : *Deutsche Kunst und Dekoration*. Disons tout de suite que la Revue de M. Koch s'assure une puissante originalité, en même temps qu'un vif intérêt, en se bornant à étudier et à encourager les efforts des artistes de pays germaniques. C'est un recueil essentiellement national, édité avec beaucoup de soin. Voici le sommaire du premier numéro :

Appel aux artistes et aux amateurs allemands, par Alexandre Koch. — *Notre programme*, par A. Koch. — *Concours de la Revue*. — *Enfin, voici un changement !* par H.-E. von Berlepsch. — *L'Exposition internationale de Dresde, en 1897. I. Disposition des salles*, par le D' Paul Schumann. — *Les Arts nationaux. Les Arts nécessaires*, par H. Schliepmann. — *Le Monument de l'Empereur Guillaume à Aix-la-Chapelle*, par le professeur D' Max Schmid. — *Nouvelles des Ateliers*. — *Bibliographie*.

Moins intéressante est assurément pour nous la Revue *Dekorative Kunst*, publiée à Munich par MM. Bruckmann et Meier-Graefe, qui recrute surtout ses documents dans les ateliers de Paris, de Londres et de New-York, et qui paraît d'un éclectisme un peu flottant.

AVIS

On demande dans une grande usine de province, affectée à la céramique architecturale, un collaborateur capable d'étudier la création de modèles nouveaux, et d'exécuter les maquettes des projets de décoration demandés par la clientèle. — S'adresser au bureau de la Revue.

Un de nos abonnés désirant faire exécuter en cuir pyrogravé une couverture de livre, nous demande de lui indiquer une maison se chargeant de ce travail.

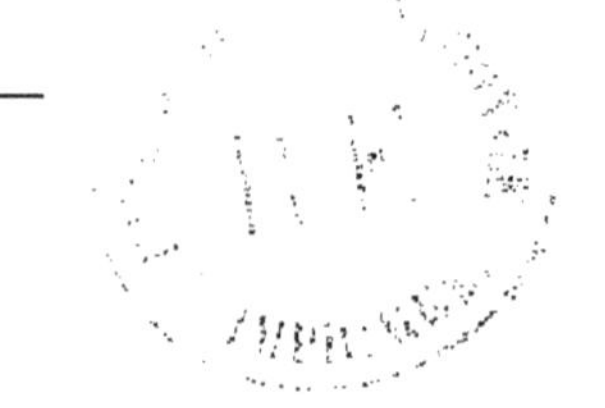

Art et Décoration

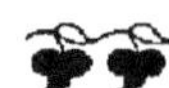

SUPPLÉMENT

TABLETTES

Les journaux ont relaté, ce mois-ci, deux faits qu'il est aisé de rapprocher et qui peuvent donner matière à nos réflexions. Il s'agit, dans l'un et l'autre cas, de l'approbation des œuvres d'art par les « commissions compétentes », et l'on peut rechercher à ce propos dans quelles limites il est permis à ces commissions de manifester leurs préférences et d'imposer leurs sentiments. A l'Hôtel de Ville de Paris, la Commission d'examens, chargée de juger le concours ouvert pour la décoration de la Bibliothèque du Conseil Municipal, a rejeté à la fois les projets présentés par MM. Carrière, Eliot, Lerolle et Picot, et s'est résolue à charger elle-même MM. Henri Martin et Picard d'exécuter cette décoration. Peut-être s'empresse-t-on un peu trop d'élever la voix aussitôt que se produit une pareille initiative. Il faudrait moins tenter de décourager le libre jugement des Commissions que de l'instruire et de l'éclairer, car il paraît bien assuré que tout amateur — qu'il s'agisse d'un particulier ou d'un corps constitué — a quelque droit, lorsqu'il fait une commande, à ce que l'on consulte ses goûts. Peut-être n'est-ce pas tout à fait sans raisons que l'on a jugé que le talent si personnel de M. Carrière ne trouvait pas entièrement son compte dans une œuvre décorative, et il y avait encore comme une obligation de gratitude pour le Conseil Municipal à retourner ainsi auprès de M. Henri Martin, qui a déjà donné à l'Hôtel de Ville un fort bel ensemble, le plus harmonieux et le plus soutenu que l'on connaisse de lui.

Mais s'il est équitable de se tenir sur la réserve lorsqu'on apprécie l'acte de cette Commission, le fait qui vient de se passer récemment à Munich recule vraiment les bornes tracées jusqu'ici aux attributions d'un Jury. L'État bavarois ayant acquis pour la Pinacothèque un tableau de M. de Uhde, *l'Ascension*, le ministre des Cultes, avant d'admettre cette toile à la contemplation de la foule, émit des objections sur la figure du Christ, qui ne comportait pas, à son sentiment, une suffisante majesté. On résolut de faire droit à cette haute réclamation et pour rendre tout nouveau malentendu impossible, on convoqua une Commission, à l'effet de déterminer exactement l'expression qu'il convenait de donner à la figure principale. Les temps changeraient-ils pour les peintres, et les architectes ne seraient-ils plus seuls désormais à se plaindre des exigences des comités, qui rognent les ailes à leur inspiration ?

Que dis-je ! Il semble même que les architectes vont être les plus enviés des artistes, si l'on en juge par l'alléchante nouvelle qui nous arrive pour eux d'Amérique. Un concours va être ouvert entre les architectes du monde entier pour construire à Berkeley l'*Université de Californie*, et nous insérons en leur place des passages de l'avis qui nous a été adressé. « Tout sera laissé, nous dit-on, au libre jugement de l'artiste. Qu'il donne son idéal d'une Université modèle, sans compter ni avec le temps, ni avec l'or nécessaires à son érection ; qu'il compose en vue des siècles à venir. » Voilà qui ne manquera pas de faire rêver bien des cerveaux, et cette pleine liberté laissée à la conception ne peut pas manquer d'amener la réalisation d'une œuvre vraiment belle. Nous retournons de plain-pied aux généreuses initiatives de la Renaissance, seules capables de faire naître des chefs-d'œuvre, et l'on ne peut que souhaiter que ce soit une ère nouvelle qui s'annonce par là.

En attendant, nos architectes à nous, — du moins ceux de la Société nationale des Beaux-Arts, — trouvant que les projets du Comité relatifs à la construction d'un pavillon au Bois de Boulogne n'étaient pas sans renfermer à leur égard quelque manque de considération, ont donné leur démission collective, à la suite du président de leur section, M. de Baudot. Nous espérons qu'ils n'en resteront pas moins groupés. Nous savons, du reste, qu'il a déjà été question entre eux de l'organisation d'un Salon d'Art, où la hiérarchie nécessaire et naturelle des arts serait rétablie, en ce sens que l'architecture, au lieu d'être reléguée dans les couloirs et les encoignures, s'imposerait partout et déterminerait l'ensemble décoratif de l'Exposition. Celle-ci serait vouée à tous les arts où l'architecture a sa part, c'est-à-dire à tous les arts de l'habitation, non seulement à la construction, mais à l'ameublement et à la décoration intérieure. Un salon organisé d'après ces principes serait sans doute capable de donner au public un sentiment plus éclairé des conditions de l'art, et ce ne sera jamais à nous qu'il conviendra de décourager de semblables tentatives, qui apportent une collaboration puissante aux idées que nous défendons.

———————

Salon des « Cent-Épreuves » au « *Figaro* ». — Le *Figaro* s'est mis en quête, lui aussi, d'objets d'arts, et il en a groupé une collection dans son Salon de la rue Drouot. Chacun de ces objets ne peut être édité qu'à un nombre restreint d'épreuves, qui ne doivent pas dépasser cent exemplaires. Quant aux artistes, c'est tout un petit coin de l'ancien Salon du Champ-de-Mars que l'on retrouvait là, à peu d'exceptions près. Nous remarquons, en effet, M. Émile Gallé, représenté par des cristaux et surtout par des petits meubles, où le parti pris du décor de marqueterie est de plus en plus franc et de plus en plus simple. C'est d'un très bel art et d'une curieuse recherche de construction : il faut noter cette table dont les pieds sont formés par des libellules. Près de là, la vitrine de M. Nocq nous présente quelques œuvres de bijouterie et d'orfèvrerie, dont plusieurs nous étaient connues par le Champ-de-Mars ; il convient de louer chez l'artiste cette compréhension lisse et souple du bijou, dont le contact doit toujours être caressant. La lampe, le coupe-papier, les boucles de ceinture et les broches qu'expose M. Nocq ont un caractère sobre et distingué.

M. Lévy-Dhurmer, dont on connaissait jusqu'ici de remarquables peintures et des pièces de céramique, a envoyé un relief de bronze, *Sorcière*, où l'on retrouve le caractère expressif et le noble souci d'art révélés par toutes les œuvres de cet artiste, et qui leur communiquent une séduction si attachante. De M. Dammouse, un pot à eau et une cuvette en grès, d'une forme et d'un décor très simples, fort bien compris ; de M. Belville, une étagère à bibelots, de contours vraiment élégants, et ornée d'un panneau de cuir ciselé. M. Belville s'est encore servi du cuir ciselé pour recouvrir un « ridicule », et l'on peut citer encore de lui des coussins ornés d'iris en applications d'étoffes, qui sont d'un joli dessin.

A signaler en outre un meuble de M. de Feure, déjà vu au Champ-de-Mars, et dont la ligne est assez heureusement trouvée ; des couvertures de livres, des buvards et des coffrets en cuir repoussé et teinté, par M. Prouvé, qui semble en arriver à une coloration plus contenue ; et des chandeliers en étain, de M. James Vibert, qui reste encore trop sculpteur dans les objets d'art appliqué. M. Alexandre Charpentier et M. Delaherche ne sont là que pour mémoire, avec quelques pots de grès ; M. Bigot, qui est maître d'une très belle matière, semble vouloir s'en tenir à des formes de pichets par trop rustiques, et d'un caractère insuffisamment ornemental, il faut bien l'avouer. Quant aux abominables pyrogravures de Mme Enneïrda, on se demande par quelle aberration on a pu les introduire.

*****

 — L'Exposition annuelle de M. Lachenal vient de fermer. Il n'y a guère d'innovations de formes à relever dans ses nouvelles pièces. L'intérêt va surtout aux grès flammés, avec lesquels le céramiste a obtenu de beaux tons mats ; il convient de considérer les figures modelées par M. Lachenal lui-même, une tête de *Bacchante* en particulier, et celles dont M. Fix-Masseau a fourni l'original. L'attention s'impose aussi devant quelques vases à tonalités gris-rose et bleu-cendré, telles que M. Chaplet en a donné l'exemple, et auprès de colorations glauques, qui appartiennent bien en propre à M. Lachenal (on les trouve heureusement appliquées sur un modèle de lampe). Il est regrettable que ces échantillons de l'œuvre de M. Lachenal aient à souffrir du voisinage d'autres morceaux, faits, peut-on dire, pour la vulgarisation : nous voulons parler de ces faïences lustrées, de formes et de colorations regrettables, dont la valeur d'art est certainement moins réelle.

NÉCROLOGIE

Notre Éditeur, M. Emile Lévy, vient d'avoir la douleur de perdre son père, M. A. Lévy. M. A. Lévy, qui avait fondé la Librairie Centrale des Beaux-Arts, fut le premier à rétablir la tradition des livres de luxe, d'une exécution irréprochable, et il contribua plus que personne à établir la supériorité de la librairie d'art de notre pays. Préoccupé exclusivement de la beauté et de la valeur artistique des ouvrages qui sortaient de chez lui, il est resté toujours l'ami et le collaborateur des auteurs qu'il éditait, et parmi lesquels nous pouvons citer d'éminents archéologues, comme MM. J. de Witte, François Lenormant, Ernest Babelon, Eugène Dutuit, E. Molinier. Au nom de M. A. Lévy, resteront attachés entre tous les chefs-d'œuvre que sont l'*Œuvre complet de Rembrandt*, qui marqua une véritable révolution dans la Librairie, la collection de la *Gazette Archéologique*, le *Manuel de l'Amateur d'Estampes*, *Le Cabinet des Antiques*. M. A. Lévy, retiré des affaires depuis une dizaine d'années, était resté le conseil de son fils, qui lui a succédé à la tête de sa Maison d'Édition.

EXPOSITIONS OUVERTES

PARIS

Galerie des Artistes Modernes (Chaine et Simonsohn), 19, rue Caumartin : *Exposition des Six* (MM. Aubert, Alexandre Charpentier, Dampt, Moreau-Nélaton, Plumet, Tony Selmersheim).

Galerie Georges Petit : Exposition de l'*Internationale*. — Exposition des grès flammés de Dalpayrat et Lesbros.

Galerie Durand-Ruel : Exposition du peintre A. Baud-Bovy.

A la *Bodinière* : première exposition de la Société *La Liane*.

A l'*Art Nouveau*, rue de Provence : Exposition Tiffany.

Au *Salon des Cent*, à *La Plume*, 31, rue Bonaparte : Exposition des œuvres de Baric.

Au cercle de l'*Union Artistique*, rue Boissy d'Anglas : Exposition d'une décoration de salle pour le Muséum, par M. Cormon.

DÉPARTEMENTS

ANGERS. — viiiᵉ Exposition de la *Société des Amis des Arts*.

ÉTRANGER

BRUXELLES. — Exposition annuelle de la *Société belge des Aquarellistes*, au Musée moderne.

BRUXELLES. — A la *Maison d'Art*, Exposition des œuvres de Joseph Stevens.

GAND. — Première Exposition du *Kunstverbond der Vlaanderen*.

VERVIERS. — Exposition du *Cercle Artistique*.

LONDRES. — *Société Royale des Artistes Britanniques*.

LONDRES. — *Institut des Peintres à l'Huile*.

LONDRES. — Exposition Annuelle des Aquarellistes.

LONDRES. — Exposition annuelle de la *Société des Peintres de Portraits* et de la *Société des Miniaturistes*, aux Grafton Galleries.

BRISTOL. — *Académie des Beaux-Arts*.

DRESDE. — *Dresdener Kunst Salon*, exposition permanente.

DUSSELDORF — Exposition internationale de Lithographie, au Musée d'Art industriel.

MOSCOU. — Exposition internationale d'Affiches artistiques modernes.

NEW-YORK. — vi^e Exposition d'automne.

CHICAGO. — x^e Exposition annuelle, à l'*Art Institut*.

EXPOSITIONS PROCHAINES

PARIS

Exposition sous le patronage des *Femmes Artistes Américaines*, du 11 au 24 décembre, rue de Chevreuse, 4.

Galerie Georges Petit : du 1er au 22 janvier 1898, Exposition des *Femmes-Artistes*.

Du 6 au 28 janvier, Exposition des œuvres de M. Léon Hackmann.

Du 23 janvier au 6 février, Exposition de la *Société des Miniaturistes et des Enlumineurs*.

Du 7 au 13 février, Exposition de la *Société de Photographie en couleurs*.

Du 14 au 28 février, Exposition des œuvres de Mme Van Parys.

Du 1er au 31 mars, Exposition de l'*Union des Femmes Peintres et Sculpteurs*.

DÉPARTEMENTS

CALAIS. — Exposition d'aquarelles organisée par la *Société des Amis des Arts*, du 12 décembre 1897 au 1er mars 1898.

PAU. — 34e Exposition annuelle de la *Société des Amis des Arts*, du 15 janvier au 15 mars 1898.

NANTES. — *Société des Amis des Arts*, Exposition sur invitations, du 15 janvier au 27 février 1898. Secrétariat : 10, rue Lekain, à Nantes.

BORDEAUX. — 46e Exposition de la *Société des Amis des Arts*; ouverture le 1er février 1898. Envoi du 5 au 10 janvier. — Les ouvrages envoyés de Paris par les

Artistes invités devront être remis, sans emballage, du 1er au 5 janvier, chez M. Toussaint, 13, rue du Dragon.

LYON. — Exposition annuelle de la *Société Lyonnaise des Beaux-Arts*. Ouverture le 25 février 1898.

ÉTRANGER

DOUVRES. — École municipale d'Art.

SOUTHAMPTON. — Exposition de la *Société d'Art*.

BRUGES. — xxe exposition du *Cercle artistique*. Par invitation.

GLASGOW. — *Institut des Beaux-Arts* (janvier 1898).

MONTE-CARLO. — vi^e Exposition des Beaux-Arts, de janvier à avril 1898.

SAINT-PÉTERSBOURG. — Exposition des Artistes anglais. Ouverture le 20 janvier 1897, dans le Palais de la Société d'Encouragement aux Beaux-Arts.

BRUXELLES. — 3e Geste des *Salons d'Art*, en février-mars 1898, à la *Maison d'Art*.

SAINT-PÉTERSBOURG. — Exposition internationale d'Art en mars 1898.

SAINT-PÉTERSBOURG. — Exposition italienne d'Art contemporain, du 15 mars au 30 avril 1898.

BERLIN. — Exposition de la Société des Femmes peintres (*Verein des Künstlerinnen und Kunstfreundinnen*), en mars 1898.

TURIN. — Exposition générale italienne à Turin en 1898.

TURIN. — Exposition d'art religieux italien. Envoi des objets du 1er au 15 mars 1898.

VIENNE. — Exposition internationale des Beaux-Arts, au Künstlerhaus, d'avril à juin 1898.

BARCELONE. — IVe Exposition des Beaux-Arts et des Arts appliqués à l'Industrie artistique, du 23 avril au 29 juin 1898. Dépôt des œuvres, du 15 au 31 mars 1898.

CONCOURS

PARIS

Concours ouvert par la *Revue Encyclopédique* pour un *menu illustré*. — Envoi avant le 31 décembre.

Concours ouvert par la maison Touchard, 5, rue Charlot, entre les artistes français, pour le modèle d'une médaille. Sujet : « Dieu protège la France ». Il sera décerné cinq prix de 1,000 à 100 francs. Remise des projets du 24 au 27 janvier 1898. Demander le programme à la galerie Georges Petit.

Concours Achille Leclère (Académie des Beaux-Arts). Sujet : « La salle centrale d'un établissement thermal. » Le prix décerné sera de 1,000 francs. Demander le programme au Secrétariat de l'Institut, à partir du 23 décembre. — Délai d'envoi : 5 janvier.

DÉPARTEMENTS

NANCY. — Concours pour les cartons de vitraux de l'Église Notre-Dame-de-Bon-Secours, limité aux artistes lorrains (nés ou résidant dans les départements de Meurthe-et-Moselle, Meuse et Vosges). En cas de collaboration, les collaborateurs devront être également lorrains. Le concours sera à deux degrés. Envoi des dessins, avant le 1er février 1898, à M. le curé de Notre-Dame-de-Bon-Secours.

LYON. — Concours pour un lycée de jeunes filles. — Dépôt des projets avant le 1er mars 1898.

REIMS. — Concours ouvert entre les architectes, les paysagistes et les horticulteurs français, pour la transformation des promenades, entre la place de la République et le parc de la Patte-d'Oie. Il sera accordé une prime de 1,500 francs, une de 700 et deux de 400. Chaque concurrent recevra, sur demande affranchie adressée au maire de Reims, le programme du concours et le plan à 0m, 002 des parties de promenades existantes. — Envoi des projets avant le 1er mars 1898.

ÉTRANGER

BRUXELLES. — Concours de l'*Académie Royale*, limités aux artistes belges. Envoi des œuvres avant le 1er octobre 1898. (Voir notre *Supplément* d'octobre.)

BERKELEY (Californie). — L'Université de Californie a conçu un projet qui aura sa place dans l'histoire de l'architecture, et pour la réalisation duquel, grâce à la générosité de Mme Phébé A. Hearst, elle fait appel au concours des architectes du monde entier.

Il y aura au moins 28 bâtiments, reliés ensemble et éloignés de tout voisinage qui pourrait nuire à l'effet du tableau. Ce n'est rien moins qu'une cité à créer, la cité du savoir, sans aucun élément discordant, sans rien qui dépare. Nulle limite relativement au coût, aux matériaux à employer, au style à suivre : tout sera laissé au libre jugement de l'artiste.

La méthode à suivre pour obtenir ce plan n'est pas complètement arrêtée dans ses détails. On a pensé à un concours international, avec un jury international de cinq membres, ayant seul charge du concours et plein pouvoir pour la distribution des récompenses.

Le programme de ce concours, préparé par M. Guadet, professeur à l'école des Beaux-Arts de France, est actuellement soumis à l'examen du conseil d'administration, et on espère le distribuer dans le cours des deux mois qui suivront.

Des copies de ce programme, sitôt qu'il sera publié, pourront être obtenues aux bureaux des différentes sociétés artistiques en Amérique et en Europe, ou bien en s'adressant au Conseil d'Administration, n° 217, rue Sansome, San Francisco, Californie.

BIBLIOGRAPHIE

Léonard Limosin, peintre de portraits, par MM. L. Bourdery et E. Lachenaud (Henri May, éditeur). — Ce n'est là qu'un catalogue d'une partie de l'œuvre du maître émailleur, mais un catalogue où l'indication des expositions et des ventes où a figuré chaque émail ajoute un intérêt historique et documentaire. Les bonnes reproductions dont le livre est rempli, ainsi que l'introduction et l'aperçu technique dont M. Bourdery a fait précéder le volume, ajoutent à l'utilité de ce répertoire pour tous ceux qui s'intéressent à l'art difficile de l'émail et à son passé.

* * *

Poems by Robert Browning, with introduction by Richard Garnett and illustrations by Byam Shaw (London, George Bell and Sons). — M. George Bell continue ses « Endymion Series », si joliment inaugurées par les Poèmes de Keats que nous signalions le mois dernier : le second volume est consacré aux courts poèmes de Robert Browning, et c'est M. Byam Shaw qui a été chargé d'illustrer le texte. La tâche n'était pas commode, avec la différence de ton et d'allure de ces pièces diverses, qui passent du *quatrocento* à notre raffinement moderne. Le dessinateur a cependant réussi à donner à ces pages diversement ornées un caractère d'ensemble et un lien de délicate fantaisie, qui font de ce livre un véritable exemple d'art.

* * *

An Alphabet, by William Nicholson (London, William Heinemann). — M. Nicholson nous a été révélé, il y a quelques mois, par de curieux portraits de Sarah Bernhardt et de la reine Victoria, et par quelques autres, dont la note nouvelle a tout de suite sauté aux yeux. A vrai dire, il n'y a pas là nouveauté, mais renouveau, et il faut savoir gré à M. Nicholson d'avoir tiré de l'oubli d'anciennes estampes de son pays et d'y avoir formé sa manière. Pour chacune des lettres de l'alphabet, il nous donne aujourd'hui une de ces gravures à effets simplifiés, en deux ou trois tons fumeux, qui sont d'une qualité discrète et fort agréables à l'œil. Il faut ajouter que les silhouettes et les physionomies y sont relevées de façon fort amusante.

* * *

Il vient de paraître à Vienne, chez l'éditeur Artaria, une nouvelle revue mensuelle, *Kunst und Kunsthandwerk*, dirigée par M. A. von Scala. Encore un titre dont on remarquera le rapport avec le nôtre. Là s'arrête, d'ailleurs, la ressemblance, car cette revue, publiée avec grand soin, sera consacrée aux Musées d'Autriche et ne se propose pas de jouer un rôle dans le mouvement actuel de l'Art.

—∞×∞—

Art et Décoration

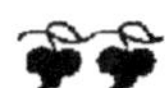

SUPPLÉMENT

TABLETTES

Nous approchons de l'Exposition, et cette année 1900 nous talonne déjà. On s'en aperçoit à des indices qui ne sauraient tromper, et témoignent partout d'une ardeur qui ne va pas sans fièvre et sans inquiétude. Il ne s'agit pas seulement d'être installé à temps ; il faut pouvoir offrir de nouvelles primeurs de notre industrie, et montrer aux étrangers, par l'aspect même de la ville tout entière, que Paris ne déchoit pas de sa réputation.

De là sans doute un certain désarroi dans cette hâte de bien faire ; on veut parer à tout à la fois, on fonce précipitamment de tous les côtés, et bienheureux serions-nous si cet affolement marquait véritablement le commencement de la sagesse.

Lorsqu'on discutait, ces jours-ci, le budget des Beaux-Arts à la Chambre, le rapporteur n'a pu dissimuler un cri d'alarme. Il a bien fallu dire que nos écoles nationales d'arts appliqués étaient en général incapables d'aboutir à un résultat pratique, et que l'enseignement y était organisé de façon à laisser les ouvriers à peu près ignorants de l'exercice manuel de leur métier. On s'est avisé que l'initiative privée avait déjà réussi à instituer des cours où l'apprentissage des arts industriels était compris d'une façon plus logique et plus complète, et qu'il y avait urgence à réformer l'enseignement officiel, pour faire face à la concurrence étrangère.

Le Conseil Municipal a voulu agir, lui aussi, et au moment où l'élargissement de la rue Réaumur renouvelle un quartier du vieux Paris, il a offert une prime aux architectes et aux propriétaires des maisons qui en feraient le plus bel ornement. Le jugement ne doit donc s'appliquer qu'aux façades de ces immeubles, et l'on peut redouter que ce concours incite quelques architectes à sacrifier la construction et l'aménagement intérieurs pour consacrer, en faveur de la décoration de la rue, une plus grosse part du budget dont ils disposent. Les édiles se trouveraient ainsi favoriser une œuvre architecturale détestable, sur la seule vue de sa mine extérieure. Il y aurait, du reste, beaucoup à dire encore, et il faudrait savoir avant tout d'après quels principes sera jugé ce concours, et par qui. Or, les renseignements publiés sur ce point ne sont pas rassurants.

Nous aurions plus de confiance dans le triomphe de nos efforts nationaux, si, au lieu de cette émulation un peu factice et de cette recherche turbulente, nous savions les artistes résolus à travailler dans le recueillement et l'élaboration sincère et personnelle jusqu'à la grande année.

Exposition des Six a la Galerie des « Artistes Modernes ». — Comme l'an dernier, quelques artistes, décidés à créer parmi nous un art usuel, se sont groupés rue Caumartin, sans enseigne, leurs efforts et leurs personnalités déjà établies suffisant à les recommander. Ce sont MM. Aubert, Charpentier, Dampt, Moreau-Nélaton, Plumet, Tony Selmersheim. On n'a pas à craindre d'exagérer l'importance d'une Exposition aussi sérieusement préparée et présentée, et ce sont bien de semblables résultats qui seront capables de forcer l'attention du public et de lui donner le goût d'un art fait pour lui, approprié à ses sentiments et à ses idées. Les meubles de MM. Plumet et Selmersheim, qui restent sobres dans la recherche harmonieuse de leurs lignes, et auxquels le choix de la matière communique déjà une richesse sans fraude ; les bijoux et les pièces d'orfèvrerie de M. Dampt; les étoffes et les papiers de tenture de M. Aubert, ainsi que l'art si divers et si ingénieux de M. Charpentier, passant de la maroquinerie à la ciselure ; et ce revêtement de céramique exécuté pour une salle de bain, par MM. Aubert et Charpentier : tout cela mérite une étude plus raisonnée, et notre Revue se réserve d'y revenir en reproduisant l'ensemble des œuvres exposées. Pour aujourd'hui, nous voulons appeler l'attention sur les principes d'art qui dirigent ces artistes, et qui sont ceux que nous nous efforçons de démontrer ici même. « Ils pensent, dit leur catalogue, qu'il n'est pas de matière inférieure pourvu qu'elle soit employée et traitée conformément à sa nature, avec logique et sincérité. Contrairement à une opinion en cours, ils nient toute distinction entre ce que ceux-ci appellent l'*art* et ce que ceux-là appellent la *décoration.* » On ne saurait plus fermement rapprocher ces deux mots, que nous avons unifiés nous-mêmes dans notre titre.

⁂

Exposition des Grès de Dalpayrat a la galerie Georges Petit. — Après Lachenal, c'est M. Dalpayrat qui expose rue Gaudot-de-Mauroi ses nouveaux produits de l'année. On remarque en effet dans ses grès quelques notes nouvelles : des tons de pourpre violacée, d'une belle profondeur, et des verts bronzés où se jouent quelques irisations métalliques. Avec cela, l'art de Dalpayrat reste toujours d'une richesse puissante et contenue; on retrouve ces grands vases de galbe très simple, de colorations graves, tachetés comme des peaux de serpents ou des pelures de fruits, et côtelés de veines où le feu semble avoir laissé de son ardeur. Les pièces de M. Dalpayrat sont assurément parmi les plus précieuses et les plus personnelles que nous ait données la céramique moderne.

*
* *

Une expérience décisive, semble-t-il, vient de montrer la vanité de la campagne menée par M. Gustave Geffroy en faveur de l'ouverture des Musées le soir. On s'est décidé, en effet, à fermer les galeries du British Museum, qui restaient ouvertes dans la soirée, de huit heures à dix heures, depuis quelques années. L'absence de visiteurs a légitimé le retour aux anciens règlements. Il semble bien après cela que pareil essai soit inutile chez nous, et l'on ne voit pas bien quelles raisons pourraient faire croire à un plus noble zèle chez les ouvriers de notre pays.

*
* *

Le Conseil Municipal de Paris vient de décider de placer au Marché aux Chevaux le vigoureux groupe de M. Debrie, *le Coup de Collier*, exposé cette année au Salon du Champ-de-Mars, et dont notre Revue a alors donné la reproduction.

*
* *

On vient de placer au Panthéon les dernières peintures de M. Humbert qui doivent compléter, avec les nouvelles compositions de M. Puvis de Chavannes, la décoration du monument.

*
* *

La Société des Artistes Français et la Société Nationale des Beaux-Arts, contraintes d'habiter l'une près de l'autre au printemps, ont décidé d'établir entre elles des relations de bon voisinage. Moyennant un droit d'entrée unique d'un franc, les visiteurs pourront pénétrer d'un Salon dans l'autre. Il en est ainsi à Florence, où l'on passe des Uffizi au Pitti par l'interminable couloir du Ponte-Vecchio, que tous les amateurs connaissent; et voilà une comparaison qui est bien faite pour exhorter nos artistes au chef-d'œuvre.

Et cependant, les peintres de fleurs et de natures mortes ne se sentent pas ravis de cette perspective : ils viennent d'organiser une société nouvelle, *la Flore*, qui projette une Exposition dans la Galerie Georges Petit.

*
* *

L'Allemagne organise à Dresde une Exposition nationale des Beaux-Arts pour 1899. On y choisira sans doute les œuvres qui devront représenter l'Allemagne, l'année suivante, à notre Exposition de Paris.

EXPOSITIONS OUVERTES

PARIS

Galerie des Artistes Modernes (Chaine et Simonsohn), 19, rue Caumartin : *Exposition des Six* (MM. Aubert, Alexandre Charpentier, Dampt, Moreau-Nélaton, Plumet, Tony Selmersheim). — Exposition de la Collection Danton : papillons diurnes et nocturnes.

Galerie Georges Petit : Exposition de l'*Internationale*. — Exposition des grès flammés de Dalpayrat et Lesbros.

A la Plume, Salon des Cent, 31, rue Bonaparte, Exposition d'ensemble.

Exposition de l'œuvre de J. Baric, 251, rue Saint-Honoré.

Exposition des œuvres de M. Eugène Vail, Galerie Mancini, 47, rue Taitbout.

DÉPARTEMENTS

ANGERS. — viii⁰ Exposition de la *Société des Amis des Arts*.

CALAIS. — Exposition d'aquarelles organisée par la *Société des Amis des Arts*.

ÉTRANGER

BRUXELLES. — *Cercle Artistique*, Exposition des œuvres de MM. Jacoby et Vautier.

BRUGES. — xx⁰ Exposition du *Cercle Artistique*.

LONDRES. — *Société Royale des Artistes Britanniques*.

LONDRES. — *Institut des Peintres à l'Huile*.

LONDRES. — *Nouveau Club d'Art Anglais*.

MANCHESTER. — Galerie d'Art de la Cité, exposition d'Automne.

BIRMINGHAM. — *Société Royale des Artistes*.

BRISTOL. — *Académie des Beaux-Arts*.

DOUVRES. — École municipale d'Art.

DUSSELDORF. — Exposition internationale de Lithographie, au Musée d'Art industriel.

EXPOSITIONS PROCHAINES

PARIS

Galerie Georges Petit : du 1ᵉʳ au 22 janvier 1898, Exposition des *Femmes-Artistes*.

Du 6 au 28 janvier, Exposition des œuvres de M. Léon Hackmann.

Du 23 janvier au 6 février, Exposition de la *Société des Miniaturistes et des Enlumineurs*.

Du 14 au 19 février, première Exposition de la *Flore*, Société de peintres de fleurs et de natures mortes.

(*Pour l'annonce des Expositions suivantes à la Galerie Georges Petit, voir le* Supplément *de Novembre.*)

A la *Galerie des Artistes Modernes*, rue Caumartin :
en janvier, *Union Comtoise des Arts Décoratifs* (Peinture
et Sculpture) ;

En février, Exposition de Peinture de l'Association
Artistique P. M. P. (Peinture. Musique. Poésie.)

En février-mars, Exposition d'Aquarelle et Dessin de
l'Association P. M. P.

Société de l'Art précieux de France, première Exposition en avril 1898.

DÉPARTEMENTS

PAU. — 34ᵉ Exposition annuelle de la *Société des
Amis des Arts*, du 15 janvier au 15 mars 1898.

NANTES. — *Société des Amis des Arts*, Exposition sur
invitations, du 15 janvier au 27 février 1898. Secrétariat :
10, rue Lekain, à Nantes.

BORDEAUX. — 46ᵉ Exposition de la *Société des Amis
des Arts*; ouverture le 1ᵉʳ février 1898. Envoi du 5 au
10 janvier. — Les ouvrages envoyés de Paris par les
Artistes invités devront être remis, sans emballage, du
1ᵉʳ au 5 janvier, chez M. Toussaint, 13, rue du Dragon.

LYON. — Exposition annuelle de la *Société Lyonnaise
des Beaux-Arts*. Ouverture le 25 février 1898.

ÉTRANGER

LONDRES. — Exposition de la Société des Aquarellistes, du 17 janvier au 5 février 1898.

GLASGOW. — *Institut des Beaux-Arts* (janvier 1898).

MONTE-CARLO. — vıᵉ Exposition des Beaux-Arts,
de janvier à avril 1898.

SAINT-PÉTERSBOURG. — Exposition des Artistes
anglais. Ouverture le 20 janvier 1897, dans le Palais de
la Société d'Encouragement aux Beaux-Arts.

LEEDS. — Exposition de printemps.

SOUTHAMPTON. — Exposition de la *Société d'Art*.

BRUXELLES. — 3ᵉ Geste des *Salons d'Art*, en février-
mars 1898, à la *Maison d'Art*.

SAINT-PÉTERSBOURG. — Exposition internationale
d'Art en mars 1898.

SAINT-PÉTERSBOURG. — Exposition italienne d'Art
contemporain, du 15 mars au 30 avril 1898.

BERLIN. — Exposition de la Société des Femmes
peintres (*Verein des Künstlerinnen und Kunstfreundinnen*),
en mars 1898.

TURIN. — Exposition générale italienne à Turin en
1898.

TURIN. — Exposition d'art religieux italien. Envoi des
objets du 1ᵉʳ au 15 mars 1898.

VIENNE. — Exposition internationale des Beaux-Arts,
au Künstlerhaus, d'avril à juin 1898.

BARCELONE. — IVᵉ Exposition des Beaux-Arts et des
Arts appliqués à l'Industrie artistique, du 23 avril
au 29 juin 1898. Dépôt des œuvres, du 15 au 31
mars 1898.

CONCOURS

PARIS

Concours ouvert par la *Revue Encyclopédique* pour un
menu illustré. — Envoi avant le 31 décembre.

Concours ouvert par la maison Touchard, 5, rue
Charlot, entre les artistes français, pour le modèle d'une
médaille. Sujet : « Dieu protège la France. » Il sera
décerné cinq prix, de 1,000 à 100 francs. Remise des
projets du 24 au 27 janvier 1898. — Demander le programme à la Galerie Georges Petit.

Concours Achille Leclère (Académie des Beaux-Arts).
Sujet : « La salle centrale d'un établissement thermal. » Le
prix décerné sera de 1,000 francs. Demander le programme
au Secrétariat de l'Institut, à partir du 23 décembre.

DÉPARTEMENTS

NANCY. — Le concours pour les cartons de vitraux
de Notre-Dame de Bonsecours, dont nous avons donné
l'avis dans notre dernier *Supplément*, est ajourné à une
époque indéterminée.

LYON. — Concours pour un Lycée de Jeunes Filles.
Dépôt des projets avant le 1ᵉʳ mars 1898.

REIMS. — Concours pour la transformation des promenades, entre la place de la République et le Parc de
la Patte d'Oie. Demander le programme au Maire de
Reims. Envoi des projets avant le 1ᵉʳ mars 1898.

ÉTRANGER

BRUXELLES. — Concours de l'*Académie Royale*, limités aux artistes belges (Voir notre *Supplément* d'Octobre.)

BERKELEY (Californie). — Concours ouvert aux architectes du monde entier pour la construction de l'Université de Californie. (Voir le *Supplément* de Novembre.)

BIBLIOGRAPHIE

La Librairie Centrale des Beaux-Arts met en vente la
première livraison de l'*Animal dans la Décoration*, qui
comprendra soixante planches en couleurs de M. M.-P. Verneuil, pour lesquelles M. Eugène Grasset a écrit une
préface. Chaque livraison mensuelle sera composée de six
planches. Nous nous bornons aujourd'hui à signaler l'apparition de cet important ouvrage, auquel nous consa-
crerons prochainement une étude spéciale, accompagnée
de reproductions.

***

Chez l'Éditeur Henri Laurens paraît un autre volume
de M. Verneuil, *Dictionnaire des Symboles, Emblèmes et
Attributs*. Un semblable répertoire n'est pas sans utilité
pour aider la mémoire des artistes et leur permettre de
meubler leurs compositions des attributs dès longtemps
consacrés à leur sujet. Il ne faudrait pourtant pas en user
sans modération, et il semble que l'auteur lui-même
aurait dû s'en tenir davantage à un *symbolisme naturel*,
pour ainsi dire, et ne prêter, par exemple, aux emblèmes
floraux que la signification que prennent d'elles-mêmes

pour nous leur silhouette et leur allure, ou la qualité de leur coloration ou de leur parfum. Il paraît bien dangereux pour l'art de s'engager dans les arcanes d'un *langage des fleurs*, et l'on ne conçoit guère qu'une œuvre d'art ne puisse être comprise qu'après que l'on en a traduit les accessoires à coups de dictionnaire : ce serait ramener fâcheusement parmi nous l'initiation nécessaire à une science du blason. Mais ces réserves n'en laissent pas moins subsister l'excellence de toute la partie archéologique de cet ouvrage, qui rendra vraiment service.

****

A relever dans le numéro de Décembre du *Studio*, une intéressante étude de notre compatriote M. Gabriel Mourey sur *Auguste Lepère*. L'auteur y apprécie d'une façon fort juste la technique si franche de l'artiste, sa compréhension si exacte des ressources de la gravure sur bois et de ses moyens d'expression. Notons encore dans la même livraison un article de M. Tor Edberg sur le *Prince Eugène de Suède*, qui a contribué à ramener dans la peinture de paysage de son pays une note et une saveur nationales. Le *Studio* insère en outre quelques études préparatoires pour l'illustration des Poèmes de Browning, par Byam Schaw, et M. Gleeson White y étudie l'art de William Nicholson : deux artistes dont nous parlions ici même le mois dernier.

****

LES MÉDAILLEURS FRANÇAIS, DEPUIS 1789, par ROGER-MARX. — *Société de Propagation des Livres d'art*. — M. Roger-Marx publie aujourd'hui dans une élégante plaquette (quel mot heureux puisqu'il s'agit de médailles !) la notice historique qu'il avait consacrée aux *Médailleurs français* au moment de l'Exposition de 1889, qui fut pour eux l'époque climatérique de leur développement.

C'était, lors de cette première apparition, comme une sorte d'introduction préliminaire destinée à préciser dans l'esprit du public les grandes lignes du tableau récapitulatif de l'histoire de la médaille pendant cent ans, tableau soigneusement et savamment composé par M. Roger-Marx lui-même.

Cette plaquette n'est donc, à vrai dire (l'auteur nous en prévient en nous annonçant de plus importants travaux), qu'un exposé succinct permettant « d'embrasser, dans un regard unique, l'évolution de la glyptique au XIXᵉ siècle ».

Mais si condensé qu'il soit, cet « exposé » est loin d'être un résumé rapide et superficiel, une de ces hâtives préfaces, comme en ont pu écrire sur le même sujet des admirateurs d'occasion, imparfaitement renseignés. La notice de M. Roger-Marx a le caractère d'un véritable petit précis historique, exact et impartial, sûrement informé, suivant avec souplesse les vicissitudes de la médaille durant les périodes agitées de notre histoire contemporaine qu'elle est chargée d'illustrer, établissant nettement les causes de relèvement ou de décadence, caractérisant avec une brièveté éloquente et nerveuse le talent des principaux artistes.

Cette étude commence avec la fièvre révolutionnaire qui, dans son exaltation enthousiaste, avec cette foi immesurée dans l'aurore nouvelle qui se lève, jette au creuset, pour consacrer chacune de ces heures précipitées de triomphe et d'espoir, les canons des victoires, les verrous de la Bastille, les cloches des couvents. C'est une heure unique, où de toutes parts s'improvisent des médailleurs de hasard, à laquelle il ne manque que des hommes de génie. Il ne se rencontra, par malheur, nous expose M. Roger-Marx, pour fixer tous ces événements héroïques, que les ci-devant graveurs du Roi que la Révolution « troublait dans leurs habitudes d'esprit, comme dans leur mode de travail. » C'est Duvivier qui se rattache à l'ancien régime, Dupré qui essaie de se mettre au goût du jour, Gatteaux et Droz, les artistes de transition, qui nous conduiront à la période impériale toute entraînée, sous l'inspiration de Vivant Denon, dans le pastiche étroit et littéral de l'antique. La Restauration marque un véritable abaissement de la glyptique, qui fait peu à peu de longs et presque insensibles efforts pour se relever, dans la médaille ou la monnaie, avec Michaut, Barre, Domard, Bovy.

La deuxième République crée l'intéressante figure d'Oudiné dont M. Marx fait valoir toute l'importance, tant par son œuvre originale que par son intelligence de l'avenir de son art et par son enseignement. C'est l'aube de la renaissance qu'apprêtent déjà, de leur côté, les sculpteurs, qui créent dans leurs médaillons fondus, un lien entre la statuaire et la glyptique, inoculant à ce dernier art la chaleur et la vie. Après Barye, Pradier, David d'Angers, qui doit sûrement à ses médaillons sa meilleure part de gloire, après les romantiques, A. Moine, Préault, Jehan du Seigneur, après Rude et Carpeaux, M. Roger-Marx nous arrête avec attention sur Chapu. Car nous voici arrivés aux origines immédiates de la période actuelle. Chapu et Degeorge, Ponscarme, dont le portrait « aujourd'hui historique » de Naudet est toute « une révolution », voici les prédécesseurs directs des grandes figures contemporaines : Chaplain et Roty. Comme on le pense, M. Roger-Marx s'étend avec un plus vif intérêt sur cette période encore vivante ; bien plus, il a tenu à mettre son ancienne notice au courant, en nous annonçant jusqu'aux plus jeunes talents dont on vient de saluer l'apparition. Et ce qui ajoute à cet historique un attrait particulier qui en fait comme un guide de l'amateur de médailles, ce sont les documents annexes très précieux, comme ceux qui donnent la liste des coins appartenant à la Monnaie ou au Ministère des Beaux-Arts, et le catalogue de la collection des médailles du Luxembourg.

Ce livre vient, en même temps, bien à point, au moment où — homme heureux qui a vu se réaliser un de ses rêves les plus chers — M. Roger-Marx peut voir circuler entre des mains avides, sous des yeux curieux et charmés, cette nouvelle monnaie que nous devons à sa ténacité et à sa persévérance, cette première monnaie de notre temps de profondes semences et d'orgueilleux espoirs qu'elle symbolisera pour la postérité, répandant partout, dès à présent, sa propagande d'un enseignement à la fois esthétique et moral.

L. B.

Avis à nos lecteurs

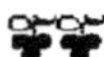

Nos suppléments comporteront à l'avenir des rubriques ayant pour but d'être utiles à nos abonnés et lecteurs et de les mettre, suivant leur désir, en rapport les uns avec les autres.

C'est ainsi que nous insérerons dans ces pages supplémentaires une petite correspondance dans laquelle nous répondrons à toutes les demandes de renseignements relatives à l'art et à la décoration : Demandes de dessinateurs, de modèles nouveaux, de projets de meubles, étoffes, papiers, vitraux, céramique, etc.; devis d'exécution pour mobiliers et installations complètes, ventes ou achats d'objets d'art, estampes, curiosités, etc.

Adresser la correspondance à l'administrateur de *Art et Décoration*, 13, rue Lafayette, Paris.

Les réponses aux demandes de renseignements sont gratuites. Les insertions relatives aux *offres* ou *demandes* de dessinateurs, modèles, ventes ou achats d'objets d'art, auront à acquitter un droit d'insertion de 20 centimes par mot, payable par mandat ou timbres-poste accompagnant l'ordre d'insertion.

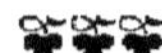

La Coquetterie Masculine

Les parfums sont une des nécessités de la vie moderne. Autrefois c'était un goût, aujourd'hui c'est un besoin. Les femmes en raffolent, et les hommes ne les détestent pas. Mais ici, comme partout, les préférences se partagent selon les sexes. Les femmes aiment les senteurs troublantes et suggestives. Les hommes, plus simplistes, recherchent surtout dans leurs parfums des qualités hygiéniques. Ils leur demandent les vertus toniques et reconstituantes réclamées par cette vie à outrance de notre âge de fièvres et de luttes.

A ce point de vue, l'homme du monde, lui aussi, a des raffinements qui lui permettent de lutter avec la coquetterie féminine, la plus délicate et la plus recherchée.

Dès le matin, il court à son *tub*, ou à cette douche froide que les Anglais appellent le *bain de pluie*, suivi, ou, pour mieux dire, complété par la friction au gant de crin, que stimule encore la virtuosité de l'Eau de Cologne des grandes marques. Nous les nommerons tout à l'heure. Ce révulsif merveilleux, recommandé par tous les docteurs, rend leur souplesse aux muscles et leur vigueur aux nerfs.

Cette journée hygiénique, commencée par le *tub*, qui prépare aux fatigues des sports, se termine par la friction au Hammam, qui les répare. Cette friction, précédée par un passage à vapeur, réclame l'emploi d'une des trois *Eaux* de Cologne mises en circulation par Guerlain : — Eau de Cologne ambrée, très suave; Eau de Cologne Russe, qui fait pâlir la vieille dynastie des Farina; Eau de Cologne Hégémonienne, qui, comme son nom l'indique, commande à toutes les autres et les surpasse.

Pour les hommes, comme pour les femmes, le savon est un des grands *desiderata* de la toilette. Il y en a tant de mauvais et si peu de bons. Le choix du gentleman dans le mouvement se portera invariablement sur le *Sapoceti*, — qui est bien l'idéal des savons, — onctueux et doux, exempt de tous les principes nuisibles qui attaquent la peau et l'irritent.

Si quelques gouttes de l'Hégémonienne, versées dans l'eau tiède, donnent pour le visage la plus agréable des lotions, le *Cochlearia* offre à l'homme du monde, soigneux de sa bouche comme il doit l'être, le produit tout à la fois le plus agréable et le plus sain, — grâce à sa composition purement végétale, — pour la conservation des gencives et l'entretien des dents, dont il respecte l'émail, en avivant encore l'éclat de ses lueurs nacrées.

L'homme comme il faut aime les parfums sur lui, dans son linge, sur son mouchoir. Mais ici encore, ici surtout, il est sobre et discret, difficile dans son choix. Il ne se déterminera qu'après un pèlerinage au numéro 15 de la rue de la Paix, et, au milieu des exquises créations de Guerlain, il choisira le *Jardin de mon curé*, dans lequel se concentrent tous les aromes du printemps, ou *Gavotte*, la plus délicieuse des essences à laquelle un sultan ami des fines essences et des séductions odorantes puisse jeter le mouchoir.

Consuélo.

LA CÉRAMIQUE ET LA VERRERIE D'ART

Le Grand Dépôt, 21, rue Drouot

Toujours en avant! C'est la devise de cet établissement modèle.

Fondé en 1862 par M. Emile Bourgeois, le Grand Dépôt est promptement arrivé à une renommée universelle, et à une importance commerciale si justement appréciée dans la double branche de la céramique et de la cristallerie, qu'il n'est pas une seule grande manufacture en France ou en Angleterre qui ne lui offre la primeur de ses créations.

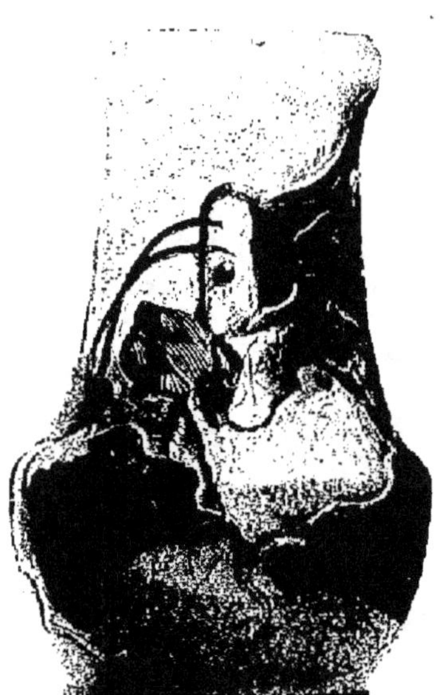

Mais sa clientèle toujours croissante lui a imposé l'obligation de développements devenus indispensables, qu'il a réalisés en donnant à ses aménagements une perfection pratique absolue.

Le Grand Dépôt, c'est un palais élevé à la céramique et à la cristallerie.

L'habile organisateur du Grand Dépôt n'aurait pas achevé son œuvre, si l'on n'avait pu trouver chez lui les productions si intéressantes, si curieuses et si originales de celui qui tient aujourd'hui une si grande place dans notre art industriel, Emile Gallé, qui travaille avec une égale supériorité le verre, la terre et le bois. L'artiste génial modèle l'argile comme un petit-fils de Palissy; grâce à des connaissances chimiques très rares chez un homme qui n'est pas un professionnel, grâce aussi à certains agents nouveaux, qu'il a le premier mis en œuvre, Emile Gallé a obtenu dans le cristal des effets de coloration inconnus avant lui..., des fusions de couleurs,

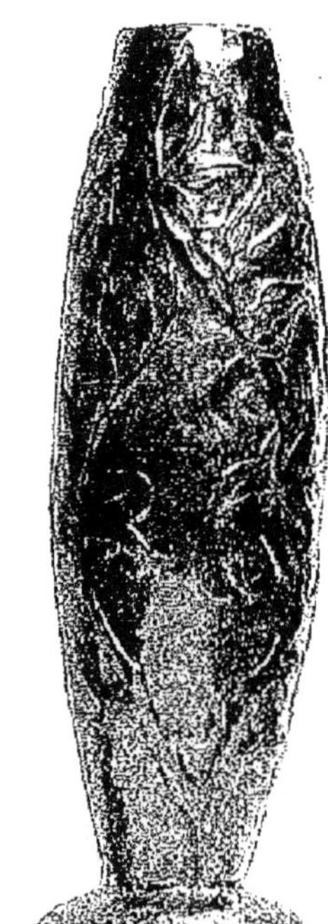

des mélanges de tonalités dont on n'avait pas même le soupçon ; des figurations étranges, saisissantes dans leur vague indéterminé, et se détachant sans sécheresse au milieu de l'ambiance de fonds indéfinissables, mystérieux, et aussi étonnants que ces figures mêmes.

Un instinct artistique infaillible, un tour de main d'une habileté surprenante ont fait d'Émile Gallé le maitre du bois, comme il était déjà le maitre de la terre et du verre. La ligne de ses meubles échappe à toutes les combinaisons trouvées avant lui, et il en invente de nouvelles, que personne n'ose imiter, et qui sont charmantes; ses tables, ses buffets, ses étagères, sont des poèmes rythmés par son cerveau, et il trouve des symphonies de couleurs, dont les notes lui sont données par nos essences forestières. La nature est pour lui matière à poésie, parce qu'il l'imprègne de son âme. Une collection d'œuvres d'art n'est pas complète aujourd'hui, si l'on n'y trouve pas la signature de

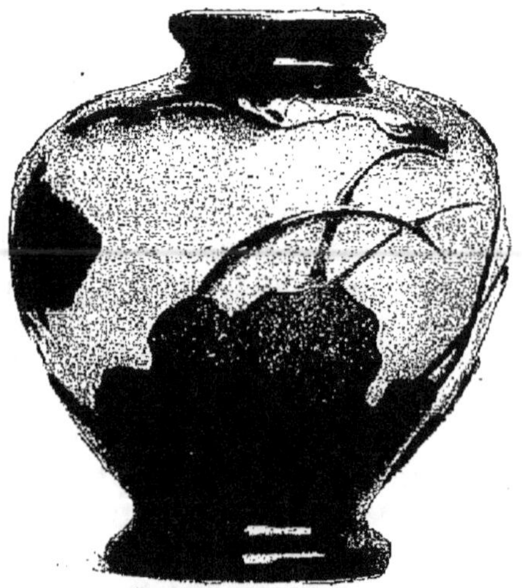

Gallé. Le Grand Dépôt en offrira un joli choix à sa clientèle; car il a consacré dans son temple une chapelle au maître nancéen. Un traité spécial, un engagement d'honneur interdit à l'artiste le droit de reproduire plus de quatre fois les objets devenus la propriété du Grand Dépôt. L'acheteur n'aura donc pas à craindre la vulgarisation de l'œuvre qu'il aura choisie, et dont la rareté doublera pour lui la valeur.

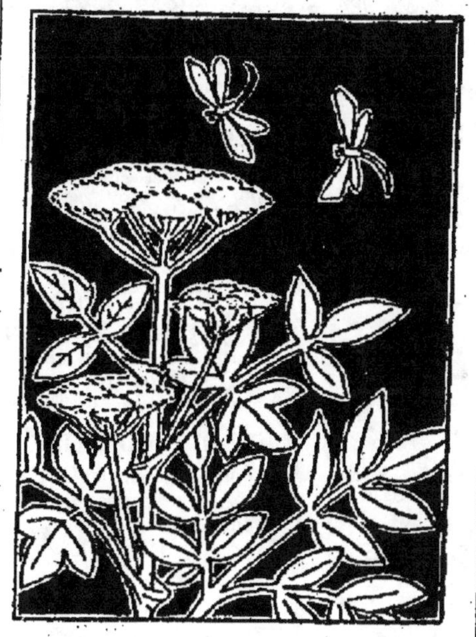

Médaille d'or à l'exposition Universelle
de 1889

Henry
à La Pensée
Travaux à L'aiguille
Tapisseries
Décoratives
Style Moderne
Fournitures
pour Tous Ouvrages

5 Rue du Faubourg St Honoré . Paris

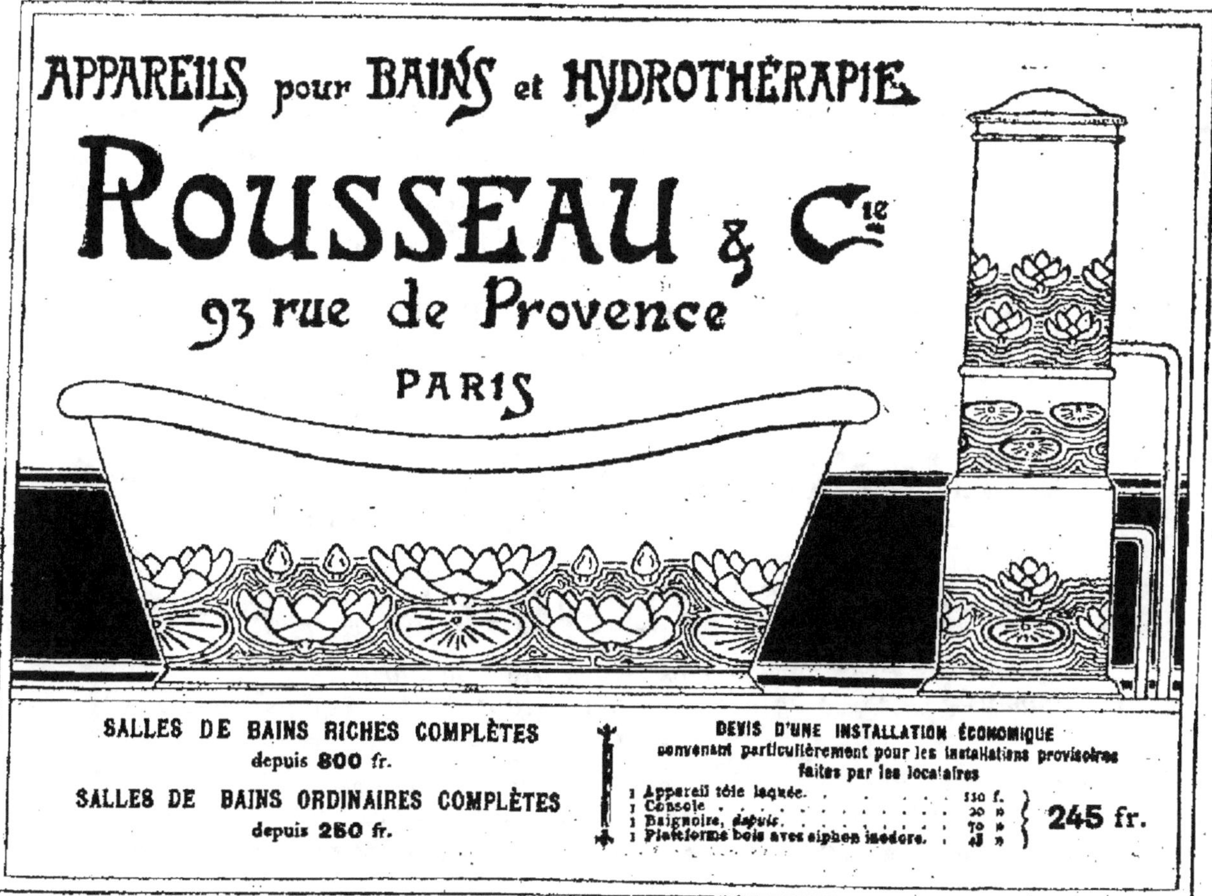

APPAREILS pour BAINS et HYDROTHÉRAPIE
ROUSSEAU & Cie
93 rue de Provence
PARIS

SALLES DE BAINS RICHES COMPLÈTES
depuis 800 fr.
SALLES DE BAINS ORDINAIRES COMPLÈTES
depuis 250 fr.

DEVIS D'UNE INSTALLATION ÉCONOMIQUE
convenant particulièrement pour les installations provisoires
faites par les locataires

1 Appareil tôle laquée. . . . . 110 f.
1 Console . . . . 20 »   245 fr.
1 Baignoire, depuis . . . . 70 »
1 Plateforme bois avec siphon inodore . . 45 »

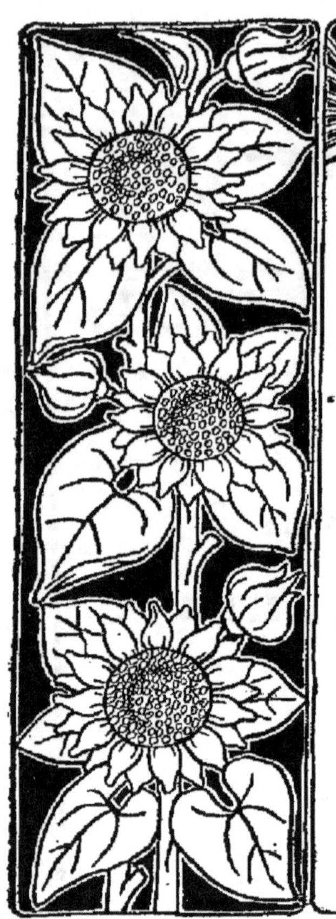

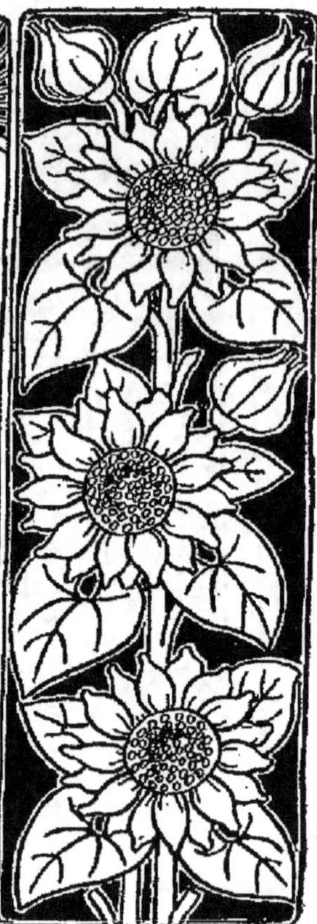

Imp. de Vaugirard, G. de Malherbe & Cie, 152, rue de Vaugirard, Paris.   ÉMILE LÉVY, *Éditeur-gérant.*

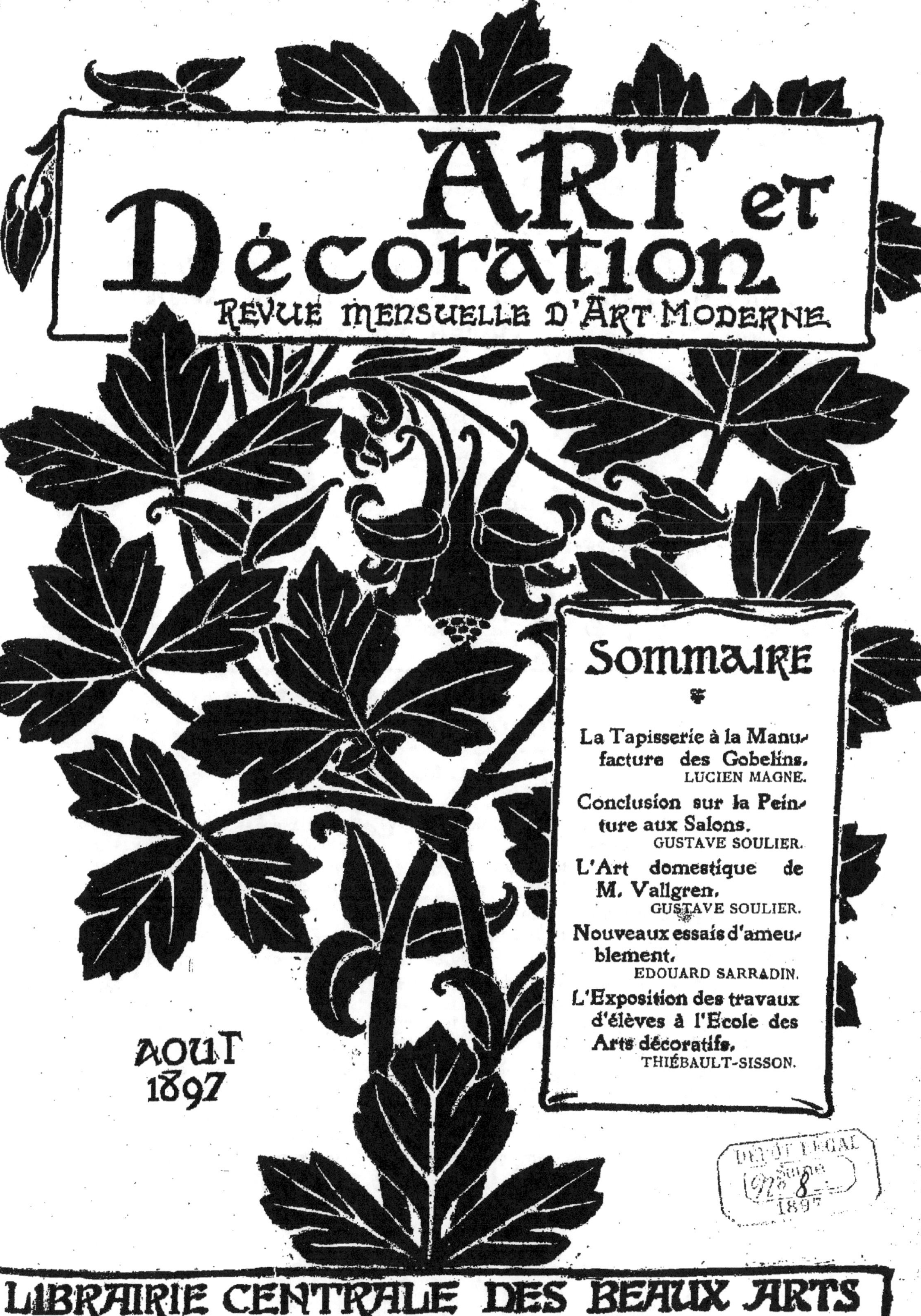

ART et Décoration
REVUE MENSUELLE D'ART MODERNE

Sommaire

La Tapisserie à la Manu-
facture des Gobelins.
LUCIEN MAGNE.

Conclusion sur la Pein-
ture aux Salons.
GUSTAVE SOULIER.

L'Art domestique de
M. Vallgren.
GUSTAVE SOULIER.

Nouveaux essais d'ameu-
blement.
EDOUARD SARRADIN.

L'Exposition des travaux
d'élèves à l'Ecole des
Arts décoratifs.
THIÉBAULT-SISSON.

AOUT
1897

LIBRAIRIE CENTRALE DES BEAUX ARTS
13, RUE LAFAYETTE   PARIS

Art et Décoration

Revue Mensuelle d'Art Moderne

COMITÉ DE DIRECTION :

MM. PUVIS DE CHAVANNES, VAUDREMER, GRASSET, JEAN-PAUL LAURENS, CAZIN, L.-O. MERSON, FRÈMIET, ROTY, LUCIEN MAGNE.

Directeur : THIÉBAULT-SISSON

Abonnement Annuel :

PARIS & DÉPARTEMENTS. . . . . 20 fr.

ÉTRANGER. . . . . 25 fr.

Prix de la Livraison : 2 francs

Concours mensuels

I. La Revue « *Art et Décoration* » ouvre, chaque mois, un concours d'Art décoratif entre tous ses lecteurs français ou étrangers.

II. Chaque concours est annoncé dans la *Revue* au moins deux mois avant la date fixée pour l'envoi des projets.

III. Ceux-ci devront parvenir affranchis à la « *Librairie centrale des Beaux-Arts* », 13, rue Lafayette, Paris, au plus tard, le 25 du mois désigné pour le concours.

IV. Ils ne seront pas signés, mais porteront un pseudonyme ou un signe quelconque, répétés sur une enveloppe fermée contenant le nom et l'adresse du concurrent.

V. Le nombre d'envois pour un même concurrent n'est pas limité.

VI. Des prix en argent seront décernés pour chaque concours. Le jury se réserve cependant le droit de supprimer ceux-ci en partie ou en totalité au cas d'insuffisance notoire des projets soumis.

VII. Les projets primés appartiennent à la *Revue* et pourront y être reproduits.

VIII. Les projets non primés devront être réclamés dans la semaine suivant la publication du jugement dans la *Revue*. Les demandes d'envoi par la poste devront contenir un affranchissement suffisant pour en couvrir les frais.

IX. Seront exclus les dessins reproduisant des modèles déjà existants. Par contre les idées neuves et originales seront de préférence bien accueillies.

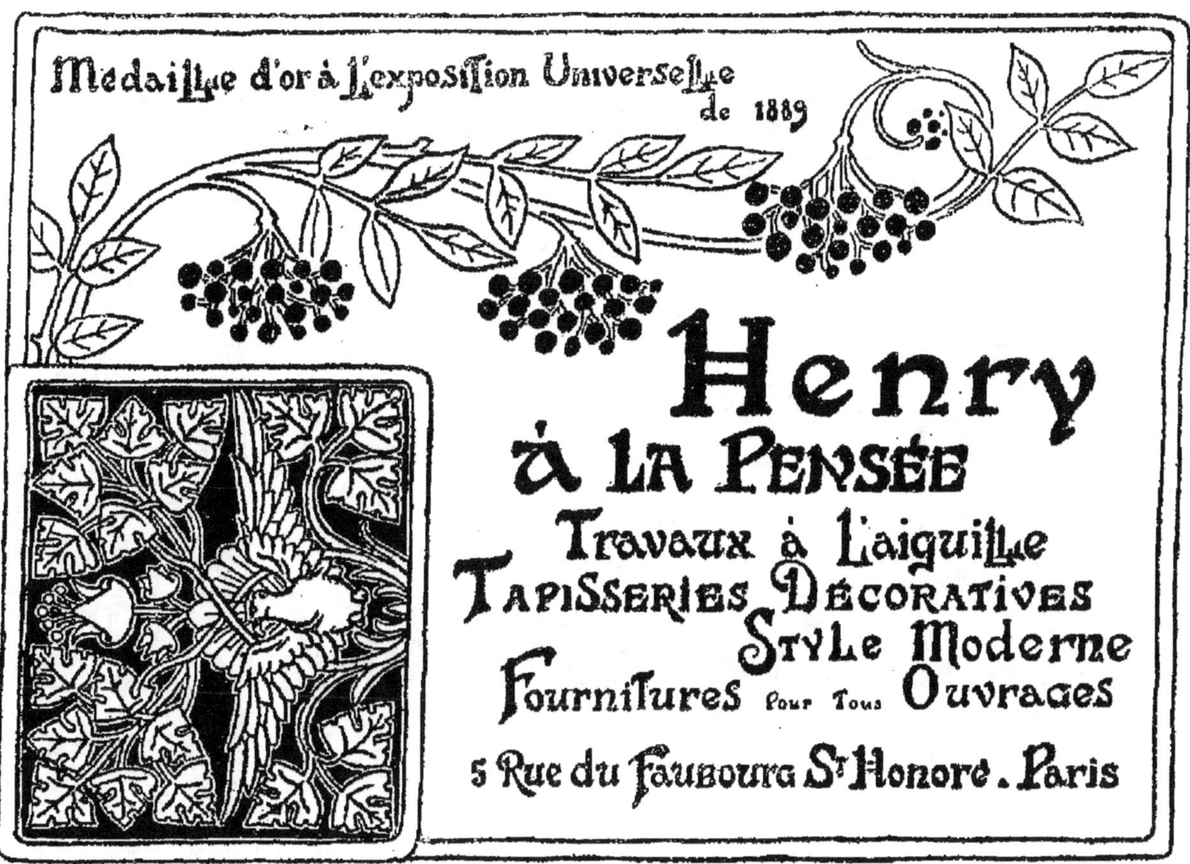

Medaille d'or à l'exposition Universelle de 1889
Henry
à la Pensée
Travaux à l'aiguille
Tapisseries Décoratives
Style Moderne
Fournitures pour tous Ouvrages
5 Rue du Faubourg St Honoré . Paris

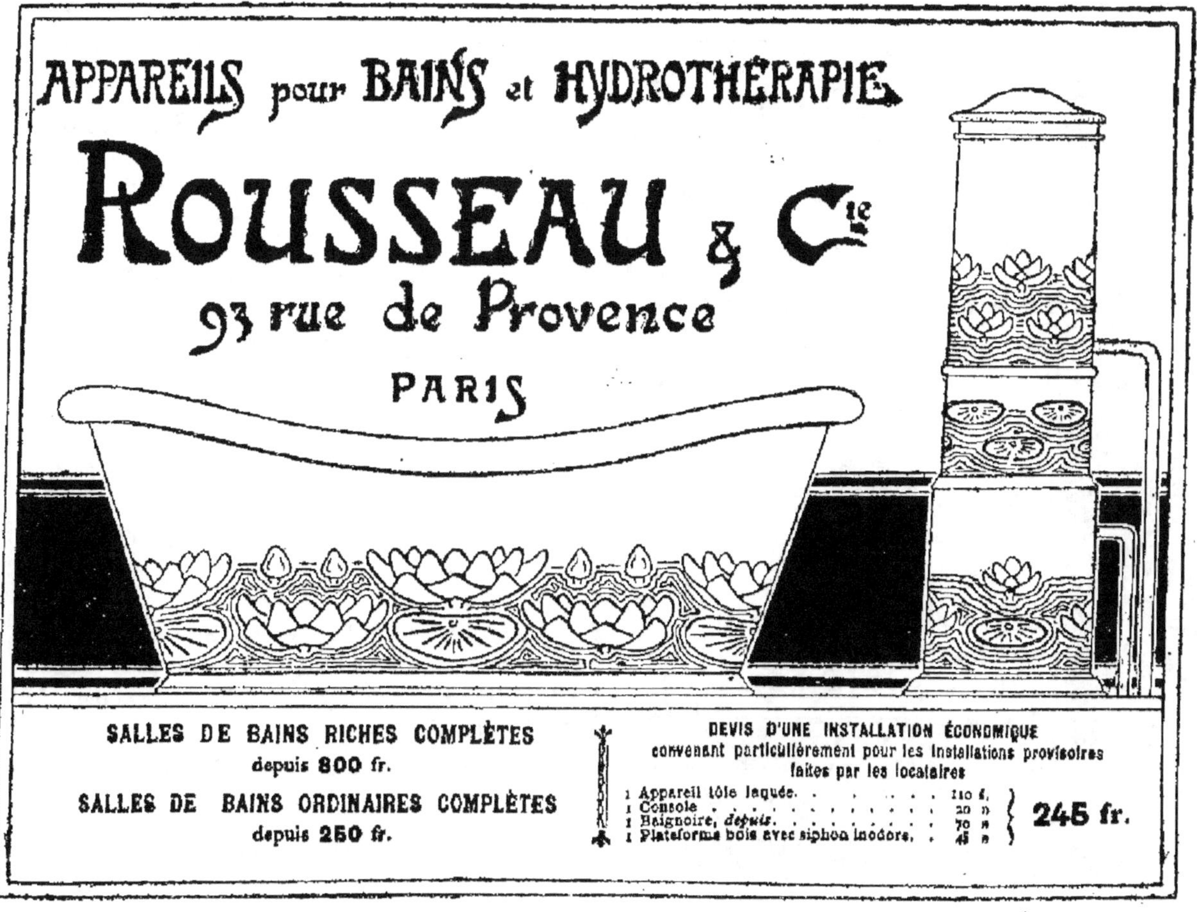

Appareils pour Bains et Hydrothérapie
Rousseau & Cie
93 rue de Provence
Paris
SALLES DE BAINS RICHES COMPLÈTES
depuis 800 fr.
SALLES DE BAINS ORDINAIRES COMPLÈTES
depuis 250 fr.
DEVIS D'UNE INSTALLATION ÉCONOMIQUE
convenant particulièrement pour les installations provisoires
faites par les locataires
1 Appareil tôle laquée. . . . . 110 f.
1 Console . . . . 20 »
1 Baignoire, depuis. . . . . 70 »
1 Plateforme bois avec siphon inodore. . 45 »
245 fr.

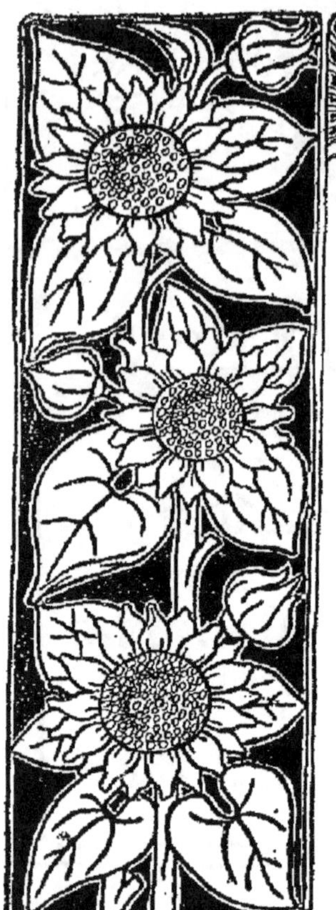

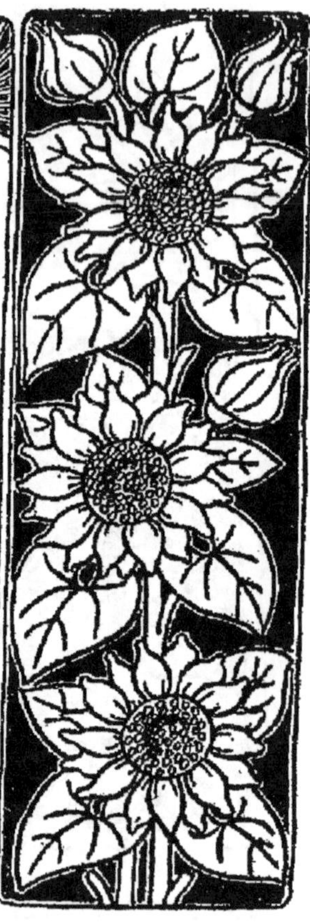

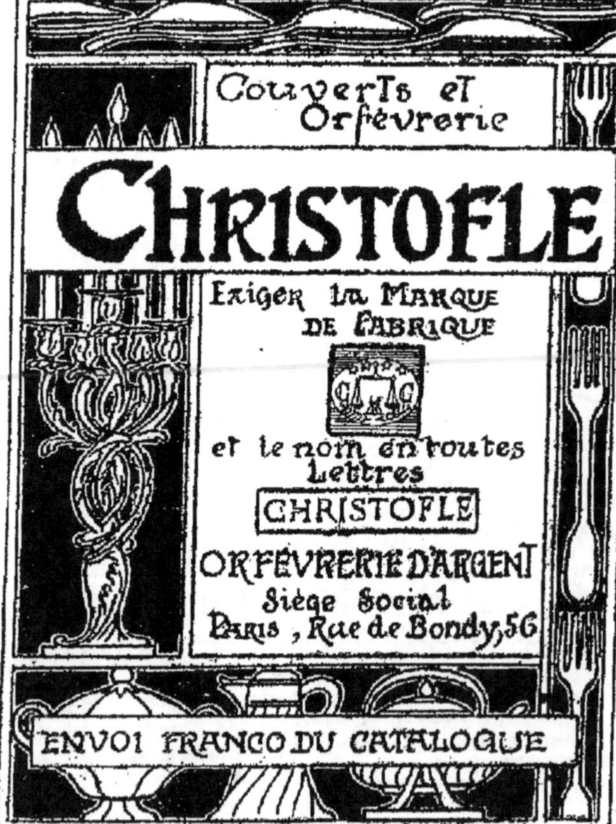

Imp. de Vaugirard, G. de Malherbe & Cie, 152, rue de Vaugirard, Paris.   ÉMILE LÉVY, *Éditeur-gérant.*

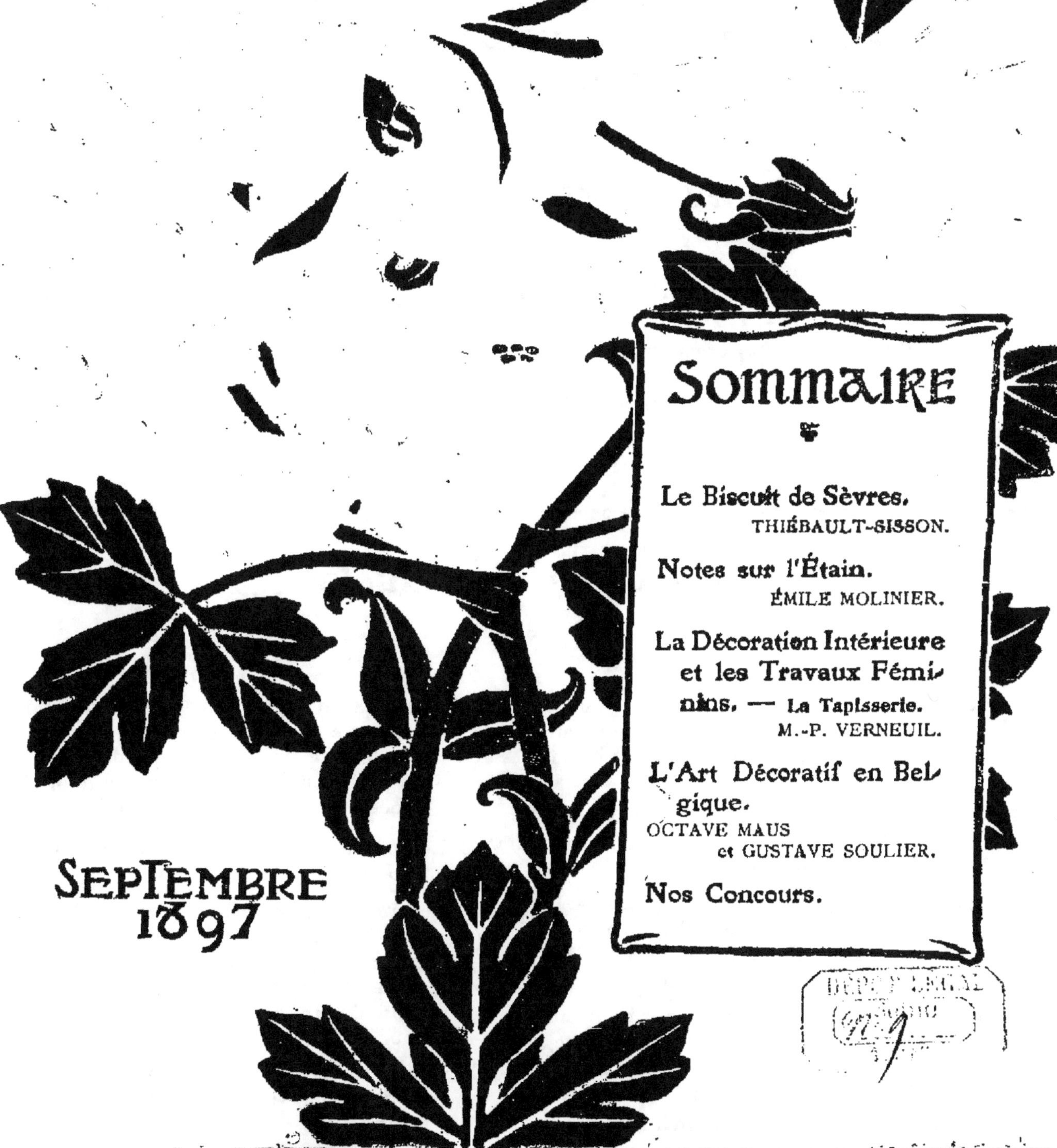

ART et Décoration
REVUE MENSUELLE D'ART MODERNE

SOMMAIRE

Le Biscuit de Sèvres.
THIÉBAULT-SISSON.

Notes sur l'Étain.
ÉMILE MOLINIER.

La Décoration Intérieure
et les Travaux Fémi-
nins. — La Tapisserie.
M.-P. VERNEUIL.

L'Art Décoratif en Bel-
gique.
OCTAVE MAUS
et GUSTAVE SOULIER.

Nos Concours.

SEPTEMBRE
1897

LIBRAIRIE CENTRALE DES BEAUX ARTS
13, RUE LAFAYETTE   PARIS

Art et Décoration

Revue Mensuelle d'Art Moderne

COMITÉ DE DIRECTION :

MM. PUVIS DE CHAVANNES, VAUDREMER, GRASSET,
JEAN-PAUL LAURENS, CAZIN, L.-O. MERSON, FRÉMIET, ROTY,
LUCIEN MAGNE.

Directeur : THIÉBAULT-SISSON

Abonnement Annuel :

PARIS & DÉPARTEMENTS. . . . . 20 fr.

ÉTRANGER. . . . . 25 fr.

Prix de la Livraison : 2 francs

Concours mensuels

I. La Revue « *Art et Décoration* » ouvre, chaque mois, un concours d'Art décoratif entre tous ses lecteurs français ou étrangers.

II. Chaque concours est annoncé dans la *Revue* au moins deux mois avant la date fixée pour l'envoi des projets.

III. Ceux-ci devront parvenir affranchis à la « *Librairie centrale des Beaux-Arts* », 13, rue Lafayette, Paris, au plus tard, le 25 du mois désigné pour le concours.

IV. Ils ne seront pas signés, mais porteront un pseudonyme ou un signe quelconque, répétés sur une enveloppe fermée contenant le nom et l'adresse du concurrent.

V. Le nombre d'envois pour un même concurrent n'est pas limité.

VI. Des prix en argent seront décernés pour chaque concours. Le jury se réserve cependant le droit de supprimer ceux-ci en partie ou en totalité au cas d'insuffisance notoire des projets soumis.

VII. Les projets primés appartiennent à la *Revue* et pourront y être reproduits.

VIII. Les projets non primés devront être réclamés dans la semaine suivant la publication du jugement dans la *Revue*. Les demandes d'envoi par la poste devront contenir un affranchissement suffisant pour en couvrir les frais.

IX. Seront exclus les dessins reproduisant des modèles déjà existants. Par contre les idées neuves et originales seront de préférence bien accueillies.

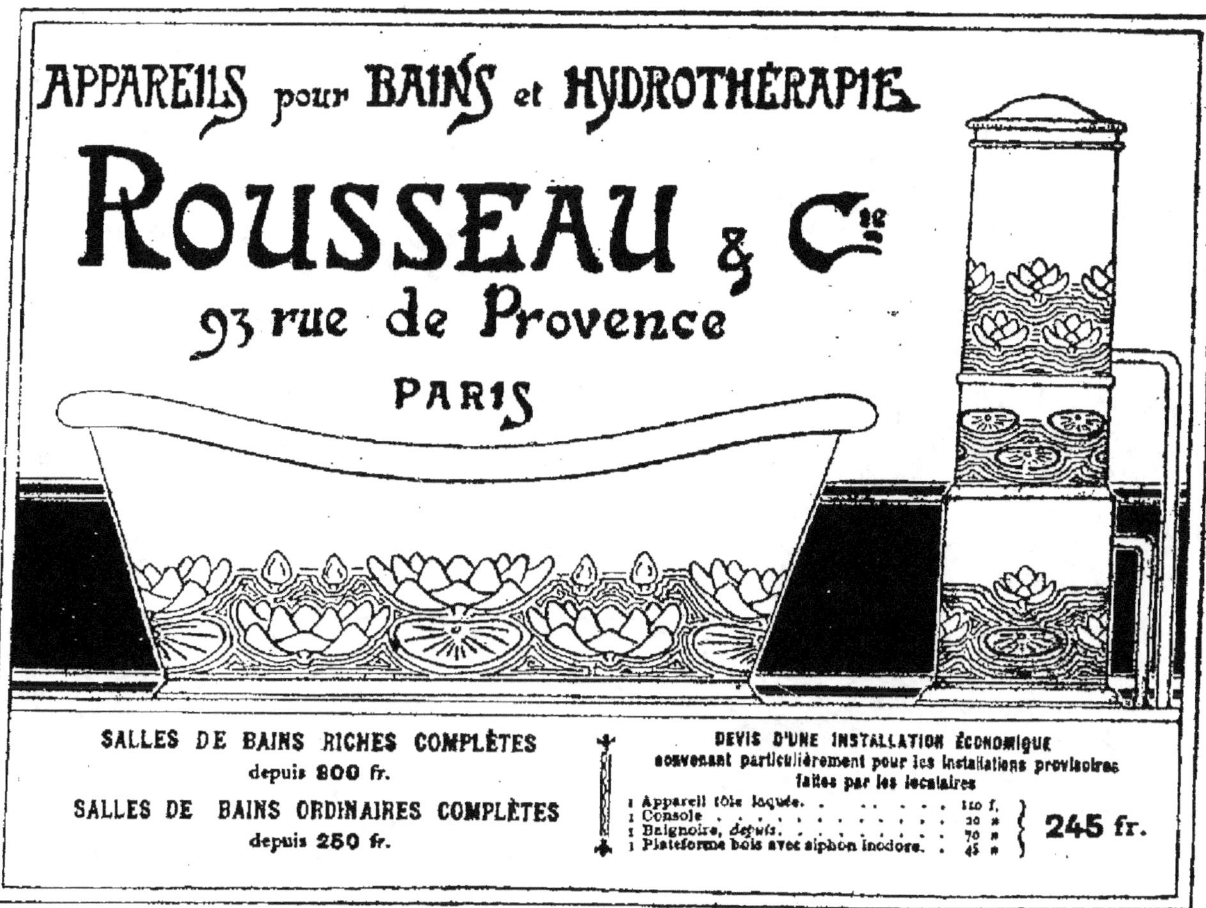

APPAREILS pour BAINS et HYDROTHÉRAPIE
ROUSSEAU & Cie
93 rue de Provence
PARIS
SALLES DE BAINS RICHES COMPLÈTES
depuis 800 fr.
SALLES DE BAINS ORDINAIRES COMPLÈTES
depuis 250 fr.
DEVIS D'UNE INSTALLATION ÉCONOMIQUE
convenant particulièrement pour les installations provisoires
faites par les locataires
1 Appareil tôle laquée . . . . 110 f.
1 Console . . . . 20 »
1 Baignoire, depuis . . . . 70 »   245 fr.
1 Plateforme bois avec siphon inodore . . 45 »

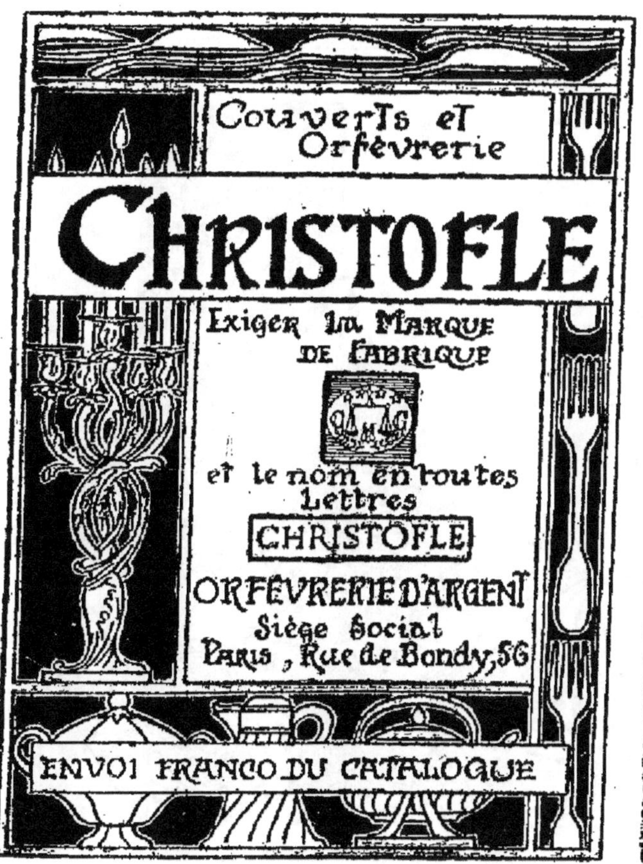

Couverts et Orfèvrerie
CHRISTOFLE
Exiger la marque
de fabrique
et le nom en toutes
lettres
CHRISTOFLE
ORFÈVRERIE D'ARGENT
Siège Social
Paris, Rue de Bondy, 56
ENVOI FRANCO DU CATALOGUE

Maurice COBLENCE
Ameublement
Moderne
MEUBLES FRANÇAIS
MEUBLES ANGLAIS
MEUBLES de STYLE
18, Rue Caumartin, 18
DESSINS ET DEVIS
sur demande

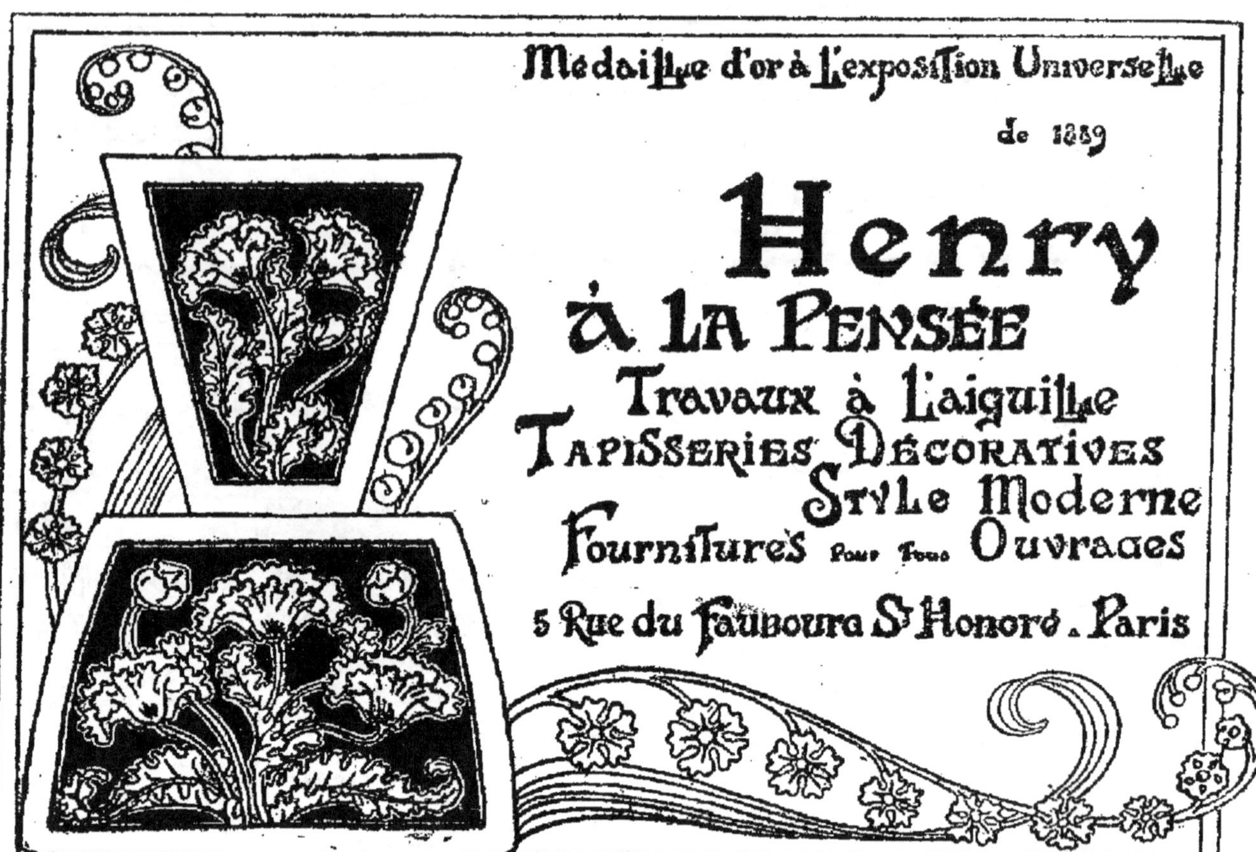

Médaille d'or à l'exposition Universelle
de 1889
Henry
à la Pensée
Travaux à l'aiguille
Tapisseries Décoratives
Style Moderne
Fournitures Pour Tous Ouvrages
5 Rue du Faubourg St Honoré. Paris

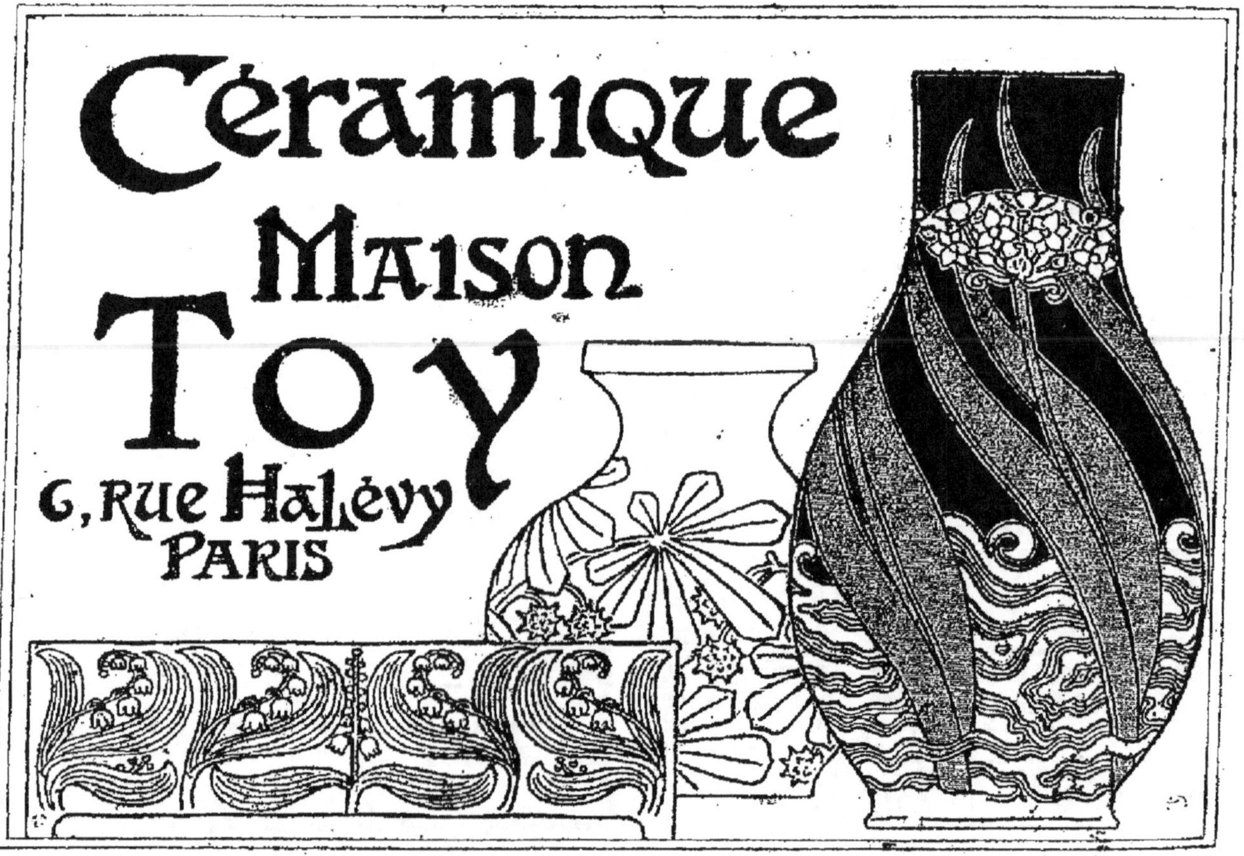

Céramique
Maison
Toy
6, Rue Halévy
Paris

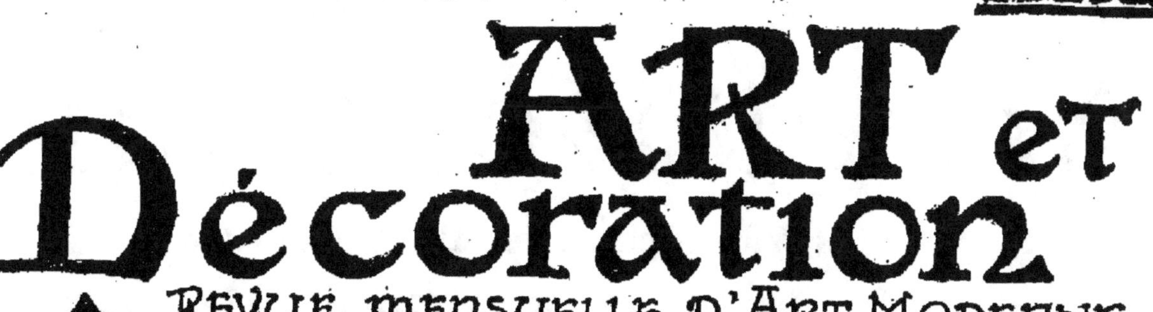

ART et Décoration

REVUE MENSUELLE D'ART MODERNE

Sommaire

Notes sur l'Étain.
ÉMILE MOLINIER.

Meubles Nouveaux,
GUSTAVE SOULIER.

Arnold Bœcklin,
WILLIAM RITTER.

Un Vitrail d'appartement,
FELIX GAUDIN.

Concours pour un Chemin de table,
ERNEST LEFÉBURE.

Concours de Décembre,
E. GRASSET.

OCTOBRE 1897

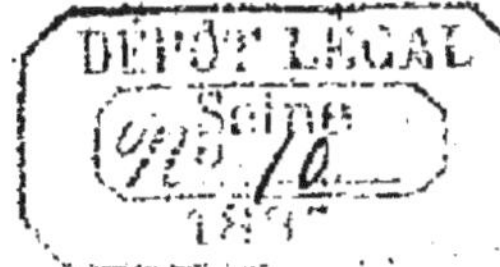

LIBRAIRIE CENTRALE DES BEAUX ARTS

13, RUE LAFAYETTE   PARIS

Art et Décoration

Revue Mensuelle d'Art Moderne

COMITÉ DE DIRECTION :

MM. PUVIS DE CHAVANNES, VAUDREMER, GRASSET,
JEAN-PAUL LAURENS, CAZIN, L.-O. MERSON, FRÉMIET, ROTY
LUCIEN MAGNE.

Directeur : THIÉBAULT-SISSON

Abonnement Annuel :

Paris & Départements. . . . . 20 fr.

Étranger. . . . . 25 fr.

Prix de la Livraison : 2 francs

Concours mensuels

I. La Revue « *Art et Décoration* » ouvre, chaque mois, un concours d'Art décoratif entre tous ses lecteurs français ou étrangers.

II. Chaque concours est annoncé dans la *Revue* au moins deux mois avant la date fixée pour l'envoi des projets.

III. Ceux-ci devront parvenir affranchis à la « *Librairie centrale des Beaux-Arts* », 13, rue Lafayette, Paris, au plus tard, le 25 du mois désigné pour le concours.

IV. Ils ne seront pas signés, mais porteront un pseudonyme ou un signe quelconque, répétés sur une enveloppe fermée contenant le nom et l'adresse du concurrent.

V. Le nombre d'envois pour un même concurrent n'est pas limité.

VI. Des prix en argent seront décernés pour chaque concours. Le jury se réserve cependant le droit de supprimer ceux-ci en partie ou en totalité au cas d'insuffisance notoire des projets soumis.

VII. Les projets primés appartiennent à la *Revue* et pourront y être reproduits.

VIII. Les projets non primés devront être réclamés dans la semaine suivant la publication du jugement dans la *Revue*. Les demandes d'envoi par la poste devront contenir un affranchissement suffisant pour en couvrir les frais.

IX. Seront exclus les dessins reproduisant des modèles déjà existants. Par contre les idées neuves et originales seront de préférence bien accueillies.

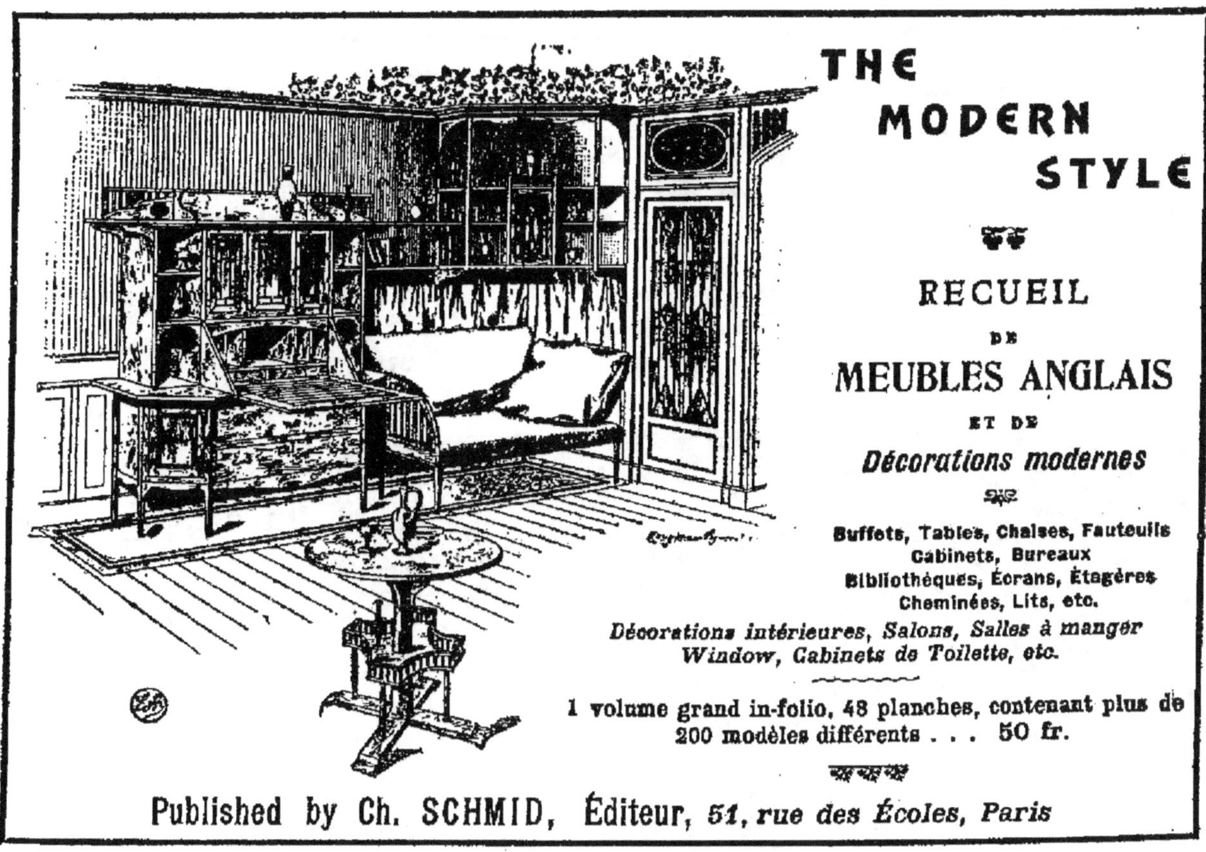

THE MODERN STYLE

RECUEIL
DE
MEUBLES ANGLAIS
ET DE
Décorations modernes

Buffets, Tables, Chaises, Fauteuils
Cabinets, Bureaux
Bibliothèques, Écrans, Étagères
Cheminées, Lits, etc.

Décorations intérieures, Salons, Salles à manger
Window, Cabinets de Toilette, etc.

1 volume grand in-folio, 48 planches, contenant plus de
200 modèles différents . . . 50 fr.

Published by Ch. SCHMID, Éditeur, 51, rue des Écoles, Paris

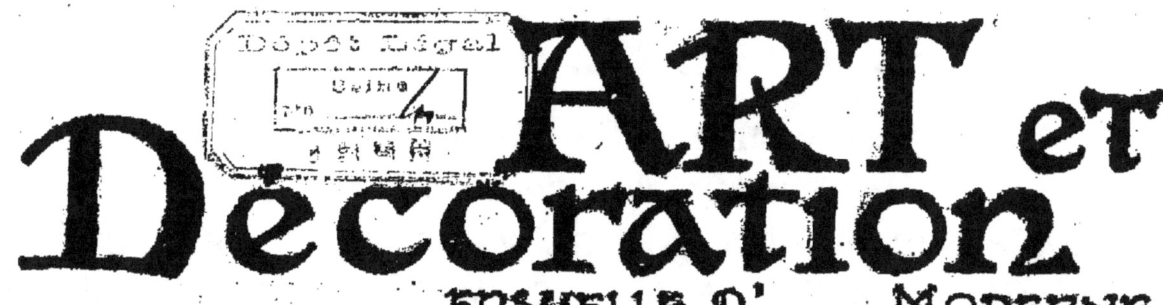

ART et Décoration

NOVEMBRE
1897

LIBRAIRIE CENTRALE DES BEAUX ARTS
13, RUE LAFAYETTE   PARIS

Art et Décoration

Revue Mensuelle d'Art Moderne

COMITÉ DE DIRECTION :

MM. PUVIS DE CHAVANNES, VAUDREMER, GRASSET,
JEAN-PAUL LAURENS, CAZIN, L.-O. MERSON, FRÉMIET, ROTY
LUCIEN MAGNE.

Directeur : THIÉBAULT-SISSON

Abonnement Annuel :

Paris & Départements. . . . . 20 fr.

Étranger. . . . . 25 fr.

Prix de la Livraison : 2 francs

L'Année parue. . . . . 24 francs

Concours mensuels

I. La Revue « *Art et Décoration* » ouvre, chaque mois, un concours d'Art décoratif entre tous ses lecteurs français ou étrangers.

II. Chaque concours est annoncé dans la *Revue* au moins deux mois avant la date fixée pour l'envoi des projets.

III. Ceux-ci devront parvenir affranchis à la « *Librairie centrale des Beaux-Arts* », 13, rue Lafayette, Paris, au plus tard, le 25 du mois désigné pour le concours.

IV. Ils ne seront pas signés, mais porteront un pseudonyme ou un signe quelconque, répétés sur une enveloppe fermée contenant le nom et l'adresse du concurrent.

V. Le nombre d'envois pour un même concurrent n'est pas limité.

VI. Des prix en argent seront décernés pour chaque concours. Le jury se réserve cependant le droit de supprimer ceux-ci en partie ou en totalité au cas d'insuffisance notoire des projets soumis.

VII. Les projets primés appartiennent à la *Revue* et pourront y être reproduits.

VIII. Les projets non primés pourront également être reproduits s'ils sont l'objet d'une mention de la part du Jury. Ils devront être réclamés dans la semaine suivant la publication du jugement dans la *Revue*. Les demandes d'envoi par la poste devront contenir un affranchissement suffisant pour en couvrir les frais.

IX. Seront exclus les dessins reproduisant des modèles déjà existants. Par contre les idées neuves et originales seront de préférence bien accueillies.

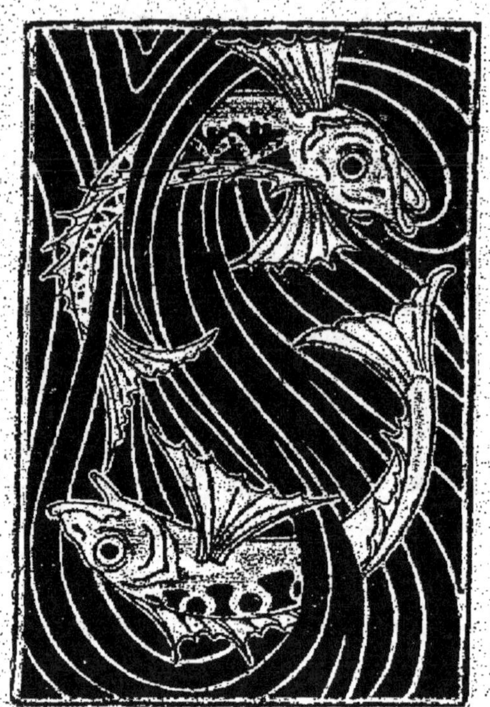

Henry
à LA PENSÉE
Travaux à L'aiguille
Tapisseries
Décoratives
Style Moderne
Fournitures
pour Tous Ouvrages
Médaille d'or à l'exposition
Universelle
de 1889
5 Rue du Faubourg St Honoré . Paris

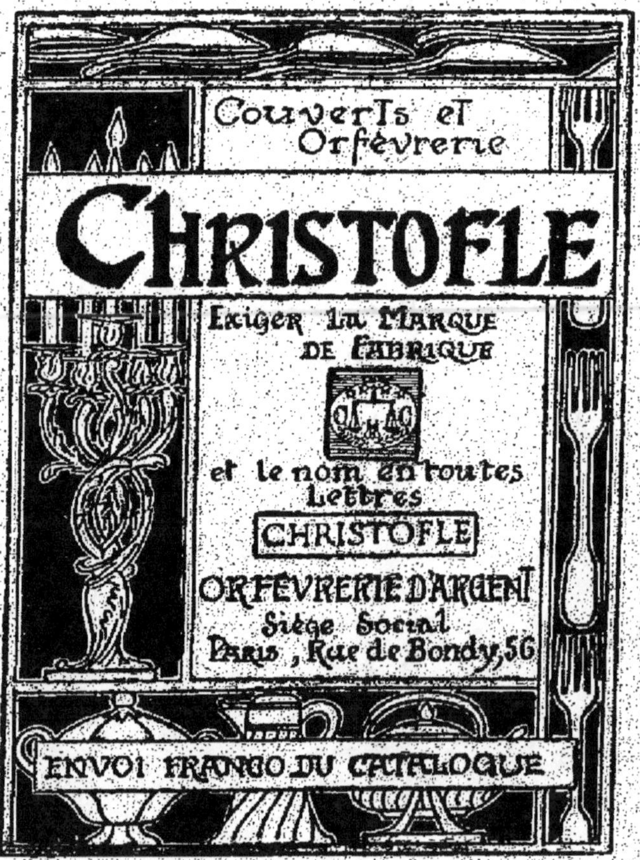

Couverts et
Orfèvrerie
CHRISTOFLE
Exiger la Marque
DE FABRIQUE
et le nom en toutes
Lettres
CHRISTOFLE
ORFÈVRERIE D'ARGENT
Siège Social
Paris , Rue de Bondy, 56
ENVOI FRANCO DU CATALOGUE

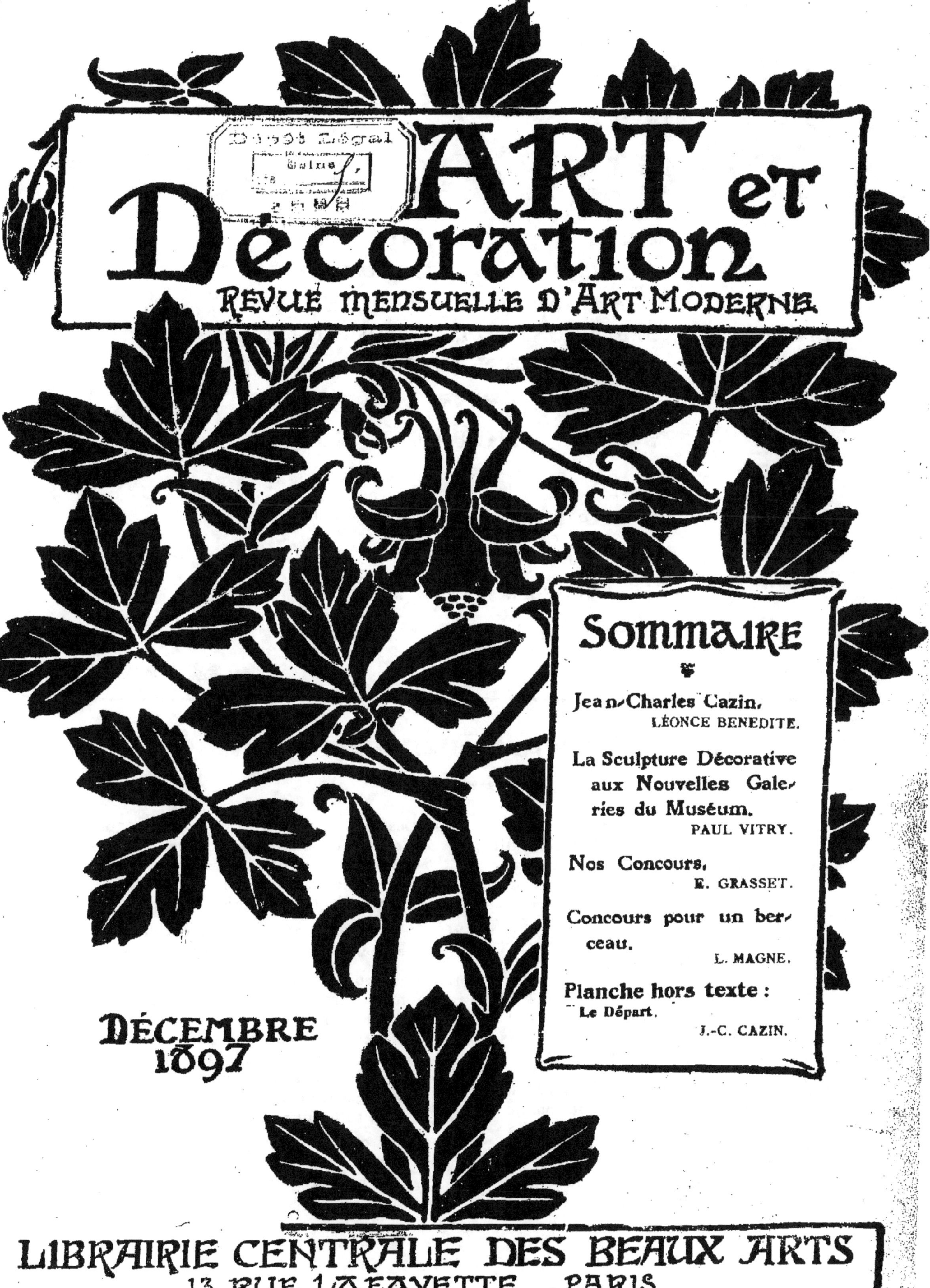

ART et Décoration
REVUE MENSUELLE D'ART MODERNE

Sommaire

Jean-Charles Cazin.
LÉONCE BENEDITE.

La Sculpture Décorative
aux Nouvelles Gale-
ries du Muséum.
PAUL VITRY.

Nos Concours.
E. GRASSET.

Concours pour un ber-
ceau.
L. MAGNE.

Planche hors texte :
Le Départ.
J.-C. CAZIN.

DÉCEMBRE
1897

LIBRAIRIE CENTRALE DES BEAUX ARTS
13, RUE LAFAYETTE   PARIS

Art et Décoration

Revue Mensuelle d'Art Moderne

COMITÉ DE DIRECTION :

MM. PUVIS DE CHAVANNES, VAUDREMER, GRASSET,
JEAN-PAUL LAURENS, CAZIN, L.-O. MERSON, FRÉMIET, ROTY
LUCIEN MAGNE.

Directeur : THIÉBAULT-SISSON

Abonnement Annuel :

Paris & Départements. . . . . 20 fr.

Étranger. . . . . 25 fr.

Prix de la Livraison : 2 francs

L'Année parue. . . . . 24 francs

Concours mensuels

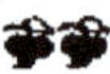

I. La Revue « *Art et Décoration* » ouvre, chaque mois, un concours d'Art décoratif entre tous ses lecteurs français ou étrangers.

II. Chaque concours est annoncé dans la *Revue* au moins deux mois avant la date fixée pour l'envoi des projets.

III. Ceux-ci devront parvenir affranchis à la « *Librairie centrale des Beaux-Arts* », 13, rue Lafayette, Paris, au plus tard, le 25 du mois désigné pour le concours.

IV. Ils ne seront pas signés, mais porteront un pseudonyme ou un signe quelconque, répétés sur une enveloppe fermée contenant le nom et l'adresse du concurrent.

V. Le nombre d'envois pour un même concurrent n'est pas limité.

VI. Des prix en argent seront décernés pour chaque concours. Le jury se réserve cependant le droit de supprimer ceux-ci en partie ou en totalité au cas d'insuffisance notoire des projets soumis.

VII. Les projets primés appartiennent à la *Revue* et pourront y être reproduits.

VIII. Les projets non primés pourront également être reproduits s'ils sont l'objet d'une mention de la part du Jury. Ils devront être réclamés dans la semaine suivant la publication du jugement dans la *Revue*. Les demandes d'envoi par la poste devront contenir un affranchissement suffisant pour en couvrir les frais.

IX. Seront exclus les dessins reproduisant des modèles déjà existants. Par contre les idées neuves et originales seront de préférence bien accueillies.

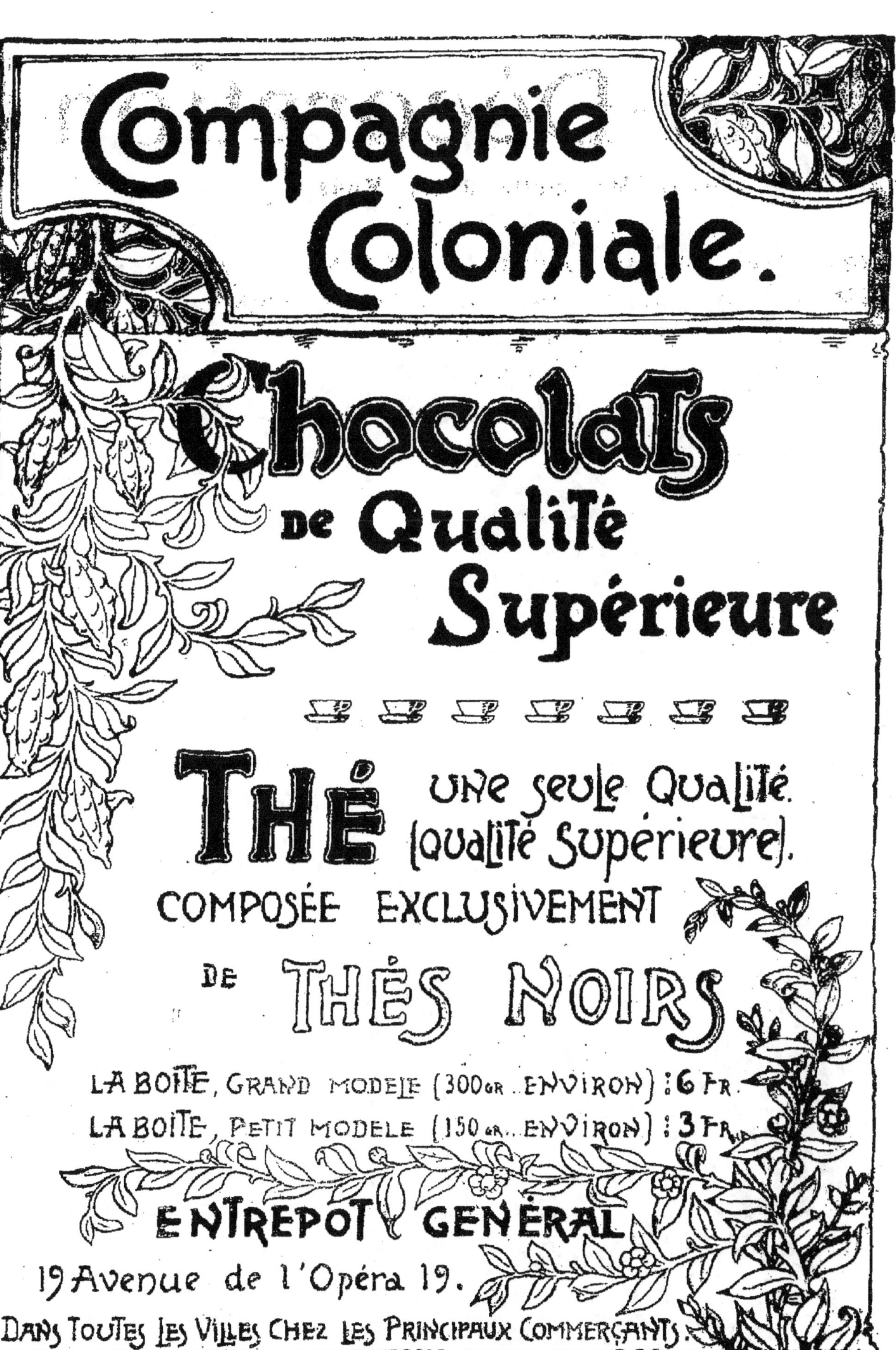

Compagnie Coloniale.
Chocolats de Qualité Supérieure
THÉ une seule Qualité.
(Qualité Supérieure).
COMPOSÉE EXCLUSIVEMENT
DE THÉS NOIRS
LA BOÎTE, GRAND MODELE (300gr. ENVIRON) : 6 Fr.
LA BOÎTE, PETIT MODELE (150gr. ENVIRON) : 3 Fr.
ENTREPOT GENERAL
19 Avenue de l'Opéra 19.
DANS TOUTES LES VILLES CHEZ LES PRINCIPAUX COMMERÇANTS.

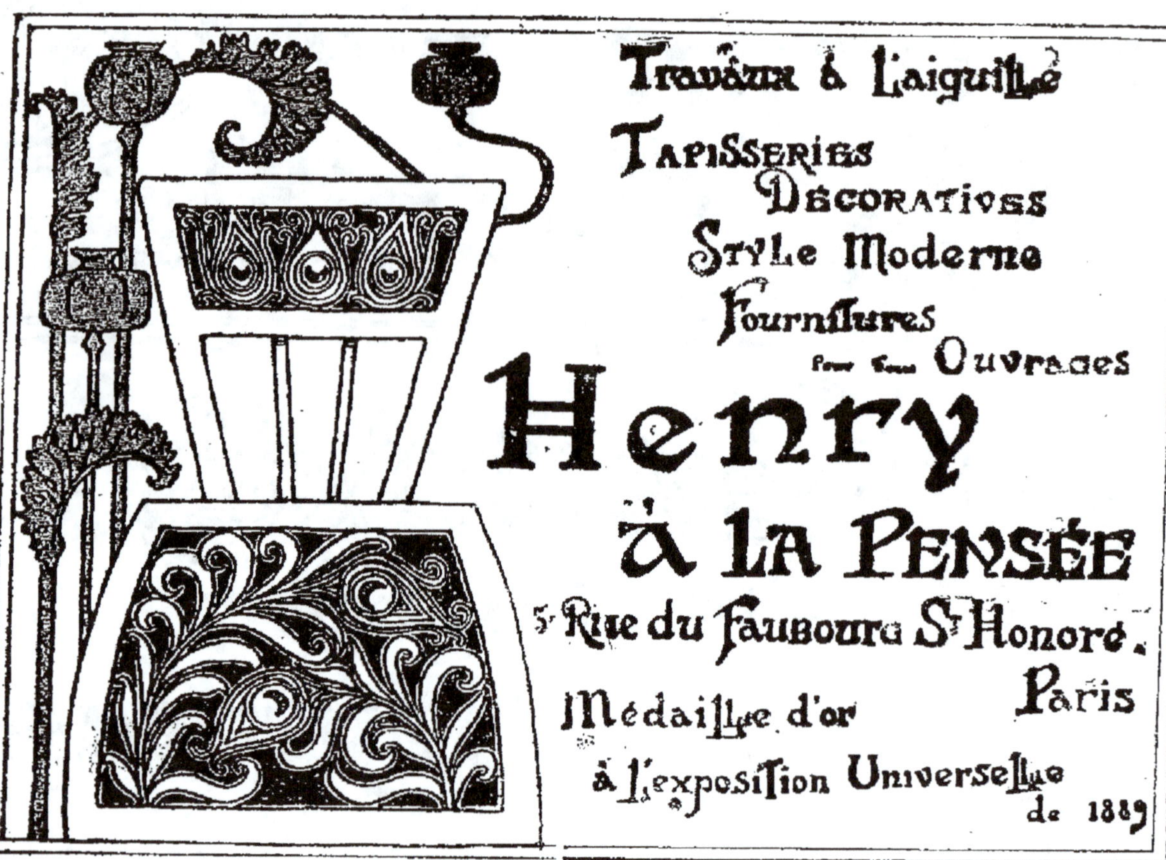

Travaux à L'aiguille
Tapisseries
Décoratives
Style Moderne
Fournitures
pour tous Ouvrages
Henry
à la Pensée
5 Rue du Faubourg St-Honoré
Paris
Médaille d'or
à L'exposition Universelle
de 1889

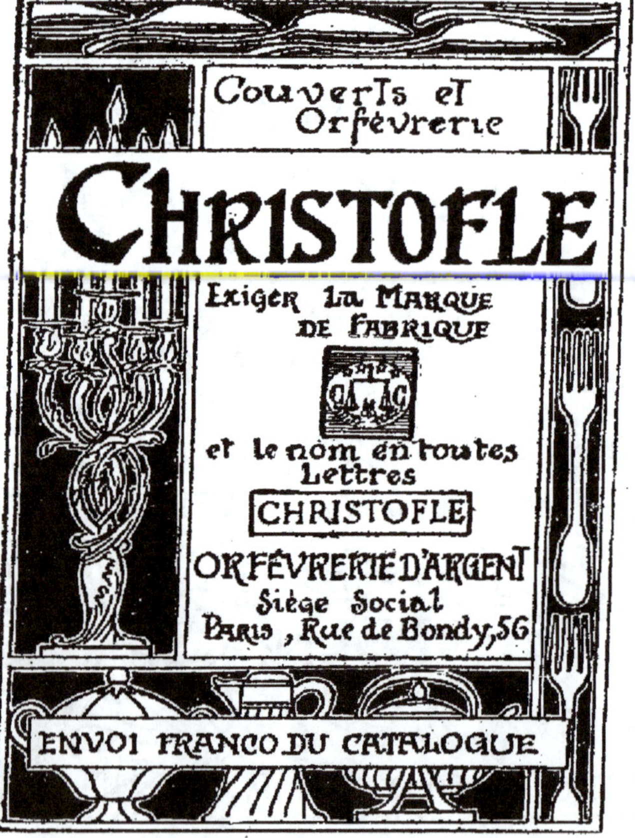

Couverts et
Orfèvrerie
CHRISTOFLE
Exiger la Marque
de Fabrique
C H R I S T O F L E
et le nom en toutes
Lettres
CHRISTOFLE
Orfèvrerie D'Argent
Siège Social
Paris, Rue de Bondy, 56
ENVOI FRANCO DU CATALOGUE